한국 권력지배층 연구

김 영 모 저

고 헌

머 리 말

저자가 우리나라 지배층 또는 권력지배층에 관한 연구를 시작한지 벌써 50여년이 되었다. 1960년대 초 경제적 지배층의 형성과정에 관한 연구[1])를 시작하여 1970년대 현대 지배층 연구[2])를 하면서, 우리나라 지배층의 역사적 사회적 기원(배경)이 한말·일제시, 나아가 조선시대에서 부터 찾아야 됨을 알게 되어 이 시대의 지배층에 관한 연구를 하지 않을 수 없었다.[3])

그리하여 저자는 지난 100여년간 근대화 과정에 있어서 권력지배층의 형성과 이동에 관한 연구를 다시금 시작하였다.

일제시 한인지배층은 그 기원이 조선말기에서 비롯되었기 때문에 갑오개혁과 일제 침략하 조선지배층을 다루지 않을 수 없었고, 동시에 일제시 한인지배층인 도지사, 참여관 및 군수의 출신배경과 충원구조를 분석, 파악하여 보았다.[4])

해방 이후 권력지배층은 과거와는 달리 지배층의 분화현상이 나타나고 있으나, 그 중에서도 가장 전형적인 권력지배층이라 볼 수 있는 대통령 뿐만 아니라 청와대 참모(비서관), 내각 각료(장차관), 고위관료, 국회의원 및 법관들의 사회적 배경을 파악하여 보려고 하였다. 동시에 이들의 이념과 정책의 성격을 규명하기 위하여 대선 및 총선의 공약을 분석하였고, 또한 최근 경제위기에 대한 그들의 대응책과 그들의 주요한 충원요인인 교육기회구조를 파악하여 보았다.

그러한 결과, 지난 백년간 한국사회 지배층은 전통적인 지배세력 이외에 진취적인 중간계급이 정권의 교체에도 불구하고 역사의 주역이 되어 왔음을

1) 「한국 경제적 엘리뜨의 형성과정」, 서울대학교 대학원 석사학위논문, 1962
2) 「한국지배층연구」, 일조각, 1982
3) 「한말 지배층연구」, 서울대학교 한국문화연구소, 1972
「조선지배층연구」, 일조각, 1977
4) 「일제하 한인지배층연구」, 고헌, 2009

알 수 있었다.

일제시 전통적인 지배층(문관)은 비록 정치권력에서 배제되었지만, 친일 무관과 중인 신분층이 한인지배층의 핵심세력이 되었으며, 권력에서 배제된 조선 귀족이나 관료출신들은 대지주 및 상공업가 등 경제적 기반으로 자손들을 유학 등 신제교육을 시켜서 신민지 관료와 전문직(지식인)에 종사할 수 있었다.

해방후에도 이러한 지배층이 70년대 군정시 까지 군부 장성과 함께 권력지배층의 핵심을 이루었다. 그러나, 80년대 이후 민주화 정권의 권력지배층은 해방후, 특히 60년대 공업화로 성장한 중간계급(화이트 칼라와 자영상공인)의 자손들이었다. 이들은 주로 고위 관료과 국회의원 및 대학교수들이 되었다. 이들은 선거제도와 유사한 사회경제적 배경으로 권력공동체를 형성하면서 새로운 정치계급을 형성하고 있다.

그간 지배층에 관한 연구결과가 거의 없다가 최근 장차관과 비서실장 등에 관한 실증적 연구결과가 발표되고 있다. 이에 대한 연구가 적은 것은 현존 인물들이 관련되어 있어서 그러한 것이 아닌가 생각한다. 최근 지배층에 관한 많은 문헌과 정보(이력서 등)가 공개되어 있어서 이것에 대한 활발한 연구가 이루어지길 바란다.

마지막으로 본 연구를 위하여 자료(이력서 등)의 통계적 분석에 협조한 김진영(연세대 대학원)과 전산입력 및 편집을 수고하여 준 이지은(고헌복지재단)에게 깊이 감사한다.

2009년 5월 20일

김 영 모

목 차

제 II편 국회론

제 III편 관료론

제 Ⅳ편 정책론

< 표 목차 >

서장, 권력지배층연구 서설

1. 연구의 목적

지난 100년간 한국의 근·현대사는 파란만장의 연속이고, 이에 따라 권력지배층이 형성, 소멸 되었다.

조선왕조 말기 3정의 문란으로 민란이 지속되었고, 심지어 외세, 특히 일제의 간섭으로 국정을 개혁하지 않을 수 없었다. 이러한 국정개혁으로 1894년 시작된 갑오개혁이 나타나게 되었으며 일제의 침략으로 1904년 통감부 시절의 항일 의병전쟁이 일어났다. 마침내 1910년 한일합방으로 조선은 일제의 식민지가 되었다. 그래서 일제는 40여년간 이 땅에서 식민지 정책을 수행하였다.

일제는 식민지 정책을 효과적으로 수행하기 위하여 일제 무관 출신인 통감과 총독에 의하여 무력통치를 하였으며 1910년대 토지조사사업을 시행하여 많은 국유지를 사전화 시켜서 농민들을 착취하였다. 그리하여 1904년부터 왕권(국권) 회복을 위한 항일 의병전쟁이 전국에서 일어나 많은 백성이 희생되었으며, 또한 1919년 3·1운동이 전국적으로 일어나서 많은 애국지사들은 국내외서 항일 민족독립운동을 전개하였다.

일제는 1945년 8월 제 2차 세계대전에서 미소 연합군에 의해 참패하였으나 한반도는 분단되어 미·소에 의한 군정이 실시되었다. 항일 독립운동을 전개한 한민족은 해방의 기쁨을 만끽하지 못한 채, 미군정과 이승만 및 한민당이 주도한, 분단된 대한민국이 1948년 8월 15일 탄생되었다. 그러나, 미소간 냉전체제와 민족지도자의 이념갈등으로 1950년 6월 25일 처참한 민족상쟁의 소위 한국전쟁이 일어났다.

미군정과 6.25전쟁을 계기로 이승만 정권은 반공 독재체제를 확고히 하였으나, 마침내 3.15 선거부정으로 1960년에 4.19 학생혁명이 발생하였으며 이어 5.16 군사혁명이 발생하였다. 또한 군정의 지속을 위하여 소위 10월 유신(1972년 12월)이 일어났다. 이것을 종식하기 위한 민주화 운동(부마사태, 광주사태 등)으로 박대통령의 시해사건 및 5.17 군사쿠데타가 나타났으며, 동시에 새로운 군정이 실시되었다.

이러한 군사정권을 종식시키기 위한 1997년 6월 민주화 항쟁으로 정치적 민주주의(대통령 직선제와 지방자치제)는 부활하였다. 비록 민주주의 정치는 부활되었으나 1997년 말 금융위기가 닥쳐 IMF 지배관리체제 하에 들어가게 되어, 한국 자본주의는 미국이 주도하는 소위 신자유주의 세계화 경제체제에 편입되었다. 10년이 지난 2008년에 미국발 금융위기가 다시 초래되어 한국의 경제위기가 나타나고 있다.

이와 같이 소용돌이 치는 역사의 질곡에서 그때 그때의 주역들이 역사의 조타수 역할을 하고 있다. 이러한 주역들이 갑오개혁, 독립운동, 남북분단, 군사혁명, 민주화 운동 등을 일으키면서 한국 근 · 현대사의 주체가 되었다. 이들 주체는 지배층 또는 권력지배층이라 할 수 있다.5)

이러한 권력지배층이 국가와 민족의 운명을 좌우하고 있지만, 과연 그들의 정치적 행동이 우리의 역사적 민족적 과제인 조국통일과 국가발전을 위하여 기여할 수 있는 자질을 구비하였는지 궁금하지 않을 수 없다.

그리하여 저자는 지난 100년간 한국 근 · 현대사의 주역들, 특히 해방후 권력지배층의 사회경제적 배경 분석을 통하여 그들의 자질과 성격을 파악하여 보려고 하였다. 이들의 자질과 성격(가치, 이념 등)의 차이에 따라 사회적 정치적 행동이 상이할 수 있기 때문이다.6)

---

5) W. L. Wesolowski는 정책결정 지배층과 이에 참여하거나 영향력을 미치는 영향력 지배층으로 구분한다. 정부는 이 두가지 기능을 지닌다고 한다.(Ruling Class and Power Elite, *The Polish Sociological Bulletin,* Ossolineum, 1965, No.1, p.23)

6) D. R. Mathews, *The Social Background of Political Decision Makers*, Random House, N. Y. 1954, p. 4

저자는 조선 말기 정치지배층과 일제시의 한인 지배층 및 독립운동가에 대한 연구결과를 이미 발표하였기 때문에[7] 본 서에서는 해방후 한국 권력지배층의 형성과 이동에 관한 연구를 하려고 한다.

해방후 권력지배층은 미군정시 정치지배층, 대한민국 정부수립시 이승만 정권의 권력지배층, 4.19혁명 후 민주당 정권과 5.16, 5.17 군사혁명의 권력지배층, 그리고 6월 민주항쟁 이후 권력지배층의 형성과 이동을 그들의 사회경제적 배경 분석을 통하여 고찰한다.

이러한 권력지배층의 충원 기반이 주로 고위 행정관료, 국회의원, 전문직(교수, 변호사, 언론인 등)이었기 때문에 특히 관료지배층과 국회의원 및 사법지배층의 사회경제적 배경을 주로 문헌조사와 이력서[8] 및 재산[9] 등을 분석하여 그들의 사회계층 또는 사회계급적 성격을 파악하여 본다.

2. 권력지배층의 개념

저자가 사용하는 권력지배층이라는 말은 C. W. Mills가 처음 사용한 것이다. 그는 지배계급(ruling class)이라는 말이 싫어서, 즉 경제계급이 정치계급을 지배한다는 뜻이 있어서 권력지배층(power elite)라는 말을 사용하였다.

사실 지배계급과 권력지배층의 개념은 다르다. 밀즈는 지배층은 사회의 제도적 환경의 산물이라고 하였다. 현대사회의 권력은 제도화 되어 있고, 이러한 제도에 있어서 계서제의 최상위는 사회구조의 전략적 지휘부로 구성되

---

7) 김영모, 「조선지배층연구」, 일조각, 1977, 제 1, 2, 3편 참조.
김영모, 「일제하 한인지배층 연구」, 고헌, 2009, 제 2, 3장 참조

8) 이력서에서 개인의 자질을 알 수 있는 연령, 출신지, 학력(고교, 대학, 대학원 등), 전공 및 자격증 뿐만 아니라 사회활동을 알 수 있는 직력(전, 현직 등) 및 종교 등을 알 수 있다. 저자는 학력분석에서 원칙적으로 정규과정의 이수여부와 직력에 주요한 영향을 미친 학력을 밝혔고, 소위 국내외의 단기 연수 과정은 모두 배제하였다. 그리고 직력, 특히 전직은 자기 생애에 있어서 가장 주요한 영향을 미친 오래된 직업을 선택하였고, 종직은 퇴직후 초기 직업을 선택하였다.

9) 재산은 공직자윤리법(제 10조)에 따라 신고한 내용 중 고위공직자의 본인 및 직계존비속의 재산 총액, 주택, 대지, 전답, 임야, 예금 등을 분석하였다.

어 있다고 한다.[10] 그리하여 현대 미국사회의 권력지배층은 정부요인, 기업지배인 및 군사지도자의 3두 체제라고 하였다.[11]

이와 유사한 개념은 R. Dahrendorf의 견해이다. 그는 지배계급을 관료적 계서제의 정상을 구성하는 지위에 있는 것으로 보고, 후기 자본주의 사회의 지배적 정치계급은 국가의 행정참모, 그리고 그의 상관인 정부지배층, 그리고 정부지배층이 대표하는 이익정당으로 구성되어 있다고 하였다.[12]

그러나, K. Marx는 지배계급은 경제제도, 즉 생산관계의 산물이고 생산에 있어서 재산의 분배결과는 사회에 있어서 정치권력의 분배를 결정하며 물질적 생산수단을 통제하는 계급은 동시에 지적 수단을 통제한다고 하였다.[13] 그리하여 그는 부르조아지, 즉 자본가계급을 지배계급으로 보았다. 행정관료나 정치인 및 지식인은 자본가계급의 이익대변자로 보았다.

한편, J. Burnham은 마르크스의 견해를 수정하여 생산력의 형식적 소유자는 점차 실제적 생산기능에서 분리되고, 따라서 과거 자기 기업의 경영자였던 자본가는 그들의 활동을 전문경영자에게 맡기고 종국에는 유한계급이 된다고 하였다.[14] 따라서 자본가계급은 현대사회의 지배계급, 즉 권력지배층이 되기 어렵다고 한다. 이러한 견해는 후기 산업사회의 지배적 지위는 관료(R. Dahrendorf) 또는 기술관료(D. Bell)라는 견해와 유사하다. 그러나 뿌란자는 국가 또는 관료제의 계급에 대한 상대적 자율성을 주장하면서 관료제의 계급귀속성이 정치적 기능에 영향을 미친다고 하였다.[15]

이러한 권력지배층과 지배계급의 개념을 보면, 양자간에는 유사성도 있

---

10) C. W. Mills, *The Power Elite*, Oxford University Press, N. Y. 1957, p. 4(저자가 3두 체제의 용어를 수정하였음)

11) *Ibid.* p.277, 밀즈는 3두 체제의 권력지배층 중에 베트남 전쟁 등을 예시하면서 기업지배인은 정부요인을 시켜 군사지도자로 하여금 전쟁을 수행케 한다고 하였다.

12) R. Dahrendorf, *Class and Class Conflict in an Industrial Society,* Routledge & Kegan Paul, London, 1959, pp.301~303

13) *Ibid*, p.3, 14

14) J. Burnham, *The Managerial Revolution*, Indiana University Press, 1962. Chap.5,6,8

15) Nico Poulantzas, *Political Power and Social Classes*, 1975(Timonthy O'Hagen translated from French) Part 5, 홍순권 · 조형제 공역, 「정치권력과 사회계급」, 풀빛, 1986, p.401

지만 상당한 차이가 학자들간에 있다.

저자는 권력지배층은 지배계급내에 있어서 높은 지위와 많은 권력을 지닌 사람이라고 규정한다. 왜냐하면 이들은 ① 개인적 우수성, ② 제도적 또는 관료제적 상위, ③ 정책결정, ④ 권력소유 등 4가지를 소유하고 있기 때문이다.[16] 이러한 4가지의 요인 중에서 ②의 제도적, 관료제적 상위에 오르려면 ① 개인적 우수성이 있어야 가능하고, 이들은 ③ 주요한 정책결정을 하면서 ④ 많은 권력을 누리고 있다.

이와 같은 조건을 갖춘 권력지배층은 한국사회에 있어서 전형적인 것이 관료지배층이라 할 수 있다. 관료지배층 중에서 상위에 입법, 행정, 사법의 3권이 분립되어 있어서 다원화된 권력지배층을 형성하고 있으나 그 중에서도 핵심적이고 전형적인 것이 관료지배층이다. 관료지배층 중에서 상위에 있는 대통령과 그의 참모(수석비서관 및 각료)들의 충원기반은 관료지배층이 가장 많고 그 다음은 국회의원, 대학교수, 변호사 등이다.

그리하여 저자는 해방후 한국 권력지배층의 연구대상을 협의의 개념인 관료지배층과 국회의원 및 사법지배층을 본 고에서 다루려고 한다.[17]

3. 이론적 관점

저자가 지배층 또는 권력지배층의 개념을 지배계급내에서 높은 지위와 많은 권력을 소유하고 있는 자라고 하였다. 또한 높은 지위와 많은 권력의 소유자는 현대사회에 있어서 관료제의 정상을 구성하는 신분(지위)이라고 하였다. 따라서 지배층 또는 권력지배층의 형성과 이동에 관한 연구는 기능이론적 관점이 더욱 타당하고, 지배층의 사회적 기반에 관한 연구는 갈등이론적 관점에서 접근하는 것이 더욱 타당하다고 본다.[18]

16) 김영모, 「조선지배층연구」, 일조각, 1977, 서론을 참조

17) 지배층의 광의는 Harold D. Lasswell이 지적한 바와 같이 사회에 있어서 높은 지위와 가장 많은 권력의 소유자이고, 이들은 정치지배층 이외에 재산, 존경 및 지식의 지배층이 있다고 하였다.(H. D. Lasswell, D. Lerner & C. E. Rothwell, *The Comparative Study of Elites*, Standford University Press, 1954, pp.5~13)

현대사회에 있어서 지배층 또는 권력지배층은 마르크스주의자가 주장한 생산관계에서 형성되는 것이 아니고, 오히려 구조기능론자들이 주장하는 사회분화(분업화, 전문화)의 산물이며 사회계층의 상층이라고 할 수 있다.[19] 이러한 견해는 오늘날 신갈등론자(다렌돌프, 코자 등) 뿐만 아니라 신마르크스주의들도 모두 인정하고 있다.

<표 1> 이론적 관점에 따른 권력지배층의 형성 및 분석 요인

분석개념	이론적 관점	형성요인	지배층 유형	분석 자료	
				이력서	등록재산
지배층(1)	기능이론	역할분화와 기능적 필요성	다원화 (정치,재산,지식엘리뜨)	학력/직력	
	신베버이론	재산과 시장능력	신중간계급	학력/자격/직업	재산
지배계급(2)	신갈등론	재산과 역할분화	정치계급 (정치인, 고위관료,전문직)	학력/직업	재산
	마르크스주의	생산관계	부르조아지(자본가계급)	직업	재산/부동산
공통성(1+2)	이념과 성격	가족관계 연고관계 사회화		가족/성씨 가족/출신지/직력 가족/종교/직력	부동산

한편, 지배층이 동시에 지배계급이기 때문에 당대에 있어서 생산관계 또는 비생산관계(인프레, 투기 등)에서 재산을 증식하고 부르조아지(자본가계급)가 되었다고 볼 수 있다. 그렇기 때문에 지배층 또는 권력지배층의 출신배경이나 형성 및 이동에 관한 연구는 마르크스의 계급론(양극화와 동일화)이나 신마르크스주의자의 수정론(신중산층)에 의하여 일차적으로 접근할 수 있겠으나,[20] 이들이 높은 지위에 오르고 많은 권력을 지니게 된 과정은 구조기

18) 기능이론과 갈등이론에 대한 이해와 한국 사회분석의 과제는 다음 책을 참고하기 바람.
김영모, 「현대사회학」, 고헌출판부, 1983, 2001, 제 2장 3, 4절
김영모, 「한국사회학」, 법문사, 1972, 제 1장 2절

19) 김영모, 「현대사회계층연구」, 한복연 출판부, 1982, 1999, 제 1편 3장 참조

20) 상게서, pp.31~37, pp.133~135
신중산층의 계급적 성격은 4가지 견해가 있다. 하나는 부르조아지에 속한다는 것(러너, 크로너), 둘째는 노동자계급에 속한다는 것.(가이거, 밀즈) 셋째는 한 부분은

능론자들이 주장하는 제도적 산물과 기능적 필연성으로 설명이 가능하고,[21] 동시에 신베버론자들이 주장하는 교육 및 기술과 같은 시장능력으로 설명할 수 있겠다.[22]

이러한 이론적 관점에서 권력지배층의 출신배경과 형성 및 이동을 연구하는데 필요한 일차적 자료는 그들의 이력서와 재산목록이라 할 수 있다. 이러한 이력서와 재산목록을 구하여 이것에 대한 내용분석 및 실증적 분석을 통하여 그들의 사회화 과정과 계층적, 계급적 성격을 밝히려고 하였다.

4. 기존 이론과 연구과제

지배층(elite)의 형성과 이동에 관한 이론은 19세기 V. Pareto의 순환설이 널리 알려져 있다. 지배층의 순환설은 비엘리뜨가 상승하는 만큼 통치엘리뜨가 몰락한다는 것으로, 통치엘리뜨는 하층계급과 중간계급의 출신을 보충함으로써 양적으로나 질적으로 쇄신되어 순환에 의하여 유지된다는 것이다. 따라서 엘리뜨의 순환이동이 심하면 통치계급이 건강해지고 통치계급이 개방적이면 그 자신이 유지되고 카스트적이면 더욱 몰락하는 경향이 있다고 한다.[23]

한편, 밋헬스는 구 지배계급이 신집단에 의하여 소멸되지 않고, 오히려 융합, 결합이 일어난다고 하였다. 이러한 결합이론은 슘페터의 공생설에서도 찾아볼 수 있다. 그는 봉건사회 엘리뜨의 자손이 근대사회의 정치엘리뜨가 되어 계속 지배하고, 다른 한편 새로이 출현한 자본주의 사회의 경제적 엘리뜨가 경제활동을 지배한다는 것이다. 이것은 근대화 과정에서 두가지 엘

부르조아지이고 다른 것은 노동자 계급이라는 것(다렌돌프), 넷째는 구계급의 확대라는 것이다.

C. W. Mills, *White Collar,* Oxford University Press, 1951, pp.290~291

Nicos Poulantzas *Classes in Contemporary Capitalism*, Verso, 1978, pp.193~198

21) 상게서, pp.46~58

22) 상게서, pp.38~43

23) V. Pareto, *The Mind and Society,* Vol. 4, Hatcourt Brace, N. Y. 1935, pp.1429, 1431

리뜨가 공존하면서 서로 도와 준다고 하였다.[24] 이러한 순환설, 결합설 및 공생설은 부르조아 혁명(소위 시민혁명)이 일어난 사회에서는 그 타당성이 있을지 몰라도 볼세비키 혁명과 같이 프로레타리아 혁명이 일어난 사회에는 그렇지 않을 것이다. 이러한 엘리뜨의 이동이론이 한국 사회에서 어떠한 것이 보다 적절할 수 있는가에 대해서 많은 의문이 있었다.

저자는 과거 그간 한국 사회지배층이동이 다음과 같은 특성이 있음을 주장하였다.[25]

일제의 식민지하에 있을 때에도 구지배층의 권익은 보호되었고 그들은 대부분 경제적 엘리뜨로 전환되었으며 이것이 해방 후에도 그대로 지속되었거나 대지주의 3분화에 의하여 권력지배층을 형성하였던 것이다. 다시 말하면 일제시 경제엘리뜨였던 대지주는 그들의 경제적 기반으로 자녀를 교육시켜 관료·지식인이 될 수 있었다. 이들이 해방후 정치엘리뜨, 지식엘리뜨로 전환되었으며, 한편 상공업가로서 경제적 엘리뜨가 되었다.

그리하여 비록 하층 또는 중간층과 같은 신집단이 그러한 엘리뜨로 등장한 사람이 있겠지만 그것은 극소수이고 역시 주류는 엘리뜨의 자손이 다시금 엘리뜨가 되는 신분적 세습성이 존재하였다. 이러한 엘리뜨의 속성은 사회변화를 추구하지 못하였고, 근대화를 추진시킬 의욕과 능력도 보이지 않았다. 그렇다고 이들의 세습화가 보장되어 있는 것은 아니다.

해방 이후 교육기회의 확대와 농지개혁, 그리고 6.25전쟁은 새로운 사회계층의 상승이동을 가능하게 하였다. 더욱이 교육과 전쟁의 기능적 필연성은 새로운 엘리뜨를 등장시킨다. 이것이 4.19와 5.16을 주도할 수 있는 사회세력이 되었다. 이들의 출신배경은 다수가 중간층이었고 하층도 있었다. 이들이 1960년대 이후 상승이동이 가능했던 것은 모두 근대적 지식소유자이고 동시에 관료제도에 의하여 성장될 수 있었기 때문이다.

이러한 엘리뜨는 거의 대부분 농촌출신이다. 근대화 과정에서 엘리뜨는 농촌출신이라는 것은 이미 파레토가 지적하였고, 또한 쟈노위츠(Janowitz)도 군장교는 중간계급과 농촌출신이라 하였다.[26]

---

24) J. Schumpeter, *Imperialism and Social Classes*, Meridian Books, N. Y. 1955, Part2
25) 김영모, 「현대사회계층론」, 한복연 출판부, 1982, 1999, pp.99~101

이와 같이 중간계급과 농촌출신의 새로운 엘리뜨가 1960년대 등장할 수 있었던 다른 요인은 조국의 근대화를 추진시키기 위한 정부의 일련의 노력, 즉 경제개발계획, 수출입국, 행정기능의 확대, 그리고 민간기관(기업, 학교 등)의 사업 확대로 말미암아 막대한 역할 수요, 즉 기능적 필요성이 있었다. 이러한 기능적 필요성은 전통적인 지식과 기술보다도 근대적인 것을 요구하였다. 따라서 전통적 엘리뜨는 이러한 요구를 해결할 능력이 없고, 따라서 새로운 엘리뜨가 이들을 대치한다.

오늘날 우리나라의 각 분야에서 급격한 변화가 일어나고 동시에 세대교체를 요구하고 있다. 이것은 근대화와 경제개발의 기능적 필연성의 산물이다. 이러한 급격한 변화로 인해서 사실 눈에 보이지 않는 혁명이 일어나고 있는 것이다. 이러한 혁명이 정치성을 띠지 않고 기능성을 띄는 경우 비폭력성을 지닌다.

이러한 기능적 혁명과정에서는 구엘리뜨가 부정을 당하지 않는다. 다시 말하면 그들과 공존하면서 점차 그들의 자손도 사회의 역할분화, 즉 분업화로 말미암아 기능적 엘리뜨로 전환된다.

그리하여 양적으로는 근대화의 기능적 필연성으로 중간계층이 대량으로 상승이동하는 것이 가능하지만 질적으로는 구엘리뜨가 지배 메카니즘을 통해 강력한 권력을 장악하고 있다. 이것은 사유재산과 상속제도에 의하여 강력히 보장되어 있는 경우 비록 기능적 근대화가 이루어진다 할지라도 권력구조적 근대화는 이루어지기 어렵다. 오히려 그들 중심의 강력한 권력세계(예컨대 문벌)가 형성될 수 있고 통혼권에 의하여 그들의 권익을 보장, 강화하기 위하여 권력공동체가 형성되는 것이다.

이와 같이 해방 이후 한국 권력지배층의 사회이동을 본다면, 해방후에는 슘페터의 견해(융합설)가 더욱 타당해 보였으나 군사혁명시에 급격한 교체가 이루어졌으며 민주화 이후에는 다시금 파레토의 순환설이 타당해 보인다.

이러한 지배층의 형성과 이동이론이 지난 100년간 한국 권력지배층의 변천사에서 그 타당성이 어느 정도 있는 가를 다시금 실증하여 볼까 한다.

저자는 지난 100년간 한국 지배층의 역사에 있어서 가장 주요한 특징으로서 중인, 중농 등 중간계급 출신이 계속 등장하고 있다는 것을 주장하였다. 이것은 조선 말기의 신분해체, 정치지배층, 개화세력, 유학생, 나아가 독립운동가들의 배경분석과 최근 일제하 한인지배층 연구에서도 발견하였

26) 김영모, 「조선지배층연구」, 일조각, 1977, p.163

다.[27] 그리하여 이러한 중간신분 및 중간계급론이 해방 이후에도 어느 정도 지속적으로 성장하고 있는 가를 먼저 밝히려고 한다.

둘째는 해방후 한국 권력지배층이 일제시 '대지주의 3분화'에서 비롯되었다는 것을 주장하였는데[28] 이러한 견해가 타당한 지를 다시금 밝히려고 한다.

셋째는 해방후 미군정시 권력지배층은 친일 관료세력이고 동시에 친미세력으로 대치되었으며 이들은 대부분 전통적인 지주부농 출신들이라고 하는데 과연 그러한가 하는 것이다.

넷째는 해방후 한국 권력지배층은 미군정, 정부수립, 4.19 학생혁명, 5.16 군사혁명 등을 거치면서 언제 일제시 잔재, 즉 친일관료와 친일 지주부농 출신들로 부터 벗어났는 지를 밝히고자 한다.

다섯째는 해방후 서구식 민주주의, 특히 보통선거와 직선제, 즉 참정권이 발달함으로서 한국의 정치지배층이 토착세력화 하는데 기여하였는지, 그리고 이러한 민주주의가 서구처럼 부르조아 민주주의, 즉 자본가 계급의 이익을 대변하는 지를 그들의 출신배경을 분석하여 계층적 계급적 성격을 파악한다.

여섯째는 전쟁은 귀족의 무덤이라고 하는데 과연 전쟁으로 새로운 권력지배층이 형성되었는 가를 본다.

일곱째는 지배층 이동의 주요한 요인으로 재산설, 분업설, 권력설 및 세습설 등을 주장하고 있는데 이의 타당성을 검토하여 본다. 나아가 지배층 이동의 공통된 요인으로 교육(특히, 대학교육)을 많이 지적하고 있는데 한국의 경우 어느 정도 타당한 가를 보려고 한다.

여덟째는 해방후 한국의 권력지배층 이동에 있어서 엘리뜨의 순환설, 또

27) 김영모, 「한국사회계층연구」, 일조각/고헌, 1982/2005, 제 1편 1장
「조선지배층연구」, 일조각/고헌, 1977/2002, 제 1, 2, 3편
「한말지배층연구」, 서울대 한국문화연구소, 1972
「한국지배층연구」, 일조각, 1982, 제 1장, 2장
「일제하 한인지배층 연구」, 고헌, 2009, 제 2, 3장

28) 김영모, 「한국사회학」, 법문사, 1972, 제 3장 3절

는 융합설, 또는 공생설 중에 어느 것이 어느 정도 타당한 가를 밝혀 본다.

아홉째는 한국사회 권력지배층의 형성과 이동을 분석하고 설명하는데 앞서 지적한 이론적 관점, 즉 기능론, 갈등론, 신베버이론, 마르크스이론 등의 타당성이 어느 정도 있는 가를 밝혀 본다.

열번째는 해방후 반공과 분단의 정책이 한국 보수세력 형성에 있어서 어떠한 의미를 지니고, 장차 어떠한 과제와 전망을 할 수 있는지 고찰하여 본다.

제 1장 미군정시 정치지배층과 농민항쟁

1. 서 론

1) 연구 목적

일제로 부터 해방된지 60년이 지났지만 아직도 남북이 분단된 채 대립하여 국력을 낭비하고 민족적 자존심이 크게 손상되고 있다. 이러한 남북의 분단이 언제, 왜 일어났는가에 대한 의문이 우리에게는 항상 주요한 관심이 되어 있다.

어릴 때부터 8.15 해방, 좌우익 대립, 빨치산, 보도연맹, 6.25전쟁 등을 겪으면서 그 참상을 직접 보고 많은 이야기를 들었지만, 그러한 비극의 원인이 어디에 있었는지 잘 알기가 어려웠다. 더욱이 4.19혁명에 참여하고 7.4 남북공동선언 등을 들으면서 우리의 역사적 과제인 남북분단이 과연 해소될 수 있는지 궁금하지 않을 수 없었다.

이러한 문제를 알기 위하여 해방 정국의 이념적 대립과 미군정의 정책방향, 그리고 당시 정치지도자의 실체를 알고 싶었다. 동시에 해방 후 노동자와 농민들의 항쟁의 성격을 모두 파악하여야 해방정국의 정치적 갈등의 실체를 알 수 있겠으나, 여기에서는 농촌, 특히 산촌에서 일어났던 횃불 시위, 야산대와 같은 빨치산 투쟁 등이 왜 일어났으며, 이것이 중앙 정치지도자의 이념 대립과 정치조직과의 연관성, 그리고 지방 정치세력(좌우익)간의 갈등이 왜, 어떻게 일어나고 있었는지를 규명하고 싶었다. 나아가 지방의 정치지도자, 특히 인민위원회와 빨치산이 과연 좌익(공산주의자)인지 아니면 민족주의자인지 그들의 실체를 분석하여 보고 싶었다. 또한 좌파라도 모두 과연 공산주의자일까 하는 의문이 있었다.[1)]

2) 연구방법

이러한 문제를 탐구하기 위하여 해방 정국에서 지도적 역할을 한 중앙의 정치지도자와 지방의 농촌지도자들의 출신배경을 분석하여 그들의 이념적 성향과 사회적 특성을 파악하는 것이 매우 중요하다고 생각한다. 왜냐하면 그들의 출신배경에서 정치지배층으로 성장할 수 있는 경제적 기반과 이해관계를 알 수 있고, 동시에 그들의 성격이 형성되는 사회화 과정을 알 수 있기 때문이다.

중앙의 정치활동은 쉽게 문헌조사에서 파악할 수 있지만 지방, 특히 농촌의 경우는 대단히 어려웠다. 농촌의 이념적 대립도 전국적인 현상이지만[2)] 본 고에서는 경남 울산지역(특히 서부 5개면)을 중심으로 고찰하려고 한다.

저자는 정치지도자들의 출신배경(연령, 출신지, 학력, 경력 등)을 알기 위하여 그들의 이력서를 주로 분석하여 그 특성을 파악하고자 하였다. 정치지도자들의 이력서는 쉽게 찾아 볼 수 있지만,[3)] 지방의 농촌지도자는 그것을 알

---

1) 해방정국의 핵심적 과제는 좌·우익의 이념적 대립이다. 당시에 좌·우익의 이념적 정책적 차이가 무엇인지를 정확히 이해하는 사람이 과연 얼마나 되는 것인지 의문이다. 심지어 최근에도 많은 정치인과 언론이 지난 10년간을 좌익(좌파) 정권이라 하는데 그 타당성에 의문이 간다. 해방 당시 사용된 좌·우익에 대한 이론적 근거는 주로 ① 생산수단과 소비수단의 공유화(공산주의), ② 생산수단과 소비수단의 사유화(자본주의), ③ 생산수단의 공유화와 소비수단의 사유화(사회주의)의 고전적 개념에 기초하여 있다. 당시에 '골고루 잘사는 세상' 또는 '너것 내것 없는 사회'를 만들겠다는 것은 좌익이라 볼 수 있지만, 자기의 생명과 재산의 보존에 해로운 주장이라고 해서 모두 좌익이라고 간주하는 것은 잘못된 것이다.

2) 최상룡, 「미군정과 한국민족주의」, 나남, 1988, 제 2장 2절(전남지방)
신종대, 해방 직후 부산, 경남지방의 변혁운동, 역사문제연구소, 「한국 근현대 지역운동사」, 영남편/호남편, 여강, 1993
안소영, 해방 직후 경북지역 인민위원회의 조직과 활동, 역사문제연구소, 「한국 근현대지역운동사」, 영남편, 여강, 1992
안종철, 「해방 직후 건국준비위원회 지방조직과 지방인민위원회에 관한 연구」, -전남지방 중심으로-, 전남대 박사학위논문, 1990

3) '동아일보사'를 비롯한 언론사의 '인물정보'와 국회도서관의 「국회의원 이력서철」(마이크

기가 매우 어려웠다. 그들의 출신배경은 주로 문헌조사와 탐문조사를 통하여 밝히려고 한다.[4] 그리고 경남 울산지방의 농민항쟁은 주로 「부산략사」, 「울산광역시사」를 비롯하여 「울주군지」, 「언양읍지」, 「상북면지」, 「두서면지」, 「두동면지」, 「범서읍지」 등을 참고하여 고찰하였다.(문헌자료 목록 참조)

2. 중앙의 정치갈등과 좌·우익의 대립

1945년 8월 15일 제 2차 세계대전이 끝나면서 일제의 패망으로 한반도는 미소 양군이 분활하여 지배하였다. 이러한 분활은 이미 얄타회담에서 미국에 의하여 제안된 바 있지만 1945년 9월 2일 미 극동군 맥아더 사령관이 북위 38도선을 경계로 미·소 양군이 분할, 점령한다고 발표하였다.[5] 그로 말미암아 1945년 9월 7일 부터 미군이 한반도의 남반부에서, 그리고 동년 8월 24일 소련군이 평양을 점령하여 북반부에서 군정을 실시하면서 남북한에 있어서 정치적 갈등은 시작되었다.[6]

이러한 정치적 갈등은 일제 식민지하에서 전개되었던 독립운동의 좌우 이념갈등이 표현되기도 하였지만 그 보다도 친일 보수세력과 자주 진보세력 간의 투쟁이 해방 정국에서 나타났던 것이다.[7] 미군정과 친일 및 친미세력

로 자료 1~4)을 주로 이용하였고, 「한국근현대사 인명록 6」, 여강출판사, 1987, 등을 참고하였다.

4) 울산 및 언양지방의 좌우익지도자는 출향 인사(서울 거주)들과의 면담과 울산대 인문과학연구소 울산지역사연구 노인팀(박제균)의 보고서를 참고하였다.

5) 맥아더 사령관이 1945년 9월 1일 한국 주둔군인 미 제 24군단에 보내는 명령 55호는 다음과 같다. ① 미군은 한국을 피점령지로 취급하지 말고 민중과 알력이 없도록 할 것, ② 카이로와 포츠담 양 선언의 취지를 이행하는데 주력할 것, ③ 일군의 무장해제를 단시일 내에 할 것, ④ 자유주의에 입각한 한국민의 자치능력을 가능한한 지원할 것, ⑤ 현재 행정기구를 최대한 활용할 것, ⑥ 친일파로 낙인찍힌 인사를 행정에서 제외할 것, ⑦ 정치·사회단체가 민주주의에 역행할 때는 통제할 것, ⑧ 일본인 관리들을 가급적 속히 한국인으로 교체할 것. 이것에 따르면 미군정은 자유주의와 민주주의의 이념을 제시하고 있다. 그러나 하지 군정장관은 3개월간 일본 관료를 해임하지 않았다.

6) 미군정은 주한 미군사령관(하지 중장)과 군정장관(아놀드 소장)이 입법, 사법, 행정의 모든 권력을 가진다.

이 건준의 인민위원회와 인민공화국을 부정하였음에도 불구하고, 특히 농촌에서는 민족해방을 위한 빨치산 투쟁이 격화되었다.

남북한에 있어서 정치갈등은 해방후 무엇보다도 미군정과 소군정의 통치목적에 따라 그 대립성이 나타나기 마련이다. 종전 직전 소련군의 대일참전 대가로 나타난 것이라고 하지만, 제 2차 세계대전 이후 미·소 양국의 세계 전략으로 남한을 자본주의 국가, 북한을 사회주의 국가로 만들겠다는 기본적인 정책 방향에서 이루어졌다고 해도 과언이 아니다.[8)]

1) 미 군정과 좌·우익 대립

미군정이 실시되기 전, 조선의 정치지도자는 주로 국내에서 독립운동을 전개한 여운형, 안재홍, 송진우, 박헌영 등이 있었다. 특히 여운형은 1945년 8월 15일 건국준비위원회[9)]를 발족하고, 총독부 엔도(遠藤柳作) 정무총감과 회담하여 정치범 석방(2만여명), 식량확보, 치안유지, 건국사업 등을 합의하여 행정권을 인수하기로 하였다. 또한 건준은 인민위원회로 명칭을 변경하고 전국적으로 146개 지부를 조직하였으며, 전국 시도와 시·군·구의 대표자

---

7) 미군이 인천에 상륙하기 전부터 좌우익 진영, 즉 임시한국위원회(백상규, 조한용, 여운홍: 건준계)와 연합군 환영위원회(조병옥, 윤보선, 윤정용; 한민당계)는 하지 사령관에게 서로 헐뜯는 짓을 하였다.(HQ, USAFIK *G-2 Periodic Report*, 1945. 9. 9, 진덕규, 「한국현대정치사 서설」, 지식산업사, 2000, pp.21~27)

8) 한반도의 분단은 외인론과 내인론 및 그 양자론이 있다.
김영모, 「한국지배층연구」, 일조각, 1982, 제 4장 참조,
브루스 커밍스, 김동노외 역,「한국현대사」, 창작과 비평사, 2001, p.264,
Bruce Cummings, *The Origins of the Korean War, Liberation and the Emergence of Seperate Regimes*, 1945~1947, Prince University Press, 1981,
브루스 커밍스 저서,(김주환역)「한국전쟁의 기원」1945~1949, 청사, pp.20
신용하, 한국 남북분단의 원인과 포츠담 밀약설, 한국사회사연구회 편, 「해방 직후의 민족문제와 사회운동」, 문학과 지성사, 1988 참조.

9) 건준은 해방 후 조선의 자주독립 건국을 위하여 1944년 8월 여운형이 주동이 되어 설립한 건국동맹의 후신이다. 건준은 당시 국내 2대 주류인 소위 민족주의계(송진우)와 공산주의계(박헌영)가 합작하여 결성하였다. 건준의 위원장은 여운형이고 부위원장은 안재홍과 장덕수이다. 건준은 1945년 8월 31일까지 중앙위원회(12부 1국)와 지방 각도에 13개 지부와 145개 지방지부, 그리고 건국치안대(전국 162개)를 조직하였다.

들로 전국 인민대표자회의(150여명)를 개최하여 1945년 9월 6일 '조선인민공화국'(주석에 이승만, 부주석 여운형) 수립을 선포하였다.10) 그리고 박헌영, 이강국은 1945년 9월 15일 혁명동지와 출옥동지들(약 1만 6천명)과 함께 좌익진영을 총 망라한 조선공산당을 창립하였다.11) 이에 대항하기 위하여 1945년 9월 16일 송진우와 안재홍은 건준을 탈퇴하여 한국민주당을 결성하였고, 1946년 2월 8일 이승만과 김구는 대한독립촉성국민회를 창립하였다.

한편, 미 극동사령부(사령관 맥아더)는 1945년 9월 7일 남한에 군정을 선포하고, 미군정 장관에 미 제 24군단 사령관인 하지(John R. Hodge) 중장을 임명하였다.12) 하지장관은 1945년 10월 5일 한국인 11명의 고문(위원장에 김성

---

10) 건준은 장차 미국과 협상력을 높이기 위하여 좌우와 중도파를 망라한 인사로 인민공화국을 선포하였다. 안재홍 건준 부위원장이 동년 8월 16일 경성방송국을 통하여 '3천만 동포에게 고함'이라는 연설로 그 지부가 전국적으로 조직되고 또한 치안대와 경비대를 조직한다고 하였다. 건국치안대(대장 장권, YMCA 체육간사)가 서울 시내(2천명) 뿐만 아니라 전국의 지역별, 직장별로 조직하였다.(이만규, 「여운형 선생 투쟁사」, 민주문화사, 1946 참조)
 참고로 건준 또는 인민위원회가 설립한 조선인민공화국과 1948년 9월 9일 북조선 임시인민위원회(위원장 김일성, 부위원장 김두봉)가 설립한 「조선민주주의인민공화국」은 상이한 것이다. 건준의 인공은 사전 동의 없이 조선인민공화국의 헌법기초위원(인민위원 55명), 후보위원(20명), 고문(12명) 및 각 부서장을 임명한 경우가 많다. 각 부서장(각료)을 보면, 주석에 이승만, 부주석에 여운형, 국무총리에 허헌, 내무부장에 김구, 외무부장에 김규식, 재무부장에 조만식, 문교부장에 김성수, 사법부장에 김병로, 경제부장에 하필원, 체신부장에 신익희, 서기장에 이강국 등 해방 정국의 좌파, 우파 및 중도파의 정치지도자가 망라되어 있다.(각료 15명 중 7명이 해외 체제함) 이것은 민족적 대표성을 유지하기 위한 것이다. 그런데 인민공화국 중앙인민위원 67명 중에 조선공산당과 민전 및 인민당에 속한 좌익이 전체의 62.6%를 차지하고 임정과 한민당에 속한 우익은 14.9%에 불과하다. 그리고 이들은 일본에서 대학 교육을 받은 사람(14명)이 가장 많고,(와세다 출신이 10명) 그 다음은 소련(7명), 중국(6명)과 한국(6명) 및 미국(3명)에서 교육을 받았다.(이기하, 「한국정당발달사」, 의회정치사, 1961, pp.43~49) 그러나, 건준의 인공이 불법화된 후 안재홍 등 우익인사는 탈퇴하고 미군정이 국(國)자 대신 당(黨)자를 요구하여 인민당이 되었다(송남헌, 「해방 3년사」,1988, pp.35~73)

11) 조선공산당의 정강은 ① 노동자, 농민, 도시빈민, 병사, 인테리겐차 등 일반 노동인민의 이익의 옹호와 급진적 생활개선, ② 조선민족의 완전한 해방과 모든 봉건적 잔재의 일소 및 자유발전, ③ 조선인민의 이익을 존중하는 혁명적 민주주의적 인민정부의 확립을 위한 투쟁이다(이기하, 전게서, p.52 및 송남헌, 전게서, pp.134~177)

12) 하지 중장(52세)은 일리노이주 칼칸다시 출신으로 일리노이대학에서 건축학을 전공하고 24세에 소위로 임관된 종신 직업군인이다. 그는 1945년 9월 9일 18만명 되는 일본군대의 정식 항복을 접수한 후 한국의 즉시 독립은 어렵고 혼란상태가 진

수)과 미군 이외 16명의 한인 국장(표 5 참조)을 임명하여 군정체제를 확립하였다. 한인 고문과 한인 국장은 제 3절에서 볼 수 있는 바와 같이 한민당 출신이 대부분인 친일, 친미 보수세력이다. 이들이 미군정 3년간 미국식의 정치, 경제, 군대, 교육 등 모든 질서를 이식하는데 큰 기여를 하였다. 심지어 일제시 자주독립운동을 전개한 상해 임정과 건준(인민위원회)의 정치활동(건국사업 등)을 부인하였다. 특히 한민당원인 미군정 경무부장 조병옥이 하지 중장과 아놀드 군정장관에게 진언하여 인민공화국의 불법화와 인민위원회의 해체를 선포하도록 요구하였다.[13] 그리하여 미군정 장관은 1945년 10월 10일 인민위원회의 조선인민공화국을 불법화 시켰다.[14]

그런데 1945년 11월 20일에 열린 제 2차 전국인민위원회 대표자 회의록에서 '친일파들의 악선전과 군정과의 관계'에 대한 보고(의사록)를 보면, 여운형은 연합군의 엄격한 중립성을 요구하고 사대주의와 외세 개입을 반대하면서, 미군을 신뢰하고 각 지방 인민위원회에 협력하도록 지시하고 있다.

우리는 결코 군정과 대립되는 것이 아니고 더욱이 군정을 방해하는 것이 아니다. 다만 우리의 자주독립의 역량을 표시하여 그것의 성장을 도모하는 동시에, 민중의 부르짖음이 무엇인가를 집중적으로 표현하고자 하는 것이다. 그리고 일부 반동분자들의 악선전과 같이 이것은 결코 어느 당파(예를 들면 공산당)의 결집이 아니고 전민족 각층 각파의 혁명적 진보적 세력의 집중이다. 이럼에도 불구하고 지금까지 조

정될 때까지 아베 총독을 비롯한 일본인 관리를 당분간 잔류시킨다고 하였다. 그는 오끼나와에서 올 때 행정기구는 현 상태로 존치하되 일본인 관리들은 모두 파면시키라는 명령을 받았다. 그리고 하지 중장은 군정장관으로 미 육사 출신이고 미식 축구선수로 유명한 아놀드 소장을 임명하고 109명의 장교를 군정 부서에 임명하였는데 이들도 모두 조선어를 모르고 유능한 통역인도 없었다고 한다.(리차드 E. 라우터백, 「한국미군정사」, 국제신문사 출판부, 1948, pp.37~38)

13) 서울신문사,「미군정 30년」, 행림출판사. 1987
조병옥, 「나의 회고록」, 1959, 민교사, p.154

14) 전국인민대표자대회의 성명서는 전 조선민중의 요망에 의하여 '조선인민공화국'이라는 자주적 정부수립을 한 것이며 동시에 연합군 및 미군정의 최고통치권을 인정하고 있다. 그러나, 하지 장군의 성명은 조선인민공화국 지도자와 수차 회담하여 그들은 잘못을 인정하였다면서 이것을 불법화 시켰다고 한다.(대검찰청, 「좌익사건 실록」, 1권, 1965, pp.35~40)

선민족을 팔아먹던 친일파와 민족반역자들이 준동을 개시하여 우리의 건국사업을 방해하는 동시에, 어제까지 친일을 주장하던 그들이 오늘은 친미의 가면을 바꿔 쓰고서 우리를 중상하고 훼방하여 무근한 사실을 무고하여 미군과 우리를 이간시키고 있다. 이러한 민족반역자들의 악선전과 갖은 모략 중에서 10월 10일 아놀드 군정장관의 성명이 나왔었고 저간 미군의 우리 청사에 대한 수 3차의 수색이 있었을 뿐 아니라 여러 가지 간섭이 있게 되었다. 그러나 우리는 우리의 완전독립을 원조하기 위해서 있는 것이라고 믿는 한, 적극적으로 협력하기로 한 것은 최근 각 지방인민위원회에 지시한 바와 같다.

이러한 지침을 보면, 여운형 등 인민위원회 지도부는 미군정을 짝사랑하고 있는 것 같다. 마침내 인민공화국은 불법화 되면서 1개월 천하가 되었지만[15], 각 지방 인민위원회는 해방의 의미(일제 잔재의 청산과 소작제의 폐지 등)를 찾고, 그것을 구현하기 위한 혁명적 조치를 갈구하고 있었다. 인민위원회가 불법화된 정국에서 좌익세력은 지하에 들어가고, 좌익 3당(조선공산당, 인민당, 신민당)이 통합하여 남조선노동당(위원장 허헌, 부위원장 박헌영, 이기석)을 결성하였으며, 그 산하에 조선노동조합 전국평의회(전평)와 전국농민총연맹(전농)의 대중조직을 강화하였다. 그리하여 지방의 인민위원회는 관공서 습격과 친일 인사 공격 등 반정부 투쟁을 전개하였다.

반면, 일제에 협력한 친일 우파세력인 한국민주당[16]은 호기를 맞았지만,

---

15) 1945년 10월 28일 여운형이 군정청에서 아놀드 장군의 공문을 가져왔는데 그 내용은 '한 나라에 두 정부가 있을 수 없다. 조선의 독립은 약속되어 있지만 아직 조선의 통치권은 군정에 있다. 인민공화국의 명칭은 취소하라'는 것이었다. 그 후 11월 21일 하지가 오라해서 갔더니 ① 인민공화국의 '국'자를 '당'으로 고치고, ② 인공을 해체하며, ③ 군정만이 유일 정부니 인공은 정부 행세를 하지 말라고 하였다.(김남식, 「남로당 연구」 I, 돌베게, 1984, pp.136~137)

16) 한민당은 조선민족당(김병로)과 한국국민당(백남훈), 연합군 환영 국민대회(송진우) 및 고려민주당(원세훈)의 연합으로 창당되었다. 조선민족당은 김병로가 건준을 탈퇴하여 백관수, 조병옥, 이인, 나용균 등과 함께 민주정치와 반공정책을 정강정책으로 내걸었고 한국국민당은 백남훈, 김도연, 허정, 장덕수, 유억겸, 윤치영, 윤보선 등이 조직하였다. 이 두 정당의 정강정책을 취사하였으며, 결의문과 선언문에 임정을 지지하고 건준을 타도하여 국가 대건에 매진하자고 하였다.
한민당의 주요 간부는 초기에 김병로가 수석총무(당수)를 맡았으나 곧 송진우로

스스로 서지 못해서 이승만과 임정을 업고야 나설 수 있었다.[17] 그리하여 한민당은 창당 선언문에서 임정을 지지하고 건준을 타도한다고 선언하였다. 그 후 1945년 12월 27일 모스크바 3상회의에서 임시정부를 설립하여 5개년 신탁통치를 실시한다는 바람에 반탁(우익), 찬탁(좌익) 투쟁으로 이땅에 좌·우익의 정치투쟁이 본격화 되었다.[18]

한편, 해외 독립운동가들이 입국하면서 정국상황이 급변하였다. 특히 상해 임시정부의 김구(주석), 김규식(부주석) 그리고 서안에서 이범석(광복군 참모장) 등이 입국하고[19] 미국에서 이승만(임정 대통령)이 귀국하면서 많은 정당이 결성되었다.[20] 특히 우익진영은 이승만 중심의 독립촉성중앙협의회[21]

교체하였다. 그 밖의 총무는 백관수, 서상일, 김도연, 허정, 백남훈이고 사무국장에 나용균, 당무부장에 김약수, 외무부장에 장덕수, 노동부장에 홍성화, 문교부장에 김용무 등이다.(송남헌, 전게서, pp.117~130)

17) 1948년 헌법제정시 한민당이 기초한 내각책임제를 이승만이 거부하면서 한민당(후에 민주국민당)과 결별하고 자기의 정치세력(독촉국민회→자유당)을 형성한다.

18) 신탁통치 반대운동은 사실상 합동통신의 오보에서 비롯되었다.(남시욱, 「한국보수세력연구」,나남출판, 2006, p.221) 이 오보는 동아일보 등 일간지에 게재되어 전국적인 반탁운동이 전개되었다.

19) 나머지 임정각료 등 12명이 1945년 12월 3일에 입경하였다. 즉 의정원 의장 홍진, 국무위원 조성환, 황학수, 장건상, 김명준, 성주선, 유림, 김성숙, 조라한, 조완구(재무부장), 조소앙(외무부장), 배등희(내무부장), 안무생(선전위원) 외 7명이다. 광복군도 60명이 인천으로 입국하였다. 상해 임시정부의 요원(차장급) 또는 청년당원으로 3.1운동 이후 많은 일본 유학생들(21명)이 참여하였다.

20) 안재홍은 조선국민당을 만들었고, 여운형은 조선인민당으로 개칭하였으며, 그 전에 박헌영은 출옥된 동지들과 함께 조선공산당을 결성하고, 송진우는 한국민주당을, 김구, 조소앙은 한국독립당을 재편하였다. 그리고 북한에서는 조만식이 조선민주당을 만들었다. '한국인들은 두사람만 만나면 식탁에서도 신정치단체를 만든다'고 하였다. 1946년 11월 미군정청이 정당 등록제를 실시한 결과 205개 단체가 신청하였고, 또 미소공위에 자문하겠다는 단체가 남한의 425개, 북한의 38개가 신청하였다.

21) 독립촉성중앙협의회는 비정치단체들이 추진한 정당통합운동에서 비롯되었다. 초기에는 여운형, 송진우, 안재홍, 허헌, 장덕수, 김병로, 이현상 등이 모여 초당적 자주독립추진기구의 설립에 합의하였으나 그 후 모든 정당과 문화 및 종교단체까지 포함하여 공통된 민의를 갖고 결정하자는데 한민당측에서 반대하고 이승만 중심의 임정과 건준이 불참하였다. 그러나 18개 군소정당이 통합하고, 당 대표 155명 및 당원들이 참석하여 결성하였다. 그 후 독촉중협은 1946년 2월 8일 반탁운동

는 임정계의 비상국민회의, 한민당, 그리고 일제시 관료, 경찰을 흡수하여 이승만의 지방 순회연설로 지방조직을 강화시켰다.[22] 또한, 이들은 먼저 손발이 될 우익 청년단체를 조직하였다. 즉 문봉제의 서북청년단, 이범석의 민족청년단, 이청천의 대동청년단을 미군정이 후원하였다. 미군정이 전평·전농 등의 해체시 서북청년단을 해체하려는 미군정 장관에게 조병옥 경무부장은 서북청년회를 없애면 치안을 유지할 수 없다고 건의하였다[23].

한편, 모스크바 3상회의 결과, 모든 정당, 사회단체가 참여하고 임시정부 수립 5년간 신탁통치안에 대하여 처음에는 모든 정당, 사회단체가 반대하였다. 특히 김구의 임정계는 탁치반대 국민총동원회를 결성하고, 군정 산하의 모든 행정기관과 경찰을 두며 전국에 파업령을 내렸다. 이것이 급속히 전국에 확산되어 미군정의 압력으로 취소되었다. 미군정은 김구의 이러한 조치, 즉 일종의 구테타로 간주하여 불신하게 되었다.[24]

그 이후 이승만 독촉중앙회와 김구의 반탁국민회가 합쳐서 대한독립촉성국민회가 되었다. 이것으로 이승만은 대중적 기반을 획득할 수 있었다. 김구와 김규식 및 여운형은 정당 창립이나 인공 및 연합전선의 구축에 있어서도 꾸준히 좌우 합작운동을 전개하였다. 반면에 이에 대항하기 위하여 좌익진영은 민주주의 민족전선을 형성하여 강력한 반정부 및 반봉건의 노동운동과 농민운동을 전개시켰다.[25]

이러한 해방 정국에 대하여 정치지도자들은 상이한 생각을 한 것 같다. 즉, 김구나 여운형 및 박헌영은 이미 중경 임정이나 건준의 인민공화국이

을 목적으로 김구 지도자의 탁치반대 국민총동원회와 합작하여 자주독립을 목적으로 한 국민운동추진의 대한독립촉성국민회(회장 이시영)를 새로 발족하였다. 독촉국민회는 좌익계를 배제하고, 또 후 김구와 김규식은 탈퇴하였지만 전국적으로 조직되어 이승만의 정치후원 조직이 되었다.(이기하, 상게서, pp.81~86)

22) 독촉의 지방조직은 이승만의 1946년 6월 3개월간 지방 순회연설로 독촉지부가 124개 시·군에 2,000여개의 읍·면·구까지 급속히 확대되었다.

23) 조병옥, 「나의 회고록」, 민교사, 1959, p.155

24) 하지 사령관은 1946년 설날 김구를 불러 만약 당신이 나를 다시 배반한다면 죽일 것이라고 하였고, 김구는 이에 맞서 자살하겠다고 위협하였다.(브루스 커밍스, 전게서, p.279)

25) 좌익진영은 조선공산당, 조선인민당, 신민당(백남훈)이 합당하여 남노당을 결성하였다.

있는데 미군정이 시도하는 과도 입법정부나 미소 공위의 임시정부안에 대하여 매우 부정적이었을 것이고, 이승만은 개인적 명망에 대하여 자신이 있었기에 총선거와 단정을 주장하였던 것 같다. 이승만의 단선, 단정론은 미 · 소 공위와 하지의 반대(좌우를 망라한 자주독립국가 건설)에도 불구하고 1946년 12월에서 1947년 4월 까지 행한 미 국무성에 대한 로비(외교력)에서 그 결실을 맺게 된다.26) 이 이후(1947년 늦여름과 가을)에 미 국무성의 한반도에 대한 정책변화, 즉 ① 한국 통일문제의 유엔회부와 ② 미군 철수가 일어난다.27)

이와 같이 미군정이 조선인민공화국을 거부하고 동시에 이승만과 한민당을 비롯한 우익세력이 임정과 인공의 좌익세력을 배척하면서 이들은 미군정의 요직(고문과 행정부장)을 차지할 수 있었으며, 따라서 과거 친일 세력이 다시금 친미세력이 되어 해방정국을 장악하게 되었다.28) 이로 부터 한국 정

26) 이승만은 존 힐드링 장군(점령국 담당 국무차관보, 맥아더 친구)을 비롯하여 하원의원, 행정부 관리, 언론인 등을 대상으로 로비하였는데 국무성에 대한 주요 건의 내용(6개항)은 ① 남한에 과두정부 설립과 총선거 실시, ② 대일 한국 청구권 문제, ③ 미소 양군의 철수시 까지 미국 치안군의 계속 주둔 등이다.(Robert T. Oliver, 박영일 역, 「이승만 비록」, 한국출판사, 1982, 제 3장 참조) 이 때 미국의 점령지역 담당 국무차관인 힐드링(J. H. Hilldring)은 한국문제에 대한 토의석상에서 한국문제를 단독으로 처리할 것을 명백히 하였고,(송남헌, 「해방 3년사Ⅱ」, 까치. 1985, p.347), 이승만에게도 남한에 독립국가의 수립계획을 지지해 주었다.(Joy and Gabrial Kolko, *Korea, 1945~1948, The American Way of Liberation, the Limits of the Power* N. Y. Harper & Row. 1972, 김정원 외, 「한국사의 재조명」, 돌베게, 1982, p.47)

27) 핸더슨은 미 국무성의 정책변화, 즉 국익추구는 ① 의회의 군비 축소 압력과, ② 중공의 강화 등을 말한다.(Gerogry Henderson, *Korea, the Politics of the Vortex,* Harvard University Press, 1968, pp.148~150)

28) 1948년 9월 28일 반민족행위처벌법이 제정되었으나 미군정 관료들이 대부분 이에 해당되고, 또한 이승만 정권도 이에 소극적이었다가 1949년 7월 19일 조사위원이 총사퇴하고 동년 9월 7일 이 법이 폐지되었다.

친일파 또는 반민족행위자는 ① 일본 정부와 통모하여 한일합병에 적극 협력한자(사형 또는 무기징역, 재산과 유산의 전부 또는 1/2 몰수) ② 일본 정부로 부터 수작한자 또는 일본 제국의회의 의원(무기 또는 5년 이상 징역, 재산과 유산의 전부 또는 1/2 몰수), ③ 일본치하 독립운동가나 그 가족을 악의로 살상 박해한 자, 또는 이를 지휘한 자(무기 또는 5년 이상 징역, 재산과 유산의 전부 또는 1/2 몰수), ④ 작위를 세습한 자, ⑤ 중추원 부의장, 고문 또는 참의, ⑥ 칙임관 이상의 관리, ⑦ 밀정 행위로 독립운동을 방해한 자, ⑧ 독립을 방해할 목적으로 단체를 조직하거나 그 단체의

치판도의 향방이 결정되었다.[29] 즉, 미군 지배하의 좌익에 대한 대탄압, 학살과 단정론(남북 분단)이 이루어졌으며 반공이 대한민국의 국시가 되었다.[30]

그러나, 남한의 정치갈등은 비록 여운형은 피살되었지만[31], 건준과 남노당이 뿌린 씨앗(인민위원회, 인민공화국)은 전국적으로 확산되었으며 미군정과 이승만 정부는 이것을 소탕하느라고 6.25전쟁이 끝난후 까지 빨치산(유격대)과의 무력투쟁이 지속되었다.

2) 정치지배층의 이념과 출신배경

해방 직후와 미군정시 남한에서 정치활동을 한 지배층은 국내외 민족지도자와 해외의 독립운동가로 구성되어 있다. 국내파로는 주로 여운형과 박헌영 등이 있고, 해외파로는 이승만과 김구 등이 있다. 그런데 맥아더의 정치고문인 애치슨(George Atchison)은 하지 사령관에게 부임하기 직전 미군정의 협력과 지시하에 일할 수 있고, 또한 진보적이고 대중적이며 존경 받는 지도자로 이승만, 김구 및 김규식의 세 사람을 추천하였다. 하지 장군은 이들을 데려와서 남한 최고 정치지도자로 옹립하기로 하였다. 그래서 이승만은

수뇌간부, ⑨ 군·경의 관리로서 악질적 행위로 민족에 해를 가한 자, ⑩ 비행기, 병기, 탄약 등 군수공업을 책임 경영한 자, ⑪ 도, 부의 자문 또는 결의 기관의 의원이 된 자로서 일제에 아부하여 반민족 죄적이 현저한 자, ⑫ 관공리로서 그 직위를 악용하여 민족에 해를 가한 악질적 죄적이 현저한 자, ⑬ 종교, 사회, 문화, 경제 등 분야에서 민족의 정신을 배반하고 일제에 협력한 악질적인 반민족 언론, 저책 및 지도한 자 등(이상은 10년 이하의 징역이나 15년 이하 공민원의 정지)을 말한다.(「반민족행위처벌법」 제 1장)

29) 1945년 11월 27일 임정 김구주석이 늦게 귀국하여 민족의 자주독립을 완수하기 위한 공산당을 제외한 4개 정당 당수회담(한민당의 송진우, 국민당의 안재홍, 인민당의 여운형, 인민공화국 총리의 허헌 등)을 주선하였지만 좌우익의 대립이 분명하여 실패하였다.

30) 이원설, 미군정 3년과 대한민국 수립, 「현대사를 어떻게 볼 것인가」, 동아일보사, 1989, p.306

31) 여운형은 생존시 이승만에게 빈번히 일어나는 테러행위(암살 등)의 근절을 요청하였다. 백범 암살범인 안두희(육군 중위)가 범행 배후는 정부요인과 이승만이라는 사실을 말하였고, 송진우(한민당 총무), 장덕수(한민당 정치부장), 여운형(건준위원장)의 경우도 마찬가지라고 한다.(이기형, 「여운형 평전」, 실천문학사, 2000,p.398)

맥아더 장군의 전용비행기로, 또는 김구, 김규식은 하지 장군의 특별 비행기 편으로 한국에 입국하였다.[32] 미군정은 뿌리가 없는 거목인 이들을 경쟁시켰지만 해방정국에서 마지막 살아남은 자는 이승만이었다. 애치슨(후에 미 국무차관, 장관대리)이 추천한 3인은 그들간에 약간의 이념적 차이가 있으나 모두 주로 해외에서 항일독립운동을 한 우익인사라고 볼 수 있다.

해방 정국에 있어서 정치지도자들의 이념은 그들이 대표로 되어 있는 정당들의 정강정책에서 발견할 수 있다. 표 1에서 볼 수 있는 주요 정당들의 정강정책은 모두 자주독립국가의 건설을 내세우고 있으나 일제와 봉건잔재의 청산과 민주주의의 실현은 인민위원회와 임정 및 조선공산당이 주장하고[33], 한민당은 민족주의의 정체성을 주장한다. 인민위원회와 한민당 및 임정은 모두 자유권(공민권)을 주장하였다. 그리고 정책에 있어서 인민위원회는 사회보장제를, 독촉국민회는 총선거를, 임정과 인민위원회는 선거권과 피선거권을, 그리고 공산당은 완전 해방과 혁명적 민주화를 주장하는 것이 그 특징이다. 독촉국민회와 임정의 정강을 보면, 모두 민주공화정을 주장하고 있으나 해방된 민족(인민)의 절실한 요구, 특히 소작제와 고율 소작료의 폐지를 소홀히 하고 있다. 이승만은 한민당과 마찬가지로 농민들의 현안이었던 토지문제에 있어서 '유상몰수, 유상분배'를 주장하고 있다. 그러나 건준이나 인민공화국, 그리고 조선공산당(남노당)의 경우 '무상몰수와 무상분배'를 주장하고 있다. 건준과 초기 인공은 표 2에서 서구 복지국가의 주요 정책인

---

32) Bruce Cummings, *Korea's Place in the Sun; a modern History*, W. W Norton & Company, 1997 브루스 커밍스, 「한국현대사」, 창작과 비평사, 2001, pp.274

33) 좌·우익은 모두 민주주의의 실현을 주장하였다. 미군정은 민주화의 8대 준칙(국민의 기본권, 자유선거, 복수정당, 자발적 결사체, 언론의 자유, 법치주의, 분권적 권력 등)을 적용하였다.(박문옥,「한국정부론」, 박영사, 1968, p) 이것은 서구식 민주주의, 즉 부르조아지(자산층)의 이익을 대변하는 선거 대의제를 말한다. 해방 당시 산업화로 근대적 부르조아지가 제대로 형성되어 있지 않는 상태에서 서구식(부르조아) 민주주의를 도입하는 것은 많은 문제가 있었다. 헌법에 명시된 '주권재민'과 '보통선거'에 의한 민주주의는 국민(유권자)들의 정치사회의식이 제대로 형성되어 있지 않거나 피선거권(참정권)이 법령(이념, 돈 등 규제)의 제한을 받는 경우 참된 민주주의가 실현되기 어렵다.

① 8시간 노동제, ② 최저임금제, ③ 사회보장제, ④ 국가의무교육을 제시하고 있는 것이 특징이다.[34)]

정치지도자들의 이러한 이념적 차이에도 불구하고 우익 보수세력은 여운형과 박헌영을 모두 동일한 좌익으로 몰아 부쳤다. 그리하여 건준과 인공이 불법화된 정국에서 비록 미군정이 좌·우 합작을 위한 노력을 하였지만, 그리고 하지와 이승만 간의 불화가 심하였지만 이승만의 미국 조야에 대한 외교력과 대중적 명성 등이 주효하여 우익세력 중에서도 친미 우익이 우세하게 되었다.

둘째, 이승만과 김구는 황해도 출신으로 우익계의 민족독립운동가이지만 김성수는 호남의 대지주 집안 출신으로 경방회사와 동아일보 등의 막강한 재력을 기반으로 호남 출신 정치지도자(송진우, 김병로, 송진우 등)의 후견인(맹주)이 되었다. 그리고 여운형과 조소앙은 경기 출신으로 비교적 온건한 좌익의 민족독립운동가였으며, 허헌과 박헌영은 급진적 좌익으로 각각 함북과 충남 출신으로 이들은 일제시 비교적 좌익 독립운동이 심했던 지방 출신이다.

셋째, 김성수를 제외하면, 나머지 지도자는 비교적 가난한 집안이나 중·소농에서 태어나서 독학으로 입신하고 있다. 부유한 대지주/양반 집안 출신인 김성수는 친일 우익이 되었고,[35)] 몰락 양반 출신인 이승만과 김구는 항일 우익이 되었으며, 가난한 양반 출신인 여운형도 항일 중도좌익이 되었고 소상인 출신인 박헌영은 항일 좌익이 되었다. 이들은 모두 선비집안 출신이다.

넷째, 김성수를 제외한 나머지는 기독교 신자(6명)가 많지만 김구는 동학 및 불교에도 입적하였다. 그리고 여운형의 집안 어른은 동학운동에 적극 참

---

34) 여운형이 '전국인민대표자회의' 임시의장 취임연설과 박헌영의 '전평' 축사의 내용을 보면 비슷하다.

35) 김성수의 조부(김요협)가 부안면 인촌리에 사는 만석군(정계량)의 데릴사위가 되는 바람에 양부(김기중, 평택군수)는 천석, 친부(김경준, 진산군수)는 2백석의 농지를 상속받을 수 있었다.(인촌기념회, 「인촌 김성수 전」, 1976, p.44) 다른 자료에서는 정씨 부인의 재산으로(남편은 화순 현감) 백석지기 부자가 되었다고 한다.(동아일보, 「인촌 김성수」, 1987)

여하였다.

<표 1> 미군정시 주요 정당의 정강정책

	건국준비위원회	인민위원회 (인민공화국)	한국민주당	대한독촉국민회	조선공산당	임시정부
설립일	1945.8.15	1948.9.9	1945.9.16	1946.2.8	1945.9.19	1919. 4. 11
주요 임원	위원장; 여운형 부위원장; 송진우, 장덕수	주석 ; 이승만(사퇴) 부주석 ; 여운형 총리 ; 허 헌	수석총무: 김병로 송진우	회장 ; 오세창 이시영	위원장; 박헌영	주석 ; 김구 부주석; 김규식
조직	여운형과 송진우의 합작	초기; 좌우와 중도파 망라 후기; 이승만과 한민당이 이탈/남로당 주도	김병로, 백남훈, 송진우, 원세훈의 연합체	이승만과 김구 (반탁국민회)의 합작	박헌영과 출옥동지 등	3.1운동후 망명 인 사(유학생 등)
정강	① 완전한 독립국가건설 ② 전민족의 기본요구를 실현하는 민주주의 정권수립 ③ 국내 질서의 자주적 유지 ④ 대중생활의 확보	선언; 자주독립을 방해하 는 외세와 민족반역 자에 대한 투쟁 ① 자주적 독립국가 건설 ② 일제와 봉건잔재 일소 ③ 진정한 민주주의 구현 ④ 대중생활의 급속 발전	선언; 임정을 지지하고 건준을 타도 ① 자주독립국가 완성 ② 민족주의 정체 수립 ③ 근로대중의 복리증진 ④ 민족문화의 앙양	① 자주독립 ② 국민운동 추진	① 노동자, 농민, 도시빈민,지식인 등 일반노동인민 의 이익옹호 ② 일제 잔재의 숙청 ③ 혁명적 민주적 인민정권 수립 ④ 사회주의 혁명 과 공산주의 건설	① 민주공화국 ② 인민은 원칙상 한민족 ③ 주권은 인민 전체에 있음
주요 정책		① 일제법의 즉시 폐지 ② 일인과 민족반역자의 재산 몰수 ③ 소작료 3:7제 실시 ④ 민족상공업의 자유 ⑤ 언론, 출판, 결사, 종교의 자유 ⑥ 18세 이상 남녀의 선거권과 피선거권 ⑦ 8시간 노동제 ⑧ 최저임금제 ⑨ 사회보험제도 실시 ⑩ 국가의 무교육제	① 국민생활의 확보 ② 오혜평등의 외교정책 ③ 언론, 출판, 결사, 신앙의 자유 ④ 교육 및 보건의 경영 기회균등 ⑤ 중공주의 경제정책 ⑥ 중요산업의 국영 또는 통제관리 ⑦ 토지제도의 합리적 재편성 (유상몰수, 유상분배)	① 토지문제; 유상몰수, 유상분배 ② 전 수확량의 25%를 납입하여 농민소유권화 ③ 총선거 실시		① 인민은 자유와 권리의 향유 -언론,결사,파업 신앙 등 -선거 및 피선거의 권리 ② 인민의 의무; - 민주정치 - 헌장과 법령 -병역/납세 ③ 임시의정원/ 국무위원회/ 심계원 등 규정
비고						임정헌법

다섯째, 김구만 한문을 수학하였고, 나머지 9명은 미국, 일본, 중국 등에서 서구식 근대적 고등교육을 이수하였다. 특히 일본 유학생은 와세다대와 메이지대학 출신이 많다. 이들은 호남에서 어릴 때부터 인맥(학연, 지연, 혼맥

<표 2> 미군정하 정치지도자의 출신배경(Ⅰ)

	이승만	김성수	여운형	김 구	박헌영
소속 정당	대학독촉국민회 총재	한국민주당 당수	건국준비위원장 조선인민당수	한국독립당수	조선공산당 총비서 남노당 부위원장
생년	1975(70세)	1891(54세)	1886(59세)	1876(69세)	1900(45세)
출신지	황해 평산	전북 고창	경기 양평	황해 해주	충남 예산
본관	전주	울산	함양	안동	
가족, 부 처 자녀	이경선(몰락양반) 프란체스카 3남(양자 2)	김기중(군수,대지주) 고광석/아이주 9남 1녀	여정현(가난한 양반) 진상하 4남 3녀	김순영(소작빈농) 최준례 2남 1녀	박현주(소작농/미곡상/여관) 주세죽 1남 2녀
종교	기독교		기독교	기독교/동학/불교	
학력	배재학당(1895) 워싱턴대 정치학(1907) 하버드대 석사 프린스턴대 박사(1910)	창평 금호보통 동경 금성중학 와세다대 정경학부 (1914)	배재학당 통신원 우무학당 중퇴(1905) 평양장로신학교(1911) 중국 금릉대 영문과 수료 (1917)	한학 수학(15세)	대흥보통 경성고보(1919) 중국 상해상과대(1922) 소련 레닌학교(1931)
일제시 직력	배재학당 영어교사 독립협회사건 종신형(1899) 호놀루독립군관학교 설립 임정 국무총리, 대통령 (1921~1945) 미국에서 독립운동 (1921~45)	동경조선유학생 학우회 경성방직 설립/취체역 (1919. 10) 동아일보 취체역(1921) 중앙학원 설립 보성전문 인수/교장(1937)	광동학교 설립(1809) 상해임정 외무차장 (교민단장) 고려공산당 가입(1920) 3년간 투옥 조선체육회장 중앙일보 사장(1933) 조선건국동맹 위원장(1945)	동학 (황해 도유사,접주) 만주의병단 입단(1895) 일본 육군 중위살해 투옥 (1896) 신민회 황해 총감(1910) 임정 내무총장(1924) 한국독립 당수(1940) 임정 주석(1939~1944)	고려공산당 입당(4921) 고려공산청년회 책임비서 (1년 6월 투옥) 동아일보,조선일보 기자 (1925) 치안유지법 6년 투옥 (1936)
해방후 직력	해방으로 귀국(1945.10) 대한독촉국민회 총재 ((1945.10) 제헌의원/의장(1948. 5) 대통령(초대)(1948. 7)	연합군 환영준비부위원장 한국민주당 결성/당수 (1945. 9) 조선체육회 창립(고문) 미군정청 고문회의 의장 (1945. 10) 동아일보 사장(1946.1) 대한독촉국민회 부회장	건국준비위원회위원장(1945) 국민대표회의준위 조직 조선인민공화국선포 미군정 불인정 조선인민당 당수 근로인민당 위원장 신동운(건청단장)조의 한지근이 저격피살 (1947.7.19)	대한독촉국민회 부의장 비상국무회의 부총재 (1946. 2) 남북협상차 평양방문 (1948. 4) 안두희(육군소위) 저격 피살(1979.6.26)	조선공산당 재건(1945.8) 미군정 체포령 월북 (1946.10) 남조선노동당 부위원장 (1948.9) 최고인민회의 대의원 (1948.8)
건국후 직력	자유당 총재(1951.12) 대통령(2~3대) 대선 부정으로 하야 (1960 .4. 26) 4.19혁명으로 미국 망명 (1960 .5) 사망(1965. 7)	민주당 최고위원(1949. 2) 부통령(2대) 민주국민당 고문 자택 사망(1955.2.18)			남로당 중앙위 제2비서 조선민주주의인민공화국 부수상겸 외상(1948. 9) 미국 간첩혐의 사형 (1953.3)

등)이 형성되었다.36) 이러한 호남인맥이 한민당의 핵심세력이 되었다. 1910년대 까지 해외 유학생은 민족주의적 성향이 강하나 1920~30년대, 특히 일

본 유학생은 마르크스·레닌의 사상적 영향을 많이 받아 사회주의적 성향이 매우 강하였다.

<표 3> 미군정하 정치지도자의 출신배경(II)

	김규식	조소앙	안재홍	장덕수	허 헌	송진우
소속 정당	한독당	한국독립당	한국민주당	한국민주당	남로당	한국민주당
생년	1881년 (64세)	1987년 (58세)	1891년 (54세)	1894년 (51세)	1885년 (60세)	1890 (57세)
출신지	서울	경기 파주	경기 평택	황해 재령	함북 명천	전남 담양
본관	청풍	함안		결성	양천	심평
가족 부 처 자녀	김지선(동래 우후) 3남	조정규 오영선 3남		장봉도 김현묘 4남 1녀	허추(경원 부사)	송 훈 양씨 8남매
재산	고아			중농		지주부농
종교	기독교	기독교		기독교		
학력	언더우드가 양자 (서구교육) 미 로아노크대 문학과 프린스턴대학원(1904)	성균관 경학 동경부립 제 1중학 일본 정칙영어학교 명치대 법학부(1912)	와세다대 정경학부 (1914)	와세다대 정경학부(1916) 컬럼비아대 박사(1936) (김성수 지원)	한성중학교 보성전문 법과(1907) 명치대 법과(1908)	동경 금성중 와세다대 일본 명치대 법학부
일제시 경력	경성청년회 총무 임정 외무총장(1919) 만주대한독립군단 참여 중국에서 민주혁명당 (1935) 임정 부주석(1944)	대한흥학회 상해 망명(1913) 임정 국무위원(1926) 한국독립당부위원장 (1940)	상해 망명(1916) 3년간 투옥 시대일보 창간 조선일보 사장(1923)	총독부 판임관시험 상해 망명(1917) 신한청년당(1918) 동아일보 주간(1920) 동아일보부사장(1921~37) 보성전문 교수	규장각.법부주사(1905) 조선변호사 시험(1908) 3.1운동 민족대표 무료변호사(20년) 보성전문 교장 동아일보사장(1924) 광주학생의거지지(투옥)	3.1 운동 1년 복역 중앙중 교장 동아일보 사장
해방직후 경력	귀국 후 반탁운동 민주의원 부의장 입법위원 의장 남북협상 대표(1948)	비상국무회의 의장 독립신문 사장 국민회의 의장	건준 부위원장 한국민주당 수석총무 (1945) 미군정청 민정장관 (1946)	한국민주당 정치부장 (1945.9) 입법의원(민선) 박광옥 경사가 암살 (1949.12.2)	건준 부위원장 민주주의민족전선 공동의장 월북/남로당 위원장	동아일보 사장 한민당 수석 총무 한현우가 저격 피살 (1945. 12)
건국후 경력	한국전쟁시 납북 (1950.12)	민의원(1950) 납북 사망(1958)	민의원(2대) 6.25전쟁 납북(1950)		북한 최고인민회의장 김일성대 총장(1951)	

36) 김성수의 장인(고정주, 전 규장각 직각)이 고향 창평에 창흥의숙(현 창평초교)을 세우고, 여기에서 신학문(한문 이외 영어, 일어, 산수 등)을 가르쳤다. 창평 영학숙에서 한민당의 핵심인사인 송진우, 고광준, 백관수, 김병로 등을 만났고, 송진우와 김병로는 사돈간이다.(인촌기념회, 「인촌 김성수 전」,1976, pp.41~45, 김학준,「가인 김병로 평전」, 2001)

여섯째, 김성수를 제외한, 10명은 모두 일제시 독립운동에 직접 참여하였고, 이승만, 김구, 김규식 및 조소앙 등은 상해 임정의 최고 간부를 지냈다. 그러나 김성수는 지주자본을 배경으로 기업, 학교 및 언론사를 설립하여 임원을 지냈다.

일곱째, 당시의 정치지도자는 해방 후 많은 정당과 사회단체를 설립 또는 관여하고 있으나 이것은 그들의 명망을 이용하고 전국적 대표성을 유지하기 위하여 이용한 경우가 많다.

여덟째, 건국 후 이승만과 김성수와 같은 친미 보수우파는 최고의 권력자(대통령 또는 부통령)가 되었으나 온건 좌파의 민족주의자인 여운형, 중도우파의 김구, 김규식, 그리고 우파의 송진우와 장덕수는 오히려 좌우갈등에서 제거(테러로 살해) 되었고, 김규식, 조소앙, 안재홍은 6.25전쟁시 납북되었다.

아홉째, 정치지도자 중에서 가장 명성이 높은 독립운동가는 이승만과 여운형이다. 이승만은 몰락한 양반 집안에 태어나 유교적 권위주의를 체험하였고, 동시에 오랫 동안 체미 활동을 하면서 서구식 민주주의와 기독교 정신, 그리고 반공산주의가 체질화 되어 있다. 그러나 여운형은 가난한 양반 집안에서 태어나 많은 주변 인물과 친교가 용이하고, 기독교 정신과 윌슨식 민주주의, 그리고 사회주의가 혼합된 인민주의자라고 볼 수 있다.37)

3. 한인 권력지배층의 출신배경

1945년 8월 25일 인천에 상륙한 주한 미군사령관 하지중장은 1945년 9월 9일 아베(阿部) 총독의 항복조인을 받고, 동년 9월 12일 미 제 7사단장 아놀드 소장을 초대 군정장관으로 임명하였다. 또한 1945년 9월 19일 까지 부군정장관을 제외한 주요한 부서장 27개에 미군의 준장, 대령 또는 중령이 임명되었다. 당시의 군정요원은 남한의 132개 군에 장교 1명과 사병 2명씩, 14개 도시에 장교 12명과 사병 60명씩, 그리고 8개 도에 장교 27명과 사병 90명을 파송할 계획이었고, 전매청과 신한공사 등 정부관리 기업에도 군정 요

37) 브루스 커밍스(김동노외 역)의 「한국현대사」, 창작과 비평사, 2001, p.269

원이 파견되었다. 군정 요원의 정원은 3,510명인데 1945년 10월 말 군정 요원수는 1,140명이었고 그 해 말에는 2,459명에 불과하였다.

1) 한국인 고문과 행정부장

미군정은 군정요원의 부족 때문에 한국인의 관리임명은 시급히 요청되었다. 미 군정청의 관공리 임명은 1946년 11월 15일 부터 민정장관급 이상의 행정관은 조선과도 입법의원의 인준을 거쳐 군정장관이 임명하고, 각 부처장, 도지사 및 서울시장은 민정장관의 추천으로 군정장관이 임명하며(단 조선인 부처장 과반수의 인준이 필요함) 각 도내와 각 부처의 관리 임명은 각 도지사와 각 부처장이 임명하게 되어 있다.[38] 그러나, 그 이전에 이미 미 군정청의 요직(각 부처장 등)은 모두 임명되었다. 미군정청의 관리임용은 군정법령(제 65조)에 의하여 임명될 직위에 필요한 성실, 적성을 알기 위한 문관시험에 합격해야 하나 이것은 유명무실하였다.(단 1회 실시) 일반적으로 고위관료의 임용은 추천제이고 중하위 관료는 주로 유임과 추천 및 모집광고에 의존하였다.[39] 고위직의 추천은 주로 미국인 선교사와 그 자제들, 그리고 한국인 고문들이 행하였다.

주한 선교사(목사)의 자제로서 한국어를 구사할 수 있었던 존 언더우드 중령(농상국장), 조지 윌리암스 소령, 크라렌스 윔스 대위 등이 군정의 고위직을 임명하는데 큰 역할을 하였다. 재한 미국인 선교사의 아들이고 해군 소좌인 료지, 젤, 윔스가 한국인 관리 선택의 임무를 맡게 되었다고 한다. 윔스 소좌는 이들 관리를 주로 조선 기독교 신자 중에서 뽑았는데 그 대부분은 한국민주당에 속한 사람이었다. 이것이 계기가 되어 한국인 및 한국 권력지배층의 종교적 배경은 기독교도가 많아지게 되었고, 특히 북한 출신 기독교도의 반공주의로 한반도 분단의 주요한 원인이 되어 있다.[40] 그 밖에

38) 미군정청, 「관보」, 제 135호, 1947. 3. 15
39) 관리임용시 인사행정처(처장은 정일형)에서 신원조사를 하여 부적격자(좌익과 범죄자)를 배제하였다.(「주한미군사」 제 3장 2부, 1988. p.40)
40) 라우터백, 전게서, p.46

도 이승만을 가르친 노블 목사(감리교 선교사)의 아들인 해롤드 노블도 하지 장군의 정치연락장교 겸 정치고문을 하였다. 그는 한국정부 수립후 미 CIA의 초대 한국 지부장을 지냈다. 그 밖에 노기남 주교는 천주교도 60명(장면 등)을 추천하였다.

또한, 미국교육을 받았던 한국인 인사들의 영향력도 컸을 것이 자명하다. 왜냐하면 미군정시 공통어는 영어였기 때문이다. 1945년 9월 10일 아놀드 군정장관은 미국 유학한 오천석(평남 강서, Columbia대, 교육학 박사, 보성전문 교수, 군정 문교부 차장), 이헌구(함북 영천, 와세다대 불문과, 민중일보 부사장, Wisconsin대), 최순주(충북 영동, New York대 경제학, 연희전 교수), 조병옥(충남 천안, Columbia대 박사, 신간회 총무, 조선일보 전무, 한민당 창당), 이묘묵(Syracus대) 등을 초대하는 모임을 가졌고, 이들은 대부분 군정청의 요직을 차지하였다. 2일 후 다시 이교선(경기 안산, 입교대, New York 대 상학과, 경성법전 강사, 군정장관 비서관) 등을 초대하였다. 하지의 통역(실은 최고 보좌관)으로 일하게 된 이묘묵 등의 영향력은 주지의 사실이다.[41] 1948년 미군정청이 기록한 비밀문서에는 군정청에 근무한 통역관의 수가 약 4백명이고, 따라서 에드가 스노우 등은 미군정청을 '통역정부'라고 힐난하였다.

한편, 행정경험이 있는 대량의 관료가 필요한데 그러한 경험이 있는 사람들은 일제시대의 관리(약 3만명)로서 소위 '부역자'였다. 이러한 부역자인 친일세력을 군정요원들이 각 지방을 장악한 후 '임시 임명'이라는 명목으로 다시금 옛 자리를 차지하게 하였다.(군정장관 명령 16호). 그리하여 미군정시 지방의 일제시 관료는 총 직원의 77.1%나 되었다.[42] 이러한 방법에 의하여 임명된 한국인들이 1945년 말 군정청의 보고서에 의하면 약 75,000명에 이르고 있다. 예컨대 조병옥 경무부장이 1948년 유엔 선거감시단 앞에서 증언하 바에 의하면 경위 이상의 간부 중 53%가 일제시 부역했던 사람이라고 하였다.[43] 이들의 직급이 높을수록 친일 부역자의 비율은 더욱 높았다.

41) 상게 논문, p.301
42) 그랜트 미드, 「주한 미군정 연구」, 1993, p.117
43) 라우터백, *op.cit.*, p.302~303

이러한 것을 보면, 미 군정에 참여한 주요 인사들이 ① 영어 통역관과 ② 기독교인, ③ 친일 부역자, ④ 서북출신이 그 주류를 형성하였다는 것을 알 수 있다. 당시에 가장 강력하였던 행정과 경찰 분야에 있어서 이러한 친미·친일 인사가 자리를 잡게된 것은 반공과 분단의 이데올로기가 불가피하게 형성, 강화되었던 것이다.

한반도가 미·소에 의하여 분할 점령되고 독립운동시에 나타난 좌우의 이데올로기는 해방 정국에 있어서도 끊임없는 정치적 갈등을 일으켰지만 미 군정하에 있는 남한에 있어서 반공과 분단의 이데올로기가 승리할 수 밖에 없었다. 미·소는 비록 연합국이라 할지라도 자본주의 또는 마르크스주의와 같이 대립된 이데올로기의 정치체제를 유지하고 있었고, 통역관과 부역자들도 자구책으로서 자기들을 비판·부정하는 정치·사회 세력을 용인하려고 하지 않을 것이다. 따라서 자주독립을 위하여 식민지 세력을 청산하려던 민주주의 세력(사회주의 또는 중간이데올로기)은 친일 또는 친미세력과 대립하지 않을 수 없었다. 이러한 세력간 갈등은 미 군정이 실시되면서 소위 우익세력이라 볼 수 있는 친미·친일세력이 더욱 강력해 질 수 있는 것이다. 이러한 것은 미군정의 고문이나 자문기구에 참여한 인사들의 성격에서도 찾아볼 수 있고 고위 행정 부서장의 성격에서도 잘 알 수 있는 것이다.

먼저 미군정 장관의 한국인 고문과 미군정의 한국인 국장에 대하여 고찰하여 보자.

미군정은 군정장관 명령(제 16호)에 따라 초기에는 일제의 일인 관리들을 행정고문으로 그대로 사용하였지만, 1945년 10월 5일 미군정 장관(하지 중장)의 고문위원회(11명)가 구성되었다. 한국인 고문위원회의 위원장은 김성수(전북 고창, 와세다대, 지주부농 출신, 동아일보 사주)가 맡게 되었는데 그는 한국의 전형적인 보수세력을 대변하는 인물이고 한민당의 중심 인물이었다. 행정고문을 사퇴한 여운형(중농출신, 중국유학, 독립운동가, 건준부위원장)과 불참한 조만식(일본유학, 평남 강서, 명치대 출신, 독립운동가, 전 조선일보사장)을 제외하면 9명 중에서 기독교인이 4명이고 한민당원이 7명이며, 이들은 호남 및 기호출신의 대지주와 일제 관료출신들이었다.[44] 그 밖에 관서지방 숭실학교 출신과 동아일보 사장 출신이 많다.

이것을 본다면, 미군정 고문위원회는 한국의 전형적인 보수세력인 한민당이 주도하였으며, 따라서 한민당 출신의 미군정 관료가 다수 충원되었다. 미군정은 일제 동척 등의 재산을 신한공사에 귀속시켰는데 이 귀속 재산(남한 총 재산의 80%)의 약 61%를 1953년 말까지 행정관료, 관리인, 한민당원들에게 불하하였다.45)

미 군정청의 고문제도는 점차 미군정청 행정부서에 한국인이 충원되고 미국인과 한국인의 양 부장제도가 실시됨과 동시에 고문관의 일부가 주요 행정부서에 충원됨에 따라 이 제도는 폐지되었다.

미군정청은 12월에 미국인과 한국인의 양 국장제도를 실시하면서 오정수(광고국장 대리), 유억겸(학무국장), 이헌구(농상국장), 조병옥(경무국장) 등이 차례로 임명되었고, 1946년 3월 29일에 국을 부로 개편하면서 미 군정청(군정장관은 아취 L. 러취 소장)의 주요 행정부장(16명)은 표 4와 같다.

미군정시 행정부장의 출신배경을 보면 다음과 같은 특성이 있다.

첫째, 행정부장의 평균 연령은 약 50세 이다.

둘째, 행정부장의 출신지는 평남 출신과 충남 출신이 가장 많아서 각각 30.7%를 차지한다. 나머지는 서울(15.4%), 전남, 평북, 경북 출신이다. 관서(평

---

44) 한민당은 좌경 독주하는 건국준비위원회에 대항하여 임정을 지지하면서 우익 진영을 총 집결한 자칭 범민족세력이다. 한민당은 ① 대부분 보수파들의 집단이고 ② 기호파와 호남파들의 재벌가 및 중산계급으로 구성된 부르조아 정당이며, ③ 일제시 관료출신이 많아 친일파의 색채가 강하고, ④ 김병로, 장덕수, 백관수, 조병옥 등 신간회 출신의 소극적인 항일투사를 제외하면 국내파 기회주의자이며, ⑤ 해외유학 등으로 국내 외에 고등교육을 받은 지식인으로 구성되어 있으며 미군정의 옹호하에 동당 소속원의 대부분이 미군정 관리로 등용되었다. (이기하 「한국정당발달사」 의회정치사, 1961, p.62)

45) 김영모, 「한국지배층연구」, 일조각, 1982, p.276
일제시 일인재산인 귀속재산은 주택이 약 8만채, 점포가 1만 3천개, 기타 건물 및 소기업체 건물이 약 8천 5백개, 기업체 30여종의 2천 5백개, 광산권 및 주식 등이 있었는데 당시 시가로 1천 630억원이었다. 이것은 국가 재산의 약 8할 이상이 되었다. 그 밖에 적산 농지가 있었는데 이것은 모두 신한공사 소유로 넘어갔다가 농지개혁시 소작농에게 유상분배 되었다.

안도) 출신은 기독교도가 많은데 이러한 지역적, 종교적 배경이 미군정시 권력지배층의 특성이 되고 있다.[46]

<표 4> 미군정청 한국인 고문의 출신배경

성명	연령	출신지	학력			종교	일제시 전직	정부 수립후 종직	소속 정당
			고교	대학	대학원				
김성수	55	전북 고창		와세다대 정치경제과			보성전문 교장 동아일보 사장	부통령(2대)	독촉국민회부회장 한민당 당수
전용순	44		개성 만월 보통			기독교	의사시험 합격 목사	참의원(서울)	한민당
김동원		평양		동경 법정대		기독교	평양 대성 숭덕학교 교사	상공회의소 쇠두	한민당
이용설	51	평남 평양	평양 숭실고	연세대/ 노스웨스턴대	서울대 박사	기독교	세브란스의전 교수(학장)	민의원 세브란스 병원장	한민당 흥사단 이사당
오영수									한민당
송진우	57	선남 담양	동경 금성중	와세다대/ 메이지대예과			중앙중학 교장 동아일보 사장	피살	한민당 수석총무
김용무	55	전남 무안		일본 중앙대 법학과	고등문관 사법과		보성전문 교장 동아일보 취제역	대법원장(미군정시) 국회의원	한민당
강병순									
윤기익						기독교	목사		
여운형 (사퇴)	60	경기 양평	배재학당/ 평양신학	중국 남경 금릉대 영문과			상해 임정/ 중앙일보사장	사노당위원장 체육회장/피살	건국동맹 조직 건국준비위원장
조만식 (재북)	63	평남 강서	숭실중	일본 명치대 법학부		기독교	오산학교장 조선일보사장	평양 체제	조선민주당수

셋째, 행정부장의 최종 학력은 일본 유학생과 미국 유학생이 각각 전체의 41.2%로서 가장 많고, 나머지는 국내 전문학교 출신이다. 이것을 보면, 그들의 대부분은 상당한 재력을 지닌 부르조아지 출신이다.

넷째, 행정부장의 일제시 직업은 전체의 52.9%가 교수 또는 교장 출신이고 그 다음은 관료와 은행원이 각각 11.8%이며 나머지는 기업인, 언론인 등

46) 김상태, 평안도 기독교 세력과 친미 엘리뜨의 형성, 「역사비평」, 통권 45호, 1998, pp.71~207, 1937년 까지 평안도 출신의 연전 졸업생이 21.5%이고 세브란스 의전은 전체의 약 25.3%를 차지한다. 이것은 서울, 경기의 다음이다.

이다.

<표 5> 미군정청 행정부장의 출신배경

현직	성명	연령	출신지	학력			종교	일제시 전직	정부수립후 직력	소속정당
				고교	대학	대학원				
문교부장	유억겸	50	서울		동경제대 법학부			학무국장/관찰사 연희전문학감		한민당 유길준 차남
재무부장	윤호병	54	충남 논산		동경고상			흥업은행입행	조흥은행장 재무부 장관	
사법부장	김병로	59	전남 순창	창흥학교	메이지대 법학과			경성법전 부교수 조선변호사 시험	대법원장	한민당 감찰위원장
상무부장	오정수	47	평남 강남	미국이스트 텐버시립고	보스턴대	MIT 석사	기독교	숭실전문 교수	상공부 장관 (민주)	한민당
사무처장	이종학				호놀룰루 상업전문			조선서적 사장		
보건 후생부장	이용설	51	평남 평양	평양 숭실고	세브란스 의전	서울대 박사 노스웨스턴대	기독교	세브란스의전 교수	세브란스병원장 국회의원(2대)	한민당
농무부장	이훈구	50	충남 서산		동경제대	위스콘신대 농경제박사	기독교	미 농무성 촉탁 숭실전 부교장	조선일보부사장 국회의원	한민당
체신부장	길원봉	42	평남		경도제대 법과			3.1운동 참가 부산체신국장	변호사	
외무처장	문장욱	43	충남 당진		연희전문	컬럼비아대		감리교신학 교수		한민당
공보부장	이철원	41	충남		컬럼비아대 신문과	컬럼비아대 석사		세계통신 사장	공보처장(2회)	
인사 행정처장	정일형	42	평남 용강		연희전문 문과	미국 드루대 박사	기독교	연희전문 교수	국회의원(8선) 외무장관(민주)	한민당
식량 행정처	지용은	50	평남 평양		노스웨스턴대			평양 광성중교장		
경무부장	조병옥	52	충남 천안	영명학교 숭실학교	컬럼비아대 석사	컬럼비아대 박사	기독교	연희전문 교수 조선일보 전무	내무장관(1950) 민주당 대표 (대선후보)	한민당 창당 국회의원(2선)
통위부장	유동열	67	평북 박천		일본 육사 (구한국군참령)			임정 군무총장	6.25 납북	민족혁명당 (김규식 등)
물가행정 처장	최태욱	57	경북		와세다대			금융조합연합 회장	총독부 관리	한민당
운수부장	민희식	51	서울		네바다주립대 경제과			총독부 체신부 서기	LA 총영사	한민당
노동부장	이대위	49	평북		예일대		기독교	기독교회 간사		

다섯째, 행정부장 중에 정부 수립후 장관(4명), 국회의원(3명)을 지낸 분이

많고, 그 밖에도 대법원장, 은행장, 외교관 등을 지냈다.

여섯째, 행정부장 중에 기독교도와 한민당 출신이 가장 많다. 이들은 일반적으로 ① 한국민주당 계열의 인사들과 ② 일제시 관료 및 교수, ③ 이른바 지방의 유지로 통칭되었던 지주부농들과 ④ 언론문화기관에 종사하였던 보수적 인사들이었다. 이들은 사회계층상으로 세습적인 부르조아 출신이고 이데올로기상으로는 모두가 당시의 사회구조를 어느 정도 그대로 지속시킬 것을 바라는 보수주의자들이다.

2) 민주의원과 입법의원

미군정청의 자문기관이었던 남조선 대한국민대표 민주의원과 입법의원의 성격은 어떠한 가를 보기로 하자.

민주의원은 1946년 2월 14일 주한 미군사령관 하지중장이 자문기구로서 과도정부수립을 촉진하기 위한 것이었다. 이것은 원래 비상국민회의의 결의에 의하여 구성된 최고 정무위원회가 미군정의 요청으로 개편된 것이다. 비상국민회의는 1946년 2월 1일 임시정부 주도하에 자주적 과도정부 수립을 목표로 한 것이다. 이 회의는 독촉계의 이승만과 임정계의 김구에게 최고 정무위원회의 인원 수와 그 선정을 일임하도록 하였고, 또 홍진(충북 영동, 법관양성소, 한독당 조직, 임정고문), 최동오(평북 의주, 임정국무위의원, 한독당 간부), 김명준(경기 양주, 평양신학, 프린스턴대학원, 기독연합회장), 김관식, 안재홍(경기 평택, 와세다대 정경학과, 조선일보사장, 국민당수, 민정장관), 김법린(경북 영천, 파리대 철학과, 불교총무원 의원), 이종현(평남 덕천, 동경 유학, 조선민주당 사무국장), 김성수(전북 고창, 와세아대 정경학부, 동아일보 사장) 등 7명의 전형위원이 각 상임위원을 선출하도록 하였다.

그러한 결과 28명의 최고 정무위원이 선임되었고 15명의 상임위원이 선임되었다. 전자는 임정대표로 6명, 한민당이 4명, 신한민족당이 3명, 인민당이 3명, 국민당이 3명, 종교계 대표 3명 등이 참여하였고, 후자는 각 정파 대표들인 전형위원이 거의 참여하였다. 28명의 최고 정무위원 가운데 인민당, 공산당, 독립동맹 등 좌익단체들이 참여를 거부하여 버치 중위의 표현처럼 대표적이지도 민주적이지도 위원회도 아닌 어중간한 것이 되었다.

이와 같이 민주위원은 미군사령관의 자문기관일 뿐만 아니라 민주의원의 의장인 이승만, 부의장인 김구와 김규식의 면모에서 알 수 있듯이 임정과 우파 및 중간파의 성격을 지녔다.

이 때 미·소 공동위원회가 열렸지만 결렬되고 모스크바 삼상회의에서 결정된 신탁통치의 찬반이 격렬해지자 당시의 정치세력은 찬탁=좌익, 반탁=우익 및 중간파의 갈림이 거의 분명하게 되었다.47) 또한 미군정과 우익이 건준 및 공산당 등 좌익에 대한 탄압을 가중 시켰다.

그리하여 점차 우익과 중간파만의 정국운영이 심화 되었고 좌익공산당은 지하로 들어가게 되었다. 당시 남한 정국의 강력한 지도자였던 이승만의 單政 수립 발언(井邑)과 박헌영 중심의 남노당 결성 등 매우 심한 정국대립이 나타났다.

이러한 민주의원이 미군정에 비협조적이고, 또 우익중심의 자문기관이라서 미군정은 중간파를 중심으로 한 입법의원을 구성하였다. 입법의원은 의장인 김규식이 주도적 역할을 수행하였다. 그리고 한국인의 민정장관에 안재홍을 임명하였다. 미군정청은 행정업무를 한국인에게 넘기고, 미군의 부처장은 각 부처의 고문으로 임명하여 자문기관으로 하였다. 민정장관 아래에 8부 6처를 설치하였다. 그리하여 남조선 과도정부가 수립되었다.

한편, 입법기관으로서 입법의원(관선과 민선)을 선임하였다. 미 군정장관은 45명의 관선의원을 김규식, 원세훈, 최동호, 김명준, 송남헌 등이 1차 선정한 것을 하지장군이 최종 임명하였고, 45명의 민선의원은 간접선거48)에

47) 모스크바 3상회의는 ① 임시 민주주의 정부의 수립, ② 임정을 위한 남한 미군사령부와 북한군 사령부의 대표로 구성된 미소공동위원회는 조선의 제 정당 및 사회단체와의 협의, ③ 2주내 미, 소 대표자 회의의 소집, ④한국 임정과 민주주의 제단체의 참여하에 미, 영, 소, 중이 공동관리하는, 최고 5년간의 신탁통치를 결정하였다.

48) 입법의원의 자격은 만 25세 이상이고 선거직전 1년 이상의 거주자라야 하며 일제시 도의원이나 국장급 이상의 지위에 있던 자는 자격이 없었다. 그리고 선거법은 남녀 구별 없는 보통선거이나 4단계, 즉 이·정의 대표 2인을 선출하고 이들은 읍·면·구의 대표 2명을 선출하며 이들은 도대표를 선출하였다. 그리고 일제시대

의하여 당선된 사람들로 입법의원을 구성하였다.49)

입법위원의 관선위원은 김규식, 여운형, 안재홍을 중심으로 한 좌우합작위원회 소속이 7명이고, 김약수 등 민중동맹 소속이 5명, 한독당 출신이 3명, 전 인민당 출신이 3명, 그리고 근로대중당 · 사회당 · 사민당 · 서북도 대표 · 애국부녀회의 출신이 각각 2명이며, 나머지는 대부분 각 사회단체의 대표자들이었다.50)

관선의원의 성격은 좌우 합작을 지지하는 인사들이 다수였고, 극우 또는 극좌 지향의 인사들은 배제되었다. 그리고 여운형, 홍명희, 장건상, 조소앙 등은 이를 거부하였다. 한민당은 입법의원(특히 관선의원)이 합작위의 중간세력이 중심이 된 과정세력을 제거하기 위하여 과정의 경찰 및 사법권을 장악하고 정치노선을 한민당 이념대로 요리하였다. 정무회의의 열쇠를 쥔 러치 군정장관의 거부권 행사와 각 부처장의 비타협적인 결과로 민정장관 안재홍과 입법위원 김규식 의장은 무력한 존재가 되었다.51) 이러한 결과는 미군정이 과정을 자주정부시 하고, 군정연장설에 대한 이승만 계열 중심의 사회단체가 공동 항의하였기 때문이다.

그러나, 민선의원은 일제시대의 도회, 부회의원 선거처럼 일정 납세자라야 하고, 읍, 면의 당선자는 부윤, 군수가 자격을 심사하고 부, 군 당선자는 도지사가 자격을 심사하였다. 여기에서 다수의 소작빈농은 선거권이 배제되고 친일관료가 인정하는 자가 민선의원이 된다. 그리하여 민선의원은 독립촉성국민회 출신(17명), 한민당 출신(14명)이 가장 많았다. 그 다음은 무소속 9명이며 나머지는 한독당 출신(3명)과 인민위원회 출신(2명)이었다.

민선의원의 성격은 관선의원의 경우와는 달리 극우파 인사가 대거 진출

와 마찬가지로 일정 납세액을 기준으로 한 차별선거였다.

49) 입법의원의 직업은 정치인이 전체의 25%로서 가장 많고, 그 다음은 교육자(21.9%), 실업인(12.5%), 종교인(9.4%), 농업(7.2%), 언론인(6.3%), 회사원, 사회운동독립군, 상공업(이상 각 3.1%), 법조인, 공무원(이상 1.6%), 무직(4.7%) 등이다.(윤형섭, 「미군정의 정치적 충원에 관한 연구」, 연세대 박사학위 논문, 1973, 제 4장 3절)

50) 李起夏, 「한국정당발달사」, 의회정치사, 1961, p.182

51) 상게서, p.184

하였다. 민선의원 중 무소속의 9명은 사실상 한민당과 같은 계열의 인사들로서, 역시 극우파적 성격을 지니고 있었다. 예컨대 무소속의 이승만, 신익희와 독촉국민회의 이갑성, 이종근 등은 이승만 단정 로선의 지지자들이었다. 따라서 민선의원은 우파가 절대 다수를 차지하고, 좌우 합작의 관선의원과의 대립성을 보이나 전반적인 분위기는 우파적인 성격을 지니게 되었다.[52] 이러한 현상을 빚게 된 것은 미군정의 사전계획과 심사, 그리고 조병욱(경무부장, 한민당 출신)이 경찰권을 장악하고 있었기 때문이다.

이러한 것을 본다면, 민주의원이나 입법의원에 참여한 인사는 우익 또는 중간파의 인사들이라 할 수 있다. 좌익 또는 공산주의자는 그것이 미군정의 자문·기구였기 때문에 참여를 하지 않았다. 그러한 결과 미군정의 통치와 한민당의 활동을 합리화 시키거나 친미·친일 세력이 안주할 수 있는 해방정국을 형성하여 나갔던 것이다.

4. 경남 울산지방의 정치갈등과 농민투쟁

미군정은 환국한 상해 임시정부와 건준의 조선인민공화국(인공)을 부인하고 독자적인 군정체제를 수립하였다. 이러한 정국에서 가장 유리한 정치세력은 이승만(독촉)과 한민당(김성수)이다. 그런데 지방에서는 해방 직후 미군정을 선포하기 전에 이미 전국적인 조직을 확립한 건준의 인민위원회가 가장 강력한 정치세력이 되었다.[53]

이와 같이 중앙과 지방간에 정치세력이 대립하고, 이념적 갈등이 전국적인 현상으로 나타나고 있었다. 그런데 본 고에서는 울산지방의 사례를 중심으로 고찰한다.

1945년 11월 20일 개최된 전국 인민대표자회의 의사록을 보면, 남한에서 대다수의 도·시·군 그리고 읍·면에서 인민위원회가 조직되어 있고,(표 6

---

52) 진덕규, 미군정의 정치사적 갈등, 「해방전후사의 인식」, 한길사, 1979, p.54
진덕규,「한국정치사회의 권력구조에 관한 연구」, 연세대 박사학위논문, 1678, p.99
53) 브루스 커밍스(김주환 역), 「한국전쟁의 기원」下, 청사, 1986, 제 9장 참조

참조) 각 군에서 통치기능을 수행하고 있는 경우 전체의 50%(66개 군)가 된다고 한다.[54] 울산군의 경우 군·면 단위 뿐만 아니라 리단위 까지 위원장이 있었다.

<표 6> 전국 인민위원회 조직 상황표

	전국	38도 이남			38도 이북		
	총수	총수	기조직	미조직	총수	기조직	미조직
면	2,244	1,680	1,667	13	564	564	
읍	103	75	75		28	28	
도(섬)	2	2	2				
군	218	148	145		70	70	
시	22	12	12		9	9	
도	13	9	7		7	6	1

(비고) 38도 이북은 경기 북부, 황해 남부, 강원 북부 지역을 말함.
(자료) 김남식, 「남로당연구」, 자료편, 돌베게, 1988

그런데 저자가 주로 다루려고 하는 울산군의 군인민위원회는 조직되어 있으나 그 통치기능이 매우 약한 것 같다. 그러나 산촌에는 마을 인민위원회와 농민조합의 활동은 매우 활발하였던 것 같다.[55]

한편, 친일적인 지주세력을 중심으로 한 한민당과 새로 정치세력화 된 관료(면장 등) 및 상공인 중심의 대한독립촉성국민회가 나타나게 되었다.

이러한 지방 정국에서 인민위원회는 미군정(군경)과 대한청년단 및 서북청년회 등의 탄압을 받아 몰락하게 되었고, 이승만계 독촉국민회와 김성수계의 한민당이 반탁운동을 계기로 보수세력이 연합하여 이에 대처하여 갔다. 지역 인민위원회를 약화 시키는데 주도적 역할을 한 군경은 도지사로부터 경찰권을 이관 받은 경무국과 주로 일본군과 만주군으로 구성된 국방경비대이다.[56] 그런데 인민위원회는 이미 농촌청년 중심으로 뿌리가 내려

54) 상게서, 上 청사, 1986, 제 9장 참조.

55) 울산군인민위원회의 주요한 세력기반은 농민조합이었고, 면 단위에서는 양자간 구별이 어려울 정도였다고 한다.

56) 경무국(국장 조병옥)과 수도경찰청(청장 장택상)의 요직에는 일제시 경찰 출신이 임명되었다. 일제 말기 한인 경찰은 모두 10,619명(전체의 39.8%)인데 경부 이상은 127명이고 대부분 순사부장 및 순경(96.7%)이다. 1947년 1월 남한 경찰의 21.0%가

반미, 반정부 세력화 되었으며, 따라서 독촉국민회와 한민당은 농민들과 유리된 채 읍, 면 지역의 지배적인 정치세력이 된 것 같다.

1) 경남지방의 정치지배층

해방 직후 서울에서는 정치지도자들이 이합집산 및 좌우협상을 전개하였다. 미군정과 친일 우익단체는 건준과 임공을 부인하면서 지방조직을 강화시켜 나갔지만 건준과 인민위원회는 이미 전국적인 지방조직이 거의 완성되었다.[57)]

경남의 부산지방은 중앙의 정치적 영향을 받고 있으나 경남지방의 건준은 해방 직후 상당한 준정부로서 영향력을 행사하였다. 부산과 경남지역의 초기 건준에는 일제시 관공리와 협력인사를 제외한 좌익 뿐만 아니라 우익인사가 망라되었다. 그러나, 경남의 각 시, 군에서는 일제시 항일독립운동을 한 좌익인사가 주도권을 장악하였다. 전남지방의 경우도 마찬가지이다.[58)]

건준이 경남도청의 접수를 실패하고(信原지사 반대) 건준 경남 대표자대회에서 인민위원회로 명칭 변경을 시도한데 대한 불만으로 김철수(양산 출신, 부산상고, 2.8독립선언 참여, 게이오대 이재과, 동아일보 양산지국장, 미군정 고문)를 중심으로한 우익인사(지주와 기업인, 의사, 상인, 농업 등 지방유지)들이 분파(건준 경남연합)를 형성하였다. 이것이 신탁통치 반대운동을 통하여 이승만 주도

이북출신이다. 그리고 국방경비대(대장 이응준, 채병덕, 백선엽, 정일권)는 초기 월남한, 일본군 출신(87명)과 만주군 출신(21명)이 대부분 차지하고 광복군 출신은 2명이다.

57) 1946년 인민위원회는 전국의 도, 시, 군, 읍, 면, 섬에 거의 모두 조직되었고 지배적인 군은 51%가 된다. 그리고 전평 산하 노조는 1,680개 분회에 조합원이 57만 4475명이고(남자는 75%) 전농의 경우 1,745개의 면지부와 25,288개의 리부락반에 조합원이 32만 3197명이라고 한다.(정일준, 해방직후 분단국가 형성과정에 대한 일고찰, 「해방직후의 민족문제와 사회운동」, 문학과 지성사, 1988, pp.131~134)

58) 전남지방의 군 건준 위원장은 ① 3.1 운동(7명), ② 광주학생운동(9명), ③ 신간회 민족통일전선(7명) 관련자이고, 또 ④ 투옥 경험자도 15명이 된다. 그리고 군 인민위원장의 투옥경험은 50명이나 된다. 그 밖에 공직 경력자와 교사 출신도 많다. 군 건준위원장(55명) 중에 12명이 천석 이상 지주였고 그들의 약 3할이 대학 이상을 졸업하였고 나머지는 중학 이상이었다. 군인민위원장(51명) 중에서 백석 이상 지주가 31명이 되었다.(안종철, 전게서, 제 6장 참조)

의 독립촉성국민회 경남지부(회장 최석봉, 동경음악학교 수학, 독촉과 한독당 부산지부장)가 되었다.

미군정 경남 도지사(C. S Harris 준장)는 미군을 동원하여 인민위원회를 탄압하는 동시에 일제 강점기 통치체제를 복원하였다. 1945년 10월 부터 미군 전술부대가 마산, 진주, 울산, 김해, 하동에서 인민위원회를 탄압하기 시작하였고, 경남 15개군 인민위원회의 해체를 시도하였다.

경남의 인민위원회는 주로 일제하 사회주의운동을 하였거나 3.1운동에 참여한 민족주의자 및 언론인들이 참여하였다. 도인민위원장 노백용은 1927년 3차 공산당 경남북 책임자이고 강대홍 부위원장은 윤일과 함께 1928년 제 3차 공산당 검거대상이었으며 해방 이후 인민위원회 치안대 총사령관이었다. 경남의 인민위원회는 강력하고 효율적이며, 지식인에 의해 지도되는 공산주의 배경[59]을 지닌 조직체로서 사실상 정부와 같은 광범위한 통제력을 지녔다고 한다.[60] 경남의 건국 치안대(3천명)는 부산상고와 동래고의 재학생 및 졸업생, 그리고 공장노동자(5백명)로 조직하여 활동하였다. 이러한 인민위원회의 역할은 미군정이 탄압하기 전에는 거의 전국적인 현상이었다.

경남의 미군정은 동년 10월 25일 각 군의 군수를 임명하였는데 울산군수는 최동룡이었다. 최동룡은 1906년 산청 출생으로 보성전문을 졸업하고 사천, 고성, 함안, 양산 산업과장을 역임한 일제 관료(학무과 촉탁) 출신이다. 미군정시 울산읍장은 건준 위원장을 지낸 박학규(일산동거주, 산업조합장, 민선

---

59) 일제시 사회단체와 사상범을 민족주의와 공산주의로 구분하였던 것을 해방후에도 그대로 사용하는 것은 부적절하다.(김영모,「한국지배층연구」,일조각, 1982, p.37) 다시 말하면 일제시 독립운동가(소위 사상범)는 모두 민족주의자이고 이들의 정치이념으로서 공산주의자도 있겠지만 사회주의자(좌익 또는 중도좌익) 또는 자본주의자(우익 또는 중도 우익)도 있는 것이다. 일제시 그 비율은 민족주의계가 37.9%이고 공산주의계는 40.7%이다. 1920년 이후 일제시 민족독립운동은 하층 중간계급 출신의 지식인이 주도하였지만 그 주력부대는 소시민, 소상인, 수공업자, 노동자의 피지배계급이었다.(상게서, pp.65~66)

60) 부산시사 편찬위원회,「부산략사」, 1965, pp.1058~1959
전남지역의 24개 시, 군 중에서 17개소가 좌파 세력이 실권을 장악하였다고 한다.(최상룡, 전게서, p.110)

읍장, 민족주의자임), 일제시 양조장 종업원으로 들어갔다가 주인이 된 고기업(북정동) 등이고, 언양면장은 김병희(후에 방어진읍장), 선병희(어음리), 상북면장은 이갑종(길천리), 김석한(양등리), 정성락(길천리), 정경모(양등리), 두서면장은 이인만(인보리), 그리고 두동면장은 이만술(월평리), 김일용(봉계리, 경찰관 출신) 등이다. 이들의 해방후 재직 기간은 평균 1년 미만이다. 범서면장은 해방후 5년간 6명이나 바뀌었다. 그 만큼 이들에 대한 테러 등 신변 위협이 심하였다. 그리고 미군정은 동년 10월 21일에는 경무국을 설치하여 기존 경찰력을 복원하고 치안대로 부터 치안권을 인계 받았다. 11월 부터는 군정 산하에 고문회의를 조직하여 총 24명을 지역별로 임명하였다. 울산의 군정 고문은 김재락이었다.[61]

경남지방의 정치를 주도한 대표적 인물은 인민위원회 초창기에 함께 참여한, 좌익의 인민위원회[62](윤일/노백용)와 우익의 대한독립촉성국민회(김철수), 그리고 한국민주당(허정)이었다. 이들의 정강은 중앙당의 경우와 유사하다[63]. 독촉국민회의 김철수(미군정 고문, 부산자유민보사장)는 1947년 경남지사가 되었고[64] 그는 한민당 부산지부 수석총무(1946. 6)와 독촉국민회 경남 지부장 및 입법의원을 지냈다. 한민당의 허정(부산출신, 보선전문 법학과, 한민당 총무)

---

61) 역사문제연구소, 「한국 근현대 지역운동사」, (신종대 논문) 영남편, 여강, 1993, p.221

62) 경남 인민위원회는 인공을 지지하였는데 위원장은 윤일, 부위원장 노백용, 내정부장 강진순, 산업부장 강병창, 노정부장 안균, 재정부장 오재일, 문교부장 김이홍, 보안부장 이병희, 관리부장 홍보용, 위생부장 박기출(의사)이다. 후에 노백용은 경남 보도연맹 간사장, 강대홍은 사무국장이 되어 이용되었으나 희생되었다.

63) 건준의 경남지부(대표 윤일)의 강령은 ① 완전한 독립국가 수립, ② 민주주의 원칙 준수, ③ 치안과 질서유지하겠다는 것이고 인민당의 강령은 ① 진정한 민주주의 국가 건설, ② 계획경제제도 확립과 민족의 완전한 해방, ③ 진보적 민족문화 건설을 주장하였다. 한민당 부산지부(김철수 수석총무)의 결의문은 ① 자주독립정부 수립, ② 미소공동위원회의 속개, ③ 3.8선 장벽의 즉시 철폐, ④ 자주독립을 방해하는 반동분자의 일부 행동 봉쇄이다. 그리고 농민조합의 행동강령은 마산조합의 경우, 토지는 농민에게 돌려라는 구호하에 ① 소작료는 3.7제로 실시, ② 일체 공과금은 지주가 부담, ③ 소작권 이동의 반대, ④ 이모작지의 보리 소작량 제도 폐지 등이다.(역사문제연구소, 전게논문, pp.205~217)

64) 미군정의 경남 5부장은 내무부장 김병규, 농상부장 김덕기, 광공부장 김홍배, 경찰부장 김규태, 재무부장 윤상은이다.

은 일제시 북미 교민 단장과 해방후 제헌의원 등을 지냈다.[65] 그 밖에 임정 출신의 장건상(부산출신, 와세다대/인디아나주립대 법과, 인민당 부당수, 입법의원) 등이 있었다.

울산에서는 1945년 8월 17일 '울산건국청년단'(박태준, 김태근 등이 주도)이 자발적으로 조직되었고, 또 치안대의 역할을 하였던 '울산의용소방대'(순사출신 서달식 등 주도)가 중심이 되어 '보안대'를 조직하였다. 이들은 일본군(부대장 히구찌 소좌)이 요구한 일본인의 안전을 조건으로 무장해제를 시키고 미군이 진주할 때까지 치안권을 장악하였다. 건국청년단은 독립촉성국민회(이승만)의 지원으로 우익 행동대의 역할을 하였다.[66]

1945년 11월 21일 경남도 인민위원회가 결성되자 이에 반발한 우익세력이 독촉경남협의회를 발족하였다. 그리하여 울산에서도 우익 정치세력으로 울산건국협력회(위원장 손정수 천석군, 부위원장 서달식 사법서사)가 조직되었다. 건국협력회는 의용소방대가 주축이 되어 결성한 우익 치안대인 '보안대'와 밀접한 관련이 있었던 것 같다. 보안대 결성에 주도적인 역할을 했던 서달식이 건국협력회의 부위원장이었다. 이들은 신탁반대운동으로 우익인 대한독촉국민회를 결성하여 인민위원회와 대립하면서 울산읍을 중심으로 활동하였다. 그러나, 해방 직후 국가건설운동의 주도권은 좌익에 있었다. 우익 치안대가 장악하고 있던 울산읍을 제외한다면, 가장 방대한 조직인 농민조합의 지지를 받고 있던 좌익세력이 서부울산(5개면)과 방어진읍과 서상면 등에서 수적으로나 대중적 영향력에서 앞서 있었다.[67] 특히 울산 서부 6개면(언양면, 삼북면, 두동면, 두서면, 삼남면, 범서면)에서 그것이 심하였다. 상북면, 두동면, 두서면의 좌익세력이 전체 주민의 약 7할 이상이 된다고 한다.

---

65) 허정은 정부수립 후 교통부 장관, 사회부 장관, 서울시장, 외무부 장관시 대통령 권한대행(이승만 하야시)을 지냈다.

66) 「울산광역시사」, 역사편, 2002, p.691

67) 「울산광역시사」, 역사편, 2002, p.695
1946년 중반 전국농민조합총연맹이 집계한 농민조합은 시·군 지부는 188개이고 면지부는 1,742개, 리지부는 25,378개이며, 조합원수는 2백 66만 2천 964명이라고 한다.(「조선해방 1년사」, p.167)

울산지역의 인민위원장은 초기에 이규천, 후에 고원우였고, 울산의 건국협력회(후에 대한독촉국민회) 위원장은 손정수, 부위원장은 서달식이다. 그리고 좌익의 행동대장격인 군농민조합 위원장(좌익)은 안효식이고[68] 우익의 경우 대한청년단장(우익)은 박태윤이다.[69] 그런데 울산의 인민위원장 이규천은 미군정에 대하여 매우 타협적이라서 고원우(두동면 상월평리)가 주도적 역할을 한 것 같다. 이들도 군정의 인공 불법화로 지하에 들어간다. 그러나 우익단체(국민회와 대한청년단)는 1946년 신탁통치 반대운동을 계기로 더욱 활기를 띄운다. 울산지역에서 관공서와 지주부농 및 상공업이 많은 울산읍은 우익이 지배적이었지만 외곽 산간지역은 소작 빈농이 많아 좌익이 지배적이었다.[70]

그러면, 울산군 좌·우익 지도자들의 출신배경을 통하여 그들의 사회적 성격을 파악하여 보자.[71]

울산군의 좌익단체인 군 인민위원회는 1945년 8월 17일경 조직되었으며 위원장은 이규천(후에 고원우)이고, 군 농민조합장은 안효식이다. 이들은 모두 서부 5개 면에 거주하고 있다. 이규천은 상북면 길천리에서 농업(소농)에 종사하였다. 그는 언양보통학교를 졸업하고 천도교 울산 교구의 총무와 교구장을 지냈으며 3.1운동 당시 언양 독립만세사건의 지도자였다. 그의 형제들

---

68) 전국 농민조합연맹(전농)은 1945년 12월 8일 서울 천도교 강당에서 남북 13도의 농민조합대표 670명(200개 군)과 경향에서 온 방청객 500여명, 그리고 조소앙, 김원봉, 장건상, 이태준, 안재홍, 이현상, 이강국, 이원조 등이 참석한 가운데 결성하였다. 의장단에 이준원 등 9명이고 중앙위원은 각 도 대표 3명씩과 중앙대표 5인으로 구성하였다. 전농은 인공을 지지하여 조선공산당 산하에 들어갔다.

69) 대한청년단(의장 이승만)은 1948년 10월 4일 반공과 국방을 목적으로 5개 우익청년단체, 즉 민족청년단(이범석), 대동청년단(이청천), 서북청년회(문봉제), 대한노총(전진한)등이 통합하여, 전국 4,230개의 군, 읍에 지부를 두었다.(단원 2백만명)

70) 1948년 5.10 제헌의헌 선거에서 좌익이 많은 서부 5개면, 즉 울산 갑구(선거구)에서는 독촉국민회의 김석한(농업, 일제시 9년간 상북면장)이 선거 직전 사망한 바람에 골고루 잘 살게 해주겠다는, 무소속 김수선(언양면 어음리, 진주사범, 언양국교 교사)이 쉽게 당선되었다. 그러나, 이들은 언양의 좌·우익 대립에 무관한 것 같다.

71) 울산지역 좌·우익 대립에 대한 박제균팀(울산대 인문과학연구소)의 연구결과(지역주민 27명 면접조사)가 있기 때문에 이것을 주로 참고함.

은 모두 3.1운동 만세사건에 적극 참여하였다.[72] 그리고 그는 상북면 거리동의 양정학교 및 길천보통학교의 설립에 기여한 교육자이고 민족주의자이며 공산주의자는 아니다.[73] 그리고 고원우는 이규천 위원장이 미군정에 협력적이라서 그 후임 역할을 하였다. 그는 울산의 서북지역인 두동면 상월평리에서 20여 마지기의 소농 출신이다. 그는 일본에서 대학을 이수한 후 항일 독립운동에 종사하다가 해방후 고향에서 군인민위원장을 지내면서 좌익활동을 지도하였다.[74] 그리고 면 또는 리 농민조합위원장은 대개 소농(자소작) 출신이 많고 이들은 대부분 보통학교를 졸업한, 당시의 농촌 지식인들이다.

군 농민조합위원장 안효식은 범서면 망성리가 고향이고 가난한 집안(소작농)에서 태어나 경성의전(1929년)을 졸업 한 후 언양면 남부리에 있는 병원에서 일본인 의사의 조수로 일하다가 해방후 병원장(의사)이 되었다. 언양병원은 당시 서부 5개면에서 유일한 곳이다. 그가 군 농민조합장으로서 역할은 잘 알려져 있지 않다.[75] 안효식의 고향인 범서면 망성리(중리)는 70여호가 거주하는데 대부분 매우 가난한, 안씨 동족부락이고, 이 부락의 청년들 중에 좌익이 많았다고 한다. 안효식의 동생 안효선(범서초등 졸업)이 이웃 입암리(약 100호, 이씨 동족부락) 청년들과 함께 산사람(빨치산)이 되었다가 신불산 전투에서 사망하였다고 한다.[76]

---

72) 언양의 3.1운동은 4월 2일 장날을 이용하여 천교도인들이 주축이 되어 만세운동(2천명 참여)을 일으켰다. 일본 헌병과 경찰의 무차별 총탄으로 부상자(3명 중상자)가 발생되고 주동자 25명은 혹독한 고문과 징역형(1년 6월~태형 90대)을 받았다. 이규경(징역 1년, 복심 무죄) 이규인, 이규로, 이규천 등은 거사의 주모자로 국내외로 피신하였다.(「언양읍지」, pp.783~788)

73) 울산 인민대표자대회 후 미군이 한국인 강순사를 통역으로 길천리 후리에 있는 자택을 방문, 연행하려 하였더니 이규천은 소깝(솔가지)을 지고 산에서 내려 오다 미군을 만나 나는 공산주의자가 아니라고 대응했다고 한다.(박제균, 전게논문, p.4)

74) 고원우와 이만술 및 김구호의 활동에 대해서는 안효국(고졸, 면직원, 단위농협장, 두동면지 편찬위원장, 81세)의 증언임.

75) 안효식은 남노당 박헌영계의 경성콤트리오(이현상, 김삼룡 등)인 이관술(범서면 출신, 일본서 고상출신, 동덕여고 교사, 남노당 재정부장)의 친구이며 그의 이복여동생 이순금(언양면 남부리, 동덕여고 졸, 모친이 주점 경영)의 집과 이웃이다.

76) 입암리 출신 이동걸(전 서울시 공무원)의 증언, 당시 안효선의 친구는 이수열(중리 이장)과 최한샘(입암리) 등으로 모두 경찰의 총격으로 척과리 골짜기에서 피살되었다.

1946년 가을 범서면 서사리 서장용과 척과리 김태봉 및 내사리 최해문의 지휘하에 총 한자루 없이 적극 참여한 주민들(5백~천명)의 범서지서와 삼호지서의 습격사건을 보면[77] 당시 농민들의 반정부 투쟁이 심하였음을 알 수 있다. 그러나 안효식을 아는 사람들은 그가 공산주의자가 아니고 민족주의자라고 한다.[78] 당시 많은 의사들(예컨대 경남 인민위원회 위생부장 박기출)이 진보적인 사상을 지니고 있었다. 그는 수사관에 의해 버스편으로 부산에 연행도중 양산읍 버스 정류소 근처 식당에서 식사중 음독, 자살하였다. 그리고 다른 면의 농민조합장은 대개 소농 또는 빈농 출신으로 보통학교를 졸업하였다. 이들은 모두 농촌 지식인이었다.

언양면 농민조합 위원장 박형욱(약방 경영)은 인공이 불법화된 후 입산하였다가 체포되어 부산형무소 생활을 하였고, 언양면 읍내 동부리 청년들인, 오세영(당시 57세, 도당위원장)의 동생 오태영(수원고농, 군청근무, 보도연맹) 차남 오준근(언양보통), 조카 오양근(진주사범 퇴학) 그리고 이웃 친구 신씨 등 다수가 좌익활동을 하였으며, 이들은 월북하였을 것이라고 말한다.[79] 상북면 위원장 이종근(향산리 이장)과 반곡리 위원장 김정갑은 보도연맹으로 희생되었으며 상북면에서 인민위원으로 활동한 강민수(천전 도곡리, 일본 명치대졸업), 유석진(지내리 신리, 울산농업학교 졸업) 등이 입산 후 빨치산 활동을 하였다. 상북면 농민조합장 박인하(장성리)는 빨치산 활동과 보도연맹 상북면 위원장을 지냈으며 삼남면 농민조합장은 유철순이었다.[80] 그리고 두동면 인민위원장은 이만술(삼정리)은 해방후 면장(민선)을 잠시 지냈다. 두동면 봉계리 출신인 김구호는 두동면장(6년간) 출신으로 횃불사건을 주도하였으며 후에 보도연맹사건으로 희생되었다. 이들 면 또는 리 인민위원장이나 인민위원들은 농업(주로 소작농)에 종사하면서 주민(청장년)들을 모아 소위 주경야투의 활동을 하였다. 이들은 체포령으로 입산하여 빨치산이 되고, 소위 친일 반동인사

77) 박제균, 전게논문, pp.6~7 참조.
78) 김영광(언양면 동부리 출신, 당시 청년방위대 요원, 김수선 제헌의원 비서관)의 증언
79) 오세영 아들 오욱근의 증언
80) 상게 논문, p.3

에 대한 테러를 자행하였다.

이와 같이 군 인민위원장이나 군 농민조합장은 초기에 일제시 독립운동을 한 진보적 민족주의자들이었으나 후에는 중앙 인민위원회의 성격변화에 따라 지식계급이 주도하였으며, 면과 리단위의 위원장이나 위원들은 가난한 소작농 출신 청년들은 이에 동조하게 된 것 같다.

한편, 울산군의 우익단체인 대한독립촉성국민회와 대한독립촉성 전국청년총연맹 울산지부는 1946년 초에 시작된 신탁통치반대운동으로 좌익활동에 대항하기 위하여 기존 우익단체 중심으로 결성되었다. 이러한 우익단체에 참여한 인사들은 대부분 일제시대 부터 힘 있고 말발이 센, 친일관료(경찰관)와 상공업자(지물상) 및 지주부농(5백석) 출신의 부르조아지였다.

<표 7> 울산 서부 5개면 좌익단체장의 출신배경

현직	성명	연령	거주지	학력			일제시 경력	해방후 현직	정부수립후 경력	비고
				초등	중등	대학				
군 인민위원장	이규천	70	길천리	언양보통			천도교 교구장 언양독립만세 지도자	농업	농업	
〃	고원우		두동면	학숙		일본에서 대학 졸업	독립운동(해외)	소농, 좌익활동	전국인민대회 군대표	월북
<면 인민위원장>										
언양면	박형욱		동부리	양산보통			약방 운영	입산후 체포		형무소 복역
상북면	이종근		거리동				소작농			보도연맹 희생
두서면	최병민						소작농	소작농	농업	
두동면	이만술		월평리	두동보통				면장(4개월)		인민위원장
<농민조합장>										
군 농민조합장	안효식	40	범서면 망성리	범서초등		경성의전	언양병원 의사	언양병원장		연행중 자살
상북면	박인하		장성리				소작농	빨치산		보도연맹위원장
삼남면	유철순						소작농	소작농	농업	

(비고) 좌익 지도자들은 대개 마을 서당에서 구학문(한문, 소학 등)을 이수하였음.

대한독촉국민회 군위원장은 서달식(일제시 경찰관, 사법서사)이고 부위원장은 이규명(치과의사)이며 청년연맹 군위원장은 손진욱(지주부농, 5백석인 국민회 손정수의 아들)이었다. 이들은 여러번 테러를 당했다.[81] 그리고 언양면 국민

81) 울산읍내 출신 이영호 성균관 부관장(육군 준장 예편)의 증언

회장은 박윤옥(수백석, 양조장 경영), 그 후 김규환(일제시 5년간 언양면장, 후에 한독당), 오민근(지주부농, 사법서사)이었고, 상북면 국민회장은 이갑종(길천리)이며 두동면 국민회장은 황선운(월평리, 두동초등 교사)였다. 황선운은 일제시 언양 3.1 운동을 주도하였는데 그를 부르조아지라고 비판한 이만술(두동면 인민위원장)과는 내이종간이다.

1948년 8월 정부가 수립된 후 이승만 대통령은 모든 청년단체를 해산하고 대한청년단(단장 박태윤)으로 통합시켰다. 그리하여 울산군내 활동하였던 민족청년단이나 서북청년단 및 대동청년단 등은 해체되었다. 그리고 대한청년단 언양면 단장은 박영찬(언양 국민회장 박윤옥의 아들)이었다. 그의 사촌 박영한은 일제시 7년 이상 언양면장을 지냈으며 상북면 단장은 김교준(등억리, 천석군)이었다.

<표 8 > 울산군 서부 5개면 우익단체장의 출신배경

현직	성명	연령	거주지	학력			일제시 경력	해방후 현직	정부수립후 직력	비고
				초등	중등	대학				
독촉국민회	서달식	53	성남동	개진학교			경찰관	사법서사	초대 건국청년단장	
청년연맹장	손진욱		성남동	태화보통			지주부농(5백석)			국민회 손정수 아들
<국민회 면위원장>										
언양면	박윤옥		서부리	양산보통			지주부농(수백석)	지주부농/양조장	양조장	
〃	김규환		동부리	언양보통			언양면장(6년간)	부농		한독당/이촌
〃	오민근		남부리	언양보통			부농	지주부농, 사법서사	부농, 사법서사	
상북면	이갑종		길천리					상북면장		
두동면	황선운		월평리				언양 3.1 운동 주역(피신)	두동초등교사	부농	
<청년단체>										
건국청년단	김태근	32	성남동	태화보통		일본 고야산대학 수학	지물상	울산읍 직원	신문기자	제헌의원 입후보
<대한청년단>										
울산군	박태륜	32	옥교동	태화보통				문학가 건국청년단 조직	범어사 승려	
언양면	박영찬		서부리	언양보통		일본 수산학교		경남버스 영업소장	상업	도의원
상북면	김교준		등억리				천석군/이장	천석군	도의원(부의장)	

박윤옥과 박영찬 집안은 언양에서 양조장(술도가)을 하면서 일제시와 해

방후 세무서와 산림계 및 경찰지서와 짜고 농주(밀주)를 단속하여 주민들로부터 많은 원성을 사고 있었다. 오민근은 사법서사를 오래하면서 법을 악용하는 악덕 사법서사로 알려져 있다.[82] 그리고 김교준은 지주부농이고 그의 형(김교완)은 일제시 상북면장(9년간)을 지냈으며 중형은 숭례전 참봉, 중추원 의관, 성균관 부관장을 지냈다고 한다.[83]

이와 같이 전형적인 친일 부르조아 계급이 해방후에도 친미 우익세력인 국민회와 청년연맹을 장악하였다. 울산 및 언양의 국민회 간부와 청년단장은 부자들이 참여하고 좌익지도자들은 혈연과 지연에 의하여 많이 참여하고 있는 것이 그 특징이다.

이것을 보면, 울산군의 좌·우익 대립은 친일 부르조아지와 좌익 농민들간의 계급적 투쟁이라 볼 수 있다. 더욱 흥미로운 것은 리단위 좌우익 갈등은 집안간 싸움이 되는 경우가 있었다.[84] 국민회, 특히 청년단체는 좌익 분자의 색출과 체포, 후에 빨치산 토벌까지 참여하였다. 이와 같이 언양읍내에서도 잘 사는 우익 유지와 못 사는 좌익 청년들간에 심한 갈등이 존재하였다.

2) 울산 농민의 요구

해방 당시 농촌의 참상은 대단히 심각하였다. 당시의 농민들은 전체 국민의 6할 이상을 차지하고 자작농은 전체 농가의 17.6%이며 농민들의 7할 이상이 소작농민이었다. 1943년 토지소유관계를 보면, 4% 미만의 지주와 약 80%의 소작농으로 구성되어 있고 자작농은 약 18%이다. 이러한 토지소유관

82) 오민근은 1970년대 삼남면 평리지구 농경지 정리사업 추진위원장을 하면서 부위원장(삼남면 부면장 출신 신복수와 언양면 부면장 출신 박남출)과 함께 하천부지(국유지) 개간자의 연고권(약 18명)을 무시하고 제방공사비조로 매각하였으며 심지어 많은 체비지를 만들어 친인척에게 환지하여 국유지를 사유화 하려다가 울주군수(김영한)가 고발하여 고령에 감옥살이를 하였다.

83) 대한제국 관원이력서에서는 찾을 수 없음.

84) 김교준(천석군 김찬희의 3남, 일제시 경방단장과 이장)은 상북면 등억리 화천부락(신불산과 간월산 아래)에 사는데 같은 부락 정상록(4백석 부농) 집안간에 일제시 징용건으로 생긴 불화가 좌우익 갈등으로 발전하였다. 또한 공비가 개입한 화천부락전투와 농지개혁으로 양 집안이 몰락한다.(박제균 전게논문, pp.11~16참조)

계는 일제시에 극소수의 지주 부농과 대다수의 소작빈농으로 계급의 양극 분해가 일어나고 있었다.[85]

소작농민들은 계속된 흉년으로 농민들이 보리고개를 넘기기가 어려울 정도로 살기가 매우 어려웠다. 왠만한 집에서도 씨레기 보리밥이나 나물죽으로 끼니를 때우는 경우가 많았다. 동네 사람들은 마을 뒷동산 도토리 열매를 서로 따려고 다녀서 산이 벌겋게 보였다. 가난한 농민들은 입도선매(立稻先賣), 초근목피(草根木皮)의 신세를 면치 못하였다. 그런데 시골 유지는 높은 소작료를 받고 관공리는 잘 살면서 높은 농지세(수득세)로 농민들을 못살게 굴었다.

저자가 어릴때 집집마다 여름 마당에 쌓아 놓은 보리 볏가리에서 파란 촉(싹)이 돋아난 것을 보았다. 이것은 1946년 1월 '미곡수집령'(미군정 45호)으로 고율의 소작료와 할당된 수득세(공출제)가 많이 나와서 아예 모두 가져가라는 것이었다. 이것은 불공평하고 과다한 하곡수집에 대하여 정부에 대한 농민들의 저항(조세저항)을 말한다.[86] 소작료는 소위 3:7제라 하여 소작인이 지주에게 수확량의 74~76%를 납부하였고[87] 농지세는 면서기와 마을 유지들이 춘추로 들판에 나가서 그 해 자란 농작물을 보고 세금을 메기는데(인정과세) 소위 빽이 없으면 과다한 세금이 나온다는 것이다. 심지어 산촌에서는

---

85) 김영모, 「한국사회계층연구」, 일조각, 1982, pp.258~260, 미군정이 관리한 신한공사의 적산농지는 약 27만 정보가 되고 이를 경작한 소작농은 전체 소작농가(약 2백만호)의 26.8%를 차지한다.

86) 로빈슨은 미군정 장관에게 보고한 '지방시찰 보고서'에서 하곡 수집과정에서 면서기 등 말단 행정기구의 비현실적 하곡 공출량 할당을 경찰이 이를 강제 집행하여 농민들의 원성이 이들에 모아지고 있다고 하였다.(정용욱 외 3인, 「주한미군사와 미군정기연구」,백산서당, 2004, pp.48~49) 당시에 귀향동포(약 2백만명) 및 월남동포(약 5백만명)가 많아서 식량난이 대단히 심하였다. 그리하여 중전의 2배가 넘는 중과세가 농민들에게 부과되었다. 해방 후 강제 미곡수집을 항의하는 농민조합시위는 호남에서 대단히 심하였는데 담양에서 2천 1백명이 경찰을 습격하고 임실에서 공무원(면장, 부면장)의 가옥을 불태웠으며 이로 인하여 많은 농민들이 체포되었다.

87) 일인 농장의 실태조사에서 소작료가 총생산량의 74~76%가 된다고 하였다. 이 중에서 50%는 순수소작료이고, 나머지는 각종 공과금 및 지주에게 갖다 바치는 것(소작권을 유지하기 위하여 연초에 엿, 꿀 등의 경제외적 강제)이라고 한다.(久間健一, 「朝鮮農業 の 近代的 樣相」, pp.108~109)

면서기나 지서 순경만 되어도 농민들을 공짜로 부려 먹는다고 하였다. 사역에 응하지 않으면 어떠한 봉변(손해)이 올지 몰라 순응하였다고 한다. 더욱이 농민들의 길흉사가 있을 때 사용할 농주를 밀주단속이라는 핑계로 양조장이 세리와 산림계 직원과 짜고서 갑자기 들이 닥쳐 숨겨 놓은 누룩과 농주를 모두 빼앗아 가고 많은 벌금을 내어야 한다.

그리하여 농민들은 관공리(면장,면직원과 순경 등)와 마을 유지들(이장, 양조장, 지주 및 농지위원 등)에 대한 불만이 많고, 이러한 불만이 반정부의 횃불을 높이 들게 하였으며, 못된 고을 유지에 대한 테러를 자행하게 되었다.

저자가 초·중학교에 다닐 때 상북면과 두동면 및 두서면의 산촌에 사는 친구와 친척들의 말에 의하면 저녁마다 마을 청년들이 뒷산에 올라가 함성과 노래를 부르면서 횃불 시위를 하고 반정부 구호를 외친다고 하였다. 이러한 참상과 농민들의 집단행동에서 자생적인 빨치산이 생기고 집단적 저항운동이 발생된다. 전국적인 조직을 완료한 인민위원회와 농민조합에 의하여 쉽게 농민들의 조직적인 행동이 나타나게 된다.

해방 후 서울(중앙)에서 미군정이 실시되고 민족의 자주성과 노농계급의 이익을 대변하는 임정과 인공이 부인되는 정치상황에서 농촌 청년들은 '해방'의 기대를 상실하게 되고 미래에 대한 불안과 허탈감이 대단히 심하였을 것이다. 왜냐하면 해방 후 중앙에서 인민위원회가 자주독립을 위한 조선인민공화국을 선포하고 이들은 농민들의 주요 관심인 일제시 악법(치안유지법 등)과 소작제를 철폐한다고 하였다. 즉 '무상몰수 무상분배'의 농지개혁을 실시한다고 주장하였다. 북조선 임시인민위원회도 1946년 3월 5일 '무상몰수 무상분배'의 토지개혁을 실시하였다. 그런데 미군정은 일제 관료를 유임시키고 독촉국민회와 한민당은 '유상몰수 유상분배'의 농지개혁을 하겠다고 한다.[88]

그리하여 농민들은 미군을 '해방자'로 보지 않고 민족해방과 자주독립의

88) 김규식과 여운형은 '무상몰수 유상분배'를 주장하였다. 그런데 미군정하 입법의원에서 농지개혁법이 제안되었으나 지지부진하여 오다가 1949년 6월에서야 자작농 창립을 위한 '유상몰수 유상분배'의 농지개혁법이 실시되었다. 즉, 지주의 소유농지를 유상(토지증권)으로 매수하여 3정보 미만 농가에게 총 수확량의 12할 5분을 5년간 소작농이 상환하는 것을 말한다. (한국농촌경제연구원, 「농지개혁사연구」,1989년)

훼방꾼으로 본 것이다.[89] 더욱이 북조선의 '무상몰수 무상분배'의 토지개혁은 이들의 불만을 더욱 부채질하였다.[90]

그리하여 전체 농민의 7할 이상인 소작 농민은 미군정과 독촉국민회 및 한민당의 정치세력(지주와 유지)을 적대시 하여 농민항쟁이 일어났던 것이다.[91]

그러나, 미군정과 관공리 및 시골 유지들은 농민들의 이러한 요구를 반정부적인 것이고, 그들의 집단행동은 좌익(공산주의) 운동으로 보았으며, 중앙의 지시대로 군경과 청년단체가 이들을 소탕하는 것을 그들은 자구책으로 간주하였다. 다시 말하면 미군정은 해방 정국에서 이미 주도권을 쥔 임정과 인공의 지배적인 정치이념과 사회세력을 이승만 및 한민당이 주도하는 정치세력으로 대치하기 위한 과정이라 볼 수 있다.[92] 특히 이러한 정치적 사회적 불만을 지닌 농민들을 미군정(군경)과 대한청년단 및 서북청년회 등은 치안유지를 목적으로 무단 연행 및 감금하여 폭력과 고문을 자행하였고, 민폐를 끼친 빨치산 활동과 공비토벌 등은 농민들을 더욱 분노케 하였다. 마치 한말 의병운동을 보는 것 같다.

3) 울산지방의 빨치산 투쟁

지방의 좌·우익 대립과 갈등은 해방후 일본인과 지방유지 및 순경 등

---

89) 해방 후 어른들로 부터 자주 들은 이야기가 있다. 그것은 '미국놈을 믿지 말고 소련놈에 속지 말고 일본놈은 일어난다(조심하라)'는 말이다.

90) 미군정이 1946년 4월 16일 서울의 398명에 대한 무작위 표본조사에 의하면 북한 토지법을 알고 있는 경우 전체 응답자의 89%가 되고 농민의 경우 68%가 된다. (USAFIK HQ「G-2 Periodic Report」, No.203, 1948)

91) 1945년 8월 15일 1947년 12월 1일 까지 전국적으로 40만 2천 877명이 폭동에 참여하였고, 282명이 피살되었으며, 부상이 1천 63명이라 한다. 그리고 이러한 소요의 원인은 1945년에는 일본인, 친일파 및 관공리에 대한 습격이 80건으로 가장 많고, 1946년에는 10월 대구 인민항쟁으로 경찰서 습격이 176건으로 가장 많으며 1947년 이후에는 양곡수집 반대(46건)가 가장 많다.

92) 이러한 과정에서 일어난 10월 대구폭동사건, 4.3 제주사건, 빨치산 투쟁에 대하여 북란의 소련 군정과 김일성파의 지시, 또는 남노당의 지시로 일어났다고 한다.
이기봉, 「빨치산의 진실」, 다나, 1992, 제 4, 5,6,7부 참조.
최상룡, 「미군정과 한국 민족주의」, 나남, 1988, pp.249~250
김남식, 「남로당 연구」, 돌베게, 1984, pp.394~395

에 대한 개별적인 테러가 있었고, 농촌 특히 산촌 청장년들의 횃불시위가 자주 있었지만 전국적으로 야산 유격대의 집단적인 무력항쟁과 강력한 공비토벌이 심하였던 것은 아니다. 그것은 1948년 8월 15일 대한민국의 건국 이후라 볼 수 있다. 건국 이전의 횃불시위는 반정부 및 반부르조아에 대한 교육 및 의식화를 위한 자생적 투쟁이라고 본다면, 국가보안법(1948년 11월 제정) 등에 의한 체포령으로 입산한 야산대는 소위 빨치산 투쟁이고[93] 6.25전쟁 이후의 무장 유격대 투쟁은 전쟁상태라고 볼 수 있다.

횃불시위와 야산대 투쟁은 해방후 인민위원회가 전국적으로 읍·면 및 마을 단위로 급속히 조직되었기 때문에 이들의 사상적 교화가 있었다고 볼 수 있다. 그 후 인민공화국과 남노당이 미군정에 의하여 불법화 되었기 때문에 이들이 지하운동을 하면서 야산대와 연결될 수 있었을 것이다. 더욱이 10월 대구항쟁, 제주 3.1 및 4.3항쟁, 여순 반란 및 6.25전쟁이 터지면서 패잔병 또는 낙오병이 자생적 빨치산과 패잔병들과 연대하여 지리산 전투, 신불산 전투, 아미산 전투 등 대규모 공비토벌작전에 대항하여 접전한 경우도 있다.[94]

이러한 항쟁 중에서 저자가 특히 관심을 가진 것은 해방후 미군정시 전국 지방에 나타난 '산사람', 또는 횃불시위[95]와 야산대의 빨치산 운동이다. 이들이 누구이며 이들이 지닌 사상이 무엇이냐 하는 것이다. 이들의 사상이 단순히 반정부 또는 반부르조아적인지, 아니면 계급혁명을 부르짖는 공산주의자인가 하는 것이다. 이러한 것을 규명하려면 심층분석이 필요하겠지만 당시에 주도적 참여가 가능한 농촌 청장년의 특성을 파악하여 본다.

---

93) 1949년 초 미 CIA는 남한 유격대의 총 인원이 제주도의 수천명을 제외하고 약 3,500~6,000명으로 추정하고, 1949년 11월에서 1950년 3월 까지 6천명의 유격대가 사살되었다고 한다.(Bruce Cummings, 전게서 p.34)

94) 이러한 사건에 대한 시각의 차이가 있겠으나 다음의 책을 참고할 것.
정채구, 「10월 인민항쟁 연구」, 열음사, 1988
박찬식, 1947년 제주 3.1사건 연구, 「한국사연구」,2006, pp.288~290
G. Henderson, *op.cit.*, pp.145~147

95) 횃불시위는 해방후 농촌 청장년들이 저녁마다 마을 뒷산에 올라가서 '적기가'와 '빨치산의 노래'를 부르면서 반정부 구호를 외친 사건을 말한다.

먼저 횃불시위에 참여한 농민은 대개 산촌에 거주하는 소작인(전체 농가의 7할 이상)들이 대부분이라고 볼 수 있다. 따라서 이들은 전술한 바와 같이 고율의 소작료 및 중과세에 대한 지주부농 및 정부(관공리)에 대한 반감이 있었을 것이고, 동시에 해방으로 소작농이 자작농으로 신분전환이 된다는 꿈을 인민위원회의 불법화와 친일 우익세력 득세로 상실하였기 때문에 반정부, 반지주 운동을 전개할 수 있었을 것이다. 그러나, 대부분의 소작농은 프로레타리아의 계급의식, 즉 좌익사상을 지니지 못한 것이 그 당시 농촌의 실정일 것이다. 예컨대 해방후 어느 날 언양국민학교에서 농민들에게 토지를 무상분배 할터이니 여기에 도장을 찍으라고 하였더니 언양면 뿐만 아니라 상북면 및 삼남면 주민 수천명이 모여 농민조합원이 되었고, 그 후 보도연맹에 가입(소위 전향)하라고 하였더니 또한 수백명이 모여들어 도장을 찍었다고 한다.[96] 두동면의 농민들도 남로당 계열의 인민위원회가 농지를 무상으로 분배해 주겠다는 말에 남로당에 가입하여 지하활동을 한 이도 있었다고 한다.[97]

이와 같이 좌왕우왕 하는 농민들이 특정 이념 보다도 토지소유에 대한 애착심, 즉 살기 위한 몸부림을 친 것이 아닌가 생각한다.

최근 발표된 당시 농촌에서 인민위원회와 농민조합에서 주도적 역할을 한, 보도연맹사건[98][99]의 희생자에서 그 신분적 특성을 찾아 볼 수 있다.

---

96) 김영광(당시 청년방위대 요원, 김수선 의원 비서관)의 증언

97) 「두동면지」, 2001, p.83, 두동면과 범서면의 농민운동은 남로당, 특히 박헌영계, 특히 범서면출신 이관술(일본 고상, 동덕여고 교사, 남로당 재정부장)의 영향이 있었던 것 같다.

98) 국민보도연맹은 전향자들이나 좌익인물, 나아가 일반 국민의 사상선도를 목적으로 설립되었다. 보도연맹의 구성원은 국가보안법에 저촉되는 사람들로 남한 단독선거의 반대, 대한민국의 정통성을 부인하는 집단 및 결사의 구성원이나 전향한 사람들이다. 1949년 말 연맹원은 30만명이 넘었고 6.25전쟁 직전까지 연맹원수가 33만명이 되었다. 이들의 대부분이 인민군에 동조할 것으로 생각하여 처형하였다. 최근 진실, 화해를 위한 과거사정리위원회는 1950년 7월부터 9월 까지 부산, 마산, 진주 형무소 등에 수감된 재소자와 민간인 3,4백여명이 인민군에 동조할 우려가 있다고 하여 법적 절차 없이 육군 정보국, 헌병대, 경찰, 교도관에 의하여 산골짜기나 바다에 끌려가 집단학살 되었다고 한다.(「동아일보」, 2009년 3월 3일) 당시 국민보도연맹 중앙본부 총재는 김효석 내무장관이고 부총재는 장경근 내무차관, 법무차관, 옥선진 대검 차석검사이며 간사장은 박우천이다.

99) 6.25 전쟁시 6사단 헌병대 과장인 김만식은 보도연맹원의 집단 학살이 전국적으로 자

당시 울산지역 보도연맹원은 최소 1,561명이었고 사건 관련 희생자는 적어도 870명 이상일 것으로 밝혀졌으나, 과거사위원회에서 신원을 확인한 사람은 407명이다. 희생자들은 울산지역의 국민보도연맹원과 좌익혐의 등을 이유로 예비 검속된 사람들이었다.

이들이 인민군에 동조할 것이라는 막연한 우려속에 1950년 8월 5일 부터 8월 26일 까지 울산경찰서 사찰계 경찰과 울산지구 CIC대원들은 10여 차례에 걸쳐 예비 검속자들의 손목을 묶은 채 트럭에 태워 울산구 온양면 운화리 대운산 골짜기와 울산군 청량면 삼정리 반정고개로 이송하여 최소 1명, 최대 212명씩 집단 총살하였다. 희생자 중 95.5%인 389명은 20~40대의 청·장년 남성이었으며, 10대가 9명, 여성도 3명 포함되어 있었다.

이들은 대부분 농업에 종사하던 울산지역 주민들로서, 일부는 좌익활동 경력이 있었지만 다수는 좌익사상과 무관한 비무장 민간인이었다. 희생자의 47.2%인 192명이 문맹이었다는 자료와 좌익관련단체 가입자들의 다수도 실제로는 좌익사상과 무관한 사람들이었다는 중요 관련자들의 증언이 그것을 뒷받침 해 준다.[100]

이것을 보면, 당시 좌익사상을 지녔다는 농촌 청장년의 대부분이 농업에 종사하는 문맹인이었고 소작농이다. 이들을 조직한 초기 형태가 횃불시위이고 이에 참여한 대부분의 청장년들이 후에 보도연맹으로 희생되었다고 한다. 이들은 비록 남로당의 지도로 인민위원회와 농민조합의 활동에 참여하였을지라도 좌익사상(공산주의)과 무관한, 현실불만세력이라 볼 수 있다. 이들은 해방 정국에 있어서 친일 관료와 소작제도의 청산이 자기들의 살 길이

행되었다고 한다. 그는 강원도와 충북 및 경북 북부지역의 헌병대가 주도했다고 한다. (뉴스컷, 2007. 7. 4)

100) 진실, 화해를 위한 과거사위원회, 「보도자료」, 2007. 11, pp.9~10, 서울중앙지법은 2009년 2월 10일 울산보도연맹사건 희생자 유족 508명에게 약 51억원을 배상하라고 판시하였다. 법원은 희생자에게 2천만원, 배우자에게 1천만원, 부모와 자녀에게 2백만원, 형제·자매에게는 100만원의 위자료를 지급하라고 주문하였다. (「연합뉴스」) 그 밖에 부산, 경남지역 보도연맹사건은 김기진, 「국민보도연맹」, 역사비평사, 2002과 MBC 프로덕션, 「이제는 말할 수 있다.」, 보도연맹 Ⅰ,Ⅱ-잊혀진 대학살을 참고할 것. 이러한 대학살은 1907년~1911년간 일어났던, 최초의 항일운동인 의병전쟁의 피살자 17,779명과 부상자 3,706명에 비하면 엄청난 참사이다.

고 민족적 과제라고 생각하였는데 현실은 그렇지 못하였다.

그러나, 서울의 보도연맹원들은 농민과 노동자들이 가장 많고 공무원, 상인들도 다수이며 이들은 남로당이나 전평 및 진보적 단체에 소속되어 있다.[101] 따라서 서울과 같은 대도시의 보도연맹원은 좌익사상을 지녔다고 볼 수 있을지라도 전술한 농촌지역의 경우 그렇지 않을 것이다. 그러나 도시의 인민위원회가 우익이 이탈하여 급진화 되고 농민운동(소작쟁의 등)을 좌익시 및 죄악시 함으로서 보도연맹원들도 좌경화 될 수 있을 것이다.

보도연맹사건으로 연행된 사람들 중에서 소위 빽(군경)이 있거나 뇌물(약 3천환 또는 18마지기 논값 등)로 처형을 면한 경우도 있고, 또 도망친 사람은 그들에 대한 체포령 등으로 산사람, 즉 야산대 빨치산이 된 경우가 많다. 이들이 관공리나 지방 유지(면장, 이장, 지주부농 등)들을 습격하여 살해하는 경우가 많았다. 울산 서부 5개변에서 그 전형적인 예가 강우회(상북면 양산리 출신)이다.[102] 이 외에도 박영환(두서면 전유리 출신)이나 신석구(언양면 태기리 출신) 등이 있다. 다시 말하면, 미군정이 인민위원회를 불법화 시키고 친일세력(이승만과 한민당)이 임정과 인공을 타도하겠다고 선언한 상태에서 빨치산은 이들을 적대시 하여 테러를 감행하고 처형을 피하기 위하여 입산하였을 것이다. 이것이 우리나라 빨치산의 전형적인 시작이라 볼 수 있다.[103]

---

101) 당시 서울 서대문구의 자수자는 727명이고, 이들의 소속단체는 ① 남로당이 39.8%로서 가장 많다. 그 다음은 ② 전평(178명), ③ 민애청(105명), ④ 출판노조(103명)이며 나머지는 ⑤ 민중동맹(25명), ⑥ 문학가동맹(14명), ⑦ 근민당(5명), 농민과 노동, ⑧ 여성동맹(2명), ⑨ 보건연맹(2명) 등이고 이들의 직업은 농민과 노동자들이다. 노동자가 가장 많아 각각 전체의 30.1%와 26.4%이고 그 다음은 공무원이 12.9%, 11.3%, 배우, 문화인이 1.7%이다.

102) 강우희는 상북면 지내리 출신으로 신불산 유격대의 식량조달 부대로 유명하다, 이 부대를 광주리 부대라고 한다.(박제균, 해방후 울신자역의 좌우대립과 좌익의 무장유격 투쟁, 울산대 인문과학연구소 울산지역사연구, 「2차연도 중간보고」, 2003. p.7)

103) 일반적 견해는 남노당의 지시에 의하여 1946년 10월 대구시민항쟁에서 비롯되었다고 한다. 그러나, 자생적인 산사람(빨치산)도 많이 있었을 것이다. 이들이 후에 남로당과 연계되었을 것 같다.
최상룡은 남노당(박헌영)의 신전술로 대구 인민항쟁이 일어났고, 이후 계승되어 전국적인 농민운동이 일어났다고 한다.(전게서, p.264) 김남식은 1946년 10월 대구인민항쟁에 참여했던 핵심세력이 미군정의 체포령으로 합법적 정치활동에 참여할 수 없어서 산간지대에 피신하게 되어 이들이 산사람, 즉 빨치산으로 불리게 되었다고 한편, 1948년 11월 국가보안법이 제정, 실시되면서 미군정과 이승만 정권의 군경, 그리고 정부의 지원을 받은 우익 청년단체(건국청년단, 민족청년단, 서북청년단, 대한청년단)는 사상이 불온한 자를 색출 처단하였고, 반면에 야산대 빨치산은 경찰서(지서) 등을 습격하여 순경과 의용경찰관을 살해한 경우가 벌어졌다.[104]

울산지역에서 빨치산이 가장 심하였던 곳은 험준한 산악지대인 서부지역이다. 이 산악지대는 태백산맥의 말단으로 1천 미터가 넘는 산(신불산, 간월산, 가지산, 고헌산, 치술령, 국사봉 등)이 병풍처럼 뻗어 있고,[105] 산촌 주민들은 매우 영세한 농민들이었다. 소위 산사람(공비)들이 활동하는데 아주 좋은 지형조건을 갖추고 있다. 이러한 지역에 빨치산(공비)들은 밤마다 출몰하여 많은 관공서를 습격하고 지방 인사들을 살해하였으며, 또한 가축과 물품을 약탈하였다.

1948년 2.7 구국투쟁(단선 반대)을 계기로 남로당을 중심으로 한 좌익세력은 기존의 시위와 파업을 중심으로 한 대중투쟁 노선을 전환하여 본격적으로 무장투쟁을 전개하였다. 남로당 산하에 지역별로 50명~100명 정도의 소규모 무장부대가 조직되었고, 이들은 야산대로 불리웠다. 구성원은 좌익 인물들 중 일제 하 징병, 징용으로 군복무 경험이 있거나, 10월 항쟁으로 경찰의 추적을 받는 사람들이 중심이었다. 야산대의 무장상태는 초기의 경우 공기총, 일본도, 죽창 등 보잘것 없었으나 여순반란사건을 계기로 군인들이 합류하면서 본격적인 무장유격대로 전환하였다.[106]

한다. 그리고 배석만은 1948년 2.7 구국투쟁(남한단독선거 반대)에서 야산대가 본격화 되었다고 한다.(김남식, 전쟁전후 남한에서의 무장유격대 투쟁의 전개, 최장집, 「한국전쟁연구」, 태암, 1990)

104) 「두동면지」, 2001, p.84

105) 신불산에는 양산군 출신 빨치산이 많고 간월산에는 언양면과 상북면 출신 빨치산이 많으며 고헌산에는 상북면 및 두동면 출신 빨치산이 많았다고 한다. 그리고 이곳의 총본부는 서호동골이라고 한다.

106) 「민주중보」, 1949년 7월 5일과 동년 8월 3일,
김남식, 배석만 및 양정심은 남노당의 지령(신전술)으로 대구 10월 인민항쟁이나 2.7구국투쟁(단선, 단정론) 그리고 여순사건이 일어났고, 이것 때문에 피신한 참여자와 인민군의 패잔병 남한의 야산대와 인민유격대를 조직한 것으로 본다.

울산지역의 경우 야산대의 활동이 다른 어느 지역보다 활발하게 전개되었다. 당시 미군정 보고자료는 경남지역에서 야산대가 활발한 활동을 하고 있는 지역으로 서부 경남의 경우 함안, 산청의 지리산 주변지역, 동부 경남은 울산과 양산지역 임을 확인하고 있다. 또 경남 야산대의 특징은 평시에는 농사를 짓다가 유사시에 소집되어 활동하는 농민들이 주축을 이루고 있다고 하였다.[107)]

울산의 야산대 활동은 주로 경찰서를 집단 습격(50명 내지 200여명)하고 면장, 청년단 간부, 선거위원장 등 우익 인사들을 일본도와 소총(99식) 및 권총 등으로 살해하였다. 1948년 이러한 야산대 활동이 울산지역에 연간 14회 이상 발생되었다.[108)] 또한, 1948년 두서면 내와리의 깊은 골짜기에 터전을 잡은 빨치산들이 인보농협 직원들이 타고 가던 버스를 열박제 인근에서 습격하여 직원 2명과 봉계출신 울산경찰서 강윤태 형사를 살해하였다.[109)] 그들은 버스 타이어를 펑크 내고 버스가 정차하자 승객들 중에 고운 손을 가진 사람은 반동분자라 하여 사살하였다. 그리고 상북면의 경우 1948년 4월 도동에서 주민 14명을 살해하고 양동에서는 소 14마리와 식량을 약탈하여 갔다.[110)]

이와 같이 해방후 관공서(삼남면 등)를 불태우거나 버스에 대한 습격, 그리고 관공리, 지주부농, 이장 등에 대한 납치, 살해는 야산대 빨치산이 행한 사건이었다. 이들은 초기에 탄압 및 체포령 등으로 산으로 피신한 빨치산들이 조직화된 야산대라 할 수 있다. 1946년 가을부터 1947년 말까지 서부 5개면 불록책의 야산대 활동의 사령부가 있었던 곳이 언양면 대곡리였다고 하며, 약 20명의 대원이 10여 자루의 총으로 무장해 있었다고 한다. 이 대곡리의 행동대장은 강우회, 신석구, 박영환 등 대표적 빨치산이라고 한다.[111)]

---

107) 「울산광역시사」역사편, 2002, p.701

108) USAFIK, HQ,「G-2 Periodic Report」, No.931, 1948 참조

109) 그 밖의 사례로 1950년 11월 두서면 청전리 방리마을의 지주부농인 최의출 이장과 처 김순자를 공비가 살해하고 동시에 6채의 가옥이 소실되었다. 「두동면지」, p.83

110) 「상북면지」, p.542

111) 박제균, 해방후 울산지역의 좌우대립과 좌익의 무장유격투쟁, 전게서, p.7

이들이 입산하여 빨치산이 된 것은 대개 시골 유지나 순경을 살해하여 체포 대상이 되었기 때문이다.

이 중에서 신석구는 대곡리(태기)의 가난한 목수의 아들로 태어나 입산하여 윗동네 출신 빨치산과 함께 지서에서 왔다고 사칭하면서 1948년 4월(5.10 선거 직전) 저녁 무렵에 3~4명이 와서 이웃 柳德祚(53세) 부부(중농, 유지)를 총, 칼로 살상하고 도망친 적이 있다.[112] 그후 그는 언양의 오세영을 만난뒤 입산 중에 체포되어, 언양 장날 네거리에서 참수되었다.

홍길동 부대는 두서면 전읍리 아미산에 거점을 둔, 입산 빨치산 출신이다. 그는 두서면 전읍리 양지마을 머슴 출신이고 그의 아버지는 대목수이었다. 박영환은 홍길동 부대장이 되어 빨치산→야산대→무장유격대로 활동하였으나 경주 내남면에서 피살되었다. 홍길동 부대원은 약 2백명으로, 이들은 1951년 1년간 20여회 울산~경주간 국도에서 미군 수송차량(30대)과 군용(수송 차량 4대), 트럭(4대), 토벌대를 습격(5회) 하면서 정부군과 교전을 벌이기도 하였다.[113]

한편, 1949년에 들어와 울산지역 인민유격대는 과거 야산대의 활동과는 달리 매우 적극적인 무장투쟁을 전개하였다. 1949년 6월과 7월 불과 2개월간 울산경찰서는 좌익 무장유격대의 아지트 20개를 파괴하고, 유격대장 등 26명 사살, 3명 생포, 소총, 실탄, 수류탄 등 무기류와 식량, 불온문서를 압수하였다고 한다. 반면에 빨치산의 역공으로 일방적으로 피해를 본 사건으로 1952년 1월 두서면 선필부락사건, 1952년 6월 두동면 이전부락사건 등을

112) 피해자 아들 류교환의 증언

113) 아미산 전투에서 군인 3명이 전사하였고 2명이 부상을 당했으며 공비가 4명이 사살되었다. 이때의 작전은 당시 언양에 주둔하였던 육군 예비대대와 경찰의 합동 작전이었다. 이 전투가 일어나게 된 것은 아미산에 임시거점을 두고 있던 소위 홍길동부대가 6월 4일 전읍리 이전부락에 출몰하여 의용경찰 7명을 납치한 데서 비롯한 적정을 탐색한 끝에 토벌작전이 전개된 것이다. 1953년 10월 마지막으로 최후의 발악을 하던 잔비들은 그들의 주요 거점(내와리)을 잃고 삼삼오오로 분산되어, 주로 야산지대에 은둔하면서 연명을 해오다가 경주 내남면에서 그 두목 홍길동이 경찰에 의해 피살된 후 그 잔당들은 그 후 울산지역에서 종적을 감추고 말았다.(「두동면지」, 2001, P.122)

들 수 있다. 이 사건은 매복하고 있는 의용경찰관의 막사를 습격하여 7명의 경찰이 살해되었다.

휴전 협정후 군경의 적극적인 토벌작전114)으로 빨치산의 세력이 약화되고 이들은 점차 생존을 위한 식량 조달에 관심을 두게 되었다. 이들은 미군과 군경의 강력한 토벌작전으로 주민들과 유리되고 북한 인민군의 지원이 없어서 그들의 보급투쟁은 지방 주민의 재산을 약탈하여야 살아갈 수 밖에 없었기 때문에 주민들의 불만이 심하였다. 주민들의 이러한 불만은 빨치산 운동을 실패하게 만든 하나의 원인이 되었다.115)

울산의 빨치산은 초기에는 주로 자기가 태어난 지역의 산간지대를 중심으로 인근 지역에서 활동하였으나 그간 10월 1일 대구폭동사건 이후 남로당의 지도에 의하여 횃불시위를 비롯하여 조직적인 빨치산 활동이 전개되었으며, 그 후 여순반란의 패잔병, 심지어 6.25전쟁의 낙오병, 그리고 북한 강동학원에서 교육받은 1,400명 이상의 유격대 요원이 합세하면서 소위 인민유격대를 형성하여 적극적인 무장투쟁에 나섰던 것 같다. 이러한 무장유격대의 대표적인 것이 신불산에 거점을 둔 남도부 부대이다.116) 북한 중장인 남

114) 빨치산 토벌은 1949년 11월부터 본격적으로 시작되었다. 동년 11월 1일과 2일 양일간 보병 23연대 언양전투지구 서정철 소령부대와 한경록 총경경찰대가 합동으로 신불산 태종부락에서 3개 아지트를 설치한 좌익 무장유격대와 교전하여 4명 사살, 9명 생포하였고, 11월 24일 언양과 양산에 주둔한 356부대(맹호부대)가 천황산을 수색 중 빨치산과 교전하여 15명 사살, 11명 생포, 아지트 9곳을 파괴하였다. 1950년 2월부터 김종원 중령의 356부대는 양산, 동래, 울산, 밀양, 청도에서 전투지구를 설치하고(계엄령 실시) 일반인들의 출입을 금지시킨 상태에서 경찰은 빨치산의 하산도주, 부락잠입을 막고, 지역마다 청년 방위대를 조직하여 치안을 담당케 하는, 대대적인 저인망식 토벌을 3개월간 실시하였다.(「울산광역시사」, 역사편, pp.706~707)

115) 빨치산 운동이 실패한 주요한 원인은 미군정이 건준과 인공을 불법화 하였고,(1945년 10월) 이승만 정권이 국가보안법을 제정(1948년 11월)하여 탄압(체포, 학살 등)하였으며, 또한 소작농민의 불만과 항쟁을 조직화 하지 못하였고, 특히 미군과 군경의 강력한 현대식 무기로 토벌한데 있다.

116) 남도부(南都富)는 북한 인민군 중장의 칭호를 갖고 있으며 그는 태백산 지구 제3병단 부사령관이었고, 사령관은 김달삼(제주 4.3운동 주모자)이다. 3개의 병단은 오대산사령관 이승엽, (남로당 위원, 최고인민회의 대의원), 지리산 사령관 이현상(남노당 위원), 태백산 지구를 말한다.

도부 부대는 그 병력이 240여 명으로서[117] 신불산과 그 넘어 상북면 이천리(배냇골) 앞에 있는 681고지에 대대적인 참호를 구축하여 공격을 방어하기도 했으며, 또한 군관학교를 세우고 공비들의 이탈을 막기 위한 세뇌공작과 공공시설의 파괴, 유격전술, 식량, 의류 등 그들이 필요로 하는 물품 약탈을 목적으로 한 소위 보급투쟁을 위해 교육을 실시하였다.[118] 이들은 주로 양산시 일부지방과 울주군 서부 5개면을 활동지구로 하여 한국전쟁 후 약 3년간 준동했었다.[119]

또한, 제 4지구단 2지구대장인 김용구(인민군 준장칭호) 부대는 온양면 대운산에 거점을 두고 약 80명이 온산면, 청량면 그리고 동래군 일부 지역에서 활동하였다. 그는 온양면 덕동에서 경찰 매복부대에 의해 사살되었다.

최신 무기로 중무장된 미군과 한국군의 토벌작전에 구식 무기로 무장된 야산대와 유격대의 대응은 그 적수가 되지 못하였다. 공비도벌직진은 미군의 지원이 있었지만 친일 반공의식이 높은 월남 피난민으로 조직된 서북청년회와 민족청년단 그리고 국방 경비대 출신의 군경이 토벌하는데 매우 효과적이었다.[120]

---

117) 김이철 정치위원이 귀순하여 가져온 명단은 333명이고 이 중에서 5명이 행방불명이다.

118) 신불산 작전이나 아미산 작전 등의 전투실상은 최근 울산지역의 읍지 및 면지에서도 볼 수 있는데 이것은 「울산 울주 향토사」, 1978에 나온 내용과 유사하다. 공비(빨치산)들의 식량, 농우 등 보급투쟁 미치 유격전은 영・호남 산간지역 곳곳에서 일어나고 있는데 이들은 대개 1백 내지 3백여명이 출몰하여 군경의 소탕전으로 도주하였다고 한다.(육군본부, 「한국전쟁자료」, 1951년 정기정보, 1~7, 1985)

119) 공비소탕작전이 전개된 것은 1951년 초 부터이다. 군과 경찰 그리고 의용경찰관들의 공비토벌작전은 휴전협정도 아랑곳 없이 1954년 3월 까지 계속되어 소탕을 하게 되었다. 약 4년간에 걸친 이 작전 중 가장 치열했던 전투 중의 하나가 1951년 12월 21일의 신불산 작전이었으며, 1952년 6월 10일의 두서면 전읍리 아미산 작전 등을 꼽을 수 있다. 이 신불산 작전은 군부대 1개 중대에다 미공군의 지원을 받아 공중폭격과 지상화력 등을 동원하여 남도부 부대를 공격한, 주야 2일간의 전투를 전개했으나 서로 많은 피해를 입었을 뿐, 큰 전과를 거두지 못했다. 그 후 경찰 단독전으로 마의 681고지를 점령하는데 고지에 주둔하면서 공비들의 거점 구축을 분쇄하였다.(「울주 삼남지」, 1998, p.122)

120) 6.25 발발시 해주시를 점령한 제 17연대장은 백인엽인데 그는 형 백선엽(제 1사단장)과 함께 군대내 서북파(평안도)의 지도자이다. 그들은 수많은 서북청년단원을

이와 같은 공비토벌작전에서 희생된 경찰은 모두 68명(경무관1, 경위 4명, 경사 13명, 순경 50명)이고, 공무원이 21명, 의용경찰이 8명, 그리고 국민회 당원이 28명이다.[121)]

여기에서 해방후 6.25전쟁까지 빨치산 투쟁은 ① 산사람 또는 횃불시위와 ② 야산대 투쟁과 ③ 인민유격대 투쟁으로 크게 구별하여 볼 수 있을 것 같다. 이러한 3단계로 발달하였다. 이러한 빨치산 투쟁은 전형적인 민족해방운동의 성격을 지니고 있는 것 같다.[122)]

이러한 빨치산 투쟁의 변화과정에서 기본적으로 식량 등이 부족하여 이것을 해결하기 위하여 산촌 주민에 대한 약탈 및 살상 등이 있어서 그들에 대한 민심이반의 현상을 보였다. 그리고 군경과 미군의 강력한 토벌작전과 산간 주민 소게 및 농지개혁의 실시 등으로 물이 없는 물고기 신세가 된 것 같다.

이와 같이 해방정국에 일어났던 빨치산의 테러와 군경의 토벌 작전은 많은 시골 유지들이 농촌을 떠나 익명감이 강하고 부르조아지가 많은 대도시(울산읍, 부산시, 서울시 등)로 이촌하게 하였고, 동시에 좌익 인사들은 월북하였거나 일본에 밀항하여 조총련의 지도자가 된 경우가 많다.

5. 결 론

해방 정국의 정치갈등에 관한 문헌 및 자료를 보면서 어릴 때 생각하였던 많은 의문이 해소되었다.

군에 입대시켰다. 그래서 17연대는 공산주의를 철저히 증오하는 북한 출신들이 많았다.(커밍스, 전게서, p.365)

121) 울산문화원,「울산 울주 향토사」, 1978

122) 민족해방운동은 2차 세계대전후 나타난 아시아, 아프리카 민족주의의 특징이다. W. M. Ball은 아시아, 아프리카 민족주의의 혁명적 에너지는 첫째로 민족자결과 민족독립을 요구하는, 외국지배에 대한 정치적 저항력이고, 둘째로 빈부의 현격한 격차에 대한 분격과 빈곤으로 부터의 해방을 위한 사회경제적 반항이며, 셋째로 백색인종에 대한 유색인종, 즉 서구인에 대한 아시아, 아프리카의 항쟁이라고 하였다.(W. M. Ball, *Nationalism and Communism in East Asia*, Cambridg University Press, 1953)

일제로 부터 해방이 되었기 때문에 대다수의 사람들은 친일 지배세력을 청산하고 새로운 사회질서의 자주적 독립국가 건설을 요구하였다. 이러한 요구(민족적 과제)를 해결하기 위한 토착적인 정치세력(온건 좌익)이 있었지만 미군정은 이것을 부인하고, 오히려 뿌리가 없는 외래적인 정치세력(친미 우익)을 옹립하였다.123)

미군정의 부인으로 자주적 독립국가를 건설하려는 진보적 좌익세력은 지하로 들어가고 친일, 친미 보수세력은 반탁운동을 통하여 특히 이승만계의 독립촉성국민회가 일제시 친일 관료, 중소도시의 상공업자, 그리고 지주부농을 중심으로 뿌리를 내리려고 하였다. 그리하여 미군정은 일제로 부터 참된 민족해방을 시키지 못하고 기존의 친일 보수세력을 중심으로 새로운 권력지배층으로 육성하였던 것이다.

해방 후 좌우의 이념적 대립은 상층의 친일, 친미 지배계급과 하층의 반외세 피지배계급간 계급투쟁의 성격을 지니고 있었다. 이러한 계급투쟁의 성격은 지방(농촌)에서도 마찬가지이다. 울산의 경우 소수의 친일 지배세력(관료, 상공인 및 지주부농)이 친미 우익세력이 되어 일제시 독립운동을 한 민족주의자와 다수의 소작농민을 좌익으로 처형하고 새로운 지배세력이 되었다. 다시 말하면 미군정이 힘 있는 친일 지배계급의 손을 들어주고 자주적인 피지배계급을 탄압하였던 것이다.

그러한 결과, 해방후 군정기간과 그 이후에도 계속된 정치 갈등이 심화되어 처참한 민족적 비극(10월 대구사건, 4.3 제주사건, 보도연맹사건, 그리고 6.25 전쟁)이 나타나게 되었다. 지금도 우익 정치인은 미군이 없으면 대한민국이 죽는 것으로 생각하는 경우가 많다.

이와 같은 이념 갈등은 미군정의 지원으로 우익세력이 좌익세력을 철저

123) 해방후 남한의 주요한 정치지도자는 국내에서 독립운동을 적극적으로 한 여운형(건준)과 박헌영(남노당)이 있고 해외에서 독립운동을 적극적으로 한 상해 임정의 김구(한독당)와 소극적으로 한 이승만(대한독촉)이 있었다. 그리고 우익을 대표하는, 친일적인 김성수(한민당)가 있었다. 이들의 정치활동과 주장을 보아서 그들의 정치이념은 이승만과 김성수가 우익(자유주의)이고 박헌영은 좌익(공산주의)이며 여운형은 중도 좌익(사민주의), 김구(민족주의)는 중도 우익이라 볼 수 있다.

하게 배격하고, 단선, 단정으로 가기 위한 계획에서 비롯된 것이다. 당시 한민당은 과거 친일 보수세력이기 때문에 해방후 독립국가의 주체세력이 되기 어려웠고, 더욱이 항일 진보세력과는 사실 공존하기 어려웠다. 그리하여 그들은 해외에서 독립운동을 한 이승만을 업고서 건준과 인공을 타도하기 위한 정치활동을 하였다.

그리하여 남한의 좌익이거나 중도, 심지어 경쟁이 되는 우익지도자 까지 테러로 많이 희생되었다. 이러한 지도자를 상실한 농촌의 인민위원회는 불법화의 위험(체포, 감금, 집단살해 등)을 피신하기 위하여 입산, 빨치산(야산대)이 된 경우가 많고, 일부는 월북하거나 좌익화 되었다. 또한, 남노당과 인민군의 지원으로 무장유격대가 되기도 하였다. 이들은 6.25 전쟁으로 마침내 미군의 지원(최신 무기와 물자 지원 등)과 군경의 강력한 토벌작전으로 사라지게 되었다.

이러한 쓰라림은 아직도 많은 상흔을 남기고 있다. 예컨대 당시 피해자들의 유족은 빨갱이 집안으로 몰리고 오랫동안 연좌제로 자유로운 사회활동을 못하였다. 이들은 사회의 하층을 이루고 가해자들은 도시로 이촌하거나 미국 등으로 이민을 간 경우가 많고 유족들은 고등교육을 받아 사회의 상층이 된 경우가 많다. 아쉬운 것은 양민들을 무력과 폭력에 의하여 학살 또는 토벌하기 전 당시 농민들의 불만(고율의 소작료와 중과세 등)과 요구(소작제 폐지 등 농지개혁)를 미리 수렴하여 정책화 하였더라면 이러한 민족적 비극은 예방하였을 것이다.[124)]

124) 해방 직후 한때 좌·우익 및 중도파가 협력하여 건준 및 인민위원회를 만들었다가 서로 뜻이 맞지 않아서 탈회하여 남은 자를 좌익(공산주의자)이라 비난하고 탄압하였다. 중앙의 남은 자는 피신(월북 등)할 수 있었지만 지방의 농민들은 건준이나 인민위원회나 농민조합에 멋모르고 참여하였다가 보도연맹원(전향자)으로 가입하게 하여 애꿎게 대량 학살되었으니 이 얼마나 슬픈 민족적 비극인가?

제 2장 대한민국 정부수립과 이승만 정권

1. 서 론

1947년 7월 10일 미 · 소 공동위원회가 결렬되고 미국은 동년 9월 17일 한국 문제를 유엔 총회에 상정하여 남북한 인구 비례에 의한 자유선거(11월 14일)와 남한에서라도 임무수행(1948년 2월 26일)을 할 수 있는 결의를 하였다. 그리하여 1948년 5월 10일 유엔 감시하에 첫 국회의원 선거를 하게 되었다. 그러나, 남한만의 총선거에 좌익계와 남북협상파(중도 우익)는 불참하였다. 그리하여 5.10선거를 반대하는 항쟁이 심한 제주도를 제외하고, 남한만의 단독 선거로 단독 정부 '대한민국'이 수립 되었다.

이와 같이 단선과 단정이 수립된 것은 해방정국에 있어서 미군정의 지원을 받은 한민당과 이승만의 승리라고 볼 수 있다. 이미 '임정'과 '인공'이 불법화 되고 좌익계 정당 및 사회단체가 지하화된 상태에서 제헌 국회의원의 선거결과는 단정을 주장하는 이승만과 한민당의 정치세력의 독무대가 될 수 있다.

그런데 제헌 국회의원의 선거결과 이승만 및 한민당의 우익세력이 얼마나 당선되었으며, 또 이들이 지지한 이승만 대통령의 정치세력 기반이 어떻게 형성되었는지를 보려고 한다. 과연 그들이 친일, 또는 친미 보수세력인지, 그리고 이미 좌익 또는 중립세력이 배제된 선거전에서 우익, 즉 반공세력이 기반이 형성되었는지를 고찰하려고 한다.

또한, 이승만 대통령이 조직한 대통령 비서실과 초대 내각과 자유당의 초대 임원의 성격을 파악하여 본다. 그리고 이승만 정권하에 실시된 2대 국회의원의 선거결과는 어떠한 의미를 지니고 있는지 아울러 고찰하려고 한다.

1948년 8월 15일 대한민국정부 수립 이후 6.25 전란 까지 얼마되지 않는 시기이지만, 이 기간에 우리나라 헌법 및 정부조직법, 그리고 그 하위법이 제정되어 권력구조와 국민의 기본권 및 경제질서가 형성되었기 때문에 매우 중요한 정치적, 경제적, 사회적 의미를 지니고 있는 것이다.

그리하여 제헌 국회의원과 이승만 정권의 초대 내각, 그리고 2대 국회의원(민의원)의 출신배경을 분석하여 그 정치사회적 의미를 파악하려고 한다. 이들 정치지배층의 배경분석은 그들의 이력서(동아일보사의 '인물정보' 등)를 참고하여 접근한다.

2. 제헌국회와 정부수립

1) 제헌 국회의 구성

제헌국회는 1948년 5월 31일 개원되어 약 2년간 존속하면서 대한민국 헌법을 제정하였고, 초대 대통령 및 부통령을 선출하였다. 제헌국회의원 선거에 참여한 정당은 48개나 되었다. 해방 이후 급조된 정당이 대단히 많았다. 미군정 법령인 '정당에 관한 규칙'(제 55호)을 보면, 정치활동에 종사하는 3인 이상이 모이면 정당으로 등록할 수 있었다. 당시의 정당은 단체 또는 협회의 명칭으로 많이 불렸고, 이들의 활동이 정부의 정책이나 대외관계와 국민의 권리, 의무 등 통치에 영향을 미칠 때 정치적 활동으로 간주하였다.

그리하여 조직된 수 많은 정당 및 사회단체(425개) 가운데서 5 · 10 총선거에 참여하지 않은 협상파와 좌익 정당을 제외하면 48개의 정당이 총선거에 참여하였다. 이들 중에서 <표 1>에서 볼 수 있는 바와 같이 대한독립촉성국민회, 한국민주당, 대동청년당, 조선민족청년당, 대한노동총연맹, 대한독촉농민연맹 등을 제외하면 각 당은 10명 이하가 입후보 하였고 나머지는 대부분 1인의 후보자를 내세웠다. 그 만큼 우후 죽순격의 정당 난립이었다. 또한 무소속 입후보자가 전체 후보자(548명)의 44.0%가 될 정도로 많았다.

<표 1> 5 · 10선거의 정당별 입후보자, 당선자 및 득표수

소속 정당	입후보자 비율	당선자	차점자수	후보자대 당선비율	목표비율	정당별 당선비율
무소속	44.0	85	87	20.3	38.1	42.5
대한독립촉성국민회	24.9	55	43	23.4	24.6	17.3
한국민주당	9.6	29	31	31.9	12.7	14.5
대동청년단	9.2	12	20	13.8	9.0	6.0
조선민족청년단	2.1	6		30.0	2.0	3.0
대한노동총연맹	1.3	1		8.3	1.5	0.5
대한독립촉성농민총연맹	1.1	2	2	2.0	0.7	1.0
대한독립촉성애국부인회	0.7		1			
조선민주당	0.5	1		1.1		
대한청년당	0.4	1	1	2.5		
조선불교교무원	0.4					
한국독립정부수립 대책협의회	0.3					
대한독립청년단	0.3					
조선예수교장노회	0.3					
대한부인회	0.3					
한국독립당	0.2	1	1	30		
교육협회	0.2	1		50		
조선여자국민당	0.2					
대한정의단	0.2					
대한독립촉성국민총연맹	0.2					
기독교청년회	0.2					
기독교연맹	0.2		1			
유도회	0.2	1		100		
만민당	0.2	1		50		
기타		4		100	11.2	5.0
합 계(실수)	100.0(948)	200	188	-	100.0	100.0

(비고) 1. 입후보자의 기타는 각 1명을 입후보한 정치 · 사회단체임.
2. 차점수가 188인 것은 12인의 무투표 당선자가 있었음.
(자료) 중앙선거관리위원회

5.10 선거는 유엔 감시하에 미군정이 치렀지만 실제로 조병옥이 이끄는 군정 경찰과 향보단 및 우익 청년단체가 주도하였다.[1)] 그럼에도 불구하고

1) 안진, 「미군정과 한국의 민주주의」, 한울 아카데미, 2005, p.274

국민회와 한민당은 참패를 하였고, 무소속 제헌의원은 독촉국민회와 한민당의 위장된 무소속 또는 진보, 중도계가 아니라 극우 분단세력이 주류라고 한다.2)

제헌의원의 정당별 당선율은 표 1과 같이 무소속 입후보자가 전체의 42.5%(85명)로 가장 많았고3) 그 다음은 대한독립촉성국민회는 27.3%(55명), 한국민주당은 14.5%(29명), 대동청년단은 6.0%(12명), 조선민족청년단은 3.0%(6명)이며 나머지는 1명 또는 당선 시키지 못한 경우이다.

여기에서 5 · 10 총선거의 결과는 좌익 및 중도파(남북협상파) 정당이 완전히 배제되고 이승만계의 대한독립촉성국민회와 이와 관련된 청년단체, 그리고 한국민주당의 보수세력이 정치권력을 완전히 장악하게 되었음을 알 수 있다. 5.10 선거결과 무소속 당선자가 많다는 것은 독촉국민회와 한민당의 참패라고 볼 수 있다. 이것은 해방후 좌우익 대립에서 나타난 민심의 이반현상이다. 비록 무소속이 상당한 비율을 차지하고 있지만 이들의 대부분이 기존의 관료세력이 중심이었기 때문에 이들은 극소수 진보세력을 제외하고는 대부분 우익세력이다.

제헌의원 중에 무소속 출신이 많다는 것은 해방 이후 정치적 소용돌이 속에 휩쓸리지 않겠다는 관료 특유의 성격이 나타나고, 동시에 기존 정당에 대한 국민적 불신, 즉 해방후 지방 농민(좌익)에 대한 탄압이 있었기 때문에 나타나나 현상인 것 같다. 심지어 제헌의원 중에 자기 소속 정당에 대한 귀속의식도 약 6할에 불과하였다. 심지어 타당에 소속되어 있는 경우도 있다.4)

이와 같이 무소속을 제외하면 제헌국회는 이승만의 독촉국민회와 김성수의 한민당의 양대 세력으로 형성되어 있었다.

제헌국회에서 시급히 제정되어야 할 것이 대한민국 헌법이다. 헌법기초

2) 강정구, 5.10 선거와 5.30 선거의 비교 분석, 「한국와 국제정치」, 제 9권 1호, 1993. pp.4~5

3) 중앙선거관리위원회의 인터넷 자료에서는 무소속이 51.3%(98명)이다.

4) 1949년 말 야당인 민국당이 내각책임제 개헌안을 제출하기 위하여 70명의 의원을 확보하였고, 이에 반대하기 위하여 71명의 의원으로 대한국민당(최고위원 윤치영, 이승만 비서실장, 제헌의원)을 조직하였다.

위원회(서상일 위원장, 민국당 소속)는 유진오를 비롯한 전문가들이 마련한 헌법 초안이 내각책임제였으나 이승만이 대통령중심제로 하라는 지시로 말미암아 미국식의 대통령제를 근간으로 하고, 이것은 영국식 내각책임제(국무제)와 중국식 5권 헌법(감찰위원회와 고시위원회 추가)을 모방하여 제정된 것이다.

1948년 7월 17일에 공포된 헌법은 ① 임정의 법통 계승, ② 민주공화제, ③ 자유민주적 기본질서, ④ 주권재민의 기본 이념 등이 명시되었고, 나아가 ⑤ 국민의 보편적인 기본권(시민권)과 ⑥ 3권 분립, 그리고 ⑦ 시장경제와 경제의 민주화, ⑧ 경자유전의 원칙(소작제 폐지), ⑨ 국민의 재산권 보호와 공공복리 행사, ⑩ 지방자치 등 국가정책의 기본방향을 명시하고 있다.

이러한 헌법의 이념과 그 정책 방향을 보면, 이념성으로 극우와 극좌는 배제되고, 비록 자유민주적 기본질서와 시장경제를 유지하면서 여기에서 파생되는 문제를 국가개입에 의하여 조정한다는 정책방향을 제시하고 있다. 이것은 한민당(후에 민국당)의 정강 정책과 매우 유사하다. 문제는 미군정과 친일보수세력이 초기에 좌익과 임정을 부인하였고, 또 이승만 정부가 미군정시 제정된 국가보안법(1948. 11. 20)을 강화하여 반공을 국시로 하였기 때문에 많은 이념적 갈등과 민족적 비극을 초래하였다.

한편, 제헌국회는 원내 소장파가 일제시 치안유지법이라고 반대한 '국가보안법' 뿐만 아니라 한민당이 주도한 유명무실한, '반민족 행위처벌법', '지방자치법', 유상몰수 유상분배의 '농지개혁법', 일제의 '귀속재산처리법' 등이 제정되었다. 이러한 법안의 제정을 반대한 진보적 소장파 의원들(김약수 국회부의장, 노일환, 이문원 등 13명)은 국가보안법 위반인, 소위 '국회 푸락치 사건'으로 체포되어 친일 보수세력을 견제하지 못하고 몰락하였다.[5] 반면에 이 사건 등으로 한민당계의 장관이 12부 중 과반수인 7부를 차지하였다. 김효석 내무장관은 경찰력으로 민국당의 세력 확장에 치중하였고, 김도연 재

5) 국회푸락치 사건은 남노동의 대남공작대가 제시한 7원칙을 실현하기 위하여 모의하였다는 것이다. 7원칙은 ① 외국군 완전 철퇴, ② 남북한의 정치범 석방, ③ 남북 정당단체 대표정치회의 구성, ④ 동회는 보통선거에 의한 입법기관으로 구성하고, ⑤ 그 입법기관은 헌법과 정부수립을 하며, ⑥ 반민족적 처단, ⑦ 조국방위군의 재편성 등이다.

무부 장관은 민국당 번영의 지주가 되었으며, 윤보선 상공부 장관은 귀속재산(기업체 등)의 불하에 치중하였으며, 허 정 교통부장관과 장기영 체신부장관도 모든 외곽 사업기관을 민국당 활동에 기여하였다.6)

2) 지방 정치세력의 등장

해방 이후의 정치무대는 주로 서울을 중심으로 한 지식인들의 사상적 투쟁이 일어났고, 동시에 식민지 시대의 기득권을 유지하려는 보수주의자와 새로운 민족국가를 건설하려는 진보주의자간의 투쟁이라고 할 수 있다. 이러한 투쟁의 결과는 미국과 미군정의 개입으로 전자에게 유리하게 전개되었다. 비록 독립운동에 종사한 민족주의자들의 일부가 보수주의 진영에 가담하고 있지만 그것은 진보주의 세력에 비하면 매우 약했던 것이다.

<표 2> 제헌의원의 출신지별 정치활동 무대

정치활동 / 본적	중앙	지방	기타	미상	합계(%)
서울	7	3	6		16(7.7)
경기	5	12	8	2	27(13.0)
충북	2	3	7		12(5.8)
충남	4	10	6	1	21(10.1)
전북	6	7	6		19(9.2)
전남	5	12	9	3	29(14.0)
경북	3	12	15	2	32(15.5)
경남	4	7	16	5	32(15.5)
강원	1	7	4		12(5.8)
제주			1	1	2(1.0)
평안	1		1		2(1.0)
함경			1		1(0.5)
황해	2				2(1.0)
합계(%)	40(19.3)	73(35.3)	80(38.6)	14(6.8)	207(100.0)

중앙의 정치 집단은 그들 세력의 뿌리를 내리기 위한 지방조직을 광범위하게 구축하였다. 해방 후 인민위원회가 전국적 조직을 하였고, 독촉국민회와 한민당도 지방행정 조직의 힘을 입어 전국적인 조직을 이루었다. 그러

6) 이기하, 「한국정당발달사」, 의회정치사, 1961, p.207

나, 건준과 인공이 불법단체로 규정됨에 따라 지방조직은 독촉국민회와 한민당 및 청년단체(대동청년단, 민족청년단)가 주도하였던 것이다. 지방에 있어서 정치세력은 주로 친일적인 지방 유지들이기 때문에 이들이 모든 정치조직의 대표적 역할을 수행하였다. 예컨대 국민회 간부(위원장 또는 부위원장등)가 한민당 간부(위원장 또는 부위원장 등)를 겸직하는 경우가 많고, 심지어 건준이나 한독당의 간부를 경험한 경우도 있다.(예, 군산 윤석구 등) 비록 건준이나 한독당이 선거에 불참을 선언하였지만 과거 거기에 속했던 지방 후보자들이 각각 2명과 3명이 당선되었다는 것은 상당한 정치적 의미를 지니고 있다. 만약 이들 정당이 총선거에 참여하였더라면 정치적 기반(세력)의 형성에 크게 성공하였을 것이다.

이와 같이 임정과 진보적 정당이 총선거에 불참하거나 불법화 되었기 때문에 일제시 관료(면장, 교원, 관공리 등)들과 지방유지(지주, 상공업자 등)들이 주로 참여한 국민회와 한민당 간부들이 많이 당선되었다. 이들은 다수가 미군정시 지방 인민위원회의 테러 표적이 되었다. 이러한 친일 지배세력이 한국정치의 보수화(우익화)에 크게 기여하였다.

제헌의원 중에 서울에서 주요한 정당활동을 한 사람은 표 2에서 볼 수 있는 바와 같이 전체의 19.3%에 불과하고 전체의 35.5%가 지방(주로 읍·면)에서 정당의 간부를 지냈으며 나머지는 관료와 전문직에 종사자였다. 이것은 지방의 친일적 토착세력(유지들)이 정치지배층으로 많이 등장하였음을 의미한다. 해방 정국에 관료출신이 많다는 것은 미군정이 일제시 관료의 대부분을 계속 활용하였기 때문이다.

제헌의원들의 정치활동 무대를 시·도별로 보면, 서울과 전북지방에서 당선된 제헌의원은 중앙무대에서 정치활동을 한 사람이 많지만 강원, 경기, 충남, 전남지방의 경우는 지방에서 정치활동을 많이 하였으며 충북, 경남, 경북지방의 경우는 관료 출신이 가장 많다.

그리고 지방선거에서 국민회와 한민당의 부위원장 또는 부장급이 많이 당선되고 있는데 이것은 선거구가 갑·을로 구분됨으로서 입후보의 기회가 있었던 것 같다.

한편, 제헌의원의 거주지별 소속정당을 표 3에서 보면, 서울 거주자가 전체의 39.9%가 되고 읍, 면 거주자는 각각 46.1%이며, 나머지는 대도시 거주자이다. 이것을 보아도 지방의 제헌의원이 약 절반이 된다. 그리고 제헌의원의 거주지별 소속정당을 보면, 국민회 소속의원은 지방 거주자가 많고, 한민당의 경우 서울과 대도시 거주자가 많으며 무소속의 경우는 서울과 지방의 분포가 비슷하다. 따라서 제헌국회의원은 지방의 토착세력을 정치지배층화 시키는데 큰 기여를 하였다.

<표 3> 제헌의원의 거주도별 소속정당

정당 / 거주	독립 촉성	한민당	대동 청년단	조선민족 청년당	한독당	조선 민주당	기타	무소속	합계 (%)
서울	5	6						5	16(7.7)
경기	8	2	3	1				13	27(12.9)
충북	3	1						8	12(5.7)
충남	9		1				1	10	21(10.0)
전북	6	3	2	2			1	5	19(9.1)
전남	4	10	1	1			2	11	29(13.9)
경북	10	5	2				3	12	32(15.3)
경남	4	3		4			2	20	33(15.8)
강원	6		1				1	4	12(5.7)
제주			1				1	1	3(1.4)
평안		1				1			2(1.0)
함경								1	1(0.0)
황해	1		1						2(1.0)
합계 (%)	56 (26.8)	31 (14.8)	12 (15.7)	7 (3.3)	1 (0.5)	1 (0.5)	11 (5.3)	90 (43.1)	209 (100.0)

이것을 본다면, 총선거는 지방정치인을 중앙에 등장시키는 주요한 통로가 되었다. 이것은 중앙무대의 정치 혼란을 지양하고 지역성을 기초로 한, 신정부의 정통성(합법성) 확보에 크게 기여하였다. 지방 정치인이 국정의 주도적 역할을 하지 못할지라도 지역성에 기초한 민주정치를 발전시키는데 큰 기여를 하였고. 동시에 북한 출신의 정치 참여가 크게 배제되었다.

3) 친일 관료의 정치세력화

제헌 국회의원중에 친일관료가 다수를 차지하게 된 것은 해방된지 오래되지 않아 이들의 대부분이 일제시 고등교육을 받고 취업을 하였으며, 또한 미군정청이 일제시 관료를 유임하였기 때문이다. 제헌 국회의원은 전체의 58.5%가 대학교육을 받았고, 그 중에서 38.2%가 일본에 유학하였으며 나머지 12.1%도 국내에서 전문대학교육을 이수하였다. 다시 말하면 친일적인 교육을 받고, 관료로 충원될 수 있는 전문적 자격증(고등문관시험 등)이나 직업교육(사범, 고상, 고농 등)을 이수하였다.7)

<표 4> 제헌의원의 거주지별 소속 정당

정당 거주	독촉 국민회	한민당	대동 청년단	조선민족 청년단	한독당	조선 민주당	기타	무소속	합계 (%)
서울	14	19	4	3	1	1	6	35	83(39.9)
부	4	7		2			3	13	29(13.9)
읍	11	3	5	1				9	29(13.9)
면	27	2	3	1			2	32	67(32.2)
합계 (%)	56 (26.9)	31 (14.9)	12 (5.8)	7 (3.4)	1 (0.5)	1 (0.5)	11 (5.3)	89 (42.8)	208 (100.0)

한편, 제헌 국회의원의 전직을 표 5에서 보면, 친일적인 관리(군수, 면장, 경찰관, 법관 등)가 가장 많아 전체의 27.2%를 차지한다. 나머지는 정치활동(독립운동, 정당인들)을 한 사람이고(21.8%) 회사경영자(20.9%), 교원・교장(9.7%), 금융조합 임원(3.9%)이 가장 많다. 제헌 국회의원들의 직업을 정당별

7) 일제시 고등문관시험 행정과에 합격한 한국인은 모두 134명이다. 이들은 전체 합격자(5,962명)의 2.2%이다. 이들의 출신 대학은 경성제대가 가장 많아 45명이고 그 다음은 동경제대(18명), 경도제대(17명), 주오대(12명), 구주제대(10명)이며 나머지는 동북제대(6명), 경성법전(5명), 명치대(5명), 니혼대(4명), 경성사범(3명), 와세다대(2명), 기타(7명) 등이다. 1929~1942년간 경성제대 졸업생은 한국인이 642명(이 중 법문학부가 399명)이고 일본인이 1,214명이다. 경성제대 출신의 한인 사법과 합격자는 29명이다.(「경성제대 일람」, 1949, 전욱언, 「전후기 일본관료 제도의 제도, 조직, 인사」, 동경대학 출판회, 1981, pp.423~643, 이기동, 일제하 한국인 관리들, 「신동아」, 1985년 3월호, pp.470~475)

로 보면, 독촉국민회는 친일 관료와 정치활동가가 더 많고 한민당은 회사경영자가 상대적으로 더 많다. 그리고 무소속은 친일관료와 회사경영자가 더욱 많다.

<표 5> 제헌의원의 전직과 소속 정당

정당 \ 종직	농업	군수	면장	공무원	경찰관	교원·교수	회사경영자	정당간부	독립운동	정치활동	법관	교장	금융조합	상업	의사	회사원	기타미상	합계
독촉국민회	3	2	6	1		3	10	3	7	7	1	2	1		1	1	2	
한국민주당	2	1	1	2	1	1	10	2	3	1		1	1			1		
대동청년단					2		1	3	1	1	2	1						
민족청년단	2		2	1		1	1											
한국독립당																		
조선민주당								1										
기타	1		2	1			1	1		2		2	1					
무소속	3	1	17	6	6	4	17	6	2	6	2	5	5	1			4	
합계(%)	11	4	28	11	9	9	40	16	13	17	5	11	8	1	1	2	6	

이러한 것을 본다면, 친일세력은 선거과정을 통하여 면죄부를 받게된 것 같다.

4) 여·야당 임원의 출신배경

제헌국회에서 헌법이 제정되고 정부가 수립되면서 정치권력의 갈등은 불가피하게 일어난다. 제헌의원은 무소속이 전체의 42.5%로서 가장 많지만, 이들은 여야, 즉 대한독립촉성국민회(27.3%)와 한국민주당(14.5%)의 부침에 따라 분파되었다.

제헌국회에서 당선된 이승만 대통령은 한민당이 주도한 내각책임제의 헌법을 대통령제로 변경시킴으로서 그는 내각 구성에서 한민당을 거의 배제하였다. 이에 대하여 불만이었던 한민당은 다시금 내각책임제의 개헌을 시도하였다. 이승만 박사는 원래 정당을 싫어하였지만, 그를 지지하는 정치세력(국민회 등)은 1949년 2월 10일 개편된 민주국민당(한민당의 후신)의 개헌을 저지하기 위하여 1849년 11월 12일 대한국민당을 결성하였다.[8] 이 후 제헌국회는 대한국민당이 71석이 되고 민국당은 69석이 되었으며 일민구락부가 30석의 교섭단체로 남았다. 그리하여 내각제 개헌은 무산된 것이다.

그러면, 제헌국회시 여·야당 임원들의 성격을 고찰하기로 한다.

먼저 대한국민당 임원들의 출신배경(표 6)은 미상(6명)을 제외하면, 다음과 같은 특징이 있다.

첫째, 국민당 임원들의 평균 연령은 약 51.8세이다.

둘째, 국민당 임원들의 출신지는 충청도 출신이 가장 많고(4명) 그 다음은 서울 및 경기도 출신이다.(3명)

셋째, 국민당 임원들의 학력은 미국과 일본 및 중국 등에 유학한 대학 출신이 대부분이고, 그들의 전공은 법학이 가장 많다.

넷째, 국민당 임원들의 일제시 직업은 관료(군수, 면장)가 많고 그 다음은 전문직(교수, 변호사) 출신이며 나머지는 독립운동 또는 청년운동에 종사하였다.

다섯째, 국민당 임원들의 미군정시 직업은 정치활동과 관료출신이 가장 많다.

여섯째, 국민당 임원들의 정부수립 후에는 거의 대부분 제헌의원들이고, 이들 중 장관을 겸직한 경우가 3명이 된다.

한편, 민주국민당 임원들의 출신배경을 보면 다음과 같은 특징을 지적할 수 있다.

첫째, 민국당 임원들의 평균 연령은 51.4세이다.

둘째, 임원들의 출신지는 호남과 기호지방이 가장 많아 각각 33.3%이다.

---

8) 대한국민당은 일민구락부(24명)와 신정회(23명), 대한노동당(20명), 무소속(24명)이 결합하여 창당하였다. 대한국민당의 이념은 이승만 대통령이 창도한 일민주의(一民主義)이고, 당의 정책은 철저한 민주주의를 기초로 ① 계급과 지역 및 성별을 초월하여 민족통일과 자주독립의 국가를 신장하며, ② 정치, 경제, 교육 등 다방면 국민균등의 복지증진을 하며, ③ 민족의 정의와 문화를 발양하여 세계평화와 세계문화에 공헌한다고 하였다.

<표 6> 대한국민당 임원의 출신배경

현직	성명	연령	출신지	학력		일제시 전직	미군정시 전직	정부수립후 직업
				고교	대학			
최고위원(당수)	윤치영	51	서울	일본 세이소쿠 영어학교	와세다대 법학 프린스턴대 국제법	중앙기독청년회 부총무	이승만 비서실장 제헌의원(서울중)	내무부장관/서울시장 제헌의원/공화당 의장
〃	이인	59	대구	세이소쿠중	니혼대/메이지대 법학부(변시합격)	조선변호사협회장	대법원장 대검총장	법무부 장관 제헌의원/민의원
고문	이규갑	61	경기 양주	한성사범	예성신학교(목사)	홍주의병 신간회 지회장	건준 재무부장	민의원 /대한기독반공위원장
〃	이범승	62	충남 연기		교토제국대 법과		서울시장/ 서울변호사 회장	민의원(연천) 참의원(충남)
〃	임영신	50	충남 금산	전주 기전여교	남캘리포니아대	영명여/이화학당 교사 중앙보육학교장	중앙여대학장	상공부 장관/제헌의원 중앙대총장/이사장
총무부장	신상학							
기획부장	정영창							
재정부장	이우세							
노동부장	유홍열	42	충북 제천	수원보통	경성 제1고보	제천군/금융조합 서기/청풍면장	제헌의원(제천)	
조직부장	김 훈	40	인천		베이징대 사학과 2년		서북청년회옹진부의장 국방부 훈련소장	민의원(인천 병)
선전부장	최운교	49	충남 연기		보통시험 합격	총독부 군속/ 논산군수	제헌의원(논산 을)	
조사부장	양철호							
청년부장	남윤상							
훈련부장	권박영							

셋째, 민국당 임원들의 학력은 전체의 66.6%가 일본 유학생이다. 이 중에서 와세다대 출신이 절반을 차지하고 그 다음은 주오대 출신이다.

넷째, 민국당 임원들의 전공은 정치경제학이 다수이고(41.7%) 그 다음은 법학이다.

다섯째, 민국당 임원들의 일제시 직업은 독립운동 참여(25%)와 교수직(25%) 및 관료직(16.6%)에 종사한 사람이 많다.

여섯째, 민국당 임원들의 해방후 직업은 제헌의원(50%)이 가장 많고 그 다음은 관료(25%)이다.

일곱째, 민국당 임원들은 정부수립 후에 모두 민의원에 당선되었고, 그 절반이 장관직을 경험하였다.

<표 7> 민주국민당 초대 임원의 출신배경

현직	성명	연령	출신지	학력			일제시 전직	해방직후 전직	정부수립후 직력
				고교	대학	대학원			
위원장	신익희	57	경기 광주	한성외국어 학교	와세다대 정경학부		보성법률상업교수 임정 법무총장	반공연맹총재 입법의원/제헌의원(경기)	제헌국회의장 민의원 의장/대선후보
부위원장	김도연	55	경기 김포	일본 긴죠중학교	게이오대 이재학부	아메리칸대 박사	연전 강사 조선어학회 2년 복역	입법의원/제헌의원	민의원(서대문갑) 민의원 부의장(1960)
부위원장	이영준	53	서울		세브란스의전		세브란스 의전 교수	제헌의원(동대문을)	민주당 대표/ 민의원(동대문을)
고문	백남훈	64	황해 은율	장연소학교	와세다대 정경학부		장연군 학무위원 동래 일신고 교사	한국국민당 조직 한민당 부위원장	사회대중당 창당 민의원(대구을)
〃	서상일	62	대구		보성전문 법학과		대동청년당 조직 광복단 군자금 모금	한민당 총무/ 입법의원	내무부장관(1950.7) 민의원/민주당 대표
〃	조병옥	55	충남 천안	숭실학교	연희전문	컬럼비아대 박사	연전 강사 조선일보 전무	한민당 창당/ 미군정청 경무부장	민의원(대구/성동을)
총무부장	이정재	50	서울	도쿄세이쇼쿠 영어학교	와세다대 정경학부		동광당서점	한민당 발기인 제헌의원	민주당 사무총장 민의원/체신부장관
조직부장	조한백	41	전북 김제	전주사범	국민대 정치학과		호남상사 취체역	건준 월촌 면위원장 제헌의원(김제갑)	민의원(김제갑) 체신부 장관
선전부장	조재천	37	전남 광양	대구사범	주오대 법학 중퇴		고문 사법 판사	부장검사 1관구 경찰청장	경북지사/민의원 법무·내무장관
섭외부장	정헌주	34	경남 고성	휘문고보	주오대 법학부			삼천포중 교장	민의원(4선,사천) 교통부 장관/내각처장
의원부장	소선규	56	전북 익산	후쿠시마고				서울시 부시장	민의원(익산, 3선) 참의원 부의장
정책위회장	나용균	53	전북 정읍		와세다/런던대 정치경제학부		임정 의정의원	한민당 사무국장 제헌의원(정읍)	민의원(정읍, 3선) 보사부장관/국회부의장

이와 같이 국민당과 민국당의 임원들은 모두 일본과 미국의 대학 등에서 유학(법학)을 할 정도로 부유한 집안 출신이지만, 그 성격은 상당한 차이가 있다. 전자의 경우 기호 출신이 많지만 후자의 경우 호남 출신이 많고, 또한 학력도 전자는 일본, 미국, 한국 등에서 골고루 수학하였지만 후자는 주로 일본의 대학(주로 와세다대와 주오대학) 출신이 많다. 이들의 출신배경을

보면, 민국당 임원들이 국민당 임원들에 비하여 질적 수준이 높은 편이다.

3. 이승만 정권의 권력지배층

이승만은 개인적 명성으로 비록 제한된 진영의 제헌국회이지만, 압도적 다수로 대통령으로 당선되었다. 그러나, 자기의 이념과 정책을 실현할 수 있는 정치적 세력기반이 매우 약하였다. 그리하여 정부수립 후 최대 과제는 ① 그의 정치적 세력기반(예, 자유당)의 양성과 ② 강력한 지도력의 형성이라 할 수 있다.

해방후 미군정시 형성된, 이승만 대통령의 정치이념은 자유민주적 국민국가의 건설을 위한 ① 대통령 직선제와 ② 반공이념 등이라 할 수 있다. 비록 대통령 취임사에서 민족통일과 민주주의의 실현을 강조하였지만 이대통령이 생각하는 민족통일은 자유민주주의(우익)와 기독교의 이념에 기초한 것이고, 특히 민주주의는 직선제를 의미한다.

그리하여 그는 헌법에 명시된 대통령 간선제를 직선제로 고치기 위하여 헌법개정을 시도하였고 그것이 부결되자 다시금 발췌 개헌안을 기립 표결케 하였다.[9] 소위 1951년 봄 부산 피란시에 소위 정치파동을 일으켰다. 그 뿐만 아니라 1955년 11월 27일에 표결된 개헌안(국민투표제, 대통령 중심제, 이대통령 종신연임제 등)이 부결되자(소위 四捨 五入 파동) 이것을 다시금 가결,처리하였다.[10]

이와 같이 정치적 세력기반이 약한 상태에서 이승만 대통령이 자기의 주장을 강제로 밀어 부치는 것에서 비합법적, 비합리적인 독재자의 지도력

---

9) 1951년 2월 30일 헌법개정안(대통령 직선제와 국회 양원제 등)을 제안하였으나 국회에서 재석의원의 87.7%가 반대하였다. 그 후 6월 12일 정부와 국회가 제출한 개헌안은 발췌하여 ① 대통령 직선제, ② 상하 양원제, ③ 국무총리의 국무위원 임면, ④ 국무원에 대한 국회의 불신임결의 등의 개헌안을 계엄령하 야당의원을 강제로 연행하여 기립표결케 한 결과 재적 185명 중 출석 166명의 98.1%가 찬성하였다.

10) 개헌의 법정 정족수는 2/3인데 당일 203명의 2/3는 135.333....인데 0.333....은 한 인간이 도지 못하여, 한 인격으로 취급할 수 없어서 부결이라는 것이다.

을 엿볼 수 있다.[11)]

이러한 독재적인 지도력이 결국 관권, 금권에 의한 부정선거를 자행하였고 마침내 4.19혁명으로 권력을 상실하게 되었다.

1) 초대 비서관의 출신배경

이승만 대통령의 독재적인 정책결정은 정책참모의 역할을 하는 대통령실(경무대) 비서관의 역할을 위축시킨다. 그리하여 초대 비서관의 역할은 크게 알려져 있지 않다. 이승만 대통령의 절대권은 행정권이나 사법권이 상대적으로 약해질 수 있는 반면, 대통령실의 초기 비서관의 보좌 역할은 증대될 수 있다. 그러나, 대통령 비서실이 참모의 기능을 제대로 할 수 있을 정도로 조직적이지 못한 것 같다.[12)]

초대 대통령 비서실장은 이기붕이다. 그가 주로 추천한 비서관의 출신배경은 표 8과 같다.[13)] 그들의 신분배경을 알 수 있는 자료가 대단히 미비하여 밝혀진 자료를 중심으로 분석한다.

표 8을 보면, 초대 비서관들의 사회적 특성은 다음과 같다.

첫째, 초대 비서관들의 평균 연령은 34.8세이다. 연령이 젊은 만큼 그들의 사회적 경험이 많지 않다.

둘째, 초대 비서관들의 출신지는 지역적으로 비교적 분산되어 있다.

---

11) 이승만 정권은 초기에는 경무대가 완전히 장악하였고, 전문적인 관료들을 통하여 자신의 정치권력을 정책화 해 나갔다. 특히 미국으로부터 받은 원조가 국가재정의 상당부분을 차지하였고, 이의 사용에 대하여 이승만이 자신의 입장을 최대한 관철시켜 나갔다. 관료의 임면은 철저하게 이승만의 지시에 따라 이루어졌고, 핵심정책은 이승만의 재가가 없이는 이루어질 수 없었다. 한편, 재정 및 통화 등 거시경제정책은 주로 미국과의 협의를 통하여 이루어졌고, 이승만은 미국과의 협의과정에 대하여 직접적으로 참여하고 있었다.(김세중 편, 「1950년대 한국사의 재조명」, 선인, 2004)

12) 함성득, 「대통령 비서실장론」, 나남출판, 2002, p.81

13) 경무대 비서는 주로 박마리아(이기붕 비서실장의 처, 이화여대 영문과 교수)와 프란체스카 여사를 통하여 추천되었고, 이들의 영향력은 매우 컸다.(상게서, pp.34~35) 그리고 1950년대 중반 이후에는 곽영주 비서가 군과 경찰관계 인사를 전담하고, 박찬일은 일반 인사(장차관 등)에 주로 관여하였다고 한다.(송원영, 경무대의 인의 장막, 「사상계」, 1960년 6월호, pp.235~239)

셋째, 초대 비서관들의 학력은 이기붕 실장만 연전을 중퇴하여 미국 오하이오주 데이버주립대학에서 문학을 이수하였고, 나머지는 주로 일본에서 대학교육을 이수하였다.

넷째, 초대 비서관들의 종교는 기독교가 많다.

다섯째, 초대 비서관들의 일제시 직력은 매우 낮은 편이고, 해방후 전직은 미군정시 각 분야에서 활동하였다. 그러나, 퇴직후에는 총리, 장관, 국회의원 등 최고의 관료를 지냈다.

<표 8> 이승만 정부 초대 비서관의 출신배경

현직	성명	연령	출신지	학력		종교	일제시 직력	해방후 전직	최종직
				고교	대학				
초대 비서 실장	이기붕	52	충북 괴산	경성고보	연전 중퇴 데이버주립대 문과	기독교	뉴욕서 허정과 삼일신문 발간	미군정 재판장 통역	국방장관/자유당 의장 민의원(2선) 부통령 당선/가족자살
정무 비서관	박용만	24	경북 풍기	금천중학	주오대 법학과 와세다/서울대	기독교		유학생동맹위원장 전국학생연맹 대표	국회의원(4선) 민주당 부총리
정무 비서관	김양천								
국방 비서관	김정렬	31	서울		일본육사 예과/ 육군항공사관			국방경비사관학교 (소위 임관)	공군총장/국방부장관 공화당의장/국무총리
공보 비서	김광섭	43	함북 경성	경성공립 보통	와세다대 영문학		극예술연구'동인'	조선문필가협 창립 민중일보 편집국장	자유문학 사장 세계일보 사장
문서비 서서무	김석진	37	전남 해남	영연중				대동청년군단장	전남부의장/민의원
경호 실장	김장홍							미군정 중부서 경위 돈암장 경비책	치안국장 강원도지사

이들 비서관 중에서 막강한 역할을 한 사람은 이기붕 실장이다. 그는 미국 유학으로 미군정시 재판장의 통역관이 되었다. 그는 대통령 비서실장이 된 후 서울시장, 국방장관 등 요직을 거쳐서, 자유당 중앙위원회 의장과 민의원 의장(6년간)이 된 후 1960년 3월 15일 정·부통령 선거에서 자유당 공천으로 부통령에 당선되었다. 그러나 3.15 부정선거로 4.19 혁명의 규탄 대상이 되었으며 결국 부통령을 사임하고 가족 자살을 하였다.

2) 초대 각료의 출신배경

초대 내각 구성에 있어서 대통령은 초당적 인재를 기용한다고 하였지만, 해방 정국에 있어서 경쟁자였던 김구, 김규식(남북협상파, 한독당), 그리고 김성수(한민당계, 반공주의)는 배제하였다. 내각 구성은 국민회 측에 3석이 가고 한민당에 1석이 갔으며 나머지도 국민회와 관련된 단체(적어도 3개 이상)에 갔다. 이에 대하여 한민당은 크게 반발하였다. 한민당은 정부 수립(대통령 중심제 등)과 총선거 실시에 있어서 협조적 역할을 하였는데도 불구하고 조각에 있어서 너무 소홀히 대접 받았다는 것이다.

이것을 보면, 우리나라의 전통적인 보수세력(한민당)이 조각에서 크게 배제되고 있으며, 반면에 독립운동가와 체미시 가까웠던 유학생 출신들이 많이 등용되었다.[14)]

<표 9>에서 볼 수 있는 바와 같이, 초대 내각이 매우 다양한 출신 배경을 지니고 있다. 이러한 출신배경은 당시 정국의 대표성을 나타내면서 독립국가 건설의 이미지를 심기 위한 것 같다.

이승만 정부의 초대 내각 각료(17명)의 출신배경을 통하여 그 사회적 특성을 지적하여 본다.[15)]

첫째, 초대 각료의 평균 연령은 55.4세이다. 이승만 대통령과 이시영 부통령만 70대이고 나머지는 대개 50대이다.

둘째, 초대 각료의 출신지는 서울 출신이 가장 많아 전체의 35.3%를 차지하고, 그 다음은 경북 출신(17.6%)이며 나머지는 경기와 충남 출신(각각 11.3%)이 많다.

---

14) 제 1공화국(이승만 정권) 전 기간의 장차관급과 서울, 부산시장 및 각 도지사 160명의 경력조사에서 조선총독부나 미군정시 관료출신이 전체의 63.1%가 된다.(안병만,「한국정부론」, 다산출판사, 1993, p.244)

15) 이승만 정권(12년)의 각료는 모두 110명인데 서울 출신이 37.3%이고, 일본 또는 미국 유학 출신이 60.9%이며, 이들의 전직은 정치인(25.5%)과 차관(20.9%)이 가장 많다. 그리고 이승만 정권 각료(재임, 연임자 19명 제외하면 96명임.)의 34.4%가 친일인사(부일협력자)이고, 내무부장관(19명)의 42.1%가 친일인사이다.(임종국, 제 1공화국과 친일세력,「해방전후사의 인식2」, 한길사, 1985, pp.146~149)

<표 9> 이승만 정권 초대 각료의 출신배경

부처	성명	연령	출신지	학력			종교	일제시 직력	해방후 전직	종직	해방후 정당
				고교	대학	대학원					
대통령	이승만	73	황해 평산	배재학당	워싱턴대 정치학	프린스턴 박사	기독교	독립운동	제헌국회 의장	대통령(4선)	독립촉성 국민회장
부통령	이시영	79	서울	소과급제	문과급제			상해 임정 재무총장	임정 재무총장	대선 출마 (민주당)	독립촉성국민회 위원장 /한독당감찰
총리	이범석	48	서울	경성제일 고보	중국 강무학교			청산리전투 사령관 광복군 참모장	광복군 참모장	총리/참의원 국방/내무장관	조선민족 청년단장
내무	윤치영	50	서울	중앙고	와세다대 법과	조지와싱턴대 국제법과	기독교	중앙기독청년회부총무	이승만 비서실장	내무장관 국회의원(5선)	대한국민당수 공화당의장
외무	장택상	55	경북 칠곡		에딘버러대 중퇴				수도경찰청장	국무총리 국회의원(4선)	무소속
국방	이범석	48	서울	경성제일 고보	중국 강무학교			청산리전투 사령관	광복군 참모장	내무장관	조선민족 청년단장
재무	김도연	54	경기 김포	일본 금성중	게이오대/ 컬럼비아대	아메리칸대 박사		조선어학회사건 복역 연전강사	제헌의원	민의원 부의장(6선)	한국민주당 총무
법무	이인	58	대구	일본 세이소쿠중	메이지대 법학부			조선어학회사건 복역 조선변호사협회장	대법관 검찰총장	민의원 참의원	한국민주당 총무
문교	안호상	46	경남 의령	중동중	일본 중앙대 영어과	독일예나대 박사	대종교	보성전문 교수	서울문리대 교수	참의원	무소속
농림	조봉암	49	인천	강화공립 보통학교	일본 중앙대 정치학과	모스크바동방 노동공산대		조선공산당 조직 모스크바콤뮨테전대표 상해일경체포(7년복역)	제헌의원	민의원 부의장(3선)	무소속
상공	임영신	49	충남 금산	기전 여학교	남가주대	남가주 대학원	기독교	임정 구미위원	중앙대학장	제헌의원(2선) 중앙대 총장	여자국민당수
사회	전진한	47	경북 문경	순천중	와세다대 경제학과			항일운동 2년 복역	제헌의원 민의원(4선)	민의원(4선)	대한독립노총/ 독촉국민회
보건	구영숙	56	황해 황주	한영중	에모리대 의대			세브란스의전 교수	소아과 의원 유한양행사장	적십자 총재	무소속
체신	윤석구	56	충남 서천	한영학교				민주 독립운동 군사여고 교원	제헌의원	6.25 피살	건준/한독당 독촉국민회
교통	민희식	53	서울	중국영법 학당	네바다주립대 경제과			총독부 철도국 근무	군정청 운수부장	LA 초대 총영사	무소속
무임소	이윤영	58	평북 영변	숭실사범			기독교 목사	3.1운동 복역	제헌의원	국무총리 서리	조선민주당 부당수 독촉국민회
무임소	이청천	63	서울	육군 유년학교	일본 육사			임정 광복군 총사령	제헌의원	민의원	대동청년단장
총무처	김병연	52	평남 평양		보성전문2년			항일운동(군자금)	조선민주당 정치부장	평남지사	조선민주당
공보처	김동성	58	경기 개성		오하이오 주립대			조선일보 편집국장	효동통신 사장	민의원 부의장 국회 사무처장	무소속
법제처	유진오	42	서울	경성제일 고보	경성제대 법학과			보성전문 교수	보성전문 교수 (헌법 기초위원)	고려대 총장(3회) 국회의원	무소속
기획처	이순탁	51	전남 해남		경도제대 경제학			연희전문 교수	연희상대 학장	대한금융 조합회장	무소속

부처	성명	연령	출신지	학력			종교	일제시 직력	해방후 전직	종직	해방후 정당
				고교	대학	대학원					
심계원	**명제세**	63	평북 연변		블라디보스톡 외국어학교			독립운동 (3.1운동 임정)	국민당 부위원장	독촉국민회의 고문	한국독립당 독촉국민회
고시위	**배은희**	60	경북 달성		평양신학교		목사	전국기독교 장로회장	반탁 경북지부장	민의원	민족대표자 대회장
감찰위	**정인보**	56	서울	한학전공	중국서 동양학 전공			연전 한문학 강의 동아일보논설위원	국학대학장	6.25 피랍	무소속

(비고) 6.25 사변시에 민국당계의 내무에 조병옥(1950.7), 법무에 김도연(1950.11), 사회에 허정 (1950.11)이 입각하였음

셋째, 초대 각료의 종교는 기독교가 가장 많고(23.5%) 나머지는 대부분 비신자이다.

넷째는 초대 내각 구성원은 건준, 인공 및 한독당 등 좌익과 협상파를 배제함으로써 나타날 수 있는 배일 민족독립운동 세력의 취약성을 보완하기 위하여 독립운동 출신(52.9%)을 비교적 많이 등용하였다. 적극적인 독립운동 투쟁경력이 있는 이범석, 이청천(본명 지대형), 조봉암 등을 기용하였고, 소극적인 투쟁경력으로 윤석규, 이윤영, 윤치영, 전진한, 임영신 등을 기용하였다. 나머지는 전문학교 교수 출신이다.(17.6%)

다섯째는 초대 내각 구성원의 대부분이 미국 또는 일본의 유학출신이고(각각 23.5%와 52.9%) 그 밖에도 영국, 독일, 중국, 소련 등 유학출신인 현대적 지식인들이다. 이들의 대부분이 유학할 수 있을 정도로 가정적 배경이 비교적 부유한 편이다. 따라서 이들은 중산층 이상의 부르조아 출신 배경을 지니고 있다.16)

여섯째는 초대 내각 구성원의 대부분이 이승만계 정치조직의 대표자들이다. 이들의 52.9%가 대한독촉국민회 소속이고 나머지도 대부분 이승만계 무소속과 청년단체장들이다. 그 밖에 한민당 부위원장인 김도연, 민족청년단

16) 초대 내각의 93%가 중상류층 이상 출신이다. 조봉암과 전진한은 빈농 출신이지만 각료의 67%가 대소지주 출신이며 7%가 정부 관료, 7%가 광산업 등 약 8할 이상이 부유한 집안 출신이다.(한승조, 한국 정치엘리뜨의 충원 유형, 「아세아연구」, 통권 54호, 1957)

장인 이범석, 조선민주당 부당수인 이윤영, 전향한 조선공산당 중앙위원장이었던 조봉암, 그리고 주요 3당의 지방 간부를 겸직했던 지방정치인인 윤석구 등을 참여시켜 정당의 대표성을 부여하기도 하였다. 비록 여러 정당 및 사회단체의 대표자가 초대 내각을 구성하고 있지만 기본적으로 이승만과의 친교관계 등을 보아서 그의 정치노선을 지지한다고 볼 수 있다.

일곱째, 초대 각료의 해방 직후 직력은 제헌의원 출신이 전체의 41.1%로서 가장 많고, 그 다음은 정치인(독립운동)이 17.6%이고 나머지는 교수와 관료가 각각 11.8%를 차지한다.

여덟째, 초대 각료의 퇴직후 직력은 민의원을 지낸 사람이 가장 많고(41.21%) 그 다음은 다시금 총리, 장관직을 지낸 사람이 29.4%이다. 나머지는 사회단체장 등을 지냈다.

4. 이승만 정권의 정치세력 형성

이승만 박사는 해방후 귀국하여 자기의 정치적 세력기반이 없었다. 그는 미군정의 지원을 받으면서 어떠한 정당(인민위원회 등)의 대표에도 취임하지 않고 대한독립촉성 중앙협의회(후에 독촉국민회)의 회장을 맡았다.[17]

이와 같이 그는 정치를 국민운동의 개념으로 보았고, 자기는 항상 국민의 대표자로 자처하였다. 이러한 생각은 그가 오랫 동안 해외에서 독립운동을 하면서 국민적 지지에 대한 자신감에서 나온 것 같다. 또한 국민을 위한 의무교육과 한글 사용을 추진한 것에서 엿볼 수 있다.

그는 미국과 한민당의 후원하에 단선, 단정으로 정부를 수립하였지만 자기의 정치적 기반(특히 제헌 및 2대 국회의원)은 매우 취약하였다. 그리하여 자기의 정치적 목적을 달성하기 위한 정치세력을 2대 국회와 자유당 창당을 통하여 형성한다.

---

17) 독촉중협은 이박사의 귀국(1945년 10월 16일)을 계기로 각 정당(건국동맹, 한민당, 조선공산당, 국민대회준비위원회 등)의 대표(각 2명씩)가 이박사를 만나 통일에 관한 의견을 듣고 초당적으로 결성하였다.

그러면, 이승만 대통령의 2대 국회의원과 자유당 임원들의 출신 배경을 통하여 어떻게 정치세력을 형성하였는 가를 고찰한다.

1) 2대 국회의원의 출신배경

이승만 대통령은 원래 정당을 싫어하였다. 그는 초당적 지도자로 인식하였다. 그것은 한말 만민공동회를 통한 애국계몽운동에서도 찾아 볼 수 있다.

해방후 그가 귀국한 후에도 대한독립촉성회와 마찬가지로 국민운동을 위한 조직을 선호하였다. 그러나, 제헌국회 선거와 마찬가지로 2대 국회의원 선거에서도 무소속 후보자는 전체의 61.0%(128명)가 당선되었다. 이승만 대통령의 지지세력인 대한국민당과 독촉국민회 소속 후보자가 모두 18.9%이고 민주국민당의 경우 12.0%이다. 무소속 후보자가 가장 많이 당선된 것은 국민회, 국민당과 한민당의 참패를 의미하고, 동시에 그가 농민의 대다수를 차지한, 소위 좌익에 대한 탄압 등으로 이들에 대한 민심이반 현상이라 할 수 있다. 이러한 세력 판도에서는 사실상 안정된 국정을 운영하기 어렵다.

그리하여 그는 6.25 전란과 부산 정치파동 및 자유당 창당 등을 거치면서 자파 세력을 확충하였고, 3대 국회의원의 공천과정에서 안정된 정치세력 기반을 형성할 수 있었다.

먼저 2대 국회의원의 소속 정당별 출신지(시ㆍ도)를 보면, 이승만 지지세력인 국민회 소속의원은 각 지역에 산재되어 있으나 특히 전남과 경북 지방에서 많고(각각 20.0%) 국민당 소속의원은 경기도(27.3%)와 서울 및 경북 지방에서 많다.(각각 13.6%) 그러나 한민당 소속의원은 전남 지방에서 가장 많고(28.6%) 서울과 경북 지방에서도 많은 편이다. 그리고 대한청년단 소속의원은 경북과 전북지방 출신이 많고(각각 33.3%) 무소속 의원은 경남지방에서 가장 많고(22.8%) 경북과 경기도에서도 많은 편이다.(각각 14.9%와 13.9%)

한편, 이승만 지지세력인 국민회와 대한청년단의 소속의원은 국내에서 고보나 중학을 졸업한 의원이 많고, 국민당의 경우 보전 및 연전 그리고 고보 이하의 학력을 지니고 있다. 그러나 한민당의 경우 국내보다 일본의 대학(주로 와세다와 주오대학) 출신이 많다. 그리고 그들의 전공도 한민당 소속

의원은 대부분 법학과 정치학을 이수하였지만 국민회와 국민당 소속의원은 사회과학이나 다양한 전공자들이다.

여기에서 전체 국회의원의 61.0%가 되는 무소속 의원들이 누구냐 하는 것이다. 이들의 정치적 성향에 따라 정국이 소용돌이 칠 수 있는 것이다. 그러면 무소속 의원들의 사회적, 정치적 성격을 기존 정당 소속의원들과 비교하여 본다.

첫째, 국민회 소속의원의 지역배경은 경북과 전남 출신이 많고, 국민당의 경우 경기 출신이 많으며, 한민당의 경우 전남 출신이 많다. 그러나 무소속 의원은 경남 출신이 가장 많고(22.8%) 그 다음은 경북(14.9%)과 경기(13.9%) 출신이다. 무소속 의원의 지역배경은 기존 정당과 차이가 있음을 알 수 있다.

둘째, 국민회 소속의원의 교육 수준은 국내의 고보 및 중학 졸업생이 많고 국민당의 경우 보전 및 연전과 일본의 기타 대학 졸업생이 많으며 한민당의 경우 일본의 와세다대학과 주오대학 졸업생이 많다. 그러나 무소속 의원은 국내의 고보 및 중학과 보전 및 연전 출신이 많다. 무소속 의원의 교육 수준이 국민회와 마찬가지로 기존 정당에 비하여 낮다.

셋째, 국민회 소속의원의 전직은 회사경영이 많고 한민당과 국민당의 경우 정치가가 많다. 그러나, 무소속 의원은 행정관료(38.1%), 정치활동(10.5%), 교수 · 교원(8.4%), 언론인(8.4%), 회사경영(7.3%), 청년운동 등 매우 다양하다. 행정관료는 제헌국회와 마찬가지로 농촌의 읍면장 출신이 많고 회사경영도 농촌의 양조장과 같은 소규모 사업가이다. 그러나 교수 · 교원과 언론인들은 직업적 전문가이지만 금융인과 일부 행정관료는 친일적인 성격이 있다.[18)]

넷째, 2대 국회의원의 당적 변동은 국민회의 경우 자유당에 6.9%, 민국당에는 9.5%가 입당하였고 국민당의 경우 자유당에 19.4%, 민국당에 4.8%가 입당하였으며, 민국당의 경우 자유당에 5.6%, 한민당에 35.7%가 입당하였다. 그리고 청년단의 경우 모두 자유당에 입당하였다. 그러나 무소속 의원은 자

18) 제헌 국회의원의 4.8%, 2대 국회의원의 9.2%, 3대 국회의원의 9.6%, 4대 국회의원의 10.5%가 친일인사(부일협력자)이다.(임종국, 전게논문, p.159)

유당에 전체의 47.2%가 입당하였고, 한민당에는 47.6%가 입당하였다. 이것을 보면, 당시 국회의원들의 정당에 대한 귀속의식이 매우 약한 것 같다.

<표 10> 2대 국회의원의 소속정당별 출신지

	서울	경기	충북	충남	전북	전남	경북	경남	강원	제주	북한 등	합계(%)
국민회	2			2	1	3	3	2	2			15(8.0)
한민당	3	2	1	2	1	6	3	1	1	1		21(11.2)
국민당	3	6	2	1	1	2	3	1	2		1	22(11.8)
대한청년단	1				4	1	4	2				12(6.4)
대동청년당		1	1									2(1.1)
자유당				1	1	1		1			2	5(2.7)
기타		2	1	2		1	2					8(4.3)
무소속	7	14	4	8	11	10	16	23	6		3	102(54.0)
합 계	16	25	9	16	19	24	31	30	11	1	5	187(100.0)

이와 같이 기존 정당 소속의원은 연고성과 필요성에 따라 상당수가 당적을 변경하였지만 무소속은 자유당과 민국당에 반분하여 당적을 바꾸었다. 따라서 무소속 의원들은 정당 소속의원과 마찬가지로 대부분 우익이지만 모두 이승만계 또는 친여 성향을 지니고 있는 것은 아니다.

표 11을 보면, 국민당 소속 국회의원들은 그간 정치활동을 한 의원이 가장 많고(42.1%) 국민회의 경우 회사경영을 한 의원이 가장 많다.(27.3%) 그리고 대한청년단은 주로 청년운동에 종사하였다.(58.3%)

<표 11> 2대 국회의원의 소속정당별 선거직전 직업

	정치 활동	청년 운동	행정 관료	판 검사	금융 기관	회사 경영	읍 면장	교수/ 학장	교장 교원	농업	기타	언론 인	기업 관료	합계 (%)
국민회	1		1			3	1			1	3	1		11(6.5)
한민당	5	2	3		2	2		1	1		1		1	18(10.6)
국민당	8	2	2			1		1	1		2	1	1	19(11.2)
대한청년단		7				1	1				1	1	1	12(7.1)
대동청년당	1						1							2(1.2)
자유당			2		1	1			1					5(2.9)
기타	4	1					1				1			6(4.1)
무소속	10	6	35	1	6	7	4	8	2	1	7	8	1	96(56.5)
합계	29	18	43	1	9	15	8	10	5	2	15	11	4	170(100.0)

2대 국회의원의 약 5할을 차지하는 무소속 의원은 친여성이 강한데 이들은 행정관료 출신이 가장 많고(38.1%) 그 밖에 교수(8.4%)와 회사경영(7.4%) 및 금융기관 임원들(6.3%)이 많은 편이다. 이들 중에 친일 성향이 강한 의원이 많다.

한편, 2대 국회의원은 6.25 전란을 겪으면서 1950년 9월 28일 의원사열을 통하여 남하의원이 148명이고, 남하하지 못한 의원이 32명, 납치 및 행방불명자 27명, 사망 및 피살자가 8명으로 모두 35명의 의원을 상실하였다. 정부는 전란시 공산당 킬러인 조병옥을 다시금 내무부 장관에 임명하고 법무 장관에 김도연, 사회부 장관에 허정 등 민국당계 인사를 입각시켰다. 그간 국회의원의 이합집산으로 신정동지회가 70명이 되고, 민국당은 40명, 공화구락부가 40명, 그리고 민우회가 20명이 되었다.

그런데 국민방위군 사건과 거창 양민학살 사건이 터지면서[19] 이에 대한 문책을 민국당계 장관들이 아닌 이승망 대통령에 전가시키자, 이 대통령은 군경의 1인자인 신성모 국방 장관과 조병옥 내무장관, 심지어 김준연 법무장관을 해임하고 국방장관에 이기붕, 내무장관에 이순용, 법무장관에 조진만, 농림장관에 임문항을 임명하여 민국당계 경찰간부와 대량의 관리들을 추방하였다.[20]

이러한 결과 여야의 대립이 심각하였다. 예컨대 국회(의장은 민국당계 신익희)는 1951년 5월 민국당 최고의원인 김성수를 부통령으로 선출하였다. 그래서 이승만은 대통령 직선제의 개헌을 추진하였으나 1차 부결되어 다시금 피난 부산에서 계엄령하에 대통령 직선제의 개헌을 추진하였다.

---

19) 국민방위군 사건은 1950년 12월 실시된 제 2 국민병의 양식 및 피복비를 군지휘부가 부정 축재하여 영양실조 등으로 수천명이 아사하게 된 것을 말하고, 거창 양민학살사건은 공비토벌차 파견중인 전투경찰대원(2명)이 인근 부락 부녀자를 농락하여 부락민이 집단적으로 추격하자 이들을 공비라 하여 그 지역 국군 연대가 주민들이 공비와 내통하였다고 하여 주민 6백여명을 집단 학살한 사건인데 이것을 조사하러간 국회조사단을 계엄사령관 김종원 대령이 부대원을 공비로 위장하여 방해한 사건이다.

20) 이기하, 상게서, p.217

이와 같이 독재적인 수법으로 개헌을 하면서 자신의 지지세력을 확보하고 마침내 자유당을 창당한다. 그리고 민국당은 1955년 9월 18일 민주당으로 개편한다. 이러한 양당 중심의 여야세력이 1950년대 우리나라 정치세력을 형성하고 오늘까지 여야당의 전통이 되어 있다.

2) 국회의원의 당적 변동

이승만 대통령은 정당정치를 싫어하지만 개헌파동(대통령 직선제, 대통령 3선 개헌 등)으로 정당의 필요성을 인식하게 되었다. 그래서 그의 지지자들은 국민당을 창당하였고, 후에 국민당과 국민회 및 대한청년당 중심으로 자유당을 창당하였다. 또한, 한민당은 국민회의 신익회 세력과 대동청년단의 지청천 세력 등을 규합하여 민주국민당을 창당하였다.[21]

<표 12> 2대 국회의원의 소속정당별 당적변동

	자유당	민주당	기타	무	납북	합계(%)
국민회	5	4	1		3	13(8.8)
한민당	4	15			1	20(13.6)
국민당	14	2	1	1	2	20(13.6)
대한청년단	9					9(6.1)
대동청년당		1		1		2(1.4)
자유당	4			1		5(3.4)
기타	2		3		2	7(4.8)
무소속	34	20	2	8	7	71(48.3)
합 계	72	42	7	11	15	147(100.0)

여야는 국회의원의 절반 이상을 차지하는 무소속 의원들을 비롯한 국회의원들은 3대 총선에서 공천 등을 받기 위하여 이합집산을 하여 자유당과 민국당 소속의원으로 재편되었다. 그 결과는 표 13과 같다.

2대 국회의원들이 재임기간에 여야당으로 당적을 많이 변경하였다. 당적

21) 민국당의 주요강령은 민족의 권리 확보, 만민 평등의 민주정치 실현, 경제적 기회균등의 자립경제 수립 등이고, 주요 정책은 국민의 기본 자유와 생활의 확보, 주요 기간산업의 국유화 또는 통제관리, 농업경제의 향상, 공업화 정책, 근로대중 본위의 사회입법, 교육 및 보건의 기회 균등 등이다.

변경이 여야간에 어떻게 일어났는지를 보고, 그들의 사회적 배경에서 이승만 정권의 정치세력이 어떻게 형성되고 있는 지를 고찰한다.

당적 변동에 대한 지역(시 · 도)별 분석을 표 12에서 보면, 경북, 경남, 경기, 강원 출신 의원들이 자유당에 많이 입당하였고 전남, 충남, 서울 출신의원들이 민주당에 상대적으로 많이 입당하였다. 그리고 경기도 출신의원들이 많이 납북 되었다. 그러나 당적 변동에 대한 학력별 분석에서는 자유당 소속의원들은 국내에서 많이 수학한 편이다. 민국당의 경우 일본 유학생이 많은 편이다.

<표 13> 2대 국회의원의 당적변동별 출신지

	서울	경기	충북	충남	전북	전남	경북	경남	강원	제주	북한 등	합계(%)
자유당	8.2	9.6	2.7	9.6	6.8	13.7	19.2	17.8	8.2		4.2	73(48.3)
민주당	16.3	4.7	4.7	16.3	9.3	23.3	14.0	7.0	2.3	2.3		43(28.5)
기타		28.6		14.3			14.3	14.3	28.6			7(4.6)
무		18.2	18.2		27.3		9.1	27.3	0			11(7.3)
납북	17.6	41.2	5.9		17.6		11.8	5.9	0			17(11.3)
합계	10.6	13.2	4.6	9.9	9.9	13.2	15.9	13.9	6.0	0.7	0.7	151(100.0)

한편, 2대 국회의원들이 당적을 변경한 후 어떠한 직력을 갖게 되었는가를 표 14에서 보자,

<표 14> 2대 국회의원의 당적변동별 최종직

	국회 의원	장 차관	기업인	관료	변호사 (전문직)	단체장/ 학교 이사장	납북/ 사망	미상	국회 의원과 장관	미상	합계
자유당	30.6	6.9	2.8	1.4	1.4	5.6	6.9	33.3	5.6	5.6	49.3
민주당	56.4						10.3	20.5	12.8		26.7
기타	28.6					28.6	28.6	14.3			4.8
무	9.1	9.1	9.1					45.5	18.2	9.1	7.5
납북						11.8	88.2				11.6
합계	32.2	4.1	2.1	0.7	0.7	5.5	17.8	26.0	7.5	3.4	100.0

자유당의 당적을 가진 2대 국회의원들이 다시금 국회의원이 된 의원이 가장 많아 전체의 36.2%를 차지한다. 그 다음은 장차관이 된 의원이 각각

12.5%이고 학교 이사장 또는 단체장이 된 의원이 6.9%이며, 나머지는 미상이 3할이 되고, 그 밖에는 납북, 사망 등이다.

이러한 것을 보면, 2대 국회의원은 임기를 마친 후에도 국회의원 또는 장차관 등 정치활동을 계속하는 의원이 전체의 약 절반이 된다.

3) 자유당 초대 임원의 출신배경

이승만 대통령이 1951년 8월 15일 신당 창당의 필요성을 주장하게 된 것은 초대 내각 구성에서 한민당의 반발과 자신의 정치적 위치의 불안에서 비롯되었다. 그리하여 1951년 10월 30일 원내의 공화민정회(국민회, 한청, 국민당의 합동체, 양우정, 조경규, 이재연 등 94명)와 원외의 국민회(이황), 노총(주중필), 농총(채규식), 대한부인회(임영신)이 주동이 되어 자유당을 창당하게 된 배경은 자유당이 발표한 정강정책을 보면 잘 알 수 있다. 즉 특권층인 지주계급에 유린되는 노동자, 농민대중의 이익을 위한 서민정당을 조직하고 민주주의 정치체제의 확립으로 민족협동사회를 건설하겠다고 한다.[22] 이러한 정강은 지주계급으로 구성된 한민당, 민국당을 비판한 것이다.

그러면, 자유당의 초대 임원들의 사회적 특성을 본다.

첫째, 초대 임원들의 평균 연령은 50.6세이다.

둘째, 초대 임원들의 출신지는 경북이 가장 많고(4명) 그 다음은 경남, 강원, 평남 출신이 각 2명이며 나머지 시도는 1명씩이다.

셋째, 초대 임원들의 학력은 일본 대학을 졸업한 사람이 가장 많고(6명) 한국, 중국의 경우 각 2명이다.

넷째, 초대 임원들 중에 일제시 직력을 보면, 독립운동을 한 사람이 가

---

22) 자유당의 주요한 기본 강령(정강)은 6개항인데 여기에서는 3항을 소개한다.

① 우리는 압제시대의 잔재와 관료주의를 배제하여 상하귀천의 계급을 타파하고 진정한 민주주의 정치체제의 확립으로 민족협동적 사회건설을 기함.

② 우리는 독점경제패자들의 억압과 착취를 물리치고 노동자, 농민, 소시민, 양심적 기업가 및 기술 있는 자의 권익을 도모하여 빈부 등차의 원인과 그 습성을 거부하고 호조호제의 주의로서 국민생활의 안정과 향상을 기함.

③ 우리는 남녀 평등을 실천하고 인권옹호로서 국가의 화복안정의 책임의무를 전 국민이 동일히 분담케 할 것을 기함.

장 많고(3명), 그 다음은 신문사와 교사 출신이 각 2명이며 나머지는 관료 및 협동조합에서 일하였는데 각 1명이다.

<표 15> 자유당 초대 임원의 출신배경

현직	성명	연령	출신지	학력			자격	종교	일제시 전직	미군정시 전직	정부수립후 직업	최종직
				고교	대학	대학원						
당수	이승만	77	황해 평산	배재학당	워싱턴대 정치학	프린스턴 박사		기독교	상해임정 대통령	제헌국회의장	대통령	대통령(3선)
부당수	이범석	52	서울	경성제일 고보	중국 육군 강무학교				청산리전투 사령관 광복군 참모장	조선민족청년단장	국무총리 /국방장관	참의원(충남)
당무국장	정현모	57	경북 안동		와세다 대학				조선일보 주필	제헌의원(안동 을)	경북도지사	충북도지사
부국장	홍범희	45	강원 원주	경성2 고보	보성전문/ 주오대 법과		고시 행정			제헌의원(강원원성)	내무차관	민의원(원성)
통계부장	황호현		강원 평창	영주 부석보통			보통 문관			제헌의원(강원평창) 독촉국민회	내무부 차관 (장관서리)	민의원(2선)
사회국장	이 호	38	경북 영천		일본 도쿄대 법학부		고등문관 사법과		경성지법 검사	대검 검사	치안국장/ 육본법무감(준장)	법무장관/ 내무장관
부국장	조용기											
정무국장	양우정	45	경남 팜안	독학					신간회청년동맹 (4년투옥)	독촉국민회사무총장 평화일보 사장	연합신문 사장	간첩죄 사형
부국장	문봉제	47	평남 개천							서북청년회 위원장	치안국장	교통부장관
총무부장	유화청											
재무부장	안준상	63	경남 의령	동래 고보	와세다대 정경과 수료				마산고무 사장	독촉회 부산부회장 제헌의원 (의령/민족청년단)		
선전부장	진승국				입교대					대한청년단 선전·학무국장		
조직부장	원상남				평양의전					조선무연탄 사장	국민회 청년단	
문화부장	박순석	48	경북 영일	대구 계성중	경성신학				안강 명창교 교사	홍해교회 목사 대한도기 이사	자유당군위원장 제헌의원(영일갑)	민의원(2선)
조사부장	김영기	47	경기 안성	강원 농업	일본대 전문부 법과				조선일보기자/ 삼양사 취체역	한독당/독촉국민회 안성위원장	제헌의원(안성)	경기지사/ 충북여객 사장
농민부장	최상석											
부녀부장	조현경											
노동부장	최용수	28	평남 영원		경희대 정외과			불교			조선전업노조 위원장	노총위원장 국회의원(2선)
외무부장	강석천											
감찰위원장	안호상	50	경남 의령	도쿄 정칙 영어학교	상하이 동제대예과	독일 예나대박사			보성전문 교수	서울문리대 교수	문교부 장관/ 대한청년단장	참의원(경남)/ 한성대 이사장
1부장	김철	56	경북 경주	계성중	주오대학 법과				3.1운동 복역/신간회경주지부장	미군정경주군고문/ 독촉회경주위원장	제헌의원(경주갑)	민의원(경주)

다섯째, 미군정시 초대 임원들의 직업을 보면, 제헌의원 출신이 가장 많고(5명), 그 다음은 청년단체장이며(3명), 나머지는 교수, 검사, 목사 등 각 1명씩이다. 이들 중에서 독촉국민회 출신이 4명이나 된다.

여섯째, 정부수립후 초대 임원들의 직업은 장차관을 지낸 경우 가장 많고(7명), 그 다음은 제헌의원이며(3명), 나머지는 각 1명이 대통령, 노조위원장을 지냈다.

일곱째, 초대 임원들이 가장 많이 지낸 최종직은 민·참의원으로 7명이 되고, 그 다음은 장·차관이 4명이 된다.

이러한 특성을 보면, 자유당 초대 임원 중에 경북 출신, 일본대학 출신, 일제시 독립운동 및 미군정시 제헌의원 및 청년단장 출신이 가장 많다는 것을 알 수 있다. 경북 출신과 제헌의원 출신이 많아 한민당 출신은 배제되고 있으며 새로운 지방세력을 중심으로 정치세력을 형성하고 있다는 것을 알 수 있다. 그것은 제헌의원의 전 직업에서 알 수 있듯이 회사 경영자(20.4%)와 면장(13.6%), 그리고 교원, 교장(9.8%)과 공무원(6.3%) 출신들을 자유당의 세력기반으로 삼고 있다. 이것은 한민당의 세력기반, 즉 지주부농과 친일 관료들 중심으로 한 것과는 달리 새로운 부르조아 정당을 형성하고 있다. 단, 지주부농(만석군)과 친일 관료(검사) 출신인 이활 사회국장은 예외이다.

그리고 자유당의 주요 임원으로 미군정시와 해방 직후 서북청년회의 문봉제 위원장과 민족청년단의 이범석 단장 등이 된 것은 자유당이 지속적으로 반공정책을 지향하고 있다는 것을 의미한다.

5. 결 론

해방후 대한민국의 탄생은 미군정과 이승만 및 한민당이 주도하였다. 이들은 남한의 단독 정부를 세우기 위하여 1948년 5월 10일 제헌의원을 선출하였고, 제헌국회에서 대한민국 헌법을 비롯한 정부조직법 등을 마련하였다. 대한민국의 초대 대통령으로 이승만 박사를 선출하였다.

이승만은 그간 모든 경쟁적인 정치지도자가 제거되었기 때문에 개인적 명망과 한민당의 지원으로 쉽게 대통령이 될 수 있었다. 그는 사회적 연고성이 약해서 정치적 지지기반이 매우 약하였다. 그것은 제헌국회와 2대 국회의원 선거에서 그를 지지하는 정당소속의 국회의원이 3할 미만 당선되었고, 무소속 의원이 전체의 42.5%(제헌국회) 또는 61.0%(2대 국회)였다는데서도 잘 알 수 있다. 그리고 무소속 의원이 많이 당선된 것은 국민회, 국민당과 한민당 등 집권세력에 대한 불신이다. 이것은 해방 후 좌우익 갈등(즉 탄압)으로 나타난 민심이반 현상을 의미한다. 그러나, 이들은 대부분 친일 우익세력이었다. 더욱이 1950년 초 거창 양민학살사건과 국민방위군 사건으로 한민당의 핵심인사(조병옥 내무, 신성모 국방, 김준연 법무, 김성수 부통령 등)를 내각에서 추방할 때까지 그는 정치운동을 국민운동의 개념으로 이해하고 있었다. 그래서 독촉국민회가 지방선거에서 주도적 역할을 하였다.

한민당이 내각에서 실권을 상실한 그는 정치세력(정당)의 필요성을 인식하여 소위 정치파동 등을 역용하여 자유당을 창당한다. 한민당의 핵심세력은 지역(전남 고창), 학연(일본 와세다대), 혼맥(결혼 등) 심지어 직연(동아일보, 보전 등)에 의하여 형성되어 있지만 이승만은 그러한 것이 없었다.

그리하여 그는 자기의 지지세력인 국민회 소속의원을 많이 배출한 지역(충남, 경북, 강원, 경기)과 토착세력(읍면장, 지방관료, 청년단체 등)과 신흥 상공인을 중심으로 자유당을 결성하였다.

이러한 정치세력은 한민당의 친일 보수세력과는 그 성격이 다르고, 특히 지방에서 좌익계를 타도하는데 기여한 지방의 친일 부르조아지들이 그 핵심이다. 이승만 정부의 내각이 제헌의원을 중심으로 구성된 것은 이러한 신흥 부르조아지 중심의 새로운 정치세력을 형성함을 의미한다. 이들은 대부분 친일적인 행정관료(면장 포함)와 회사경영자 및 교수, 교원 중심의 신흥 보수세력(우익)이었다. 또한 이들의 약 4할 이상이 일본 유학생이고 나머지 1할도 미국과 중국의 유학생이며 국내에서도 대부분 높은 교육을 받은 것을 보면 2대 국회의원의 약 68.6%가 부르조아 집안 출신임을 의미한다. 이것은 한민당의 전통적인 부르조아지의 성격과는 상이하다.

이러한 신흥 보수세력은 그의 오랜 비서실장이었던 이기붕 자유당 의장을 중심으로 형성하였다. 지방에 있어서 자유당의 세력기반은 관료출신과 유지 및 상공인들이었다. 이들이 지방의 관공서를 중심으로 세력을 형성하였기 때문에 그 뿌리는 없었다. 다시 말하면 그들은 지방민(대부분 농민)의 이익을 대변하지 못하고 선거철에나 정당조직이 가동되는 실정이다.

그리하여 국회의원은 중앙당(총재와 의장 등)의 공천과 교차압력에 의하여 당선이 좌우되었다. 자유당 소속 2대 국회의원은 임기를 마친 후 민의원으로 재당선 된 경우 전체의 41.2%가 되고, 또한 장관(29.4%) 등을 지내면서 이승만 정치세력의 기반이 되었다.

제 3장 민주당 정권의 권력지배층

1. 서 론

민주당의 집권 경험은 해방후 미군정시에 있었다. 미군정시 한인 권력지배층은 제 1장 3절에서 본 바와 같이 민주당의 전신인 한국민주당(당수 김성수)이 주로 차지하였다. 한민당은 대한민국 정부가 수립된 후 이승만 자유당 정권에서 소외되었지만 강력한 야당으로서 역할을 하였다.

1950년대 자유당 정권이 대선과 총선 과정에서 갖은 부정선거를 저지르면서 권력을 유지하는데 대하여 야당 뿐만 아니라 온 국민들은 분노하기 시작하였고, 이에 대하여 가장 양심적인 대학생들이 주로 규탄하기 시작하였다. 비록 비상계엄령이 내렸지만, 3.15 부정선거에 대한 마산지역 학생의거(김주열 피살사건)를 비롯하여 전국적으로 집단시위가 일어나서 마침내 1960년 4.19 학생혁명이 성공하게 되었다.

4.19 학생혁명이 성공한 결과 어부지리로 집권하게 된 것이 민주당 정권이다. 민주당 정권은 4월 학생혁명의 정신을 계승하겠다고 하여 1960년 허정 과도정부에 의한 총선 결과 압도적인 다수의 국회의원(민의원과 참의원)이 선출되었고, 또한 국회 간선으로 대통령(윤보선)과 국무총리(장면)가 탄생하였다. 비록 대통령과 국무총리가 민주당 국회의원이지만 대통령은 구파(한민당, 민국당계), 국무총리는 신파(호헌동지회 등)에서 선출되었다.

민주당의 신·구파는 모두 일제시 관료 또는 대지주의 자손들이다. 특히 구파는 대부분 호남의 대지주 부농 출신의 유한계급이고 신파는 평안도 중산층 출신의 관료세력들이라 할 수 있다.

민주당은 집권 1년 동안 소위 신·구파간의 갈등이 심하였다. 비록 당헌대로 내각책임제가 실시되어 권력의 분점 현상이 나타났지만 정치권력은 국무총리(신파 장면)에게 집중되었다.

1955년 9월 창당된 민주당의 정치세력은 과거 한민당 및 민국당과는 달리 이승만 독재정권에서 이탈한 세력(호헌동지회 등)과 흥사단 등, 소위 신파세력이 합세하였기 때문에 그들의 정치적 사회적 성격이 변화될 수 있었다.

그리하여 민주당의 창당세력이 어떠한 사회적 배경을 지녔으며, 또 신구파 갈등에서 탄생된 장면 내각의 권력지배층은 어떠한 사회적 특성이 있는지 궁금하지 않을 수 없다. 그리고 민주당 정권이 과연 4.19 혁명의 정신을 계승할 수 있는지 궁금하다.

이러한 문제를 고찰하기 위하여 민주당 권력지배층(장관)의 사회적 배경을 분석하여 접근하려고 한다. 창당의 주역과 내각(장관)의 사회적 배경은 주로 그들의 이력서(언론사의 인물정보 등)를 분석하여 파악한다.

2. 민주당 정권의 창당세력과 정치이념

민주당의 뿌리는 해방후 한국민주당에서 찾아볼 수 있다. 한민당은 미군정시 좌경적인 건국준비위원회(후 인민위원회)에 대항하기 위하여 결집한 우익 보수세력이다. 이들은 일제시 호남지방과 기호지방의 지주부농과 관료출신들이 핵심이고, 미군정시 한인 권력지배층을 형성하였다.

그러나, 이승만 대통령이 집권하자 한민당은 권력으로부터 소외되었다가 대한국민당(신익희)과 대동청년단(지청천)과 연합하여 1949년 2월 민주국민당으로 개편되었으며, 동년 5월 국회 프락치 사건으로 다시금 다수의 내각 각료(12부중 7부)를 차지할 수 있었다.

이와 같이 해방후 미군정과 정부수립 초기에 막강한 권력을 장악하였던 한민당(후에 민국당)이 이승만 자유당 정권과 권력형태(대통령 책임제와 내각책임제) 및 3선 개헌에 대한 견해 차이로 투쟁하면서 이승만 정권에서 이탈한 정치세력(호헌동지회, 흥사단, 조선민주당, 자유당 탈당파 등)을 규합하여 1955년

9월 민주당으로 재 창당하였다. 그리하여 민주당은 과거 민국당 세력(소위 구파) 이외 새로 입당한 세력(소위 신파)의 연합체였다. 민주당 구파는 전술한 바와 같이 호남의 지주부농 출신이 핵심이지만 신파는 서북지방과 영남지방의 관료출신이 그 핵심을 이루었다.

1955년 9월 18일 전국 대의원(2,013명)이 창당 발기인대회를 개최하였고, 여기에서 선언문 및 정강정책을 채택하였다.

선언문에서는 민주정치의 요체는 2개 이상의 정당이 자유롭고 건전하게 병존 발전하여 상호 비판, 견제함으로써 국리민복을 보장하고 국정에 대한 책임을 지는 것이라고 하였다. 그리고 반공 독재 투쟁과 책임정치의 구현으로 자유경제체제의 균형분배정책을 실시하여 국리민복을 기하려고 하였다.

민주당의 정강정책은 다음과 같다.[23]

① 일체의 독재주의를 배격하고 민주주의의 발전을 기한다.
② 공정한 자유선거에 의한 대의정치와 내각 책임제의 구현을 기한다.
③ 자유경제 원칙하에 생산을 증강하고 사회정의에 입각하여 공정한 분배로서 건전한 국민경제의 발전을 기하며, 특히 농민, 노동자, 기타 근로대 중의 복리 향상을 기한다.
④ 민족문화를 육성하며 문화교류를 촉진하여 세계문화의 진전에 공헌함을 기한다.
⑤ 국력의 신장과 민주 우방과의 제휴로서 국토 통일과 국제정의의 확립을 기한다.

그리고 정책에 있어서는 호헌, 준법정신의 구현, 국민의 기본인권, 특히 언론, 출판, 집회의 자유보장, 국민기본생활의 보장, 국방력의 확보, 또는 민주 우방과의 협조에 의한 외교의 정상적 추진 등 25개 항목으로 되어 있다.

상기한 정강을 본다면, 민주당의 이념은 정치적으로 자유민주주의를 지향하고, 경제적으로 자유경제, 즉 시장경제의 원칙을 준수하며, 사회적으로 사회정의와 공정한 분배를 주장하고 있다. 그리고 정책은 반공과 독재와 투쟁하면서 서구에서 볼 수 있는 보편주의적 시민(국민)의 기본권을 보장하여

---

23) 이기하, 전게서, pp.250~251

현대적 복지사회를 지향하고 있다.

한편, 민주당은 중앙위원회에서 신익희를 대표 최고위원에, 최고위원에 조병옥, 장면, 곽상훈, 백남훈을 선출하였고, 집행 부서의 책임자를 인준하였다.

민주당의 최고위원들을 보면, 신익희 대표는 1892년 6월 경기도 광주 출생으로 1908년 한성외국어학교를 졸업하고, 일본 와세다대학 정경학부를 졸업한 후 중동학교, 보성법률상업학교 교편생활을 하다가 3.1운동시 중국 상해로 망명가서 임정에 참여하여 법무총장, 외교부장 등을 역임하면서 독립운동에 참여하였다. 그는 해방과 동시에 귀국하여 초대 국민대학 학장, 자유신문 사장을 지내다가 남조선 과도입법의원과 제헌국회(독촉국민회, 경기광주)에 당선되어 정치활동을 하였다. 그는 이승만 민의원 의장이 대통령이 되어 그 후임으로 1948년 제헌국회 의장과 1950년 2대 민의원 의장을 지냈다. 그 뿐만 아니라 1956년 제 3대 대통령 선거 민주당 후보가 되었다.[24)]

이와 같이 화려한 정치경력을 가진 신익희는 한독당 계열의 한국국민당과 이승만 계열의 대한독립촉성국민회에 참여하면서 우익 정당활동을 하였다.

민주당의 최고위원인 조병옥은 1894년 3월 충남 천안 출신이지만 평양 신학교와 연희전문학교를 졸업한 후 미국 컬럼비아대학에서 철학박사학위를 취득하였으며 귀국 후 연전 강사와 신간회 총무, 조선일보 전무 등을 지내다가 해방후 한민당 창당에 참여하여 미군정청 경무부장을 지냈다. 그는 좌익의 인민위원회와 인민공화국을 불법화 시켰고, 정부수립후 이승만 정권의 내무부장관을 하면서 미군정시 장택상 수도청장과 함께 소위 반공국가를 건설하데 주도적 역할을 하였다. 그 후 1954년 3대 민의원(경북 대구을, 국민당)에 당선되어 민주당 최고위원이 되었으며, 1960년 제 4대 대통령 선거시 민주당 후보가 되었다.

민주당 최고위원인 장면은 1899년 8월 경기도 인천 출신으로 박문학교

---

24) 신익희와 조병옥 대선후보는 선거기간중에 질병 등으로 사망하였다.

와 인천공립 심상소학교를 나와 수원고등농림학교를 졸업한 후 1921년 맨허턴 카톨릭대학교에서 교육학을 전공하였으며, 귀국하여 평남 매리놀센터하우스와 서울 동성상업학교 교사, 교장을 지냈다. 그는 착실한 천주교인으로 서울교구 천주교 청년연합회장을 지내면서 미군정 자문기관인 남조선 민주의원과 과정 입법의원을 지냈고, 1948년에 제헌국회의원(서울 종로을, 무소속)에 당선되어 초대 주미대사와 제 2대 국무총리를 지냈다. 그는 민주당 최고위원이 되면서 1956년에 제 4대 부통령에 당선되었고, 또 1959년에 민주당 대표최고위원, 1960년에 제 7대 국무총리, 민주당 총재가 되었으나, 5.16 군사혁명으로 실각하였다.

그 밖에 최고위원인 곽상훈은 1896년 10월 부산출신으로 경성공전 재학중 3.1 운동에 참가하였지만 특별한 직력이 없었으나, 1948년 제헌의원(인천갑, 무소속)과 2대 민의원(3선)에 당선되어 1954년에 민의원 부의장이 되었다. 그는 민주당 최고위원이 된 후 제 4대 민의원 의장, 제 5대 국회의장을 지냈다. 그리고 백남훈 최고위원은 1885년 11월 황해 은율 출신으로 장연공립소학교를 나와 일본 와세다대학 정치경제학부를 졸업하였다. 그는 귀국 후 진주 일신여학교와 동래 일신고등여학교 교사, 광신상업학교 교장을 지냈다. 해방후 한국국민당 조직과 한민당 부위원장, 독촉국민회 부위원장으로 참여하였다가 1949년 민국당과 1955년 민주당 최고위원이 되었으며 1958년에 민주당 대표최고위원이 되었다.

이와 같이 최고위원들은 대부분 최고 학부를 졸업하여 전문직(주로 교직)에 종사하였다가 해방후 다양한 정파의 배경을 지니고 있다.

그 밖에 민주당 임원 중에는 미군정시 행정인사처장을 지낸 정일형은 서울 중구에서 다선 국회의원(9선)을 지냈고, 미군정시 농상국과 경기지사 고문이었던 윤보선은 4선의 국회의원과 민주당 집권시 대통령이 되었다.

민주당 창당 임원들(19명)의 사회적 배경을 표 1에서 보면, 다음과 같은 특성을 지적할 수 있다.

첫째, 임원들의 평균 연령은 56.1세이다.

<표 1> 민주당의 초대 임원의 출신배경

현직	성명	연령	출신지	학력			자격	종교	일제시 직력	해방후 직력	소속정당
				고교	대학	대학원					
대표 최고위원	신익희	63	경기 광주	한성외국어학교	와세다대 정경학부				보성법률학교수 임정 외무법무총장	제헌국회의장 2대민의원의장	민주국민당 위원장 3대 대선후보(1956)
최고위원	조병옥	61	충남 천안		연희전문	컬럼비아대 철학	YMCA 이사		연전 강사 조선일보 전무	미군정청 경무부장 내무부장관/민의원	한민당 창당 4대 대선후보(1960)
	장면	56	인천	수원고농	맨해튼대 교육학			천주교	계성보통교장 서울교구청년회장	주미대사 국무총리	4대 부통령
	곽상훈	56	부산	경성 공업전문					재학중 3.1운동 소년단경기위원장	제헌의원 민의원부의장	반민재판소 검찰차장 국회의장
	백남훈	70	황해 은율	장연소학교 메이지학원	와세다대 정치경제				동래일신여고 교사 광신상업학교장	민국당 최고위원 독촉국민회부위원장	한국국민당 한민당 부위원장 5대 민의원
총무부장	홍익표	55	경기 가평	경성고보	경성제대 법문학부					제헌의원 민의원	국회의원(2선) 내무부장관(민주당)
조직부장	현서효	48	경북 예천		경성제대 법문학부		고등문관시험		화순군수 충남 광공부장	남성전기 전무 민의원	자유당→민주당 (사사오입 개헌) 국방부장관
재정부장	이정래	56	서울	세이쇼쿠 영어학교	교토 제국대 경제학부				동광서점 경영	제헌의원	한민당 발기인 국회의원
선전부장	조재천	43	전남 광양	대구사범	주오대 법학과		고등문관시험		판사	관구경찰청장 경북지사, 민의원(4선)	법무,내무장관 민주당 총재
섭외부장	정일형	51	평남 용강	연희전문		미 드루대 사회학철박			연전, 감리교신학대 교수	미군정인사처장 민의원 부의장	신민당 부총재 국회의원(9선)
훈련부장	조한백	47	전북 김제	전주사범	국민대 정치학과				호남상사 취체역	건준 월촌면위원장	민주당 사무총장 민의원(3선)
정책부장	한동석	46	함북 명천				고등문관시험			미군정 무역차장 제헌의원 총무처장	민의원
훈련부장	윤보선	58	충남 아산		에딘버러대			기독교	임정 의정의원	미군농상국 고문	4대 대총령 국회의원(4선_)
조사부장	최희송	61	평남 정주		MIT 공대				미국서 농장 경영	군정장관 고문 경북도지사	민의원(4선) 홍사단 이사장
부녀부장	박봉애										
청년부장	서범석	53	서울	양정고보	북경대 정경과				조선일보 기자 만선일보 편집부장	민의원(3선)	국회의원(3선)
문화부장	이시목	68			도요대 철학과				한성일보 논설위원	독촉국민회 지부장 민의원	자유당→민주당
산업부장	서동장										

현직	성명	연령	출신지	학력			자격	종교	일제시 전직	종직	소속정당
				고교	대학	대학원					
농민부장	신각휴	69	충북 영동		북경대 수료				화풍광산 소장	민의원(3선)	대한청년단 옥천군단장
노동부장	유진산	50	충남 군산	경성고보	와세다대 정경학부				임정연락원	민의원(3선)	대한청년단 최고위원 국회의원(4선) 신민당총재
어민부장	정재완	55	전남 여수		도요다대 철학과				독립운동	여수군수, 민의원(4선)	여수일보 사장

둘째, 임원들의 지역배경은 충청지역 출신이 가장 많고(4명) 그 다음은 호남(3명)과 경기(3명) 지역 출신이며, 나머지는 서울과 영남지역 출신이 각각 2명, 그리고 평안도와 함경도 및 황해도는 각각 1명이다.

셋째, 임원들의 학력은 일본유학이 가장 많고,(7명) 그 다음은 구미 유학이며(4명) 나머지는 국내(3명)와 중국 유학(2명) 등이다. 일본 유학은 와세다대 출신이 3명이나 되고 도요대 출신이 2명이며 국내 대학은 경성제대 출신이 2명이다.

넷째, 임원들 중 일제시 고등관이 될 수 있는 고등문관시험 합격자가 3명이 된다.

다섯째, 임원들의 종교는 밝혀진 것은 천주교와 기독교가 각각 1명이나 이들 중에 기독교 학교의 교수직이나 기독교단체의 장을 지낸 경우가 더러 있다.

여섯째, 임원들의 일제시 직업은 교수 출신이 5명으로 가장 많고, 그 다음은 독립운동에 참여한 경험이 있는 자가 4명이며 나머지는 관료(2명), 기자(2명), 기타(4명), 미상(4명) 등이다. 비록 독립운동에 종사하였을지라도 대부분 유명무실한 하위직이다.

일곱째, 임원들의 해방후 직업은 민의원 등 국회의원(12명)이 전체의 과반수가 넘고, 나머지는 고위 관료(4명)와 기타(2명) 등이다.

여덟째, 임원들중에 미군정의 요직(부장 등)에 종사한 자가 4명이나 된다. 특히 조병옥 최고위원은 미군정의 경무부장을 지내면서 미군정을 설득하여 좌익단체를 불법화 시켰고, 섭외부장 정일형은 인사행정부장을 하면서 한민당원과 서북 인사들을 등용시키는데 크게 기여하였다.

아홉째, 임원들의 전 소속정당은 한민당이 가장 많고(4명) 그 다음은 자유당 탈당 의원(2명)과 대한청년단(2명) 및 국민당(1명)이며 나머지는 국회의원(2명)과 고위 관료(6명) 출신이다.

열째, 민주당 임원들은 해방 후 미군정에서 요직(부장 등)을 지냈거나 이승만 정권시 요직(장관 등)을 지낸 후 이탈한 자가 많다. 이들은 이승만 대통령의 독재정치를 싫어하였다.

3. 4월 혁명정신과 민주당의 정치이념

이승만 대통령(자유당 총재)을 하야시킨 4.19 혁명의 주체세력은 초기에는 당시의 대학생과 각 대학 학생회, 그리고 전국 대학생연합회가 주도하였다. 대학생들의 시위대가 정부의 계엄군과 대치하면서 더욱 확대되어 전국의 고교생 및 시민들이 이에 참여하였다. 그 후 대학생들은 정부개혁과 자주적 평화 통일 등을 주장하면서 4월 혁명은 약 1년간 지속되었다고 볼 수 있다.[25)]

4월 혁명의 이념은 그 당시 주체세력이라 볼 수 있는 대학생과 고교생의 출신배경, 특히 부모의 직업적 계층적 성격을 보면 이해할 수 있다.[26)]

고교생의 부친은 상업에 종사하는 경우가 32.8%로서 가장 많고, 그 다음은

25) 한국 현대사에 있어서 4.19 학생혁명, 5.16 군사혁명에서 혁명이라는 개념을 자주 사용한다. 이러한 개념의 사용이 타당한가에 대하여 많은 논란이 있을 수 있다. 서양사에서 혁명이라는 고전적 개념은 일반적으로 1789년 프랑스의 시민혁명이나 1920년 러시아의 볼세비키 혁명 등에서 그 전형을 찾고 있다. 프랑스 대혁명은 산업화로 성장한 부르조아지가 봉건 왕정과 귀족을 타도하여 새로운 부르조아 국가를 건설한 것을 말하고 러시아 혁명은 새로운 소비엘 체제(공산국가)를 수립한 것을 말한다. 이러한 경우 혁명이란 개념은 새로 성장한 시민(부르조아지) 또는 프롤레타리아(노동자, 농민, 소시민 등)가 봉건적인 구질서를 해체시키고 새로운 지배계급이 된 것을 말한다. 그런데 우리나라에서 사용되는 혁명의 개념은 이와 같은 것을 의미하지 않고 광의(지배층의 교체 등)로 사용되고 있다.

26) 김영모, '4월 혁명의 사회적 성격', 「한국지배층연구」,일조각, 1982, pp.157~158

15.8%의 농업, 12.0%의 공무원, 9.6%의 회사원, 5.4%의 공업, 4.5%의 교원, 3.4%의 의사 등의 순으로 되어 있다. 조사대상이 당시의 일류학교이기 때문에 도시적 직업이 많지만, 크게 보아 자영업자가 36.1%가 되고, 화이트 칼라가 59.7%가 된다. 자영업자의 경제적 지위도 대부분 중산층, 즉 구중간계급에 속하리라고 생각되고, 화이트 칼라는 물론 신중간계급이다.

대학생의 경우도 상업에 종사하는 부모가 전체의 약 3할 이상으로 가장 많고, 그 다음은 농업과 회사원 및 공무원에 종사하는 부모가 각각 약 15% 전후가 된다. 대학생의 경우는 고교생의 경우에 비하여 화이트 칼라의 자손이 더욱 많다. 노동자의 자손은 거의 없다.

이것을 본다면, 당시의 고교생이나 대학생의 가정의 계층적 성격은 중간계급이라는 것을 알 수 있고, 중산층과 화이트 칼라의 자녀들에 의하여 거의 독점 되어 있다. 따라서 이들은 근대 부르조아지의 성격이라고 말하기는 어려우나, 그에 가까운 이른바 시민적 성격에 가깝다. 사실 당시의 대학생들도 약 3할이 농촌 출신이고 나머지는 도시 출신이다.

한편, 4월 혁명의 구호와 선언문에서 자유주의와 민주주의 및 민족주의의 혁명정신을 찾아볼 수 있었고, 이것은 학생의 신분적 성격에서 발견할 수 있었다.

이와 같이 학부모의 계층적 성격에서 학생들은 중간계급 출신이 대부분이다. 따라서 시민적 성격이 대단히 강했다는 것을 알 수 있다. 당시의 시민적 불만과 요구는 무엇보다도 헌법에 명시된 시민권적 기본권이 실행되지 않았는데 있다. 시민적 기본권은 학생들의 구호와 선언문에서 볼 수 있는 바와 같이, 자유와 정의 및 민주주의이다. 다시 말하면 공민권적 자유주의와 정치권적 민주주의, 그리고 사회권적 평등주의가 시민권적 기본권의 기본정신이다.

이러한 시민권적 기본권은 시민혁명의 결과에서 획득된 것이며, 이것은 민주적 과제의 해결에서 가능하다고 본 것이 대학생들의 생각이었다. 그것은 국민의 절대 다수를 차지하고, 절대 빈곤과 물가고 및 실업에 시달리는 소시민의 정치적, 경제적, 사회적 권익은 오직 민족통일과 민주국가의 건설에서 가능하다고 보았기 때문이다.

일반적으로 시민혁명의 이념은 봉건귀족으로 부터 부르조아지(자산계급)의 자유와 평등 및 우애를 말한다. 이러한 시민정신은 부르조아지의 계급적 이익을 최대화 하기 위한 자본주의와 민주주의의 확립에 있다. 그러나 러시아 혁명은 프로레타리아의 권익을 확립하기 위한 사회주의 체제의 확립에 있었다. 그런데 4.19 학생혁명이나 5.16 군사혁명은 이러한 혁명적 의미를 지니는 것은 아니고, 기존의 정치지배세력과 사회불안 및 부정부패를 혁파하는데 더 큰 의미를 지니고 있다.

그리하여 4.19 학생혁명이나 민주당 정권의 정치이념은 5 · 16 군사혁명이 지향하는 이념적 성격과 거의 동일하다. 즉, 자유민주주의이다. 왜냐하면 자유민주주의는 미군정시 도입되었고, 이것을 대학교육과 군사교육과정을 통하여 이식되었던 것이다. 이러한 이식 과정에 한민당 및 민주당의 임원들은 주요한 역할(미군정시 부장 등)을 하였다.

4.19 혁명의 주요한 발생원인이 ① 3.15 부정선거, ② 경찰의 포악과 폭력, ③ 특권층의 부정부패에 대한 항거이고,[27] 5.16 군사혁명은 ① 부정부패, ② 사회적 혼란, ③ 민생고를 해결하고 ④ 반공을 강화하기 위한 것이며,[28] 5.17 군사혁명은 박정희 대통령의 서거로 발생된 사회적 불만(학생소요와 부마사태, 광주사태 등)을 해소하기 위한 조치라고 한다.[29] 이러한 혁명이념과 정책은 점차 변화되었지만 그것은 서구식 자유민주주의를 구현하기 위한 정책이라 할 수 있다.

이러한 것을 보면, 1960년 4월 혁명 이후 탄생한 민주당 정권이나 5.16 군사혁명은 정치이념상으로는 자유민주주의와 시장경제를 주장하는 것은 동일하지만 다만 4월 혁명은 자주적, 평화적 남북통일을 주장하고 민주당 정권과 군사혁명은 반공국가 건설이라는 차별성이 존재하고 있다.

4.19 혁명은 대학생들이 야당(민주당)도 제기한 이승만 정권(자유당)의 선거부정과 탄압에 대한 저항(선거무효, 대통령 하야 등)에서 비롯되었지만, 이것은 해방후 서구식 교육을 받은 지식인들이 민주주의를 사수하기 위한 것이다. 민주주의는 여러 가지 형태가 있지만 우리나라에 도입된 것은 서구식

27) 김영모, 「한국지배층연구」, 일조각, 1982, p.151
28) 국가재건최고회의 한국군사혁명사편찬위원회, 「한국군사혁명사」, 제 1집(상), 1963, pp.173~194
29) 국가비상대책위원회, 「국보위 백서」, 1980.12, p.9

민주주의이다. 헌법에 명시된 국민의 기본권인 정치권, 즉 직접, 비밀, 평등의 보통선거에 의한 참정권을 말한다. 서구식 민주주의도 다양한 형태(직선제 또는 간선제)가 있지만 우리는 직선제를 금과옥조로, 즉 민주주의의 정통성으로 생각하고 있다. 직선 민주주의도 유권자(선거권자)의 의견이 독립적으로 형성되어 있거나 피선거권에 대한 제한조건(이념, 금전 등)이 없을 때 가능하다. 그렇지 못한 경우 맹꽁주의가 될 수 있다.[30)]

이승만 독재정권이 무너지고 민주당 정권이 들어섰지만 당시에 대학생뿐만 아니라 시민들의 많은 불만과 주장이 군중시위로 나타났다. 학생들과 시민들의 요구는 처음에는 부정선거에서 비롯되었지만, 후에는 국산품 애용, 부정부패의 근절, 혁신계의 반정부 운동, 교원노조운동, 보도연맹의 양민학살, 나아가 평화적 민족통일, 남북교류와 중립화 통일 까지 거론하였다.

4.19혁명의 주체세력은 대학생들이었기 때문에 그들은 조직적인 집권세력이 되지 못하여 당시의 야당(민주당)이 과도정부(허정 내각수반)가 실시한 총선거를 통하여 집권하였다. 5.16 군사혁명은 자유당 정권의 선거부정 뿐만 아니라 만연된 부정부패를 척결하여야 되겠고, 특히 4.19 혁명으로 인한 사회의 무질서와 혼란, 그리고 민주당 정권의 무능과 신·구파간 권력 쟁탈에 불만이었을 것이다. 그리하여 군은 명령에 따라 일사불란한 지휘체계를 지니고 있기 때문에 이러한 문제를 해소하기 위하여 소위 군사 구테타에 의해서 권력을 쉽게 장악하였다.

이러한 정권교체를 정치사적 의미에서 본다면, 민주당 정권은 미군정시에 요직(고문과 국장)을 모두 차지하였고 4.19 혁명 이후에도 어부지리로 정권을 쉽게 장악하였다. 그러나, 군사정권은 쿠데타에 의하여 스스로 정권을 쟁취하여 그것을 장기 집권체제로 전환시켰다. 여기에서 민주당 정권은 합헌적인 정통성을 지니고 있지만 군사정권은 그렇지 못하여 항상 민주적 정

30) 맹꽁주의(孟孔主義)는 옛날 어느 머슴들이 산에 나무하러 가면서 공자가 선생이냐, 맹자가 선생이냐에 대한 시비가 벌어졌다. 이것을 재넘어 기다리는 친구들에게 물어 보기로 하였다. 여기에서도 논란이 일자 투표로 결정하기로 하였다. 그러한 결과 사제관계가 아닌, 오히려 후세에 태어난 맹자가 공자의 선생이 되었다는 우화이다.

통성이 시비꺼리가 되었다.

4. 민주당 정권의 권력지배층

4월 학생혁명으로 자유당 정부는 몰락하였다. 이승만 대통령이 하야하였고, 2인자 격이었던 이기붕 자유당 의장의 가족은 집단 자살하였으며, 따라서 과도정부(허정 행정수반, 한민당 총무, 외무장관 역임)가 탄생하였다.

과도정부는 권력구조를 대통령 책임제에서 내각책임제로 바꾸고 국회도 참의원과 민의원으로 구성하도록 입법하였으며 대통령과 국무총리는 국회에서 선출하게 되었다.31)

1960년 7월 29일 실시된 총선거에서 민주당 출신 후보가 대거 당선되었으나 혁신계의 무소속 후보자는 참패하였다. 총선 결과는 민주당 신파가 82명, 민주당 구파가 87명이 당선되었고, 구자유당계는 9명이며 순수 무소속이 24명이었다. 나머지는 사회대중당 3명, 한국사회당 1명, 통일당 1명이다.

이와 같이 민주당은 비대하여 신파와 구파로 분열되어 권력 투쟁을 하였다.32) 그 결과는 윤보선 위원(구파)이 대통령으로 국회에서 선출되었고 국무총리는 장면 의원(신파)이 선출되었으며 민의원 의장에는 곽상훈 의원(신

31) 4.19 혁명 후 실시된 5대 국회에서 개헌이 추진되었다.

32) 민주당은 미군정시 집권 세력인 한민당이 조선민족당(김병로), 한국국민당, 국민대회(송진우) 및 고려사회민주당(원세훈)의 4개 민족진영 정파가 연합하여 만든 민주국민당의 후신이다. 조선민족당은 건준에서 탈퇴하여 이에 대항코자 백관수, 원세훈, 조병옥, 이인, 나용균, 김약수, 박찬희, 김용무 등과 합세하여 민주정치의 구현과 반공정책의 강화를 목적으로 설립하였고,한국국민당은 백남훈, 김도연, 장덕수, 홍성하, 유억겸, 윤치영, 윤보선 등이 모여 만들었다. 2대 국회시 대통령 3선제의 개헌 저지에 실패한 국회의원 60명이 모여 호헌동지회를 결성하였는데 이것을 모체로 왼외 자유당 의원(현석호, 민관식, 김영삼 등)과 원내 자유당 의원(오위영, 엄상섭, 김영선) 민국당 의원(김성수, 신익희, 조병옥, 윤보선, 김준연, 김도연 등), 무소속(곽상훈, 장택상), 조선민주당(한근조, 최희송, 정일형, 이용설 등) 그리고 대한부인회(박순천 등)가 민국당을 해체하고 민주당을 결성하였다. 이 때 원내 자유당이 장면은 참여시켰다. 그래서 민주당 구파는 민국당계를 말하고 민주당 신파는 비민국당계를 말한다.(이기하, 「한국정당발달사」, 1961, p.58)

파), 그리고 참의원 의장에 백락준 의원(무소속)이 선출되었다. 소위 제 2 공화국이 탄생되었다.

<표 2> 장면 정권 초대각료의 출신 배경

현직	성명	본관	연령	출신지	학력			자격	종교	해방후 전직	종직	일제시 직력
					고교	대학	대학원					
대통령	윤보선	해평	63	충남 아산		에든버러대 고고학과			기독교	민의원(3선)	국민당 총재 대선 후보	임정 의정의원 미군정 농상국 고문
총리	장면*	인동	61	인천	수원고농	맨하턴카톨릭대 교육과			천주교	제헌의원 (총리, 부통령)	군사정변 실각	동성상고 교장
외무	정일형*		57	평남 용강	연희전문 문리	뉴욕대 종교교육과	트루대학교 사회학 박사		기독교	민의원(4선)	국회의원(4선) 신민당 고문	연희/ 감리교신 교수
내무	홍익표*		51	경기 가평	경성제일 고보		경성제대 법문학부			제헌의원 민의원(4선)	국회의원(2선)	
재무	김영선*		43	충남 보령		경성제대 법문학부		고등문관 행정과		민의원(3선)	재무장관 주일대사	진도군수 전남수산과장
법무	조재천*	창녕	49	전남 광양	대구사범 학교	일본중앙대 법대 중퇴		고등문관 사법과		민의원(3선)	내무장관 국회의원	판사
국방	현석호*		54	경북 예천		경성제대 법문학부		고등문관 행정과		민의원(2선)	내무부 장관	화순군수
문교	오천석	해주	60	평남 강서	일본 청산학원	코넬대 교육학	컬럼비아대 박사			이화여대 대학원장	멕시코 대사	보선전문 교수 미군정청 교통부장
농림	박재환		56	경기 부천		일본동지사 대 법정				민의원(2선)		
부흥	주요한*		60	평남 평양		상해 호강대				경향신문 주필 민의원(2선)		동아/조선일보 기자
상공	이태용*		50	충북 단양		경성제대 법문학부		고등문관 행정과		민의원(3선)	국회의원 (전국구)	체신부 경리국장
보사부	신현돈*		57	경북 안동		경성의전				경북 지사 제헌의원/민의원		
교통	정헌주		46	경남 고성	휘문고보	일본 중앙대 법학부				민의원(3선)	국무원사무처장 국회의원(2선)	
체신	이상철*		68	충남 청양		일본 명치대 법과				민의원(2선) 내무부 장관	국회 부의장	조선일보 정치부장
국무원 사무처장	오위영*	해주	60	경남 울산	부산상고	일본 고베고상				민의원(2선) 참의원	무임소 장관	금융조합이사
무임소	김선태*		60	전남 완도		일본대 법과		고등문과 사법과		민의원(3선)		

(비고) * 표시는 민주당 신파임

내각책임제하에서는 대통령이 비록 국가원수지만 국무총리가 실질상 국가 통치자라 할 수 있다. 그리하여 장면 총리는 초대 내각을 표 2와 같이 조직하였다.

먼저 장면 정권의 초대 내각은 신파에서 절대 다수(12명)를 차지하였고, 나머지는 구파가 2명, 무소속 2명, 그리고 원외의 1명이 임명되었다.[33] 이에 대하여 신파 소장의원들은 구태의연한 관료 일색이라고 비난하였다.

장면 정권 초대 내각(16명)의 출신배경을 분석하여 보면, 다음과 같은 특색이 있다.[34]

첫째, 초대 내각의 평균 연령이 55.9세이다.

둘째, 초대 내각의 지역 배경은 영남과 충청지방 출신이 각각 전체의 25%(4명)으로 가장 많고 그 다음은 평남(8.7%)과 호남(12.5%명)이며 나머지는 기타 지역(3명)이다. 호남 출신이 상대적으로 적은 것은 구파 출신이 적기 때문이다.

셋째, 초대 내각의 학력은 거의 대부분 일제시에 대학 교육을 이수하였는데 일본과 구미출신이 많고(각각 37.5%와 25%) 그 다음은 경성제대 출신(31.2%)이 많다.

넷째, 초대 각료의 전공 분야는 법학이 전체의 50%로 가장 많고(8명) 그 다음은 교육학(3명)이며 나머지는 매우 다양하다.

다섯째, 초대 각료들이 취득한 자격은 일제시 고등 문관시험에 합격한 자가 전체의 31.2%(행정과 3명, 사법과 2명)가 되고 이들은 일제시 고등관을 지냈다.

여섯째, 초대 각료의 종교적 배경은 비교적 적어서 기독교도(2명)와 천주교도(1명)이다.

일곱째, 초대 각료들의 일제시 직력은 고위 관료(25%)와 교수(18.7%)가 가장 많고 나머지는 기타(3명)이다.

---

33) 당일 임명된 각 부처의 정무차관도 신파가 독점하였고(8명) 구파는 1명, 중립 및 무소속이 각각 1명이었다.

34) 장면 정권의 장관은 모두 45명인데 이 중에서 영남(33.3%)과 이북(20.0%) 출신이 가장 많고, 출신 학교는 일본 또는 구미 유학 출신이 전체의 55.6%가 되며, 이들의 전직은 정치인(42.2%)과 장관(22.2%)이 가장 많다.

여덟째, 초대 각료들의 해방 직후 직력을 보면, 민의원을 지낸 사람이 93.7(15명)으로 거의 대부분이고 나머지 1명만 교수직을 지냈다. 이것은 내각책임제의 산물이다.

아홉째, 초대 각료들이 국무위원을 지낸 후 사회활동을 보면, 주로 국회의원(35.3%)과 장관(31.3%)을 지내고 있다.

이러한 것을 보면, 장면 정권의 초대 내각은 대부분 일제시 대지주 자손이거나 고위 관료의 출신이라는 것을 알 수 있다.[35] 일제시 일본과 구미의 유학을 할 수 있거나 국내에서도 경성제국대학을 다닐 수 있다는 것은 대지주와 같이 물질적 기반이 없으면 거의 불가능하다. 그리고 해방 후에도 제헌의원을 비롯한 국회의원에 입후보 하여 당선될 수 있다는 것도 당시의 정치적 상황(선거비용 등)을 보아서 상당한 재력이 없으면 거의 불가능하다.

일반적으로 민주당 신파의 출신 배경은 평안도와 관료 출신이라는 것이 특색이고 민주당 구파의 경우 호남과 대지주 부농 출신이다.[36]

이러한 것을 고려하면, 민주당 정권은 친일적 친미적 성격이 매우 강하다. 또한 대학생들의 정치적 구호에서 자유당 집권세력 뿐만 아니라 민주당 세력까지 부정하고 있다. 이념상으로도 기성세대는 보수성향이 매우 강하고 신진세대는 근대적 진보성향이 매우 강하다고 볼 수 있다. 그리하여 4.19 혁명은 세대교체를 강력히 요구하였지만 집권은 민주당이 하였다. 그러나 총선거를 통해서 4.19 세대는 정치(권력)에 참여하지 못하였다.

---

35) 민주당 신파는 경성제대 출신이거나 고등문관시험을 합격하고 군수, 검사 등 관료생활을 한 엘리뜨들이 주류를 이루고, 장면 박사처럼 주미대사와 총리를 지낸 관료와 조만식 선생을 따르는 홍사단 출신의 이북 사람들이 많다. 이들은 민주당 구파보다는 훨씬 합리적인 사고 방식을 가졌고, 매사를 주도면밀하게 처리하는 기질이 있다. 그러나, 민주당 구파(민국당계)는 대체로 선후배를 알아보고 어른들의 말 한마디면 군소리 없이 따르는 것을 하나의 미덕으로 아는 전통이 있고 체질화되어 있다. 이들은 월급 생활을 잘 모르는 낭인 생활에도 곧 잘 익숙한 전형적인 정당인들이었다.(정성태, 「민주당시대」,동아일보, 1979.3~10) 그래서 60년대 까지 여당은 요정정치, 야당은 다방정치에 익숙하였다.

36) 김영모, 전게서, pp.138~139

5. 민주당 정권의 몰락과 군사혁명의 지도력

민주당과 군사혁명 지도자들의 성격과 지도력은 5.16 군사혁명 당일 일어난, 그들의 태도를 보면 잘 알 수 있다.

1961년 5월 16일 새벽 5시에 군사혁명위원회는 장도영 의장(육군 참모총장)의 명의로 중앙방송국을 통하여 혁명공약을 발표하고 전국에 비상계엄령을 선포하였다. 그 후 박정희 소장은 장도영 육군참모총장을 찾아가 이에 동참을 요구하였더니 장총장은 민주당 정권에 대한 충고로 끝내자고 하였다. 또한 장총장은 윤보선 대통령을 만나 얘기를 들어보자고 하여 윤대통령, 현석호 국방장관, 그리고 장도영 총장과 박정희 소장이 모인 자리에서 박소장이 현 시국을 수습하고 조국의 위기를 극복하기 위하여 젊은 장교들이 분연히 일어섰다는데 말에 대하여 윤대통령은 이 사람들의 태도가 옳고 혁명과업 수행을 지지한다고 하였다. 나아가 계엄령 선포의 추인과 각군 참모총장, 사령관, 매그루터 주한 사령관에게도 메시지를 보내달라는 부탁에 '그렇게 하겠소'라고 하였다.[37] 당시 장면 국무총리는 혜화동에 있는 갈멜 수녀원에 은신하고 있었다.

여기에서 박소장은 국가원수이고 군 통수권자인 대통령의 동의를 받아 군사혁명을 성공시켰다. 비록 윤대통령과 장도영 총장이 군사정권하에서도 일정기간 유명무실한 그 지위를 누린 것을 보면, 그들의 권력지향적 성격을 짐작할 수 있다.

이와 같이 5.16 군사혁명으로 민주당 정권이 쉽게 무너졌다. 심지어 장면총리는 수녀원에 은신하였고 장도영 참모총장은 방조하였다.[38] 다시 말하면 반골기질이 강인한 무사정신[39]을 지닌 박정희 소장처럼 친미와 양반관료

37) 정운현, 「실록 군인 박정희」, 개마고원, 2004, pp188~194

38) 장도영의 참모총장이 된 것은 장인이 현석호 국방장관의 경성제대 동기이고 박순천 의원의 추천이라고 하지만, 매그루터 주한미군 사령관의 동의가 필요하였다고 현장관은 말한다.

39) 최영은 박정희의 사무라이 정신은 현실적인 명치유신의 사무라이 정신이 아니고

정신을 가진 민주당 정권의 지도자를 타도한 것이다. 박정희 의장처럼 장도영 총장을 반혁명 사건으로 처단하는 위기관리의 지도력을 장총장이 지니고 있었더라면, 혁명모의에 대한 제보를 여러번 받고서 그대로 넘어가지 않았을 것이다. 민주당의 정치세력은 해방 직후 미군정에 의해 성장되었다. 미군이 군 작전권을 가지고 있었다. 장도영 육군 참모총장의 임명시 미군의 동의를 받았다. 그래서 윤대통령과 장면 총리, 그리고 장도영 총장이 통수권과 지휘권을 자주적으로 행사하지 못하였다. 특히 장면 총리는 독실한 신앙인으로 미국을 천주 모시듯 믿었기 때문에 방심하였다. 그리하여 이것을 제대로 막을 수 없었던 것이다.

그러면, 5.16 군사혁명위원회의 요구에 쉽게 굴복한 민주당 정권의 최고지도자(윤보선대통령과 장면 총리)와 군사혁명위원회의 최고지도자(장도영의장과 박정희 부의장)의 출신배경을 분석하여 그 지도력의 차이가 무엇인지를 보기로 하자.

첫째, 윤대통령과 장면 총리의 연령은 모두 60대이지만 장의장과 박대통령은 패기에 찬 40대 전후이다. 이들 간에 1세대의 차이가 있다.

둘째, 이들은 모두 농촌 출신이지만 출생지가 지방별로 다르다. 특히 장총리와 장의장은 부친 또는 본인의 출생지가 평안도이다. 평안도의 서북 출신은 미군정과 민주당 정권시에 권력지배층의 주류를 형성하였다.[40]

셋째, 윤대통령은 양반관료 출신이고 대지주의 자손이며, 장총리는 친일관료 출신이다. 그러나 장의장과 박대통령은 가난한 집안 출신이다. 당시 가난한 집안 출신의 자제들이 군에서 입신하려는 경향이 있었다. 다시 말하면 전자는 부유한 가정의 출신이라서 보수적 성향이 강하지만, 후자는 현실을 개혁하려는 진보적 성향이 있었다.

그리하여 전자는 친일보수 세력인 한민당의 후신인 민주당 구파 또는

昭和維新(1936년 일본 육군 청년장교가 일으킨 쿠데타)의 굴절된 사무라이 정신, 군부파시즘이라고 한다.(최영, 「박정희의 사상과 행동」, 현음사, 1995, p.188)

40) 김상태, 평안도 기독교 세력과 친미엘리뜨의 형성, 「역사비평」, 통권 45호, 1988 참조.

신파의 보스가 되었고, 후자는 군대에서 행정관리 능력, 즉 효율성이 탁월한 것 같다.

넷째, 윤대통령과 장면 총리는 영국과 미국에서 각각 수학하였고 장의장과 박대통령은 각각 일본의 대학 또는 육사를 졸업하였으며, 그 후 미국에서 군사교육을 연수하였다. 비록 군사학이 중심이지만 근대적 교육과 훈련을 이수하였다. 그리하여 민주당 정권의 지도자는 민주주의적 소양을 지니고 있지만 군사혁명의 지도자는 권위주의적 기질을 지니고 있었다.

다섯째, 윤대통령의 직력은 집안에서 군자금을 일시 조달하여 임정의 의정원 의원이 되었지만 독립운동은 거의 하지 않았으며, 해방후 미군정청(농상국과 경기지사)의 고문을 지냈다. 그는 제헌국회 이후 이승만 의장의 비서실장을 하며 정부수립후 서울시장, 상공부 장관, 민의원 등을 지낼 수 있었다. 그리고 장면 총리는 일제시 독실한 천주교 신자로서 교육자의 길을 걸어 왔다. 해방 후에는 미군정의 자문기관인 민주의원 및 입법의원과 제헌의원을 지냈다. 그리하여 이승만 대통령은 장총리를 주미대사, 국무총리로 임명하였다. 그러나 이들은 이대통령의 3선 개헌으로 이탈하여 민국당 창당에 참여하였으며 후에 민주당의 최고위원을 지낼 수 있었다. 그 후 그들은 민주당의 부통령 또는 대통령 후보로 나서기도 하였다.

한편, 장도영 의장과 박대통령은 일찍이 조선경비대에 들어가서 육군의 각급 지휘관을 많이 지냈다. 특히 전자는 한때 비리 정치군인으로 지목되었으나 미군이 그를 신뢰하여 육군참모총장 까지 되었다. 그러나 박대통령은 남로당 가입 혐의로 사형 선고와 무기징역 언도를 받았으나 백선엽 등 만군 출신 고위 간부들의 구명운동(전향, 사면)에 의하여 복직할 수 있었다.[41] 그래서 박대통령의 좌익 혐의에 대한 미국의 감시와, 윤보선 대선후보간의 사상논쟁이 치열하였다. 이러한 좌익 콤플렉스 때문에 그는 철저한 반공주의자가 되었다.

그러나, 박정희의 어린시절, 대구사범, 문경 교사, 만군 장교, 해방후 청

---

41) 박정희 구명운동은 정운현의 「실록 군인 박정희」, 개마고원, 2004, 제 10장을 참조.

년장교 시절에 나타난 일관된 성격은 ① 현실에 대한 불만, ② 기성 질서에 대한 반항, ③ 외세에 대한 거부감, ④ 사회에 대한 개혁의지라고 할 수 있다.[42] 이러한 반골기질이 구테타로 집권할 수 있었고, 나아가 국가 발전을 위한 개혁을 단행할 수 있었다.

6. 결 론

민주당 정권은 비록 4월 학생혁명의 어부지리로 집권하였지만 5.16 군사혁명에 의하여 몰락할 정도로 무능한 정권은 아니다. 민주당의 당료와 각료의 대부분이 신파 출신인데 이들은 일제시 국내에서 고등교육을 받았으며 관료출신이 많다. 또한 해방후 미군정시에 다수가 관료지배층을 경험하였기 때문에 집권할 능력이 없었다고 보기는 어렵다. 다시 말하면 총구에 의하여 권력이 넘어진 것이다.

민주당의 권력지배층은 호남의 지주부농과 관서지방의 관료출신들이 주류를 형성하였다. 전자는 토지자본에 기초한 전통적 보수세력이지만 후자는 친일·친미의 관료세력이라 할 수 있다. 그리하여 4월 학생혁명이나 5월 군사혁명의 주도세력은 이념상으로 동일한 자유민주주의자들이다. 다만 이들의 출신배경에 따라 차이가 있는데 전자가 자주적 평화통일론을 주장하고 후자는 반공국시론을 주장하였다.

이와 같이 전통적 보수세력 출신이었던 민주당 정권의 권력지배층은 5.16 군사혁명으로 몰락하게 되고, 일제시 군사교육을 받은 권력지배층이 이에 대치하였다.

42) 최영, 「박정희의 사상과 행동」, 현음사, 1995, pp.21~22

제 4장 군사정권의 권력지배층

1. 서 론

군사통치는 일반적으로 쿠데타(*coupe de ta*)라는 무력에 의한 비합법적 비상수단으로 권력을 장악하고 행사하는 것을 말한다.

해방 후 군사통치는 30여년간의 경험을 지니고 있다.[1] 1945년 해방후 미군정(3년간)과 1961년 5.16 군사혁명(약 18년간), 그리고 1980년 5.17 군사혁명 이후(약 8년간)라 할 수 있다.

5.16 군사혁명은 박정희 소장이 주도하여 1961년 5월 16일 장면 정부(민주당)를 전복하고 군사혁명위원회(1개월 후 국가재건 최고회의로 개칭)를 조직하여 2년 6개월간 소위 혁명적 조치(혁명공약)를 취하였으며 10월 유신은 1972년 10월 27일 박대통령이 특별선언을 통해 비상계엄을 선포하여, 소위 유신헌법을 제정하여 장기집권을 도모하였다.

5.17 군사혁명은 1979년 소위 12.12 하극상 사태(정승화 계엄사령관 체포)로 전두환 소장(국군보안사령관)이 비상계엄하에 군권을 장악하고, 1980년 5월 27일 국가보위비상대책위원회를 설치하여 1년 3개월간 사회불안을 해소하기 위하여 소위 개혁조치를 취하였다.

그 후 이들은 비록 민정이양을 하였지만, 그들은 현역 군인이었고 군(軍)의 정치적 중립과 불간여의 원칙을 깨트리고 군사혁명을 일으켜 정치권력의 주체세력이 되었다.

---

1) 본 고에서는 군사쿠테타 등으로 집권한 지도자가 집권한 기간을 말한다.

이러한 세력은 분명히 그 이전의 합헌 정치지배세력의 성격과는 다를 것이고, 이들의 출신배경은 어떠한 차이가 있는지, 그리고 2차의 군사혁명 세력과의 차이는 어떠한 것인지 궁금하지 않을 수 없다.

한편, 군사정권이 집권 초기에 권력지배층을 어떻게 형성하였는지, 그리고 초대 내각 각료의 계층적 성격을 동시에 파악하여 본다.

그리하여 이들의 출신배경을 통하여 그들의 계급적 계층적 성격을 파악하고, 나아가 그들이 주장한 혁명적 조치(정책)와의 어떠한 상관성이 있는지 고찰하려고 한다.

군사혁명 주체세력의 출신배경은 주로 그들의 이력서(언론기관의 '인물정보')를 중심으로 분석하려고 한다. 그들의 이력서에 나타난 연령, 학력, 자격, 종교, 직력 등을 분석하여 그들의 충원배경과 사회이동 및 사회적 성격을 파악한다.

2. 5. 16 군사혁명과 박정희 정권

5.16 군사혁명은 1961년 5월 16일 박정희 소장이 이끄는 영관급 장교들이 주도하여 무혈 쿠데타로 민주당 정권을 전복시켰다. 그리하여 군사혁명위원회는 전국에 비상계엄령을 선포하여 입법, 행정, 사법의 3권을 장악하였다. 비록 군사혁명위원회 의장 장도영 중장(육참 총장) 명의로 혁명공약이 발표 되었지만 그 실세는 부의장을 맡은 박정희 소장이었다.

군사정부는 혁명공약으로 ① 국민을 빈곤으로 부터 해방시키고(민생고 해결), ② 무질서와 부정부패 및 반민주적 폐습을 근절하여 ③ 반공태세를 재정비(자유민주주의 수호)하고, ④ 조국 근대화를 위한 경제개발 5개년계획을 실시하겠다고 하였다.2) 이러한 혁명적 조치는 민주당 정권에서는 불가능 하였는지 궁금하다. 만약 불가능하였다면 민주당 정권과 군사정권 권력지배층 간에 어떠한 차이가 있는지 매우 궁금하다.

그리하여 민주당 정권의 윤보선 대통령과 장면 국무총리, 그리고 군사혁

2) 한국군사혁명사 편찬위원회, 「한국군사혁명사」, 제 1집(상), 서문

명위원회, 즉 국가재건 최고위원회의 장도영 의장과 박정희 의장의 출신 배경을 분석하여 그 차이를 발견하여 본다.

표 1을 보면, 민주당 정권과 군사정권 최고지도자간에 사회화 과정의 상당한 차이가 있음을 알 수 있다.

첫째, 민주당 정권과 군사정권 지도자간에 거의 1세대의 차이가 있다. 전자는 주로 일제시에 사회화 되었고, 후자는 미군정, 6.25전쟁 등 군사 경험에서 사회화 되었다.

둘째, 장면 총리를 제외한 지도자는 모두 농촌 출신으로 개척적인 농민적 성격을 지니고 있다.

셋째, 박정희 대통령을 제외한 지도자는 모두 기독교인이고, 특히 장면 총리는 천주교 집안에서 자란 독실한 신앙인이었다. 그래서 정치적 위기를 신앙심으로 해결하려고 한 것 같다.

넷째, 윤보선 대통령과 장면 총리는 양반관료 집안 출신이지만 박정희 대통령은 반골 기질이 있는 소작 빈농의 집안 출신이다. 특히 윤보선 은 조선 말기 무관대신인 윤웅열[3]의 손자이고 충남 아산의 대지주(만석군)였다.

다섯째, 윤보선과 장면의 취임 직전 직업은 민의원(민주당 공천)이고 장의장과 박대통령은 현역 군장성(참모총장과 2군 부사령관)이었다.

여섯째, 민주당 정권의 지도자는 일제시 영미에 유학하였고, 군사혁명의 지도자는 일본에 유학하였다. 특히 박정희는 만군 군관학교와 일본 육사 출신이다. 다시 말하면 전자는 부르조아 출신이라서 서구식 교육을 받았지만 후자는 가난해서 관비에 의한 사범교육과 군사교육을 받았다.

일곱째, 일제시 직업은 윤대통령은 독립운동(임정 의정원)을 하느라고 해외에서 보냈고 장총리는 천주교 계통의 학교에서 교사 및 교장을 하였다. 그러나, 박대통령은 만주(일본)군과 광복군 생활을 하였다. 그리고 이들은 정

---

3) 윤웅열은 무과장원에 합격하여 충청 감영의 중군이 되고, 김좌근 추천으로 수신사(김홍집 예참, 부마 박영호 김옥균, 민영익)에 합류하여 개화당이 되었다. 또, 고종 서녀와 결혼하여 그 후 군부대신, 판서의 직에 이르렀다. 윤보선의 삼촌으로는 윤치호(한말 학부, 외부 협판), 윤치영(서울시장, 내무장관) 등이 있다.

치인과 군인 생활을 통하여 모두 친미와 반공주의자가 된 것 같다.

<표 1> 민주당과 군사정권하 대통령의 출신배경

성명 (취임연령)	윤보선 대통령 (63세,1년 7월 집권)	장 면 총리 (61세, 9월 집권)	장도영 의장 (38세, 2월 집권)	박정희 대통령 (44세, 18년 집권)
선출방법	국회 선출	국회 선출	군사쿠데타	군사쿠데타/직선/간선(통대)
출생지	충남 아산	경기 인천	평북 용천	경북 선산
종교	기독교	천주교	기독교	불교
가문	양반관료/대지주	일반관리(세관)		소작 빈농
취임직전 직위 및 소속정당	민의원(종로갑) 민주당 최고위원	민의원(용산갑) 민주당 대표최고위원	육군 참모총장 (중장)	2군 부사령관(소장)
학력	교동보통/일출소학 게이오 의숙/정칙학교 영국 우드부르크대(1년) 영국 에딘버러대 고고학사 (1922)	박문교/인천 심상소학 수원고등농림(1914) YMCA 영어과(1917) 미국맨허탄대 교육학과(1921)	신의주 동중고보(1941) 일본 동양대 군사영어학교(1948) 미육군참모대학(1953) 미시간대 정치학박사(1969)	대구사범 심상과(1937) 만주 신경군관 2년수료 일본 육사 57기(1942) 미 육군포병학교(1954)
일제시 직력	임정 의정원 의원(1922)	평남 메리놀센터 교사 서울 동성상고 교사/교장 (1931~1945) 계성보통학교장(1939)		문경보통 교사(1937) 관동군 육군소위(1944) 만주군 중위(1945) 광복군 중대장(대위, 1945) 조선건국동맹 참여(1945)
미군정시 직력	미군정청 농상국 고문(1945) 미군정청 경기지사고문 민중일보 사장(1946) 이승만 국회의장 비서실장 (1948)	천주교 서울청년회장 미군정 자문 민주의원 입법의원 제헌국회의원 (종로을, 1948)	조선경비대 소위(1946) 조선경비대 대대장 5연대장(중령, 1948)	조선경비대 소위(1946) 육사 생도대장(소령,1947) 여순반란사건 수감(1948) 1개월 후 출감
건국 후 직력	서울시장(1948) 상공부 장관(1949) 3,4대 민의원(1954) 민주당 최고위원(1959)	유엔총회 한국수석대표 주미대사(1949) 2대 국무총리(1950) 민주당 창당 4대 부통령(1956) 민주당 대표최고위원(1959)	육군 정보국장(대령) 6사단장(소장)(1950) 2군단장(중장, 1954) 육군 참모차장 2군 사령관(1959)	육본 작전정보과장(1948) 9사단 참모장(대령, 1958) 1야전군 참모장(1958) 육본 작전참모부장(1960) 2군 부사령관
60년대 직력	5대 민의원(1960) 4대 대통령(1960) 민정당 대표(1963) 6대 국회의원(1963) 6대 대선 신한당 후보 (1966)	5대 민의원(1960) 7대 국무총리(1960) 민주당 총재(1961) 5.16 군사정변 실각 천주교 혜화동교회 평의회장 사망(1966.6.4)	육군 참모총장(1961) 군사혁명위의장(구테타) 국가재건최고회의장 (1961) 내각수반(1961) 국방부장관(1961) 반혁명 무기징역(1962) 도미(1962)	5.16 쿠데타(1961) 국가재건최고회의장(1961) 대장진급(1961.11) 대통령권한대행 및 내각수반(1962) 민주공화당 총재(1967) 5,6,7대 대통령(1963~71)
70년대 직력	국민당 총재(1971) 민청학련배후 집행유예 5년(1974) 긴급조치9호 실형(1976) YMCA사건 징역 2년 (1979) 사망(1990.7.18)		미,서북미시간대 교수 (1971~93) 미,서부미시간대 명예교수(1993~)	10월 유신 선언(1972) 통대 8,9대 대통령(1972~78) 김재규(중정부장) 총살 (1979. 10. 26)

여덟째, 미군정시에 민주당 정권의 지도자는 영어와 기독교(천주교)인으로 미군정청의 고문 또는 자문 역할을 하였고, 군사혁명 지도자는 당시 국방경비대에 입대하여 하급 장교 생활을 하였다.

아홉째, 정부 수립후에는 윤보선은 서울시장, 상공부장관, 민의원을 지냈고 장면 총리는 주미대사, 국무총리, 부통령을 지냈다. 그러나 군사혁명 지도자는 사단장, 참모장, 군단장, 군사령관 등을 지냈다.

이러한 것을 보면, 민주당 정권 지도자들은 부유한 가정에서 태어나 일찍 서구식 교육을 받았고 미군정의 덕택으로 고위 관료와 정치인이 될 수 있었다. 그러나, 군사혁명 지도자들은 가난한 가정에서 태어나 소위 입신양명을 위하여 사관교육을 받고 군장성을 지냈으며 그러한 과정에서 강인한 성격으로 구국, 즉 권력추구를 하였던 것 같다.

5.16 군사혁명위원회는 민주당 정권을 무너뜨리고 혁명과업(공약)을 완수하기 위하여 국가재건비상조치법(임시 헌법)을 제정하여 국가 최고통치기관으로서 국가재건최고회의가 발족하였다. 군사혁명위원회(곧 국가재건최고회의로 개칭)는 1961년 6월 6일 부터 개정헌법이 실시된 1963년 12월 26일 까지 약 2년 6개월간 집권하였다.

이 기간에 장도영 내각(1961. 5. 20~1963. 12. 13)이 행정권을 수행하였고, 그 후 민정 이양(대선)으로 1972년 10월 유신 등을 거치면서 박정희 대통령이 1979년 말 까지 장기 집권하였다.

그리하여 3권을 장악한 군사혁명위원회와 국가재건최고회의의 주체세력을 먼저 고찰하고, 그 기간 집권한 장도영 내각의 초기 각료들을 분석하며, 나아가 장기 집권한 박정희 대통령의 초기 각료들의 출신배경을 분석하여 군사정권의 특성을 규명한다.

1) 국가재건최고위원회

5.16 군사혁명위원회는 부패하고 무능한 현 정권과 기성 정치인들에게 이 이상 더 국가와 민족의 운명을 맡길 수 없고 조국의 위기를 극복하기 위하여 거사하였다고 한다. 그리하여 서울 중앙방송국의 방송을 통하여 다음

과 같은 내용의 혁명공약을 발표하였다.[4]

< 혁명 공약 >

첫째, 반공을 국시의 제일의로 삼고 지금까지 형식적으고 구호에만 그친 반공태세를 재정비 강화한다.

둘째, 유엔 헌장을 준수하고 국제협약을 충실히 이행할 것이며 미국을 위시한 자유우방과의 유대를 더욱 공고히 한다.

셋째, 이 나라 사회의 모든 부패와 구악을 일소하고 퇴폐한 국민도의와 민족정기를 다시 바로 잡기 위하여 청신한 기풍을 진작시킨다.

넷째, 절망과 기아선상에서 허덕이는 민생고를 시급히 해결하고 국가자주경제 재건에 총력을 경주한다.

다섯째, 민족적 숙원인 국토통일을 위하여 공산주의와 대결할 수 있는 실력배양에 전력을 집중한다.

여섯째, 이와 같은 우리의 과업이 성취되면 참신하고 양심적인 정치인들에게 언제든지 정권을 이양하고 우리들 본연의 임무에 복귀할 준비를 갖춘다.

군사혁명위원회는 1961년 5월 18일 30명의 위원과 2명의 고문 명단을 발표하였다. 위원회의 의장은 장도영 중장이고 부의장은 박정희 소장이며, 나머지 위원은 3군의 중장 5명과 4명의 육군소장, 8명의 육군준장, 1명의 해군준장, 그리고 6명의 육군대령, 1명의 해군대령 및 4명의 육군중령이었다. 3군의 중장은 모두 육, 해, 공군의 참모총장으로 전군의 단결을 위하여 포함되었지만 그 실세는 영관급 장교(육사 8기와 9기생)들이다.[5]

국가재건최고회의는 상임위원회와 특별위원회를 두고 상임위원회는 분과위원장(7명)으로 구성하였으며[6] 상임위원장은 부의장(박정희)이 겸하게 되

4) 상게서, p.236

5) 한국군사혁명사 편찬위원회, 전게서, pp.195~201
박정희 군내 인맥은 ① 육본 정보국의 비공식 문관시절에 데리고 있었던 김종필 등 육사 8기, ② 박정희가 육사 중대장 시절에 가르쳤던 김재춘 등 육사 5기, ③ 포병단장 및 포병학교 교장때 알았던 문재준 등 보병장교, ④ 동기인 육사 2기 출신그룹이다.(최영, 전게서, 8.17) 이 외에도 그를 도와주었던 군수뇌부의 만군인맥(백선엽, 송요찬 등)과 일본육사 인맥(이종찬, 이용문 등)을 무시할 수 없다.

었다. 그리하여 최고위원은 국가재건 비상조치법(1961. 6. 6 제정)에 의하여 혁명이념에 투철한 국군장교 중에서 5인 이상 최고위원의 추천을 받아 재적 최고위원의 과반수의 찬성으로 선출된 20인~32인 이내로 조직하였다.(제 4조) 그러나 법제정 이전의 최고위원은 그대로 인정하고(동법 부칙 2조) 그 이후에만 적용되었다.

한편, 이 법(제 4조)에 의하여 최고의장인 장도영 중장은 내각수반을 제외한 타직을 겸할 수 없게 되어 국방장관과 군참모총장 및 계엄사령관직을 사임하게 되었고, 3인의 최고위원도 사임하게 되었다. 그리하여 박정희 장군은 의장직을 수행하게 되었고, 김재춘, 홍종철 대령과 김형욱, 오정근, 김제민 중령, 그리고 현역으로 복귀한 김동하 소장이 선임 최고위원이 되었다. 이와 같이 국가재건최고위원회는 비상조치법과 반혁명사건 등으로 군사혁명 주체들로 교체되었으며, 형식상으로도 장도영 장군으로 부터 박정희 장군에게 권력이 이동되었다.[7]

군사혁명위원회는 3일만에 국가재건최고회의로 그 명칭이 변경되었다. 최고위원의 선출기준은 거사전에 구상하였던 원칙[8]에 따라 계급별, 기별, 주동 인물을 기준으로 뽑은 대표를 종합하여 기밀실에서 김윤근 준장(해병여단장)의 사회로 전체적인 표결을 통하여 선정하였다고 한다. 선출된 최고위원의 출신배경은 표 3과 같다.

---

6) 분과위원장은 최고위원들이고 이들은 모두 현역(대부분 장성)이며 2년간 자주 바뀌었다. 분과별로 3명 내지 6명이 교체되었다. 최고위원도 1963년 7월 20일 현재 22명이고 군정기간에 32명이나 교체되었다.

7) 군정기간에 장동영 등에 의한 반혁명 사건이 10여건 있었다.(상게서, 제 2장 5절 참조)

8) 선출기준의 원칙은 다음과 같다.
① 혁명의 실질적인 주체를 형성한 장교중 육사 각기로 신망이 높은 2명의 대표, ② 전문 분야에 조예가 깊은 장교로서 국가와 정책을 감당할 수 있는 능력을갖춘 자, ③ 유・무형 또는 직・간접으로 혁명에 가담한 자, ④ 신체상 어떠한 결함이 없어 방대한 국사처리에 지장이 없는 자, ⑤ 부정부패에 물들지 않는 청렴 결백한 장교로 정평이 있는 자.

<표 2> 국가재건최고회의 위원의 출신배경

현직	성명	본관	연령	출신지	학력			종교	전직	종직	비고
					고교	대학	대학원				
육군중장 (의장)	**장도영**	안동	38	평북 용천	신의주 동중 고등보통	일본 동양대 예과	미시간대 박사	기독교	육참 총장	내각 수반	최고회의 의장 도미유학후 교수
육군소장 (부의장)	**박정희**	구미	44	경북 선산	대구사범	일본육사 57기 한국육사 2기	육군대	불교	2군 부사령관	대통령(5)	최고회의 의장 육군대장 예편
육군중장 (위원)	**김종오**	김해	40	충북 청원		군사영어	일본중앙대 중퇴		1군 사령관	육참 총장 합참 의장	최고회의 위원 (중장 예편)
육군중장 (위원)	**박림항**	밀양	41	함남 홍원	신경군관2년	일본육사 56기 한국육사 특7기			5군단장	건설부 장관	최고회의 위원 공군 중장 예편
공군중장 (위원)	**김신**	안동	39	중국 상해	중국 서남연합대	중국 공사	육군 참모	기독교	공참 총장	교통부장관 국회의원(유신)	재향군인 회장
해군중장 (위원)	**이성호**		35						해군 참모부장		
해병중장 (위원)	**김성은**	김해	37	경남 창원		하얼빈 농대 해군병 특임		기독교	해병 사령관	국방부장관 대통령 특보	
육군중장 (위원)	**정래혁**	나주	35	광주		일본육사/ 한국육사			국방부 총무국장	상공/국방장관 국회의장	국회의원(3선) 민정당 대표
육군소장 (위원)	**이주일**	공주		함북 경성	광명중	일본육사 한국육사 7기	국방대학원	기독교	2군 참모장	감사원장(2차)	최고회의재정위원장 (대장 예편)
〃 (외무국방)	**한신**		39	함남 영흥	함흥고보	일본 중앙대 법과/ 육사			제2훈련 소장	내무부 장관 감사원장	최고회의 재정위원장 합참의장(대장예편)
〃 (공안)	**유양수**	문화	38	광주	광주서고	육사 7기	미 참모대	성공회	사단장	교통부 장관	최고회의 위원 오스트리아 대사
〃	**한웅진**										
〃	**최주종**										
육군준장	**김용순**	김해		경남 하동		육사	경희대 정외과		육군 수사령관	국회의원(2선)	최고회의문사위원장 중앙정보부장
〃 (건설)	**김진위**										
〃	**최명신**										
〃	**장경순**	안동	39	전북 김제	배재중	일본 동양대 척식과	육군대		육군교육 처장	농림부 장관 국회 부의장	최고회의운영위장 국회의원(4선)
해병준장 (교통)	**김윤근**	영광		서울	만주 군관	해사		기독교	해병 여단장	호남비료사장	수개공 사장

현직	성명	본관	연령	출신지	학력			종교	전직	종직	비고
					고교	대학	대학원				
육군준장 (공보)	송찬호										
육군대령 (재무)	박치옥										
육군대령	문재준										
〃	박기석	밀양	33	평양	평안공업	육사 7기	연대 경영대학원	불교	육군 공병부장 (준장 예편)	부흥부 장관 건설부 장관	한국도로공 사장
〃 (문교)	손창규		35	서울		미 보병학교			육군 정훈감 (준장 예편)	국회의원(전국)	최고회의 문화위원장
〃 (상공)	유원식										
해병대령 (농림)	정세웅		35	함북 회령					해군 준장 예편	중앙공무원장	최고회의 위원 조폐공 사장
육군대령 (행정)	오치성	해주	35	황해 신천		육사 단국대 법학		불교	전투부단장 (준장 예편)	국회의원(3선) 공화당 사무총장	내무장관 최고회의내무위원장
육군중령 (보건)	길재호	해평	38	평북 영변		육사 8기 국민대 법과			제1전 부단장 (준장 예편)	국회의원(3선) 공화당 사무총장	무임소 장관 최고회의법사위원장
〃 (체신)	옥창호										
〃 (내무)	박원빈		38	함북 청린							
〃 (법무)	이석재		36	평북 상주		영남대 법과	육군대		군수기획과장	감사원장 국회의원	
예비역 육군중장 (고문)	김홍일		63	평북 용천	중국육군 강무학교	중국 육군대학			대만 대사 외무장관	국회의원(2선) 신민당 총재	독립의용군 대장 (중국군 소장) 육사 교장(중장예편)
예비역 해병소장 (고문)	김동하		41	함북 무산		만주 신경군관			해병 사단장	대한체육회장	최고회의국방위원장 (중장예편)
중앙정보부장(대령)	김종필	김해	35	충남 부여	공주중	서울대 교육학(2년) 육사 8기	미 보병학교	기독교	육군정보 기획과장	국무총리(2회)	국회의원(10선) 민주공화당의장 자민련 총재
심계원장 (준장)	이원엽	전주	37	함남 함흥		해사/국학대 상경과		천주교	육군항공교장 (소장예편)	감사원장	국회의원 남해화학 사장
총무처장 (준장)	문중섭										
공보실장 (대령)	원충연										

(비고) 최고위원의 출신배경이 비어 있는 것은 주로 현역복귀 또는 반혁명사건 등으로 사회적 활동이 단절된 경우이다.

한편, 3권을 장악한 군사혁명위원회(후에 국가재건최고회의)는 전국에 비상계엄령을 선포하고, 혁명공약을 수행하기 위하여 단기간에 다음과 같은 조치를 하였다.

첫째, 반공태세를 재정비하기 위하여 모든 정당과 사회단체를 해산시키고 데모를 금지하고, 심지어 '민족일보'를 조총련의 돈(약 2억원)을 받았다 하여 폐간 시켰으며 조용수 사장을 간첩죄로 사형시켰다.(이것은 최근 무죄로 밝혀짐)

둘째, 국가재건최고회의는 '부정축재처리요강'을 발표하여 대표적인 부정축재자를 소급해서 공무원 12명, 군인 5명, 기업인 12명을 3개월내 처리한다고 하였다.9)

셋째, 치안국은 1주일간 경제사범, 폭력범, 통금위반, 교통사고, 풍기문란, 무허가 판자집 등 범법자 2만 2천 7명을 적발하였다.

넷째, 정치활동정화법에 의하여 부정선거에 관여한 정치인등 2,591명을 처단하기로 하였다.10)

다섯째, 빈곤으로부터 해방시키기 위하여 5개년 경제개발계획을 실시하였다.

그러면, 국가재건 최고위원의 출신 배경의 특성을 표 2에서 보기로 한다. 표 2에서 국가재건 최고위원들(20명)의 출신배경을 분석하여 보면, 다음과 같은 특성이 있다.

첫째, 최고위원의 평균 연령은 미상(10명)을 제외하면 37.5세이다. 장성들은 주로 30대 후반이지만 영관들은 대부분 35세 전후이다. 이들은 젊은 혈기가 왕성한 청년들이고 자유당 말기 부터 정군운동을 주도하였다.

둘째, 최고위원의 출신지역은 북한출신은 전체의 35%로서 가장 많고 (평안도 4명, 함경도 3명), 그 다음은 영남, 호남, 중국 출신이 각각 15%(3명)이며 나머지는 서울(2명)과 충북(1명)출신이다. 북한 출신이 많은 것은 해방 이후

---

9) 한국군사혁명사 편찬위원회, 「한국군사혁명사」, 제 1집, pp.465~477
공무원은 김태선(전 서울시장), 백두진(전 국무총리), 김영선(전 재무장관), 임흥순(전 서울시장), 송인상(전 재무장관), 서정학(전 치안국장), 유태하(전 주일대사), 박찬일, 곽영주(육군공병감), 백남권(전 군사훈련소장), 이용운(전 해군참모총장) 등이며, 기업인은 이병철(제일제당), 이정림(대한양회), 정재호(삼호방직), 설경동(대한산업), 백남의(태창방직), 남궁연(극동건설), 이용범(극동연료), 조성철(중앙산업), 이양국(동양시멘트), 함창희(동립산업), 최태섭(한국판유리), 박홍식(화신산업) 등이다.

10) 상게서, pp.487~490

월남한 인사들이다.

이와 같이 해방후 한국군은 이북 출신과 만주 군관 및 일본 육사 출신이 장악하고 있었다.[11] 이들 북한 출신들은 혁명주체들간의 갈등으로 반혁명사건으로 몰려 군복을 벗게 되었다.[12]

셋째, 최고위원의 학력은 일본 육사(4명)와 한국 육사(10명) 출신이 가장 많고, 일본 육사 출신자는 대개 해방 후 한국 육사를 동시에 졸업하고 있다. 일본 육사 출신은 최고위원 중에서 소장 이상이 대부분이며, 한국 육사출신은 6.25 전쟁시에 수료한 소위 특기생들이다. 그리고 이들은 거의 대부분 미 육군참모대학을 이수하였고, 또한 한국의 육군대학 또는 국내 대학에서 연수를 행하였다. 그래서 근대적인 전문적 지식을 체득하였고, 전시와 전장에서 군사 기술과 애국심이 연마되었다고 볼 수 있다.

넷째, 최고위원의 종교는 기독교도가 가장 많아 전체의 25%(5명)를 차지하고 그 다음은 불교도(3명)이며, 비신자가 많은 것 같다.

다섯째, 최고위원들의 일제시 직력은 장성들의 경우 일본 육사를 졸업하고 만주 군관 또는 일본 군관의 경력을 지냈지만, 영관급은 대부분 국내 육사 졸업생들로 한국군에서 성장하였다. 그래서 장성급의 최고위원은 19명이고 영관급의 경우는 11명이다.

여섯째, 최고위원들의 종직은 대통령 또는 내각 수반을 지낸 분이 2명이

---

11) 해방후 국방경비대의 창설을 주로 창군 멤버 중심으로 지역별 부대(8개)를 창설하였다. 그리하여 창군 멤버는 이북 출신이 많아서(이응준, 최병덕, 백선엽 등) 특정 부대는 이북 지역출신 중심으로 창설된 경우가 있다.

12) 장도영 등 반혁명사건은 지역적 연고(평안도 출신)와 박정희·김종필 라인에 불만을 품은 박치옥(전 최고위원, 공수단장, 대령), 김제민(전 최고위원, 공수 1대대장, 중령), 문재준(6군단 포병단장), 송찬호(전 최고위원) 등 44명이 체포되었고, 이들은 대개 사형 또는 무기형을 선고 받았지만 박의장이 형 면제조치를 하였다. 또 김동하, 박임항, 박창암(이상 전 최고위원)등 반혁명사건은 대개 함경도와 군관학교 출신들로 모두 21명이 연루되었는데 이들은 대개 반성문을 쓰고 풀려났다. 이들의 제거를 두고 '알라스카 토벌작전'이라 부른다. 이러한 반혁명사건이 군정기간에 13건이 적발되었다. 이러한 과정을 거치면서 박정희의 라이벌은 제거되고, 군의 중심추도 북한출신에서 영남세력으로 옮겨지기 시작하였다. 이 무렵에 '하나회'가 서서히 움트기 시작하였다.(정운현, 「실록 군인 박정희」, 개마고원, 2004, pp.199~208)

고, 장관직을 지낸 경우 가장 많아 전체의 45%(9명)이다. 국회의원의 경우 25%가 된다. 그 밖에 고위 관료를 지낸 분이 2명이 있다.

이것을 보면, 박정희 정권이 거의 20여년간 집권하였기 때문에 특히 혁명동지들은 승승장구 할 수 있는 기회가 많았다고 볼 수 있다.

2) 장도영 내각의 출신배경

국가재건최고회의 의장과 내각수반은 형식상으로 장도영 장군이었지만 그의 재임기간은 약 1.5년이었기 때문에 실제로 박정희 장군이 최고회의 의장과 상임위원장직을 맡아 국가 최고 통수권을 행사하였다.

장도영 의장 겸 행정수반이 임명한 각료들은 표 3에서 볼 수 있는 바와 같이 모두 현역 장성 및 대령이고 이들 중에 3명은 현직 최고위원이었다. 각료들 중에서 상당한 수는 장도영 의장과 개인적 연고성이 있는 것 같다.

표 4를 보면, 장도영 내각수반의 각료(13명)들의 출신배경을 보면, 다음과 같은 특성을 지적할 수 있다.

첫째, 각료들의 평균 연령은 39.7세이다.

둘째, 각료들의 출신지는 평북(3명), 평남(2명), 함남(2명) 등 이북 출신이 전체의 53.8%를 차지하고, 나머지는 호남(2명), 충남(1명), 황해(1명) 출신이다. 이러한 지역배경은 행정수반의 출신지와 상관성이 높고, 또한 북한 출신 정권의 특성이 강하다는 것을 알 수 있다.

셋째, 각료들의 학력은 육사 출신이 전체의 30.7%(4명)으로 가장 많고, 그 다음은 일본과 한국에서 대학을 졸업한 자가 각각 22.1%(3명)를 차지하며 나머지는 미국 참모대학(3명)에서 교육을 받았다. 그리고 그들의 대부분은 국방대학원에서 단기연수를 마쳤다.

넷째, 각료들의 종교는 기독교도가 1명이고 불교도가 2명이며 나머지는 비신자이다.

다섯째, 각료들의 전직은 군에서 고위직을 지냈고, 또한 대부분 본인의 소속 부처와 유관한 보직을 지냈다.

여섯째, 각료들이 퇴직 후 지낸 직업은 장관이 전체의 38.5%(5명)이고 나머지는 국회의원, 대학 총장, 함참의장, 방송사장 등을 지냈다.

군정시 각료들은 매우 젊고(40세), 북한출신이 많으며 육사와 국내외 대학 출신이 많으며, 이들은 군대에서 고위직을 지냈고 퇴직 후에도 장관 등 사회적 고위 인사가 된 것이 그 특징이다.

<표 3> 장도영 내각 각료의 출신배경

현직	성명	본관	연령	출신지	학력			자격	종교	전직	종직	비고
					고교	대학	대학원					
내각수반 (육군중장)	장도영	안동	38	평북 용천	신의주 동중고보	일본 동양대 예과	미시간대 박사		기독교	육참총장	내각 수반	
외무장관 (예비역중장)	김홍일		63	평북 용천	중국 육군 강무학교	중국 육군대학				대만 대사 외무장관	국회의원(2선) 신민당 총재	독립의용군 대장 (중국군 소장) 육사교장(중장예편)
내무장관 (육군소장)	한 신		39	함남 영흥	함흥고보	일본 중앙대 법과/육사				제2 훈련소장	내무부 장관 감사원장	최고회의재정위원장 합참의장(대장예편)
재무장관 (육군중장)	백선진	수원	39	평양	평양사범	미국 참 모대학	국방대학원		불교	육본 참모부장 (소장 예편)	삼호주택 회장	
법무장관 (육군중장)	고원증	제주	39	만주 통화	신의주 상고	경성법전 육사법무2기		고등문 관시험		법무 차감 (준장 예편)	문화방송 사장	
문교장관 (해병대령)	문희석		39	충남 아산		일본 동지사 서울대	부산대 박사			국방대원교수 (준장 예편)	건국대 총장	
건설장관 (육군대령)	박기석	밀양	33	평양	평양공업	육사 7기	연대 경영대학원		불교	육군 공병부장 (준장 예편)	부흥부 장관 건설부 장관	한국도로공 사장
농림장관 (육군소장)	정래혁	나주	35	광주		일본 육사 한국육사 2기	국방대학원			국방부 총무국장	상공/국방장관 국회의장	국회의원(3선) 민정당 대표
보사장관 (공군준장)	장덕승		47	평북		서울대 의대				공군 의무감 (준장 예편)	적십자 병원장	
교통장관 (육군대령)	김광옥		36	함북 병천	해사	미국 해군대	성대 경영대학원			해군대 총장	해군 참모차장 (중장 예편)	
체신장관 (육군중장)	배덕진		35	황해 신천	해주동중	조선대 정치외교	미 참모대			육군통신교장	국가안보국장 (소장 예편)	
사무처장 (육군준장)	김병삼		38	전남 진도		동국대 경제과 수료				육본 정훈감 (소장 예편)	체신부 장관	
공보부장 (육군소장)	심흥선		36	경기 개성	육사 2기	미국 참모대학	국방대학원			육군 헌병감	합참의장 (대장예편) 총무처 장관	

3) 박정희 정권 내각의 출신배경

박정희 의장은 약 2년간의 군정을 종식하고 민정이양을 하였다. 그는 군복을 벗고[13] 대통령 선거(1963.10)에서 당선되었다. 그는 대통령이 된 후 국가안보와 경제개발을 주요한 국가 목표로 삼았다. 그는 1963년 12월 13일 새로운 내각(제 3공화국)을 구성하였다. 새로운 내각은 최두선 국무총리를 비롯하여 18명을 임명하였는데 그들의 출신 배경을 보면 표 4와 같다.[14]

박정희 정권의 초대 내각(18명)의 출신 배경을 보면 다음과 같은 특성을 지적할 수 있다.[15]

첫째, 초대 각료의 평균 연령은 52세이다.

둘째, 초대 각료의 출신지는 영남출신이 가장 많아 3할이 되고(6명) 그 다음은 서울(3명)과 충청(3명) 출신이며 북한 출신은 4명에 불과하다. 이것은 군정시 장도영 내각의 7할 이상이 북한 출신인데 비하면 많이 감소되었다.

셋째, 초대 각료의 학력은 일본에 유학(대학)한 각료가 전체의 44.4%(8명)로 가장 많고, 그 다음은 경성제대(22.2%)와 육사(11.1%) 출신이다.

넷째, 초대 각료들의 전공 학문은 법학이 가장 많고(27.5%) 이공계 분야도 22.2%나 된다.

다섯째, 초대 각료들이 지닌 자격은 일본 고등문관시험 합격자(행정과 3명, 사법과 2명)가 전체의 27.8%(5명)이다.

여섯째, 초대 각료의 종교는 기독교도와 불교도가 각각 1명이고, 나머지는 비신자가 많은 것 같다.

일곱째, 초대 각료의 일제시 직업은 관료가 가장 많고(27.7%), 그 다음은 금융조합 이사(11.1%)와 군 장교(11.1%)이며 나머지는 교장, 또는 교수가 각각 1명이다. 내각에 친일관료 출신이 많은 편이다.

---

13) 박정희 소장은 군정기간에 육군대장으로 승진, 예편하였다.

14) 박정희 대통령은 행정부 뿐만 아니라 입법부 및 군부를 사실상 통제하고 조정하였다. 그는 대통령 비서실(초기에 예비역 육군준장, 주미대사관 사무관 출신인 이후락 실장)을 공식적 보좌체제로 처음으로 체도화 시켜서 내각을 통제하였다.(함성득, 「대통령 비서실장」, 나남, 2002, p.9)

15) 박정희 정권의 장관(142명)은 영남(33.8%)과 서울(17.6%) 및 이북(18.3%) 출신이 가장 많고, 출신학교는 미국 또는 일본 유학생이 가장 많으며(전체의 43.7%) 이들의 전직은 장차관들이다.(전체의 27.5%)

<표 4> 박정희 대통령의 초대 각료의 출신배경

현직	성명	본관	연령	출신지	학력			자격	종교	전직	종직	일제시 직력
					고교	대학	대학원					
대통령	**박정희**	밀양	46	경북 선산	대구사범	일본육사 57기 한국육사 2기	미 육군보병 학교 연수		불교	2군부사령관(소장) 국가재건최고 회의 의장	대통령(5선)	문경보통 교사 일본관동군 중위
총리	**최두선**	동주	69	서울		와세다대 철학과				동아일보 사장 적십자 총재	경방 회장	중앙고보 교장 경성방직 사장/ 미군정 고문
부총리	**김유택**	청풍	52	황해 재령	경성고립 상업	일본규슈대 법문학부				한은 총재 재무부 장관	경제기획원 장관 반공연맹 이사장	금융조합 이사 조선은행원
외무	**정일권**	나주	46	함북 경원	군사영어	만주 군관 일본 육사	미국 육군대학			육참 총장 국무총리	국회의장(2선) 반공연맹 이사장	
내무	**엄민영**		48	경북 경산		규슈제대 노스웨스턴대		고문 행정과		서울법대 교수 참의원	내무장관(2회) 주일 대사	전북 임실 군수
재무	**박동규**	밀양	47	경남 함안		연희전문 상과				산은 총재	대한생명 회장	선산금융조합이사
법무	**민복기**	여흥	50	서울		경성제국대 법학과	경희대 박사	고문 사법과		검찰 총장 대법원 판사	대법원장(2회)	경성지법 판사
국방	**김성은**	김해	61	경남 창원	하얼빈 공업중	만주하얼빈 농대 중퇴			기독교	해병사령관 대한중공업사장	대통령 특보	일제시 학도병 만주군 수위
문교	**고광만**	제주	59	전북 익산		히로시마고등 사범 영문과				문교부 차관	부산대 총장	중동,해주 고사
농림	**원용석**		57	충남 당진	경성공업 고등					경제기획원장관	무임소 장관 농협 회장	
상공	**이병호**		47	황해 금천		일본교토제대 경제학부				상공/내무 차관	수출공단 대표	미군정 재무과장
건설	**정락은**		45	서울		도쿄대학교 전기과				한전 부사장 (준장 예편)	인하공대 교수	
보사	**박주병**		61	경북 경주		경성의학전문 학교	독일프라이부르크대 박사			병원/의사협회장 (해군 의무장)	의사협회장 대한결핵협회장	
교통	**김윤기**		59	전북 김제		와세다대 공학부				교통부 차관	건설부 장관 무임소 장관(2회)	조선철도국 고등관 기사
체신	**홍헌표**		57	경기 안양		경성제국대 경제과		고문 행정과		내무차관 성대 부총장		
공보	**김동성**	경주	38	충북 청원		서울대 영어과	서울대 대학원			서울대 교수 코리아헤럴드사장	명지대 교수 국회의원	
무임소	**김용식**		49	경남 통영		일본 중앙대 법학부		고문 사법과		외무차관 주영 대사	대통령 특보 외무부 장관/ 주영주미대사	
무임소	**김홍식**		54	충남 아산		경성법학 전문학교		고문 양과		무임소 장관	서울신문 이사	평남 양덕 군수
총부처	**이석제**	고성	38	평북 상주		육사 특별 8기 대구대 법학과	육군대학			내각 사무처장 (준장예편)	감사원장(2회)	
법제처	**서일교**	달성	42	대구		경성제국대 법문학부	중앙대 박사	변호사 시험		법무부 차관	총무처 장관/ 국회의원 대법원 판사	
원호처	**윤영모**		38	경북 월성		육사 3기 건새 법정대				원호처 차장 (준장예편)	동방생명 부사장	

여덟째, 초대 각료의 전직은 장, 차관 출신이 가장 많고(33.3%) 그 다음은 장성과 단체장 출신이며(각각 22.2%) 나머지는 교수, 또는 관료 출신이다.

아홉째, 초대 각료의 종직은 장차관이 된 경우가 가장 많고(44.4%), 그 다음은 고위 관료, 대학교수, 단체장이 된 경우가 각각 2명이 된다. 이것은 각료의 재기용율이 높은 것을 말한다.

초대 내각의 출신 배경을 보면, 민정이양 이후 초대 각료들은 영남과 북한 출신이 많고, 이들은 일제시 일본과 국내의 대학에서 법학 교육을 이수하였으며, 동시에 일제시 행정 관료와 장, 차관, 장성 및 사회 단체장을 지낸 분들이 대단히 많다는 것을 알 수 있다. 이러한 것을 보면 군정 각료들은 친일 관료출신과 북한 출신이 많으며 이들의 대부분은 부유한 가정의 출신이라는 것을 알 수 있다.

4) 10월 유신각료의 출신배경

박정희 대통령은 1972년 10월 27일 특별선언을 발표하고, 전국에 비상계엄령을 선포하였다. 특별선언의 주요 내용은 다음과 같다.

① 국회를 해산하고 정당 및 정치 활동의 중지 등 현행 헌법의 일부 조항 효력을 정지시키고,
② 정지된 헌법의 조항은 비상 국무회의가 수행하며 비상국무회의는 현행 헌법의 국무회의가 수행한다.
③ 비상 국무회의는 1972년 10월 27일 까지 조국의 평화 통일을 지향하는 헌법 개정안을 공고하고 1개월 내 국민 투표에 붙여 확정시키고
④ 헌법 개정안이 확정되면 금년 말 이전에 헌정 질서를 정상화 시킨다.

이러한 비상조치는 군정하에 평화통일을 지향하는 소위 유신헌법을 탄생시켰다. 유신 헌법은 1972년 7월 4일 발표한 '7.4 남북공동선언'을 발전시키기 위한 것으로 간주되었다. 남북 공동선언[16]의 핵심은 조국의 자주적 평

16) '남북공동선언'은 박대통령의 지시와 김일성 주석의 동의로 남한의 이후락 중앙정보부장과 북한의 김영주 조직지도부장이 타결한 것으로, 그 주요 내용은 ① 외

화적 통일이었고, 동시에 유신헌법도 조국의 평화통일을 지향하는 것이었다. 그런데 사실은 그렇지 못하였다.

10월 유신은 남북회담(남북조절위, 국회의원 등), 적십자회담(이산가족 상봉)은 성사되었지만 박정권은 7.4 공동선언을 오히려 체제 강화와 장기 독재를 위한 개혁을 단행하였다. 특히 통일주체국민회의(대의원)를 통한 대통령의 간선제와 '긴급조치'를 통한 노동 3권의 유보, 집회 · 시위의 대폭 규제 등을 실시하여 오히려 반민주적 체제를 강화 시켰다. 이로 인하여 노동쟁의가 격화 되었고 민주화를 촉진시킨 부마사태(박대통령 피살의 계기) 및 광주사태(5.28 민주항쟁)가 발생하였다.

10월 유신은 현 국무회의가 비상 국무회의로 대치되었기 때문에 각료들의 변화는 거의 없었다. 다만 전술한 바와 같이 간선제도에 의한 대통령의 재선과 국무총리(김종필)와 대법원상(민복기)의 유임이 있었으며, 새로 구성된 국회의장에 정일권 의원이 당선 되었다.

그러면, 유신내각 국무위원(15명)의 출신배경의 특성이 무엇인가를 본다.

첫째, 각료들의 평균 연령은 50.9세이다.

둘째, 각료들의 출신지는 충남(33.3%)과 경남(26.7%) 출신이 가장 많고 나머지는 경기, 전남, 이북 출신이 각각 13.3%이다.

셋째, 각료들의 학력은 육사 출신과 서울대 출신이 각각 33.3%로 가장 많다. 육사와 서울대 출신은 각각 대부분 일본 육사와 일제시 법학전문학교 출신들이다.

넷째, 각료들 중에 전문자격은 일제시 고등문관 시험합격자(3명)와 해방후 고등고시 출신(2명)이 많다.

다섯째, 각료들의 해방후 전직을 보면, 관료 출신이 가장 많고(전체의 46.7%), 그 다음은 군장교(33.3%)와 국회의원(13.3%) 및 교수 출신들이다. 5.16 군사혁명이 지난지 10여년이 되었음에도 불구하고 상당한 수의 군출신이 있다.

세 의존 없이 평화적 통일, ② 상호 중상 않고 군사 충돌을 적극 방지하며, ③ 제반 교류 실시, ④ 남북 적십자회담 실시, ⑤ 서울 · 평양간 상설 직통전화, ⑥ 통일 위한 남북 조절위원회 구성, ⑦ 합의 사항 실천을 위한 민족 앞에 약속 등이었다.

여섯째, 각료로 임명되기 전 직업은 고위 관료(40%)와 장관(33.3%) 출신이 가장 많고 그 다음은 경제과학심의의원과 단체장들이다.

<표 5> 10월 유신 각료의 출신배경

현직	성명	본관	연령	출신지	학력			자격	종교	해방후 직력	전직	최종직
					고교	대학	대학원					
국무총리	김종필	김해	46	충남 부여	공주중	육사8기 서울사범대 교육과 수료	미 육군보병		기독교	육본 정보기획과 초대 중정부장	건설부 장관	국회의원(유정_) 새마을운동 협의회장
경제기획원	태완선		57	경남 하동		경성법학 전문				민의원 상공부의장	국회의원(3선) 민주공화당 부총재	국회의원(7선) 국무총리/ 공화당 총재
외무부	김용식		58	경남 통영		일본 주오대 법학부		고문 사 법 과		변호사 주영대사	대통령 외교특보 외무부 장관	주영,미대사 서울평화상위원
내무부	김현옥	김해	46	경남 진주		육사/전남대 법정대				국방경비대 육군준장	서울특별시장	장안중,고 교장
재무부	남덕우		48	경기 광주		국민대 정치학	서울대석사 오크라호마 대 박사		기독교	한은 서강대 교수	경제과학심의원	경제기획원장관 국무총리 무협회장
국방부	유재흥	강릉	51	충남 공주		일본육사 군사영어학교	미 참모대			일본육군대위 군사령관(중장)	태국,스웨덴 대사 대통령안보좌관	석유공사장
재무부	김영선		54	충남 보령		경성제대 법학		고문 행 정 과		지도군수	민의원,재무장관 경과심위상임의원	주일대사 상공회의소회장
문교부	민관식	여흥	54	개성	경기고	수원대 농대	교토대 박사			민의원(4선)	대한체육회장 대한약사회장	국회부의장 평등수석부의장
법무부	신직수	평신	45	충남 서천	전주 사범대	한국대 법학				최고회의장 고문	대검 검찰총장	중앙정보부장 대통령 법률특보
농림부	김보현		48	전남 광양		서울대 법대				내무부 지방국장	전남지사 체신부 장관	농촌경제연구원장
건설부	장예준	결성	48	황해 봉신	경기고	경성법학전문 서울대				한은 부흥부 과장	경제기획원 차관	공자부 장관 국민은행이사장
보사부	이경호		55	전남 광양		규슈대 법학부		고문 사 법 과		서울법대 교수 대전 검사	법무, 국방,차관	국회의원 (유정회)
문화공보부	윤주영	해평	54	경기 장단	개성중	고대 정치학				조선일보편집국장 공화당 사무처장	대통령 공보수석	국회의원 (유정회)
체신부	신상철	평산	48	충남 공주	경기고	일본 육군항공사관				육군헌병사령관 공사교장(준장)	베트남 대사	국회의원 (유정회)
과기처	최형섭	경주	52	경남 진주		와세다대 채광야금과	미네소타대 공학박사		불교	경성대 강사 상공부 국장	경제과학심의원 과학기술연구소장	한국과학원장 포철상임고문

(비고) 1) 김종필 총리는 13개의 국내 명예박사학위를 수여 받았다.
2) 각료들이 국,내외 대학에서 단기 연수는 제외하였음.

일곱째, 각료를 지낸 후 주로 국회의원(40%)이나 장관(20%) 및 단체장(26.7%)을 지낸 경우가 많고, 또한 이들은 관련된 행정분야의 단체장 등을 지냈다

10월 유신내각의 각료들도 5.16 군사혁명시 장도영 내각과 박정희 내각의 경우와 마찬가지로 육사와 군출신들이 가장 많고, 친일관료와 북한출신들이 점차 감소하고 있으며 장관들의 재임율이 높아지고 있는 것이 그 특징이다.

박대통령은 10월 유신을 선언하면서 유신적 개혁을 위한 조각을 행하지 않았다. 일반적으로 내각 각료의 수명이 약 1년인데 유신내각의 경우 대개 3년 이상이다. 예컨대 남덕우 재무장관(약 5년)의 경우 경제기획원장관(약 4년)과 총리(약 2년)의 임기까지 고려하면 10년 이상 장수 각료를 지냈다. 그리하여 우리나라 시장경제의 기반을 확고히 한 시장학파를 형성하였다. 그 밖에 신직수 법무장관(약 2년)은 검찰총장(약 8년)과 중앙정보부장(약 3년)의 임기까지 합치면 13년간 장수한 고위 관료가 되었다. 이와 같이 10월 유신을 통하여 장기 집권의 체제강화를 위한 각료 포석이 그 특징이다.

10월 유신은 남북한의 평화적 통일과 유신적 개혁보다 현행 권력지배층이 장기적으로 집권할 수 있도록 체제를 강화시킨 것에 불과하였다. 이러한 독재체재에 대한 부단한 학생시위와 부마사태와 광주사태에서 볼 수 있었던 무력진압은 결국 1인 독재의 종말을 보게 되었고, 이것이 새로운 군정(전두환 소장)을 자초하였다.

3. 5.17 군사혁명과 전두환 정권

1979년 10월 26일 대학생 데모와 부마사태 등이 일어나자 김재규 중앙정보부장은 궁정동 만찬자리에서 박정희 대통령과 차지철 경호실장을 시해한 사건이 벌어졌다. 이 사건의 진상을 규명하기 위하여 최규하 대통령 권한대행(1979. 10~1980. 10)은 제주도를 제외한 전국에 비상계엄령을 내렸고 합동수사 본부장으로 전두환 보안사령관(소장)을 겸임시켰다. 그는 계엄사령관

정승화 육참총장이 이 사건에 연루된 것으로 보고, 국군 보안사의 참모들(권정달, 이학봉, 허화평, 허삼수, 정도영 등)이 계엄사령관을 강제로 연행하였다. 소위 하극상의 12.12사태가 일어났다. 그런데 학생 데모와 노사쟁의는 끊이지 않고, 마침내 광주사태 까지 벌어졌다.[17]

1) 국보위 상임위원회

최규하 대통령은 1980년 5월 17일 비상계엄령을 전국적으로 확대 실시하였다. 계엄사령관이 구속된 상태에서 전두환 보안사령관은 대통령 소속하에 '국가보위비상대책위원회'를 설치하고, 그는 상임위원장이 되어 중앙정보부장(서리)을 겸직하면서 최고의 실권자가 되었다. 비상대책위원회는 국무총리를 비롯한 주요 장관(7명)과 각 군 참모총장, 그리고 주요 실권자(중앙정보부장, 비서실장, 보안사령관 등)와 고위 장성(7명 임명직)으로 구성하고, 상임위원장에 전두환 보안사령관이 취임하였다.[18]

계엄사령부는 8월 18일 전직 장관과 여야의 국회의원 등 정치적 비리와 부패 행위자에 대한 조사결과를 발표하였다. 권력 부정축재자로 김종필(공화당 총재)외 9명, 국가기강 문란자는 구자춘(내무장관) 등 여야 의원 17명, 사회불안조성혐의자로 김대중(정치인) 등 7명과 학생시위 지도자, 그리고 부패공직자 8천 6백여명이다.[19]

---

17) 학생시위는 1980년 봄부터 전국적으로 2300여회, 120개 대학, 연 35만명의 학생이 참가하였고 5월 14, 15일에는 전국 45개 대학 10여만명의 대규모 시위가 벌어졌다. 노사쟁의는 4월 이후 176개 기업처에서 8만여명이 참여하였고, 특히 동원탄좌에서 벌어진 광부들 시위인 사북사태는 심각하였다. 광주사태는 민간인 148명, 군인 22명, 경찰 4명이 사망하고, 380명이 부상했다고 한다.

18) 비상대책위원회는 국무총리, 경제기획원 장관 외무부 장관, 내무부 장관, 법무부 장관, 국방부 장관, 문교부 장관, 문화공보부 장관, 중앙정보부장, 대통령비서실장, 계엄사령관, 합참의장, 각 국 참모총장, 보안사령관과 대통령이 임명하는 10인 이내로 구성하게 되었다. 상임위원회(30명 이내)는 계엄업무를 지휘 감독하는 대통령을 보좌하고 국가를 보위하기 위한 국책사항을 심의하는데 위원장은 대통령이 비상대책위원 중에서 지명하게 되어 있다.(국보위 설치령) 삼임위원중 18명이 12.12. 사태에 관련되어 있다.

19) 권력형 부정 축재자는 김종필(공화당 총재, 216억원), 이후락(공화당 국회의원, 194억

그 밖에 언론인 해직(298명)과 언론 통폐합, 사회악 일소(폭력배, 사기배 등 40,570명), 교육개혁(대입 본고사 폐지, 졸업정원제 등)이 있었다. 이들에 대한 조치는 특히 정치적 불안 및 기득권을 제거하는데 그 주요 목적이 있는것 같다.

국보위 상임위원들(29명)의 출신배경을 표 6에서 보면 다음과 같은 특징을 지적할 수 있다.

첫째, 상임위원들의 평균 연령은 47.9세이다. 이것은 당연직과 임명직 상임위원 간에 거의 차이가 없다.(각각 47.6세와 48.3세 임)

둘째, 상임위원들의 출신지는 영남 출신이 전체의 48.3%로서 가장 많고, 그 다음은 서울 출신과 북한 출신(17.2%)이며 나머지는 경기와 충청지역 출신이 각각 10.3%이다. 여기에서 호남 출신은 한명도 없고, 경남 출신도 모두 서부 경남 출신이다.

셋째, 상임위원들의 학력은 육사 출신과 서울대 출신이 가장 많아서 각각 31.0%와 25.6%를 차지하고, 그 다음은 해사와 공사 및 육대 출신이 각각 6.9%를 차지하며 나머지는 국내 여러 대학 출신이다. 그리고 상임위원들 중에 서울대 행정대학원의 수료생이 전체의 41.4%가 되는데 이것은 고위직(군 중령과 사무관 이상)에 대한 입학 등 각종 혜택이 있었기 때문이다.

원), 이세호(육참 총장, 111억원), 김진만(국회의원, 103억원), 김종락(코리아다코마 사장, 92억원), 박종규(공화당 국회의원, 77억원), 이병희(공화당 국회의원, 24억원), 오원철(경제1수석, 21억원), 장동운(원호처장, 11억원)이고 정치비리, 부패 등 국가기강 문란자로 구자춘(내무부 장관), 고재일(건설부 장관), 김현옥(내무부 장관), 구태희, 김용태, 길전식, 신형식, 장영순, 현오봉(이상 여당의원) 그리고 정해영, 송원용, 고흥문, 김수한, 박영록, 박해충, 최형우, 김동영(이상 야당 의원)이다. 전자의 비위내용은 이권개입과 부동산 투기, 공금 횡령, 특혜 등이고, 후자의 경우는 기업인으로 부터 금품 수수, 부정 축재, 인사 부조리 등이다.

사회불안 조성혐의자로 김대중(정치인), 예춘호(국회의원, 신민당), 문익환(목사), 김동길(연세대 부총장), 인명진(목사), 고은(시인), 이영희(한양대 교수)와 학생시위 지도자 다수를 연행, 조사하였다. 또한, 부패 공직자(행정부 5,418명, 정부 산하기관 3,111명, 입법부 11명, 사법부 61명)에 대하여 물러나게 하였다. 이들은 고위관료(1급)의 12.1%가 되고 국영기업 임원이 23%가 되었다.(「국보위 백서」, 1980, pp.32~35)

<표 6> 국보위 상임위원의 출신배경

부처	성명	본관	연령	출신지	학력			자격	종교	전직	종직	비고
					고교	대학	대학원					
<당연직>												
상임 위원장	전두환	완산	49	경남 합천	대구공고	육사 11기	미 육군 보병학교		불교	국군 보안사령관	대통령(2회)	민정당 총재 육군대장예편
운영 위원장	이기백	고성	50	충남 연기	대전공고	육사 11기	한양대 행정석사		불교	15사단장	국방부 장관	육군 소장
법사 위원장	문상익	남평	51	평북 정주	경동고	서울대 법학과		사시/행시	불교	법무 검찰국장	수원지검장	대검 검사
사법분과 위원장	김영균	김해	51	경남 고성		육사 11기 서울법대		사시	기독교	육군법무장	법제처장	중정 관리관
외교분과 위원장	노재원	교하	48	경남 마산	마산중	서울법대		행시	불교	외무부 기획실장	외무차관	주중 공사
내무 위원장	이광로		41	황해 벽성	웅진중	육군대학	서울대 행정대학원			사단장 (군참모장)	국회의원 (사무총장)	육군 소장
경제 위원장	김재익		42	서울	경기고	서울대 정치과	스탠포드 박사		기독교	한은 조사부 경제기획원국장	청와대 경제수석	경제기획원 국장
재무분과 위원장	심유선		49	경기 개성		단국대 정치외교학	서울대 행정대학원			사단장(한미연합사 참모부장)	국미연금공단 이사장	육군 소장
문공분과 위원장	오자복	해주	50	경기 개성	개성중	명지대 법학과	서울대 행정대학원		기독교	사단장	국방부장관 2군사령관	육군 소장
	김주호	상산	47	경남 함안	창실농고	서울대 농경제학			기독교	농수산부 기획관리실장	농림부장관	
농수산 분과위원	박종문	밀양	48	경남 거창	거창농고	경북대 농과대학	경북대 박사			수산부차관보	농산부장관 (국회의원)	차관보
보사분과 위원장	조영길	함안	47	전남 영광	대구	해사 서울대 불문과	서울대 사회학 석사			해군비서실장	전매청장	해군준장
교체 분과의원	이우재	광주	46	서울	중동고	육사 13기	서울대 정책과정			육본통신차감	체신부장관 (국회의원)	육군중장
건설 분과위원	이규효	여주	47	경남 고성		서울대 행정학				건설부 차관	건설부 장관	건설부 원장
상공분과 위원	금진호	봉화	48	경북 영주	대륜고	서울대 법대	서울대 석사			상공부기획실장	상공부 장관	상공부 실장
사회정화 분과위원	김만기		51	경북 문경		건국대 법학과	서울대 행정 석사		불교	육본헌병감 (준장)	조달청장	중정 감찰실장
정화 분과위원	이춘구	전주	46	충북 제천	제천고	육사 14기	서울대 행정 석사		천주교	사단포병단장	내무장관 (국회의원4선)	육군 준장

부처	성명	본관	연령	출신지	학력			자격	종교	전직	종직	비고
					고교	대학	대학원					
<임명직>												
육군 중장	차규헌	연안	51	경기 송탄		육사 건대 경제학	서울대 행정대학원			육사 교장	교통부 장관	군사령관 (대장 예편)
육군 중장	노태우	교하	48	대구	경북고	육사 11기	미특수전학교		불교	사단장	대통령(13대)	민자당 총재 내무장관/ 국회의원
〃	정호용	연일	48	대구	경북고	육사 11기	서울대 행정대학원		기독교	특전 사령관	내무,국방 장관 국회의원(2선)	육참총장 (대장)
〃	신현수											
해군 중장	정원민	하동	53	평북 철산		해사 동아대경제학	미 해군대			해군 참모차장	국회의원	석공 사장
육군 중장	강영식		50	서울		건국대 경제학과	서울대 행정대학원			합참 부장 (중장)	수산청장	
〃	박노영	밀양	50	경북 영주	청주고	동국대 경제학과	서울대 행정대학원		천주교	주미 무관	한미 부사령관 주대만 대사	
〃	김윤호		50	서울	경신고	육사 경남대 정경학	뉴욕공대 석사		불교	군단장	합참의장(대장)	석공 이사장
공군 중장	김상태	김해	50	경북 청도	한양중	공사 미 공군대학	경희대 행정대학원		천주교	공군 작전 사령관	공참 총장(대장) 주대만 대사	
육군 중장	권령각	안동	49	경북 안동	경북고	육군대학	미 참모대			합참 전략 국장(중장)	건설부 장관	
육군 소장	김홍한											
공군 소장	김인기	안동	47	경북 안동	경동고	공사 3기	미 공군대 연대행대원		천주교	공군 사관교장	국회의원	공참총장 (대장)
대통령 비서(2급)	안치순		41	서울		서울대 법대	플로리다 주립대 박사			숙대 교수	총리실 행조실장	
〃	민해영	여흥	43	서울	경기고	서울대 경제학과		고시 행정과	기독교	전매청 기획관리관	정무1 차관	신보이사장

넷째, 상임위원들의 전공 분야는 가장 많은 군사학을 제외하면 법학과 경제학인데 각각 24.1%를 차지하고 박사학위 소지자도 3명이 된다.

다섯째, 상임위원들의 종교는 기독교와 불교도가 각각 전체의 20.7%를 차지하고 나머지는 천주교도(13.8%)와 비신자이다.

여섯째, 상임위원들의 전직은 군장성 출신이 가장 많아 전체의 61.1%를 차지하고, 그 다음은 거의 대부분 고위 관료들이다.

일곱째, 상임위원들의 종직은 장차관을 지낸 사람이 전체의 69.0%이고 그 다음은 군장성(참모총장 등)이 31.0%이며 나머지는 거의 대부분 국회의원과 장관직을 동시에 지냈다.

이러한 특성을 보면, 국보위 상임위원들은 대부분 군장성 출신이고 영남 출신이며 육사와 서울대 출신이다. 이들은 상임위원장의 출신배경과 상당한 유관성이 있다는 것을 알 수 있다.

한편, 과거 국가재건 최고위원들의 경우와 비교하여 보면, 북한과 일본 육사 출신, 북한 출신이 거의 없고 해방 후 4년제 사관교육과 군대경력을 지녔다는 것이 큰 차이점이라 볼 수 있다. 다시 말하면 해방후 군을 장악한 이북의 만군출신으로 부터 영남의 육사출신으로 세대교체가 일어났다.

2) 최규하 내각의 출신배경

최규하 대통령은 1980년 8월 통일주체 국민회의의 간선(유신헌법)에 의하여 당선되었지만, 국보위의 영향하에 있었다.[20] 그가 구성한 내각의 국무총리는 박충훈(전 경제기획원 장관)이었고 각료 중에 35%가 군장성 출신이었다.

최규하 내각 각료(20명)의 출신 배경의 특성은 다음과 같다.

첫째, 각료들의 평균 연령은 52.5세이다.

둘째, 각료들의 출신지는 영남과 호남지역 출신이 가장 많아 각각 20%(4명)이고, 경기, 충청 및 북한 지역 출신이 각각 15%(3명)이며 나머지는 강원(1명), 제주(1명) 지역 출신이다. 비교적 지역별 안배가 되어 있다.

셋째, 각료들의 학력은 서울대와 육사 출신이 가장 많아서 각각 35%(7명)과 25%(5명)이고, 그 다음은 일본내 대학 출신(5명), 공사(1명), 고대(1명), 한신대(1명) 출신이다. 육사 출신들은 대개 미 참모대학과 국방대학원을 수료하였다. 그리고 이들의 전공을 보면, 군사학(5명), 법학(3명), 정치학(2명), 경제학(2명) 등 비교적 다양한 학문적 배경을 지니고 있다.

넷째, 각료들의 종교는 기독교도와 천주교도가 각각 2명이고, 나머지는

20) 새로운 내각이 구성되기 전 신현학(국무총리) 내각은 1980년 5월 21일에 일괄 사직하였고, 최규하 대통령은 7월 3일 전두환 상임위원장을 청와대로 불러 하야 결심을 밝히고, 전두환 위원장이 맡아 줄 것을 당부하고 설악산 휴가를 떠났다.

불교, 유교, 성공회 등 각 1명이다. 나머지는 비신자인 것 같다.

<표 7> 최규하 정부 각료의 출신배경

부처	성명	본관	연령	출신지	학력			종교	전직	종직	비고
					고교	대학	대학원				
대통령	최규하	강릉	60	강원 원주	경성제일고보	동경고사 영어영문	만주대동 학원수료	유교	외무장관 국무총리	국보위 의장	경성사범 교수 미군정청 과장
국무총리	박충훈	밀양	71	제주	경성제일고보	경도 동지사고상			상공/경제 기획원장관	산업개발원 회장	대통령권한대행 공군준장 예편
기획원	김원기	연안	56	충남 당진	보성고	고려대 정치학	조지워싱턴 런던대수학	천주교	재무부 장관	쌍용그룹 고문	국민대 이사장
외무	박동진	밀양	57	대구	경북고	일본 중앙대 법학과			유엔대사	국회의원(전국구 2선) 국토통일원장	주미대사
내무	김종환		56	경기 화성		육사 4기	국방 대학원	천주교	합참의장 (대장)	재향군인회장	
재무	이승윤	전주	49	인천	인천고	서울대 영문과	위스콘신대 박사		서강대 교수	국회의원(2선) 경제기획원 장관	
법무	오탁근		59	경북 의성	경북고	일본 메이지대		기독교	검찰총장	한국가스공사 이사장	
국방	주영복	상주	52	경남 함안	일본 육군 항공학교	공사소집2기 단국대법과	국방대학원		공참 총장	내무부 장관	국방부 장관
문교	이규호		53	경남 진주	진주고	한신대	튀빙겐대 박사		중대/ 연세대 교수	문교부 장관 대통령비서실장	
농수산	정종택	영일	45	충북 청원	청주고	서울대 행정학			내무부기획실장 노동청장	국회의원(3선) 정무1장관	환경부 장관 충청대학장
상공	정재석	창원	49	전북 장수	진주사범학교	서울대 법학과	밴더빌트대 석사		경제기획원 차관	경제기획원 장관	외국어대 교수 교통부 장관
동자	유양수	문화	56	광주	광주 서고	육사 4기	미 참모대학	성공회	카타르 대사	석유개발공사 이사장	육군소장 예편 교통부 장관
건설	최종완	강릉	52	강원 강릉		서울대 토목과	미네소타대 박사		과기처 장관	효성중공업 사장	육사/서울공대 교수,강원지사
보사	진의종	여양	58	전북 고창		경성대 법문학부			국회의원 (2선)	국회의원(2선) 국무총리	일본고등문관 시험
교통	김재명		55	전남 강진		육사 2기	국방대원	기독교	원호처장	서울지하철공사 사장	국방부 차관보 (중장)
체신	윤홍정	파평	54	평북 초산		육사 8기	서울대 행정대학원		육군교육 사령관(중장)	구미공단 이사장	
문공	이광표		50	서울	경기고	서울대 경제학			문공부 차관	연합통신/ 서울신문사장	
총무처	김용휴	광산	53	충남 홍성		육사7기/ 국민대			국방부 차관	남해화학 사장(2회)	청소년연맹총재
과기처	성좌경	창령	59	경기 양평		동경공업대 응용화학과	서울대 박사		한양대/인하대 교수	한국과학기술원 이사장	
통일원	최완복		64	황해 봉산		게이오대 불문과	소르본대 수학		외국어대 학장	통일원 고문	
무임소	김좌겸	김해	57	함남 신포		서울대 정치학		불교	관광공사 사장	관광산업개발원장	공군대령 예편 인도네시아대사

다섯째, 각료들의 전직은 장차관 출신이 전체의 35%(7명)가 되고 그 다음은 고위 관료(4명), 대학교수(4명) 및 군장성(2명), 국회의원(1명) 등이다.

여섯째, 각료들은 퇴임 후 공기업의 대표(이사장, 사장)가 된 분이 전체의 60%가 되고 나머지는 장차관(4명), 국회의원(3명), 교수(1명) 등을 지냈다.

3) 전두환 내각의 출신배경

최규하 대통령이 사퇴하고, 주영복 국방장관은 보안사의 요구대로 1980년 8월 주요 지휘관 회의에서 전두환 장군을 차기 국가원수로 추대 하기로 결의하였으며, 또한 통일주체 국민회의 대의원 안보 보고회에서도 추대되었다.

전두환 대통령은 최규하 대통령이 사임함으로서 유신헌법에 따라 대통령으로 선출되었다가 헌법개정으로 1981년 1월 대통령 선거인단(5,277명)에 의하여 제 5공화국 대통령으로 다시 선출되었다.

새로 개정된 헌법(제 5공화국)은 ① 대통령 중심제, ② 선거인단에 의한 대통령 선거, ③ 대통령 7년 단임제, ④ 국회의원 비례대표제, ⑤ 국회에 국정조사권 부여 등이 명시되었다.

전두환 대통령은 주로 1980년 9월 2일 구성된 내각을 그대로 유지하였다. 최규하 내각의 주영복 국방장관과 이광표 문공장관은 유임되었고 최대통령의 비서실장 최광수는 무임소 장관이 되었다.

전두환 내각 각료들(17명)의 출신배경을 표 8에서 보면, 다음과 같은 특성을 지적할 수 있다.21)

첫째, 각료들의 평균 연령은 50세이다.

둘째, 각료들의 출신지는 서울, 경남, 경북 출신이 각각 전체의 17.6%(3명)로 가장 많고, 나머지는 평남과 황해 출신이 각 11.8%(2명)이며, 나머지는 충남 출신이 1명이며 호남출신은 전무하다.

---

21) 전두환 정권의 장관은 모두 103명인데 이 중에서 영남 출신이 가장 많고,(전체의 39.8%) 또한, 서울대 출신이 가장 많으며(전체의 51.5%) 그들의 전직은 장차관이 가장 많다.(전체의 48.3%)

<표 8> 전두환 정권 각료의 출신배경

현직	성명	본관	연령	출신지	학력			자격	종교	해방후 직력	종직	일제시 직력
					고교	대학	대학원					
국무총리	남덕우	의령	57	경기 광주		국민대 정치학과	서울대경제석사 오크라마호박사		기독교	한은 서강대 교수	경제기획원 장관	무역협회장 한미경협회장
경제기획	신병현		60	황해 장연	후쿠시마 고상	아메리칸대 경제학	컬럼비아대 석사			한은 조사부장 세계은행 이사	대통령경제특보 상공부장관	무역협회장 경제기획원장관
상공부	서석준		43		성주 농업고	서울대 외교학	밴더빌트대 경제석사	행시		경제기획국장 대통령경제비서관	경제기획원 차관 대통령경제수석	경제기획원장관 아웅산 순식
외무부	노신영	광주	51	평남 강서	평양 제2중	서울대 법대	켄터키주립대 석사	외시	기독교	외무부과장/국장	외무부 차관 제네바 대사	안기부장 국무총리
내무부	서경화	달성	48	경남 충무	통영고	서울대 법대	한양대 박사		기독교	내무부총무과장	내무부 차관 충정 차장	국회의원(5선) 내무장관(2차)
국방부	주영복	상주	54	경남 함안	일본 육함공	단국대 법학과				전투비행단장 공사 교장	공군참모총장 (대장)	내무부장관 반공연맹이사장
법무부	이종원	경주	55	충남 아산	전주사범	고대 정법대학	고대 박사		천주교	서울고검 차장 법무부 검찰국장	법무차관 대구고검장	한국종합화학이사장 을지합동대표
문교부	이규호		55	경남 진주	진주고	한신대	독일튀빙겐대 박사			연세대 교수	통일원 장관	교원대 총장 대통령비서실장
보사부	천명기	연양	51	경기 양평	경복고	서울대 법학과				우신약품사장 신민당 대선후 비서실장	국회의원(3선)	한국사회복지협의회장식품공업협회장
노동부	권중동	안동	49	경북 안동	안동고	서울대 미대 양성소				체신노조위원장 중앙노동위원장	노동청장	국회의원(전국)
문공부	이광표		51	서울	경기고	서울대 경제과				한국일보 기자 적십자 부총재	대통령의전 비서관 문공부 차관	국정교과서 사장 연합통신, 서울신문사장
국토통일	이범석	서산	56	평남 평양	동경법정 예과	고려대 영문과	조지와싱톤대 수학			외무부의전실장 적십자 부총재	인도대사	평통사무총장 대통령비서실장
농수산	고건	제주	43	서울	경기고	서울대 정치학	서울대 환경석사	행시	기독교	내무부지방국장 대통령정무 2수석	교통부 장관	국회의원,내무장관 서울시장(2회) 국무총리(2회)
과기처	이정오	재령	49	경북 의성		육사 13기 서울대 물리학	터프스대 박사		기독교	육사 교수	한국과학원장	한국과기대 학장 (2회)
교통부	윤자중		53	황해 해주		공사 1기 국민대 경제과	국방대학원			전투비행단장	공군참모총장 (대장)	무역진흥공사사장
건설부	김주남	강릉	50	강원 강릉	경기상고	서울대 경제과		행시	천주교	경제기획원 차관보	건설부차관 경기지사	한국도공이사장
무임소	최광수		46	서울	경기고	서울대 행정과	조지타운대 외교과	행시		외무부 국장 국방부 차관	대통령 비서실장	체신부 장관 외무부 장관

셋째, 각료들의 학력은 서울대 출신이 전체의 47.1%(8명)로 가장 많고(2명은 군위탁생) 그 다음은 사관학교(3명), 고대(2명) 및 기타 대학(3명) 출신이다. 그리고 미국 또는 독일에서 석박사 학위를 취득한 분은 47.1%(4명)이고 국내

의 경우도 3명이 된다. 과거와는 달리 국내 대학 특히 서울대 출신들이 많고, 또한 박사학위 취득자도 많다.

넷째, 각료들의 전직은 관료들이 가장 많고(전체의 70.6%) 그 다음은 군장교, 교수, 국회의원의 순이다. 특히 각료로 임명되기 직전의 전직은 장차관 출신이 12명이 되어 전체의 52.6%를 차지하고, 나머지는 군 참모총장(2명), 교수(1명), 국회의원(1명) 등이다

다섯째, 각료들이 해직된 후에 다시금 장차관으로 임명된 경우가 9명으로 전체의 52.9%를 차지하며, 나머지는 관련 단체장이나 국회의원 및 교수직을 유지한다.

이것을 보면, 과거 박정희 정권시 일제하 대학교육을 받은 보수적 관료지배층은 그간 점진적으로 퇴출되고, 전두환정권 부터 해방후 대학교육을 받은 근대적 관료지배층이 등장되고 있다. 또한 기존의 관료와 장차관 출신으로 행정의 안정, 즉 보수화를 추구하고 있음을 알 수 있다.

4. 민주화 운동

1981년 1월에 선거법을 개정하여 국회의원 선거를 ① 중선거제, ② 전국구 비례대표제[22]를 실시하였다. 그리하여 제 11대 국회는 여당인 민정당(총재 전두환)이 과반수 이상인 151석을 차지하였고(의원 정수 276석) 관제 야당인 민한당(유치송)을 81석, 그리고 한국국민당은 25석을 차지하였다.[23] 그러나 1985년 2월 12일 제 12대 국회의원 선거에서는 여당인 민주정의당이 148석을 차지하였지만 창당한지 1개월이 된 신한민주당(이민우 총재, 김영삼・김대중의 민추협 중심)이 67석을 확보하였고 민주한국당이 35석, 그리고 한국국민당이 20석을 차지하였다.

---

22) 지역구 의석을 제 1당에게 전국구 의석의 2/3를 주고 나머지는 득표율에 따라 배분함.

23) 당시 언론은 야당을 1중대, 2중대라고 하였다. 야당의 설립을 보안사와 중앙정보부가 주도하였다는 뜻이다. 국민당의 사무총장(김영광)과 기획조정실장(강기필)이 모두 중정 판단관 출신이다.

그 후 신민당이 민한당과 국민당의 당선자를 영입하여 103석의 강력한 야당이 될 수 있었다. 야당인 신민당의 정강정책이 ① 대통령 중심제와 직선제, ② 독재와 독선 배제, ③ 지방자치 실시, ④ 언론기본법 폐지, ⑤ 군의 정치적 중립, ⑥ 남북 대화의 계속 추진 등이었다.

이러한 정강정책은 여당인 민정당의 경우와 충돌하게 되어 있다. 그리하여 신민당과 재야세력은 대통령 직선제와 양심수 및 구속 학생의 석방, 정치규제법 폐지, 노동 3권의 보장 등을 위한 개헌 투쟁을 전개하였다.

한편, 전두환 대통령은 비록 합법적 절차에 따라 집권하였지만 내용상으로는 무력과 폭력에 의하여 집권하였기 때문에 항상 정치적 정통성 문제를 지니고 있었다. 그리고 집권 초기에 나타난 경제문제와 안보문제를 어느 정도 해결하였으나 부정금융사건, 부실기업 정리 및 친인척 비리 문제 등이 터져 정권에 대한 불신이 심화 되었다.

이러한 것들이 1987년 소위 10월 혁명, 즉 민주화 운동의 불씨가 되었다. 민주화 운동의 결실은 여당(노태우 민정당 대표)이 야당과 학생 시민운동의 요구인 대통령 직선제를 수용한 것이 그 핵심이다. 그 후 김영삼 총재(신민당)는 노태우 총재(민정당) 및 김종필 총재(자민련)와 3당을 합당하였고 민주자유당의 대표가 되어 1993년 2월 제 15대 대통령이 되었다. 그는 대통령이 된 후 5.17 군사혁명의 주도세력인 전직 대통령(전두환, 노태우)을 국헌 문란죄로 단죄하고 숙군(특히 하나회 출신)을 단행하였다.

5. 결 론

박정희 소장이 주도한 1961년 5.16 군사혁명은 기존의 정치적 질서(대의민주주의)를 부정하였지만 경제적 질서(자유시장경제)를 부정한 것은 아니다.

5.16 군사혁명이 기존의 정치적 질서를 부정하였기 때문에 정치권력, 즉 집권세력은 불가피하게 교체되었다. 그러나 전통적인 권력지배층이 완전히 배제된 것이 아니고, 해방 이후 권력지배층은 그대로 유지되었다.

전통적 권력지배층은 일제시 지주부농과 친일관료가 그 주류를 형성하였지만 군사혁명 이후에는 특히 일제시 육사 출신들이 새로운 권력지배층이 되었다. 이러한 특징은 민주당과 군사정권하 대통령의 출신배경에서 단적으로 볼 수 있다. 또한 본론에서 지적한 바와 같이 장도영 내각이나 박정희 내각, 심지어 1973년 유신 내각에서도 그 특징을 찾아 볼 수 있다. 즉, 일본 육사와 유학 출신 및 고등문관시험 합격자가 많았다.

1961년 장도영 내각의 각료는 이북 출신이 많았지만(전체의 53.8%), 그것은 1963년 이후 박정희 내각에서는 영남 출신으로 대치되었으며, 1980년대 전두환 내각에서는 영남 출신이 지배적이었다. 다시 말하면 1980년 이후 남한 출신과 해방후 국내파 출신의 권력지배층이 형성된 것이 그 특징이다.

이러한 것은 우리나라 권력지배층이 비록 군사정권하이지만, 전통적인 성격(지주 부농과 친일 관료 등)을 탈피하고, 해방 이후 신교육과 신제도, 특히 관료제도와 전문직에 의하여 새로 형성된 신중산층(화이트 칼라) 출신이 권력지배층의 주류를 형성하였음을 의미한다.

이와 같이 세월이 지나고 사회가 변화하면, 그간의 기능적 필요성(6.25 전쟁, 공업화, 교육발전 등)에 의하여 군 출신과 전문직 출신의 권력지배층이 형성되고, 또 그 충원기반이 확대되고 다양해졌다.

반면, 오랜 군사정부에 의하여 정치적, 산업적 민주주의가 제대로 발달하지 못하였고(대선, 총선의 간선제, 노동 3권의 유보 등) 국민 기본권의 제약되어 시민들의 불만이 심화 되었다. 이러한 불만과 사회적 갈등이 제대로 해소되지 못하여 1980년대 부마사태, 광주사태 등이 일어났으며, 마침내 1987년 10월학생 및 시민들의 항쟁으로 6.29 선언 등 민주화 운동이 군정을 종식시키게 되었다.

제 5장 민주화 정권의 권력지배층

1. 서 론

1) 연구 목적

지난 20년간 정치권력의 변동은 군사정부가 문민정부로 이행된 것이 특징이다. 1987년 6월 시민항쟁, 소위 민주화 이후 2008년 초 까지 국민 직선에 의하여 5대 대통령의 권력체계가 형성되었다. 대권은 국민으로부터 위임을 받은 것이지만 대통령은 정책을 형성하고 집행하는 책임을 지니고 있다. 비록 대통령은 개인이지만 대통령직 또는 대권을 창출하고 정책을 형성하는 권력지배층의 역할이 대단히 중요하다.[1)]

권력지배층은 현대국가에 있어서 일반적으로 3권이 분립되어 있기 때문에 행정부, 입법부, 사법부의 지배층을 말하고, 나아가 재계, 학계, 시민단체 등에서 높은 사회적 지위와 많은 권력 또는 영향력을 행사할 수 있는 사람을 말 할 수 있다. 본 고에서는 좁은 의미의 권력지배층, 즉 대통령과 그 참모 및 내각의 각료들을 중심으로 다루려고 한다.[2)]

---

1) 대통령은 국가의 원수이고(헌법 제 66조) 국권 통수권자이며(동 제 74조) 정부의 수반으로 행정기관의 장을 지휘, 감독한다.(정부조직법, 제 11조)
또한, 퇴직 후 국가 원로로서 ① 연금지급(지급 당시 대통령 봉급의 95%), ② 유족연금(대통령 봉급의 70%), ③ 유자녀가 생계능력이 없으면 이것을 균분 지급하며, ④ 기타 예우(1~2급 별정직 국가공무원인 비서관 3인, 전직 대통령과 유족에 대한 경호, 경비 및 교통 통신의 편리 제공, 가료 등)를 받는다.(「전직 대통령 예우에 관한 법률」 제 5조, 1961년 제정, 1981년 개정) 대통령의 월급은 약 천 7백만원이고, 퇴임후 평생동안 매월 약 1천 5백만원을 받는다.(2007년 자료)

본 고에서는 지난 5대 대통령이 소위 '민주혁명', '선거혁명'을 통하여 집권하면서 과연 권력변동, 즉 집권세력이 어떻게 변화되었고, 그들이 임명한 각료(장관)와 수석 비서관 및 인수위원들의 사회적 성격이 어떻게 변화되었으며, 주요한 정책변화의 차이가 일어났는 지를 고찰하여 보려고 한다.

지난 20여년간 민주혁명(1997. 6월 시민항쟁과 6·29선언[3]), 광주 민주항쟁[4]) 등), 선거혁명(1997년~2007년 12월) 등을 통하여 집권한 정부가 권력이동, 즉 지배층 이동(elite mobility)에 있어서 혁명성과 정체성이 나타나고 있는지 매우 궁금하다.[5])

일반적으로 1961년 5·16 군사혁명으로 영남 출신의 정치지배층이 등장하여 그 후 30여년간 지역격차, 지역감정이 심화 되었고, 동시에 반공을 국시로 하여 경제개발계획으로 산업화(경제성장)가 이룩되었지만, 대립적인 남북관계 및 종속적인 한미관계가 형성되었다고 한다. 그로 인하여 많은 정치적, 경제적, 사회적 심지어 문화적 문제를 창출하였다. 특히 지난 10년간 남북협력과 재벌해체, 차별철폐 등을 주장한 소위 좌파정부가 나타났고, 2008년에는 소위 '잃어버린 10년'을 되 찾으려는 보수 우파정부가 나타나게

---

2) 권력지배층은 ① 개인적 우수성, ② 제도적 또는 관료제의 상위, ③ 정책결정, ④권력소유의 4가지 특성을 지니고 있다.(金泳謨,「朝鮮支配層硏究」,일조각/고헌,1977/2002, p.4)

3) 6월 민주항쟁은 1987년 4월 13일 전두환 대통령의 호헌조치에 대하여 반대하는 '민주헌법쟁취 국민운동본부'가 중심이 된 국민대회의 승리를 말한다. 18일 국민대회에는 전국 16개 지역에서 50여만명이 참여하였고(부산에서 30여만명 참여) 26일 국민대회에는 전국 34개시와 4개 군에서 140여만명이 참여하였다. 이러한 대규모의 국민투쟁에 굴복한 제 5공화국 권력지배층, 특히 노태우 차기 대통령후보의 6·29선언을 이끌어낸 국민항쟁을 말한다. 6·29선언은 대통령 직선제, 대통령 선거법 개정, 김대중 사면복권 및 시국관련 사범 석방, 국민기본권 신장, 언론자유 창달, 지방자치제 실시, 대학 자율화, 자유로운 정당활동, 과감한 사회정화 조치 등 8개 항을 약속하였다.

4) 광주 민주화운동은 전두환 정권(소위 신군부)의 무력 탄압에 대하여 광주시민과 전 도민이 전국 비상계엄하에 처음에는 비폭력으로, 후에는 탈취한 무력으로 저항한 시민혁명이다. 광주 민주화 운동은 박정희 정권의 영남지역에 편중된 공업화에 의한 경제개발 정책으로 호남인의 심한 박탈감와 소외감에서 영남 출신의 신군부의 재등장에 저항심이 강했으며, 더욱이 오랫동안 독재권력의 탄압을 받은 김대중에 대한 카리스마적 기대와 지지로 나타나게 되었다.

5) 혁명의 고전적 개념은 기본적으로 지배계급의 교체와 구질서의 변화를 의미한다.

되었다.

그리하여 좌우 정부의 정권교체를 통해서 얼마만한 혁명성과 정체성이 나타나고 있는 지를 주로 권력지배층 이동과 그 출신배경을 중심으로 고찰하여 보려고 한다.

2) 연구 방법 및 범위

본 고에서 말하는 권력지배층은 선거를 통하여 국민으로 부터 최고의 권력을 위임받은 대통령(국가의 원수, 행정의 수반)을 비롯하여 그 권력을 창출하고 집권하기 위한 정치세력을 말한다. 이러한 정치세력은 행정부 뿐만 아니라 공조직(정당)과 사조직 등 매우 광범위 하겠으나 본 고에서 다루려고 하는 권력지배층은 대통령과 대통령직 인수위원, 대통령 참모(수석 비서관 및 보좌관), 국무총리, 국무위원(장관) 및 실권자를 말한다.

대통령은 민주화 이후 비교적 자유로운 정치 이념과 그에 기초한 정책을 구현하기 위하여 대선 및 총선 공약을 제시하였고 그것을 정책화 하여 집행하였기 때문에 소위 과거 군사정부 시절과는 상이한 정치지배층을 창출할 수 있을 것이라고 생각한다. 예컨대 지난 20년간 제기된 주요한 정책적 과제로서 민주화 운동, 지방자치, IMF 지배(재벌해체 등), 남북협력, 시장개방, 생산적 복지, 성장과 분배, 세제개혁 등이 있었다. 이러한 정책과제는 그것을 결정하는 권력지배층의 이념적 차이에 따라 달라질 수 있다. 이러한 이념적 차이는 그들의 출신배경과 사회화 과정에 의하여 형성될 수 있다.

그리하여 저자는 해방후 권력지배층, 특히 지난 20년간, 즉 민주화 이후 대통령과 수석비서관 및 국무총리, 장관들의 가족, 지역, 학력, 경력, 종교, 재산 및 정당 등 사회적 배경을 분석하여 그들의 개인적 자질과 사회활동, 나아가 이념적 특성을 고찰한다.

지난 20년간 5명의 대통령과 그들이 임명한 국무위원과 청와대 비서관의 출신배경을 먼저 개관하고, 각 정권별 초대 국무위원(내각), 대통령직 인수위원 및 초대 수석 비서관, 그리고 주요 실권자(감사원, 국정원, 참모총장, 검찰총장, 경찰청장, 국세청장)들의 출신배경을 분석하여 각 정부의 이념적 정책적 성격을 규명하여 본다. 초대 내각과 초대 수석비서관을 자세히 다루려는 것은 그들이 각 정권의 특징을 잘 나타낸다고 생각하였기 때문이다.

본 고에서 다루는 권력지배층의 사회적 배경은 주로 중앙선거관리위원회의 「역대 선거정보시스템」과, 집권기간에 언론기관의 보도내용과 「인물정보(이력서)」 그리고 총무처 및 행자부의 「공직자 재산등록 공개자료」[6] 등에 나타난 내용을 분석하여 고찰한다. 특히 고위 공직자가 신고한 재산은 그 신빙성이 매우 높으나 표준지 고시가격에 기초하여 있기 때문에 시기에 따라 재산 가격의 차이가 있다.

2. 대통령과 대권 인수위원

민주화 이후 막강한 권력을 가진 대통령(현재 임기 5년)의 자질이 어떻게 형성되었으며, 또한 그러한 권력(대권)을 창출하는데 기여한 주요한 요인이 무엇인가를 고찰한다.

대통령의 권한은 막강하다. 대통령은 행정수반으로서 행정부처의 장관급(40명), 차관급(96명), 실 · 국장(550명) 및 1급~3급 고위 공무원단(1,241명)을 임

---

6) 공직자 및 공직 후보자의 재산등록은 1993년 김영삼 정권시 처음 실시되었고, 공직자윤리위원회는 매년 재산 변동신고를 한다(「관보」, 공고 참조) 그 공개 범위는 ① 대통령, 국무총리, 국무위원, 국회의원 등 국가의 정무직 공무원, ② 지방자치단체의 장, 정무직 공무원 및 지방의회의원, ③ 4급 이상 일반직인 국가 및 지방공무원과 이에 상당하는 별정직 공무원, ④ 대통령이 정한 외무공무원과 4급 이상의 국가정보원의 직원 및 대통령 경호공무원, ⑤ 고등법원 부장급 이상의 법관과 검사장급 이상의 검사 및 차장급 이상의 지청장, ⑥ 중장 이상의 장관급 장교, ⑦ 치안감 이상의 경찰 공무원 및 시 · 도의 경찰청장, ⑧ 지방 국세청장 및 세관장, ⑨ 정부투자기관의 장, 부기관장 및 상임감사, 한은 총재 및 부총재 등이다.(「공직자 윤리법」, 제 10조, 시행령, 제 24조)

이에 따라 정기 재산공개 대상자는 2008년 173개 기관 635명이고 등록의무자는 모두 161,706명(공개 5,496명, 비공개 156,210명)이다. 행정부의 경우 101,860명인데 786명만 공개하였다. 그런데 2008년 3월 28일 공개된 재산은 공개 대상자의 24.3%가 직계존비속이라도 독립생계를 유지한다고 거부하였다. 고지거부율은 기획예산처의 46.2%, 대검찰청이 45.6%, 감사원이 42.1%, 국무조정실이 38.1%, 재경부가 36.9%, 법무부가 34.7%, 국세청이 33.9% 등의 순이다.

명할 수 있고, 또 군 통수권자로서 군장성에 대한 인사권을 행사할 수 있으며, 국회의원의 공천과 대법관의 추천권을 행사하는데 영향력을 행사할 수 있다.7)

1) 대통령의 출신배경

대통령으로 당선된다는 것은 여러 가지 복합요인에 의하여 가능하다. 이러한 요인은 대통령의 개인적 자질 뿐만 아니라 시대적 상황과 국민적 여망의 산물이라 할 수 있다. 개인적 자질은 선천성도 있겠지만 무엇보다도 그가 태어난 가족배경과 출신지, 그리고 학력, 직업적 경력 및 종교적 신념 등에 의하여 개인의 야망과 용기 및 능력이 형성되었다고 볼 수 있다. 어린 시절부터 대통령이 되겠다는 동기도 중요하겠지만 그 보다도 자라면서 성격과 자질이 사회화 되었다고 볼 수 있다.

지난 20년간 5명의 대통령이 어릴 때 가난한 농어촌 생활을 경험하였고 일찍이 농촌을 떠나 도시에서 자기 수련이 시작되었다. 일반적으로 권력지배층은 중농 출신이 대부분이라고 하는데 부유한 집안(어장) 출신인 김영삼 대통령을 제외하면 나머지 4명의 대통령은 모두 가난한 집안에서 태어났고, 고학 하다시피 고교와 대학 교육을 수학한 경험을 지니고 있다.8) 이러한 분들은 문화적 주변인(cultural hybrids)이라 할 수 있다.9) 다시 말하면 농촌문화와 도시문화를 공유하고 빈곤을 탈출하여 자수성가한 입지전적 인물이라 할 수 있다. 쉽게 말하면 비록 집안이 가난하지만 머리가 좋아서 사회적 적응

---

7) 대통령은 행정부 공무원 이외에도 ① 헌법기관(대법관 3명, 헌법재판관 3명, 중앙선관위원 3명 등 26명)과 ② 특정직 공무원(검찰 및 경찰 간부, 참사관 이상, 외무공무원 등 4,807명), 그리고 ③ 공공기관(정부투자기관장 46명, 공기업사장 17명, 감사 등 88명)의 고위직 7,000여명에 대하여 인사권을 행사할 수 있다.

8) 비록 학력은 고졸이지만 김대중 대통령은 국내외에서 11개, 그리고 노무현 대통령은 1개의 명예 박사학위를 취득하였다. 그리고 노태우 대통령은 외국에서 2개, 김영삼 대통령은 국내외에서 9개, 이명박 대통령은 4개의 명예박사를 취득하였다. 명예박사는 1948년 이후 국내에서 3,515명에게 수여되었고, 이것은 대부분 학교재정지원, 정치적 영향력, 학교간 교류 활성화를 위하여 제공하고 있다.

9) R.E Park는 시카고 주변 도시연구에서 사회적응이 강한 이중적 성격을 지닌 인종적, 문화적 잡종인을 주변인(marginal man)이라고 하였다.

을 용이하게 할 수 있었고, 또 당시의 시대적 상황을 활용할 수 있는 창의적 지혜(능력)를 지녔다고 볼 수 있다.

<표 1> 대통령의 출신 배경

성명 (당선년도)	노태우 (1987)	김영삼 (1992)	김대중 (1998)	노무현 (2002)	이명박 (2007)
연령 본관 가족 출생지	55 교하 1남 1녀 대구 달성	64 금녕 2남 3녀 경남 거제	72세 김해 3남 전남 신안	56세 광주 1남 1녀 경남 김해	66세 경주 1남 3녀 경북 포항
종교	불교	기독교 (충현교회 장로)	천주교	천주교	기독교 (소망교회 장로)
학력; 초등 중고 대학	경북고 육사(미특수전학교)	장목초등 경남중 서울대 철학과	목포상고 경희대 대학원 (경제학)	대창초등 진영/부산상고 사법시험 합격	영홍초등 포항/동지상고 야간 고려대 경영학과
주요 경력	9사단장 국군보안사령관 정무2 장관 체육·내무부장관 민정당 총재 민주자유당 총재	3대 민의원(9선) 신민당 총무 신민당 총재 통일민주당총재 민주자유당총재	목포일보 사장 흥국해운 사장 민의원(4선) 민주당 대변인 대통령 후보(4회) 평화민주당 총재	대전지법 판사 국회의원(2선) 해양수산부장관 새천년민주당 상임고문	현대건설사장 동아시아연구원 이사장 상공회의소 부회장 국회의원(2선) 서울특별시장
정치사회 운동	쿠데타(12.12사건)	민주화(민추협)	민주화(민추협)	노동운동(인권)	학생운동(6·3항일)
재산		16억 4천 5백만원	8억 8천 6백만원	2억 5천 5백만원	353억 7천 4백만원
소속정당	민주자유당 총재	민주자유당 총재	평화민주당 총재	새천년민주당 고문 (열린우리당)	한나라당 종로지구당 위원장
정계추천	전두환	장택상	장면	김영삼	김영삼

(자료) 중앙선거관리위원회, 「역대 선거정보관리시스템」

비록 대부분의 대통령이 가난한 집안에서 태어났다할 지라도 그들은 오랫동안 전문·관리직을 수행하면서 높은 소득과 많은 재산을 소유하고 있어서[10] 한국사회의 상위 자산층, 즉 부르조아들이라 할 수 있다.[11] 따라서 그

10) 우리나라 국민의 1% 소수 특권층은 2007년 말 현재 23억원 이상의 재산을 소유하고, 과세 상한선인 8천만원 이상의 연봉이면 된다.

11) 김영삼 대통령은 부유한 가정(어장 소유)에서 태어났지만 어머니가 빨치산에 의하여 피살되어 강력한 극우 반공주의자가 되었다. 노무현 대통령은 가난한 가정에

들의 이념과 가치관은 보수적 성향을 지닌다.

5명의 대통령중 4명은 영남 출신이고, 또 4명이 기독교(장로) 또는 천주교 신도이며 상고(3명)와 대학 출신이 많다. 그리고 오랫동안 전문직과 정당(정치인)의 경험을 지니고 있어서 정치적 지도력을 어느 정도 소유하고 있다.[12)]

한편, 이들의 개인적 자질이 해방 후 일어난 정치적 변혁과 제도적 발전에 따라 형성, 성숙되었다고 볼 수 있다. 정치적 변혁은 건국(남북 분단), 해방후 좌우대립, 6·25 전쟁, 4·19 혁명, 5·16 군사 혁명, 10월 유신, 반군사 독재투쟁, 5·18 군사쿠테타, 민주화 운동(부마사태, 광주사태, 1987년 시민항쟁 등) 등이 있었다. 그리고 제도적 발전은 6·25전쟁과 남북대립으로 군사제도가 발달하였으며 동시에 서구식 문화(기독교·천주교 등)와 고등 교육제도가 발달하였다.

또한, 오랜 경제개발계획으로 기업발달과 자본가계급이 형성되었으며 교육, 행정, 사법 등 사회제도의 발달로 대량의 전문 기술직 및 관리·사무직, 즉 신중산층(화이트 칼라)이 형성 되었다.

그리하여 우리나라에 있어서 전통적인 권력지배층(지주 및 기업의 소유권자) 보다 새로운 권력지배층(즉 화이트 칼라와 같은 비소유권자가 대량으로)이 대량으로 나타나기 시작하였다.

이러한 시대적 상황과 권력지배층의 변화가 나타난 것은 단적으로 역대 대통령의 출신배경을 통해서도 알 수 있다. 즉 군사쿠데타→민주화→산업화에의 권력이동이 그것을 말한다.

태어나 비록 전문직(변호사)에 종사하였지만 인권 및 노동운동에 헌신하여 진보적 개혁 성향을 지닌다. 그러나 이명박 대통령은 가난한 가정에서 태어났지만 오랫동안 관리직(현대건설사장, 회장)에 종사하여 신우파적 성향을 지니고 있다.

12) 김호진은 이승만 대통령은 가부장적 권위형, 박정희 대통령은 교도적 기업가형, 전두환 대통령은 저돌적 해결사형, 노태우 대통령은 소극적 상황적응형, 김영삼 대통령은 승부사적 성취형으로 분류한다.(「한국정치체제론」, 박영사, 1999)

2) 대권의 창출 요인

대권을 창출한 주요한 사회적 요인은 대통령의 지연, 학연, 직연, 종교, 사조직 및 이념 등에서도 찾아 볼 수 있겠지만, 무엇보다 가장 중요한 것은 정권에 대한 민심이반이라 할 수 있다. 그것은 과거에는 오랜 군사독재와 지역차별에 대한 민주화 운동, 그리고 최근 '잃어버린 지난 10년'을 친북 좌파라고 규정한 한나라당과 무능한 정부로 규정한 보수언론들의 여론 형성이 주요한 역할을 하였다.

(1) 정치갈등과 지역성

민주화 이후 지금까지 선출된 대통령(임기 5년)은 모두 5명(13대~17대)이다. 이들의 대권 경쟁에서 그간 우리나라 정치갈등의 명암이 나타나고 있다. 특히 제 13대 대선 경쟁에서 지난 30여년간 군사혁명으로 정치적 지도자가 된 김종필(5 · 16)과 노태우(12 · 12), 그리고 군사혁명에 반기를 든, 야당운동의 지도자인 김영삼과 김대중(이들은 1960년대 민주당 대선후보 경쟁자)이 모두 대선 후보로서 치열한 선거운동을 하였다. 그러한 결과 노태우 민정당 후보가 당선되었고,(득표율 35.9%) 나머지는 김영삼 민주당 후보(27.5%), 김대중 평민당 후보(26.5%), 김종필 공화당 후보(7.9%)의 순위로 상당한 득표를 하였다.(표 2 참조)

이러한 대선 결과에서 비록 노태우 후보는 호남을 제외한 각 지역에서 많은 득표를 하였지만, 김영삼 후보는 경남에서, 김대중 후보는 호남에서, 그리고 김종필 후보는 충남에서 압도적인 지지를 받았다.[13] 여기에서 지역간 대립이 심하다는 것을 알 수 있다. 다시 말하면 지연이 선거에 큰 영향을 미치고, 이것이 한국의 정치적 사회적 갈등의 주요한 요인이 되어 있다는 것을 알 수 있다. 따라서 지역감정, 나아가 지역갈등이 한국의 정치현상뿐만 아니라 경제 및 사회 현상을 분석하는데 매우 주요한 요인이 될 수 있

---

13) 노태우는 대구, 경북에서 약 7할을 득표하였지만 광주, 전남에서는 1할 미만이었다. 김영삼은 부산, 경남에서 5할 이상 득표이지만 광주, 전남에서는 1%이하, 그리고 DJ는 광주, 전남에서 9할 이상을 득표하였지만 영남에서는 1할 미만이었다.

다.

<표 2> 대선 후보자의 득표율

(단위 ; %)

대선후보	13대 대선			14대 대선		15대 대선		16대 대선		17대 대선	
	노태우	김영삼	김대중	김영삼	김대중	김대중	이회창	노무현	이회창	이명박	정동영
소속정당	민정당	민주당	평민당	민자당	민주당	국민회의	한나라당	민주당	한나라당	한나라당	민주신당
투표율	91.8			84.0		80.7		70.8		63.0	
득표율	35.9	27.5	26.5	41.4	33.4	39.7	38.2	48.5	41.2	48.7	26.1
서울	29.4	28.6	32.1	36.0	37.3	44.3	40.4	51.0	44.7	53.2	24.5
부산	31.6	55.2	9.0	72.6	6.3	15.1	52.6	29.6	66.3	57.9	13.5
대구	69.8	24.0	2.6	59.0	19.2	12.4	71.7	18.5	77.1	69.4	6.0
인천	38.7	29.5	21.0	36.8	31.3	38.0	35.9	49.5	42.1	49.2	23.8
광주	4.8	0.5	93.4	2.1	95.1	96.3	1.7	94.7	3.6	8.6	79.8
대전				34.7	28.3	44.4	28.8	54.7	39.5	36.3	23.6
울산						15.2	50.7	35.0	52.4	54.0	13.6
경기	40.7	27.0	21.9	35.8	31.5	38.7	35.6	50.3	43.9	51.9	23.6
강원	57.9	25.5	8.6	40.8	15.2	23.3	42.4	40.9	51.8	51.9	18.9
충북	45.7	27.5	10.7	37.5	25.5	36.7	36.2	49.8	42.4	41.6	23.8
충남	24.5	15.6	12.1	36.2	27.9	47.2	23.0	51.4	40.6	34.3	21.1
전북	13.7	1.5	80.9	5.6	88.0	90.7	4.5	90.7	6.1	9.0	81.6
전남	8.0	1.1	87.9	4.2	91.1	92.9	3.1	92.2	4.6	9.2	78.7
경북	64.8	27.5	2.3	63.6	9.5	13.4	60.6	21.3	72.2	72.6	6.8
경남	40.4	50.2	4.4	71.5	9.1	10.8	54.0	26.7	66.6	55.0	12.4
제주	48.5	26.1	18.2	39.3	32.4	39.8	35.9	55.3	39.4	38.7	32.7
비고	4위 김종필 (공화당) 7.9%			3위 정주영(국민당) 16.1%		3위 이인제(국민신당) 18.9%		3위 권영길(민노당) 3.9%		3위 이회창(무소속) 15.1%	

(자료) 중앙선거관리위원회, 「역대 선거정보시스템」의 재 분석임.

그 후 김영삼 후보는 정치적 변신을 하여, 야당(통일민주당)에서 여당이 되었다. 즉 여당의 노태우 총재(민주자유당)와 야당의 김종필 총재(신민주공화당)와 함께 소위 3당 합당을 통하여 숙원이던 제 14대 대통령으로 당선되었고, 낙선된 김대중 후보(국민회의)는 다시금 여당인 이회창 후보(한나라당)후보와 여당에서 탈당한 이인제 후보(국민신당)와의 대선 경쟁에서 늦게사 제 15대 대통령이 되었다[14]. 이 때의 대선에서도 지역간 심한 득표율의 차이가

14) YS와 DJ는 40여년간 특히 야당 정치인(민주당)을 하면서 서로 이합집산을 거듭하

나타났다.[15)]

김영삼 후보(1993~1998)는 대선 과정에서 비록 여당 후보로 당선되었지만, 그는 민주투사 답게 재임시 여당 전신인 민정당 출신 전두환 전대통령(11, 12대)과 노태우 직전 대통령을 반민주적 군사 쿠데타의 주역으로 정권을 탈취하였다고 하여 '내란죄'로 구속, 수감하였으며, 또한 공권력을 이용한 정치자금의 수집을 한 국사범으로 그들을 처리하였다.[16)]

이러한 조치는 이 땅에 다시금 군사 쿠데타가 발생하지 않도록 하였다는 것은 매우 주요한 정치적 의미, 즉 민주화의 결산이라고 볼 수 있다. 그러나, 김영삼 대통령의 재임 말기에는 외환 위기를 자초하여 IMF 지배 관리체제가 된 것은 큰 오점이라 하지 않을 수 없다.

이러한 외환 위기시에 집권한 김대중 후보(1998~2003)는 탈차별정책을 주장하고 IMF 사태를 슬기롭게 해결하였다고 하지만, 그는 IMF 즉, 선진 독점자본가의 요구를 수용하였으며, 마침내 재벌해체, 시장개방, 민영화, 규제철폐, 노동의 유연성 등을 초래하였다. 다시 말하면 미국이 주도하는 세계화 자본주의(global capitalism)에 한국을 편입시켜 막대한 국부와 개인 재산의 손실 뿐만 아니라 외국자본의 침탈이 용이하도록 제도적, 구조적 통로를 열어주었다.[17)] 그러나, 김대중 대통령은 얼어 붙은 남북관계를 남북 정상회담(6 · 29 공동선언), 경제협력, 금강산 개발 등으로 물꼬를 트는데 크게 기여하였다.

그 뒤를 이은 노무현 대통령도 이회창 후보(한나라당)와의 대선 결과에서 지역간 표심의 차이를 엿 볼 수 있다.[18)] 전임 대통령과 마찬가지로 재벌해체, 대북포용정책, 지역주의 극복, 지역균형 발전, 권위주의의 청산에 관심을

면서 민주화 투쟁(반군사정부)을 계속하였다.

15) YS는 부산, 경남에서 각각 72.6%와 71.5%를 획득하였고 DJ는 광주, 전남에서 각각 95.1%를 획득하였다. 반면에 다른 지역에서는 모두 10% 미만 득표하였다.

16) 김영모 편, 「현대사회문제론」, 고헌 출판부, 2007, pp.88~89

17) 김영모, 「한국사회의 이해」, 한복연 출판부, 1999, 제 7장 1절 참조.

18) 노무현은 호남에서 9할 이상, 이회창은 영남에서 7할 이상을 획득하였지만 전자는 영남에서 3할 이하, 후자는 1할 미만이었다.

많이 가졌고, 동시에 양극화 해소와 지방분권화에 진보적 관심을 가졌지만 이것을 해결하기 위하여 분배정책, 특히 주택 및 조세정책의 개혁과 일자리 창출과 생산적 복지로서는 대단히 미흡하였다. 노무현 정부의 경제정책과 복지정책은 신자유주의 정책의 성격을 지니고 있었기 때문이다.[19]

지난 10년간 김대중 정부와 노무현 정부가 행한 대북정책을 야당(한나라당)은 퍼주기식 정책이니 친북 좌파 정권, 심지어 '잃어버린 10년'이라고 하면서 보수적인 주요 언론(소위 조중동) 및 일부 사회단체와 더불어 매도하였다. 노무현 정부는 초기에 자주 외교를 부르짖으면서 미국이 요구한 이라크 파병과 한미무역자유협정(FTA) 등을 결국 수행하였다.

최근 한나라당의 17대 대선 이명박 후보는 경제살리기(일자리 창출), 규제철폐, 민영화, 한미동맹 등 신자유주의적 대선공약을 주장하면서, 그를 냉전수구세력 또는 5공 회귀라고 공박하고 통일(내북경협)과 반재벌정책 등을 주장한 정동영 후보(여권인 대통합민주신당)에게 크게 이겼다.(표 2 참조) 크게 이긴 것은 주요 언론과 대립한 노무현 정부에 대한 민심이반이 가장 중요한 원인이다. 그런데 이명박 당선자는 잃어버린 10년 전에 있었던 친기업, 친재벌 정책을 주장하고 있다.[20]

지난 16대 대선 이후 지역별 연고성에 기초한 지지율이 조금 약화되긴 하였으나 아직도 여전히 정당과 후보자 지지기반(세력)이 지역별로 큰 차이를 보여주고 있다. 비록 노무현 후보는 경남(김해) 출신이나 민주당(열린우리당으로 변신)의 후보였기 때문에 호남의 득표율이 매우 높았고,[21] 이명박 후보는 경북(포항) 출신이지만 호남을 제외한 지역에서 5할 이상을 득표하게 되었으며,(경북에서 71.9%) 정동영 후보는 전주출신이라서 호남에서만 약 8할을 득표하였다.(전북에서 81.2%)

---

19) 김헌진, 참여정부 복지정책의 평가와 과제, 「사회정책연구」, 제 35집, 2007, p.37

20) 김대중 정권은 IMF의 요구데로 출자총액 제한(상호지급 보증, 분식회계 등 폐지), 금산 분리정책 등을 실시하였는데, 이명박 당선자는 이것을 폐지 또는 완화하려고 하였다.

21) 노무현 후보의 본관이 광주라서 그러한지 영남에서는 호남 출신이라는 소문이 파다하였다.

(2) 정당과 사조직

정당은 국민의 이익을 위하여 책임 있는 정치적 주장이나 정책을 주장하고, 공직 선거의 후보자를 추천 또는 정책을 지지함으로써 국민의 정치적 의사 형성에 참여하는 자발적 조직을 말한다.(「헌법」, 제 8조, 「정당법」 제 1조) 간단히 말하면 정당은 정치적 권력을 획득하기 위한 집단이다.

제 17대 대통령 선거에 있어서 한나라당은 그들의 주장대로 '잃어버린 10년'을 쟁취하였지만, 그것은 한나라당의 정통성이 지난 40여년간, 즉 1961년 군사혁명으로 집권한 민주공화당(박정희 총재), 1980년대 군사쿠데타로 집권한 민주정의당(전두환 총재), 그리고 1987년 민주화 이후 국민 직선에 의하여 집권한 신한국당과 민주자유당(노태우, 김영삼 총재)이 있고, 나아가 영남 출신 대통령이라는 데서 그 정체성을 찾는 것 같다.[22)]

제 13대 노태우 대통령은 1980년대 초 군사 쿠데타(전두환 보안사령관 주도)에 의하여 최고 권력지배층이 되었지만 그는 정치적 변신(국민 직선)을 통하여 민주적 정통성을 지니게 되어 민정당이라는 정치집단과 친여적 관료조직의 지원으로 대권을 장악할 수 있었다. 그리고 제 14대 김영삼 대통령은 3당 통합으로 여당으로 변신하여 대권을 장악할 수 있었다.

그러나, 제 15대 김대중 대통령(새천년 국민회의 총재)은 오랜 영남 출신의 집권에 대한 저항으로 나타난 호남인의 강력한 조직력(호남 향우회)과 자민련(김종필 총재)과 친야적인 운동권 출신의 지원으로 대권을 장악하였으며, 제 16대 노무현 대통령은 새천년 민주당(호남세)의 조직력과 '노사모'(노무현을

---

22) 김영삼과 김대중은 1960년대 다 같이 민주당의 소위 '40대 기수'들이며 다만 전자가 민주당 구파(호남세가 우세)이고 후자는 민주당 신파(서북 출신이 우세)였다. 1980년대 말 김영삼은 통일민주당을 창당한 후 3당 통합으로 신한국당→민주자유당(3당통합)의 대표로 변신하고, 김대중은 평화민주당으로 분당하여 새정치국민회의→새천년 민주당의 대표가 되었으며 노무현은 통일민주당에서 새천년 민주당에 가서 대통령이 된 후 열린우리당을 창당하였다. 한나라당은 1997년 11월 21일 신한국당과 민주당이 통합하여 창립한 정당이다. 한나라당은 국민대통합의 선진민주정치를 구현하고 자유민주주의 시장경제체제를 바탕으로 국민의 삶의 질을 향상시키며 나아가 조국의 평화적 통일을 이루어 선진한국을 창조한다고 하였다.

사랑하는 모임)의 지원으로 대권을 차지할 수 있었다.

<표 3> 대선 당시 집권당의 대표자

당대표	출생지	학 력	경 력	종교	비 고
민주정의당; 1. 전두환 (1981~1985)	경남 합천	대구공고 육사	중정 인사과장/경호실 차장보 국군 보안사령관 국보위상임위원장(육군대장)	불교	1931년 생 12 · 12사태 주역 11, 12대 대통령
2. 노태우 (1985~1990)	경북 달성	경북고 육사	육군 소대장/9사단장 수도경비사령관(육군대장) 내무부장관	불교	1932년 생 5 · 17 군사정변의 주역 13대 대통령 초대 민자당 총재
민주자유당; 김영삼 (1990~1995)	경남 거제	경남고 서울대 철학과	총리비서/민의원(8선) 원내총무(5회)/통일민주당총재 민자당공동대표/신한국당총재	기독교 (장로)	1927년 생 오랜 야당의 민주투사 (가택연금) 14대 대통령
평화민주당; 김대중 (1987~1991)	전북 신안	목포상고	목포일보 사장 민의원(3선)/새천년민주당총재 대통령후보(4회)	천주교	1926년 생 오랜 야당의 민주투사 15대 대통령
열린우리당; 1. 김원기 (2003~2004)	전북 정읍	전주고 연대 정외과	동아일보 기자/국회의원(7선) 새천년민주당 사무총장,대표 국회의장	기독교	1937년 생 연린우리당 창당준위장 국회의장
2. 정동영 (2006~2007)	전북 순창	전주고 서울대 국사학과 영국 웨일스대 석사	MBC기자/국회의원(전주덕진2선) 통일부장관 새천년민주당 대변인	천주교	1953년 생 열린우리당 의장(2회)
한나라당; 1. 이회창 (1998~2003)	황해 서흥	경기고 서울대 법대 사시	대법관/감사원장 국회의원(전국, 3선) 국무총리	천주교	1935년 생 대선 후보
2. 박근혜 (2004~2006)	대구시	성심여고 서강대 전자공학과	국회의원(대구 달성, 3선) 한나라당 대표 영남대 이사장	불교	1952년 생 박정희 전대통령 장녀 퍼스트 레이디 대리
3. 강재섭 (2006~2008)	경북 의성	경북고 서울대 법학과/ 사시	국회의원(대구 서, 5선) 한나라당 대표		1948년 생 서울고검 검사 한나라당 원내 대표

(비고) 1998년~2007년간 집권당의 대표자임.

제 17대 이명박 대통령(한나라당 후보)은 '잃어버린 10년'을 친북 좌파정권 및 실정으로 매도한 재야 보수세력(기독교연합회, 재향군인회 등)과 반정부적인 보수언론(조중동 등)의 지원으로 쉽게 대권을 장악할 수 있었다.

사실 선거에 가장 큰 영향을 미치는 것은 조직적인 득표활동 보다도 언론(신문, 방송 등)의 역할이다. '선거는 바람이라'고 하는데 이러한 바람을 일으키는 가장 중요한 것은 언론이다. 그럼에도 불구하고 지난 10년간 김대중 정부는 언론의 불법, 탈법에 대하여 세무 사찰과 고발 등으로 사주를 구속하였고, 노무현 정권은 각 정부 부처에 둔 출입기자실을 폐쇄하는 등 특히 주요 일간신문(조중동 등)과의 대립이 정권 타도의 핵무기가 되었다.

표 3을 보면, 1980년대 집권당의 대표(총재)는 영남(경북)과 육사 출신이고 육군에서 보안사령관 및 사단장 등을 지낸 경력을 지니고 있었다. 1987년 민주화 이후 1990년대에는 오랜 영남과 호남 출신의 야당 투사들이 당 총재가 되었다. 그리고 1990년 말부터 10년간 호남 출신이 여당의 대표가 되고 야당은 영남(경북) 출신이 되었다.

이러한 당대표의 지역별 출신배경은 대통령의 경우와 매우 유사하고 당권도 대권과 마찬가지로 지연성이 대단히 강하다는 것을 알 수 있다. 1990년대 이전 대통령은 당권(총재 또는 대표)을 동시에 겸직하여 소위 '제왕적 대통령'이 되었지만 2003년 이후에는 '민주적 정당'(정당법 제 1조)을 위하여 대권과 당권이 분리되었다. 이 이후의 노무현 대통령과 이명박 대통령은 전임 양 김씨에 비하여 오랜 정당생활의 경험이 없어서 제왕적 대통령이 되기 어렵다. 그러나, 대통령 중심제의 권력구조에 있어서 대통령의 개인적 자질이나 사회적 배경은 국정을 전횡할 수 있다.

대권과 당권의 분리는 당의 민주화 뿐만 아니라 부정선거를 예방하였다. 16대 대선에서 '차떼기 정당'[23]이라든가 당정협의를 통한 행정부의 불법선거 관여[24] 그리고 불법적인 금전살포와 향응제공[25] 등이 거의 사라지게 되었다.

---

23) 16대 대선시 한나라당은 대기업(특히 삼성그룹)으로 부터 선거자금을 약 3백억원을 자동차로 수금하였다는 사실에서 비롯되었다.

24) 과거에는 지역선거구(기초자치단체)에서 지역 당정협의를 통하여 정보제공, 투표강요 등 지방관청으로 부터 선거 협조를 받았다. 18대 총선의 뉴타운 공약도 그 예라 볼 수 있다.

25) 「정치자금에 관한 법률」에 의하여 불법적인 금품제공이나 향응(식사 등) 등을 베푸는 경우 제공자나 수혜자가 모두 가중처벌(50배)을 받게 되었다. 이로 인하여 농촌에서는 많은

한편, 대선에 있어서 사조직의 역할도 대단히 크다. 사조직은 정당의 기반이 약한 후보자가 공조직에 대한 불신 등으로 직, 간접으로 조직하여 가용하는 경우가 많다.

이러한 사조직은 민주화 이후 대선에서 많이 볼 수 있다. 김영삼 후보의 민주산악회, 김대중 후보의 호남향우회, 노무현 후보의 노사모, 그리고 이명박 후보의 안국포럼 등이 유명하다.

대선 후보는 이러한 사조직 이외에 과거 민주화추진협의회(김영삼, 김대중 대표), 경실연, 참여연대, 뉴라이트연합 등이 있다. 그리고 우파 보수 후보를 지원하기 위한 공조직(재향군인회, 자유총연맹, 기독교연합회 등)도 있다. 경실련과 참여연대는 각각 국민의 정부(김태중)와 참여정부(노무현)를 지원하는 시민단체였다.

(3) 직업과 사회계층

과거 20년간 대통령의 교육수준을 표 1에서 보면, 2명만 상고를 졸업하였고, 나머지는 모두 대학 수준의 교육을 이수하였다. 김영삼 대통령을 제외하면, 다른 4명은 육사, 상고 등을 졸업하였기 때문에 어릴 때 가정이 그렇게 부유하지 않는 것 같다. 그리하여 국비로 공부할 수 있는 사관학교나 일찍 취업할 수 있는 상업고교를 다니게 된 것 같다.

육사를 졸업한 노태우 대통령은 오랫 동안 군인 생활(장교)을 하였지만 김대중, 김영삼, 노무현 대통령은 일찍이 정치 생활에 입문하였고 이명박 대통령은 자기의 전공을 살려 전문 경영인으로 입신하게 되었다.

이와 같이 지난날 대통령의 성장시기는 달랐지만 그들의 경력이 그들 정부의 사회적, 정치적 성향을 지니게 하였다. 즉, 노태우 정권은 권위주의적 전통을 계승하였고, 김영삼 정권과 김대중 정권은 민주주의와 지방자치를 신장하였으며, 노무현 정권은 탈권위주의와 탈지역주의를 신장하였고 이명박 정권은 10년전과 마찬가지로 과거 친기업 및 신자유주의 세계화 정책을 강구하고 있다.

자살자가 생겼다.

5명의 대통령이 대권을 차지한 배경은 매우 상이하지만, 그들이 정계, 운동권, 재계에서 오랫 동안 당인과 지도자 생활을 하면서 지도적 지위에 오를 수 있다는 것은 자기 나름의 자질도 있었지만 우리나라의 정치적, 경제적 사회변화에 대한 시대적 정신과 사회적 요구에 의하여 가능하였다고 볼 수 있다.

표 4에서 볼 수 있는 바와 같이 그들의 학력과 경력에서 자기의 학맥과 인맥, 즉 인간관계와 사회관계가 형성된다. 노태우 대통령의 군부(하나회 등)나 김영삼의 민주산악회26), 김대중의 호남향우회27), 양 자의 민추협 그리고 노무현의 노사모28)와 민변29) 및 시민단체30) 이명박의 안국 포럼31) 등이 형

26) 민주산악회는 지방자치단체별로 지부가 설립되었고 그 참모는 김동영 의원과 최형우 의원이었다.

27) 호남향우회(현 임향순 한국세무사 회장, 서울대, 행시, 지방국세청장)는 김대중 대통령을 만드는데 결정적인 역할을 하였다. 당시 김대중 야당 후보는 여당 후보와는 달리 정부와 여당의 전국적 지원을 받기 어려웠다. 또한 김 후보는 전국적 정당 조직이 미약한 상태였다. 그래서 오래전부터 있었던 '호남향우회'의 사조직을 강화시키고 활성화 시켰다. 호남향우회는 전국 기초자치단체(시 · 군 · 구)와 읍 · 면 · 동 및 통 반까지 조직되어 호남향우들의 상호 친목도모와 상부상조 및 애향심의 제고를 목적으로 한다. 그런데 이 조직은 선거시에 호남 출신 후보를 지원하는데 앞장선다. 비근한 예로 여당 후보의 저녁 향응을 대접 받고난 뒤 그 자리에서 호남 후보의 선거운동을 하였다. 이러한 조직의 한 예로 재울 호남향우회는 회장 아래 부회장 34명과 사무총장 아래 12개 부서가 있고 운영지회 4개, 단위 향위회 63개와 회원이 4,500명이 있다.(재울 호남향우회원은 약 23만명이다.)

28) 노사모(이기명 회장)는 1994년 9월에 창립되었다. 현재 지역별 노사모가 50개이고 회원은 107,329명(인증 14,205, 후원 1,698명)이다. 노사모는 386 운동권세력이 중심이라고 한다. 민주당 안팎에서는 노무현 대통령 당선자의 일등 공신으로 국내 첫 정치인 팬클럽인 '노무현을 사랑하는 사람들(노사모)'을 꼽는데 주저하지 않는다. 이번 대선 기간에 핵심 연사로 나선 이스트필름 대표 명계남씨나 영화배우 문성근씨도 각각 노사모 회장과 고문을 지냈다. 노사모가 결성된 것은 노 당선자가 '지역감정을 깨겠다'며 15대 지역구인 서울 종로를 버리고 부산에 출마한 2000년 4 · 13총선 직후인 2000년 5월 17일 대전의 한 PC방이라고 한다. 노사모가 본격적으로 노 당선자 '지원사격'에 나선 것은 올 초 민주당 대선후보 국민 경선 때부터 노풍의 진원지였던 광주에서 그들은 자금이 부족했던 노 당선자에게 지갑을 털어 '실탄'을 지원했고, 조직이 부족했던 그의 자원봉사자가 돼 밑바닥을 훑으며 '이인제 대세론'을 꺾는데 기여했다.(이승헌, ddr@donga.com)

29) 민변(현 백승현 회장)은 참여정부에서 가장 많은 요직(대법원장, 국정원장, 법무장관 등)을 배출하였다. 민변은 민주화를 위한 투쟁의 과정에서 정치적 양심수들에 대한 변론을 적극적으로 맡아 민주화 운동을 뒷받침한 변호사들이 나타나기 시작하였다. 그리고 개별적으로 활동하던 인권변호사들은 1986년 구로동맹파업사건을 공동 변론한 것을 계기로 <정의실천법조인회>(이하 '정법회')를 결성하였다. 정법회는 1970년대에 정치적 사건을 변론한 경험을 축적하고 있던 층과 1980년대에 노동사건 등으로 변론영역을 확대해 가고 있던 소장층의 결합이었다. 정법회는 1987년 6월 민주항쟁 무렵까지 권인숙, 박종철, 김근태 씨 등에 대한 고문사건의 폭로와 변론을 담당하는 등 반독재 민주화 운동에서 중요한 역할을 수행하였다.

이와 같이 민주화 운동에 대한 인식의 폭이 넓어지고 사회적 약자들의 인권상황에 대한 깊이 있는 조사, 연구와 대안 마련이 요청되었으며 1980년대 민주화 운동으로 부터 영향을 받은 신진

성될 수 있었다.

이러한 조직이 비록 자발적인 결사이지만 대부분 전국적인 조직망을 가지고 정관과 임원, 심지어 집행 및 사업부서를 두고서 유지하며. 소위 선거바람을 일으키면서 대통령 당선에 매우 주요한 역할을 하였다.

변호사 층이 대거 배출되었다. 이러한 시대적 요구와 조건에 부응하여, 1988년 5월 28일 정법회는 발전적으로 해소되고, <민주사회를 위한 변호사모임>('민변')이 창립되었다. 민변은 회장과 부회장(3명) 아래 부산, 대구, 울산, 광주, 전남, 대전, 충청, 전주, 전북, 경남 등에 지부가 있고 집행위원회 아래 상임위원회, 특별위원회, 사무국이 있다.

30) 시민단체는 인권, 환경, 보건, 성차별 등에 대한 다양한 서비스와 인도주의적 기능을 수행하고 정부정책을 감시하며 시민의 정치참여를 장려한다. 이러한 단체가 약 1천여개가 있는데, 이들이 1987년 6·29선언, 즉 민주화의 주도적 역할을 하였다. 1990년대 시민운동의 주도적 역할은 경실련과 참여연대 및 환경운동연합 등이다. 이러한 시민단체연합의 신년 하례식에 김대중 대통령과 노무현 대통령이 참석한 것을 보면, 시민단체의 정치화, 즉 권력화를 의미한다. 김대중정부는 국정과제의 하나로 참여민주주의를 제시하면서 시민단체와의 유대를 강조하고 '비영리민간단체지원법'(2000년)을 만들어 100여 시민단체에 연간 75억원의 사업비를 지원하였다. 또한 경실련과 참여연대 등 소위 시민단체 출신이 청와대 경제수석과 농림부 장관에 임명되고 각종 대통령 자문위원회의 위원이 되었다. 그리고 노무현 당선인은 인수위원회에 전문위원급 이상 고위급 55명 중에 10명을 시민단체와 노동권 출신을 임명하였다. 한편, 「참여연대 보고서」(유석준)에 의하면 전,현직 임원 416명 중에 36.1%(150명)가 청와대와 정부기관 등에 진출하였다고 한다. 김영삼정부에는 22석(7%)이지만 김대중 정부에는 113석(36.1%), 그리고 노무현 정부시에는 158석(50.5%)로 증가되었다고 한다.(「동아일보」, 2008년 1월 4일)

31) 안국 포럼은 이명박 당선자가 지난 해 6월 집권을 위한 전초기지로서 열었다. 안국포럼 멤버들은 주로 이 당선자가 서울시장 시절부터 함께한 이들이다. 백성운 대통령직 인수위 행정실장과 이춘식 전 시울시 정무부시장이 안국 포럼의 대표 멤버였다. 백실장은 고려대 재학시절 행정고시에 합격하여 내무부, 경기도 부지사 등을 역임한 행정관료 출신이다. 고양군수 시절, 일산의 상징인 호수공원을 만들었다. 당선자와의 인연은 2005년 이 당선자가 서울시장으로서 전국 16개 시·도지사 협의회 의장을 겸하고 있을 때 백실장은 경기도 행정부지사를 마치고 있었다. 이 때 백실장에게 협의회 사무처장을 맡겼다. 당선자의 신임을 얻어 안국포럼 출발 때 부터 좌장 역할을 했다. 그리고 이춘식 부시장은 연세대를 졸업한 뒤 1981년 민정당 공채로 들어간 후 민자당 조직국장을 지냈다. 그는 2002년 서울시장 경선 당시 당내 기반이 취약한 이 당선자가 홍사덕 전 의원을 이기는데 큰 역할을 했다. 2003년 정두언 당시 정무부시장이 총선 출마를 위해 사표를 내자 그 자리를 물려받아 2년간 재직했다. 자타가 공인하는 '조직맨'이다. 경선때 조직본부장을 맡아 전국을 누비며 한나라당 시·도의원들의 마음을 이당선자 쪽으로 돌려 세우는 노력을 했다. (「중앙일보」, 2007. 12. 25)

<표 4> 대통령의 학력 및 경력

연도	노태우	김영삼	김대중	노무현	이명박
1943			목포상고 졸업		
1947		경남고 졸업	목포일보 사장		
1951	경북고 졸	국무총리(장택삼) 비서관			
1952		서울대 철학과졸			
1954		3대 민의원(거제)			
1960	육사 졸업/보병 소대장	5대 민의원(부산서구)	민주당 대변인		동지상고(야간)
1961	방첩부대정보장교	신민당 원내총무	5대 민의원(인제보선)		
1963		민정당 대변인 6대 국회의원(부산)	6대 국회의원(목포)		
1965		민중당 원내 총무/ 대변인	민주당 대변인		고대 경영학과 졸 현대건설입사(공채)
1966			민중당 정책위원장	부산상고 졸	
1967		신민당 원내총무	7대 국회의원(목포)		
1968	육군 대학 졸	7대 국회의원(부산)			
1970			신민당 대통령 후보		
1971	보병 연대장	8대 국회의원(부산) 한국문제연구소장	7대 대통령 후보		
1973		9대 국회의원	8대 국회의원(전국)		
1974	공수특전여단장	신민당 총재			
1975		신민당 고문		사법시험 합격	
1977	대통령 경호차장		긴급조치9호 위반구속	대전지법 판사	현대건설 사장
1978		10대 국회의원(부산)		변호사 개업	인천제철/현대산업 개발 사장 겸임
1979	육군 9사단장 수도경비사령관	신민당 총재	민주,민족통일국민연합 결성		
1980	체육부/내무부장관	정치활동 규제(연금) 민주산악회 결성(고문)		부림사건 인권변호사	해외건설협회대표
1982			재미인권문제연구소설립		대한상공회 부회장
1983	올림픽조직위원장	가택연금(2차)/단식투쟁	하버드대 객원연구원	공해문제연구소이사	
1985	대한체육회장 민정당 대표 12대 국회의원(전국)	민추협 공동의장	민추협 공동의장		한라건설 회장
1987	13대 대통령후보/당선 민정당 총재	통일민주당 창당(총재) 13대 대통령 후보	통일민주당 상임고문 평화민주당 총재 13대대통령후보(평민당)	민헌 국민운동 부산집행위원장	
1990	3당 통합,민자당 대표	3당통합,민자당공동대표 14대 국회의원	통합민주당창당(대표)	13대 국회의원(부산)	현대건설회장
1992		민자당 총재 14대 대통령 당선	14대 대통령 후보	14대 총선 낙선(부산) 민주당 최고의원	14대국회의원(전국)
1995			런던대,, 조지타운대 명예교수		
1997			15대 대통령 당선	15대 총선(종로) 낙선 보선 국회의원	
1998		신한국당 총재			
1999				새정치국민회의 부총재 16대 총선(부산) 낙선	조지워싱톤대 객원연구원
2002				해양수산부장관 16대 대통령 당선	서울특별시장
2007					17대 대통령 당선

(4) 종교와 정치적 역할

해방후 남북분단과 6·25 전쟁은 미국 등 외원에 의하여 급속히 기독교가 전파되었고, 동시에 기독교가 지배적인 서구문화(개인주의, 민주주의, 실용주의 등)를 확산시켰다.

그리하여 우리나라의 종교는 일반적으로 유물론에 기초한 공산주의를 싫어하고, 자본주의의 미국문화를 선호하였다. 특히 기독교는 대부분 과거 정부(이승만 정권과 군사정권)가 반공을 국시로 하였기 때문에 친미적인 반공주의를 선호하게 되었다.[32] 종교(교회와 사찰)는 정부로 부터 많은 특혜(신앙자유, 세금면제 등)를 받아 성장하였다.[33] 그러나, 천주교는 인권에 대한 관심이 많아서 소위 유신독재 이후 약자(노동자와 빈민)와 반정부 및 민주화 운동을 전개한 민주인사의 보호에 관심이 많았다. 특히 농민과 노동자의 요구를 대변하기 위한 농민운동(카톨릭 농민회 등)과 노동운동(도시산업선교회 등)을 전개하였다.[34] 그리하여 많은 반체제 민주화 인사들이 천주교 등에 귀의하였다.

이러한 종교적 기반을 둔 대통령 후보가 대선에서 유리할 수 있었고, 또한 그들의 요구(이익)를 실현시켜 주기도 하였다. 과거 반정부(군사) 민주화 운동을 전개한 김영삼 대통령과 김대중 대통령은 각기 기독교(충현교회) 장로와 천주교의 신도였고[35] 민주화와 인권운동에 투신한 노무현 대통령도 천주교 신도였으며 이명박 대통령도 기독교(소망교회) 장로였다.[36]

여기에서 기독교의 종교적 배경을 지닌 대통령은 친미적인 우파 정권이

---

32) 재향군인회(전 국방장관 이상훈)와 기독교지도자협의회(회장 최해일 목사)등 사회단체는 반핵, 반김 자유통일 국민대회를 가끔 개최하였다.

33) 2005년 인구센서스에 의하면, 기독교는 전체 인구의 18.3%이고 천주교도는 10.9%임. 이러한 신자수는 6·25전란 이후 급증하였다.

34) 명동성당은 노동운동의 메카였고 정의사제구현단은 이들의 요구를 적극적으로 대변하였다.

35) 김영삼 대통령은 전국의 많은 기독신학교(4년제 학력 인정)를 모두 정규 대학교로 전환 시켰다.

36) 이명박 서울시장은 서울시를 하느님께 봉헌하겠다는 독실한 기독교인(장로)이다.

라 한다면 천주교의 배경을 지닌 대통령은 소위 친북적인 좌파 정권이었다고 할 수 있다.

3) 인수위원의 출신배경

대통령직 인수위원회는 정권을 인수하고 현 정권의 정책을 평가하여 대선시 공약한 정책을 기초로 새로운 정책을 개발한다.[37] 이러한 인수위원회의 기능을 제대로 수행하게 된 것은 노무현 정권 이후의 일이다. 그 전에는 인수위원회가 있어도 주로 정치인(국회의원 등)으로 구성되었고, 또 국정의 연속성이 이루어졌기 때문에 전문적 역할을 하기 어려웠다. 그러나 신·구 정권의 이념적 차이가 심한 경우 그것에 기초한 정책 평가와 개발은 상당히 어려운 협의과정을 겪게 된다. 동일한 여당간 정권인수는 국정의 연속성이 있겠으나, 여당과 야당간의 정권교체, 즉 보수와 진보 정당간의 경우는 기본적인 정책변화도 일어날 수 있다.

이와 같이 우리나라 헌정사에 여야간 정권교체가 일어난 것은 3회 정도이다. 민주화 이후에는 YS정권과 DJ정권, 그리고 노무현 정권과 이명박 정권간이라 할 수 있다. 특히 후자의 경우 소위 보수언론이 주장한 바에 따르면 보수와 진보(좌파), 진보(좌파)와 보수간의 이념적 정권 교체라고 볼 수 있다.

이러한 정권교체기에 임명된 인수위원은 국정의 개발(평가와 대안 형성)도 중요하지만 이들의 대부분이 대통령 비서실(수석)과 내각(국무위원)에 들어가기 때문에 매우 주요한 권력지배층이 된다. 그리하여 인수위원 뿐만 아니라 전문위원 및 자문위원이 총선 또는 승진용 경력 관리의 주요한 자리가 되고 있다.[38] 새로이 등장한 인수위원들의 성격이 어떻게 변화되어 가는 가를 보

37) 이명박 대통령직 인수위원회가 각 정부부처에 보낸 업무보고의 지침은 17개의 항목이다. 즉, ① 지난 5년간 정부 주요 정책에 대한 평가, ② 부처별 주요 현안(5건 이내), ③ 대통령 당선자 공약 실천계획(연도별), ④ 규제개혁 완화 방안, ⑤ 예산 10% 절감 방안, ⑥ 산하기관 합리화 방안 등이다.

38) 인수위 전문위원은 각 부처에서 파견된 공무원(대개 1~3급)인데 이들도 대통령 재임기간에 차관까지 승진하는 경우가 많다.

기로 하자.

(1) 김영삼 정권

오랜 야당 지도자였던 김영삼 후보는 3당 통합후 여당(민자당)의 대통령 후보가 되어 14대 대선에서 승리하여 대권을 장악하게 되었다. 그가 구상했던 개혁정책을 위한 '신한국위원회'를 구성하지 않고 그것을 당 정책위원회에 맡기기로 하였다. 행정부의 업무에 대한 인수인계는 행정의 연속성과 효율성을 위하여 예비장관과 현직 장관들이 하면 되는 것이라고 하였다. 그리하여 인수위원(15명)은 모두 정치인(국회의원)으로 임명하고, 이것을 시도별로 1명씩 안배하여 당직자(대부분 시 · 도 위원장) 중심으로 선임하였다.

대통령직 인수위원(15명)의 출신배경에서 볼 수 있는 특성은 다음과 같다.

첫째, 인수위원의 현직은 총재 비서실장(최창윤) 이외는 모두 2선~4선의 중견급 여당 국회의원들이다.

둘째, 인수위원들의 출신지는 거의 대부분 지구당 위원장들이라서 전국적으로 분포되어 있다.

셋째, 인수위원들의 학력은 서울대 출신이 전체의 53.5%로서 가장 많고 나머지는 고려대(3명) 및 육사(2명) 출신 등이다.

넷째, 인수위원들의 종교는 기독교도가 가장 많고(40%) 나머지는 천주교도(20%)와 비신자들이다.

다섯째, 인수위원들의 최종직이 장관인 경우 9명이고, 나머지는 국회의장(1명), 국무총리(1명), 국회 분과위원장(2명)을 지냈다.

노무현 및 이명박 정권인수위원회 구성

구 분	인수위원	전문위원	자문위원(무급)등	실무위원	사무직원	합 계
노무현 정권	26	99	708	91	17	941
이명박 정권	23	71	560	76	14	744

<표 5> 김영삼 대통령직 인수위원의 출신 배경

성 명	연령	출신지	학 력			종 교	전 직	종 직	비 고
			고교	대학	대학원				
정원식 위원장	64	황해도	해주 동중	서울 사대	피바디대 박사	기독교	문교부 장관	국무총리	서울대 명예교수
남재희	58	충북 청주	청주고	서울대 법대		기독교	국회의원(4선)	노동부장관	조선일보, 서울신문 편집국장
박관용	54	부산	동래고	동아대 정치학	한양대 석사	천주교	국회의원(4선)	국회의장	대통령 비서실장
김한규	52	대구	영남고	캘리포니아 주립대		기독교	국회의원(2선)	총무처 장관	국보위 전문위원 홀트아동복지회장
서정화	59	경남 충무		서울대 법학	한양대 법학박사	기독교	국회의원(3선)	국회내무위원장	내무부장관(2회)
이환의	61	전남 영암	광주고	서울대 사범대			국회의원(전국)	한나라당 부총재	MBC사장
이재환	55	대전	대전고	고대 정외과			국회의원(2선)	국회 사무총장	단국대 교수
이해구	55	경기 안성	군사고	고대 법학			국회의원(2선)	내무부 장관	행시/치안본부장
이민섭	53	강원 춘성	춘천고	서울대 정치학	경희대 박사	기독교	국회의원(4선)	문체부 장관	수원대 석좌교수
신경식	54	충북 청원	청주고	고대 영문학		천주교	국회의원(2선)	정무 1장관	민자당 비서실장
양창식	62	전북 남원	남원공고	육사		기독교	국회의원(3선)	국회 농림수산위원장	전북도당위원장
유경현	53	전남 순천	경기고	서울대 법학과			민자당 전남지부장	당총재 운영특보	평통사무총장
장영철	56	경북 칠곡	계성고	명지대 행정학			국회의원(2선)	노사정위원장	노동부장관
최병열	54	경남 산청	부산고	서울대 행정학	남가주대 석사	천주교	국회의원(3선)	서울시장/ 한나라당대표	조선일보 편집국장 문공부, 노동부장관
최창윤	53	평북 선천	경기고	육사/ 서울대정치학	하와이대 박사		민자당 총재 비서실장	총무처 장관	공보처 장관

(2) 김대중 정권

오랜 야당 지도자였던 김대중 후보는 50여년간 영남출신 대통령이 집권한 정국에서 처음으로 호남출신 대통령이 되었다. 그리하여 여·야간 정권교체가 일어났고, 마침 IMF사태로 인하여 많은 정책 변화가 일어나리라고 예견되었다. 과거의 정권 인수위원회는 연속성을 강조하였지만 김대중 당선자는 개혁성을 강조하였다. 그는 국정에 대한 평가와 시정 건의가 각 분야별로 청사진을 제시하라고 하였다. 그런데 그는 김종필 총재(자민당)와의 공

<표 6> 김대중 대통령직 인수위원의 출신 배경

성 명	연령	출신지	학력			종교	전 직	종 직	비 고
			고교	대학	대학원				
<국민회의>									
이종찬 위원장	65	중국 상해	경기고	육사	서울대 석사	기독교	새천년민주당 상임고문 국회의원(8선)	국정원장	
이해찬	45	충남 청양	용산고	서울대 사회학			국회의원(3선)	국무총리	교육부장관
조찬형	59	전북 남원	전주고	서울대 법학과			국회의원(2선)	민주당 총재특별보좌	아태재단 이사
임복진	60	광주	광주일고	육사	국방대학원		국회의원(2선)	민주당 선대위 고문	군사령관
박정훈	56	전북 임실	경기고	고대 정외과	고대 석사	기독교	국회의원(2선)	화재보험협회 이사장	대우 상무
박찬주	50	전남 화순		전남대 수학과	연대 석사	불교	국회의원	법제처 처장	행시/서울고법판사
추미애	39	대구		한양대 법학과	한양대 석사		국회의원	국민회의 총재특보	사시/광주고법판사
김한길	44	일본 동경	이대부고	건대 정외과		기독교	국회의원(3선)	문광부 장관	
김성실	52	경남 기제	동이고	부산대 성외과		기독교	국민회의 부총재	행자부 장관	대한체육회장
김덕규	56	전북 무주	문태고	고대 정외과		천주교	국회의원(4선)	국회 부의장	민주당 사무총장
박지원	55	전남 진도	대전사범	단국대 경영학		천주교	국민회의 기획조정실장 국회의원	대통령 비서실장	문광부장관
최명헌	68	평북 정주		육사 육군대		기독교	국민회의 이북5도 위원장 법무차관	민주당 사무총장 (국회의원 재선)	노동부 장관
신 건	56	전북 전주		서울대 법학과	워싱턴대 석사	천주교	법무차관 국정원 차장	국가정보원장	고시/광주고검장
<자민련>									
김현욱	58	충남 당진		외대 독어과	빈대학 박사	천주교	국회의원(4선)	평통 상임위원	단국대교수
함석재	59	충남 천안		서울대 법학	사법대학원	기독교	국회의원(간사)	국회의원(5선) 국회법제 위원장	고시/ 지민련 사무총장
김종학	56	경북 경산	계성고	연대 정외과		기독교	국회의원 (당무위원)	국회의원	경북청도위원장
정우택	44	부산	경기고	성대 법학	하와이대 박사	기독교	국회의원	충북도 지사	행시/해수부 장관
이양희	52	대전	대전고	서울대 행정학			국회의원(2선)	국회 농림위원장	자민련 사무총장
이동복	60	서울	경기고	서울대 정치학			국회의원(전국)	자민련 당무위원	한국일보 정치부 차장
지대섭	54	광주	광주일고	한양대 기계공		불교	국회의원	국회 예결위원	광주 북위원장
이건개	56	서울	경기고	서울대 법학			국회의원	자민련 당무위원	사시/ 대전고검검사장
한호선	61	서울	원주농고	고대 행정학		기독교	국회의원(전국)	농협 중앙회장	
조부영	61	충남 홍성	홍성고	연대 정외과			국회의원(4선)	주택공사장	국회 부의장
최재욱	57	경북 고령	경북고	영남대 법학			국회의원(2선)	환경부장관	대통령공보비서관
유효일	54	충남 공주	서울고	육사	연대행정대학원		국방부 동원국장	국방부 차관	육대 총장

동정권(연립내각)을 운영하기로 약속하였기 때문에 인수위원도 양분하지 않을 수 없었다. 그래서 국민회의 출신 인수위원이 13명(위원장 포함)이고 자민련 출신이 12명이다.

대통령직 인수위원들(25명)의 출신 배경에서 다음과 같은 특성을 지적할 수 있다.

첫째, 인수위원들은 거의 대부분 현역 국회의원(80%)이고 나머지도 주요 당직자들이다.

둘째, 인수위원들의 출신지는 국민회의의 경우 호남출신이 전체의 28% 이고 나머지는 충남, 경남, 대구 출신이 각 1명이다. 그리고 자민련의 경우 충남 출신이 전체의 16%이고, 나머지는 서울(3명), 평북(2명), 경북(2명), 부산(1명), 광주(1명) 출신이다.

셋째, 인수위원들의 학력은 국민회의의 경우 서울대(4명)와 육사(3명), 고대(2명) 출신이 가장 많고, 나머지는 연대, 부산대, 한양대 출신이 각각 1명이다. 자민련의 경우 서울대 출신이 4명으로 가장 많고, 나머지는 고대(2명)와 연대(2명) 출신이다.

넷째, 인수위원들의 해외 정규 유학생(석 · 박사)은 3명이고 단기 해외 연수 경험자는 5명이다.

다섯째, 인수위원들의 종교는 기독교도가 전체의 36%(9명)로 가장 많고 나머지는 천주교도(16%)와 불교도(8%)이다.

여섯째, 인수위원들은 인수위원을 지낸 후 총리와 장차관을 지낸 국회의원이 10명이 되고, 국회분과 위원장을 지낸 경우도 4명이 된다.

일곱째, 인수위원들의 대부분이 대학 출신이고 자기의 신분이 국회의원이기 때문에 상류계층 출신이고, 또한 보수적 성격이 매우 강하다고 볼 수 있다.

(3) 노무현 정권

노무현 당선자는 대통령직 인수위원 26명과 99명의 전문위원, 그리고 91명의 실무위원을 임명하였다. 인수위원은 대개 각 분야의 전문가들로 구성하지만 전문위원은 각 부처에서 파견된 공무원들이다. 이들 이외 주로 대선에 기여한 당료들이 경력 관리용으로 많은 자문위원(250명)이 되었다.

노무현 당선자의 인수위원은 김대중 정권의 정치적 연속성을 지니고 있지만, 그의 지기지반이 상이하여 인수위원의 구성도 크게 달랐다. 김대중 정권의 인수위원은 지역적 연고성(호남 인맥)이 강하였지만, 노무현 정권의 경우 이념적 개혁성이 오히려 강했다고 볼 수 있다. 이와 같은 성격을 지니게 된 것은 전자가 '호남 향우회'와 호서(충청권)지역 등 지연성에 크게 도움을 받아서 그리하였지만, 후자는 '노사모' '참여연대' 등 시민단체와 재야운동권의 도움을 많이 받았기 때문에 그러한 것 같다. 다시 말하면 전자는 호서지역에 정치적 기반을 둔 김종필 총재와의 연립 정부를 구성해야 하기 때문에 양 지역의 정치성을 고려하지 않을 수 없었지만, 후자는 그러한 지연성으로부터 다소 자유로울 수 있었다. 또한 인권운동에 투신한 경험으로 운동권과 진보적 소장학자들의 개혁 성향, 소위 코드 인사를 하였다.

표 7에서 노무현 대통령직 인수위원(24명)들의 출신배경을 보면 다음과 같은 특성을 지니고 있다.

첫째, 인수위원 중 정치인(국회의원) 1명과 공무원(국무조정실장과 충북여성정책관) 2명을 제외하면 나머지는 대부분 50세 전후의 교수 또는 연구원들이다.(평균 연령 49.8세) 이것은 학자들의 전문적 개혁성을 기대한 것 같다.

둘째, 인수위원들의 출신지는 영남 출신이 전체의 29.1%로서 가장 많고(7명) 그 다음은 호남출신이며(16.6%) 나머지는 서울 등 각 지역에 산재되어 있다. 이것을 보면, 비록 김대중 정권의 연속성을 지녔지만, 영남 출신이 가장 많고 동시에 타지역 출신도 많다.

셋째, 인수위원 중에 영남 출신이 많은 것은 대구지역 교수들이 대선시 노후보를 공개적으로 지지선언을 하였기 때문인 것 같다.[39]

39) 노무현 후보에 대한 공개 지지선언은 150여명의 대구지역 교수, 의사, 변호사 등 '대구사회연구소' 소속 회원들이 중심이 되었다. 대사연의 임원진에 진보적 성향인 인수위원(권기홍, 이정우, 이종오) 이외 한완상(상지대 총장), 박찬석(경북대 총장), 김형기(현 소장, 경북대 교수) 등이 있다.

<표 7> 노무현 대통령직 인수위원의 출신배경

분과	성명	연령	출신지	학력			전직	종교	종직	비고
				고교	대학	대학원				
위원장	임채정	61	전남 나주	광주일고	고대 법대		16대 국회의원(5선)	기독교	국회의장	동아일보 기자 민주당 정책의장
부위원장	김진표	55	경기 수원	경복고	서울대 법대	위스콘신대 석사	총리실 국무조정실장		부총리겸 재경부 장관	행시/정책기획수석
기획조정	이병완	48		광주고	고대 신방과		민주당정책 부의장		대통령 비서실장	한국일보 논설위원 민주당 정책부의장
	성경륭	48	경남 진주	부산고	서울대 사회사업	스탠퍼드 박사	한림대 사회학교수	기독교	대통령 정책실장	DJ시 정책기획위원
정무	김병준	48	경북 고령	대구상고	영남대 정치학	델라웨어대 박사	국민대 행정학교수	불교	대통령정책실장 부통령겸 교육부장관	대선후보 정책자문단장 경실련 지방자치위원장
	윤성식	49	전남 해남		고대	버클리박사	고려대 행정학교수		정부혁신분과 위원장	
	이은영	50	서울		서울대 법대	뒤방겐대 박사	외대 법학교수		외대 교수	총리실 규제개혁위원
	박범계	39	충북 영동	대입검정	연대법과		변호사/특보		17대 국회의원	33회 사시/ 서울지법 판사
외교통일안보	윤영관	45	전북 남원	전주고	서울대 외교학		서울대 외교학교수	기독교	외교통상부 장관	미래전략연구원장
	서동만	50				존스홉킨대 박사	상지대 교수		국정원기획실장	
	이종석	44	경기남양주			성대 박사	세종연구소 연구위원		통일부장관	세종연구소북한센터장
	서주석		경남 진주		서울대 외교학	정치학박사	국방연구원 연구위원	불교	대통령 안보수석 정책특보	대통령정책기획위원
경제1 (경제정책)	이정우	53	대구		서울대 경제학	하버드대 박사	경북대 경제학교수		대통령 정책실장	DJ시 정책기획위원
	허성관	56	경남 마산	광주일고	동아대 상학	뉴욕주립대 박사	동아대 경영학교수		행정부,해수부 장관	부산 경실련 정책의장
	이동걸	49			서울대 경제학	예일대 박사	금융연구원 연구원		금융연구원장	
	정태인	42	서울	숭문고	서울대 경제학		서울사회과학연구소 연구위원		국민경제자문회의 사무차장	기독교사회문제연구원 참여연대 정책위장
경제2 (산업, 농림 노동)	김대환	53	대구		서울대 경제학	옥스퍼드 박사	인하대 경제학교수		노동부 장관	공정거래위 자문위원 학술단체협의회 대표
	박준경	56					KDI 연구원			경실련
	박기영	54	전남 순천	창덕여고		연대 박사	순천대 생물학교수		대통령 과학기술보좌관	
	정명채	56	충북 괴산	청주고	충북대 농학	괴팅겐대 박사	농촌경제연구원 부원장		대통령농어촌대책팀장 한국농업대학장	DJ시 농어촌 전문위원
사회·여성·문화	권기홍	53	대구	경북고	서울대 독문학	프라이붐그대 박사	영남대 경제학교수 대구사회연구소대표		노동부 장관/ 단국대총장	DJ시 정책기획위원 대구지역 선대본부장
	김영대	42					개혁당 사무총장		17대 국회의원	노사정 상무위원
	정영애	47			이대	이대 석사	충북 여성정책관		인사수석비서관	
	박부권	54	경남 함안	마산고	서울대 교육학	위스콘신대 박사	동국대 교육학 교수	불교	동국대 가상대학장	한국교육개발원 연구원
국민참여센터	이종오	54	서울	경복고	서울대 상학	마르부르크 필립대박사	계명대 사회학교수	기독교	대통령 정책기획위장	
	박종문	45	전북 김제	전주고	한국외대 영문학		당선자 언론특보		대통령국정홍보비서관 주 요코하마 총영사	외시/한겨레 논설위원
행정실장	정만호	44	강원 양구	한영고	고대 경제학		선대본부 정책실장	기독교	대통령 의전비서관	한국경제신문 부장
대변인	정순균	41	전남 순천		고대 정치외교		당선자 언론특보	기독교	국정홍보처장/ 방송광고공사장	중앙일보 부국장

넷째, 인수위원의 학력은 서울대 출신이 가장 많고(45.8%) 나머지는 고려대(3명), 연세대(2명) 등이다. 그리고 인수위원 중에 외국 유학출신이 54.1%(13명)가 되는데 이 중에서 미국 유학이 8명이고 유럽유학이 9명이 된다. 우리나라의 유학생은 대부분 미국 유학생인데 비하면 친미 성향이 적은 것으로 보인다.

다섯째, 인수위원들이 전공한 학문 영역이 정치외교학(4명), 경제 · 경영학(7명), 법학(4명), 사회학(4명), 행정학(3명) 등 다양하다. 이것은 성장론자가 대부분인 경제학자가 적은 것이 과거 정권에 비해 큰 특징이다.

여섯째, 인수위원 중에 김대중 정권시 대통령 자문정책기획위원회의 경험을 지니고 있고(5명), 그 밖의 자문위원을 경험한 인수위원이 많다.

일곱째, 인수위원들 중에 진보적 시민단체, 즉 참여연대, 경실련 등의 임원 출신이 많다.

여덟째, 인수위원들 중에 외교, 통일, 안보 분과에 소위 주사파가 많고 경제분과에 재벌개혁(금산분리, 변칙상속, 부당내부거래의 차단)을 주장한 학자들이 많다고 한다.

아홉째, 인수위원회 각 분과 간사는 대부분 당선자의 자문교수 출신이다.(6명)

열째, 인수위원은 지방차별이 심한 지방대 교수가 많고 서울의 명문대 교수 출신이 적다는 것은 소위 노무현이즘[40]의 코드에 맞을 수 있다.

16대 대통령직 인수위원들의 신분 특성에서 진보적 개혁정책이 나올 것이라고 생각할 수 있다. 이것은 김대중 정권이 추진한 재벌개혁, 차별해소, 지역균형, 분배정책 등에 관한 정책이 지속될 것이고 노무현 당선자의 대선공약에 기초한 국정개발이 추진되었다.[41] 그러나, 전문성이 약한 복지분야에

40) 노사모는 노무현이즘으로 ① 탈지역주의, ② 탈권위주의, ③ 반기득권, ④ 자율과 분권, ⑤ 원칙과 상식, ⑥ 민족의 평화 번영과 통일지향, ⑦ 국민의 참여와 상향식 정치를 말한다.(노사모 홈페이지)

41) 인수위원회가 발표한 10대 국정과제는 ① 한반도 평화체계 구축(한미안보협력과 자주외교, 남북 화해협력, 비핵화 등), ② 동북아 중심국가 건설(연 7% 성장동력, 경제평화협력 등), ③ 자유롭고 공정한 시장질서 확립(재벌개혁 등), ④ 과학기술 문화강국

서는 반개혁적 정책(국민연금 개악, 장기노인요양보험 등)이 마련되었다.

(4) 이명박 정권

이명박 당선자는 26명의 대통령직 인수위원과 99명의 전문위원, 그리고 91명의 실무위원을 임명하였다. 인수위원은 각 분야의 전문가로 구성되고 전문위원은 각 부처가 파견한 공무원이다. 이들 이외에 주로 선대위 소속의 당료 등이 총선 등에 입후보 하기 위한 경력 관리용으로 많은 자문위원(320명)이 있었다.

이명박 당선자는 노무현 정부로 부터 정권을 인수하여야 하기 때문에 새로운 인맥을 형성할 필요가 있었다. 그리고 이명박 후보는 한나라당(야당)의 조직기반이 약하기 때문에 주로 여론조사 등으로 바람을 일으키는 언론에 크게 의존하였고, 또 그의 대선공약 등을 개발하는 사조직[42](정책연구원, 자문교수, 소망교회[43] 등)에 크게 의존하였다. 그리하여 대통령직 인수위원은 이러한 정책자문그룹과 선대위에 참여한 인사들로 구성하였다.

이명박 대통령직 인수위원(22명)은 노무현 정부와는 달리 대학교수(9명)와 국회의원(8명) 그리고 장·차관 출신(4명)이 주축이 되어 있다.

표 8에서 볼 수 있는 바와 같이 이명박 대통령직 인수위원들(23명)의 출

(세계 1등 기술 100개 육성 등) 구축, ⑤ 참여복지와 삶의 질 향상, ⑥ 국민통합과 양성(兩性) 평등사회 구현, ⑦ 지방분권과 국가균형발전(행정수도 건설 등), ⑧ 부패없는 사회, 봉사하는 행정, ⑨ 정치개혁 실현(국가보안법 철폐 등) 등이다.

42) 정책자문교수들은 대개 동아시아연구원(이명박 사장)의 후신인 국제전략연구원(원장 유우익 서울대 교수)에 100여명이 소속되어 있고 바른정책연구원(백용호 이화여대 교수, 전 시정개발연구원장)에 500여명이 소속되어 있다. 그리고 인수위원 중에 5명(곽승준, 남주홍, 이달곤, 현인택, 홍두승)이 국제전략연구원 소속이고 그리고 바른정책연구원에 2명(백용호, 최재덕)이 소속되어 있다. 그리고 자문위원도 각각 2명씩 나왔다.(나성린, 남성욱, 김우상, 유인촌)

43) 소망교회(강남 신사동 소재)는 대한예수교 장로회 소속으로 1977년 8월 곽선희 목사가 교인 11명이 삼일기도회로 모이면서 창립되어 현재 등록 신자는 7만여명이다. 그리고 현재 김지철 담임목사는 스스로 낮추고 국민을 높여야 한다는 섬김의 리더쉽을 강조한다. 이 교회 신자 중에 이명박 당선인 이외 이경숙 인수위원장, 정몽준 위원, 강만수 재정장관, 윤진식 경제수석을 비롯하여 정계, 재계, 학계 등 고위층 인사가 많다.

신배경을 보면 다음과 같은 특성을 지니고 있다.

<표 8> 이명박 대통령직 인수위원의 출신 배경

분 과	성 명	연령	출신지	학 력			종 교	전 직	비 고
				고교	대학	대학원			
위원장	이경숙	64	서울	경기여고	숙대 정외과	남캐로라이나박사	기독교	숙대 총장(4선)	11대 국회의원(전국)/인수위원장 서울시 여성재단이사장
부위원장	김형오	61	경남 고성	경남고	서울대 법과	서울대 석사	기독교	국회의원(부산,4선)	동아일보기자, 대통령정무비서관 한나라당 원내대표
	윤진식	62	충북 청주	청주고	고대 경영학	건대 박사		전 산자부장관	투자유지 TF/간사/대통령경제비서관 행시/서울산업대 총장
대변인	이동관	50	서울	신일고	서울대 정치학	서울대 석사		전 동아일보 논설위원	동아일보 정치부장 하버드대 연수
기획조정	맹형규	61	서울	경복고	연세대 정외과	컬럼비아대 연수	기독교	국회의원(3선)	합동통신 기자/SBS 앵커 국회,산자위장/대통령정무수석
	박형준	49	부산	대일고	고려대 사회학	고려대 박사		국회의원(부산)	중앙일보 기자/동아대 조교수 간사/한나라당 대변인
	곽승준	47	경북 달성	한성고	고려대 경제학	밴드빌대 박사	기독교	고려대 교수	선대위 정책기획팀장 미래기획위원장
정무분과	진수희	52	대전	대전여고	연세대 사회학	일리노이대 박사	기독교	국회의원(전국)	간사/여의도연구소 국회의원
	남주홍	55	서울	덕수상고	건국대 정치학	런던대 박사	기독교	경기대 교수	자문교수단 평통사무차장
외교 통일 안보 분과	박진	51	서울	경기고	서울대 법과	옥스퍼드대 박사	기독교	국회의원(2선)	간사/외시/당국제위원장
	현인택	54	제주		고려대 정외과	UCLA 박사		고려대 교수	통일부 장관
	홍두승	57	대구	경기고	서울대 사회학	시카고대 박사		서울대 교수	자문교수단/사회학회장
법무 행정 분과	정동기	54	부산	경동고	한양대 법과	한양대 박사	천주교	전 법무부 차관	사시/대검차장 민정수석비서관
	이달곤	54	경남 창원	동이고	서울대 공대	하버드대 박사	천주교	서울대 교수	지방행정연구원장 행정안전부장관
경제 1	강만수	63	경남 합천	경남고	서울대 법대	뉴욕대 석사	기독교	전 재경원 차관	행시/선대위/간사/시정개발원장
	백용호	51	충남 보령	남성고	중앙대 경제학	뉴욕주립대 박사		이화여대 교수	시정개발연구원장/인수위원 공정거래위원장
	이창용	47	대전		서울대 경제학	하버드대 박사		서울대 교수	인수위원, 금융위원회 부위원장
경제 2	최경환	52	경북 경산	대구고	연세대 경제학	위스콘신대 박사		국회의원(경산)	행시/선대위/한나라당 4정조 위원장
	홍문표	60	충남 홍성	한영고	건국대 농화학	한양대 석사	불교	국회의원(홍성)	충남도당 위원장 농어촌공사장
	최재덕	59	대구		서울대	서울대 석사		전 건교부장관	행시/건거부차관/인수위원 한국건설산업연구원장
사회·교육·문화	이주호	46	대구	청구국제	서울대 경제학	코넬대 박사		KDI/국회의원(전국)	간사/당 5정조위장 교과부 차관
	김대식	46	전남 영광		동의대 일문학			동서대 교수	네트워크팀장 평통 사무처장
	이봉화	54	경남 양산	충주여고	외대 일어과	시립대 박사		서울여성가족정책관	인수위원/보건복지부 차관
행정실장	백성운	58	경북 경산		고대 법대	고대 박사	천주교	전 경기 부지사	행시/고양군수/경기부지사/안국포럼 국회의원
국민제안	이상목	52	대구	용산고	총신대		기독교	제정구의원 보좌관	대통령 민원비서관

첫째, 인수위원회의 각 분과 간사(8명)는 모두 현역 국회의원들이다. 매우 정치성이 강하다.

둘째, 인수위원들의 평균 연령은 55.2세이고, 이들의 대부분은 부유한 대학교수(9명)와 현역 국회의원(7명)이다. 대학교수는 노무현 정부와는 달리 거의 대부분 50대 중견의 서울지방의 명문대 출신이다.(서울대 교수 16명, 고려대 교수 5명, 연세대 교수 3명)

셋째, 인수위원들은 서울대 출신이 전체의 65.2%(9명)로서 가장 많고 이들의 전공은 정치학(5명)과 경제학(6명)이 가장 많으며 나머지는 사회학 등이다.

넷째, 인수위원들의 출신지는 영남출신이 47.8%로서 가장 많고, 그 다음은 서울출신(5명)과 충청출신(4명)이다. 지난 정권 인수위원은 호남 출신(24.4%)이 많았지만 이번에는 영남출신이 가장 많다.

다섯째, 인수위원들 중에 정부, 대학, 연구소 등의 행정 경험이 있는 분이 많다. 특히 당선인이 시장이었던 서울시 공무원출신이 4명이나 된다. 과거에는 행정경험이 없고, 심지어 연구경험도 별로 없는 교수들이 많았다.

여섯째, 인수위원들의 종교는 기독교가 많고, 이들 중에서 소망교회(장로회) 출신이 인수위원장을 비롯하여 2명이나 된다.

일곱째, 인수위원 중에 명문대 졸업과 유학 출신이 많다는 것은 비교적 가정 환경이 부유한 상류계층 출신이라는 것을 알 수 있다. 그리고 유럽 박사(2명) 보다 미국 박사가 압도적으로 많아(12명) 친미 성향이 강하다.

여덟째, 인수위원의 64.5%가 서울의 부촌인 강남(강남구, 송파구, 서초구)에 살고, 다른 서울지역에는 12.9%, 경기도에 9.6%, 그리고 기타 지방에 12.9%가 거주한다. 노무현 정권에 비하면 판이하다.

아홉째, 대통령 당선인이 강조한 국정과제로서 5개의 특별위원회, 즉 국가경쟁력, 정부개혁, 한반도 대운하, 새만금, 과학벨트 등을 두고 있다. 이 중에서 데이비드 엘든(두바이 국제센터 기구장)을 국가경쟁력 강화특위 공동위원장으로 임명한 것은 한국 자본시장을 개방하겠다는 의미를 지니고 있다. 한국 자본주의를 세계화(global capitalism) 하겠다는 뜻이다.

이와 같은 인수위원들의 신분 배경을 보면, 부유한 보수적인 상류계층 출신이지만 그들의 신분적 성격(전문직 화이트 칼라)으로 개인주의적이고 자유주의적, 반개혁적 성향을 지닐 수 있다. 즉, 이명박 당선인이 주장한 우파적 시장경제와 탈이념적 실용주의 및 대선공약에 기초한 반개혁적인 국정과제를 마련 할 것이다.[44] 예컨대 복지정책에 대한 전문성이 약해 민간의 책임인 자원봉사나 가족복지, 심지어 사회보험의 민영화를 추진하려고 한다. 이러한 정책과제는 15년전 김영삼 정부의 국정 방향과 거의 같다.

3. 대통령 비서관의 사회적 배경

대통령의 비서실은 대통령의 통치행위를 보좌한다. 비서실의 업무는 대통령의 통치 기반을 확보하는 정무와 홍보, 대통령의 두뇌 역할을 하는 정책기획, 대통령의 입의 역할을 하는 공보, 대통령의 눈과 귀라 할 수 있는 민정, 대통령의 칼의 역할을 하는 사정(법무), 대통령의 모든 일상사와 움직임을 챙기는 의전업무, 비서실 살림을 꾸려가는 총무관련 업무 등이다.[45]

대통령은 대선공약과 인수위의 국정과제를 성실히 운영하기 위하여 대통령 수석비서관(장차관급)과 내각(장차관)을 조직한다. 수석비서관과 장차관의 인선은 국정의 효율적 운영을 위하여 매우 중요하다. 이들에 대한 인선은 대통령의 이념과 합리성에 기초하는 것이 타당하다고 볼 수 있다. 그러나, 그것에 기초하지 않고 연고성(지연, 학연, 직연, 선거운동 등)에 기초하는 경우가 많다. 과거 국무총리와 비서실장의 인선은 대개 초대 총리의 경우 화합형을 선택하고 비서실장은 실무형을 선택하는 경향이다. 대통령의 참모

---

44) 대통령직 인수위원회는 5대 지표와 21대 전략 및 192개 국정과제를 발표하였다. 5대 국정지표는 자유민주주의와 선진화 국가(작은 정부, 큰 시장)를 위하여 경제 살리기와 국민통합에 주력한다고 하였다. 인수위원회가 발표한 국정지표는 ① 활기찬 시장경제(출총제 폐지, 금산분리 완화 등 기업규제 완화, 기업세 경감, 공기업 민영화 등 49개 과제), ② 인재대국(영어공교육, 대학자율화 확대 등 18개 과제), ③ 글로벌 코리아(북핵 폐기, 비핵 개방, 한미동맹 복원 등 47개 과제), ④ 능동적 복지(국민연금과 기초노령연금의 통합 등 42개 과제), ⑤ 섬기는 정부(10% 예산절감, 정부기능과 조직개편, 광역경제권 등 36개 과제) 등이다.

45) 배정훈, 「대통령학」, 형설출판사, 2007, p.17

진은 비서실과 직속 기관(감사원, 안기부, 경호실)을 말한다.

그러면, 먼저 제 3공화국 이후 대통령 비서관의 사회적 배경에 대한 전수조사 결과를 분석하고, 그 다음에 민주화 이후 각 정권별 수석비서관에 대하여 고찰한다.

1) 제 3공화국 이후 대통령 비서관

대통령 비서실이 국정의 산실이 된 것은 제 3공화국(박정희 대통령)시 이후락 비서실장 취임 이후의 일이다. 그 이전에는 비서실이 대통령의 개인적 비서 역할을 하였으나 그 이후에는 주로 미국식 모델과 군대(사령관 또는 사단장)의 참모제도를 모방하였다. 그는 비서실 기구를 확대, 개편하면서 특히 정무담당 비서관들로 하여금 내각을 간접적으로 통할하였다.

이러한 비서실의 조직과 인력은 정권마다 차이가 있고, 또 비서관의 역할이 매우 다양하지만 관련 부처에 대하여 막강한 힘을 발휘하였다.[46)]

그러면, 이들 비서관의 사회적 배경분석을 통하여 그들의 특성이 무엇인가를 본다.

(1) 지역배경

제 3공화국 이후 김영삼 정권 까지 대통령 비서실 비서관의 34.8%가 영남출신이다. 비서실장은 영남 출신이 전체의 57.9%를 차지하고 그 다음은 서울 출신(21.1%)이며 나머지는 주로 이북 5도 출신(15.8%)이다.

국정의 전문 영역의 책임자인 수석비서관 및 특별 보좌관은 영남 출신이 전체의 44.0%로서 가장 많고, 그 다음은 충청(14.7%)과 서울(14.1%) 출신

46) 예컨대 1985년 말 소위 보사부 파동이 있었다. 이것은 소득역진성과 비효율성이 심한 직장 및 지역 의료보험을 통합일원화 시키기 위하여. 당시 보사부 장관(김정례)은 여당 원내총무(이종찬)과 국회 보사위원장(최영철)과 함께 전두환 대통령에게 건의하려 갔다. 그런데 전대통령은 그들에게 뒤에 있는 윤성태 비서관을 전문가라고 하면서 현행 법을 고치지 말라고 지시하였다. 그 후 김태호 정무수석 비서관은 통합보고서를 작성한 이두호 기획관리실장, 김영기 사회보험국장, 차흥봉 의보제도과장, 오근식 담당사무관을 치안국 조사대와 중앙정보부를 시켜 조사를 받게하여 이실장을 제외한 3명을 옷을 벗게 하였다.

이며, 호남 출신은 전체의 6.8%에 불과하다. 민주화 이후 각 정권 집권 초기의 수석비서관들이 영남 출신이 전체의 36.8%인데 비하여 호남 출신이 매우 적은 편이다.

<표 9> 대통령 비서관의 출신지역

직책	서울	인천 경기	강원	충천 대전	전라 광주	경북 대구	경남 부산	제주	이북 5도	미상	합계 (명)
비서실장	21.1		5.3			26.3	31.6		15.8		100.0(19)
수석 및 특보	14.1	6.8	2.8	14.7	6.8	22.0	22.0	0.6	10.2		100.0(177)
비서관	12.4	4.1	2.4	14.2	4.4	19.1	15.5	0.9	7.8	19.1	100.0(676)
합계	113 (13.0)	40 (4.6)	22 (2.5)	122 (14.0)	42 (4.8)	173 (19.8)	172 (15.0)	7 (0.8)	74 (8.5)	129 (14.8)	872(100.0)

(비고) 제 3공화국~YS정권 기간임.
(자료) 배정훈, 「대통령학」, 2007

그리고 비서관은 외부 출신도 많지만, 각 부처의 파견이 많고 이들은 해당 부처의 업무를 주로 담당한다. 비서관의 출신지는 영남이 전체의 34.6%로서 가장 많고, 그 다음은 충청(14.2%)과 서울(12.4%)이다.

이와 같이 비서관들의 출신지역이 영남에 편중된 것은 영남 출신의 인구가 많아서 불가피한 것이라고 보기는 어려울 것 같다. 왜냐하면 호남 출신의 비서관이 그 밖의 지역에 비하여 상대적으로 매우 적기 때문이다.

(2) 학력배경

대통령 비서실 비서관의 44.6%가 서울대 출신이다. 비서실장은 서울대 출신이 전체의 42.1%로 가장 많고, 수석비서관의 경우 50.3%이며 비서관의 경우 43.4%이다. 나머지는 고려대와 사관학교 출신들이다. 민주화 이후 각 정권별 수석비서관의 학력은 서울대 출신이 전체의 61.4%이고 고연대 출신이 5.3%이다.

<표 10> 대통령 비서관의 출신대학

	서울대	고려대	연세대	사관학교	기타서울	경북대학	부산대학	기타지방	외국대학			기타	미상	합계(명)
									미국	일본	기타			
비서실장	42.1	5.3	5.3	5.3		5.3	5.3	5.3	15.8	5.3		5.3		100.0(19)
수석 및 특보	50.3	9.6	1.1	10.2	7.3	1.7	1.1	3.4	7.3	4.5	2.3	1.1		100.0(177)
비서관	43.4	7.9	3.4	4.2	12.3	1.6	0.9	3.9	1.8	0.7	0.1	0.3	19.3	100.0(676)
합계	44.6	8.1	3.0	5.4	11.0	1.7	1.0	3.8	3.2	1.6	0.6	0.6	15.4	100.0(872)

(비고) 제3공화국~YS정권 기간임.
(자료) 배정훈, 「대통령학」, 2007

이것을 보면, 정권 초기의 비서관은 서울대 출신이 가장 많지만 집권 후에 갈수록 점차 감소되고 있다.

(3) 직업배경

대통령 비서실 비서관의 52.1%가 관료출신이다. 비서실장은 관료출신이 47.4%이고 그 다음은 교수출신(21.1%)이며 나머지는 정계, 법조계, 언론계 출신이다. 수석비서관의 경우 관료 출신이 57.1%이고, 그 다음은 교수(14.7%)와 정치인(0.8%) 출신이다. 그리고 비서관의 경우도 관료 출신이 가장 많으나 (50.9%) 나머지는 각 전문영역에서 비교적 골고루 충원되고 있다.

<표 11> 대통령 비서진의 전직

직책	관료	군인	법조계	언론계	정치계	전문경영인	학자	기타	무자료	합계(명)
비서실장	47.4	5.3	10.5	5.3	10.5		21.1			100.0(19)
수석 및 특보	57.1	5.6	5.6	5.1	6.8	2.3	14.7	2.8		100.0(177)
비서관	50.9	5.8	6.1	5.5	6.1	0.1	6.5	0.1	19.0	100.0(676)
합계	52.1	5.7	6.1	5.4	6.3	0.6	8.5	0.7	14.7	100.0(872)

(비고) 제 3공화국~YS정권 기간 임.
(자료) 배정훈, 「대통령학」

이러한 것을 본다면, 대통령 비서관들이 영남 출신이 가장 많고 이들의 출신 학교는 서울대가 가장 많으며, 또한 이들의 전직이 관료가 가장 많다는 것은 전수조사나 초대 비서관의 조사에서 모두 나타나고 있다. 다만 이들의 전직을 보면, 초기 수석비서관의 경우 교수(24.6%)와 정치인(14.0%) 출신이 더 많다. 이것은 국정의 개혁과 설계의 필요성에서 전문직이 다수 충원된 결과이다.

이와 같이 대통령 비서관들은 지연(영·호남), 학연(서울대, 고등고시 등), 직연(관료 등) 및 대선 등의 연고성에 기초하여 권력 공동체가 형성되고, 또 이들이 그 후 관료지배층 등으로 진출하였다.

2) 민주정권의 대통령 수석비서관

대통령은 정권 초기에 있어서 국정개혁과 새로운 국정개발을 위하여 임명한 수석비서관과 기관장의 특징이 그 정권의 특성을 잘 나타낸다. 이들의 출신배경을 분석하여 본다.

(1) 노태우 정권

노태우 대통령은 군 장성 출신이기 때문에 조직을 통한 행정에 매우 익숙한 편이다. 군 장성은 일반적으로 자신의 의견을 밀어 붙이기 보다는 참모들의 제안에 크게 의존한다. 그래서 학력과 경력이 우수한 참모를 선호한다.

노태우 대통령이 초대 비서실장에 홍성철 전 보건사회부장관을 임명하였다. 홍실장은 군출신으로 대인관계가 원만하고, 대선 기간에 이북 5도민 회장으로서 득표에 큰 기여를 하였기 때문이다.

대통령실 초대 참모들(9명)의 출신배경은 다음과 같은 특성을 지니고 있다.

첫째, 참모들은 군인출신이 한명도 없다. 이것은 노대통령이 국민직선으로 당선되었기 때문에 과거 정부(군사정권)와 차별화 하기 위한 것 같다. 참모들의 전직은 고위관료 출신이 가장 많고(55.6%) 나머지는 교수, 연구원, 국회의원이다.

둘째, 참모들의 평균 연령은 50대 초이다.

셋째, 이들의 출신 지역은 경북(3명)이 가장 많고, 그 다음은 경남(2명), 전북(2명), 황해(2명) 의 순이다.

<표 12> 노태우 정책 참모의 출신 배경

분 야	성명	연령	출신지	학 력			종 교	전 직	종 직	비 고
				고교	대학	대학원				
비서실장	홍성철	62	황해 은율	경기고	서울대 경제학		천주교	전 보사부장관	내무부 장관 국토통일원장관	이북5도민 회장
정무수석	최병열	50	경남 산청	부산고	서울대 법대	남가주대 석사	천주교	국회의원(전국)	문공부 장관 서울시장	조선일보 편집국장 국회의원(3선)/인수위
행정수석	이연택	52	전북 고창	전주고	동국대 법학	단국대 박사		총리실 조정관	총무처 노동부 장관	대한체육회장
경제수석	박 승	52	전북 김제	이리 공고	서울대 상대	뉴욕주립 대박사	천주교	중앙대 교수	건설부 장관	금융통화위원 한은 총재
안보보좌	김종휘	53	서울	경기고	베이츠대 정치학		기독교	국방대 안보소장	대통령 외교안보수석	헤리티재단 초빙연구원
정책수석	박철언	46	경북 성주	경북고	서울대 법대	한양대 박사	불교	안기부 특보	국회의원(전국)	국보위원/대통령 비서관/체육청소년부장관
민정수석	한영석	50	경북 경주	계성고	서울대 법대		천주교	법무부 차관	서울고검장	고시/법제처장관
의전수석	노창희	50	경남 합천	경기고	서울대 상대		천주교	외무부 본부대사	외무부 차관 주영대사	고시/외무부 국장
공보수석	이수정	48	대구		서울대 정치학			문화방송전무		한국일보 기자 대통령정무비서관
경호실장	이현우	50	대전	대전고	육사		천주교	육본 인사참모부장 (중장)	안기부장	사단장 정보사령관
감사원장	황영시	62	경북 영주		육사	국방 대학원		육참총장(대장)	감사원장(2회)	
안기부장	안무혁	53	황해 안악		육사	서울대 석사	기독교	국세청장	국회의원(전국)	국보위위원 사회정화위원장

넷째, 참모들의 학력은 서울대 출신이 가장 많고(7명), 이들 중 미국 유학 출신(박사)은 2명이다.

다섯째, 참모들의 종교는 천주교도가 가장 많고(5명) 나머지는 기독교도(1명)와 비신자들이다.

여섯째, 참모들이 퇴임 후 장차관이 된 사람이 가장 많고(7명), 그 다음은 국회의원(1명)과 언론인(1명) 등이다.

그리고 대통령의 직속 기관인 감사원장, 경호실장 및 안기부장은 모두 육사를 졸업한 군장성 출신이고, 이들은 퇴임 후 모두 고위직(안기부장, 감사원장, 국회의원)에 진출하고 있다.

(2) 김영삼 정권

김영삼 대통령은 오랜 야당생활로 몸에 밴 보스의 기질이 있어서 외곽의 비선조직을 운용하면서 비서관과의 독대를 통한 보안 유지를 매우 강조하였다. 그리하여 비서실장에 박관용 의원을 임명하였지만 오히려 차남(김현철)과 수석 비서관을 더욱 신뢰한 것 같다.

대통령 초대 참모들(10명)의 출신배경은 다음과 같은 특성을 지니고 있다.

첫째, 참모들의 평균 연령은 50대 초이다.

둘째, 참모들의 출신지는 경남(2), 부산(2) 출신이 가장 많고 그 다음은 충남(3명), 경기 · 인천(2명), 전남(1명) 출신이다.

셋째, 참모들의 학력은 서울대 출신이 가장 많고(80%명), 나머지는 동아대 출신이다. 이들 중 해외유학 출신(박사)은 3명이다.

넷째, 참모들의 종교는 기독교도가 전체 수석의 50%를 차지하고 나머지는 천주교도(1명)와 비신자들이다.

다섯째, 참모들의 전직은 고위 관료출신이 대통령의 야당 총재시절에 총재 특보(3명)였거나 출입기자였던 언론인(2명)과 정책을 자문했던 교수(2명), 그리고 선거참모(2명) 출신들이다. 이들의 전공을 보면, 경제수석은 전공교수가 맡았지만 복지수석은 그렇지 못하다.

여섯째, 참모들이 소유한 평균 재산은 약 6억 9천 3백만원이다. 이것은 당시의 공시지가를 기준으로 하였기 때문에 현실가는 그 2배 이상이 된다.

일곱째, 참모들이 퇴임한 후 주로 장차관(5명)과 국회의원(3명)을 지냈다.

한편, 대통령의 직속기관인 감사원장과 경호실장 및 안기부장은 모두 법대 출신이고, 이들은 퇴임 후 고위 관료직[47]에 진출하고 있다.

---

47) 고위 관료직은 1급 이상. 주로 장차관급을 말한다.

<표 13> 김영삼 정책 참모의 출신배경

분 야	성명	연령	출신지	학력			재산 (천만원)	종 교	전 직	종 직	비 고
				고교	대학	대학원					
비서실장	박관용	55	부산	동래고	동아대 정치학		75.3	천주교	국회의원(4선)	국회의장	한나라당 부총리/인수위
정무수석	주돈식	56	충남 천안	서울사대 부고	서울 사범대	경희대 석사	219.7	기독교	조선일보 논설위원	문체부장관	조선일보 편집국장
행정수석	김양배	55	전남 곡성	광주고	서울대 정치학		55.6	기독교	지방행정 연구실장	보건복지부장관	행시/광주시장
경제수석	박재윤	52	부산	부산고	서울대 경제학	인디애나 주립대박사	48.5	기독교	총재 경제특보	재무부장관 부산대 총장	서울대 경제학부
외교수석	정종욱	53	경남 거창	부산고	서울대 외교학	예일대 박사	58.3		서울대 교수	주중대사	아주대 교수
민정수석	김영수	51	인천	서울고	서울 법대		83.1	기독교	안기부 차장 국회의원	문체부 장관	사시 예술의전당 이사장
교육사회 수석	김정남	51	대전	대전고	서울대 정치과			천주교	신한국시민연합 의장	위원회 위원	민주화 운동
공보수석	이경재	52	경기 이천	강화고	서울대 사회학		32.1	기독교	총재공보 특보	국회의원 (4선)	신군부 해직 기자 동아일보 편집국장
총무수석	홍인길	50	경남 거제	경남 공고	동아대 법학		22.7		총재 비서실장	국회의원	외시
의전수석	김석우	48	충남 논산	경기고	서울대 행정학		29.0		대통령 의전비서관	통일원차관	
경호실장	박상범	50	충북 옥천	성남고	고려대 법대		50.6		평통 사무차장	국가보훈처장	경호실과장
안기부장	김 덕	58	경북 구미	경기고	서울대 법대		96.5	천주교	국방부 기획실장	통일원장관	외대교수/국회의원
감사원장	이회창	58	황해 서흥	경기고	서울대 법대		91.2	천주교	대법관	국무총리	고시/한나라당 총재 대선후보

(3) 김대중 정권

김대중 대통령은 동서 화합의 논리로 자신이 호남출신이기 때문에 영남 출신의 김중권의원을 비서실장으로 임명하였다. 김실장은 노태우 정부 말 정무수석 비서관으로서 DJ에 대한 신뢰가 있었기 때문이라고 한다.48)

대통령 초대 참모(7명)들의 출신배경은 다음과 같은 특성을 지니고 있다.

첫째, 참모들은 비록 자민련(김종필 총재)과 공동정권이지만 주로 김대통

48) 동교계 의원들(권노갑 등)은 김중권 의원이 비서실장으로 내정되자 반대하였다. 수십년간 DJ만 바라보고 살았던 가신들로서는 구 여권출신이 정부의 인사와 정보를 장악하는 비서실장이 된다는 것은 생각할 수 없었기 때문이다. 김실장은 DJ의 분신으로 자처한 당시 박지원(공보수석)과의 알력이 심하였다.

령의 정치활동시 도와준 조직 참모(3명)들이 가장 많다. 나머지는 전문적 식견을 가진 관료출신(3명)과 교수출신(1명)이다. 이들의 전공을 보면, 경제수석은 전공교수가 맡았지만 복지수석은 교육관료 출신이 맡았다.

<표 14> 김대중 정책 참모의 출신배경

분 야	성명	연령	출신지	학 력			재산 (천만원)	종교	전 직	종 직	비 고
				고교	대학	대학원					
비서실장	김중권	59	경북 울진	후포고	고대 법대	단국대 박사	29.2	기독교	대표변호사	새천년민주당 대표최고의원	사시 YS 정무수석
정무수석	문희상	53	경기 의정부	경복고	서울대 법대		38.2	천주교	국회의원(3선) 국민회의특보	대통령비서실장	열린우리당 의장
정책기획 수석	강봉균	55	전북 군산	군산 사범	서울 상대	한양대 박사	60.8	기독교	총리행조실장	정통부장관 재경부장관	고시/기획원차관 국회의원(2선)
공보수석	박지원	56	전남 진도		단국대		360.5	천주교	당선자 대변인	문광부장관	대통령비서실장 미주한인회장
외교안보 수석	임동원	64	평북 위인		육사	서울대 서사	82.1	기독교	아태재단 사무총장	국정원장	통일부 장관(2회) 국정원장
경제수석	김태동	51	충남 부여	경기고	서울대 경제학	예일대 박사	35.0		성균관대 교수	대통령정책위장 금통위원	경실련 정책연구원장
사회복지 수석	조규향	55	경남 김해	경남고	서울대 법대		222.4		부산외대 총장	방통대 총장	행시/ 교육부 차관
안기부장	이종찬	57	중국 상해	경기고	육사		360.5	기독교	국회의원(3선) 인수위원장	국회의원	입법의원 민정당 차장
감사원장	한승헌	54	전북 진안	전주고	경북대 정치학		82.8		DJ 변호사	외대 이사장	고시/ 서울지방 검사
경호실	안주섭	51	전남 곡성	광주고	육사		17	기독교	육군대 총장	국가보훈처장	사단장/ 육대 총장

둘째, 참모들의 평균 연령은 50대 중반이고, 이들의 출신지는 전남, 전북, 경남, 경북, 충남, 경기, 평북 등으로 각각 1명이다.

셋째, 참모들의 학력은 서울대 출신이 가장 많고(4명) 나머지는 고대, 단대, 육사 출신 등 각 1명씩이다. 이들 중 해외 유학(박사) 출신은 1명에 불과하다.

넷째, 참모들의 종교는 기독교도가 전체의 42.9%로 가장 많고 그 다음은 천주교도(28.6%)이며 나머지는 비신자들이다.

다섯째, 참모들이 소유한 평균 재산은 6억 9천 3백만원이다. 이것은 김영삼 정권의 경우와 유사하다.

여섯째, 참모들이 퇴임한 후 장관을 지낸 사람이 가장 많고(4명), 나머지도 고위 관료(비서실장, 국정원장, 대학총장 등)를 지냈다.

한편, 대통령 직속 기관장은 대부분 호남출신이다. 안기부장은 국회의원이고 경호실장은 육사출신이며, 감사원장은 과거 DJ의 정치활동을 할 때 인권변호사였다.

(4) 노무현 정권

노무현 대통령은 초대 비서실장에 김대중 대통령의 정무수석이었던 문희상 의원을 임명하였다. 문의원은 정치적 뿌리와 성향은 다르지만 개성이 강하지 않고, DJ정부의 정통성을 잇는 것으로 볼 수 있다.[49]

노대통령의 수석비서관 중에는 자기의 국정 철학과 개혁의지에 동의하는 교수(이정우, 김태유)가 있었다. 그리고 비서실의 비서관 또는 행정관에는 386 운동권이 많이 포진되어 있었다.[50]

대통령 초대 참모(13명)들의 출신배경은 다음과 같은 특성을 지니고 있다.

첫째, 참모들 중에 인수위원을 지낸 교수출신이 다른 정부에 비하여 많고(5명) 그 다음은 직업관료 출신들이다. 경제전문가들이 정책실장과 경제수석 그리고 경제보좌관까지 차지하고 있으나 복지분야의 담당 수석은 없다.

둘째, 참모들의 평균 연령은 53.1세이고, 이들의 출신지는 경남, 부산출신(4명)과 전북, 전남출신(3명)이 가장 많다. 따라서 영남과 호남의 지연적 배경이 강하다.

셋째, 학력은 서울대 출신이 가장 많고(84.6%) 나머지는 육사(1명), 경희대(1명) 출신 등이다. 이들의 전공은 서울상대 출신이 가장 많고(4명), 나머지는 각각 전공이 다르다. 그리고 이들 중 해외유학 출신은 5명이다.(미국 4명, 영국 1명)

---

49) 노대통령의 측근인 이광재와 안희정이 동의하였던 것 같다.

50) 청와대에 소위 좌파운동권 출신이 36명이 된다고 한다. 386세대는 주로 전대협 간부와 학생회장 출신들로 주류를 구성한다. 한편, 제 16대 국회의원중 386세대는 58명이 된다. 이 중에는 판검사, 변호사 출신이 12명, 교수나 박사들이 12명 있다.

<표 15> 노무현 정책 참모의 출신배경

분 야	성명	연령	출신지	학력			재산 (천만원)	종교	전 직	종 직	비 고
				고교	대학	대학원					
비서실장	문희상	58	경기 의정부	경북고	서울 법대		13.2	천주교	국회의원	국회의원 (의정부)	대통령 정무수석 열린우리당 의장
정책실장	이정우	53	대구	경북고	서울대 경제학	하버드 박사	120.4		경북대 경제학교수	대통령정책실장 정책특보	DJ 정책기획위원 인수위원
정책기획수석	권오규	51	강원 강릉	경기고	서울대 경제학		6.1	기독교	조달청장	재경부장관	행시/경제기획원/ 청와대 재정비서관
정무	유인태	54	충북 제천	경기고	서울대 사회학		33.1		국회의원(2선)	국회의원(서울)	민청학련사건 사형선고
민정	문재인	50	경남 거제	경남고	경희대 법대		93.0		법무법인 부산 대표	대통령 비서실장	사시/민변 부산대표
경제 보좌관	조윤제	51	부산	경기고	서울대 경제학	스탠퍼드 박사	79.2		서강대 교수	주영대사	세계은 IMF 경제분석관
인사 보좌관	정찬용	53	전남 영암	광주 일고	서울대 언어학		20.8	기독교	광주 YMCA 사무총장	외교부 NGO대사	현대인재개발원장
홍보	이해성	50	부산	부산고	서울대 경영학		66.2	천주교	MBC 부장	국회의원(부산)	열린우리당 부산 위원장
국민참여	박주현	40	전북 군산	전주 여고	서울대 법대		170.8	기독교	인권 변호사	시민경제사회 연구소장	사시/민변/ 인수위자문
정보과학 보좌관	김태유	52	서울	경복고	서울대 공대	콜로라도박사	578.8		서울공대 교수	서울공대 교수	에너지자원 대사
안보 보좌관	나종일	63	전북 정읍		서울대 정치학	캠브리지박사	23.9	천주교	경희대 교수	국정원 차장	인수위행정실장 국정원차장/
외교 보좌관	반기문	58	충북 충주	충주고	서울대 외교학		122.0	기독교	외무부 차관	외통부 장관	외시/오스트리아대사 유엔 사무총장
국방 보좌관	김희상	58	경남 거창	경복고	육사	미 육대 석사	105.3		국방대 총장	수도군장 국방대 총장	비상기획위원장
경호실장	김세옥	63	전남 장흥	장흥고	조선대 법대		-8.7		경찰청장		전남 경찰청장
국정원장	고영구	64	강원 정선	체신고	건대 법학		7.8	불교	민변처장	건대 석좌교수	고시/서울지법 부장 판사/국회의원
감사원장	전윤철	64	전남 목포	서울고	서울대 법대		3.6	기독교	재경부 장관	감사원장	고시/기획예산장관 대통령 비서실장

넷째, 종교는 기독교(30.7%)와 천주교도(23.0%)가 가장 많고, 나머지는 불교도(1명)과 비신자들이다. 다른 정권에 비하여 비신자가 많다.

다섯째, 정책참모의 평균 재산은 약 13억 5천만원으로, 이것은 공시지가의 인상으로 국민의 정부 초기 수석비서관의 평균 재산 보다도 더 많다.

여섯째, 대통령 참모를 지낸 후 국회의원(3명)과 실장(2명)이 된 경우가 가장 많고 나머지도 고위 관료(주영대사, 국방대 총장)와 교수 및 단체장을 지냈다.

한편, 권력이 있는 감사원장, 국정원장 및 경호실장의 경우 전남 출신이 많고, 이들의 전공은 대개 법대 출신들이다. 이들은 퇴임 후 모두 고위 관료로 진출하고 있다.

(5) 이명박 정권

이명박 당선인은 경제 살리기와 한미동맹을 강화시키고 효율적인 최소 정부와 경제성장론을 주장하였다. 이러한 국정을 수행하기 위하여 그는 먼저 정부개혁을 단행하였고 주요한 국정과제로서 경제성장을 위한 친기업(재벌) 정책을 강구하였다.51)

대통령 초대 참모(9명)들의 출신배경은 다음과 같은 특성을 지니고 있다.

첫째, 참모들의 평균 연령은 50대 초이다.

둘째, 참모들의 출신지는 경북, 대구와 경남 출신이 가장 많고(55.6%), 그 다음은 서울(2명)이다. 영남 출신이 많다는 것은 전임 정권에 비하여 지역적 차별성을 지니고 있다.

셋째, 참모들의 학력은 서울대 출신이 가장 많고(55.6%), 그 다음은 고려대(2명), 숙대(1명), 하버드대(1명) 출신이다. 이것은 노무현 정권에 비하면, 주로 서울대와 고려대 출신으로 구성된 것이 특징이다. 그리고 이들의 전공이 전체의 55.6%가 경제학을 전공하여 소위 경제논리의 국정 운영이 불가피할 것 같다. 그런데 사회정책 수석은 전공교수가 아니다. 또한 이들의 해외 유학(전체의 66.6%)은 미국의 저명한 대학 출신이 많아서 친미적 신자유주의 이념에 투철할 것 같다.

넷째, 참모들의 재산은 최소 10억 이상인데 이들의 평균 재산은 35억 5천 652만원이다. 이 중에서 아파트 등 건물 보유 평균 재산은 20억 8천만원으로서 전체의 58.5%를 차지하고, 그 다음은 예금 8억 7천만원(24.7%)과 토지 5억 1천만원(14.6%)이다. 이들이 소유한 주택은 거의 대부분 강남 지역에 있다.

이와 같은 주택 및 토지 소유 재산은 모두 종합부동산세의 해당자들이다. 이들은 국민의 1%에 해당하는 강부자들(특권층)이다.

---

51) 이명박 대통령직 인수위원회, 「백서」, 2008 참조.

다섯째, 참모들의 종교는 기독교가 가장 많고 나머지는 천주교도와 비신자들이다.

<표 16> 이명박 정책 참모의 출신배경

분 야	성명	연령	출신지	학 력			재산(천만원)	종교	전 직	비 고
				고교	대학	대학원				
비서실장	유우익	58	경북 상주	상주고	서울대 지리학	킬대 박사	127.5		서울대 교수	서울대 교무처장 국제전략연구원장
정무수석	박재완	53	경남 마산	부산고	서울대 경제학	하버드 박사	101.2		국회의원(비례)	행시/인수위 팀장 성균관대 교수
외교안보	김병국	49	서울		하버드 경제학	하버드 박사	825.7		고려대 교수	김성수(동아일보) 손자
경제수석	김중수	61	함북 함흥	경기고	서울대 경제학	펜실베니아박사	204.2	기독교	한림대 총장	KDI 원장 대통령 경제비서관
국정기획	곽승준	48	경북 달성		고대 경제학	밴더빌트 박사	1,103	기독교	고려대 교수	선대위 정책간사 인수위원
과학교육	이주호	47	대구	창덕고	서울대 경제학	코넬대 박사	192.4		국회의원(비례)	여의도연구소 이사 교육개발원 연구원
사회정책	박미석	50			숙대 가정관리	미시간주립대박사	259.8	기독교	숙명여대 교수	서울복지재단 대표
민정수석	이종찬	62	경남 고성	삼천포고	고대 법대		344.1		서울고검장	사시/대검 중수부장
홍보수석(대변인)	이동관	51	서울		서울대 정치과	하버드대 니만펠로우	152.6		동아일보 논설위원	동아일보 정치부장 인수위 대변인
경호처장	김인종	63	제주	대전고	육사		253.6		전 2군사령관	수방사령관
국정원장	김성호	58	경남 남해	브니엘고	고대 법대	건국대 박사	297.2		법무부 장관	지검 검사장
감사원장	전윤철	69	전남 목포	서울고	서울대 법대			기독교	재경부 장관	유임

여섯째, 참모들의 전직은 대학교수 출신이 가장 많고(55.6%) 그 다음은 국회의원(2명)과 고위관료(1명) 및 언론인(1명) 출신이다. 이들의 주류는 선대위와 대통령직 인수위원 출신들(4명)이다.

일곱째, 참모들은 선대위와 인수위원에서 당선인과 인연을 맺었지만, 또한 개인적 연고성도 매우 깊은 것 같다.[52)]

52) 이들은 전술한 안국포럼, 소망교회, 고려대 동문회, 서울시청 관계자 등의 연고가 많다. 청와대에 비서관급 이상 이명박 사람이 전체 51명 중 15명(29.4%)이고 장차관급 69명 중 12명이라고 한다. 그리고 김병국은 우리나라 보수세력의 대부인 김성수(한민당수, 동아일보 사주, 고려대 설립자)의 손자이고, 곽승준의 부친은 고려산업개발의 전 사장이다.

이러한 것을 보면, 이명박 정권은 전임 정권에 비하여 영남, 고려대, 기독교 및 경제학 교수 출신들로 정책 참모진을 구성하였고, 또한 과거 정권에 비하여 재산이 많은 부자참모들이라는 것이 특징이다. 그리하여 종부세 및 양도세 인하 등 세제개혁을 주장한다.

4. 내각 각료의 사회적 배경

내각은 총리를 비롯하여 부총리 및 각부 장관으로 구성한다. 내각은 15~30명으로 국무회의를 구성하고, 국정에 관하여 대통령을 보좌하며, 정부의 정책을 심의한다.(헌법, 제 88, 89조), 동시에 장관은 해당 부처의 정책을 입안하고 집행하며[53], 동시에 해당 부처의 인사권과 예산권을 소유하고 있다. 따라서 각료는 이것을 구현하기 위한 전문적 지식과 조직의 관리 능력이 요구된다. 그리고 차관은 장관을 보좌하는 기능을 수행한다. 정부수립 이후 장관은 대개 한 대통령의 재임기간(5년)에 약 100여명이 임명되고 있다.[54]

대통령은 조각시 각 계의 지역안배 및 정치성을 고려하여 임명하였다고 하지만, 사실 그렇지 못하고 대개 개인적 연고성과 친분에 기초하여 있다고 한다.

그러면, 해방 이후 관료지배층(총리, 장차관, 청장 등)의 전수조사 결과를 먼저 고찰하여 보자.

1) 정부수립 이래 장·차관

1948년 8월 정부수립 후 2008년 말 까지 임명된 국무총리 및 기관장(감사원장, 국정원장, 비서실장, 경호실장, 국무조정실장)은 모두 190명이고 장관급(부처의 장관 이외 공정거래위원장, 금융감독위원장, 인사위원장 등)은 모두 688명이며 차관은 515명, 그리고 청장은 321명이다.

---

53) 행정 각 부처의 장은 소관 사무에 관하여 법률이나 대통령령의 위임 또는 직권으로 총리령 또는 부령을 발휘할 수 있다.(헌법 제 95조)

54) 국무위원의 평균 재임기간은 약 1년이다.

이들의 출신 배경(지역, 학력, 직력)은 지난 60년간 사회 변화와 정치적 상황에 따라 많은 차이가 있어서 획일적으로 분석하여 일반화 하기는 좀 문제가 있으나, 관료지배층(장차관)의 이동과 성격을 파악하는데 큰 도움이 되리라 생각한다.

(1) 지역배경

정부 수립후 장차관을 가장 많이 배출한 지역은 경북(16.4%)과 경남(15.9%)이다. 그 다음은 이북 5도(11.7%)와 서울(12.5%), 충남(9.7%), 전남(9.1%)이고 나머지는 경기(7.7%), 전북(5.7%), 충북(5.1%), 강원(4.5%)의 순이다. 특히 장관의 경우 영남 출신(29.4%)과 서울 출신(20.9%)이 가장 많고 호남 출신은 적은 편이다. 그런데 힘 있는 부처의 장차관은 대통령의 출신지역과 관련이 깊다.

<표 17> 역대 정부 장관의 출신지역

	이승만 정부	장면 정부	과도 정부	박정희 정부		최규하 정부	전두환 정부	노태우 정부	김영삼 정부	김대중 정부	노무현 정부	합계 (명)
				유신전	유신후							
서울	37.3	15.6	11.8	22.0	9.8	24.1	24.2	26.3	21.0	14.7	16.7	20.9(196)
충청	15.5	13.3	19.6	12.1	9.8	17.2	14.6	12.1	17.0	20.0	10.6	15.2(142)
호남	6.4	17.8	9.8	13.2	11.8	17.2	10.7	17.2	18.0	26.3	28.8	17.1(160)
영남	20.9	33.3	11.8	31.9	37.3	20.7	39.8	30.3	37.0	22.1	33.3	29.4(275)
제주			2.0	2.2	2.0			2.0			1.5	0.7(7)
이북 5도	12.7	20.0	41.2	17.6	19.6	17.2	8.7	7.1	5.0	8.4	15	11.6(109)
강원	7.3		2.0	1.1	9.8	3.4	1.9	5.1	2.0	5.3	4.5	4.1(38)
해외			2.0							3.2	3.0	1.0(9)
합계 (실수)	100.0 (110)	100.0 (45)	100.0 (51)	100.0 (91)	100.0 (51)	100.0 (29)	100.0 (103)	100.0 (99)	100.0 (100)	100.0 (95)	100.0 (66)	100.0 (936)

(자료) 이시원의 논문과 저자의 김대중 정부 이후 조사결과를 추가하였음.

이러한 지역배경은 역대 정권에 따라 차이가 있다. 이승만 정권시에는 서울 출신(22.4%)과 이북 출신(19.3%) 및 경기 출신(13.3%)이 가장 많았으나 박정희 정권 이후 김영삼 정권 까지 경북 및 경남 출신이 약 4할을 차지하였다.[55] 그러

55) 경북 및 경남 출신 장차관의 구성비를 보면, 장관은 경북이 많고 차관은 경남이 많다.(약 2:1임)

나 김대중 정권이 들어서면서 전남 출신(21.3%)과 전북 출신(6.3%)이 많아지고 영남 출신이 감소되었다. 이것은 대통령의 출신 지역과 상관성이 대단히 높음을 보여 준다.

그리고 이승만 정권시 서울 출신이 가장 많은데 이들의 대부분이 이북 출신이고, 또 박정희 정권 초기에 이북 출신이 가장 많은 것은 이들의 대부분이 군장성 출신들이다.

그리하여 이승만 정권과 박정희 초기 정권은 이북 출신이 많아서 소위 '피란민 정부'라 할 수 있다. 박정희 대통령은 이것을 토착적 정부로 전환시켰다.

이러한 지역배경은 민주정권 초기의 내각 구성비와 비교하여 보면 큰 차이가 있다.

지난 40년간 정권 초기 각료의 출신지는 영남 출신이 전체의 27.6%이고 호남 출신이 21.9%인데 비하여 전체 각료 구성비는 37.1%대 12.3%이다.[56)]

이러한 차이는 영호남 출신의 인구비의 차이에서도 연유되겠지만 무엇 보다 영남 출신의 대통령이 오래 동안 집권하였기 때문이라고 볼 수 있다. 다시 말하면 장차관 임용에 있어서 지연성이 크게 작용하고 있음을 의미한다.[57)]

---

56) 역대 정권별 장차관의 지역별 대표성은 다음과 같다.

역대 정부 장차관의 지역별 대표성

정부	영남	호남	충청	경인	강원 등
이승만	-10	-19	+4	+28	-3
장면	+6	-8	+5	+8	-11
박정희(Ⅰ)	+6	-12	+2	+7	-3
박정희(Ⅱ)	+2	-12	+2	+3	+5
전두환	+17	-14	0	+4	-7
노태우	+20	-13	-3	+2	-6
김영삼	+16	-11	0	+5	-9
김대중	-4	+5	+3	+3	-3
평균 대표율	+5.3	-13.0	+1.6	+9.8	-3.5

(자료) 정만석, 역대 정부의 정무직 인사현황, 「인사행정」, 통권 7호, 2001

57) 인사에 있어서 대통령의 지연과 학연이 크게 작용한 사례(군장성 인사)를 본다. 김영삼 정부 때 장성(정원은 940명) 가운데 호남 출신이 20%도 안되었는데 김대중 정부에서는 완전히 거꾸로 되었다고 한다. 김대중 정부에서는 호남 편중이 도마에 올랐다. 지난해 9월 국방부의 한 자료에 따르면, 98년 이른바 국민의 정부 출범

(2) 교육배경

정부 수립후 노무현 정부의 장차관의 교육 수준은 대학 졸업생이 전체의 53.1%이고 대학원 졸업생이 445.1%를 차지한다. 즉, 대학 이상 졸업생이 관료지배층의 98% 이상을 차지하고 있다. 특히 대학원 졸업생이 5할 이상을 차지한 것은 전두환 정권 이후인데 이들에게는 특혜(입학 및 장학금 등)가 있어서 대부분 야간의 특수대학원(석사 과정) 출신들이다.

장차관 중에 박사학위 소지자는 해가 갈수록 증가되고 있다. 박정희 정권 이전에는 15% 이하였으나 전두환 정권 이후에는 2할이 넘어 오다가 김대중 정권에서는 3할이나 된다. 그리고 고등고시 출신의 경우 점차 증가되어 오다가 최근에는 약 5할이 되고 있다.

이와 같이 높은 학력과 석·박사 학위 및 고시 합격자들이 증가되는 것을 보면, 관료지배층의 전문성과 직업성이 대단히 향상 되었고, 동시에 장차 더욱 증가할 것이다.

그리고 장차관의 해외 유학(단기 연수 포함)은 전체의 60.1%가 미국에 다녀왔고, 일본의 경우 28.8%이며, 나머지는 소수가 유럽(7.3%), 중국(2.7%) 등에 유학한 경험이 있다. 미국 유학은 박정희 정권(유신후)때 전체의 59.7%를 넘었고 김영삼 정부 이후에는 약 9할 이상을 초과하고 있다. 반면에 일본의 경우 박정희 정권(유신전) 까지 일제시 일본 유학 출신이 약 6할이 되었으나 그 후 점차 감소 되었다.

이것은 1945년 8월 일제로 부터 해방과 더불어 권력지배층의 해외 유학국이 변화되었음을 의미한다. 다시 말하면 1973년 이후 미국문화의 영향을 크게 받고 있다.

이후 준장 진급자의 출신 고교를 보면 광주고가 15명으로 가장 많았고 그 다음이 광주일고(10명), 전주고(9명) 순이었다. 반면, 영남지역의 경북고와 경남고는 각각 6명과 3명에 불과했다. 같은 기간 출신 고교별 전체 장성 수를 보면 광주고와 광주일고가 각각 23명과 13명이었다. 또 육사 30기(육사 한기의 정원은 250명 정도)의 경우 대령→준장 진급 비율을 보면 호남 출신은 28명 중 17명이었지만, 영남은 50명 중 11명에 불과했다. 핵심 요직인 기무사령관(중장)의 경우 김대중 정부하에서 3명 모두가 호남 출신이었다.(「동아일보」, 2003년, 9월 17일)

한편, 장차관의 출신대학을 보면, 서울대 출신이 가장 많아 전체의 42.5%를 차지하고, 그 다음은 기타 대학(30.2%)과 사관학교(12.2%) 출신이다. 서울대 출신은 해가 갈수록 증가되고 있다. 이것은 이승만 정권과 박정희 정권(유신전)의 경우 대부분 일제시 경성제대 또는 연전, 보전 출신자들이었으며, 기타 대학의 경우는 일제시 일본 소재 대학 출신들이다. 민주정권의 초기 장차관은 서울대 출신이 약 6할을 차지하였는데 이것은 민주화 후 군장성 출신이 감소되었기 때문이다.

<표 18> 역대 정부 장관의 출신학교

	이승만 정부	장면 정부	과도 정부	박정희 정부		최규하 정부	전두환 정부	노태우 정부	김영삼 정부	김대중 정부	노무현 정부	합계 (명)
				유신전	유신후							
서울대	12.7	28.9	11.8	18.7	31.4	27.6	51.5	58.6	67.0	49.5	54.5	40.5(379)
사관학교	0.9		17.6	7.7	13.7	20.7	19.4	14.1	6.0	5.3	4.5	9.2(86)
고려대	3.6	6.7	3.9	2.2	9.8	10.3	6.8	9.1	8.0	13.7	12.1	8.2(77)
연세대	9.1	2.2	2.0	3.3	2.0		1.0	2.0	3.0	8.4	4.5	4.4(41)
서울 소재대	1.9	2.2	3.9	5.5	9.8	3.4	1.9	8.1	8.0	13.7	7.6	6.7(63)
지방대		2.2	3.9	5.5	5.9	10.3	3.9	6.1	4.0	4.2	15.1	5.0(47)
외국대	60.9	55.6	41.2	52.7	27.5	27.6	12.6	2.0	4.0	3.2		22.2(208)
고졸	1.5	2.2	5.9	3.3			1.0			2.1	1.5	1.9(18)
기타	7.3		9.8	1.1			1.9					1.8(17)
합계 (실수)	100.0 (110)	100.0 (45)	100.0 (51)	100.0 (91)	100.0 (51)	100.0 (29)	100.0 (103)	100.0 (99)	100.0 (100)	100.0 (95)	100.0 (66)	100.0 (936)

(자료) 이용재 논문과 김대중 정부 이후는 저자의 조사결과를 추가하였음

그리고 서울대 출신의 장차관의 구성 비율은 장관보다 차관의 비율이 약간 많지만 사관학교의 경우 오히려 차관 보다도 장관의 비율이 더 많다. 이것은 장차 서울대 출신 장관의 구성비가 더욱 증가될 것임을 의미한다.

장차관이 이수한 대학의 전공학문은 표 16과 같이 법학이 전체의 28.9%로서 가장 많고, 그 다음은 정치학, 행정학(18.8%)과 경제학, 경영학(15.1%)이며 나머지는 군사학(15.0%)이 가장 많다. 법학 전공이 가장 많은 것은 행시와 사시와 같은 고등고시의 준비에 매우 유리하기 때문이고, 행정학이나 경제학의 전공도 행정고시 준비에 유리한 편이다. 그런데 법학 전공자는 최근

에 올수록 감소되고 다른 사회과학분야 전공자의 경우와 유사한 현상을 보여주고 있다. 그리고 군사학 전공은 군사정권시에 관료지배층이 많이 충원되었기 때문이다.

<표 19> 정권별 장차관의 전공 학문

	이승만 정부	박정희 유신전	박정희 유신후	전두환 정부	노태우 정부	김영삼 정부	김대중 정부	노무현 정부	합계 (명)
법학	44.7	32.0	34.3	27.4	29.9	26.3	24.5	14.3	28.9(548)
정치·행정학	6.0	5.5	23.2	23.8	23.8	27.7	20.3	20.2	18.8(356)
경제·경영학	9.1	11.7	8.2	12.1	18.0	19.0	18.2	17.9	15.1(286)
공학·농학	5.5	7.2	3.0	4.9	2.9	5.2	5.7	10.1	5.8(110)
문·철·사학	8.0	3.0	1.5	1.8	2.9	5.2	3.1	9.5	4.2(80)
의약보건학	9.6	4.1	2.2	0.9	2.9	1.1	1.6	0.6	2.9(54)
군사학	4.0	34.4	23.9	24.2	12.7	6.7	6.8	4.8	15.0(284)
기 타	13.1	2.1	3.7	4.9	6.9	8.8	19.8	22.6	9.5(179)
합 계 (명)	100.0 (199)	100.0 (291)	100.0 (134)	100.0 (223)	100.0 (244)	100.0 (285)	100.0 (192)	100.0 (168)	100.0 (1891)

(자료) 이용재 논문과 김대중 정부 이후는 저자의 조사결과를 추가하였음.

(3) 직업배경

정부수립 후 장차관들의 주요한 전직은 전체의 51.4%가 고위관료 출신이다. 그 다음은 군장성 출신(14.9%)과 교육자(교수) 출신이고, 나머지는 대부분 법조인(8.4%), 정치인(6.4%) 출신이다. 이것은 고위 관료 출신이 장차관이 되기 쉽다는 뜻이다.

정부수립시와 군사혁명시의 장차관은 관료출신이 약 3할이 되었으나 노태우 정권 이후에는 전체 장차관의 56% 이상을 차지한다. 그리고 역대 정권 차관의 경우 고위 관료가 8할 이상을 차지하고 있다.[58]

---

58) 정권별 고위관료 출신의 장차관은 다음과 같다.

	이승만 정부	박정희 1기	박정희 2기	전두환 정부	노태우 정부	김영삼 정부	김대중 정부	노무현 정부
장관	27.8	24.3	34.6	30.2	36.8	36.3	39.3	66
차관	41.9	60.2	70.6	56.7	81.7	79.3	86.5	100

<표 20> 정권별 장차관의 전직

	이승만 정부	박정희 유신전	박정희 유신후	전두환 정부	노태우 정부	김영삼 정부	김대중 정부	노무현 정부	합계 (명)
관료	34.8	33.0	49.7	45.7	56.0	57.9	69.8	78.0	51.4(1044)
정치인	11.2	2.6	3.4	3.8	4.0	9.0	8.9	6.5	6.4(130)
법조인	17.6	7.6	11.7	7.3	9.3	8.3	3.1	1.8	8.4(170)
군장성	5.6	35.1	25.5	23.9	12.9	6.2	3.6	3.6	14.9(304)
교육자	15.6	15.2	6.2	11.5	8.9	10.0	8.9	7.7	11.4(231)
금융인	5.6	5.3		1.3		0.7	2.6		2.1(42)
언론인	0.8	0.6	2.8	4.3	7.3	6.2			2.8(57)
기업인	5.6	0.3		1.7	0.4	0.35			1.2(24)
의・약사	2.4	0.3			1.2	0.35			0.6(12)
기타	0.8		0.7	0.4		1.0	3.1	2.4	0.9(19)
합계 (명)	100.0 (250)	100.0 (342)	100.0 (145)	100.0 (234)	100.0 (248)	100.0 (290)	100.0 (192)	100.0 (168)	100.0 (2033)

(자료) 이용재 논문과 김대중 정부 이후는 저자의 조사결과를 추가하였음.

민주화 이후 각 정권의 초대 각료의 전직은 고위관료 출신이 전체 37.1%이고 국회의원과 교수 출신이 각각 21.9%와 19.0%이다. 이것은 정권 초기의 개혁성을 의미하는 것 같다.

<표 21> 정권별 장관의 전직

	이승만 정부	장면 정부	과도 정부	박정희 정부		최규하 정부	전두환 정부	노태우 정부	김영삼 정부	김대중 정부	노무현 정부	합계 (명)
				유신전	유신후							
장관	12.7	22.2	13.7	27.5	27.5	20.7	20.4	16.2	9.0	13.7	10.6	16.7(152)
차관	20.9	8.9	13.7	17.6	17.6	27.6	20.4	14.1	18.0	26.3	30.3	19.3(175)
수석비서				6.6	15.7		4.9	9.1	7.0	5.3	4.5	5.4(49)
정치인	25.5	42.2	3.9	7.7	9.8	6.9	18.4	21.2	27.0	17.9	16.7	20.8(189)
군장성	6.4	4.4	33.3	2.2	3.9	10.3	6.8	4.0	2.0	4.2	4.5	5.9(54)
언론인					2.0	3.4	3.9	1.0	2.0			1.0(9)
교수/ 연구원	10.0	3.7	9.8	8.8	5.9	17.2	6.8	12.1	16.0	16.8	19.7	12.8(116)
금융인/ 기업임원	6.4	8.9	7.8	14.3	3.9	6.9	5.8	8.1	9.0	5.3	1.5	7.7(70)
도지사	6.4	2.2	2.0	2.2	2.0		3.9	3.0	2.0		3.0	2.5(23)
기 타	10.9	2.2	9.8	5.5	3.9	3.4	5.8	9.1	6.0	4.2	4.5	7.1(64)
판검사										6.3	4.5	0.8(7)
합계 (실수)	100.0 (110)	100.0 (45)	100.0 (51)	100.0 (91)	100.0 (51)	100.0 (29)	100.0 (103)	100.0 (99)	100.0 (100)	100.0 (95)	100.0 (66)	100.0 (908)

(주) 이시원의 논문과 김대중 정부 이후는 저자의 조사결과를 추가하였음.

그리고 역대 정부 장관이 임명되기 직전 전직은 정치인이 20.8%로서 가장 많고, 그 다음은 장관(16.7%) 차관(19.3%)이며 나머지는 교수·연구원(12.8%), 금융인·기업임원(7.7%), 군장성(5.9%), 수석비서관(5.4%) 등의 순이다. 이것을 정권별로 보면, 군사정권 이전과 문민 정권에서는 정치인이 많이 입각하고 있으나 다른 정권에서는 장·차관이 다시금 각료가 되는 경우가 가장 많다.

이와 같은 장차관의 배경 특성에서 그들은 지연(영호남), 학연(서울대, 경기고, 법학 등) 직연(경제부서 등), 대선 등 연고성에 기초하여 사회적 연결망(network), 즉 권력공동체를 형성하고, 또 지속될 수 있음을 알 수 있다.

2) 민주정권의 초대 각료

(1) 노태우 정권

노대통령은 전임 전두환 대통령의 도움으로 대권을 장악하였기 때문에 비록 5공 청산(민화협의 노력 등)을 하려고 하였지만 여의치 않았다. 그것은 전임 대통령이 임명한 장(차)관 6명을 초대 내각에 유임하였고 전임 대통령 비서실 출신 6명이 입각한 것에서도 알 수 있다. 그러나, 노대통령은 자신이 천명한 6.29 선언으로 민주적 개혁(5공 청산, 지방자치, 노동 3권 등)과 통일정책(북방정책 등)을 추진하지 않을 수 없었다.

노태우 정권의 초대 각료(23명)의 출신배경을 보면 다음과 같은 특성이 있다.

첫째, 초대 각료의 평균 연령은 50대 중반이다.

둘째, 초대 각료의 출신지는 서울 출신과 영남 출신이 가장 많고(각각 21.7%), 그 다음은 호남 출신이며(17.4%) 나머지는 경기(2명), 충청(2명) 출신이다. 내각 구성이 비교적 지역안배가 되어 있으나 핵심 요직은 경북, 대구 출신이 차지하고 있다.

셋째, 초대 각료의 학력은 서울대 출신이 가장 많아 전체의 73.9%를 차지하고 그 다음은 육사 출신(17.4%)이다. 서울대 출신의 47%가 경기고 출신이며, 또한 서울 상대와 서울 법대 출신이 내각의 요직을 독점하고 있다.

<표 22> 노태우 정권 초대 내각의 출신배경

부 처	성명	연령	출신지	학 력			종교	전 직	종 직	비 고
				고교	대학	대학원				
국무총리	이현재	58	충남 홍성		서울상대	서울대 박사		서울대 총장	정신문화연구 원장	서울대 명예교수 학술원 회장
경제기획원	나웅배	54	서울		서울대 상대	버클리 박사		전 재무장관 전 상공부장관	재정경제원 장관	서울대 교수/아주대 총장 해태제과사장/4선의원
외무	최광수	53	서울	경기고	서울대 법대			주 유엔대사/ 유임	경제사회연구원회장	고시/대통령 비서실장 체신부장관/이민
내무	이상희	56	경북 성주	성주고	고대 법대			내무부 차관 유임	건설부 장관	고시/내무부 기획관리실장 대구시장
재무	사공일	48	경북 군위		서울대 상대	캘리포니아박사	천주교	대통령 경제수석/유임	대외경제통상대사	뉴욕대 교수/대통령경제자문 KDI부원장
법무	정해창	51	대구	경북고	서울대 법대			대검차장/유임	대통령 비서실장	고시/서울지검장/ 법무부 차관
국방	오자복	58	경기 개성	갑종 3기	육군대		기독교	합참의장	대한방직협회장	국보위/육참 차장/ 2군사령관
문교	김영식	58	제주	서울 사대		조지피바디박사		교육개발원장	유네스코 사무총장	서울대 교수 문교부 정책실장
체육	조상호	62	전남 담양		조선대	서울대 석사	원불교	대한체육회장/ 유임	대한체육회 고문	대통령 의전비서관 유정회 의원
농수산	윤근환	59	전남 함평		서울농대	박사		농협 회장	주택은행 이사장	대통령 경제비서관 농촌진흥청장
상공	안병화	57	경기 양주	경기고	서울대 영문		기독교	중공업 사장	한전 사장	경기고 교사/포철 사장
동자	이봉서	52	평남 강서	경기고	서울대 상대	하버드 박사		동자부 차관	아시아개발은행 부총재	대통령 경제비서관
건설	최동섭	53	전북 남원	제주고	서울대 법대			소청심사위원/ 유임	토지개발공사 이사장	고시/총리실 기획조정관
보사	권이혁	65	경기 김포	경기고	서울대 의대	미네소타 대학원		교원대 총장	환경처 장관	서울대 총장 문교부 장관/학술원 회장
노동	최명헌	59	평북 정주	신의주 동중	육사		기독교	국회의장 비서 실장	무역진흥공사 이사장	육본참모/국회의원(3선) 수출공단 이사장/인수위
교통	이범준	60	강원 원주	경기고	육사			국회의원(2선)	조폐공사 이사장	육군준장/해운항만청장
체신	오 명	48	서울	경기고	육사	뉴욕주립대박사	기독교	체신부 차관/ 유임	교통부/건설부 장관 과기부 장관	국보위 대통령 비서관 동아일보사장/건국대 총장
문공	정한모	65	충남 부여		서울대 문리대	박사		문예진흥원장	간행물윤리위원장	서울대 교수
총무처	김용갑	52	경남 밀양	밀양 농잠고	육사			대통령 민정수석	국회의원(3선)	한나라당 상임고문
과기처	이 관	58	인천	경기고	서울공대	리버풀대 박사		울산공대 총장	한국가스공사 이사장	경원대 총장
통일원	이홍구	54	서울	경기고	서울대 법대	예일대 박사		서울대 교수	대통령 정치특보 국무총리	에모리대 조교수 영구.미국 대사
정무1	김윤환	56	경북 선산	경북중	경북대 영문학			대통령 비서실장	국회의원(2선)	정무수석/정무1장관(2회) 국회의원(4선)
정무2	조경희	70	경기 강화	동덕 여고	이화여전			예총 회장	예술의 전당 이사장	한국일보 기자/ 논설위원
법제처	현홍주	48	서울	경기고	서울대 법대			민정당사무차장/국회의원	유엔 대사 주미 대사	고시/서울고검장/ 안기부 차장
보훈처	전석홍	54	전남 영암	목포고	서울대 문리대	한양대 박사	기독교	전남 지사	국회의원(전국)	고시/내무부/ 광주시장
국세청장	이용섭	52	전남 함평	학다리고	전남대 무역학	성대 박사		관세청장	대통령혁신수석 행자부장관	행시/. 재경부실장/ 건교부장관
검찰총장	김기춘	49	경남 거제	경남고	서울대 법대	서울대 박사	천주교	법무연수원장	법무부 장관	국회의원(3선)
경찰청장	조종석	56	충남 예산	예산 농고	건대 행정학			서울경찰국장	건설공제조합이사장	국회의원(예산)
육참총장	이종구	53	경북 칠곡	경북고	육사			2군 사령관	국방부 장관	보안사령관/성우회장

그리고 해외 유학 출신(8명)은 대부분 미국 유학(박사)이다. 이와 같이 일류 학교 출신이 많은 것은 명문학교 출신을 선호하였기 때문인 것 같다.

넷째, 초대 각료의 종교는 기독교가 전체의 21.7%로서 가장 많고 나머지는 대부분 비신자들이다.

다섯째, 초대 각료는 전직 장차관 출신이 전체의 52.2%(12명)이고, 나머지도 단체장(4명), 대학 총장(3명), 국회의원(2명) 등 고위직 출신이다. 그리고 초대 내각의 부처별 장관은 비록 전직이지만 대부분 직업관료 출신이 그 특징이다. 이와 같이 고위직과 각계 지도자를 임명한 것은 정권의 대표성을 유지하려고 한 것 같다.

여섯째, 초대 국무위원이 퇴임 후 총리 또는 장관직에 임명된 경우 전체의 26.1%이지만, 종직은 대부분 공기업의 사장 또는 이사장의 직(7명)에 종사하였다.59) 이것은 장관 퇴임후에도 좋은 자리를 챙겨 주는 것을 의미한다.

이러한 것을 본다면, 노태우 대통령은 소위 일류대(서울대) 출신과 기득권자를 중심으로 정치적 정통성과 대표성을 유지하면서 핵심 요직은 같은 지역 출신으로 권력 공동체를 형성하고 있다.

(2) 김영삼 정권

김대통령은 3당 통합에 의하여 여당 후보로서 대통령이 되었지만 지난 40여년간 군사정권을 청산하고 문민정부를 구현하였다는 것이 가장 큰 업적이다. 전자는 전두환, 노태우 전직 대통령을 군사반란(쿠데타) 혐의로 처벌하였고 후자는 금융실명제와 공직자 재산 공개 등록을 통하여 부정부패를 막겠다는 것이었다. 그러나, 그는 3당 통합으로 대통령이 되었기 때문에 정권의 연속성을 위하여 여당 국회의원이나 고위 관료들로 조각하지 않을 수 없

59) 주요 공기업(한전, 토지공사, 석유공사, 산업은행, 기업은행, 관광공사, 신보기금, 수출입은행 등) 24개는 창립 이후, 현재까지 역대 사장이 모두 301명이다. 이 중에서 재정경제부, 행정자치부, 산자부, 건교부 등의 관료 출신이 전체의 45.2%(136명)이고 군 출신은 22.9%이며, 정치인과 민간기업 및 내부 승진자는 각각 4.7%(14명)이다. 1992년 이전에는 군 출신 공기업 사장이 전체의 33.9%이었지만 김영삼 정부 이후에는 9.6%로 떨어졌다. 반면에 관료출신은 35.2%에서 57.4%가 되었고 정치인이 12.1%에서 33.8%가 상승되었다.(「연합뉴스」, 2007. 10.16)

<표 23> 김영삼 정권 초대 내각의 출신배경

부처	성명	연령	출신지	학력			재산 (천만원)	종교	전직	종직	비고
				고교	대학	대학원					
총리	황인성	67	전북 무주		육사	서울대 석사	248.6		국회의원(2선)	금호그룹 고문	교통·농림부 장관 국회의원(전국)
경제기획	이경식	59	경북 의성		고대 상대		92.6	불교	한국가스공사장	한국은행 총재	대통령 경제수석 대우 사장/한은 총재
통일	한완상	56	충남 당진	경북고	서울대 사회학	에모리대박사	74.1	기독교	서울대 교수	교육부 장관	기독교교수협회 회장 경실련고문/적십자총재
외무	한승주	52	서울	경북고	서울대 외교학	버클리 박사	110.9	불교	고려대 교수	주미대사	고려대 총장서리
내무	이해구	55	경기 안성	군산고	고대 법학		73.2		국회의원(2선)	국회의원(2선)	고시/치안 본부장
재무	홍재형	54	충북 청주	청주고	서울대	석사	86.3	기독교	관세청장	경제기획원장관	외환은행장/2선 의원
법무	박희태	54	경남 남해	경남고	서울대 법대	건대 박사			국회의원(2선)	국회부의장	사시/부산고검장 국회의원(4선)
교육	오병문	65	전북 남원	광주 사범	서울대 교육	동국대 박사	50.4	천주교	전남대 총장	동신대 교수	
국방	권영해	55	경북 월성	경주고	육사	육군대	66.7	기독교	국방부차관	안기부장	3군 부사령관
문화체육	이민섭	53	강원 춘성	서울대 부고	서울대 정치학		85.9	기독교	국회의원(4선)	자민련 부총재	신한국 당무위원
농산	허신행	50	전남 순천	순천 농고	서울대 농대	미네소타박사	29.6		농촌경제연구원장	농산가공사장	소비자보호원장
상공	김철수	51	서울	경기고	터프대 정치학	메사추 박사	179.7	천주교	특허청장	세종대 총장	WTO 사무처장
건설	허재영	62	전북 전주	용산고	고대 법대	중앙대 박사		기독교	국토개발연구원장	서경대 총장	관광개발원 이사장
보사	박양실	57	평남 평원	경기 여고		서울대 박사			박산부인과 원장	산부인과학회장	최단기 복무
노동	이인제	44	충남 논산	경복고	서울법대		83.0		국회의원	경기도지사	사시/대선후보
교통	이계익	55	경기 평택	양정고	서울대 철학		91.6		경제방송 대표	문화일보 부사장	한국관광공사장
체신	윤동윤	54	부산	부산고	서울법대		56.6		체신부 차관	정보통신협 이사장	
총무	최창윤	53	평북 선천	서울고	육사	하와이 대박사	155.9		공보처 장관	세종연구원장	총재 비서실장 정무수석
과기	김시중	60	충남 논산	대전고	서울대 화학		60.8		고대 부총장	광주과학원 이사장	대한화학회장
환경	황산성	48	경남 진주	경기여고	서울법대		236.7		변호사	자민련 부총재	사시/서울지방 판사
공보	오인환	53	서울	경기고	외대불어		103.2		총재 정무특보		한국일보 편집국장
정무1	김덕룡	52	전북 익산	경복고	서울대 사회학		159.7		국회의원(2선) 총재 비서실장	민자당 사무총장 정무장관(2회)	6·3 동지회장 국회의원(3선)
정무2	권영자	55	경북 예천	경북여고	서울대불문		57.8	기독교	여성개발원장	국회의원(전국)	동아일보 문화부차장
법제처	황길수	53	충남 예산	성동고	서울대법대		86.9	천주교	법무부 법무실장	한나라당 자문위원	사시/대검 형사부장
보훈처	이병태	55	대구	경남고	육사		83.2		주호놀루 총영사	국방부 장관	합참 본부장(중장)
국세청	추경석	58	부산	경남고	성대 경제학		138.4	불교	국세청 차장	건교부 장관	국세동우회장
검찰청	박종철	56	대구	경북고	서울대 법대		192.8	천주교	대검차장 검사	법무법인 일원대표	고시/각 지방 검사장
경찰청장	김효은	57	경남 창원	진해고	중앙대 법대		255.2	기독교	대통령 치안비서관	청지기재단 이사장	
육참총장	김동진	55	서울	경복고	육사	조지타운석사	71.6	천주교	한미사 부사령관	국방부 장관	국방부 정책실장

었다. 그리하여 현역 국회의원과 차관이 많이 입각하였다. 그리고 국무총리는 지역안배로 호남 출신의 황인성 의원을 지명하였다.

김영삼 정권 초대 각료(23명)의 특성은 다음과 같다.

첫째, 초대 각료의 평균 연령은 50대 중반이다.

둘째, 초대 각료의 출신지는 영남 출신이 26.1%로서 가장 많고, 그 다음은 호남(21.7%)과 충청(17.4%) 및 서울(13.0%) 출신이다. 나머지는 경북·대구 출신이 가장 많다. 이러한 지역 분포는 3당 합당의 산물인 것 같다.

셋째, 초대 각료의 학력은 서울대 출신이 가장 많아 전체의 73.9%를 차지하고 그 다음은 고려대(13.0%)와 육사(8.7%) 출신이다. 이들의 전공은 법대 출신이 가장 많다.(26.1%) 그리고 이들 중 해외 유학은 모두 미국 박사들(6명)이다.

넷째, 초대 각료의 종교는 기독교도가 전체의 26.1%로서 가장 많고, 그 다음은 천주교도(8.7%)이며 나머지는 비신자들이다.

다섯째, 초대 각료의 평균 재산은 10억 6천 736만원이고, 5억~10억 수준이 가장 많다.(57.1%) 부동산의 경우 공시지가를 기준으로 하였기 때문에 실제로 약 2배의 재산으로 보아도 무방할 것이다.[60]

여섯째, 초대 각료의 전직은 고위관료 출신이 전체의 34.8%로서 가장 많고, 그 다음은 국회의원(21.7%)과 교수(17.4%) 이다. 그런데 경제분야의 장관은 직업관료 출신이 많으나 노동과 복지 분야는 그렇지 못하다.

일곱째, 초대 각료는 퇴임 후 다시 장관을 지낸 사람이 전체의 26.1%가 되고 그 다음은 국회의원과 교수이며(각각 13.0%) 나머지도 공기업 이사장, 연구원장, 정치인 등을 지냈다. 김대통령은 퇴직장관의 일자리를 잘 챙겨준 편이다.

이와 같이 김영삼 대통령도 전임 대통령과 마찬가지로 일류대(서울대) 출신과 기득권자로 조각하고, 퇴임 후에도 일자리를 챙겨 주며, 정권의 연속성을 보여주고 있다.

---

60) 경실련은 강남아파트의 평균 신고액이 48%라고 한다.

(3) 김대중 정권

김대중 대통령은 임기를 시작하기 전에 닥친 IMF 사태로 경제위기를 우선 극복해야 할 주요한 과제가 있었다. 이것을 극복하기 위한 노력을 하였으나 경제의 종속성(소위 세계화)을 심화시켰다. 또한, 그는 호남 출신으로서 영호남의 지역 차별성을 극복하고 남북간 공존 협력관계를 발전시키는 것이 큰 과제였다. 그러나, 인사편중, 권력비리 등의 비판을 받았다.

김대통령은 대선시 자민련(총재 김종필)과의 공동정권을 운영하기로 합의하였기 때문에 내각도 동일한 비율로 구성하였다. 그리하여 내각은 인수위원회와 마찬가지로 국무위원은 대부분 정치인, 즉 국회의원으로 임명하였다. 따라서 지역적 연고성이 매우 강하였다.

초대 각료(21명)의 출신 배경은 다음과 같은 특성을 지니고 있다.

첫째, 초대 각료의 평균 연령이 50대 말로 비교적 사회적 경륜을 지닌 노장들이다.

둘째, 초대 각료의 출신지는 호남이 가장 많아 전체의 38.1%를 차지하고 그 다음은 영남이며(23.8%) 나머지는 대부분 충청 출신이다. 그런데 김대중 대통령의 재임기간에 경제각료는 호남출신이 거의 독점하고 김영삼 대통령과 노무현 대통령의 경우는 차관을 거의 독점하였다.[61)]

셋째, 초대 각료의 학력은 서울대 출신이 가장 많아서 전체의 65%를 차지하고, 그 다음은 육사출신(3명)이며 나머지는 고대, 연대, 부산대, 영남대, 이대, 외대 출신 등 각각 1명씩이다. 그들의 전공은 법학(5명)과 경제학(4명)이 가장 많다. 그리고 해외 박사출신은 5명이고 이들은 모두 미국에서 수

61) 정권별 재경부 장차관들의 출신지는 다음과 같다.

	노태우 정권		김영삼 정권		김대중 정권		노무현 정권	
	장관	차관	장관	차관	장관	차관	장관	차관
서울권	2	1	2	2		3	1	
영남	1	1	2	4		1		5
호남		3	1	1	4		1	
충청 등	4	1	2		2	1	2	1
합계	7	6	7	7	6	5	4	6

<표 24> 김대중 정권 초대 내각의 출신배경

부 처	성명	연령	출신지	학 력			재산(천만원)	종교	전 직	종 직	비 고
				고교	대학	대학원					
총리	김종필	72	충남 부여	공주고	육사		0.3	기독교	자민련 명예총재	국회의원/ 한일연맹 회장	중앙정보부장(초대) 국회의원(8선)/민주공화당 총재
재경	이규성	59	충남 논산	대전고	서울대 상대		156.7		전금융통화위원	과학기술원 초빙교수	고시행정/대통령 재경비서관 재무부 장관
외무	박정수	66	경북 김천	경기고	연대	아메리칸 대박사	137.4	기독교	국회의원(5선)	새천년 민주당 고문	국민대교수/국민회의 부총재
행자	김정길	53	경남 거제	동아고	부산대 정외과		57.5	기독교	전 국회의원(2선)	대통령 정무수석/ 체육회장	민추협 상임위원/ 국민회의 부총재/인수위 간사
기획 예산	진 념	58	전북 부안	전주고	서울대 상대		6.2	기독교	노동부 장관	재정경제부 장관	고시행정/경제기획원 차관 동자부 장관
공정 거래	전윤철	59	전남 목포	서울고	서울대 법대		3.6	기독교	전 수산청장	기획예산처 장관/ 감사원장	고시행정/대통령 비서실장
법무	박상천	60	전남 고흥	광주고	서울대 법대		179.6		국회의원(3선)	국회의원	고시/순천지청장/민주당 대표
국방	천용택	61	전남 완도	문래고	육사		55.1	천주교	국회의원(비례)	국가정보원장	합참 전략본부장 비상기획위원장/지역의원
교육	이해찬	46	충남 청양	용산고	서울대 사회학		21.8		국회의원(3선)	국무총리/ 대통령 특보	서울시 부시장/인수위 간사 국민회의 정책위장
해양 수산	김선길	64	충북 청주	경동고	서울대 정치학	아메리칸 대박사	184.9	천주교	국회의원	충주 지구당 위원장	상공부 차관
농림	김성훈	59	전남 목포	목포고	서울대 농대	하와이대 박사	70.9	천주교	중앙대 교수	상지대 총장	경실련 통일협회 이사장
산자	박태영	57	전남 장성	광주고	서울대 상대	조지워싱턴박사	76.3		국회의원	건보공단 이사장 전남지사	민주당 사무부총장/인수위
건설 교통	이정무	57	경북 선산	경북고	서울대 법대		474.0	기독교	국회의원(2선)	국회의원/ 한체대 총장	JC 회장/자민련 원내총무
보건 복지	주양자	67	대구	경북 여고	서울대 의대		456.7	불교	국회의원 (민자당 전국)	국회의원 (자민련, 전국)	국립의료원장/ 의보공단 이사장
노동	이기호	53	광주	광주 일고	서울대 상대		37.7	불교	복지부 차관	대통령 경제수석	행시/경제기획국장/경제특보
환경	최재욱	58	경북 고령	경북고	영남대 법대		131.6		국회의원(2선)	총리 국무조정실장	자민련 비서실장 청와대 대변인/경향신문 사장
정보 통신	배순훈	55	서울	경기고	서울대 공대	MIT 박사	327.4	천주교	대우전자 회장	과학기술원 부총장	대통령 정책기획위원
문광	신낙균	57	경기 남양주		이대	예일대	233.2	기독교	국회의원(전국)	민주당 최고의원	국민회의 부총재 여성유권자연맹회장
과기	강창희	52	대전	대전고	육사		76.5	기독교	국회의원(4선)	국회의원(대전)	총리 비서실장 자민련 사무총장
통일부	강인덕	66	평양	평양고	외대	경희대 박사	109.9	기독교	극동문제연구소장	극동문화연구소장	중정 해외정보국장
국무 조정	정해주	55	경남 통영	통영고	서울대 법대		10.1	기독교	통상산업장관	전주산업대 총장	고시행정/국회의원(통영)
법제처	김홍대	56	경북 봉화	대구 공고	고대 행정학		0.7	불교	법제처 차장	세명대 교수	고시/동양대 부총장
보훈처	안주섭	51	전남 곡성	광주고	육사	명지대 박사	16.0	기독교	경호실장		사단장/육군대 총장
국세 청장	이건춘		충남 공주	공주고	연세대				서울 국세청장	건교부 장관	행시/법무법인 고문
검찰 총장	김태정	57	부산	광주고	서울대 법대			기독교	검찰 총장	법무법인 대표 변호사	사시/중수부장/부산지검장
경찰 청장	김세옥	58	전남 장흥	장흥고	조선대 법학		5.5		공원공단 이사장		대통령 경호실장
육참 총장	김동신	57	전남 광산	광주 일고	육사			기독교	한미사 부사령관	국방부 장관	

학하였다.[62]

넷째, 초대 각료의 종교는 기독교가 전체의 47.6%(10명)로서 가장 많고, 그 다음은 천주교(19.0%)와 불교(14.3%)이다.

다섯째, 초대 각료의 전직은 대부분 정치인들이다. 전체의 61.9%가 현역 국회의원이고 나머지는 장차관(5명)과 육군대장(1명) 및 교수(1명) 출신 등이다. 그리고 이들 중에 인수위원 출신이 3명이다. 초대 장관들은 각 부처별 전문 지식이 매우 약하다. 이와 같이 전문가가 아니고 정치인이 많은 것은 당직자 중심으로 공동정권을 구성하였기 때문이다.

여섯째, 초대 각료(17명)의 평균 재산은 15억 9천여만원으로 전 정권에 비해 약 5억원이 많다. 사업가 출신과 상속재산이 있기 때문이다.

일곱째, 각료들은 퇴임 후 장관을 한 사람이 가장 많고(38.1%), 그 다음은 국회의원(23.8%)이며 나머지는 교수·총장, 정치인, 단체장의 순이다.

(4) 노무현 정권

노무현 대통령은 정치적으로 전임 김대중 정부를 승계하였다. 대선시 '노사모'와 같은 개혁세력이 큰 기여를 하였지만 이들은 젊은 정치세력(386세대)이라서 내각에 진출하기는 어려웠다. 그래서 '대사연'과 같은 교수 집단이 인수위원과 국무위원으로 많이 되었다.

초대 각료(21명)의 신분 배경은 다음과 같은 특성을 지니고 있다.

첫째, 초대 내각의 평균 연령이 50대 중반이다. 이들은 50대 후반의 기득권자와 40대 후반의 신진 개혁세력으로 구성되어 있다.

둘째, 초대 각료의 출신지는 경남이 가장 많고(19.0%) 그 다음은 경북·대구, 전남·전북 및 서울이 각각 14.2%이며 나머지는 여러 지역에 1명씩이 분포되어 있다. 다시 말하면 김대중 정권과 노무현 정권의 지역적 연고성이 나타나고 있다.

셋째, 초대 각료의 학력은 서울대 출신이 가장 많고(61.5%) 나머지는 여러 대학에 1명씩 분포되어 있다. 이들의 전공은 과거와는 달리 상대출신(5

62) 김대중 정권의 각료는 정치인이 많아서 이들은 각 대학교 특수대학원에서 연수과정을 많이 거치고 있다. 본 고에서는 이러한 학력은 모두 배제하였다.

명)과 정치학(4명) 등 다양한 전공 배경을 지니고 있다. 그리고 해외 유학생(박사)은 6명인데 이들은 대부분 미국의 명문대학 출신이다. 노무현 정부에서는 다른 정부와 달리 경기고 출신이 초대 내각에 불과 2명 뿐이다.

넷째, 초대 각료의 종교는 기독교가 전체의 23.5%이고, 그 다음은 천주교(14.3%)이며 나머지는 비신자들이다.

다섯째, 초대 각료들의 평균 재산은 13억 1천 287만원이다. 이것은 국민의 정부에 비하면 1인당 약 5억원이 적고, 이명박 정권에 비하면 마지막 장관 임에도 불구하고 12억원이 적다.[63] 그리고 이들의 재산 증식의 주요 수단은 토지, 주택 보다 주식과 금융(예금)이다

여섯째, 초대 각료들의 전직은 고위 관료(42.8%)와 대학 교수(23.8%) 출신이 가장 많고, 나머지는 국회의원(3명), 기업 경영자(2명) 등이다. 고위 관료가 많은 것은 전임 정권의 연속성을 의미하고 교수가 많은 것은 신진 개혁 세력의 충원 때문이다. 그리고 국무위원 중에 인수위원 출신(6명)과 대통령 비서실(5명)의 경력자가 많다.

일곱째, 초대 각료들은 퇴임후 교수(4명)와 총장(3명)으로 간 사람이 가장 많고, 그 다음은 고위 관료(2명의 총리, 4명의 장관급)가 된 사람이 많다. 나머지는 정치인, 변호사 등이다.

이러한 것을 보면, 노대통령이 비록 개혁정책을 선호한다 할지라도 비서실과 내각에 포진한 개혁인사가 적어서 그 실효성을 거두기 어려운 것 같다. 왜냐하면 보수적인 관료들에 의하여 비현실적인 개혁성향은 쉽게 매몰되기 마련이다.

일반적으로 노무현 정부는 영남정부라 하는데 사실은 호남정부라 할 정도로 재임기간에 호남출신이 각 요직에 많이 포진하였다.[64]

---

63) 2008년 2월 말 참여정부 고위공직자 퇴직재산신고에 따르면 국무위원(17명)의 평균 재산이 21억 5,516만원이다.

64) 국회의장, 대법원장, 감사원장, 국무총리 등은 호남 출신이 거의 장악하였다. 임기 말(2008년 2월)에도 총리(한덕수)를 비롯하여 호남 출신이 가장 많고(6명) 그 다음은 호서(4명), 영남(4명), 서울(3명), 강원(2명) 출신의 순이다. 사실 노대통령의 재임기간에 전북출신이 요직에 가장 많았다.

<표 25> 노무현 정권 초대 내각의 출신배경

부 처	성명	연령	출신지	학력			재산(천만원)	종교	전 직	종 직	비 고
				고교	대학	대학원					
국무총리	고 건	65	서울	경기고	서울대 정치과	서울대 석사	356.4	기독교	명지대 총장 서울시장	대통령 권한대행	교통부/농수산/ 서울시장(국무총리 2회
재정경제	김진표	56	경기 수원	경복고	서울대 법대	위스콘신 대석사	12.1		국무조정실장	국회의원/교육부장관 경제 부총리	행시/대통령 정책수석 인수위 부위원장
외교통상	윤영관	48	전북 남원	전주고	서울대 외교학	존스홉킨스대박사	45.9	기독교	서울대 교수	서울대 외교 교수	미래전략연구원장 인수위 간사
행자	김두관	44	경남 김해	남해 종고	동아대 정치학		-1		전 남해군수	국회의원(남해,하동)	민통련 간사/ 대통령정무특보
기획예산	박봉흠	55	경남 밀양	경남고	서울대 상대	듀크대 석사	3		기획예산 차관	대통령 정책실장	
법무	강금실	46	제주	경기 여고	서울대 법대		25.8	천주교	지평 대표변호사 민변 부회장	지평 대표 변호사	사시.서울고법 판사
국방	조영길	63	전남 영광	숭일고	육군대	국방 대학원	9.8		전 합참의장		
교육	윤덕홍	56	대구	경북고	서울대 사회교육	동경대 박사	111.1		대구대 총장	국회의원(대구)	민주화교수협의회장 정신문화연구원장
농림	김영진	56	전남 강진	강진 농고			5.3	기독교	민주당국회의원 (4선)	민주당 중앙위원	새광주발전연 이사장
산자	윤진식	57	충북 충주	충주고	고대 경영학	건대 박사			재경부 차관	서울산업대 총장	행시/대통령 경제비서관 인수위원
환경	한명숙	59	평남 평양	정신 여고	이대 불문과	이대 석사	14.4	기독교	여성부 장관	국무총리	참여연대 공동대표 환경부장관/국회의원
건설	최종찬	53	강원 강릉	경복고	서울대 무역학	펜실베니아대석사		기독교	대통령 정책수석	롯데쇼핑 상임고문	행시/인수위원
복지	김화중	58	충남 논산	대전 여고	서울대 간호학	서울대 박사	-0.8		민주당 의원(전국)	대통령 특보/ 서울대 교수	간호협회장 국회의원(전국)
노동	권기홍	54	대구	경북고	서울대 독문과	프라이부르크박사	34.7		영남대 교수	단국대 총장	인수위 간사
해수	허성관	56	경남 마산	광주 일고	동아대 상과	뉴욕주립 대박사	29.8		동아대 교수	행자부 장관	인수위원 광주과학기술원장
정보통신	진대제	51	경남 의령	경기고	서울대 전자공	스탠퍼드 대박사	995.8	천주교	삼성전자 사장	정보통신대 석좌교수	대통령 과학기술 자문위원
문광	이창동	49	대구	대구고	경북대 국문과		33.0		한국예술대 교수	부산영화제 심사위원	영화감독
과기	박호군	56	서울	제물포 고	서울대 화학과	오하이오주립대박사			한국과학기술원장	인천대 총장	대통령 정책위원회
통일	정세현	58	만주	경기고	서울대 외교학	서울대 박사	109.0		국정원 특보	통일부 장관(2회)	대통령 통일비서관 통일부 차관
여성	지은희	56	서울	이화 여고	이대 사회학	이대 석사	26.3		시민단체연합 공동대표	덕성여대 총장	
국무조정실장	이영탁	56	경북 영주	대구 상고	서울대 상대	성균관대 박사	183.7	천주교	KTB네트 회장	증권선물거래소 사장	고시/재정경제원 예산실장교육부 차관
법제처	성광원	59	충북 청주	대건고	서울대 사회학	한양대 박사	-0.3	기독교	법제처 차장	총리실 행정심판위원장	행시
보훈처	김의재	66	충남 보령	서울사 대부고	서울대 법대	시립대 박사			보훈처 차장	국회의원(시흥)	서울시 행정부시장
국세청장	이용섭	52	전남 함평	학다리 고	전남대 무역학	성균관대 박사			관세청장	대통령 혁신수석 비서관	행자부/건설부 장관
검찰총장	송광수	58	경남 마산	서울고	서울대 법대			천주교	대구고검장	변호사 개업	사시/김 · 장사무소 고문
경찰청장	최기문	51	경북 영천	경북대 부고	영남대 경영학	동국대 박사			경찰대학장		
육참총장	남재준	59	서울	배재고	육사 육대			불교	한미사 부사령관		

(5) 이명박 정권

이명박 정권은 노무현 정권을 친북세력, 종부세 실시 등의 좌파정부라 하였기 때문에 스스로 보수 우파정부라 할 수 있다. 우파정부라 한다면 내각(국무위원)도 그러한 성격을 지닐 수 있다.

초대 각료의 출신 배경을 보면, 전임 정부에 비하면 큰 차이가 있으며 이들의 경력이나 사회활동을 보면, 우파적 성격이 강함을 알 수 있다.

초대 각료들(17명)의 출신배경을 보면 다음과 같은 특성을 지니고 있다.

첫째, 초대 각료의 평균 연령은 61.8세이다. 이것은 참여정부의 경우에 비하면 약 6세가 많다.

둘째, 초대 각료의 출신지는 영남이 전체의 29.4%이고, 그 다음은 호남과 서울이며(각각 17.6%) 나머지는 각 지방에 분포되어 있다.[65] 그리고 이들의 거주지는 서울의 부촌인 강남지역에 많이 거주한다.

셋째, 초대 각료의 학력은 서울대 출신이 전체의 52.9%로서 가장 많고 그 다음은 고·연대(17.6%)과 중앙대(11.8%) 출신이며 나머지는 각 대학에 산재되어 있다.[66] 초대 내각의 35.3%가 해외 유학한 석·박사학위 소지자들이다.

넷째, 초대 각료의 전공 학문은 정외과(4명)와 법학과(3명) 출신이 가장 많고 나머지는 각 부처의 특성과 관련된, 다양한 전공자들이다. 그리고 행시와 사시 출신이 가장 적은 내각이다.

다섯째, 초대 각료의 평균 재산은 33억 2천 925만원이고 이 중에서 부동산이 66.7%를 차지한다. 장관 내정자 중에 본인과 부인 이름으로 아파트나 단독주택을 3채 이상 보유한 사람이 6명이 되고, 이들이 신고 한 주택(31건)의 54.8%가 서울의 강남지역(강남, 서초, 송파구 등)에 있고 나머지도 부촌(양천구 목동과 종로구 내수동 등)에 있다. 이들 중에 종부세 대상은 80%(12명)가

---

65) 장차관 89명의 출신지는 영남이 34.5%이고 호남은 15.7%라고 한다.(청와대 인사비서관실, 「장차관 인사관련 통계」, 2008. 3. 28)

66) 89명의 장차관급의 출신대학은 서울대가 49.4%이고 그 다음은 고려대(13.5%)와 연세대(6.7%)이다.

된다.[67] 이들은 국민의 1%에 해당하는 특권층이고 부자내각이다.[68]

여섯째, 초대 내각의 국무위원들 중 고위 관료(장차관) 출신이 41.2%로서 가장 많고 그 다음은 대학교수 출신이며(29.4%) 나머지는 사회단체장들이다. 이들은 대개 대통령 당선인의 인맥과 관련이 깊다. 가장 많은 인맥은 서울시장 재직시에 형성된 것이며(5명) 그 다음은 인수위원회(3명)와 선대위 등에서 형성되었다.[69] 초대 내각과 청와대 참모진에 국회의원의 참여가 없는 것은 2008년 4월 총선에 출마하느라고 그러한 것 같다.

이러한 것을 보면, 초대 국무위원들은 대개 명문대 출신으로 고위관료와 전문직을 지냈으며, 동시에 많은 재산(특히 부동산)을 소유한 부르조아 출신들이다. 따라서 이들의 이념적 성향은 보수적 우파라고 볼 수 있다.

이명박 정부는 시장경제와 경제 살리기를 강조하였기 때문에 이러한 정책적 이념을 지닌, 인수위원회의 시장경제론자(사공일, 곽승준, 김중수 등)가 많고, 내각에서도 시장경제론자(강만수, 윤증현, 이윤호)가 포진하고 있다. 이들은 규제 완화를 통해 경제활력을 높이고 성장동력을 시장에서 찾으려고 한다.

---

67) 이명박 정권의 초대 장관 내정자들의 재산, 병역 및 국적 관계를 보면, 대부분 불법, 탈법, 범법 등을 저질러 부정부패의 백화점을 보는 것 같다.(한나라당 김용갑 의원) 국회인사 청문회 과정에서 박은경(환경부), 이춘호(여성부), 남주홍(통일부) 등은 이미 사퇴하였고, 교수 출신인 김성이(복지부)와 박미석(사회정책 수석)도 표절, 비리, 국적 문제 등으로 야당과 시민단체 등으로부터 사퇴를 종용받아 결국 퇴진하였다. 이들의 축재 및 직장생활을 보면 우리나라 자본주의, 즉 기득권자의 부정부패가 얼마나 심한가를 짐작할 수 있다.(「동아일보」, 2008년 2월 22일)

68) 통계청은 순자산이 23억 2천만원 되면, 총 가구(1천 6백만)의 상위 1% 부자라고 한다. 상위 1%의 평균 자산은 34억 7천 956만원이고 상위 5%는 18억 532만원, 상위 10%는 12억 5천 311만원이 있어야 한다고 한다. 그런데 전체 가계의 평균 순자산은 2억 4천 164만원이다. 그리고 하위 3.8%는 부채(2천 290만원)가 더 많다고 한다.(「2006년 가계자산조사」, 2007. 12)

69) 국내 최대 로펌인 김&장 법률회사 고문 출신인 한승수 총리가 입각한 후 정부, 정보기관, 경제검찰 등 정부의 주요 포스트를 김&장 출신인 김희선 국정원 2차장(국내담당), 서동원 공정거래부위원장 등이 차지하였다.(「경향신문」, 2008. 3)

<표 26> 이명박 정권 초대 내각의 출신배경

부 처	성 명	연령	출신지	학 력			재산 (천만원)	종교	전 직	비 고
				고교	대학	대학원				
국무총리	한승수	72	강원 춘천	춘천고	연대 정외과	요크대 박사	211.3	천주교	김&장법률사무소 고문, 유엔 특사	서울대 경제학 교수 대통령비서실장/ 재경제원장관
기획재정	강만수	63	경남 합천	경남고	서울대 법대	뉴욕대 석사	315.5	기독교	전산자부/ 재정원차관	행시/서울시정연구원장 대선정책실장/인수위간사
외교통상	유명환	62	서울	서울고	서울대 법대		259.3		주일대사	외시/대통령 비서관 외교통상부 차관
행정안전	원세훈	57	경북 영주	서울고	서울대 행정학		295.8		대선 상근 특보	행시/서울시 행정부시장
지식경제	이윤호	60	대전	대전고	연대 정외과	위스콘신 대박사	579.1	기독교	전경련 상근부회장	행시/경제기획원 LG연구원장
법무	김경한	64	경북 안동	경북고	서울대 법대		573.0	천주교	세종 대표변호사	사시/법무부 차관 서울고검장
국방부	이상희	63	강원 원주	경기고	육사		84.3		전 합참의장	3군 사령관
교육과기	김도연	56	서울	경기고	서울대 재료공	파스칼대 박사	152.9	기독교	서울공대 교수	서울공대 학장
농수산부	정운천	54	전북 고창				274.6		참다래유통사업단 대표	한국농업연합회장
국토해양	정종환	60	충남 청양	청양 농고	고대 정외과	와싱톤주립대석사	89.8	기독교	철도시설공단 이사장	행시/철도청장/ 고속철공단 이사장
보건복지	김성이	62	평북 신의주	경기고	서울대 사회복지	유타주립대 박사	112.6	기독교	이화여대 교수	뉴라이트연합 공동대표 선대위 공동위원장
노동부	이영희	65	경북 경산	경기고	서울대 행정학	서울대 박사	404.1		인하대 교수	경실련 상임위원장 선진국민연대 상임의장
환경부	이만의	62	전남 담양	광주 일고	조선대 영문과	연세대 석사	181.5		환경관리공단 이사장	환경부 차관
문체부	유인촌	57	전북 전주	한성고	중앙대 연극학	중앙대 석사	1401.9		중앙대 교수	서울문화재단 대표 인수위 자문위원
통일부	김하중	61	강원 원주	삼선고	서울대 중문과		135.3	기독교	주중대사	외교안보수석 비서관
여성부	변도윤	61	서울	중앙 여고	중앙대 사회복지	중앙대 석사	139.5	기독교	전 서울프라자 대표	사회복지사협회 부회장 선대위 자문위원
보훈처	김 양	54	대구		연세대 정외과	조지와싱턴대석사			법무법인 서울 대표	경실련 사무총장
법제처	이석연	54	전북 정읍	대입 검정	전북대 법학				상해 총영사	김구선생 손자
방통위	최시중	71	경북 영일	대륜고	서울대 정치학				동아일보 논설위원	이명박 후보 상임고문
금감위장	전광우	59	서울	서울사대부고	서울대 상대			기독교	외통부 국제금융대사	재경원장관 특보 포스코 이사회 의장
공정거래	백용호	52	충남 보령		중앙대 경제학	뉴욕주립대 박사			이화여대 교수	시정개발연구원장 인수위원
국세청장	한상률	55	충남 서산	태안고	서울대 농대	행시	56.5		국세청 차장	유임
검찰총장	임채진	56	경남 남해	부산고	서울대 법대	사시	194.6	불교	법무연수원장	유임
경찰청장	어청수	53	경남 진주	진주고	동국대 경찰행정	동국대 석사	94.1		서울경찰청장	각 지방경찰청장
육참총장	임충빈	58	충남 천안	성남고	육사				육사 교장	DJ시 국방비서관

5. 권력지배층의 사회이동

민주주의 사회에 있어서 정치적 지배층은 일차적으로 대선과 총선 등을 통하여 형성되고, 이차적으로 이러한 과정에 참여한 사회세력(공조직과 사조직)에서 충원된다. 특히 국정을 형성하고 관리하는 지배층은 오늘날 전문적 식견이 있는 지식인이나 관료들로 충원되고 있다.

이러한 지배층의 충원요인이 무엇이고, 지난 20년간 어떠한 변화가 있는가를 고찰한다.

1) 충원 요인

이미 제 5장에서 개별 권력지배층의 출신배경과 자질에서 그 특성을 지적하였지만 여기에서는 그것을 재분석하여 지배층의 충원요인이 정권 교체에 따라 어떠한 변화가 일어나는 지를 본다.(표 20, 21, 22 참조)

권력지배층이 되는 것은 본 고에서 다루는 개인적 자질과 가족배경, 그리고 시대적 상황 보다도 더 중요한 것은 임명권자에게 영향력을 행사하는 사람이다. 이들은 공식적인 인사 채널 이외에 최 측근들이 있다.[70]

일반적으로 대통령직 인수위원이나 참모(수석비서관)들은 전문적 식견을 더욱 요구하고, 내각구성은 지역안배, 출신 대학, 성별 등을 고려하지만 실제로 그것이 크게 고려되지 않고 있다. 다시 말하면 대선 과정에서 도와 주었거나 대통령 및 측근의 지연, 학연, 직연 등 연고성에 기초하여 충원되고 있다.

첫째, 지난 20년간 선출된 대통령은 대부분 영남출신이라서 영남출신의 권력지배층이 가장 많고, 그 다음은 호남 출신이다.(영남출신의 인수위원은 전체의 33.3%이고 수석 비서관의 36.8%이며, 국무위원은 전체의 27.6%이다.) 호남 출신이 가장 많았던 정권은 김대중 집권시이다.

---

70) 노태우 정권에서는 박철언 의원, 김영삼 정권에서는 김현철 차남, 김대중 정권에서는 권노갑 의원 등의 영향력이 컸고, 노무현 정권에서는 이광재 국정상황실장, 그리고 이명박 당선인은 4인방(유우익 교수, 임태희 비서실장, 박용준 팀장, 윤한홍 서울시 인사과장)이라고 하지만 노, 이 양대 대통령은 본인이 직접 선택하는 것 같다.

<표 27> 대통령직 인수위원의 출신배경

		김영삼 정권	김대중 정권	노무현 정권	이명박 정권	합 계
평균 연령(세)		56.2	55.1	49.8	55.2	54.1
출신지	서울		3	2	5	10
	영남	5	5	7	11	28
	호남	3	8	4	1	19
	기타	7	4	11	6	27
학력	서울대	8	7	11	9	36
	고・연대	3	5	4	7	20
	비서울대	4	13	9	7	37
	정치학	5	7	4	5	21
	법학	4	6	4	3	17
	경제학		1	7	6	14
	기타	6	9	9	9	33
	해외 박사	3	2	13	12	30
자격	행시	1	2	2	5	10
	사시		4	1		5
종교	기독교	6	9	6	7	28
	천주교	3	4		2	9
	기타/비신자	6	12	18	14	50
전직	교수・연구원			18	9	27
	국회의원	12	20	1	8	41
	고위관료	1	3	2	5	11
	기타	2	2	3	1	8
종직	장차관	9	10	16		35
	국회의원	3	7	3		13
	단체장		2	2		4
	기타	3	6	3	23	35
합 계		15	25	24	23	87

둘째, 권력지배층의 학벌은 서울대 출신이 가장 많다.(인수위원의 41.3%, 수석비서관의 61.4%, 국무위원의 65.7%) 그 다음은 고・연대 출신이고 나머지는 각 대학에 분포되어 있다. 서울대 출신이 상대적으로 적었던 정권은 김대중 집권시이다. 이들의 전공을 보면, 법학과 경제학이 가장 많은데 과거 노태우와 김영삼, 김대중 집권시에는 법학 전공자가 더욱 많으나 노무현과 이명박 집권시에는 오히려 경제학 전공자가 많다. 점차 다양한 전공자가 입각하고 있다. 법학 전공자가 많았던 것은 고급관료가 될 수 있는 지름길인 사법고시 또는 행정고시 합격자가 많기 때문이다.(각각 14.0%) 그리고 이들 중에 해

외 유학, 특히 미국박사 출신(24.6%)이 점차 증가되고 있다. 이러한 학력 소유는 무엇보다도 가족배경, 즉 부모의 경제적 지원으로 가능하다.

<표 28> 대통령 수석비서관의 출신배경

		노태우 정권	김영삼 정권	김대중 정권	노무현 정권	이명박 정권	합계
평균 연령(세)		52.3	52.4	55.5	53.1	51.9	53.3
출신지	서울	1			1	2	4
	영남	5	4	2	5	5	21
	호남	2	1	2	3		8
	기타	1	5	3	4	2	15
학력	서울대	7	7	4	11	5	35
	고·연대			1		2	3
	기 타	2	2	3	2	2	11
	정치학	2	4	1	2	1	10
	법학	4	2	3	3	1	13
	경제학	3	1	2	4	4	14
	기타		3	1	4	3	11
	해외 박사	1	2	1	4	6	14
자격	행시	1	2	2	2	1	8
	사시	2	1	2	2	1	8
재산	1억 이하		1		1		2
	1~5억		4	3	5		12
	5~10억		4	2	2		8
	10~30억		1	2	4	7	14
	30억 이상				1	2	3
종교	기독교	1	5	3	4	3	16
	천주교	5	1	2	3		11
	기타/비신자	3	4	2	6	6	21
전직	교수·연구원	2	2	1	4	5	14
	국회의원	1	2	1	2	2	8
	고위관료	5	1	2	3	1	12
	기타	1	5	3	4	1	14
종직	장차관	7	5	4	7		23
	국회의원	1	3		3		7
	단체장			2	1		3
	기타	1	2	1	2	9	15
합 계		9	10	7	13	18	57

셋째, 권력지배층 중에 고등고시나 행시 및 사시 합격자의 비율이 인수

위원의 17.2%, 수석비서관의 28.1%, 국무위원의 29.5%가 된다. 이러한 비율은 정권 교체시 마다 비슷하게 나타나고 있다.

<표 29> 대통령 초대 내각의 출신배경

		노태우 정권	김영삼 정권	김대중 정권	노무현 정권	이명박 정권	합 계
평균 연령(세)		56.3	54.7	58.5	55.5	61.0	57.4
출신지	서울	5	3	1	3	3	20
	영남	5	6	5	8	5	29
	호남	4	5	8	3	3	23
	기타	9	9	7	7	6	38
학력	서울대	17	17	13	13	9	69
	고 · 연대	1	3	2	1	3	10
	기타	5	3	6	7	5	26
	정치학		3	3	4	4	14
	법학	6	6	5	2	3	22
	경제학	4	2	4	5		15
	기타	13	12	9	10	10	54
	해외 박사	8	6	5	6	5	30
자격	행시	4		6	5	5	20
	사시	3	5	1	1	1	11
재산	1억 미만			3	5		9
	1~5억		1	3	8		12
	5억~10억		12	5	-	2	19
	10~30억		7	7	2	8	24
	30억 이상		3	3	3	6	15
	미상		3		3	-	6
종교	기독교	5	6	10	5	7	33
	천주교	1	2	4	3	2	12
	기타/비신자	17	13	7	13	8	58
전직	교수 · 연구원	5	4	1	5	5	20
	국회의원	2	6	12	3		23
	고위관료	12	8	3	9	7	39
	기타	4	5	4	4	5	122
종직	장관	7	6	7	7		27
	국회의원	2	3	5	6		16
	단체장	13	1	2	2		18
	기타	1	13	6	6	17	43
합 계		23	23	21	21	17	105

넷째, 권력지배층의 종교는 기독교도가 가장 많고(인수위원의 32.2%, 수석비서관의 28.1%, 국무위원의 31.4%) 그 다음은 천주교도이다. 기독교도는 모든 정권에서도 가장 큰 비율을 차지하고 있으나, 특히 노태우 정권의 수석비서관에는 천주교도가 많고(55.5%) 노무현 정권 인수위원의 경우에는 없다.

다섯째, 권력지배층의 재산은 최초로 공개한 김영삼 정부에 비하여 그 후에 올수록 재산이 더욱 많다. 그것은 부모의 유산과 개인적 투자 등으로 형성되었지만 특히 재산신고가 주로 표준지 공시지가[71]를 기준으로 하였기 때문에 나타난 현상이다. 부모의 상속과 투기, 불법, 탈법으로 재산이 형성된 권력지배층은 이명박 정권에서 두드러지게 나타났다. 이명박 정권의 수석 비서관 중에 곽승준과 김병국은 부친으로 부터 물려 받은 재산이 많지만(위장전입), 박미석은 절대 농지에 대한 투기 등으로 재산 형성이 가능하였던 것 같다. 그리고 많은 장관들도 불법, 탈법 등으로 강남지역에 2채 이상의 아파트를 소유하고, 오피스텔 및 골프 회원권을 2개 이상 소유하며, 이중국적, 표절 문제 등을 일으키고 있다.

그리하여 이명박 정권 수석비서관(15명)의 평균 재산이 35억 5천 625만원이고 장관의 경우 33억 2천 925만원이다. 이러한 재산은 같은 해 노무현 정권의 수석 비서관에 비하면 약 2.7배가 많고, 장관에 비하면 약 1.5배 더 많다.

이것을 보면, 노무현 정권은 중산층 정권이지만 이명박 정권은 자산층(부르조아지) 정권이라 할 수 있다. 따라서 전자는 개혁적, 진보적 성향을 지니지만 후자는 반개혁적 보수적 성향을 지닌다.

여섯째, 권력지배층의 전직은 인수위원의 경우 국회의원이 가장 많고(전체의 47.1%) 그 다음은 대학교수[72](31.0%)와 고위 관료[73](12.6%)이다. 수석비서

71) 부동산의 공시지가가 현실가의 약 50%이지만 노무현 정부시에는 지난 3년간(2004~2006년) 누적상승율이 61.8%가 된다. 표준지 공시지가는 재산세 등 부동산 관련 세금과 택지개발사업의 토지보상 기준이 된다.

72) 대학교수는 총장을 비롯하여 조교수 이상을 말한다. 정치지망 교수들은 정치교수라고 말하는데 이들은 대개 일류 학자들은 아니다. 학자들은 연구업적을 통하여 명분과 원칙을 중시하고, 따라서 비판적 창의성을 지니고 있기 때문에 원만한 정치적 성향을 지니기 어렵다.

관의 전직은 교수·연구원 출신이 가장 많고(전체의 24.6%) 그 다음은 고위관료(21.0%)와 국회의원(14.0%)이다. 그리고 국무위원의 전직은 고위 관료가 가장 많고(전체의 37.1%) 그 다음은 국회의원(21.9%)과 대학교수(19.0%)이다.

인수위원과 수석비서관의 전직이 교수·연구원이 가장 많은 것은 신정권이 참신한 전문가의 창의성과 전문성을 필요로 하기 때문이라 할 수 있지만 국무위원의 경우 직업관료들의 안정성과 전문성이 필요하여 이들이 가장 큰 비중을 차지하고 있다. 그런데 이러한 전문성은 인수위와 비서실 뿐만 아니라 내각에 있어서 경제와 국방·외교 등 소수 부처에서만 유지되었고 나머지 대다수의 부처는 오히려 지역 및 대학 등의 안배 원칙에 의하여 충원 되었다.

그리하여 전술한 바와 같이 내각에 법학이나 경제학 전공자가 많았고, 또 경제 부처의 관료출신이 국무위원을 독점하는 현상이 나타났다. 경제 관료의 독점적 지위는 지난 반세기간 소위 '선성장 후분배', 또는 경제 제일주의 원칙에 의한 국정개발이 존재하였기 때문이다. 반면에 복지와 노동 등 다수의 부처에서는 그 분야의 정책이 발전되지 못하였다. 그리하여 경제분야는 소위 선진국 모델(소위 신자유주의 세계화)을 추종하고 복지분야는 오히려 낙후되었다.

일곱째, 권력지배층의 종직을 보면, 한번 인수위원이나 수석 비서관이 된 사람은 대개 장차관을 지내고 이들은 퇴직 후에도 장차관이나 국회의원 또는 사회단체의 회장[74](이사장) 등을 지내고 있다. 과거 인수위원들의 40.3%는 퇴임 후 장차관에 임명되었고, 그 다음은 국회의원(14.9%)을 지냈으

73) 고위 관료는 장차관 또는 이에 상당하는 정부위원(비서실장, 대사, 처장 등)을 말한다. 1급 이하 공무원은 대개 인수위의 전문위원이나 비서실의 비서관 또는 행정관이 될 수 있다.

74) 사회단체장은 정부 산하 공단의 이사장 또는 공기업의 사장(이사장) 등을 말한다. 예컨대 노무현 정부 탄생에 기여한 공로를 인정 받아 정부산하 단체 등에 진출한 인사들(이사장, 이사, 감사 등)의 모임인 청맥회(淸脈會)의 회원이 2006년 3월 10일 현재 134명이다. 청맥회는 참여정부의 국정철학의 전파와 국민 참여를 유도하기 위한 실천 강령을 내세 운다.

며, 수석비서관들의 40.4%는 퇴임 후 장차관에 임명되었고 그 다음은 국회의원이 되었다.(12.3%) 그리고 국무위원이 퇴임 후 다시금 장관이 된 사람이 전체의 25.7%가 되고 국회의원과 사회단체장이 된 사람이 각각 15.2%와 17.1%가 된다.

이러한 것을 보면, 대통령직 인수위원이 된 사람은 대부분 청와대 수석비서관이 되고, 또한 내각에 입각하였으며, 퇴직 후에도 장관이나 공기업 및 사회단체장이 되어 소위 사회의 명사가 된다. 다시 말하면 정권이 교체되어도 권력지배층의 지속성은 유지되고 있다.

2) 이동 경로

권력지배층의 핵심은 대통령이지만 그 권한의 행사는 주로 내각의 각료(총리와 장관)들이라 할 수 있다.

지난 20년간 국무총리를 지낸 사람은 서리직을 제외하면 모두 19명이다. 이들의 전직을 보면, 대학 총장과 교수 출신이 전체의 42.1%이고 그 다음은 관료 출신(21.1%)과 군 출신(15.8%)이다. 대학교수와 관료 출신이 총리가 된 사람이 가장 많다. 그리고 지난 20년간 총리와 장관직을 지낸 사람이 모두 112명인데 이들도 고위 관료출신이 전체의 31.1%를 차지하고, 그 다음은 교수 출신(17.9%)과 국회의원 출신(18.8%)이다.

이러한 것을 보면, 우리나라의 권력지배층이 되는 길은 고위 관료와 대학교수 및 국회의원이 먼저 되어야 한다는 것을 알 수 있다. 이러한 신분을 획득한다고 해서 모두 권력지배층이 될 수 있는 것은 아니다. 권력지배층이 된다는 것은 무엇보다도 최고 권력자로 부터 선택되어야 하고, 그러한 선택을 받기 위하여 자기의 자질(학력, 경력 등), 인맥을 지속적으로 관리해야 한다. 소위 신분추구자로서의 성취 동기와 노력이 있어야 한다. 다시 말하면 개인적 자질도 있어야 하지만 최고 권력자와의 인맥(인간관계와 사회관계 등)을 형성해야 하고, 소위 때(시대와 기회)를 잘 만나야 한다. 이러한 조건은 권력지배층의 이력서를 보면 여실히 알 수 있다.

대학교수와 직업관료가 권력지배층(총리와 장관)이 되는 길은 매우 다양하기 때문에 이것을 일반화 또는 유형화 하기는 매우 어렵다. 그러나 조선시대의 조선 종정도(朝鮮 從政圖)[75]와 같이 우리나라 관료지배층의 이동경로를 어느 정도 유형화 할 수 있을 것 같다.

첫째, 권력지배층의 주요한 산실은 대통령직 인수위원회(인수위원, 자문위원, 전문위원 등)와 대통령 비서실(수석비서관, 비서관, 행정관 등) 심지어 국무총리 비서실(비서관, 조정관, 행정관 등)이다.

둘째, 권력지배층이 되려면 일반적으로 50대 초가 되어야 하고, 최고 권력지배층과의 연고성(지연, 학연, 직연, 종연 등)에 기초한 인맥이 형성되어야 한다.

셋째, 대학교수가 권력지배층이 되려면, 대통령 선거대책위원회 또는 사조직(연구소나 포럼 등)에 참여한다. 그 후 대통령직 인수위원이나 수석 비서관이 되어 내각에 입각한다. 이러한 조직에 참여할 수 있는 교수는 주로 경제학이나 사회과학을 전공하면서 자기 전공 분야의 연구업적 보다는 학외 활동에 전념하는 소위 정치교수이다.

넷째, 직업관료가 권력지배층이 되는 길은 우선 행정고시에 합격한 후 소속 부처에서 관리관(1~2급)이 되어야 하고, 그 후 대통령직 인수위원회나 비서실의 경력을 쌓고, 다시금 소속 부처로 상승 이동한다. 이러한 경우 대개 차관직 까지 오를 수 있다. 경제부처의 장관이 되려면 경제부처의 관료가 되어 이들이 대통령 비서실의 경력을 가진 경우 소속 부처나 타부처의 고위직(차관 등)으로 이동하였다고 다시금 소속 부처의 장차관이 된다.[76] 경

---

75) 조선시대의 선비들의 윷놀이판인 조선종정도(朝鮮從政圖)가 있다. 이것은 최하위 관직에서 최고위 관직에 오르는, 관직이동의 길을 제시한 도표이다.

76) 경제 부처 중에서도 재무부(MOF) 보다도 경제기획원(EPB) 출신이 고위직에 더 많이 진출한다. 예컨대 2005년 노무현 정부에서 경제기획원 출신의 고위 관료는 전윤철(감사원장), 박봉흠(전 대통령 정책실장), 변양균(기획예산처 장관), 김영주(경제정책 수석비서관), 김성진(해수부 장관), 노준형(정통부 장관), 변재진(보건복지부 차관), 임상국(과기부 차관), 김태현(정통부 차관) 등인데 이들은 기획예산처의 고위직을 지냈고, 또 장관을 지냈다.(「동아일보」, 2005. 4. 9) 이와 같이 인사이동이 가능한 것은 기존의 경제정책을 유지하기 위한 것도 되겠지만 소위 마피아와 같은 권력공동체를 형성하고 있기 때문이다.

제부처의 장차관이나 고위 관료는 타 부처 출신이 되는 경우는 거의 없다. 이러한 이동경로는 보건복지부와 노동부 등의 장차관이 대부분 경제관료 출신이고 건설교통부의 장관은 국세청장 출신이 되는 것에서 알 수 있다. 그리고 교육부 장관은 대개 교육학 전공 교수출신이 많이 되었다.

다섯째, 대학 총장과 교수, 그리고 국회의원이 바로 권력지배층(총리 및 장관)이 되는 경우이다. 이들의 다수는 전직 장관이나 대학총장 등의 비서관 출신이 많다. 소위 권력 선호적인 교수가 총장이나 장관 또는 총리가 되려고 한다.

여섯째, 정부 부처의 장차관은 퇴임 후 유관한 공기업이나 사회단체의 장이 된다. 그리하여 지배권력의 문화를 조성한다.

이와 같이 권력지배층이 되기 위해서는 변신을 통한 자기관리 능력이나 조직력이 뛰어나야 한다. 특히 고위 관료들은 앞서 지적한 경력 관리 뿐만 아니라 재직시 해외 수학(단기 연수 또는 학위 취득)과 국내 수학(석·박사 학위 취득)을 하여 학력 관리에 충실한다. 그러한 노력의 결과는 퇴임 후에도 고위 관료 출신들은 대학교수 또는 총장 등을 지내면서 다시금 권력지배층(장관)이 될 수 있다.

6. 결 론

지난 20년간 우리나라 권력지배층의 사회적 성격과 지배층 이동의 특성을 파악하기 위하여 그들의 출신배경과 등록재산을 주로 분석하여 고찰하였다.

그러한 결과, 서론에서 제기한 정권 교체의 ① 혁명성과 ② 지역 정체성 및 ③ 이념적 차이가 크게 나타나지 않지만, 노무현 정권과 이명박 정권간에는 국정의 차이가 있을 것 같다. 왜냐하면 청와대 수석비서관과 내각의 각료를 제외하더라도 2008년에 신고한, 노무현 정권이 임명한 1급 이상 고위 공직자의 평균 재산(11억 8천여 만원)과 이명박 정권이 임명한 경우(22억 8천여만원)을 비교하여 보면[77], 약 2배의 차액이 나기 때문에 정책의 보수화가 나타나게 될 것이다.

지난 20년간 민주혁명 및 선거혁명이 이루어졌다고 하지만 그것은 혁명의 고전적 개념에서 볼 수 있는 지배계급의 교체가 일어나지 않았고, 심지어 구질서(자본주의 시장경제)가 새롭게 변화되지 않았다. 그러나 지난 10년간 권력지배층의 계층적 변화는 있었고, 개혁과 반개혁의 정책변화가 나타나고 있다. 특히 대통령의 출신배경에는 큰 차이가 없지만 그들의 성장과정(경력)의 차이, 즉 계층적 성격 차이가 국정을 좌우하고 있다.

과거 5명 대통령의 신분배경에서 그들은 대부분 빈농 출신이지만 그들은 높은 학력과 오랜 상위 직력을 통하여 높은 사회적 지위와 고소득자가 되었고, 보수적인 종교생활을 통하여 한국사회의 상위 지배계층이 되었다.

모든 정권의 각료와 대통령실 수석비서관 및 인수위원의 신분배경도 높은 학력(일류대)과 직력 및 많은 재산을 소유하고 있고, 그들은 대부분 대학교수와 고위 관료 및 국회의원 출신이었기 때문에 그들의 사회계층적 지위는 매우 높았다. 더욱이 대통령 비서관이나 내각 장차관의 출신배경에서 영남과 서울대 및 고위관료 출신이 각각 약 절반을 차지하고 있다. 이들은 대부분 상급 화이트 칼라이면서 구중산층의 지위를 지니고 있는 신부르조아계급(관료적 부르조아지)이다. 따라서 이들은 비록 개혁적 정책을 추진하였지만 좌파정부를 탄생시키기는 어렵다.

지난 5년간 대외정책과 주택정책에 있어서 변화(한미동맹과 대북경협 및 종부세 등)가 있었지만 이것은 정권유지의 필요성과 주택가격의 안정에서 비롯된 것이고 대부분 경제정책은 종전과 같은 신자유주의라고 볼 수 있다. 따라서 지난 10년간 정권교체를 좌우정권의 이념적 권력 교체라고 보기는 어렵다.

최근 '잃어버린 10년'이라는 정치적 슬로건은 정권교체를 성공시켰지만 좌우정권의 교체를 의미하기 보다는 과거 한나라당 전신인 민정당(여당), 즉 영남정권을 되 찾은 것과 정책적으로는 과거 시장경제성장론, 즉 친기업, 친

77) 「연합뉴스」, 2008년 4월 24일

재벌 정책을 강화하겠다는 뜻이다.

이명박 대통령은 10년전 외환위기, 즉 IMF 사태를 초래한 김영삼 정부의 경제 관료들을 요직(기획재무부 장차관, 경제수석 등)에 다시 기용한 것을 보면, 그는 비록 이념을 넘어선 창조적 실용주의를 주장하지만 보수 우파로 회귀한 성격이 매우 강하다. 다시 말하면 소위 '강부자'의 이익을 대변하는 부르조아 정권이라 할 수 있다. 그렇지만 기존의 자본주의 시장경제론, 특히 수정자유주의를 근본적으로 변화시키기는 어려울 것이다. 따라서 권력지배층의 이동이 호남정권에서 영남정권으로 이동했다는 것과 기본적으로 우파적 정책을 강화시킨다는 것을 의미한다.

권력지배층의 사회이동은 지난 20년간 정권교체시 지역적 연고성에 기초하여 일어나고 있지만 그들의 개인적 자질이나 계층적 배경은 정권 교체와 더불어 상당한 의미가 있다. 그러나 국무총리와 장관의 대부분을 대학교수와 고위 관료 및 국회의원 출신이 지배하고, 이들이 주로 지연, 학연, 직연 등 연고성에 기초하여 충원되어 권력공동체를 형성하고 있다.

제 6장 국회의원의 사회경제적 배경

1. 서 론

국회의원은 헌법을 준수하고 국민의 자유와 복리의 증진 및 조국의 평화적 통일을 위하여 노력하며, 국가이익을 우선으로 하여 국회의원의 직무를 양심에 따라 성실히 수행할 것을 국민앞에 선서한다.(「국회법」, 제 24조) 국회의원의 이러한 직무는 3권 중에서 입법권과 국정 감사권 및 예산 심의권 등을 행사하고, 동시에 행정권(장 · 차관급)에 참여한다. 그렇기 때문에 국회의원은 높은 지위와 소득, 그리고 많은 권력을 지닌, 전형적인 정치지배층이라 할 수 있다.[1)]

우리나라 국회의원은 1948년 5월 10일 제헌의원의 선거를 비롯하여 지난 60여년간 18회의 국회의원(총 3,800여명)을 선출하였다.

이들 중에 군사정권시 간선제에 의하여 선출된 경우(3회)가 있으나[2)] 나머지는 모두 국민의 보통, 평등, 직접 및 비밀의 선거(헌법 제 41조)에 의하여 매회 200명 이상 선출되었다. 그런데 2000년 후 정원수는 273명이고, 지역구 의원은 현재 242명이며 나머지는 비례대표이다. 따라서 국회의원은 국민의

---

1) 국회의원의 임기는 4년이고, 급여(세비)는 2008년 5월 현재 1억 1천 3백만원(월 940만원)이다. 그 밖에 활동지원비(차량유지, 사무실 운영, 정책개발, 통신요금 등)는 월 679만원이고 사무지원비는 의원회관(월 1백만원)의 무료 사용과 보좌진(4급~9급 6명)의 인건비가 연간 2억 8백만원이다. 그 밖에 회기 중 불체포 및 국회발언 면책권이 있으며 철도이용, 골프장 회원대우 등 장관급 예우를 한다.

2) 1972년 12월 유신헌법에 따라 1980년까지 3차의 유정회 의원이 통일주체국민회의 대의원에 의해 간선으로 선출되었다.

대의원, 즉 대표성을 지니고 있다. 국회의원이 국민의 대표성을 지니려고 하면 그 선출과정에 있어서도 민주성을 지녀야 하고, 동시에 사회계급 및 계층의 이익을 대변하여야 한다. 그런데 이러한 민주성과 대변성이 공천권과 기탁금, 부정선거 및 교차 압력 등에 의하여 점차 약화되고 있는 실정이다. 더욱이 국민의 정치적 무관심으로 저조한 투표율은 그것을 더욱 심화시키고 있다.

그러나, 국회의원 선거제도에 따라 매 4년마다 새로운 정치지배층이 충원되고 있다. 이러한 정치지배층의 사회적 특성이 무엇인지, 그리고 이러한 지배층의 자질이 어떠한 것인지 매우 궁금하다.

그리하여 저자는 해방후 국회의원의 특성과 자질을 알기 위하여 국회도서관에 있는 「국회의원 이력서철」(마이크로 자료 1~4)을 분석하고, 동시에 중앙선거관리위원회 선거정보센터의 자료를 재분석하여 파악하려고 한다. 국회의원들에 대한 이력서의 분석은 18회 국회의원의 전수 조사가 아니고 제헌국회 이후 거의 10년마다 일어난 정권변동후 초기에 실시된 국회의원들의 출신배경을 분석하여 본다.

저자는 제헌 국회의원과 2대 국회의원의 출신배경은 별도의 논문을 작성하였기 때문에 여기에서는 군사정권시 제 6대와 제 11대의 총선 결과와 민주화 이후 제 17대와 제 18대의 총선결과를 비교, 분석하여 국회의원의 사회적 성격을 고찰한다.

2. 선거제도의 문제점과 국회의 역할

우리나라 국회의원의 선거제도는 보통, 평등, 비밀, 직접 선거가 그 특징이다. 이러한 선거제도가 정변으로 통일주체 국민회의에 의하여 간선제로 선출된 유신정우회(1973년 실시된 73명의 전국구 의원임기 3년의 3회 실시) 가 있었고, 1960년에 참의원 선거가 있었다. 또한 국회의원의 전문 직업성을 강화하기 위하여 직능대표라 할 수 있는 전국구 또는 비례대표 국회의원이 동시에 선출되고 있다. 그러나 국회의원 선출의 핵심제도는 지역구 대의원 제도라 할 수 있다. 지역구 국회의원일지라도 지방의 정당 조직이 제대로 뿌리를 내리지 못하고 하향식 공천제도에 의하여 지역주민의 이익과 관심을 제대로 대변하지 못하고 있다. 사실 공천된 후보자 중에 농민이나 상공인 또는 노동자 계급의 대표는 거의 없었다.

최근 이러한 비민주적 공천을 보완하기 위하여 여론조사 등을 보완하고 있으나 큰 효과는 거의 없다. 또한 전국구 또는 비례대표 국회의원도 전문성 및 직능성을 보충하기 위한 것이지만 요식행위에 불과하였다.

이와 같이 과거 지역구 및 전국구 후보의 공천은 사실상 집권당의 대통령 또는 당 대표의 전횡이 크게 작용하였다.[3)]

이러한 선거제도가 국회의원 입후보자를 양산시킨다고 하여 도입된 것이 정당공천제(정당법 31조)와 기탁금제(정치자금법 56조)인데 이러한 것이 오히려 국회의원이 될 수 있는 보편적 기회를 박탈하고 비민주성을 나타내고 있는 실정이다. 그것은 돈이 없는 사람은 막대한 선거자금[4)]과 기탁금(대선은 5억, 총선은 1억원) 등으로 입후보할 생각을 못하게 하고, 정당의 실권자를 모르는 경우 하향식 공천으로 배제된다는 것이다.

한편, 과거 국회의원 선거에서 부정선거의 시비가 항상 나타났다. 제헌 국회의원 선거에서 부터 시작된 관권에 의한 강제 동원, 금품 살포, 선거인 명부 교체, 릴레이식 투표 등이 1987년 민주화 이전 까지 매우 심하였다.[5)]

---

3) 과거 역대 총선의 공천 과정에서 개혁공천을 한다면서 약 3할 정도의 현역 의원이 매회 탈락시키고 있다. 즉 신한국당은 15대 총선에서 40여명, 16대 총선에서 한나라당은 30여명, 17대 총선에서 27명을 탈락시켰고, 새천년민주당은 16대 총선에서 27명을 탈락시키고 386세대가 다수 입후보 하였으며 17대 총선에서 열린우리당은 노무현 대통령 탄핵바람으로 386세대가 대거 등원하였다.

4) 18대 국회의원의 평균 선거비용은 1억 8천 6백만원이 들었다고 하나, 이것을 믿는 사람은 거의 없다. 과거에는 10당 5락 또는 20당 10락이라는 말에서 알 수 있는 바와 같이 10억원 또는 20억원 이상을 사용해야 당선되고, 그렇지 못하면 낙선된다는 것이다.

5) 1960년 4.19 혁명의 도화선이 되었던 3.15 부정선거 당시 자유당 정권이 전체 유권자의 40%를 대상으로 공개 및 조작 투표를 시도하였다. 자유당 정권은 1960년 2월 2일 경기도 경찰국 회의실에서 열린 서장, 사찰계장, 사찰 주임 연석회의에서 이강하 치안국장의 지시로 '4할선 확보와 사전 투입 방안을 모의하였다. 유령유권

또한 혈연, 지역의 연고성과 언론 등의 교차압력(cross pressure)이 우리나라 선거과정에서 대단히 심하였다. 특히 최근 선거과정을 보면, 과거의 부정선거(관권, 금권 등)와 달리 소수 언론과 시민단체 등이 여론을 주도하고 있는 것 실정이다.

이러한 것을 보면, 국회의원의 대표성 문제가 심각하게 제기될 수 있다. 더욱이 소수 유권자의 득표로 국회의원에 당선된 경우 국민의 대표성이 큰 문제이다. 지난 18대 총선에서도 지역대표성을 보여주는 실질 득표율(유권자 수 대비 득표수)을 보면 대부분 3할 이하이다. 심지어 전국 245개 지역구중 실질득표율이 17.6%에 달하는 선거구가 43개구가 있고 실질득표율 15% 미만인 경우 상당수 있다.[6] 따라서 유권자들이 전술한 부정선거에 흔들리지 않고 정치사회 의식을 제대로 갖추고 있는지 의문스럽다.[7] 따라서 선거에 의한 참된 민주주의를 찾아 보기는 매우 어렵고 오히려 맹꽁주의가 될 가능성이 크다.

3. 사회경제적 배경

1) 연령 구성

국회의원의 피선거권은 금고 이상의 형을 선고 받지 않은 25세 이상의 국민이면 누구나 입후보 할 수 있다. 25세 이상의 국민일지라도 국회의원의 역할을 할 수 있는 자질을 갖추어야 한다. 그렇기 때문에 국회의원의 연령은 대개 40~50대가 가장 많다.

해방 이후 우리나라 국회의원의 연령은 표 1과 같다. 표 1을 보면, 국회

자 1할, 자연 기권자 1할, 공작 기권자 2할을 확보하고, 투표 당일 투표개시 10분에 조작 투표지를 사전 투입하기로 하였다. 그 밖에 3인조가 릴레이식으로 투표용지를 투표함에 넣기 전에 반드시 공개한다는 내용도 기록되어 있다.(「동아일보」, 2008년 4월 18일)

6) 경향닷컴, 2008. 4. 12

7) 김영모, 「한국사회의 이해」, 한국복지정책연구소 출판부, 1999, 제 6장 2절 참조

의원의 평균 연령이 최근에 올수록 점차 높아지고 있다. 특히, 민주당 정권 시 5대 총선거와 민주화 후 총선거(14대)시 상대적으로 평균 연령이 높았으며 군사정변(6대~11대)시 그것이 낮은 것을 볼 수 있다. 특히 11대와 12대, 그리고 17대가 낮은 것은 전자는 인위적 세대교체의 결과이고 후자는 386세대의 대거 등장에서 비롯되었다. 그만큼 세대교체에 의한 정권의 개혁세력이 충원되고 있다고 볼 수 있다.

최근 실시된 18대 총선에서 당선된 국회의원의 평균 연령은 53.7세이다. 17대 국회의원의 평균 연령(51세)보다 2.5세가 많다. 이러한 현상은 18대 국회의원들의 보수성이 더욱 강함을 알 수 있다. 그런데 국회의원의 연령 구성을 정당별로 보면 오히려 한나라당 당선자의 평균 연령이 52세로 가장 낮다. 이것은 한나라당의 초선 의원이 당선자의 53.6%를 차지하였기 때문이다. 지난 공천과정에서 다선 및 고령의원을 대대적으로 물갈이한 결과이다.

<표 1> 역대 국회의원의 연령

	30세 미만	30세 이상 35세 미만	36세 이상 40세 미만	40세 이상 45세 미만	45세 이상 50세 미만	50세 이상 55세 미만	55세 이상 60세 미만	60세 이상	합계 (실수)
1대(1950)	1.0	8.4	13.1	19.9	17.3	19.4	11.5	9.4	100.0(191)
2대(1954)	2.0	7.4	18.1	14.7	24.0	14.7	8.8	10.3	100.0(204)
3대(1958)	1.0	4.0	19.0	22.5	20.0	20.0	10.0	3.5	100.0(200)
4대(1960)	0.4	3.1	15.1	19.4	23.3	18.5	11.6	8.6	100.0(232)
5대(1960)	0.4	4.8	14.6	22.3	17.6	16.7	9.4	14.2	100.0(131)
6대(1963)	0.8	3.1	19.1	31.3	16.0	8.4	11.5	9.9	100.0(131)
7대(1971)		3.8	11.5	32.1	22.9	12.2	7.6	9.9	100.0(153)
8대(1972)		3.3	12.4	22.2	31.4	13.7	10.5	6.5	100.0(146)
9대(1973)		1.4	13.0	19.2	32.2	19.9	8.9	5.5	100.0(154)
10대(1977)		0.7	7.2	17.5	19.5	27.9	21.4	5.8	100.0(185)
11대(1981)		0.5	7.1	33.0	28.1	15.1	10.8	5.4	100.0(180)
12대(1985)		0.6	3.3	8.8	40.0	26.1	10.6	10.6	100.0(224)
13대(1988)			4.9	8.9	27.2	31.7	17.0	10.3	100.0(236)
14대(1992)			3.0	5.9	16.1	26.7	34.3	14.0	100.0(299)
15대(1996)		0.8	2.0	9.5	11.9	24.9	31.2	19.8	100.0(253)
16대(2000)		0.4	5.3	9.3	17.2	15.4	22.9	29.5	100.0(227)
17대(2004)		0.4	9.1	14.4	20.2	22.6	17.2	16.1	100.0(243)
18대(2008)		2.3		29.4		47.5		20.7	100.0(299)

(비고) 국회의원의 실수가 정원보다 많은 것은 보선 등의 결과임.
(자료) 중앙선거관리위원회

반면에 통합민주당의 경우 평균 연령이 53세이고, 50대 이상이 당선자의 55%를 차지하여 17대에 비하여 연령상으로 오히려 보수화 된 것 같다. 그리고 자유선진당의 경우 평균 연령이 61세로 매우 보수성이 강하다고 볼 수 있다.

2) 지역배경

국회의원들의 지역배경은 영남지방과 호남지방간 차별성이 뚜렷이 나타나고 있다. 최근 충청지방에서도 그 지역성이 나타나고 있다. 선거에 있어서 지역간 차별이 나타난 것은 제헌 국회의원의 선거에서 비롯된다. 제헌 국회의원은 호남지방에서는 한민당 세력(김성수계)이 많이 당선되었고 영남지방에서는 독촉국민회 세력(이승만계)이 많이 당선되었다.(표 2 참조)

<표 2> 제헌 국회의원의 지역간 정당별 분포

	대한독촉 국민회	한민당	대동 청년당	조선민족 청년단	기타	무소속	합계 (%)
서울						9	9(4.8)
경기			1			25	26(13.8)
강원	6		1			5	12(6.4)
충북	3	1	1			7	12(6.3)
충남	10		1			8	19(10.1)
전북	6	4	1	2	2	8	23(12.2)
전남	5	10	1	1	2	9	28(14.8)
경북	8	4	2		3	10	27(14.3)
경남	6	3		3	2	16	30(15.9)
제주	1		1			1	3(1.6)
합계(%)	45(23.8)	22(11.6)	9(4.8)	6(3.2)	9(4.8)	98(51.6)	189(100)

일반적으로 정변(4.19, 5.16, 10월 유신, 5.17 등) 후 실시된 총선에서는 여야간 지역별 차별성이 거의 나타나지 않고, 여당이 독식하고 있으나(표 3, 4, 5, 6 참조) 비교적 자유로운 총선에서는 지역간 차별성이 두드러지게 나타나고 있다.(표 7, 8, 9, 10 참조) 특히 여야간, 영호남간에 그것이 두드러지게 나타났다.

이와 같이 정변으로 지역성이 약화된 것은 정변으로 강력한 야당 지도자가 정치적 해금이 되어 있지 않았거나, 또 정변에 대한 다수 국민의 동의에서 비롯된 것 같다. 우리나라 정치선거의 판도는 여야간 또는 출신지역간 대선 또는 총선 후보의 지지율이 양분되어 나타나는 것이 큰 특징이다.

<표 3> 제 5대 국회의원(4.19 후) 소속정당

5대	민주당	사회대중당	자유당	기타	무소속	합계
서울	15				1	16
경기	14				11	25
강원	11	1	1		7	20
충북	9			1	3	13
충남	18				4	22
전북	17	1			6	24
전남	29				2	32
경북	27	1		1	10	38
경남	30	1	1		8	40
제주	1			1	1	3
합계	171	4	2	3	53	233

(자료) 중앙선거관리위원회

<표 4> 제 6대 국회의원(5.16후) 소속정당

6대	민주공화당	민정당	민주당	자유민주당	기타	합계
서울	2	7	4	1		17
부산	5	1			1	4
경기	7	5	1			13
강원	7		1	1		9
충북	6	1		1		8
충남	8	3			2	13
전북	8	3				11
전남	13	3		3		19
경북	19	1				20
경남	12	2	1			15
제주	2					2
합계	88	26	8	6	3	131

(자료) 중앙선거관리위원회

<표 5> 제 9대 국회의원(10월 유신 후) 소속정당

9대	민주공화당	신민당	민주통일당	무소속	합계
서울	15			1	16
무산	4	4			8
경기	9	6		1	16
강원	5	3		2	10
충북	5	2		1	8
충남	6	6		2	14
전북	4	4		4	12
전남	10	6	2	2	20
경북	12	5		5	22
경남	10	8			18
제주	1			1	2
합계	81	44	2	19	146

(자료) 중앙선거관리위원회

<표 6> 제 11대 국회의원(5.17후) 소속정당

11대	민정당	민한당	국민당	기타	무소속	합계
서울	14	11	1	2	1	28
부산	6	5		2		13
경기	12	10	1	1		24
강원	6	4	2			12
충북	4	1	3			8
충남	8	5	2	1	1	16
전북	7	6		1	1	14
전남	10	9	1	2		22
경북	13	5	5	3	3	26
경남	10	1	3	6	3	20
제주				2	1	2
합계	90	57	18	9	11	185

(자료) 중앙선거관리위원회

<표 7> 제 13대 국회의원(민주화 후) 소속정당

	민정당	평민당	민주당	공화당	무소속	합계
서울	10	17	10	3	2	42
부산	1		14			15
대구	8					8
인천	6		1			7
광주		5				5
경기	16	1	4	6	1	28
강원	8		3	1	2	14
충북	7			2		9
충남	2		2	13	1	18
전북		14				14
전남		17			1	18
경북	17		2	2		21
경남	12		9		1	22
제주			1		2	3
합계	87	54	46	27	10	224

(자료) 중앙선거관리위원회

<표 8> 제 15대 국회의원 소속정당

	신 한국당	국민 회의	민주당	자민련	무소속	합계
서울	27	18	1		1	47
부산	21					21
대구	2			8	3	13
인천	9	2				11
광주		6				6
대전				7	2	7
경기	18	10	3	5		38
강원	9		2	2	1	13
충북	2			5		8
충남	1			12		13
전북	1	13				14
전남		17				17
경북	11		1	2	5	19
경남	17		2		4	23
제주	3					3
합계	121	66	9	41	16	253

(자료) 중앙선거관리위원회

<표 9> 제 16대 국회의원 소속정당

	한나라당	민주당	자민련	기타	무소속	합계
서울	17	28				45
부산	17					17
대구	11					11
인천	5	6				11
광주		5			1	6
대전	1	2	3			6
울산	4				1	5
경기	18	22	1			41
강원	3	5		1		9
충북	3	2	2			7
충남		4	6	1		11
전북		9			1	10
전남		11			2	13
경북	16					16
경남	16					16
제주	1	2				3
합계	112	96	12	2	5	227

(자료) 중앙선거관리위원회

<표 10> 제 17대 국회의원 소속정당

	한나라당	우리당	민주당	자민련	민노당 외	합계
서울	16	32				48
부산	17	1				18
대구	12					12
인천	3	9				12
광주		7				7
대전		6				6
울산	3	1			2	6
경기	14	35				49
강원	6	2				8
충북		8				8
충남	1	5		4		10
전북		11				11
전남		7	5		1	13
경북	14				1	15
경남	14	2			1	17
제주		3				3
합계	100	129	5	4	5	243

(자료) 중앙선거관리위원회

<표 11> 제 18대 국회의원 소속정당

	통합 민주당	한나라당	자유 선진당	친박 연대	무소속 기타	합계
서울	7	40			1	48
부산	1	11		1	5	18
대구		8		3	1	12
인천	2	9			1	12
광주	7				1	8
대전	1		5			6
울산		5			1	6
경기	17	32		1	1	51
강원	2	3			3	8
충북	6	1	1			8
충남	1		8		1	10
전북	9				2	11
전남	9				3	12
경북		9		1	5	15
경남	1	13			3	17
제주	3					3
합계	66	131	14	6	28	245

(자료) 중앙선거관리위원회

1960년대 군사혁명 이후 여당의 대선 후보(박정희, 전두환, 노태우, 김영삼) 또는 총선 후보는 영남지역에서 절대적 지지를 받고, 야당(김대중)의 경우는 호남에서 절대적 지지를 받았다.8)

그러나, 1997년 말 대선에서 야당이 승리한 후 호남의 다수 지지를 받은 새천년민주당 후보(노무현)가 당선되었고, 2008년에 다시금 한나라당 후보(이명박)가 영남의 절대적 지지하에 대통령으로 당선되었다. 이것은 후보자들의 지연성에 기초하고 있다.

국회의원들의 출신지역 배경은 여야간에 뚜렷한 차별성을 보여준다. 한나라당은 영남에서 압도적 지지를 받고 민주당은 호남에서, 그리고 자유선진당은 충남에서 절대적 지지를 받아 국회의원을 당선시키고 있다.

---

8) 그 이유는 주로 지역개발에 있어서 호남 푸대접론, 또는 해방후 소작농의 반정부론, 향도 이촌한 소작농의 빈곤론, 호남인의 반골기질론 등에서 찾고 있다.

3) 교육배경

국회의원들의 학력은 일반 국민(유권자)의 학력(대졸자는 5% 미만)과 비교하면 대단히 높은 수준이다. 오늘날과 같이 대학교육이 보편화(2007년 대학진학율은 66.1%이고 25세 이상 인구중 대졸자는 24.3%임) 되어 있지 않는 시대(5대 이전)에 있어서 국회의원 중 대학 졸업자가 약 5할이나 되고 있다. 당시 중

<표 12> 역대 국회의원의 학력별 분포

	미기재	독학	초졸	중퇴	중졸	고퇴	고졸	전졸	대재	대퇴	대졸	대학원 수료	대학원 재학	대학원 졸업	합계
1대	12.0	3.7	10.5	1.1	18.3		3.7	9.9		2.1	38.2			0.5	100.0
2대	1.5	2.0	4.9	0.5	8.8	0.9	13.2	17.2		4.9	45.1			1.0	100.0
3대	10.5	2.5	8.5	1.0	18.5	0.5	7.5	10.5		3.5	36.0	0.5		0.5	100.0
4대	2.2	2.0	3.9	0.4	5.6	1.3	18.5	9.9		8.6	45.7	0.4		1.3	100.0
5대	2.6	7.0	6.1	0.9	6.1	2.1	12.0	10.7		11.5	43.3			1.0	100.0
6대		0.8	2.3		1.5	0.8	9.9	3.1		6.9	68.7	3.0		3.0	100.0
7대	5.3	0.8			0.8		8.4	6.9		7.6	56.5	7.6		6.1	100.0
8대	3.3		0.7				7.1	3.9		7.1	56.9	11.8		9.2	100.0
9대	2.1	0.7	0.7		0.7		3.4	2.7		2.7	57.5	28.1		1.4	100.0
10대	4.5	0.6					5.2	1.9		1.9	55.8	24.0		6.4	100.0
11대	1.1						0.5			0.5	60.6	23.2		14.1	100.0
12대							0.6	0.6		4.4	51.6	42.8			100.0
13대		0.4	0.4				0.4			1.8	54.5	26.4		16.1	100.0
14대			0.4				0.4			3.0	46.6	15.4		33.9	100.0
15대			0.4		0.4	0.4	2.4			5.9	53.7	3.6		33.2	100.0
16대			0.4			0.9	2.7			3.5	63.9	2.2		26.4	100.0
17대		0.4				0.4	0.4			0.8	50.6	8.2	2.1	37.1	100.0
18대	0.3		0.7	0.3			1.0	0.3	0.3	0.3	44.1	6.4	0.6	45.5	100.0

(자료) 중앙선거관리위원회

졸이나 고졸 등도 상당한 교육수준이라 할 수 있다.[9] 그러나 대학원 이상의 학력을 지닌 국회의원이 9대 부터 3할 이상이 나타나고 있는데 그것은 특수대학원에서 단기교육을 이수한 경우 까지 포함되었기 때문인 것 같다.(특히,

9) 일제시 식민지 조선에는 경성제대 이외 대학설립을 허가하지 않고 전문학교를 설립케 하였다. 그리고 중학교는 일인과 친일 인사 자제들이 입학하였고 조선인은 고등보통학교나 직업학교(고상, 고공, 사범, 고농 등)에 입학하였다.

17대의 경우) 그렇지만 17대, 18대의 경우 전체 국회의원의 약 절반이 대학원을 졸업하였다. 이러한 교육수준은 지역(시, 도)에 따라 거의 차이가 나타나지 않고, 동시에 지역구와 전국구간에도 큰 차이가 없다.

그러면, 군사정권과 문민정권하 실시된 총선결과를 비교, 분석하여 본다.

(1) 군사정권

박정희 정권시 6대 국회의원의 출신학교별 분석결과는 표 13과 같다. 표 13을 보면, 6대 국회의원 중 국내에서 교육을 받은 사람이 전체의 51.3%이고 외국 유학생은 48.7%이다. 그리고 국내외 대학 출신이 전체의 55.2%이고 전문학교 출신이 6.4%이며 국내외 육사출신이 10.3%이다.

<표 13> 6대 국회의원의 정당별 출신학교

		국내 학교									미국유학		일본유학			기타		미상	합계
		경성제대	서울대	보전	고대	연전	연대	한국육사	기타대학	전문/고보	대학	기타	대학	일본육사	전문/고등	중국	기타		
민주공화당	지역구	3	11	2	1	3		13	5	6	2		18		6	2	7		79
	전국구	1	3				1	4	3	7	1	1	3	2	1				27
민정당	지역구		5	1	1				2	1	1		7			4	2		25
	전국구			1		1	1			3	1	2	2		1	1			13
민주당	지역구	2	1	1					1	1	1		1						8
	전국구									1	2	3						1	7
자유선진당	지역구									1	1		4						6
	전국구		1								2								3
기타	지역구									1			2		1				4
	전국구	1				1				3			2			2		6	7
소계	지역구	5	17	4	2	4		13	8	10	5		32		7	6	9		122
	전국구	2	4	2		2	2	4	3	11	6	6	7	2	2	3		7	63
합계 (실수)		3.8 (7)	11.4 (21)	3.2 (6)	1.1 (2)	3.2 (6)	1.1 (2)	9.2 (17)	5.9 (11)	11.4 (21)	5.9 (11)	3.2 (6)	21.1 (39)	1.1 (2)	4.9 (9)	4.9 (9)	4.9 (9)	3.8 (7)	100.0 (185)

1963년 6대 총선에 당선된 국회의원 중에 일본 유학생이 전체의 27.1%

이고 미국 유학생이 9.1%이며 중국 유학생은 9.8%이다. 나머지는 대부분 국내에서 대학 또는 전문직업 교육을 이수하였다. 일제시 교육을 받은 국회의원은 전체의 42.3%가 된다.

이러한 교육배경에서 흥미로운 것은 해방이 된지 18년이 지났음에도 불구하고 일제시 교육을 받은 사람이 국회의원의 다수를 차지하고 있다는 것이다. 특히 군사혁명으로 새로운 국가를 건설하겠다고 하면서 친일 교육을 받은 사람이 정치지배층의 다수라는 것을 보면, 해방후 부터 주장되어 온 '친일성 배제'라는 역사적 과제가 1960년대 까지도 실현되지 못하고, 오히려 그들이 정치지배층이 되어 있다.

<표 14> 11대 국회의원의 정당별 출신학교

		국내 학교						미국 유학	유럽 유학	일본유학		중국 유학	기타	합계
		서울대	고대	연대	육사	기타 대학	중고			대학	전문/ 고등			
민정당	지역구	31	4	5	17	21	4	4	1	5	2		1	95
	전국구	10	4	1	11	10	3	8	3	8		1		59
민한당	지역구	13	8	5	1	27	2	3		1				60
	전국구	2	3	1		11		1		1			3	22
한국 국민당	지역구	5	2	1	1	7	1							17
	전국구		3		1		1							5
무소속	지역구	3	2			12	1	1		1				20
	전국구													
소계	지역구	52	16	11	19	67	8	8	1	7	2		1	192
	전국구	12	10	2	12	21	4	9	3	9		1	3	86
합 계(%)		64 (23.0)	26 (9.4)	13 (4.7)	31 (11.2)	88 (31.7)	12 (4.3)	17 (6.1)	4 (1.4)	16 (5.8)	2 (0.7)	1 (0.4)	4 (1.4)	278 (100.0)

(비고) 육사 출신에 해사와 공사 출신이 각각 약간 포함됨.

6대 국회의원을 가장 많이 배출한 학교는 육사(전체의 16.0%)와 서울대(15.2%)이고 그 다음은 연고대(8.6%) 기타 대학(5.9%)이다. 육사 출신이 가장 많은 것은 군사 혁명의 결과라고 볼 수 있다.

그리고 6대 국회의원들의 정당별 교육배경은 여야를 막론하고 매우 유사하지만, 지역구의 경우 일본 유학생과 육사 및 서울대 출신이 많고 전국구의 경우 육사와 전문학교 및 고보 출신들이 많은 편이다.

한편, 1981년에 실시된, 전두환 정권시 11대 국회의원의 출신학교는 표 14와 같다.

표 14를 보면, 11대 국회의원은 국내 대학 출신이 8할을 차지하고, 미국 유학생이 일본 유학생 출신 만큼 증가되었다. 특히 과거에 극소수였던 기타 대학(중대, 성대, 경희대, 부산대 등) 출신이 전체의 31.7%가 되었다. 기타 대학 출신은 대개 대학생 시절에 학생회장 등을 지내고 국회의원 비서관이나 정당생활 및 사회단체 임원을 한 경우가 많다. 이들 중에 생업에 종사하지 않는 정치적 낭인이 많다. 이와 같이 군사정치권이 대학의 학생회장 출신을 정치지배층으로 육성하였다.[10)]

그리고 11대 국회의원의 지역구 의원은 서울대와 기타 대학 및 육사 출신이 많고, 전국구는 기타대와 육사 및 서울대, 그리고 일본 및 미국 유학생 출신이 골고루 분포되어 있는 편이다. 기타 대학 출신이 많은 것은 학생회장 등 운동권 출신이 많다는 뜻이다.

이와 같이 군사정권시 실시된 총선결과는 육사 출신의 국회의원이 많이 당선된 것이 큰 특징이다. 그러나 11대 국회의원은 6대의 경우에 비하여 서울대와 기타대학 출신이 많이 증가되었고, 또한 일본 유학생이 급속히 감소되었으며 미국 유학생이 증가되었다.

(2) 좌 · 우파 정권

한나라당은 지난 10년간을 소위 '잃어버린 10년'이라 하고, 김대중 정권

---

10) 과거 4.19 세대인 윤식, 이영일, 이수정, 염길정(이상 서울대 출신)은 여당(민주공화당 및 유정회)의원이 되었고 이기택(고려대 출신)은 야당(신민당)의 전국구 의원이 되었으며 한일 협정을 반대한 6.3 세대인 김덕룡(서울대) 등은 야당 지도자(YS)의 비서가 되어 국회의원이 되었다. 그리고 1987년 민주화 이후 학생회장 출신은 DJ 및 노무현 정권시 국회의원으로 많이 등장하였다. 소위 386세대들이 노대통령 탄핵 돌풍으로 17대에 많이 당선되었다.

과 노무현 정권을 좌파정권이라고 한다. 그렇다면, 그 이전의 김영삼 정권과 현 이명박 정권을 우파정권이라고 할 수 있다.

이와 같은 좌·우 정권시 처음 실시된 총선에서 당선된 국회의원들의 출신배경에 있어서 어떠한 차이가 있는 지를 그들의 학력과 직업을 중심으로 고찰하여 본다.

표 1을 보면, 17대 국회의원의 97% 이상이 대학 이상의 학력을 지니고, 이 중에서 47.3%가 대학원 이상의 학력을 지니고 있다. 그들의 출신대학을 보면, 서울대 출신이 전체의 37.9%를 차지하고, 그 다음은 고대(12.1%)와 연대(8.1%) 출신이며, 나머지는 기타 대학(36.9%) 출신들이다.

이것을 정당별로 보면, 한나라당의원의 서울대 출신이 47%이고 열린우리당의원의 31.1%이며 기타 대학의 경우 한나라당의원이 30.6%, 열린우리당의원이 43.0%이다. 이러한 것을 보면, 한나라당의원이 열린우리당에 비하여 서울대 출신이 좀더 많다. 이러한 현상은 다른 정당이나 비례대표 국회의원에서도 유사하게 나타나고 있다.

<표 15> 17대 국회의원의 정당별 출신대학

		서울대	고대	연대	육사	기타 대학	기타 미상	합계
한나라당	지역	47	13	10	2	27	1	100
	비례	7	1	2	1	10		21
열린우리당	지역	42	18	10	2	52	1	128
	비례	5	1	2	1	13	2	23
민주당	지역	4				1		5
	비례					4		4
자민련	지역	3				1		4
	비례							
민노당	지역	1				1		2
	비례	1	3			1	3	8
기타 무소속	지역	3						3
	비례							
소계	지역	100	31	20	4	82	5	242
	비례	13	5	4	2	28	4	56
합계(%)		113(37.9)	36(12.1)	24(8.1)	6(2.0)	110(36.9)	9(3.0)	298(100.0)

비록 서울대 출신일지라도 대부분 서울법대 출신이 42.2%를 차지하고 나머지도 대부분 서울상대와 서울문리대 출신이다. 일반적으로 법대 출신이 많다는 것은 개혁성(사회정의 실현)보다 보수성(현상유지)이 강한 것을 의미한다.

한편, 표 16을 보면 18대 국회의원의 95% 이상이 대학 이상의 학력을 지니고 이 중에서 52.5%는 대학원 출신이다. 이들의 출신 대학을 보면, 전체의 37.4%가 서울대 출신이고 그 다음은 고대(12.7%)와 연대(7.6%) 출신이며 나머지는 40.5%가 기타 대학 출신이다.

이것을 정당별로 보면, 한나라당의원의 서울대 출신이 39.0%이고 민주당의 경우 37.8%이며 기타 대학의 경우 각각 34.9%와 44.6%를 차지한다.

서울대 출신은 법대가 43.8%를 차지하고 나머지는 주로 상대와 문리대 출신이다. 그리고 서울법대 출신은 한나라당 의원의 39.4%를 차지하지만 민주당의 경우 66.7%를 차지한다. 그 밖에 다른 대학 출신들도 대개 법대 출신들이 많다.

<표 16> 18대 국회의원 정당별 출신대학

		서울대	고대	연대	육사	기타 대학	기타 미상	합계
한나라당	지역	60	15	17	3	53	2	150
	비례	7	2	1	1	7	4	22
민주당	지역	28	6	4	1	28	1	68
	비례	3	1		1	9	1	15
선진당	지역	5			2	5	2	14
	비례	1				1		2
민노당	지역	1				1	1	3
	비례	1				1	1	3
기타 무소속	지역	4				3		7
	비례	1				8	2	11
소계	지역	98	21	21	6	90	6	242
	비례	13	3	1	2	26	8	53
합계(%)		111(37.6)	24(8.1)	22(7.5)	8(2.7)	116(39.3)	14(4.8)	295(100.0)

이와 같이 법대 출신들이 많다는 것은 법학이 일반적으로 기존 질서 유지에 관심이 많기 때문에 보수성이 강하다고 할 수 있다.

그러면, 상기한 표 13, 14, 15, 16을 재 정리하면 표 17과 같다.

표 17을 본다면, 좌・우파 정권의 차이에도 불구하고 여야 및 정권을 막론하고 17대 및 18대 국회의원들의 학력은 여・야가 모두 대학 출신이 95% 이상을 차지하고, 그 중에서 약 5할은 대학원 출신이다. 그리고 이들은 좌우파 정권을 막론하고, 대학출신 중에서 약 37%가 서울대 출신이고, 약 20%가 연고대 출신이며 나머지는 기타 대학 출신이다. 더욱이 서울대 출신 중에 약 43%는 법대 출신이다.

<표 17> 군사정권과 문민정권시 국회의원의 학력 비교

	6대	11대	17대	18대
국내대학	51.3	80.0	97.0	95.2
일본유학	27.1	6.5		(박사 2명)
미국유학	9.1	6.1		(박사 28명)
서울대	15.2	23.0	37.6	37.6
고연대	8.6	14.1	20.2	15.6
기타대	5.9	31.7	36.9	39.3
육사	16.0	11.2	2.7	2.7
기타・미상	9.8	1.4	3.0	4.8

이와 같이 국회의원의 교육배경은 좌・우 정권 또는 여・야간에 거의 차이가 없다. 따라서 이들은 일류 학벌의 소유자이고 따라서 보수적인 상류사회를 형성한다.

이것을 보면, 과거와는 달리 해가 갈수록 학력 수준이 대단히 높고, 일본, 미국, 유학 출신보다 국내 유학생이 압도적으로 많으며, 서울대와 연고대 출신이 많으나 비교적 다양한 대학 출신들로 구성되고 있음을 알 수 있다.

4) 직업배경

국회의원이 되기전 그들의 직업배경을 보면 매우 다양하지만 최근에 올수록 직업의 동직율(세대내 세습율)이 점차 높아지고 있다. 1950년대 2대 국회의원들의 전직을 보면, 행정관료와 정치활동 및 청년운동을 한 사람이 가장 많지만, (각각 전체의 약 3할) 그래도 다양한 직종(교직자, 회사경영, 언론인, 읍면장, 금융인 등)에서 많이 충원되고 있었다. 그러나 정당 공천제도가 발달하면서[11] 정치인의 세대내 세습성(약 8할)이 나타나고 있다. 국회의원의 경우 16대와 18대에 있어 재선율이 50% 이상이 되고 있다.[12]

이러한 현상은 비록 개혁공천을 통하여 대거 물갈이를 한다지만 국회와 정당이 새로운 피를 수혈하여 체질개선을 할 수 있는 기회가 거의 없음을 의미한다.

<표 18> 역대 국회의원의 직업별 분포

	국회의원	정치인	상공인	언론인	약의사	변호사	회사원	읍면장	교육자	공무원	군인	무직	농업	기타	합계
제헌의원		21.8	20.4		0.5		1.0		9.8	27.1		3.4	1.2		100.0
2대 〃		27.7	8.8	6.5			5.5	4.7	8.8	25.3			1.2	8.8	100.0
6대 〃	36.1		9.0	1.6		0.6	2.2		14.0	14.1	14.1			4.3	100.0
11대 〃	16.5	7.6	19.1	10.4	1.8	4.0	4.3		9.0	13.7	8.8			9.4	100.0
13대 〃	42.4	20.7	6.6	1.7	1.7	5.4	2.0		3.0	1.7		2.0	2.0	10.7	100.0
14대 〃	60.5	20.1	2.9		1.0	3.0	3.3		1.3				0.3	5.7	100.0
15대 〃	44.3	34.0	1.6	0.8	3.2	8.3			2.0	0.4		0.8		4.7	100.0
16대 〃	52.0	31.3	1.8	0.4	0.4	8.4	0.9		1.3					4.0	100.0
17대 〃	36.2	33.3	0.8	0.4	0.8	11.5	0.8		7.4					8.6	100.0
18대 〃	52.7	24.9	0.4			9.4	0.4		3.7			0.4		8.2	100.0

(자료) 제헌~11대 까지는 저자의 조사 결과이고 15대 이후는 중앙선관위의 조사결과임.

표 18에서 볼 수 있는 바와 같이 제헌국회시의 정치인은 주로 일제시 독립운동이나 해방후 청년운동에 종사한 사람들이지만 6대 이후(11대 제외)는 직업적 정치인이라 볼 수 있는 국회의원 및 정당활동의 종사자를 말한다. 이들이 전체 국회의원의 7할 이상을 차지하고, 나머지는 변호사(약 10%)

11) 정당법에는 민주적 공천 절차를 밟게 되어 있지만 실제로 여야 실세(대통령 또는 당 총재 등)의 영향력이 크게 좌우하고 있다.

12) 비록 16대 공천 결과(4당의 788명)는 정치지배층의 충원기반인 정계가 29.1%를 차지하고 그 다음 경제계 17.1%, 법조계 9.6%, 관계 9.1%, 교육계 8.3%, 언론계 8.3%, 시민단체 6.8% 이지만, 총선 결과는 현역 국회의원이 전체의 52.0%를 차지하고, 그 다음은 정치인(31.3%), 변호사(8.4%), 상공인(1.8%), 교육자(1.3%)이다.

와 교육자(약 5%) 등이다. 상공업에 종사한 기업인은 해방후 초기에 상당한 수가 참여하였으나 최근에 올수록 그 비율은 매우 약화되고 있다. 그리고 초기에 공무원 출신이 상당한 수가 충원되었으나 15대 이후는 거의 없다. 이것은 고위 공무원의 오랜 관료생활에서 사회화 된 기질적 차이에서 비롯된 것 같다.

국회의원들의 세대내 직업세습성은 각 지역(시, 도)에 따라 큰 차이가 없으나 변호사와 교육자와 같은 전문직의 충원은 주로 전국구 또는 비례대표 국회의원이 많고, 이들은 서울, 경기와 같은 수도권이나 대도시에서 비교적 많다. 그리고 영호남 지방의 국회의원 중에 변호사 출신이 다른 지방에 비하여 조금 더 충원되고 있다.

그러면, 군사정권과 좌·우 정권시의 총선결과를 비교, 분석하여 본다.

(1) 군사정권

박정희 정권시 6대 국회의원 중에 군 출신이 전체의 14.1%를 차지한다. 이것은 1961년 5.16 군사혁명 후 많은 장성(11.9%)들이 국회의원으로 공천, 당선될 수 있었기 때문이다. 이들은 주로 여당(민주공화당)의 공천으로 당선되었다.

6대 국회의원의 정당별 직업배경을 보면, 상당한 차이가 나타나고 있다. 여당인 민주공화당은 직업정치인 이외에 군장성, 고위관료, 교육자 및 기업인을 주로 공천하였으나 야당인 민정당, 민주당 및 자유민주당은 대부분 직업정치인을 재공천하고 나머지는 기업인 및 고위관료 출신을 공천하고 있다.

이러한 공천은 현직 국회의원의 기득권으로 불가피하게 재공천하게 되는 경우가 많고, 기업인의 공천은 선거자금 때문인 것 같다. 또한, 16대 부터 성차별을 없애기 위하여 비례대표 의원 3할을 여성으로 공천하도록 선거법에 규정 되어 있어서 그 비율이 높게 나타나고 있다. 전국구 국회의원의 공천이 전문직업인에게 충원기회를 주기 보다는 낙천의원 또는 선거자금용 또는 성평등용으로 이용되는 경우가 많다.

6대 국회의원의 연령, 학력 및 직업의 분석에서 일제시 태어나 교육을 받은 사람이 많고, 심지어 취업을 한 경우가 많아서 이들의 일제시 직업을 알아 보기로 하였다.

<표 19> 6대 국회의원의 정당별 전직업

		국회의원	시도의원	고위관료	교수	교장	변호사	언론인	군인		은행원	기업인	회사원	기타	합계
									장성	영관이하					
민주공화당	지역구	23	4	16	10	7	1		13	2		5	2	5	88
	전국구	3		3	6		1	2	6	2	1	1			25
민정당	지역구	12	3	1	1		1					1			19
	전국구	7		2	1			1	2			3		1	15
민주당	지역구	8		1											9
	전국구	4		1							1	2			8
자유민주당	지역구	3	1	1											5
	전국구	2				1			1			1			3
기타	지역구	1													1
	전국구	5		1										2	8
소계 (%)	지역구	47 (38.5)	8 (6.6)	19 (15.6)	11 (9.1)	7 (5.7)	2 (1.6)		13 (10.7)	2 (1.6)		6 (4.9)	2 (1.6)	5 (4.1)	122 (100.0)
	전국구	21 (33.3)		7 (11.1)	7 (11.1)	1 (1.6)	1 (1.6)	3 (4.8)	9 (14.3)	2 (3.2)	2 (3.1)	7 (11.1)		3 (4.8)	63 (100.0)
합계 (%)		68 (36.8)	8 (4.3)	26 (14.1)	18 (9.7)	8 (4.3)	3 (1.6)	3 (1.6)	22 (11.9)	4 (2.2)	2 (1.1)	13 (7.0)	2 (1.1)	8 (4.3)	185 (100.0)

표 19를 보면, 6대 국회의원의 47.5%가 일제시 학생 또는 미상이지만 나머지는 취업을 하였다. 그들이 종사한 직업은 비록 대부분 하급직이지만 행정관료가 가장 많고(19.5%), 그 다음은 독립운동(8.1%), 금융인(5.9%), 회사원(5.9%), 교육자(4.9%) 등이다. 이것을 보면, 해방후 미군정시에 일제 관리를 그대로 유임시킨 것을 알 수 있다. 동시에 1960년대 까지 일제시 친일관료들이 권력지배층을 형성하고 있음을 의미한다.

한편, 11대 국회의원의 직업 배경은 표 21에서 볼 수 있는 바와 같이 과거와는 달리 매우 다양하다. 과거 국회의원은 현직 의원과 정당인이 대부분이었으나 11대의 경우 사업경영(기업인과 회사원)이 가장 많고[13](전체의 23.4%)

<표 20> 6대 국회의원의 정당별 일제시 직업

		행정관료	교수교사	교장	의사	변호사	기자	군인	금융인	기업인	회사원	독립운동	학생	미상	합계
민주공화당	지역구	21	3	1			2	1	5	3	4	2	26	16	84
	전국구	5		1	1	1					2	1	17	6	33
민정당	지역구	4	2	1			1		3	1	1	2	3		18
	전국구	1	1				1	1	2	3	1	1		1	12
민주당	지역구	1	2								1		1	3	8
	전국구	2								1		2			5
자유민주당	지역구		1				1			1	1	2			6
	전국구											1			1
기타	지역구						1				1	2			4
	전국구	2				1			1			2		2	8
소계 (%)	지역구	26 (21.3)	8 (6.6)	2 (1.6)			5 (4.1)	1 (0.8)	8 (6.6)	5 (4.1)	8 (6.6)	8 (6.6)	30 (24.6)	21 (17.2)	122 (100.0)
	전국구	10 (15.9)	1 (1.6)	1 (1.6)	1 (1.6)	1 (1.6)	1 (1.6)	1 (1.6)	3 (4.8)	4 (6.3)	3 (4.8)	7 (11.1)	17 (26.9)	13 (20.6)	63 (100.0)
합계 (%)		36 (19.5)	9 (4.9)	3 (1.6)	1 (0.5)	1 (0.5)	3 (3.2)	2 (1.1)	11 (5.9)	9 (4.9)	11 (5.9)	15 (8.1)	47 (25.4)	34 (18.4)	185 (100.0)

<표 21> 11대 국회의원의 정당별 전 직업

		국회의원	고위관료	법관	의사	교수	교장	변호사	정당인	언론인	군장성	영관급	사업경영	회사원	단체장	기타	합계
민정당	지역구	21	12	2	1	3	2	3	1	11	13	2	15	6			92
	전국구	5	12	1	2	10	1	1	2	10	7	1	5	2	6		65
민한당	지역구	10	1	1	1	2	2	4	9	6			12	2	2	1	53
	전국구	2	1	1	1			1	6				10	2			24
한국국민당	지역구	5	3			1	2		1	1			8				21
	전국구	1							1		1		1				4
기타무소속	지역구	2	4			1	1	2	1	1			2			5	19
	전국구																0
소계	지역구	38	20	3	2	7	7	9	12	19	13	2	37	8	2	6	185
	전국구	8	13	2	3	10	1	2	9	10	8	1	16	4	6		93
합계 (%)		46 (16.5)	33 (11.9	5 (1.8)	5 (1.8)	17 (6.1)	8 (2.9)	11 (4.0)	21 (7.6)	29 (10.4)	21 (7.6)	3 (1.1)	53 (19.1)	12 (4.3)	8 (2.9)	6 (2.2)	278 (100.0)

그 다음은 국회의원과 정당인(주로 비서관 출신)이 24.1%이며 나머지는 고위

13) 사업경영자(기업인) 중에 학교 설립자(이사장)이 5명이나 된다.

관료[14]가 11.9%, 언론인이 10.4%, 군장성(영관급 포함) 8.8%, 교수가 6.1%, 변호사가 4.0%, 단체장[15]이 2.9%이다.

여기에서 11대 국회의원은 탈정치직업화를 위한 권력의 작위성이 나타났음을 의미한다. 특히 언론인과 검사 출신 및 군 출신들이 많고, 기타 대학 출신들은 각종 사회단체(학생회장, 기성회, 동창회, 장학회, 협회 등)의 임원을 많이 지낸 것이 그 특징이다.

(2) 좌 · 우파 정권

좌 · 우파 정권시 당선된 17대와 18대 국회의원의 전직을 비교하여 본다. 17대 국회는 열린우리당이 다수당이 되었는데, 이것은 노무현 대통령에 대한 한나라당의 탄핵사건(헌법재판소의 기각 등)으로 빚어진 민심의 반발이었다. 18대 국회에서는 한나라당이 다수당이 되었는데 이것은 지난 10년간을 좌파정부(소위 '잃어버린 10년')라고 낙인한 선거바람이었다.

표 22에서 17대 국회의원의 전직을 보면, 현직 국회의원과 정치인[16]이 각각 27.9%와 28.5%를 차지하여 가장 많고, 나머지는 고위관료(16.1%), 변호사(10.7%), 교수 · 연구원(9.7%), 언론인(5.0%), 기업인(1.7%)의 순으로 되어 있다.

이들을 정당별로 보면, 열린우리당은 한나라당에 비하여 정치인, 고위관료 및 교수 출신이 많이 당선되었고, 한나라당은 현 국회의원과 변호사 출신이 많이 당선되었다.

한편, 표 23에서 18대 국회의원의 전직을 보면, 국회의원이 전체의 43.6%로서 가장 많고, 그 다음은 정치인(17.5%)과 고위관료(15.9%) 출신이며, 나머지는 변호사(6.9%), 언론인(5.5%), 교수 · 연구원(5.5%) 및 기업인(2.4%)의 순이다. 그런데 비록 18대 국회의원의 전직이 국회의원이지만, 이들의 12.4%

---

14) 고위 관료직에도 검사장 출신들이 많고 변호사직에도 검사 출신들이 많다.

15) 단체장은 주로 공공 법인의 대표이고 기타는 청년회의소 임원들이다.

16) 정치인은 시 · 도의원, 인수위원회 전문위원, 국회 정책연구위원, 보좌관 정당인들이다. 그리고 지방자치단체장(시장, 구청장, 군수)은 관료에 포함시켰다. 국회의원의 정책연구위원은 1~4급 상당자로 17대와 18대에 각각 62명과 66명이 있었다. 그리고 299명 국회의원은 각각 2명의 보좌관을 둔다.

가 법관, 검사, 변호사 출신이고 그들의 27.4%는 고위관료이며 이들의 3.9%는 언론인 출신들이다. 그리고 최근 비례대표로 여성의원과 장애인 대표가 많아진 것(30% 할당)이 특징이다.

<표 22> 17대 국회의원의 정당별 전직

		국회의원	정치인	고위관료	교수연구원	변호사	언론인	기업인	기타	합계
열린우리당	지역	42	14	14	4	19	5	2		100
	비례		5	3	11		2			21
한나라당	지역	34	43	21	10	11	5	3	1	128
	비례		11	5	3	1	3			23
민주당	지역	2	1		1	1				5
	비례	2	2							4
자민련	지역	2	1	1						4
	비례									
민노당	지역		1	1						2
	비례		7	1						8
기타 무소속	지역	1		20						3
	비례									
소계	지역	81	60	39	15	31	10	5	1	242
	비례	2	25	9	14	1	5			56
합계(%)		83 (27.9)	85 (28.5)	48 (16.1)	29 (9.7)	32 (10.7)	15 (5.0)	5 (1.7)	1 (0.3)	298 (100.0)

<표 23> 18대 국회의원의 정당별 전직

		국회의원	정치인	고위관료	교수연구원	변호사	언론인	기업인	기타	합계
한나라당	지역	65	27	25	6	14	8	4	1	150
	비례	1	6	2	4	1	1		4	22
민주당	지역	43	6	1	3	3	2	1		68
	비례		3	4		2	3	1	1	15
선진당	지역	9		3			2			14
	비례	1								2
민노당	지역	2								3
	비례		3							3
기타 무소속	지역	3	1	1				1		7
	비례	2	4						4	11
소계	지역	122	34	40	9	17	12	6	1	242
	비례	4	16	6	4	3	4	1	9	47
합계(%)		126 (43.6)	50 (17.5)	46 (15.9)	13 (5.5)	20 (6.9)	16 (5.5)	7 (2.4)	10 (3.7)	289 (100.0)

이것을 정당별로 보면, 한나라당은 민주당에 비하여 국회의원, 정치인, 관료, 변호사, 언론인이 많이 당선되었고 민주당은 국회의원, 고위관료, 정치인 등이 많이 당선되었다.

이러한 것을 보면, 국회의원의 충원기반이 주로 정치인, 고위관료, 변호사, 교수, 연구원 및 언론인들이라는 것을 알 수 있다. 이러한 충원기반은 소위 좌·우익 정권시 당선된 국회의원간에 큰 차이가 없고, 다만 선거바람으로 정치인과 관료출신의 비율이 증가되고 있다.

상기한 표 19, 21, 22, 23을 재 정리하여 보면 표 24와 같다.

<표 24> 군사정권과 문민정권시 국회의원의 전직 비교

	6대	11대	17대	18대
국회의원	36.8	16.5	27.9	43.6
정치인	43	7.6	28.5	17.5
고위관료	14.1	13.7	16.1	15.9
군인	14.1	8.7	-	-
교수·교장	14.0	9.0	9.7	5.5
변호사	1.6	4.0	10.7	6.9
언론인	4.8	10.4	5.0	5.5
기업인	7.0	22.0	1.7	2.4
은행원·회사원	2.2	4.3	-	-
기타	4.3	4.0	0.3	3.7

표 24를 보면, 최근에 올수록 국회의원과 정치인 출신의 권력지배층은 증가되고, 17대 이후 군인과 기업인 출신의 경우 급감하였으며 고위관료와 교수 및 언론인 출신은 15~10%의 현상을 유지하고 있다. 그런데 좌·우정권하에서 국회의원의 전직이 큰 차이가 없음을 알 수 있다. 다만 지역 배경의 차이가 있을 뿐이다.

이러한 정치세력의 충원배경은 특히 정당과 지방자치제도의 발달로 정치인과 관료의 등장이 증가되었으며 최근 많이 생긴 연구소(관변 및 기업연구소)와 매스컴의 발달, 그리고 정부 대변인 및 변호사의 대량 생산은 더욱 이러한 충원기반을 강화시킬 것이다. 따라서 이것은 국회의원과 정치인 및 변호사 중심의 직업적인 정치계급을 형성한다. 이들은 생산수단의 소유권자가 아니면서 부르조아지의 의식을 지니고 있다.

5) 소유 재산

국회의원들이 소유하는 재산은 이미 그들의 학력과 직업을 통하여 어느 정도 짐작할 수 있지만, 그들의 대부분이 우리나라 부유층임을 알 수 있다.[17)]

국회 공직자 윤리위원회는 18대 초선의원 134명과 국회에 재입성한 의원 27명이 신고한 재산 내역을 분석한 결과 1인당 평균 재산액이 31억 7천3백만원이라고 하였다. 이것은 이명박 정권의 초대 각료 및 비서관의 평균 재산과 비슷하다.

지난 15대 국회 이후 신규 등록한 국회의원들의 1인당 평균 재산은 김영삼 정권시(15대)와 이명박 정권(18대)시 당선되 국회의원들의 평균 재산이 김대중 정권(16대)시와 노무현 정권(17대)시에 비하여 약 2배가 된다. 이것은 보수정권의 국회의원이 진보정권에 비하여 자산층(bourgeosie)들이 더 많다는 것을 의미한다.

<표 25> 역대 국회의원의 평균 재산

	신규의원	평균 재산	선거연도
15대		32억 9천 5백만원	1996
16대		16억 1천 7백만원	2000
17대		11억 7백만원	2004
18대	초선 134명과 재선 27명	31억 7천 300만원	2008

(자료) 국회공직자 윤리위원회, 「국회공보」, 2008.7

17) 2006년 우리나라 전체 가구의 가구당 평균 재산은 2억 8천 112만원이다. 이 중에서 주택, 토지, 건물 등 부동산은 2억 1천 604만원이고 자동차, 회원권 등은 964만원이며 저축, 보험, 전월세 보증금 등 금융자산이 5천 745만원이다. 그리고 2000년 4월 중앙부처, 시도지사와 광역의원, 교육감과 교육위원 등 1,739명의 평균 재산은 11억 854만원이다. 그러나, 고위 법관과 헌법재판소, 법무부와 검찰 고위 간부등 법조계인사 197명의 평균 재산은 20억 7천 588만원이다.

한편, 전체 국회의원의 절반이 되는 기존 의원들의 재산도 이에 못지 않을 것이다. 17대 총선 당선자 299명의 평균 재산은 21억 7백만원이다. 이것을 정당별로 보면, 열린우리당의 소속의원은 평균 9억 8천 7백만원이고, 한나라당은 14억 2천만원이며, 민노당은 1억 2천 4백만원이다. 한나라당의 경우 열린우리당에 비해 1.4배 많고 민노당에 비하면 11.5배 많다.

한편, 18대 총선 당선자 299명의 최근 평균 납세액을 분석한 결과 자유선진당이 6억 9천 5백만원으로 가장 많고,[18] 그 다음은 한나라당이 2억 3천만원, 통합민주당이 1억 3천 4백만원, 친박연대가 1억 4천 7백만원이며 민주노동당은 불과 4천 5백만원이다. 다시 말하면, 한나라당 소속의원의 재산이 상한제를 무시하더라도 통합민주당에 비하여 1.7배가 되고 민노당에 비하면 5.1배가 된다. 이것은 여야를 막론하고 대부분의 국회의원은 부유한 자산층이다.

<표 26> 18대 국회의원(신규)의 1인당 평균 재산

정당	17대(203명) 재산	18대(161명) 재산
한나라당	14억 2천만원	34억 7,900만원
민주당(열린우리당)	9억 8700만원	29억 4,800만원
자유선진당		26억 6,600만원
친박연대		12억 6,500만원
창조한국당		58억 6,000만원
민주노동당	1억 2400만원	2억 1,900만원
무소속		27억 7,800만원
합 계	16억 1천 7백만원	31억 7천 3백만원

(자료) 국회공직자윤리위원회, 「국회공보」, 2008. 7

이번 18대 국회에 신규 등록한 국회의원의 정당별 1인 평균 재산(신고액)은 한나라당과 창조한국당 소속의원들이 가장 많고[19](각각 34억원과 58억원)

18) 초선의원 중 가장 많은 재산을 가진 한나라당 의원은 10명중 9명이고, 그 중에서 조진명(823억원)이 1위이고 2위는 김세연(512억원) 등이며 3위는 민주당의 정국교(389억원) 이다.

19) 자유선진당의 납세액이 많은 것은 이영애 당선자의 납세액(24억원)이 많았기 때문이다.

그 다음은 민주당과 무소속 및 자유선진당 소속의원들이다.(각각 29억원, 27억원 및 26억원) 반면에 진보적인 민주노동당 소속의원은 한나라당에 비하면 6.3%에 불과하다. 사실 신고액은 공시지가 기준이기 때문에 그 이상 될 것이다.[20] 또한 직계존비속이 독립생계를 한다면 법령상 재산신고를 거부할 수 있다. 그리하여 17대 신규 재산등록대상 국회의원의 29.1%와 18대의 경우 27.3%가 직계존비속의 재산등록을 거부하였다.[21] 따라서 이들까지 재산등록을 한다면 국회의원의 재산은 훨씬 증가할 것이다.

18대 국회의원중 초선, 재선 등 신규 신고한 재산액은 보수당인 한나라당 소속의원의 재산이 가장 많고 진보정당인 민노당을 제외하면 모든 정당 소속의원들의 평균 재산이 거의 30억원이 된다는 것은 상당한 재력가라 볼 수 있다. 이들의 재산형성은 초선 국회의원들의 경우 부동산이 전체의 62%를 차지한 것을 보면 부동산(아파트 및 토지)이 그 주요한 요인이라는 것을 알 수 있다. 특히 이들의 33.5%(54명)가 서울의 강남 3구(강남, 서초, 송파구)에 부동산을 소유하고 있다.

이러한 것을 보면, 이명박 정부 뿐만 아니라 민노당을 제외한 여야당은 신부르조아지들이라 할 수 있다.

4. 선거제도의 개혁 과제

국회의원은 헌법 제 41조에 따라 국민의 보통, 평등, 직접, 비밀에 의하여 선출하게 되어 있다. 이렇게 선출된 국회의원은 국민의 권리와 이익을 대변하고 그것을 위한 입법권과 국정감사권 및 국가예산의 심의권을 가진다. 그런데 이러한 국민의 대표성과 대변성 및 국회의원의 역할을 제대로 할 수 있는가 하는 것이다. 그렇지 못하면 국회의원의 선거제도를 고쳐서 국회의원과 국민의 자질을 향상시켜야 할 것이다.

저자가 해방 이후 국회의원의 선거제도와 그들의 사회적 배경을 분석,

---

20) 현실가는 신고액 보다 최소 2배, 최대 3~4배가 된다고 한다. (「조선일보」, 2004. 4. 2)
21) 「연합뉴스」, 2008년 7월 28일

고찰하여 보았더니 다음과 같은 주요한 과제가 개선, 개혁되어야 할 것 같다.

첫째는 국회의원 선거의 투표율을 제고시키고 주민의 대표성을 지니기 위한 선거과정의 민주화를 위한 개혁의 필요성이 있다. 최근 국회의원 선거 투표율이 약 6할이라 한다면 비록 양당 공천 후보자가 입후보한 경우 그들은 3할 미만, 즉 비대표성으로 당선되기 쉽다. 따라서 후보자의 공천 뿐만 아니라 선거과정에 주민참여를 활성화 시켜야 할 것이다.

둘째는 국회의원의 지역간 편재 현상이다. 이 편재 현상은 과거에는 '여촌야도(與村野都)'와 같은 것이었으나 오늘날에는 영호남간 지역적 차별성이다. 전자는 관권과 금권과 같은 교차압력이 심하게 작용하여 나타났으나 오늘날에는 부정선거를 예방하기 위한 정치자금법 등이 나타났고, 또 국민들의 정치의식이 향상되어 그것이 많이 사라지고 있다. 그러나 후자는 우리나라 정치의 고질적 병이 되어 가고 있다. 정치적 민주화(선거제도)로 국민들을 지역간, 직업간, 계층간, 남녀간 통합시켜야 하는데 오히려 이러한 선거제도가 국민들의 정치적, 사회적 갈등을 심화시키고 있다. 따라서 지역간 갈등을 해소하기 위한 직능별 민주주의, 즉 직능 대의원제를 도입할 필요성이 있다. 왜냐하면 오늘날 국민의 7할 이상이 직장인이며 이들은 지역 보다도 직장에 귀속의식을 지니고 있기 때문이다. 더욱이 현행 지역대표성은 선거구의 책정이 유권자의 수에 따른 공평하고 평등한 투표권이 행사되지 못하기 때문이다.

셋째는 국회의원의 직업별 계층별 대표성이 결여되어 있다. 해방후 국회의원의 7할 이상의 직업정치인이고 나머지는 대부분 고위 관료나 전문직 종사자들이 독점하고 있다. 그러나 1987년 민주화 이후 소위 '운동권' 출신들이 대거 국회의원이 되고 있다.22) 이러한 현상은 직능대표라 하는 비례대표

22) 운동권 출신 국회의원은 16대 새천년민주당 국회의원(96명)의 64.1%(58명) 되고, 17대 열린우리당 국회의원은 대통령 탄핵사건으로 유권자 동정심이 작용하여 운동권(23%)과 친노그룹(17%)이 모두 61명으로 당선자(152명)의 40.1%를 차지한다. 그러나 18대의 경우 운동권(386세대)이 몰락하고, 호남의 토착세력(시장, 구청장, 군수출신)이 대거 당선되었다. 운동권 출신은 당선자(81명)의 14.8%이고, 386 출신은 7.4%

국회의원에서도 나타나고 있다. 더욱이 이들이 소유하는 재산도 여야를 막론하고 거의 대부분 부르조아 계급의 수준이다. 따라서 국회의원들이 다양한 직업적 계층적 이익을 대변하고 조정하는 역할이 대단히 미약하다.

넷째는 국회의원 선거과정의 비민주성이다. 정당법에는 민주적 정당운영을 명시하고 있지만 지역구 등 정당조직의 뿌리가 내리지 못한 실정이다. 여야를 막론하고 서민과 중산층을 위한 국민정당이라고 주장하지만 국민을 맹꽁이로 보고 있는 것 같다. 따라서 국민이 민주정치를 할 수 있는 대자적 자질을 갖추어야 한다. 또한 국회의원의 공천 과정에서 민주적 형식을 취한다고 하지만 실제로는 힘있는 특정인의 영향이나 또는 계파간 나누어 먹기식인 경우가 많다.

다섯째는 국회의원의 전문성, 즉 전문적 자질이 과거에 비하여 대부분 대학교육 이상의 자질을 갖추고 있으나 그들의 직력을 보면 다수가 학생회장 등 '운동권' 출신들이 많아 전문적 소양을 지녔다고 보기는 어렵다. 그렇다고 비서관(보좌관)들이 대부분 국회의원의 대역을 제대로 하고 있는 것 같지 않다. 심지어 일제시 교육을 받았거나 관료직을 지낸 국회의원이 1980년대 까지 주요한 역할을 하였다.

국회의원의 전문적 자질이 부족하다는 것은 해방후 오늘날까지 국회에 제한된 입법안의 8할 이상이 행정부가 제출하였다는 것에서 알 수 있다. 그리하여 대부분의 국회의원들이 거수기 노릇만 한다고 비판 받는다.

5. 결 론

1948년 5월 10일 미군정은 유엔의 감시하에 보통, 직접선거에 의하여 제헌 국회의원을 선출하였다. 그러한 결과 정국의 주도권을 가진 한민당과 독촉국민회의 후보자 보다도 무소속 후보자가 전체의 약 절반을 차지하였고, 정당, 사회단체(21.5%) 보다도 회사경영자(20.4%)와 면장(13.9%), 공무원(12%), 교직원(9.5%), 금융조합 임원(4.0%) 등이 더 많이 당선되었다. 이러한 신분 배

로서 당선자의 22.2%이다.(「조선일보」, 2008. 4. 11)

경은 좌익 배제(미군정 및 국가보안법 등)의 원칙 때문에 오히려 친일적 성격이 매우 강하게 나타났다. 그 후에도 지역을 배경으로 한, 토착적인 부루조아 계급이 새로운 정치세력으로 등장할 수 있었다.

1960년 5.16 군사혁명후 박정희 정권은 비록 경제개발정책을 수행하였지만 미군정과 자유당 정권이 육성한 친일 보수세력이 그대로 정치지배층으로 오랫 동안 지속되었다. 1980년대 전두환 군사정권은 그러한 전통을 배제하지 않았지만 1973년 유신헌법 이후 반정부 노동운동, 1980년대 광주사태 등 반정부 민주화 운동으로 형성된 소위 운동권 출신의 새로운 정치지배층이 나타나기 시작하였다.

이러한 정치지배층은 김대중 정권과 노무현 정권시에 전체의 3할 이상이 등장하였다. 이들은 이명박 정권시 보수화 선거바람으로 대거 탈락되었으나 지역을 배경으로 한 신부르조아 출신이 대거 등장하였다.

해방후 역대 국회의원의 선거결과로 나타난 주요한 사회적 특징은 첫째로 소위 민주주의 제도의 발달로 직업정치인이 대량으로 형성되었고(약 6할) 둘째로 제도적으로 성숙된 사회세력(군, 대학, 관료, 기업 등)에서 새로운 정치지배층이 충원된 것이다. 이러한 특징은 대선, 총선 등 선거과정에서 기득권의 유지가 불가피하고, 새로운 정치세력(운동권 등)과 전문직업인의 충원이 불가피하기 때문에 나타난 것이다.

또한, 정치지배층의 충원과정에 있어서 군사정권은 말할 것도 없고, 비록 문민정권하에서도 대통령 중심제라서 공천과정을 통하여 새로운 정치세력이 형성되고 있다. 군사정권하에서는 쿠데타에 참여한 육사출신의 군장성이 대량으로 등장되었지만 문민정부하에서는 반독재, 반정부 투쟁을 한 학생회장의 운동권 출신이 대량으로 등장하였다. 그리고 대학과 관료제도의 발달로 전문성을 보충하기 위한 교수 및 관료출신이 항상 등장하고 있다.

최근 정당과 지방자치제도의 발달, 그리고 많은 연구소의 출현과 매스컴의 발달, 그리고 정부의 공보관 및 변호사의 대량생산은 전문직업인으로서 새로운 정치계급을 형성시키고 있다. 이들은 국회를 중심으로 관료집단과 변호사, 언론인과 교수 출신과 더불어 폐쇄적인 권력지배층을 형성한다.

이러한 정치지배층의 충원(선거) 과정이 해방후 18회(60년간)가 되었기 때문에 과거 친일 보수세력이 새로운 친미 보수세력으로 교체되었고, 동시에 정치지배층의 계층적 배경도 과거 지주 부농 출신들 보다도 오늘날에는 주택과 예금에 기초한 당대의 화이트 칼라 자산층으로 교체되었다.

또한, 과거 정치지배층의 지역적 배경은 여촌야도(與村野都)였으나 오늘날은 영남과 호남간 지역적 차별 성향이 강력히 나타나고 있다. 심지어 대도시에서도 이러한 지연이 정치지배층의 충원에 아주 주요한 결정요인이 되어 있다.

그런데 최근 문민정권의 여야간, 좌・우 정부간 정치지배층의 학력과 전직의 차이가 거의 없고, 다만 지역배경의 차이가 있다는 것을 이번 조사에서 알게 되었고, 이들은 상호간 좌・우 정권이라고 하지만 모두 보수적 성향을 지니고 있다.

이미 본론에서 제시한 국회의원 충원과정의 많은 문제점은 사회제도와 구조의 변화에 따라 개선되어야 할 것이다. 그것은 대표성을 강화하기 위한 투표율과 투표 방식의 개선, 지역대표제의 직능대표제화, 국회의원의 전문적 자질의 강화, 사회갈등의 체제내화 등에서 찾아 보아야 할 것이다.

제 7장 제헌 국회의원의 출신배경

1. 서 론

제헌국회는 1948년 5월 10일 유엔 한국임시위원회의 감시하에 실시된 국회의원 총선거의 결과 1948년 5월 31일에 개원되어 2년간 존속되었다. 그 동안 제헌국회는 대한민국 헌법과 정부조직법 등을 제정하였고, 그에 따라 초대 대통령 및 부통령, 그리고 국회의 정·부의장을 선출하였다. 유엔 한국임시위원회는 1947년 7월 10일 제 2차 미소공동위원회가 결열된 후 미국이 지배하고 있는 유엔에 한국문제를 이관시켜 유엔정치위원회(41대 6) 와 총회의 결의(42대 9, 기권 6)에 의하여 조직되었던 것이다. 이 위원회는 호주, 캐나다, 중국, 엘살바도로, 프랑스, 인도, 필리핀, 시리아, 우크라이나(불참) 등 9개국으로 구성되어 서울에 도착하였으나 소련의 입북 반대로 유엔 임시 소총회의 결의대로 이 위원회가 접근할 수 있는 지역인 남한에서 총선거를 실시 하였다.

그리하여 1948년 5월 10일 이 위원회의 감시하에 총선거를 실시하고, 선거 후 국회를 개원하여 정부를 수립하였다. 제헌 국회의원 선거는 미군정 당국이 선거의 준비와 집행을 하였기 때문에 종래 입법의원의 의원선거법(제 1장 각주 52 참조)을 기초로 하여 제정된 선거법에 의하여 치루어 졌다.

이 선거법의 주요한 내용은 임기가 2년이고 선거권을 만 21세 이상인 국민이며, 피선거권은 만 25세가 되어야 한다. 그러나 선거권이 없는 자는 1년 이상 선고형을 받은 자로서 집행 종료후나 일제시대 판임관 이상의 경찰관, 헌병, 밀정자, 중추원의 부의장·고문·참의, 부·도의 자문 혹은 결의기관의 의원인 자 등이다. 이러한 조건 이외는 비밀투표에 의한 보통선거가 실시되었다.

남한만의 단독선거는 첫째로 한국의 분할을 영구히 하고 군정의 연장을 합리화 하며, 둘째로 외세의 개입과 간섭하에서 민주적 자율선거가 보장될 수 없다고 하여 남로당(당수 박헌영)을 비롯한 좌익세력과 김구와 김규식을 비롯한 중간세력은 선거참여를 반대 하였다.[1] 그리하여 좌익세력은 각종 폭동과 파업을 통하여 이것을 타개하여 보려고 하였다.

반면, 이승만의 대한독립촉성국민회[2]와 한국민주당을 비롯한 우익세력은 독립정부 수립을 위한 남한에서의 총선거를 지지하였다.[3] 이와 같이 우익과 좌익 및 중간세력이 첨예한 대립과 갈등을 빚었으나 미군정의 자문기관인 남조선 과도입법의원에서 총선이 결의, 실시되었다.[4] 특히 조병옥 경무부장과 장택상 수도경찰청장, 그리고 대동청년단, 민족청년단, 서북청년회와 같은 청년단체가 그간 좌익세력을 평정하였기 때문에 5 · 10선거를 치르는데 큰 장애가 없었던 것이다.

강력한 발언권을 지니고 있는 이승만과 한민당의 우익세력은 중앙정치계에 있어서 일제시 독립운동가(임정과 좌익세력)의 세력을 견제하고 싶었고, 이것을 해결할 수 있는 방안이 보수적인 토착세력에 기초하여 정권을 창출할 수 있는 것, 즉 정통성을 수립할 수 있는 것으로 생각한 것 같다. 그리하

---

1) 여기에서 남노당과 중간세력의 연합체인 13개 정당협의회(신진당, 민족사회당, 사회민주당, 한국독립당, 천도교천우당, 천도교보국당, 근로인민당 등)가 불참하였다.

2) 대한독립촉성국민회는 이승만의 독립촉성중앙협의회와 김구 중심의 탁치반대 국민총동원회가 합작한 것인데 이의 회장을 오세창, 이시영, 부회장에 신익희, 오하영이 맡은 적이 있다.

3) 여기에서는 반탁, 반공, 공위 불참, 반합작의 노선을 일관하였던 이승만을 중심으로 결속하였으며 한민당(당수 조만식), 여자국민당(임영신)의 세 정당과 반탁국민운동체였던 독립촉성국민회, 그들의 산하단체인 청년조선총동맹(회장 유진산), 서북청년회(위원장 문봉제), 민족통일총본부, 대동청년당(단장 지청천)이 참여하였다.

4) 미군청의 자문기관인 남조선 과도입법의원에서는 관선의원이 주로 남북협상파였고 민선의원은 주로 단정 수립파였다. 그리하여 총선거 문제가 이 회의에 상정되자 김규식 의장을 비롯한 주로 관선의원이 사퇴한 가운데 40대 3, 기권 3으로 가결되었다.

여 그들은 보통선거의 민주주의를 주장하게 되었다.

이러한 상황에서 실시된 5·10 총선거[5]에서 선출된 제헌의원은 대부분 우익세력이라고 볼 수 있을 것이다.

그런데 과연 5·10선거가 이승만과 한민당이 노린, 토착적인 우익의 정치세력화가 가능했는 지를 검토할 필요성이 있을 것 같다. 토착적인 우익세력이 제헌의원의 기본적 성격인가를 정확히 알아낸다는 것은 매우 어려운 일이지만 그들의 출신지, 학력, 직업, 정당 등을 중심으로 고찰하여 본다.

제헌 국회의원의 출신배경과 계층적 성격은 먼저 그들의 이력서를 분석하여 파악한다.[6] 그들의 자필 이력서는 국회에 소장되어 있는 '초대 국회의원 이력서'에 거의 대부분 철해져 있다. 이것을 보면, 그들의 연령, 학력, 본적, 주소, 직력, 소속 정당, 정치활동 등을 알 수 있다. 여기에서 알 수 없는 부친 및 아들의 직업, 신분 등에 대해서는 따로 탐문조사[7]를 통하여 파악하여 보았다.

그들의 경력과 정치활동의 기록이 거의 자필 이력서이기 때문에 과장하거나 누락시킨 경우도 있을 수 있겠으나 거짓을 기록한 경우는 거의 없는 것 같아 보였다.

2. 지역 배경

제헌 국회의원의 지역배경에서는 그들의 출생지와 거주지, 그리고 선거

5) 1948년 5·10 총선거는 총 인구의 40.9%(784만명)를 차지하는 선거인의 95.9%가 참여하였다.

6) 제헌 국회의원은 그 정수가 모두 200명이지만 그 후 대통령(이승만)으로 당선되거나 도지사(신현동, 이남규, 정현모, 문시환) 주미대사(장면), 내무차관(김효석)의 임명 또는 사망(이병국)으로 보궐선거 및 재선거로 8명의 이력서가 추가되어, 모두 208명의 제헌의원을 조사하였다. 제헌국회 이력서는 국회 사무처에 보관되어 있다.

7) 탐문조사는 우편조사로 대한노인회의 각 지부장을 통하여 제헌 국회의원의 출신배경과 사회이동에 관한 명망조사(1989년 9월)를 실시하였다. 우편조사는 제헌의원들의 본적지 또는 주소지와 관련된 대한노인회 시·군·구 지부장을 대상으로 조사하였다. 그러한 결과 회수된 조사표는 130명분이었다.

구와의 상관성이 어느 정도인 가를 밝혀 보려고 한다.

제헌 국회의원의 선거구가 자기의 출생지와 같은 경우는 전체의 79.7%이고, 또한 자기의 거주지와 같은 경우는 56.1%이다.

<표 1> 제헌의원의 선거구와 출신지

	같다	다르다	이상	합계
본적=선거구	79.7	19.8	0.5	100.0
주소=선거구	55.5	44.0	0.5	100.0

표 1을 보면, 선거구와 본적이 같다는 것은 대개 자기의 고향에 가서 입후보하여 당선되었다는 것을 의미하고, 이것은 남한 10개 도별로 보면, 그 분포율의 차이는 거의 없다.

그러나, 선거구와 주소가 다른 경우는 44.0%가 되는데 특히 전남, 경남, 경기, 충남과 같은 지역에서 본적지 비율의 절반도 안된다. 이것은 자기의 출생지(대개 지방의 농촌)에서 떠나 대도시에서 생활근거지가 마련되어 있고, 동시에 이촌한 부재지주의 자손도 있음을 의미한다. 비록 시골에서 태어났지만 서울과 같은 대도시에서 거주하고 있다는 것을 의미한다. 이것은 입후보자의 피선거권에 있어서 제한을 두지 않았기 때문에 나타난 현상이다.

<표 2> 제헌의원의 출생지와 거주지

	서울	부	읍	면	합계
본적	7.7	12.4	17.7	62.2	100.0
주소	39.8	14.4	13.9	31.8	99.9

<표 2>를 보면, 제헌 국회의원의 출생지는 농촌출신이 62.2%이고 대도시 출신은 20.1%에 불과하며 나머지는 소도시 출신이다. 그러나 그들의 생활근거지는 서울이 전체의 39.8%로서 가장 많고, 그 다음은 농촌이며(31.8%) 나머지는 도청 또는 군청의 소재지이다. 제헌 국회의원 중에 자기가 실제 주소와 이력서의 주소가 다른 것을 몇몇 볼 수 있었지만 이들도 대부분 서울 거주자였다. 이러한 서울 거주자의 당선율은 당시 서울시민이 전국 인구의

5.9%(1946년 8월)였는데 이에 비하면 약 7배가 많은 비율을 차지하고 있다.

이와 같이 제헌 국회의원이 선거구와 주소가 비록 다른 경우가 많지만 선거구와 본적이 같은 비율과 농촌 중심이 상당히 높다는 것은 토착적 세력(예컨대 대지주, 향반, 향리 등)이 정치세력으로 등장하고 있음을 의미한다. 또한 서울 거주자가 약 4할이 된다는 것은 중앙의 정치세력이 지방의 정치세력 만큼 등장하고 있다는 것을 의미한다. 그리고 이러한 선거결과로 말미암아 북한 출신이 3% 미만이었다는 것은 보통선거가 토착적인 세력을 육성하는데 기여했다는 것을 의미한다. 따라서 총선거는 중앙정치의 심한 갈등을 잠재우는데 기여하였다.

3. 교육 배경

제헌 국회의원의 교육수준은 당시의 교육수준에 비하면 매우 높다. 1944년 5월 1일 조사한 남한의 교육수준은 불취학이 전체 인구의 85.7%이고 대학을 다닌 경험이 있는 자는 0.12%에 불과하다. 1948년 평균 교육연한이 4.5년인데 비하여 국회의원의 경우 11년이 된다는 것은 대단히 높은 편이다. 제헌 국회의원의 58.5%가 대학을 졸업(또는 중퇴)하였다. 대학교육을 이수한 자는 일본에 유학한 경우가 가장 많고(38.2%) 그 다음은 국내 대학의 경우이며(12.1%) 나머지는 미국(4.3%)과 중국(3.9%)에서 교육을 받았다.[8] 반면에 한학을 공부하였거나 불취학자는 4.3%이다. 그리고 국내에서 중학교육을 받은 사람은 대개 서울과 같은 대도시의 학교를 졸업하였다. 더욱이 일본이나 미국 등에서 교육을 받은 사람이 53.7%가 된다는 것은 제헌 국회의원의 부친

8) 중앙선거관리위원회의 조사에 의하면, 입후보자와 당선자의 학력 비율이 다음과 같다.

	학문 수학	소학 졸업	중학 중퇴	중학 졸업	전문 중퇴	전문 졸업	대학 중퇴	대학 졸업	미상	합계
입후보자	6.1	12.5	1.4	28.7	1.3	12.2	1.9	23.9	12.0	100.0
당 선 자	4.5	12.5	1.5	22.0	2.0	17.0	2.0	37.0	1.5	100.0

의 신분배경, 즉 가정의 경제적 수준이 대단히 높다는 것을 짐작할 수 있다.

일제시대에 일본이나 미국 등 해외에서 유학할 수 있다는 것은 대지주와 같이 상당한 자산가의 자손이 아니면 매우 어려웠다. 일본 유학생들의 대부분은 와세다대학, 중앙대학, 명치대, 일본대학 등 사립대학 법학계 졸업생들이 가장 많았다. 국내 대학의 경우 경성제대와 보성전문 등의 출신이며 중학의 경우 서울의 중동중학과 지방의 계성중학 출신이 비교적 많았다.

<표 3> 제헌의원의 출생지별 교육수준

	미상	한학	국내 소학	국내 중학	국내 대학	일본 중학	일본 대학	중국 중학	중국 대학	미국 대학	합계
서울		1			2		8		1	4	16
부			3	5	3	2	9	1	3		26
읍	1	1	6	11	4	2	10		1	1	37
면		7	16	14	16	5	52	1	3	4	128
합계	1	9	25	40	25	9	79	2	8	9	207
(%)	(0.5)	(4.3)	(12.1)	(19.3)	(12.1)	(4.3)	(38.2)	(1.0)	(3.9)	(4.3)	(100.0)

<표 3>에서 볼 수 있는 바와 같이. 농촌(면) 출신이 일본의 대학을 다닌 제헌의원이 가장 많은데 이들은 대부분 지주 부농, 특히 재촌지주의 자손들인 것 같다. 그리고 도시출신은 농촌출신에 비하여 미국이나 중국에 유학한 경우가 좀 더 많다는 것은 부재지주 뿐만 아니라 상공업자본가 및 관공리의 자손들이 많은 것이 아닌가 생각한다. 미국 또는 중국에 유학한 사람들은 국내에서 중학교육을 받고 일본에서 대학교육을 받은 사람이 많다.

이러한 것을 본다면, 일제 지배로 부터 해방된 정국이라 할지라도 일제시대에 고등교육을 받은 지식인들이 정치지배층을 형성한다는 것을 알 수 있다. 비록 미 군정하이지만 미국 유학생이 적기 때문에 정치지배층에의 충원에 있어서 한계가 있었고, 오히려 일본이나 국내에서 교육을 받은 사람이 용이하게 등장할 수 있었던 것이다. 그리고 당시에 교육기회가 매우 폐쇄적이었기 때문에 지방에서는 보통학교나 중학수준의 학력을 소유하고 있어도 지도층이 될 수 있었다. 이러한 교육수준은 지방의 중농수준에서 획득할 수 있었기 때문에 비록 정치적 지도력에 있어서 대학출신에 비하여 약했을지라

도 지방의 토착적 지도력 형성이 가능하였던 것이다.

이와 같이 제헌 국회의원은 국내 외의 고등교육을 받은 사람과 국내에서 중학 이하의 교육을 받은 사람이 반분하고 있기 때문에 그들의 가정적 배경도 자본가와 중산층 출신이 반분하고 있으리라 생각한다. 그러나 자본가 계급출신으로 고등교육을 받은 제헌 국회의원이 주도적, 조직적인 정치세력을 형성하고 있다.

4. 직업 배경

앞서 지적한 바와 같이 제헌 국회의원의 학력이 높기 때문에 그들의 대부분이 졸업 후 전문직에 종사할 수 있으리라고 생각할 수 있다. 그들의 직업은 <표 4>에서 보면, 교원, 교수가 가장 많아서 전체의 20.9%(42명)를 차지하고, 그 다음은 독립운동(12.9%)과 공무원(10.4%)이며 나머지는 회사 경영(8.5%), 판검사(6.5%), 은행 · 회사원(5.5%), 기자(5.5%), 군 · 면직원(5.5%), 금융조합 임직원(5.5%), 학원 설립(4.0%) 등이다.

일제시의 사회적 상황으로는 대학을 나와도 충분히 전문직에 종사할 수 있고 또, 높은 사회적 지위에 취업할 수 있다. 그리하여 교원 · 교수 및 공무원 등과 같은 전문직과 사무직 취업을 한 경우가 가장 많다.

이와 같이 제헌 국회의원은 독립운동에 처음부터 투신한 경우를 제외하면 대부분 식민지하에서 전문직과 관리직 및 사무직과 같은 지배적 지위를 누렸다.

그러면, 이들이 국회의원에 당선되기 전에 종사했던 직업은 어떠한 것인가를 <표 4>에서 보기로 하자.

<표 4>를 보면, 제헌의원의 가장 많은 직종이 회사 경영자인데 전체의 20.4%이고, 그 다음은 정당 · 사회단체 간부(15.0%)와 면장(13.9%)이며, 나머지는 공무원(6.5%), 독립운동(6.5%), 농업(5.0%), 교원 · 교수(5.0%), 법관(2.0%)의 순이다. 이러한 직업배경은 중앙선거관리위원회의 조사결과와 큰 차이가 있다.[9] 특히 선관위의 경우 농업종사자가 많은데 이것은 입후보전 공직을 사퇴

해야 되고 당시 농촌에서 입후보 하여서 그러한 것 같다.

이와 같이 제헌의원은 국회의원 선거에 필요한 자금을 댈 수 있는 회사 경영자가 가장 많고, 또 해방 정국이 되어서 독립운동, 정당 및 사회단체의 간부가 쉽게 정치에 참여할 수 있으며, 또 면장, 금융조합 임원, 교장 등 지방의 유지들도 이에 참여할 수 있는 기회가 많았음을 알 수 있다. 당시의 정국으로 보아서 비교적 다양한 정치·사회적 세력이 국회의원이 될 수 있는 기회가 많았다. 특히 일제로 부터 해방이 되었기 때문에 독립운동가의 진출이 많으리라고 생각하지만 그들의 대부분이 중앙의 정치무대에서 활동하였고 또 선거자금이 없었기 때문에 당선이 불가능 하였을 것이며 오히려 식민지하 경력 소유자가 진출할 수 있는 기회가 많았던 것 같다.

이미 지적한 바와 같이 이승만계의 대한독립촉성국민회나 청년단체, 그리고 한민당과 같은 정치단체가 각 지방에 까지 조직되어 있었고, 이들이 행정기관의 협조를 받을 수 있었기 때문에 식민지하의 기득권자가 해방 이후에도 새로운 정치세력으로의 등장이 가능하였다. 그리하여 제헌의원의 종직중에 자산가와 화이트 칼라가 대량으로 나타나고 또 정치운동가도 많이 등장할 수 있었다.

제헌의원의 초직과 종직을 교차 분석한 <표 4>를 보면, 초직중에 가장 많았던 교원·교수는 세대내 경력이동이 매우 다양하다는 것을 알 수 있다. 이러한 직력이 다른 조직에서도 발견되고 있지만 그 만큼 사회변화가 매우 심하다는 것을 의미한다.

---

9) 중앙선거관리위원회의 조사결과에 의하면, 입후보자와 당선자의 직업별 비율은 다음과 같다.

직업 / 후보 당선자	농업	수산업	광공업	상업 운수업	언론 출판업	공익 사업	법조인	교육인	종교인	회사원	민주 입법 의원	기타	무직	합계
입후보자	39.7	0.2	2.6	9.1	7.0	2.3	2.0	1.8	3.0	10.3	3.8	10.4	7.8	100.0
당선자	43.0	0.5	1.0	3.0	7.5	5.0	2.0	2.5	2.5	7.0	6.0	9.0	11.0	100.0

<표 4> 제헌의원의 초직과 전직

종직 / 초직	미상	농업	군수	면장	행정 공무원	경찰관	교원	기자	목사	회사 경영자
농업		3		2						1
군・면직원			2	6						
경찰・군인				2						1
교원・교수	1	2		6	5	1	33	2	1	10
공무원		1		4	3	2				4
목사							3			
회사・은행원			1		3	1	2	1		
기자	1			1				4		2
회사경영				2	1					8
판・검사			1				1			
독립운동	1	1				3				6
금융조합임직원				2	1					5
상업										1
학원설립		2		2						1
기타		1					1			2
미상				1				1		
합 계(%)	3(1.5)	10(5.0)	4(2.0)	28(13.9)	13(6.5)	7(3.5)	10(5.0)	8(4.0)	1(0.5)	41(20.4)

<표 4> 제헌의원의 초직과 전직 (계속)

초직 / 종직	정치 활동	독립 운동	법관	교장	금융조합 임원	무직	상업	의사	기타	회사원	합계(%)
농업											6(3.0)
군・면직원					2						11(5.5)
경찰・군인	1	1									4(2.0)
교원・교수			1	3	1	2		1			42(20.9)
공무원	3	2			1	2					21(10.4)
목사	2			1						1	4(2.0)
회사・은행원	1				1					1	11(5.5)
기자	2										11(5.5)
회사경영	3	1			1	1					10(5.0)
판・검사	2	7	2								13(6.5)
독립운동	9	2		2	1				1		26(12.9)
금융조합임직원	1				1	1					11(5.5)
상업	1						1				3(1.5)
학원설립	2			1							8(4.0)
기타	3		1	1		1					17(8.5)
미상											3(1.5)
합 계(%)	30(15.0)	13(6.5)	4(2.0)	9(4.5)	8(4.0)	7(3.5)	1(0.5)	1(0.5)	1(0.5)	2(1.0)	201(100.0)

한편, 제헌의원이 많이 된 회사 경영자, 면장을 보아도 그들의 직력이

매우 다양하다는 것을 알 수 있다. 초직이 군·면직원이나 회사원이었던 경우는 많은 편이 아니었다.

그러면, 제헌의원의 종직 중에서 가장 많이 차지하는 면장, 기업가, 공무원, 독립운동가 출신의 사례를 보면서 어떠한 직력에 의하여 제헌의원이 되었는 가를 보기로 한다.

1) 면장출신

면장출신 제헌의원은 군 또는 면직원의 직력을 가진 경우보다도 오히려 교원이나 공무원, 경찰, 금융조합 임원, 학원장, 회사 경영자 등이 더욱 많다. 이러한 것은 해방 후 민선 면장제도 때문에 나타난 현상이 아닌가 생각한다.

경기 개풍군 申光均(52세, 서울 거주)

1912년 사립양신학교 졸업
1915년 사립봉면학교 졸업
1915년 사립 명신의숙 교원
1917년 사임후 청년운동 종사
1922년 사립 양신학교장
1925년 개풍군 상도면장
1935년 경기도 지방사회주사
1940년 개풍군 봉동면장
1945년 개풍군 군수(민선)
대한독립촉성국민회 개풍군 지부장
1948년 국회의원 당선

경남 함양군 金景道(44세, 함양거주)

1918년 함양공립보통학교 졸업
1923년 경남교원양성소 졸업
1923년 거창공립보통학교 훈도
1925년 서상공립보통학교 훈도
1931년 안의공립보통학교 훈도
1934년 함양동립보통학교 훈도
1939년 부산진심상소학교 훈도
1940년 함양 면장
1943년 함양산업주식회사 지배인
1945년 함양군 석복면장
1945년 함양군 면장(민선)
1946년 함양공립초등학교 부형회장
함양군 연초경작조합장
대한독립촉성국민회 함양군 지부 총무
1948년 국회의원 당선

면장 출신 의원의 사례를 보면, 자기 지방의 훈도·교원을 지낸 후 면장에 취임하여 군내 여러 면장을 거치고, 특히 해방후 민선 면장을 지내면서 지방민의 돈독한 신임을 얻고 있다.

한편, 이들의 대부분은 해방 후 이승만계의 대한독립촉성국민회 등 정당 및 청년단체의 지방 간부를 지내면서 정치적 야망을 가지고 있다가 국회의원에 당선되고 있다. 이들은 비록 학력이 낮지만 지방교육 및 행정에 종사하면서 전형적인 지방의 토착세력을 형성하였다.

2) 기업가 출신

해방 후 한인 기업은 그 규모가 크지 못하고, 반면에 큰 기업은 대개 친일적인 성격이 대단히 강하였다. 그렇기 때문에 해방 정국에 있어서 정치적 입신을 하기에는 어려웠으리라고 생각한다. 그럼에도 불구하고 기업가 출신의 제헌의원은 전체 제헌의원의 20.4%가 되어서, 가장 많은 비율을 차지한다. 이들의 직력을 보면, 교원·교수 출신의 경영자가 가장 많고, 그 다음은 전문 경영인이며, 나머지는 독립운동, 금융조합임원, 공무원 및 기자 출신이다.

이와 같은 경영자의 출신배경은 기업을 계속하거나 창업을 한 경우도 있지만 해방후 귀속재산을 맡아서 경영자가 된 경우도 많은 것 같다. 기업을 계속하거나 창업을 하는 경우는 그들의 선거구와 거주지가 상이한 것을 보면 부재지주가 상공업 자본가화 된 것을 의미한다.

전남 구례군 金鍾善(48세, 서울거주)

1915년 구례공립보통합교 졸업
1920년 동경 정치학교 중등과 졸업
1926년 일본대학 정경과 졸업
1933년 구례 홍제원(고아수양) 경영
1936년 서울 사립왕신학원 경영
1938년 전남 구례양조합명회사 중역
1940년 서울 중앙연료주식회사 감사역
1942년 경인기업주식회사 취체역
1945년 구례공립중학교 후원회장
1945년 구례경찰서 후원회장
1945년 세브란스의 약품주식회사 취체역
1948년 국회의원 당선

충남 연기군 陳憲植(46세, 서울거주)

1925년 경성 양정중학교 졸업
1929년 일본 중앙대학교 법학부 졸업
1929년 보성전문학교 법과 교수
1933년 양정중학교 교수
1943년 조선광업주식회사 상무취체역
1945년 임정 내무정치공작대 비서장
1946년 대한독립촉성국민회 조사부장
문교부장, 청년부장
1946년 아주토건주식회사 고문
1946년 대한독촉 국민공론사 주간
1946년 양우실업구락부 이사장
1947년 동회 조직부장
1948년 국회의원 당선

위의 사례에서 볼 수 있듯이 기업가 출신 제헌의원은 높은 학력을 지니고 있으면서 지방기관의 후원회장 등 지역사회와의 관계 형성을 하고 있거나 중앙에서 정당활동을 하였다. 지방에서 양조장을 한다는 것은 당시에 있어서 상당한 자산가이고 지방의 유지에 속한다. 이들이 모두 서울에 거주하고 있으면서 자기의 고향에서 국회의원에 당선되고 있다.

3) 관료출신

관료출신 제헌의원은 행정공무원, 경찰관, 군수, 법관 등을 모두 합치면 전체 국회의원의 14.0%를 차지한다. 그 중에서도 가장 비율을 많이 차지하는 제헌의원은 행정공무원과 경찰관이다. 행정공무원이 직력을 보면, 순수한 관료 출신은 많지 않고(8명) 그 다음은 교원이 가장 많으며(6명) 나머지는 회사원, 독립운동 등에 참여하였다. 이러한 것은 해방 정국에 있어서 퇴직한 일인 관료의 자리를 충원하기 위하여 나타난 현상이 큰 것 같다. 그 단적인 예가 일제시 독립운동을 한 제헌의원이 해방 후 경찰관의 직력을 가진 경우가 3명이나 있다는 것에서 알 수 있다.

강원 홍천군 李在鶴(44세, 춘천거주)

1919년 홍천공립보통합교 졸업
1924년 경성고등보통학교 입학
1929년 경성제국대학 법문학부 졸업
1930년 동경에서 문학연구(9년간)
1938년 충청북도 시학
1942년 충청북도 사회과장
1944년 충청북도 단양군수
1945년 해방후 단양군 자치회장
1945년 충청북도 단양군수
1946년 강원도 학무국장 겸 내무국장
1947년 강원도 지사 대리겸임
1947년 춘천농업대학장 겸임
1948년 국회의원 당선

경북 경산군 朴海楨(32세, 대구거주)

1935년 대구공립고등보통학교 졸업
1936년 대구사범학교강습과 졸업
1936년 영천군 북안공립보통학교 훈도
1941년 일본 중앙대학 전문부 법학부 3년 졸업
1944년 일본 중앙대학 법학부 졸업
1944년 경상북도 경산군 촌탁
1945년 경상북도 지방서기(판입관 임용고시합격)
달성군청 근무
1946년 조선군정청 경북도경
경북 경찰학교 경감 부교장
1946년 경북 안동경찰서장
본청 총무과장
1948년 제 8관구 순천지구 감찰서장

앞의 사례에서 보듯이 이재학씨는 홍천 아전집안 출신으로 비교적 유복한 가정에서 순탄한 교육(경성제대 법문학부)을 받은 전형적인 관료출신으로 해방후에도 계속 관직을 누리다가 그 명망으로 고향에서 제헌의원에 당선되었다. 박해정씨는 비록 가정이 부유하지 않으나 자신의 노력으로 일본 유학

(중앙대학 법학부)하여 입신하고 있다. 이러한 입신 출세는 다른 관료출신 제헌의원에서도 많이 볼 수 있다.

4) 독립운동가 출신

해방 정국에 있어서 정치가로서 입신할 수 있는 가장 좋은 조건을 가지고 있는 것이 일제시 민족독립운동에 헌신한 분들이다. 이들 중에서도 이미 본 바와 같이 좌익이나 중간파에 속했던 독립운동가는 제헌 국회의원 선거에 불참을 선언하였기 때문에 아주 많은 편은 아니나 전체 제헌의원의 14.4%(29명)가 된다. 이들이 초기에 제헌의원에서 주도적 역할을 수행하였지만 점차 그 세력은 약화 되었다. 이들 중 일부는 초대 내각의 구성에서 다루어 보기로 하고 제헌국회의 의장과 부의장을 한 신익희와 김약수의 경력을 보기로 하자.

경기 광주군 申翼熙(54세, 서울거주)

1909년 한성외국어학교 영어과 졸업
1916년 일본 와세다대학 정경학부 졸업
1917년 보성전문학교 교수
1917년 상해에 독립운동본부를 조직
1918년 국내 잠입
1919년 대한민국임시정부 내무차장, 법무총장
1920년 동 외무부장
1920년 남경 중산·복단·문화대학교수
(중국을 유랑·상해·항주·중경 등에서 활약)
1942년 대한민국 임시정부 내무부장
1945년 임정각료와 같이 귀국
1946년 비상국민회의 대의원
1946년 대한독립촉성국민회 부위원장
자유신문사 사장(5월)
국민대학 학장(9월)
남조선과도정부 입법의원
(서울시 민선대의원)
1948년 과정 입법의원 의장(3월)
국회의원 당선(5월), 국회 부의장(5월)
국회의장(7월)

경남 동래군 金若水(58세, 서울거주)

1905년 기장사립보통학교 졸업
1912년 경성사립공업학교 졸업
1915년 중국 남경금능대학 청강
1920년 동경 일본대학사회과 졸업
1919년 길림군정서 군사위원
1919년 조선노동공제회 조직,
「공제」의 주간
1920년 재동경조선인학우회 편집부장,
기관지 「학지광」 주간
재동경사상단체, '북성회' 위원장
1923년 경성 사상단체 '북풍회' 위원장
1937년 월간지 「대중」 발간(3회 11년간 투옥)
1946년 남조선과도정부 입법의원
1947년 조선공화당 조직
중앙집행위원장
1948년 국회의원 당선
국회 부의장(5월)

앞의 사례에서 볼 수 있듯이, 제헌국회의 의장인 이승만과 부의장인 신익희 및 김약수는 모두 일제시 민족독립운동을 전개한 애국투사들이다. 이들은 해외에서 주로 독립운동에 종사하였지만 후자는 국내에서 투옥 등의 고초를 겪으면서 투쟁하였다. 이들의 교육배경 등에서 알 수 있는 바와 같이 대학 등의 고등교육을 받고, 교원, 잡지 주간 등의 경력을 지닌, 상당한 지식인들이라 볼 수 있다.

이러한 경력을 지녔기 때문에 해방 후 정국에 있어서 정치지도자로서 성장될 수 있는 좋은 조건을 지니고 있다고 볼 수 있다. 이들은 해방후에도 입법의원 및 정당 간부 등을 지내면서 정치활동에 깊이 관여하였다.

5) 교장 및 조합이사 출신

제헌의원 중에 앞의 출신 배경 이외에 비교적 다수를 차지하고 있는 학교장 및 금융조합 이사 출신의 경우를 보기로 하자.

교장출신의 제헌의원(9명)은 비교적 많으나 독립운동 등에 종사했던 분도 있다. 일반적으로 교장출신 제헌의원은 공무원 등과 마찬가지로 정치활동을 하지 않은 편이나 사례에서 볼 수 있는 장면의 경우 민주의원, 입법의원 등을 지냈고, 또 교육계에서도 상당한 지위를 가지고 있었다.

서울 종로구 張 勉(49세, 서울거주)

1917년 수원농림학교 졸업
1921년 미국 베나드대학 예과 수료
1925년 미국 맨해턴대학 문학부 졸업
1925년 천주교 평양교구 근무
1931년 동성상업학교 교원
1936년 동성상업학교 교장
1938년 천주교 청년연합회장
계성국민학교 교장겸임
1945년 조선교육심의회 위원
1946년 대한국민대표 민주의원 피선
1947년 서울시 교육위원
1948년 국회의원 당선

강원 삼척군 金振九(42세, 삼척거주)

1923년 춘천공립농림학교 수료(1년)
1928년 배재고등보통학교 졸업
1929년 북평읍 백합농장 자영
1931년 감척군 농회 통상위원
1931년 삼척 금융조합 감사
1934년 조선일보 삼척군 지국장
1941년 동선물산주식회사 감사
1941년 북평초등학교 후원회장
1945년 삼척군 친화회장
1945년 강원도 미군정 고문
1946년 독립촉성국민회 삼척군 지부장, 중앙위원
1947년 북평중학교 후원회 부회장
1948년 국회의원 당선

그리고 김진구의 경우는 서울에서 중학교육을 받은 후 시골에서 쌍묘조합, 금융조합의 임원을 지내면서 시골출신 제헌의원이 일반적으로 많이 가졌던 신문사 지국장과 학교 후원회장 경력을 가졌으며 미군정 고문, 독촉국민회 부지부장, 입법의원 등 지방정치에 깊이 관여하였다. 이러한 전문적 경력과 정치적 활동이 국회의원에 당선될 수 있는 좋은 조건이 된 것 같다.

5. 신분 배경

1) 부자간 사회이동

제헌의원의 신분배경은 탐문조사가 어려운 제헌의원이 절반 이상이 되기 때문에 정확하게 말하기는 어려울 것 같다. 다만 조사가 가능했던 제헌의원의 신분배경을 그들의 가문과 부친의 직업 등을 통해서 알아 본 결과는 시골의 양반출신이 많고, 또한 중농출신이 많다는 것이다. 시골양반 출신이 많다는 것은 그 집안이 자기의 고을에서 향반 또는 향리(아전 등)와 같은 시골양반 집안이었다는 뜻이다.

표 5에서 볼 수 있는 바와 같이 시골 양반출신이 전체의 54.6%를 차지하고, 나머지는 양반관료(16.9%)와 평민(13.1%) 그리고 아전·서리의 중인(5.4%)이다.

이것을 보면, 제헌의원의 집안이 조선시대 양반관료의 명문집안이라기보다는 대부분 향반, 향리 등 중인 또는 중간층의 신분적 배경을 지니고 있는 것 같다. 이것은 조선 말기에 있어서 중인 신분층이 조선 말기 및 일제 지배하에서 사회적으로나 경제적으로 성장된 결과에서 비롯된 것이라고 생각한다. 이들이 소위 개화세력이 된 것 같다.[10)]

10) 1906년경 울산군 언양보통학교의 초기 졸업생들은 대부분 언양현의 아전집안(해주 오씨)과 좌수집안(경주 최씨) 출신과 중농 이상의 자손들이었다.(언양초등학교 동창회 명부, 2006년) 그리고 이들 중에서 일제시 일본유학(와세다대 등)을 하여 해방후 국회의원(오위영), 대학교수(정인섭, 정인목, 송석하 등) 등이 되었다.

<표 5> 제헌의원의 출생지별 집안 지위

신분 / 출생지	양반관료	시골양반	아전·서리	평민	미상	기타	합계(%)
서울	1	4	-	-	3	-	8(6.2)
부	-	2	1	-	-	-	3(2.3)
읍	3	15	3	7	3	-	31(23.8)
면	18	49	4	10	6	1	88(67.7)
합계(%)	22(16.9)	70(54.6)	8(6.2)	17(13.1)	12(9.2)	1(0.8)	130(100.0)

이들 중인 신분이 일제시에도 성장되어 그들 자손들이 고등교육을 받게 되었고 해방후에 정치인으로서 신분전환이 일어나게된 것이다. 특히 농촌출신 제헌의원에서 그것이 두드러지게 나타나고 있다. 예컨대 양반관료의 집안이 모두 농촌출신 의원들인데 이들의 경우도 주로 중인 신분일 것이다.

<표 6> 부친의 직업과 영농 규모

	비해당	만석군	천석군	백여마지기	50여마지기	자작농	소작농	합계(%)
대지주		5	9	7	2	1		24(18.5)
중농				10	10	16	1	37(28.5)
소농				1	2	8	8	19(14.6)
빈농						2	5	7(5.4)
상업	5			1		2		8(6.2)
교원	1		1					2(1.5)
면장	2			1	1	1		5(3.8)
경찰관	2							2(1.5)
교장	1		1		1			3(2.3)
목사	3							3(2.3)
기타	5			1	1	1		6(6.1)
미상	12							12(9.2)
합계(%)	31(23.8)	5(3.8)	11(8.5)	21(16.2)	17(13.1)	31(23.8)	14(10.8)	130(100)

한편, 제헌의원의 부친이 어떠한 직업에 종사하였는 가를 보기로 한다.

이번 탐문조사에서 알게된 제헌의원 부친의 직업은 <표 6>에서 볼 수 있는 바와 같이 전체의 28.5%가 중농 출신으로 가장 많고 그 다음이 18.5%의 대지주(부농)이며, 나머지는 소농(14.6%), 빈농(5.4%), 면장(3.8%), 경찰관(1.5%), 면장(3.8%), 목사(2.3%) 등이다.

여기에서 중농(자작겸 소작농)과 대지주가 가장 많고, 비록 소작농이라고 할지라도 영농 규모가 중농 수준이 대부분이며, 또 비농업에 종사하는 분도 영농을 겸하고 있음을 볼 수 있다.

<표 7> 부친의 거주지별 영농규모

	비농업	만석군	천석군	백여 마지기	50여 마지기	자작농	소작농	합계 (%)
서울	15	3	4	7	3	8	6	46(35.4)
부	2		2	1	2	3	2	12(9.2)
읍	9		2	2	4	3	3	23(17.1)
면	5	2	3	11	8	17	3	49(37.7)
합계(%)	31(23.8)	5(3.8)	11(8.5)	21(16.2)	17(13.1)	31(23.8)	14(10.8)	130(100.0)

부친이 영농을 한 제헌의원의 주소지별 분석을 하여 보았더니 <표 7>에서 볼 수 있는 바와 같이 서울거주 제헌의원이 지주 부농출신이 많은데 이것은 부재지주라고 할 수 있다. 비록 농촌에 주소를 두고 있어도 비농업에 종사한 경우가 대단히 많았다. 특히 면거주 제헌의원은 자작농 출신이 많다.

이와 같이 제헌의원이 직업적 경제적 배경에 따라 그들의 학력이 매우 상이하게 나타나고 있다.

<표 8> 부친의 직업별 제헌의원의 학력

본인 / 부친	미상	한학	국내 소학	국내 중학	국내 대학	일본 중학	일본 대학	중국 중학	중국 대학	미국 대학	합계 (%)
대지주				4	3		15		1	1	24(18.8)
중 농		3	6	8	7		8	1		1	36(28.1)
소 농	1		3	5	3	1	3		2	1	19(14.8)
빈 농			2			1	3		1		7(5.5)
상 업			1	2	1		4				8(6.3)
교 원						1	1				2(1.6)
면 장		1		1	1	1	1				5(3.9)
경찰관				2	1						3(1.6)
교 장				1	1						2(2.3)
목 사				1			2				3(2.3)
기 타			1	1	1		4				7(5.6)
미 상			1	1	1	1	6			2	12(9.4)
합계 (%)	1 (0.8)	4 (3.1)	14 (10.9)	27 (21.1)	18 (14.1)	7 (5.5)	47 (36.7)	1 (0.8)	4 (3.1)	5 (3.9)	128 (100.0)

<표 8>에서 볼 수 있는 바와 같이 부친이 대지주인 경우 거의 대부분 국내외, 특히 일본에서 대학교육을 많이 받았고(36.7%), 중농 및 소농과 비농업인 경우 국내에서 교육을 더 많이 받았다. 이것을 본다면, 일본을 비롯한 외국에서의 대학교육은 지주 부농과 같은 경제적 능력이 있는 집안출신이 용이하게 받을 수 있었다는 것을 알 수 있다.

2) 자식의 직업

제헌의원은 30년전 그들의 평균 연령이 46.3세 인고로 오늘날 그들의 대부분이 사망 또는 납북되었고, 그들의 자손들이 50대가 될 정도로 한 세대

<표 9> 제헌의원 아들의 직업

직업 \ 아들	장남	차남	3남
미 상	38	67	76
국회의원	2	1	1
법 조 인	2		2
조 합 장	3		
장 성	1		
군 인	1		
기 업 인	5	4	4
공 무 원	2	1	2
회 사 원	13	9	9
의 사	4	1	1
교 원	8	4	2
이 민	10	7	9
상 업	2	1	3
농 업	2	3	2
농 장 주	1	2	
기 능 공	2		
납 북	1		
무 직	6	3	1
자 영 업	5	5	3
사 망	16	9	1
목 사	2	2	
고위관료		3	
정 치 인	2	2	
조사불능	81	83	93
합 계(%)	209(100.0)	209(100.0)	209(100.0)

가 지났다. 그리하여 이들 자손들이 현재 무엇을 하고 있는지를 알아 보았더니 미상과 사망이 가장 많았다.

<표 9>에서 볼 수 있는 바와 같이 밝혀진 자식들은 비교적 다양한 전문·관리직에 종사하고 있음을 알 수 있었다. 그들 장남의 경우는 회사원과 교원 및 이민이 가장 많고 차남과 3남의 경우는 회사원과 교원 및 이민이 가장 많으며, 차남과 3남의 경우는 회사원, 이민 등이 가장 많다. 다시 말하면, 제헌의원의 자식들은 비록 국회의원의 세습성이 매우 약하지만 사회의 전문직, 관리직과 같은 화이트 칼라 및 상층을 형성하고 있다. 특히 흥미로운 것은 이민을 간 후손들이 많다는 것이다. 오늘날 서울 사람은 지방의 중간층 또는 상층 출신이 많이 살고, 지방 도시는 농촌출신들이 많이 와서 살며, 본래의 서울 사람이나 지배층들의 자손은 미국 등 이민을 많이 갔다.

6. 결 론

제헌 국회의원의 출신배경은 해방 후 미군정의 반공, 분단정책과 기존의 친일세력과의 합작에 의한 산물이라 할 수 있다.

남한의 단정론은 이승만의 책임이 없는 것은 아니지만 무엇보다도 미국의 정책이었으며, 이러한 결과로 5·10 총선거에 좌익과 중간협상파가 불참하여 배제되었다. 또 일제시 및 해방 후 득세한 보수세력(친일 부르조아지와 미군 통역관 및 한민당원 등)이 지배적인 정치세력의 일부를 형성할 수 있었다.

제헌 국회의원 선거에 참여한 정당이 48개가 되지만 10인 이상 공천한 주요한 정당은 우익인 독촉국민회와 한민당 및 대동청년단 등에 불과 하였으며, 948명의 입후보 중에 44%가 무소속이었다. 그리고 당선된, 무소속의 제헌의원(208명)이 전체의 42.5%(85명)이며 독촉국민회가 27.3%(55명), 한민당이 14.5%(29명), 대동청년단이 6.0%(12명), 조선민족청년단이 3.0%(6명)이고 나머지는 1명 이하를 당선 시켰다.

이와 같이 당선된 제헌의원은 대부분 '우익'이라는 정치 성향에 기초한 지역적 대표이기 때문에 그들의 계층적 성격은 부르조아적 성격이 매우 강하였다. 또한 보통 직접선거제이기 때문에 지방정치의 영향을 많이 받았다. 중앙에서 정치활동을 한 제헌의원은 전체의 2할에 불과하고 약 6할은 지방에서 정치활동(정당지부 간부)을 하였으며 명망이 있는 토착세력(면장 등 유지)이었다. 그렇기 때문에 당선된 제헌의원은 다수가 지방의 부르조아지 들이었다.

그러면, 제헌 국회의원이 사회적 배경의 특성이 무엇인가를 본다.

첫째, 제헌의원의 79.7%가 농촌출신이지만, 전체의 55.5%는 도시에 거주하고 나머지는 농촌에 거주하였다. 농촌에서 자라 도시에서 활동하는 경우가 많지만 농촌에서 거주한 생활자도 많다.

둘째, 제헌의원의 58.5%가 전문 대학교육을 이수하였고, 이것은 주로 일본에서 유학한 자(38.2%)이거나 국내에서 공부하였으며(12.1%) 미국과 중국에서 교육을 받은 자도 있다. 일본이나 미국에 유학한 제헌의원은 53.7%가 된다. 이들의 대부분은 부친의 직업이나 가정의 경제적 지위가 거의 대부분 지주부농과 상공인 및 관공리의 부르조아 계급에 속한다고 볼 수 있다.

셋째, 제헌의원의 초직은 교원, 교수가 가장 많고(20.9%), 그 다음은 독립운동(12.9%), 공무원(10.4%), 회사경영(8.5%), 판·검사(6.5%), 은행·회사원(5.5%), 기자(5.5%), 군·면직원(5.5%), 금융조합 임직원(5.5%), 학원설립(4.0%) 등의 순이다. 그리고 그들의 종직은 회사 경영자가 전체의 20.4%로서 가장 많고, 그 다음은 면장(13.9%)과 정당 간부(15.0%)이며 나머지는 공무원(6.5%), 독립운동(6.5%), 농업(5.0%), 교원·교수(5.0%), 교장(4.5%), 기자(4.0%), 금융조합 임원(4.0%), 경찰관(3.5%), 법관(2.0%) 등의 순이다. 이것을 볼 때 제헌의원의 신분적 지위는 그 사회의 지도적 지위와 전문적 능력을 지니고 있는 관리직과 전문직 출신이 가장 많다.

넷째, 제헌의원의 가문은 시골 양반출신이 전체의 56.3%를 차지하고, 나머지는 대부분 양반 관료(13.8%), 평민(14.9%), 중인(5.7%)에 속한다.

다섯째, 제헌의원 부친의 직업은 밝혀진 자료에 의하면 중농이 가장 많고(28.5%), 그 다음은 대지주(18.5%), 소농(14.6%), 관공리 등이며 나머지는 빈농(6.2%)과 상업(6.2%)도 있다. 대부분의 부친이 중산층 이상의 신분배경을 지니고 있으나 가정 형편이 아주 나쁜 경우도 소수 있다.

여섯째, 제헌의원의 아들은 밝혀진 자료에 의하면 여러 가지 직종에 종사하고 있으나 대부분 화이트 칼라와 전문직에 많이 종사하고, 소수는 자영업에 종사하고 있으며 또 미국에 이민간 경우도 많다.

제헌국회의원 선거는 우리나라에서 처음으로 실시된 것이었기 때문에 여러 가지 문제가 많았다. 가장 큰 문제는 비록 보통선거였지만 단정 · 단선을 반대한 좌익과 중간협상파가 참여할 수 없었고, 또한 그간 정치적 경험이 없어서 정치적 리더쉽이 제대로 형성되어 있지 않은 상태에서 국회의원을 선출한다는 것은 상당히 무모한 일이었다. 그리고 국민의 선거참여율이 높아야 대외적으로 국가형성의 명분이 있기 때문에 강제동원(차량 제공 등)에 의한 행정선거를 실시하였다는 것이다.

제 8장 2대 국회의원의 출신배경

1. 서 론

제 2대 국회의원 선거는 대한민국 정부가 주관하여 1950년 5월 30일 실시하였다. 5.30 선거는 제헌의원 선거에서 불법화된 공산당을 제외하고, 5.10 선거에 불참한 남북협상파와 중도계열에서 참여하였기 때문에 그 결과가 매우 주목되었다.

5.10 선거는 모든 정당 및 사회단체에서 2,230명의 입후보가 참여한 선거결과에서 전체의 61.0%를 차지한 무소속 의원이 128명이나 당선되었고, 그 다음은 대한국민당(24명)과 민주국민당(23명)이며, 나머지는 국민회(12명), 대한청년단(11명), 일민구락부(4명), 대한노총(2명), 사회당(2명), 조선민주당(2명), 대한부인회(1명), 애국단체연합회(1명), 민족자주연맹(1명), 중앙불교위원회(1명)의 순이다.[1] 선거 결과는 기존 정당과 진보계 정당이 참패를 하였고 무소속이 대량으로 당선되었다.

이러한 선거 결과는 이승만 정부와 제헌의원의 활동에 대한 평가를 의미하겠지만, 특히 대한민국 초기에 정치세력의 판도가 어떻게 변화되어 가는지를 아는데 매우 중요한 의미를 지니고 있다. 특히 이승만 대통령이 자기의 정치적 세력기반을 어떻게 형성하고 있는지 매우 궁금하다. 제헌국회와는 달리 많은 정치적 명망가(특히 좌익 및 중립계)는 여러 가지 이유로 사라진 상태에서 우익 중심의 정치적 경쟁, 즉 민주국민당과의 경쟁이 어떻게

---

1) 중앙선거관리위원회,「대한민국선거사」, 제 1집, 1973, pp.613~620

나타나고 있는지 궁금하다. 그래서 2대 국회의원의 출신배경을 분석하여 그 것을 고찰하려고 한다.

2대 국회의원의 출신배경은 국회사무처에 보관된 그들의 이력서를 중심으로 분석한다. 2대 국회의원의 이력서는 그 원본이 78명분이 있고 나머지는 국회사무처에서 보충하였으나 그 내용이 매우 부실하여 동아일보사의 '인물정보'등을 이용하여 보완한 후 그것을 모두 분석하였다.

2. 연령과 출신배경

국회의원이 될 수 있는 연령은 만 25세 이상이다.[2] 그러나 국회의원의 자질, 특히 지적 수준과 사회적 경륜 등이 어느 정도 있어야 하기 때문에 2대 국회의원의 연령은 40대가 가장 많고(전체 의원의 37.3%), 그 다음은 50대(24.4%)와 30대(20.2%) 및 60대 이상(13.5%)의 순위이다.

<표 1> 2대 국회의원의 연령별 최종학력

	국내					일본						미국대	중국대	기타	합계(%)
	보전/연전	경성제대	고보/중학	보통/한학	소계	와세다대	명치대	중앙대	고상/사범	기타대	소계				
29세 미만			3		3			20			4				5 (2.6)
30대	7	4	7	2	20	2	1	4		6	13	1	3	2	39 (20.2)
40대	10	1	17	5	33	7	3	6	4	14	34		4	1	72 (37.3)
50대	2	2	10		14	7	5	3	3	9	27	4	2		47 (24.4)
60세 이상	7		4	1	12	3	2	2		3	7	3	1		26 (13.5)
미상	3			1	4						-				4 (2.1)
합 계 (%)	29 (15.0)	7 (3.6)	41 (21.2)	9 (4.7)	86 (44.6)	19 (9.8)	11 (5.7)	17 (8.8)	7 (3.6)	32 (16.6)	67 (64.7)	8 (4.1)	10 (5.2)	3 (1.6)	193 (100.0)

2) 「공직선거 및 선거부정방지법」, 제 16조

이와 같이 연령이 높은 것은 그들의 학력이 높고, 따라서 직력이 존재하였음을 의미한다.

국회의원의 연령별 학력을 분석하여 보면, 큰 차이가 없으나 50대는 국내보다 일본 유학생이 많고, 30대는 국내 유학생이 약간 높으며 40대는 거의 동일하다. 그리고 미국 유학생과 국내 전문학교 출신은 50~60대가 상대적으로 많은 편이다.

일본 유학생은 사립대 출신으로 와세다대학 출신이 가장 많고(전체 의원의 9.7%), 그 다음은 중앙대(8.7%)와 명치대(5.6%) 출신이 많다. 그리고 국내 유학생은 보성전문과 연희전문 출신이 많다.

한편, 국회의원들의 전공을 보면, 법학이 전체의 37.0%를 차지하고, 그 다음은 정치학(11.1%), 사회과학(11.1%), 경제학(9.6%), 자연과학(7.4%), 농림(7.4%), 사법(4.4%), 상업(4.4%), 신학(3.7%) 등의 순위이다. 법학 전공자가 많다는 것은 일제시 행정관료 및 사법관료의 지망생이 많다는 뜻이고, 농림, 상업, 사범 등의 경우 전문직업인을 선호하고 있음을 의미한다.

국회의원들의 전공을 연령별로 보면, 30대는 법학 전공이 많지만 40대는 상대적으로 경제학과 농림학 전공자가 많으며 50대 이상은 정치학과 사회과학 전공자가 더욱 많다.

<표 2> 2대 국회의원의 연령별 전공

	법학	경제학	정치학	사회 과학	자연 과학	사범	상업 (고상)	농림	공업	수산	신학	합계(%)
29세 미만	2							2				4(3.0)
30대	14	2	5	2	2	1			1	1		28(20.7)
40대	14	6	2	2	4	2	4	6		2	2	44(32.6)
50대	11	4	7	6	1		1	2	1		1	34(25.2)
60세 이상	9	1	1	5	2	2	1				1	22(16.3)
미상					1	1					1	3(2.2)
합 계	50	13	15	15	10	6	6	10	2	3	5	135
(%)	(37.0)	(9.6)	(11.1)	(11.1)	(7.4)	(4.4)	(4.4)	(7.4)	(1.5)	(2.2)	(3.7)	(100.0)

이러한 전공을 한 국회의원들이 일제시 어떠한 직업에 종사하였는 가를

표 3에서 보기로 한다.

국회의원들의 일제시 직업은 독립운동이 가장 많고(17.8%), 그 다음은 행정관료(13.2%), 회사경영(13.2%), 금융기관 임원(10.5%), 교장·교원(10.5%), 기업관료(5.9%), 언론인(5.9%), 읍면장(4.6%), 판검사(3.9%) 등의 순위이다. 이것을 보면, 그들의 전공에 따라 대개 취업하고 있지만 제헌의원에 비하면, 독립운동에 종사한 경우가 적고 행정관료와 기업인 및 교원 출신이 많은 편이다.

<표 3> 2대 국회의원의 연령별 일제시 직업

	독립운동	청년운동	행정관료	판·검사	금융기관	회사경영/상공인	읍면장	교수/학장	교장/교원	농업	언론인	기업관료	기타	합계(%)
29세 미만					1	1								2(1.2)
30대	2		8	1	1	7	1		3			1	3	27(17.8)
40대	4	1	5	3	6	9	4		4	2	3	6	6	53(34.9)
50대	7	1	6	1	6	6	1	1	5		4	2	2	42(27.6)
60세 이상	13	1	1	1	2		1	2	2		2			25(16.4)
미상	1								2					3(2.0)
합계(%)	27 (17.8)	3 (2.0)	20 (13.2)	6 (3.9)	16 (10.5)	23 (15.1)	7 (4.6)	3 (2.0)	16 (10.5)	2 (1.8)	9 (5.9)	9 (5.9)	11 (7.2)	152 (100.0)

2대 국회의원의 일제시 직업을 연령별로 분석하여 보면, 30대는 행정관료나 회사경영자가 많고, 40대와 50대는 회사경영 및 기업관료, 금융기관 임원 및 행정관료가 많은 편이다.

그리고 그들의 선거 직전 직업을 연령별로 분석하여 보면, 30대는 행정관료와 회사경영자가 많고, 4대는 행정관료와 정치활동, 회사경영 및 읍면장 출신이 많으며 50대는 행정관료와 정치활동가가 많은 편이다.

한편, 2대 국회의원의 소속 정당별 학력을 분석하여 보면, 가장 많은 무소속 의원은 국내의 고보와 중학, 그리고 보전과 연전 출신이 많고, 국민당 의원은 일본의 기타 대학과 보전 및 연전 출신이 많으며, 한민당 의원은 일본의 와세다 대학과 주오대학 출신이 많다. 그리고 국민회 의원은 국내의 고보와 중학, 그리고 일본의 기타 대학 출신이 많은 편이다.

3. 교육수준

2대 국회의원들의 학력은 일제시 대학 출신이 전체의 53.0%를 차지하고 (국내의 경우 18.6%, 일본은 32.1%, 미국은 4.1%, 중국은 5.1%) 나머지는 보전 및 연전 출신이 15.0%, 미국 및 중국의 대학 출신이 9.3%, 고등보통학교와 중학 출신이 21.2%, 그리고 고등사범과 고등상업 및 고등농림학교 출신이 3.6%를 차지한다. 이러한 학력은 보통학교도 제대로 졸업하기 어려운 세대를 고려하면, 대단히 높은 수준이라 할 수 있다.

<표 4> 2대 국회의원의 학력별 전공

(단위 ; %)

	법학	경제학	정치학	사회과학	자연과학	사범	상업	농림	공업	수산	신학	합계
보전/연전	6.7		0.7	1.5	2.2	3.7				0.7	1.5	17.2
경성대	4.5		0.7									5.2
고보/중학			1.5	0.7	1.5	0.7	0.7	6.0	1.5	0.7	0.7	14.2
일본 와세다대	2.2	3.7	4.5		0.7							11.2
일본 명치대	6.7		0.7									7.5
일본 중앙대	9.7		0.7	0.7								11.2
일본 고상/사범				2.2			2.2					4.5
일본 기타대	4.5	3.7	1.5	4.5	1.5			1.5		0.7	0.7	18.7
미국대	0.7	0.7		1.5	0.7						0.7	4.5
미국 기타	0.7				0.7							1.5
중국대	1.5	1.5	0.7	0.7								4.5
합계	37.3	9.7	11.2	11.9	7.5	4.5	3.0	7.5	1.5	2.2	3.7	100.0

일제가 식민지 조선에서는 경성제대 이외는 설립을 허가하지 않았기 때문에 전문학교(3~4개)에 진학하게 되었고, 고상 · 사범 · 농림 등의 중학 수준에서는 직업교육을 시켜서 금융기관, 학교, 군청 및 농회 등에 취업하도록 하였다. 특히 경성제대의 입학은 친일 자손들이나 가능하였으며, 사범학교는

관비 교육기관이기 때문에 여기에는 가난하고 공부를 잘하는 학생들이 많이 진학하였다.

이와 같이 일본과 미국 등의 대학에서 유학할 수 있는 학생들은 대부분 일제시 대지주(부농) 자손이거나 부유한 상공인의 자손들이라 할 수 있다. 이들이 전체 국회의원의 68.8%가 된다.

2대 국회의원들의 학력(출신 학교)별 전공을 보면 표 4와 같다. 표 4를 보면, 보성전문과 연희전문 그리고 경성제대와 일본내 대학 출신들은 거의 대부분 법학을 전공하였다. 다만 와세다대학 출신들은 정치경제학을 전공한 자가 많고, 국내 고보와 중학졸업생들은 농림학을 많이 전공하였다.

4. 출신지역

국회의원은 인구비례에 따라 지역구별로 선출하게 되어 있다. 지역구별로 국회의원을 선출하게 되면 토착적인 정치인을 배출할 수 있으나 지역연고성이 없는 전국적인 명망가나 북한 출신은 매우 불리하게 되어 있다. 따라서 지역성에 기초한 새로운 정치인이 형성될 수 있었다.

<표 5> 2대 국회의원의 출신지별 소속정당

	국민회	한민당	국민당	대한 청년단	대동 청년당	자유당	기타	무소속	합계(%)
서울	2	3	3	1				7	16(8.8)
경기		2	3		1		2	14	22(12.1)
충북		1	2		1		1	4	9(5.0)
충남	2	2	1			1	2	8	16(8.5)
전북	1	1	1	4		1		11	19(10.4)
전남	3	6	2	1		1	1	10	24(13.2)
경북	3	3	3	4			2	15	30(16.5)
경남	2	1	1	2		1		23	30(16.5)
강원	2	1	2					6	11(6.0)
제주		1							1(0.5)
북한 등			1					3	4(2.2)
합계(%)	15(8.2)	21(11.5)	19(10.4)	12(6.6)	2(1.1)	4(2.2)	8(4.4)	101(55.5)	182(100.0)

2대 국회의원의 출신지(시 · 도)는 표 5와 같이 경북(16.6%)과 경남(16.0%)이 가장 많고, 그 다음은 경기(13.4%)와 전남(12.8%)및 전북(10.2%)이며 나머지는 서울(8.6%), 충남(8.6%), 강원(5.9%)의 순이다. 그리고 국회의원의 출신지역별 소속정당을 보면, 모든 지역에서 무소속이 가장 많이 당선되었으나 서울과 경북 지역에서는 국민회와 한민당 및 국민당 소속의원이 산재되어 있으나 전남지역에서는 한민당 의원이, 그리고 전북지역에서는 대한청년단 의원이 다수 당선되었다.

국회의원의 출신지별 최종 학력을 보면, 서울과 전남과 경북 출신은 국내 보다 일본 유학생이 더 많고, 충청도와 경남 및 경북 출신은 국내 유학생이 더 많다. 그리고 미국유학 출신은 서울과 경기 출신이 더 많다. 이러한 현상은 서울, 전남, 경북 지역 출신의원은 대지주들의 자손이 많다는 것을 의미하고, 미국 유학 출신이 많은 것은 특히 선교기관의 도움이 컸다는 뜻이다.

<표 6> 2대 국회의원의 출신지별 최종학력

	한국					일본						미국대	중국대	기타	합 계 (%)
	보전/연전	경성제대	고보/중학	보통/한학	소계	와세다대	명치대	중앙대	고상/사범	기타대	소계				
서울	1	1	3		5	2		1	1	5	9	2		1	20(10.3)
경기	4		7		11	2	2	2	1	4	11	1			26(13.3)
충북	4		1	1	6				1		1		2		9(4.6)
충남	2	2	3	3	10	1	2	3			6	1			17(8.7)
전북	2	1	7	1	11	1	1		2	3	7				18(9.2)
전남	2	1	2	2	7	5	2	3		6	16		2	1	26(13.3)
경북	6	1	6		13	3	1	3	1	8	16		2		31(15.9)
경남	4		9	2	15	4	3	3	1	2	13	1	1		30(15.4)
강원	2	1	2	1	6	1		1		2	4			1	11(5.6)
제주			1		1										1(0.5)
북한	1		1		2			1		2	3				5(1.5)
합계	28	7	42	10	19	11	17	7	7	32	86	5	7	3	194(100.0)

5. 직업이동

국회의원들의 선거직전 직업을 보면, 역시 행정관료(24.9%)가 가장 많다. 그 다음은 정치활동(16.9%)와 청년운동(10.2%), 교직자(9.6%), 회사경영(8.5%), 언론인(6.2%), 읍면장(5.6%), 금융인(5.1%) 등이다. 행정관료는 주로 군수, 중앙 및 지방의 국·과장 등을 지냈고, 회사경영은 주로 양조장, 농장, 제약사 등에 종사하였으며, 정치 및 청년운동은 국민회 및 한민당과 같은 우익정치활동에 종사하였음을 의미한다. 그리고 금융인은 주로 금융조합 이사가 많고 언론인은 신문사 사장, 지국장 들이며 행정관료들은 각 지역(시·도)에서 가장 많이 당선되고 있다. 특히 경북과 경기도의 경우 정치활동을 한 사람이 더 많으며, 경남의 경우 청년운동과 금융기관 임원들이 많고, 경남북의 경우 언론인도 많은 편이다.

2대 국회의원들이 일제시 미군정기 및 정부수립 후를 살아가면서 어떠한 직업적 경력, 즉 직업이동을 하였는 가를 보기로 한다.[3)]

2대 국회의원들은 일제시 독립운동 또는 청년운동을 한 사람은 전체의 18.5%이고, 행정관료 출신이 39.2%가 되며 기업활동을 한 사람은 20.6%이다. 나머지는 교직자(13.1%)이나 금융인(10.5%), 언론인(6.2%) 및 농업(1.4%)에 종사하였다. 다시 말하면 국회의원들은 행정관료 출신이 가장 많고 농민 출신은 거의 없다. 행정관료 출신들은 기업인, 교육자 및 언론인과 함께 고등교육을 받은 부르조아 출신들이다.

국회의원의 다수를 차지하는 친일적인 행정관료들은 미군정시(36.7%)와 정부수립후(31.4%)에도 계속 종사한다. 그리고 과거 직업적 정치활동이나 청년운동에 종사한 의원들이 미군정시(9.0%)와 정부수립후(9.7%)에도 증가한 것을 보면, 이들은 직업 정치인이 되었음을 의미한다. 이들이 생업에 종사하지 않고 정치 및 청년운동에 종사할 수 있다는 것은 상당한 경제적 기반이 있었기 때문인 것 같다.

---

3) 직업적 경력은 당시에 주요하고 오랜 활동을 한 것을 말한다.

<표 7> 2대 국회의원의 세대별 직업이동

	정치활동	청년운동	행정관료	판검사	금융기관	회사경영	기업관료	읍면장	교수학장	교장교원	언론	농업	기타	합계(명)
일제시	16.4	2.1	13.0	4.1	11.0	15.1	5.5	4.8	2.1	11.0	6.2	1.4	7.5	100.0 (146)
미군정시	5.4	9.0	28.9	1.8	5.4	9.6	2.4	7.8	5.4	4.8	9.0	2.4	7.8	100.0 (166)
정부수립후	17.1	9.7	25.1	0.6	5.1	8.6	2.3	5.7	6.3	2.9	8.7	2.3	8.1	100.0 (173)

2대 국회의원들이 정부수립후 지낸 직업을 보면, 행정관료와 직업정치인이 증가되고, 반면에 판검사와 기업, 금융인이 감소되며, 교육자와 읍면장 및 언론인의 비율이 그대로 유지되고 있다.

2대 국회의원이 퇴임후 지낸 최종직을 보면, 정치활동(국회의원 등)을 계속한 의원이 전체의 39.4%가 되고 이 중에서 장차관을 역임한 의원이 14.4%가 되며, 그 밖에도 교장(7.8%), 기업인(2.8%)을 지냈다. 이러한 현상이 해방후 지금까지 정치세력의 충원기반이 되고 있다.

1) 일제시 직업

2대 국회의원들의 일제시 직업이 그들의 특성(연령, 학력, 출신지 등)에 따라 어떠한 차이(특징)가 있는 가를 본다.

첫째, 그들의 연령에 따라 분석하여 보면, 50~60대는 독립운동에 참여한 의원이 많고, 40대는 화이트 칼라와 읍면장 및 교원들이 많으며 30대는 화이트 칼라(행정 및 기업관료)가 많다.

둘째, 그들의 전공에 따라 분석하여 보면, 가장 많은 법학의 경우 취업이 다양하지만, 특히 행정관료, 판검사 및 기업경영인이 많다. 그리고 경제학 또는 고상 출신은 금융인이 많고, 사범학교 출신은 교원 및 교장이 많으며 농림 출신은 행정관료와 기업관료가 많은 편이다.

셋째, 그들의 출신지역별로 분석하여 보면, 독립운동에 종사한 의원은 경남, 경북 그리고 경기, 서울 출신이 많고, 행정관료는 강원도와 경남 및 서울 출신이 많으며, 금융기관은 경북, 교장은 경기 출신이 많은 편이다.

2) 미군정시 직업

2대 국회의원들의 미군정시 직업을 그들의 특성에 따라 분석하여 보면, 미군정시 가장 많은 행정관료들은 주로 일본 유학생(10.4%)과 국내 고보 및 중학교 출신(9.2%)이다. 그리고 정치 및 청년운동가는 교육 수준이 낮은 고보 및 보통학교 출신이 가장 많고 행정관료와 교직자 및 경영인은 보전 및 연전 출신이 많다.

6. 소속정당

2대 국회의원들의 소속정당은 본 조사 결과와 중앙선거관리위원회의 발표 내용과 약간 차이가 있다. 본 조사 대상자 187명 중에 무소속은 국민회 소속의원이 15명, 국민당 소속의원이 22명, 한민당 소속의원이 21명, 대한청년단 12명 등이다. 그리고 자유당 소속의원이 5명이 되는데 이것은 보궐선거 결과이다. 다수인 무소속 의원은 국민회와 한민당의 의원들에 비하여 교육수준이 높고(예컨대 일본 유학생이 17.8%) 또 친일 관료(28.1%)와 독립운동가(16.4%)들이 많다. 친일 관료들은 불가피하게 보수 우익 성향을 지니겠지만 독립운동가는 진보적 민족주의적 인사들이 많다.[4)]

그러면, 2대 국회의원들의 자질이 어떠한 지를 소속 정당별로 비교하여 보자.

1) 정당별 출신지

2대 국회의원 중에 무소속 의원이 가장 많아서 전체 의원의 54.5%를 차지한다. 이들은 각 시·도별로는 모두 4할 이상을 차지하는데 특히 경남의

4) 예컨대 서울 성북구에서 전국 최다 득표로 조병옥(한민당)을 패배시킨 조소앙(임정계)을 비롯하여 부산에서 전국 2위를 득표한 장건상(조선인민당 부당수), 국민당 최고의원 윤치영(이승만 비서실장)을 이긴 원세훈(민족자주연맹)을 비롯하여 조봉암, 윤길중, 안재홍, 여운홍, 엄항섭, 조시원, 윤기설 등이 있다. 반면에 민국당의 주요 간부들(조병옥, 김준연, 백남훈, 백관수, 서상일 등)은 낙선하였다.

경우 전체 의원의 12.3%이다. 그리고 국민회 소속의원은 전남과 경북 출신이 가장 많고(각각 3명) 국민당의 경우 경기 출신이 가장 많으며 한민당의 경우 전남 출신이 가장 많고,(전체중 3.2%) 대한청년단의 경우 전북과 경북 출신이 가장 많다.(전체중 2.1%) 그러나, 서울과 경북의 경우 국민당, 한민당, 국민회의 소속의원이 비슷하다.

<표 8> 2대 국회의원의 소속정당별 출신지

	서울	경기	충북	충남	전북	전남	경북	경남	강원	제주	평안	함경	황해	해외	합계
국민회	1.1			1.1	0.5	1.6	1.6	1.1	1.1						8.0
한민당	1.6	1.1	0.5	1.1	0.5	3.2	1.6	0.5	0.5	0.5					11.2
국민당	1.6	3.2	1.1	0.5	0.5	1.1	1.6	0.5	1.1			0.5			11.8
대한청년단	0.5				2.1	0.5	2.1	1.1							6.4
대동청년당		0.5	0.5												1.1
자유당				0.5	0.5	0.5	0	0.5						0.5	2.7
기타		1.1	0.5	1.1		0.5	1.1								4.3
무소속	3.7	7.5	2.1	4.3	5.9	5.3	8.3	12.3	3.2		0.5		0.5	0.5	54.5
합 계	8.6	13.4	4.8	8.6	10.2	12.8	16.6	16.0	5.9	0.5	0.5	0.5	0.5	1.1	100.0

2) 정당별 학력

2대 국회의원들 중에 국내 유학생은 전체의 44.6%이고 일본 유학생은 35.8%이며, 나머지는 미국(4.9%), 중국(4.3%) 등에서 수학하였다. 그런데 국민회와 한민당의 소속의원들은 국내보다 일본 유학생이 더 많고(약 2배), 무소속과 국민당 및 대한청년단의 소속의원은 오히려 국내에서 더 많이 수학 하였다. 특히 한민당의 일본 유학생은 와세다대와 주오대 출신이 가장 많고(전체중 2.7%) 국민회와 대한청년단의 경우 고보 또는 중학 출신들이 많으며, 특히 무소속의원은 국내에서 공부한 경우가 훨씬 더 많다. 다만 국민당의 경우 보전 또는 연전 출신이 많다.

여기에서 한민당과 국민회의 소속의원은 무소속과 국민당에 비하여 집안의 경제적 기반이 더욱 좋다는 것을 알 수 있다.

<표 9>　　2대 국회의원의 소속정당별 학력

	국내					일본						미국대	중국대	기타대	합계
	보전/연전	경성대	고보/중학	보통/한학	소계	와세다대	명치대	중앙대	고상/사범	기타대	소계				
국민회	0.5		2.2		2.7	1.1	0.5		1.1	1.6	4.3			0.5	7.6
한민당	0.5	0.5	1.6		2.6	2.7	1.1	2.2		1.6	4.9			1.1	11.4
국민당	2.2		1.6	1.6	5.4	1.6		1.1	0.5	2.7	4.3		0.5		12.0.
대한청년단			2.7	0.5	3.2	0.5			0.5	2.2	2.7				6.5
대동청년당	0.5				0.5				0.5		0.5				1.1
자유당		0.5	0.5		1.0	0.5			0.5	0.5	1.0				2.7
기타	0.5		0.5	1.1	2.1		0.5	0.5		0.5	1.5	0.5			4.3
무소속	10.9	2.7	11.4	1.6	26.6	2.1	3.8	5.4	0.5	7.6	17.3	4.3	2.7	1.1	53.8
합 계	15.2	3.8	20.7	4.9	44.6	8.7	6.0	9.2	3.8	16.8	35.8	4.9	4.3	1.6	100.0

3) 정당별 전직

2대 국회의원들의 일제시 직업은 독립운동가(16.4%), 상공인(15.1%), 행정관료(13%), 교장 · 교원(11.1%), 금융인(11.0%), 언론인(6.2%), 기업관료(5.5%) 등의 순위이다. 이러한 직업구성이 소속정당간에 비슷하게 분포되어 있으나, 특히 무소속 의원들은 행정관료와 금융인, 상공인 및 읍 · 면장들이 많고 국민회와 한민당의 경우 금융인과 상공인이 많으며, 국민당의 경우 교원과 상공인이 많다. 무소속 의원 중에 행정관료와 금융인이 많다는 것은 이들이 친일성이 강하기 때문에 어느 정파에도 소속되기 를 기피한것 같다.

<표 10>　　2대 국회의원의 소속정당별 일제시 직업

	독립운동	청년운동	행정관료	판검사	금융기관	회사경영/상공인	읍면장	교수/학장	교장교원	농업	기업관료	언론인	기타	합계
국민회	1.4				2.7	2.1			0.7	0.7	0.7		0.7	8.9
한민당	4.1	0.7	0.7		1.4	1.4					0.7	2.1	0.7	11.6
국민당	4.1	0.7	1.4			2.7			2.7		1.4		1.4	14.4
대한청년단					0.7	2.7	0.7						0.7	4.8
대동청년당					0.7	0.7							0	1.4
자유당			0.7		0.7	0.7					0.7		0.7	3.4
기타	0.7						0.7					0.7	0.7	3.4
무소속	6.2	0.7	10.3	4.1	4.8	4.8	3.7	2.1	6.8	0.7	2.1	3.4	2.7	52.1
합 계	16.4	2.1	13.0	4.1	11.0	15.1	4.8	2.1	11.0	1.4	5.5	6.2	7.5	100.0

2대 국회의원은 비록 미군정시 한민당이 권력지배층을 형성하였지만 미군정시 그들의 직업 분포는 정당간 큰 차이가 나타나지 않는다. 다만 무소속 의원이 많아서 이들의 직업이 행정관료가 다수이고,(전체의 24.1%) 그 다음으로 기업인(전체의 4.8%), 읍 · 면장(4.2%) 등이 많다는 것이다.

한편, 소속정당별 선거직전 직업을 분석하여 보아도 미군정시와 마찬가지로 큰 차이는 없다. 다만 대한청년단 소속의원은 우익의 청년운동가들이 많다.

4) 당적 변동

2대 국회의원들이 재임기간에 자유당(여당)과 민주당(야당)으로 당적을 표 11과 같이 변경하였다. 2대 국회의원 중에 당적을 변동하지 않고 무소속으로 계속 남은 경우가 가장 많지만,(무소속의 72.7%) 자유당과 민주당으로 이적한 비율도 비슷하다. 자유당으로 이적한 국회의원은 무소속이 47.2%를 차지하고, 국민당과 대한청년단 소속의원이 각각 19.4%와 12.5%를 차지하며, 민주당으로 이적한 무소속과 한민당 출신이 각각 47.6%와 35.7%가 된다. 과거 이승만계였던 국민회와 국민당의 소속의원도 민주당으로 이적한 의원이 상당수 있다.

<표 11> 2대 국회의원의 당적변동별 소속정당

	국민회	한민당	국민당	대한 청년단	대동 청년당	자유당	기타	무소속	합계
자유당	6.9	5.6	19.4	12.5		5.6	2.8	47.2	100.0
민주당	9.5	35.7	4.8		2.4			47.6	100.0
기타	14.3		14.3		0		42.9	28.6	100.0
무소속			9.1		9.1	9.1		72.7	100.0
납북	20.0	6.7	13.3				13.3	46.7	100.0
합계	8.8	13.6	13.6	6.1	1.4	3.4	4.8	48.5	100.0

이와 같이 2대 국회의원의 당적변동은 정치적 신념의 차이에서 비롯된 것도 있지만, 그들의 지연성과 관련이 매우 깊다.

5. 결 론

2대 국회의원 선거에서도 이미 미군정시 건준과 인공에 대한 불법화와 국가보안법이 존재하여 있기 때문에 좌파인사가 5.30 선거에 참여하기 어려웠다. 그리하여 제헌국회와 마찬가지로 무소속 후보자가 대량(61.0%)으로 당선되고, 국민당과 민국당 및 국민회는 전체의 3할도 차지하지 못하였다. 무소속 당선자는 행정관료(25.3%)와 회사경영자(11.2%) 및 교수·교원(8.6%)이 가장 많은데, 이들은 새로운 정치세력으로 등장하고 있음을 의미한다. 비록 이들은 친일적 성격을 지니고 있지만 전통적 친일 보수세력과는 그 성격상 차이가 있다.

그러면, 2대 국회의원의 사회적 배경에서 그 특성을 지적해 본다.

첫째, 그들의 지역별 특성은 북한출신이 남북 분단으로 지역구에서 사실상 배제되었다.

둘째, 그들의 학력별 특성은 국내 수학보다 일본 유학생이 훨씬 많다.(전체의 44.3%) 국내 수학은 보전 및 연전 출신이 많지만 일본 유학은 와세다대와 주오대 및 메이지대 등 사립대출신이 많은데 이들은 대부분 관료가 되기 위하여 법학(37.0%)을 전공하였다. 이들의 68.8%가 지주부농이나 부유한 상공업가 및 관공리의 자손, 즉 부르조아 출신이다.

셋째, 그들의 일제시, 미군정시 및 정부수립시의 직업이동을 보면, 일제시에는 독립운동, 회사경영, 행정관료 및 교원 등을 한 사람이 많으나 미군정시와 정부수립 직전에는 행정관료를 지낸 경우 더욱 증가되었고, 회사경영과 금융기관 임원 및 교원은 감소되고 있다. 그래도 2대 국회의 지배적인 정치 세력은 행정관료와 정치활동 및 교육자들이다.

넷째, 그들의 정당별 학연을 보면, 국민당은 보전 및 연전 출신이 많지만 한민당은 일본 와세다대 출신이 많다.

다섯째, 이들의 최종직을 보면, 국회의원이 다시 된 사람이 전체의 36.2%가 되고 장차관이 된 경우 12.5%가 되며, 나머지는 학교장 또는 단체장(6.9%)이 되고 있다.

이러한 특성에서 5.30 선거결과는 제헌국회와 마찬가지로 지역구 선거제도로 북한출신이 배제되고 지역출신의 토착적인 정치세력이 형성되고 있다.

한편, 제헌국회의원과 마찬가지로 아직도 정치적 리더쉽이 제대로 형성되지 않은 상태에서 국민의 대표를 선출한다는 것은 대단히 어려운 일이다. 더욱이 급진 좌파가 불법화 되고, 또한 국가보안법이 존재하기 때문에 오히려 친일적인 우익의 부르조아 출신이 대거 등장할 수 있게 되었다.

제 9장 관료지배층의 사회경제적 배경

1. 서 론

관료지배층은 일반적으로 행정부처의 1급 이상 정무직 관료를 말한다. 이들은 행정체계에서 높은 지위를 지니고, 정책결정 및 입법과정에 많은 영향력을 행사한다. 그 뿐만 아니라 이들은 우리나라의 핵심적인 권력지배층(국회의원, 장차관, 청와대, 수석비서관 등)을 충원시키는데 가장 주요한 원천이 되어 있다.[1]

이러한 권력지배층을 충원시키는 관료지배층은 '고위 공직자'들이라 할 수 있다. 고위 공직자는 정무직 공무원, 1급 국가공무원, 검사장급 이상 검사, 중장 이상 군인, 총 · 학장, 치안감 이상 경찰, 정부 투자기관 등 공직 유관단체장을 말한다.[2] 이들은 2006년 12월 말 현재 모두 786명이다. 이 중에서 고위 공무원은 62개 기관에 483명이고, 공직 유관단체의 경우 111개 기관에 142명이다.[3]

저자가 연구하려는 관료지배층은 1993년과 2007년의 고위 공무원의 약 절반이 되는, 힘 있는 고위 관료들이다.(표 1 참조) 즉 김영삼 정부의 336명과 노무현 정부의 272명이다. 이들은 비록 각각 전체 고위 공무원의 약 절반을 차지하지만 관료사회를 지배하고 있다.

---

1) 본서 2, 3, 4, 5장 참조
2) 「공직자윤리법」 제 6조, 제 10조
3) 행정자치부, 「2007년도 공직자 정기재산변동 신고사항 공개 보도자료」, 2007년 3월 3일, 행정자치부, 중앙인사위원회, 「2006년 하반기 국가주요직위 명부록」, 2007

저자는 관료지배층의 개념을 고위 공무원(1급 관리이상)으로 규정하고, 이들 중에서 대표적인 행정부처 고위 공무원의 출신배경과 경제적 기반(재산)을 조사, 분석하여 그들의 사회 경제적 특징을 파악하려고 한다.

<표 1> 고위공무원의 조사대상

연도 \ 부처	대통령실	총리실 감사원 등	재경부처	비재경부처	교육부	외교부	국방부	검찰청	경찰청	합계
1993년	25	19	20	50	49	99	25	28	21	336
2007년	20	20	31	26	40	38	27	30	40	272

이러한 연구를 하기 위하여 먼저 해당 부처 고위 공무원들의 정기 재산신고내용을 파악하고, 동시에 이들의 개별 이력서(동아일보사의 「인물정보」 등)를 조사하여 그들의 연령, 출신지, 학력, 재산(주택, 토지, 예금) 및 전직 등에과 교차 분석하여 본다.

저자는 관료지배층의 사회경제적 성격과 그 변화를 알기 위하여 1993년 김영삼 정부와 2007년 노무현 정부의 주요한 부처의 고위 공무원을 조사하였고[4] 이들이 15년간 어떠한 변화가 있었는 지를 비교하여 고찰한다.

2. 충원제도와 임용방법

1) 충원제도

관료지배층이라 볼 수 있는 1급 이상의 국가공무원은 그 임용 자격 및 조건이 각 부처마다 상이하지만, 그 임용 절차는 부처의 장관의 제청과 행자부 장관과 협의하여 국무총리를 거쳐 대통령이 임명하게 되어 있다.

일반적으로 국가공무원이 되려면 평생 신분이 보장되는 경력직(일반직,

4) 대한민국 정부 2008년도 정기재산 변동사항 공개 목록, 「관보」, 제 16719호, (2008년 3월 28일)에서 추출.
본문에서 김영삼 정부는 YS, 노무현 정부는 MH의 약칭으로 표기한다.

특정직, 기능직)과 특수직(정무직, 별정직, 계약직) 공무원에 따라 그 임용원칙이 다르다.[5] 일반적으로 국가공무원은 시험성적, 근무성적 및 기타 능력의 실증에 의하여 임용하게 되어 있지만, 신규 채용은 공개 경쟁시험에 의하여 채용된다. 신규 채용은 9급 또는 7급 시험이 있으나 고위직에 상승이동하려면 행정고시에 합격한 자가 유리하다.

2008년 행정고시에는 242명(전국 206명, 지역 36명)이 합격하였는데 여성 합격자의 비율이 해마다 증가되어 전체의 51.2%를 차지한다. 경력직 국가공무원이 5급 또는 9급에 임용되어 1급 관리관(실장)이 되려면 법령상 적어도 10년 이상 17년이 걸린다. 그러나 현실적으로 현재의 5급 공무원이 9급에서 승진하는데 걸린 기간은 평균 25.2년이었고 3급 이상 고위 공무원이 고등고시나 특채를 통하여 현재까지 승진하는데 평균 23.8년이 소요되었다.[6] 특채인 경우 그 연한이 단축될 수 있다. 1급 공무원의 경우 특별채용시험에 의하여 채용하게 되어 있다.[7]

<표 2> 고위공무원의 임용방법과 자격

(단위 ; %)

직위	충원방법	김영삼 정부				노무현 정부			
		행시	사시	외시	기타	행시	사시	외시	기타
장차관	특채	19.7	9.9		70.4	60.0	13.3	6.7	20.0
관리관	행정고시	25.9	4.7		69.4	53.2	1.3	15.6	29.9
총학장	교원선거/임명제	3.7			96.3	6.8			93.2
군장성	사관학교				100.0	2.1			97.9
외교관	외무고시/특채	7.1		7.9	85.0		3.6	78.6	17.9
치안감	경찰학교/사법시험	15.8			84.2	11.1	11.1	3.7	74.1
검사장	사법시험		73.5		26.5		100.0		
비서관(대통령실)	특채	10.2		5.0	85.0	29.1	8.3		62.5
전체	평균치	11.4	7.9	2.4	78.3	23.1		11.7	49.7

5) 「국가공무원법」, 제 2조

6) 행정안전부가 2008년 9월~10월에 헌법기관을 제외한 전국 공무원 94만 5천 230명에 대한 조사결과임.(「연합뉴스」, 2009년 1월 13일)

7) 「국가공무원법」, 제 26조, 28조

그러나, 고위 공무원들은 대부분 경력직 국가공무원이고 특채에 의한 것은 장차관, 교수, 외교관(일부) 등 소수라 할 수 있다.[8)]

3. 사회적 배경

1) 연령과 성씨

관료지배층이 되려면 적어도 10년(5급 임용시) 또는 17년(9급 임용시) 이상이 걸리기 때문에 사실상 40대에서 관료지배층이 되기는 어렵다. 그래서 이들의 연령은 50대가 가장 많다.(YS시 전체의 80.6%, MH시 87.1%) 김영삼 정부보다 노무현 정부시 고위 공무원의 연령이 더 젊다.

<표 3> 관료지배층의 직군별 평균 연령

	장차관	관리관	총·학장	군장성	외교관	치안감	검사장	비서관
1993년	54.8	53.5	59.0	51.5	57.7	54.6	52.2	51.0
2007년	56.0	53.6	57.9	57.9	55.6	55.6	53.0	47.0

관료지배층의 연령을 직군별로 보면, 비서관의 경우 50대 미만이 가장 많고, 관리관의 경우 노무현(MH) 정부시 50대 전반이 더욱 많으며 군장성은 김영삼(YS) 정부시 50대 전반이 더 많다. 그리고 치안감의 경우 노무현 정부시 50대 전반이 더 많고 검사장은 김영삼 정부시 50대 전반이 대부분이다.

이와 같이 정권에 따라 연령 차이가 있는 것은 정권의 성격상 차이에서 비롯된 것 같다. 예컨대 김영삼 정부시 군장성이 젊은 것은 전두환 소장의 쿠데타시 주역인 하나회의 숙군 작업, 그리고 노무현 정부시 세대교체로 연유된 것 같다.

8) 특채된 국가공무원도 공개 경쟁 전형이 원칙인데 이것을 지킨 정권은 없다. 노무현 정권이 장관을 공개 모집한다고 하였지만, 실제로 60세 이상은 배제하였고(세대교체) 또 이념 성향(소위 코드)을 고려하여 임용하였다.

한편, 관료지배층의 성씨는 김씨가 많고, 그 다음은 이씨, 박씨, 조씨, 최씨 등의 순이다. 이러한 성씨는 YS정부와 MH정부간에 큰 차이가 없다. YS정부 때는 김씨가 가장 많고(22.1%), 그 다음은 이씨(17.0%), 박씨(4.8%), 최씨(4.8%), 정씨(4.1%)이며 나머지는 다양한 성씨들이다. 그리고 노무현 정부의 경우 김씨가 전체의 23.1%를 차지하고, 그 다음은 이씨(17.0%), 박씨(8.7%), 최씨(4.8%), 정씨(4.1%), 한씨(2.8%) 등이며, 나머지는 다양한 성씨들이다.

<표 4> 관료지배층의 직군별 성씨

직군 \ 정권 \ 성씨		이	김	정	박	윤	유	최	조	권	한	기타	합계
장차관	YS	22.8	26.3	1.8	7.0			7.0			3.5	31.6	100.0
	MH	24.1	17.2		6.9		3.4		3.4	6.9	6.9	31.0	100.0
관리관	YS	22.1	16.9	2.6	10.4	3.9	2.6	1.3	2.6			37.7	100.0
	MH	14.5	23.7	1.3	6.6		3.9	2.6	3.9	1.3		42.1	100.0
총학장	YS	9.3	20.4	7.4	7.4	1.9	1.9	3.7			7.4	40.7	100.0
	MH	11.4	15.9	4.5	4.5	2.3	0	9.1	2.3		2.3	47.7	100.0
군장성	YS	40.0	40.0		20.0								100.0
	MH	19.2	23.1	3.8	11.5			7.7	3.8			30.8	100.0
외교관	YS	18.9	18.1	3.1	11.0	1.6	1.6	4.7	2.4	0.8	2.4	35.4	100.0
	MH	7.1	17.9	10.7	3.6		3.6	7.1	3.6			46.4	100.0
치안감	YS	10.0	30.0	10.0	10.0		10.0	5.0	5.0			20.0	100.0
	MH	14.8	25.9		14.8	3.7	7.4	3.7	11.1		3.7	14.8	100.0
검사장	YS	2.9	32.4	2.9	2.9			14.7			2.9	41.2	100.0
	MH	21.1	21.1	2.6	21.1				2.6	2.6		28.9	100.0
비서관	YS	15.8	31.6	10.5		5.3					5.3	31.6	100.0
	MH	8.7	21.7	8.7	8.7	4.3			8.7	4.3		34.8	100.0
합계	YS	17.0	22.1	4.1	8.7	1.8	1.8	4.8	1.5	0.3	2.8	35.1	100.0
	MH	15.1	21.0	3.4	9.3	1.0	2.4	3.8	4.5	1.7	1.4	36.4	100.0

이러한 씨족 배경은 조선말기 정치 지배층의 경우(이씨가 전체의 29.9%, 김씨가 15.5% 등)와 비교하면 김씨를 제외한 주요한 성씨는 큰 차이가 없으나 그 구성비는 많은 차이가 있다.[9] 그리고 최근 조사된 한국의 10대 성씨

9) 2000년 인구주택 총조사 결과에 의하면, 한국의 성씨는 728개이고 본관이 4,179개이다. 가장 많은 인구의 성씨는 김씨로 전체 인구의 21.6%(약 992만명)를 차지하고, 그 다음은 이씨(14.8%), 박씨(8.5%), 최씨(4.7%), 정씨(4.4%), 강씨(2.3%), 조씨(2.1%), 윤

와 비교하여 보아도 큰 차이가 나타나지 않으나, 다양한 성씨에서 권력지배층이 충원되고 있는 것이 그 특징이다.[10)]

2) 출신지

과거 농촌출신은 대학 진학시 행정공무원이나 판, 검사가 되려고 법학, 정치학, 행정학 등 사회과학 분야의 전공학과를 선호하고, 대도시 출신은 의사와 과학기술자가 되기 위하여 의학, 공학 등 자연과학 분야와 경제학 분야를 선호하는 경향이 있었다.

관료지배층의 출신지는 영남과 호남지방이 가장 많다. YS시는 부산 · 경남이 전체의 20.1%를 차지하고 그 다음은 대구 · 경북(18.3%), 서울(16.5%), 대전 · 충청(14.4%), 광주 · 전남(9.3%) 등의 순이다. MH시는 역시 부산 · 경남이 전체의 19.1%로서 가장 많고, 그 다음은 대구 · 경북(16.6%), 대전 · 충청(15.8%), 광주 · 전남(13.7%), 서울(12.9%) 등의 순이다. 다시 말하면 YS는 영남의 지역 기반을 가지고 있어서 영남 출신이 많지만 MH는 비록 경남 출신이지만 호남의 지역 배경을 지니고 있어서 YS시 보다 호남 출신의 비율이 더 많이 나타나고 있다. MH시의 핵심 권력은 호남, 특히 전북 출신이 장악하고 있었다.[11)]

관료지배층의 출신지를 직군별로 보면, YS시에는 영남 출신 장차관이 절대수가 많지만 상대적으로 인천 · 경기 출신과 전주 · 전북 출신이 가장 많고, MH시는 대구 · 경북과 전주 · 전북 및 대전 충청의 출신이 가장 많다.

씨(2.1%), 장씨(2.0%), 임씨(1.7%) 등의 순이다. 성씨를 본관 별로 보면, 김해 김씨가 전체 인구의 9.0%(412만 5천명)로 가장 많고, 그 다음은 밀양 박씨(303만명), 전주 이씨(261만명), 경주 김씨(174만명), 경주 이씨(143만명), 경주 최씨(97만명), 진주 강씨(96만명), 광산 김씨(83만명), 파평 윤씨(71만명), 청주 한씨(64만명), 안동 전씨(63만명), 안동 장씨(59만명), 김녕 김씨(51만명), 평산 김씨(49만명), 순흥 안씨(47만명), 동래 정씨(44만명), 달성 서씨(43만명), 안동 김씨(42만명), 해주 오씨(42만명), 전주 최씨(39만명)의 순이다.(「동아일보」, 2003년 1월 29일)

10) 김영모, 「조선지배층연구」, 일조각/고헌, 1977/2002, 제 1편 제 6장 참조

11) 전주 · 전북 출신이 MH정권 말기에 국회의장, 대법원장, 감사원장, 국가정보원장, 재경부 장관, 검찰총장, 육참총장, 여당 의장 및 정책위원장을 독점한 적이 있다.

그리고 관리관은 서울 출신이 상대적으로 가장 많고, 외교관은 대전·충청, 치안감은 부산·경남, 그리고 검사장은 대구·경북출신이 상대적으로 가장 많은 편이다.

<표 5> 관료지배층의 직군별 출신지

직군 \ 정권 \ 출신지		서울	부산 경남	대구 경북	인천 경기	광주 전남	전주 전북	대전 충청	강원	제주	기타	합계
장차관	YS	11.1	23.8	17.5	12.7	6.3	6.3	7.9			14.3	100.0
	MH	11.1	7.4	25.9	7.4	7.4	14.8	14.8	11.1			100.0
관리관	YS	10.9	14.1	25.0	10.9	9.4	4.7	18.8	1.6		4.7	100.0
	MH	22.2	14.3	17.5	3.2	15.9	9.5	12.7	4.8			100.0
총학장	YS	4.9	26.8	17.1	4.9	17.1	7.6	14.6	4.9		2.4	100.0
	MH	9.7	16.1	12.9		25.8	6.5	22.6	0	3.2	3.2	100.0
군장성	YS	10.5	5.3	26.3	5.3		5.3	42.1			5.3	100.0
	MH	4.2	29.2	12.5	8.3	8.3	12.5	20.8	4.2			100.0
외교관	YS	33.7	21.3	13.5	1.1	10.1		7.9	5.6	1.1	5.6	100.0
	MH		26.7	13.3	6.7	13.3		33.3	6.7			100.0
치안감	YS		23.1	15.4	7.7	7.7		38.5	7.7			100.0
	MH	3.7	37.0	14.8	7.4	14.8	11.1	11.1	0			100.0
검사장	YS	19.2	15.4	15.4	7.7	11.5	7.7	7.7	3.8		11.5	100.0
	MH	15.8	18.4	21.1	7.9	13.2	2.6	15.8	2.6	2.6		100.0
비서관	YS	11.1	27.8	22.2	5.6	5.6	5.6	16.7	0		5.6	100.0
	MH	18.8	12.5	6.3	12.5		122.5		12.5		25.0	100.0
합 계	YS	16.5	20.1	18.3	6.9	9.3	4.2	14.4	3.0	0.3	6.9	100.0
	MH	12.9	19.1	16.6	5.8	13.7	8.7	15.8	4.6	0.8	2.1	100.0

그리고 MH시에는 대구·경북 출신 장차관이 많지만 동일한 직군 중에서는 상대적으로 전주·전북 출신이 가장 많고, 관리관은 인천·경기 출신, 외교관은 대전·충청 출신, 치안감은 부산·경남 출신, 그리고 검사장은 영남 출신이 직군중에서 상대적으로 많이 임용되었다.

이와 같이 정권의 성격에 따라 권력지배층의 출신지역도 상이하게 나타난다.[12)]

---

12) 정부수립후 2000년 말 까지 장차관(1,699명)의 출신지는 경북(16.8%)과 경남(16.3%)이 가장 많고, 그 다음은 이북(13.4%)과 서울(12.5%) 및 충남(10.1%) 출신이 많다. 그

한편, 고위공작자들은 청와대가 투기세력의 온상으로 본, 소위 '버블세븐' 지역에 살고 있다.[13] 4급 이상 재경부 공무원(110명)의 74.5%가 이 곳에 살고, 건교부(147명)의 경우는 49.7%가 이 곳에 거주하고 있다. 더욱이 고위공직자의 40.9%가 강남 3구에 살고 있다. 나머지는 재경부의 경우 11.8%가 분당, 6.4%가 평촌, 4.5%가 용인에 살고 건교부의 경우 평촌에 4.5%, 분당에 3.4%, 용인에 2.0%가 살고 있다. 따라서 이러한 지역에 대한 부동산 대책이 제대로 효과를 내기 어렵다.

3) 교육수준

사회적 상승이동에 있어서 교육이 매우 주요한 공통적 통로이다. 고위공무원이 되려면 비록 공개 경쟁시험이라고 하지만, 각 부처에서 일정한 자격(행시, 사시, 외시 등)을 구비하여야 하거나 대학 졸업자에게 전형의 기회를 주는 경우가 많다. 그리하여 고위 공무원은 대부분 대학교육을 받았거나 심지어 재직시 국내외 대학원에서 석, 박사 학위를 받는 경우가 많다.[14]

우리나라 고위 공무원은 거의 모두 대학교육을 이수하였다. 대학 졸업자라도 소위 일류대학 출신이 고위 공무원을 독점하고 있다. 행정안전부가 2008년 7월 말 발표한 자료에 의하면, 우리나라 정부 고위 공무원단(1급~3급) 1,480명 중에 서울대 출신이 30.3%를 차지하고, 그 다음은 고려대(9.5%), 연

런데 이승만 정권시는 서울(22.4%)과 이북(19.3%) 출신이 가장 많고 박정희 정권시는 이북(23.4%)과 경북출신(14.4%)이 많았으며 전두환 정권시는 경북(26.3%), 노태우 정권시는 영남(44.0%), 김영삼 정권시에는 영남 출신(41.4%)이 가장 많았다. 그러나 김대중 정권시에는 호남 출신(23.8%)이 가장 많다.(이용재, 「역대 정부 행정엘리뜨 충원에 관한 연구」, 국민대 박사학위논문, 2002, p.135)

13) '버블세븐' 지역은 서울 강남, 서초, 송파 등 강남 3구와 양천구 목동, 경기 성남시, 분당 신도시, 안양시 평촌신도시, 용인시 등을 말한다.(「동아일보」, 2007년 2월 15일)

14) 2008년 전국 공무원의 학력 수준은 대졸이 전체의 45.4%이고, 그 다음은 대학원이 21.2%, 고졸이 16.4%, 전문대졸이 14.0%, 중졸 이하가 3.0%이다.(연합뉴스, 2009. 1. 13) 그리고 정부수립 후 역대 장차관(1,689명)의 학력을 보면, 대졸자가 전체의 56.3%이고 대학원 졸업이 41.9%가 된다. 그리고 장차관의 49.3%가 해외유학을 하였으며 그들의 56.8%가 미국 유학이었다. 박정희 정권 초기 까지는 일본 유학생이 57.9%이었으나 그 이후는 미국 유학생이 약 9할이 된다.(상게서, p.129)

세대(7.1%), 성균관대(4.7%) 출신이라고 한다.

그런데 저자가 조사한 관료지배층은 서울대 출신이 고위 공무원단(1급~3급)의 경우에 비하여 많았고, 또 그들의 절반 이상을 차지하고 있었다. 특히 서울법대와 서울상대 출신이 전체의 약 25%를 차지한다.

이와 같이 법대와 상대 출신이 많은 것은 행정고시와 사법고시의 전형 과목이 주로 법학과 경제학에 관련된 학과목이 많기 때문에 유리하다.

<표 6> 관료지배층의 직군별 출신대학

직군,정권 \ 대학		서울대 법대	서울대 상대	서울대 기타	고려대	연세대	성균관대	한양대	한국외대	경북대	육사	기타	합계
장차관	YS	19.4	11.3	29.0	12.9	6.5	3.2			1.6	4.8	11.3	100.0
	MH	18.5	18.5	22.2	14.8	7.4	7.4					11.1	100.0
관리관	YS	15.4	12.3	24.6	10.8	4.6	7.7			4.6	3.1	16.9	100.0
	MH	5.9	20.6	17.6	13.2	7.4	13.2	5.9	1.5	1.5	2.9	10.3	100.0
총학장	YS			40.0		5.0				10.0		45.0	100.0
	MH	2.8	5.6	44.4	2.8	2.8				2.8		38.9	100.0
군장성	YS			10.0	5.0						50.0	35.0	100.0
	MH				3.8						61.5	34.6	100.0
외교관	YS	17.8	4.4	42.2	3.3	13.3	1.1				6.7	11.1	100.0
	MH	13.0	8.7	52.2	8.7							17.4	100.0
치안감	YS	9.1					9.1	9.1		9.1		63.6	100.0
	MH	15.8			10.5		5.3					68.4	100.0
검사장	YS	73.1		7.7	15.4							3.8	100.0
	MH	65.8		5.3	5.3	2.6	10.5	2.6		2.6		5.3	100.0
비서관	YS	5.6		38.9	16.7	11.1				11.1		16.7	100.0
	MH	11.8	17.6	11.8		11.8	23.5		17.6		5.9		100.0
합계	YS	17.8	5.7	29.8	7.8	6.9	2.7	0.3		3.3	6.3	19.3	100.0
	MH	16.9	10.2	19.7	8.3	4.3	7.9	2.0	1.6	1.2	7.5	20.5	100.0

표 6을 보면, 서울대 출신 이외의 관료지배층은 고려대와 연세대, 성균관대, 육사 출신이 많고, 그 밖에 타 대학 출신도 상당한 수가 있다. 특히 YS시 보다 MH시 서울대 출신이 적고, 기타 대학 출신이 많이 기용되고 있다.

한편, 고위 공무원들의 출신 고교를 보면, 경기고 출신이 가장 많아 전체의 17.4%를 차지하고, 그 다음은 경북고, 서울고, 경복고, 부산고, 광주일고, 전주고, 대전고 등 지방의 소위 일류 고교 출신들이다. 이러한 고교 이외는 다른 영남지역 고교 출신이 가장 많으며, 그 다음은 서울지역 고교와 호남지역 고교 출신들이다. 이러한 일류 고교 출신 비율은 고위 공무원(단 1급~3급)에 비하여 매우 높은 편이다. 고위 공무원단의 경우 경기고 출신이 전체의 5.7%이지만 권력지배층은 그것의 3배 이상이 된다. 그러나 다른 일류 고교 출신은 경북고(4.0%), 광주일고(3.4%), 경복고(3.2%), 전주고(3.2%), 대전고(3.0%), 부산고(3.0%) 등으로 이것은 관료지배층의 경우와 매우 유사하다.

<표 7> 관료지배층의 직군별 출신고교

직군 \ 고교		경기고	서울고	경복고	경북고	부산고	광주일고	전주고	대전고	서울지역	경기인천	영남지역	호남지역	충청지역	강원 등	합계
장차관	YS	16.1	8.9	1.8	7.1	5.4	0	1.8	0	12.5	1.8	25.0	12.5	5.4	1.8	100.0
	MH	26.9	11.5	7.7	0	3.8	11.5	3.8	0	19.2	3.8	7.7		3.8		100.0
관리관	YS	13.0	3.7	1.9	3.7	1.9	1.9		7.4	9.3	5.6	33.3	14.8	1.9	1.9	100.0
	MH	23.5	2.0	2.0	5.9	3.9	3.9	2.0		21.6	2.0	17.6	11.8	2.0	2.0	100.0
총학장	YS	15.8							5.3	10.5		31.6	31.6	5.3		100.0
	MH	4.5		4.5	9.1	4.5	4.5	4.5	9.1	4.5		22.7	13.6	18.2		100.0
군장성	YS	5.9		5.9	11.8	5.9	0		5.9	23.5		17.6	5.9	17.6		100.0
	MH	8.0	4.0	4.0				4.0	4.0	12.0	8.0	28.0	16.0	8.0	4.0	100.0
외교관	YS	23.6	5.5	7.3	9.1			1.8	3.6	7.3	1.8	18.2	9.1	5.5	7.3	100.0
	MH	16.7	16.7	25.0			16.7			8.3	8.3		8.3			100.0
치안감	YS					12.5				12.5		37.5	12.5	12.5	12.5	100.0
	MH	4.8			4.8	9.5				9.5	9.5	38.1	23.8			100.0
검사장	YS	31.8			9.1		4.5	9.1	4.5	13.6		13.6	9.1		4.5	100.0
	MH	17.1		5.7	14.3	2.9	2.9	0	2.9	17.1	8.6	17.1	5.7	5.7		100.0
비서관	YS	18.8		6.3		6.3	6.3	0	0	25.0		25.0	6.3	6.3		100.0
	MH		8.3	8.3						50.0	16.7	8.3		8.3		100.0
합계	YS	17.4	4.0	3.2	6.1	2.8	1.2	1.6	3.6	12.1	2.0	24.7	12.6	5.3	3.2	100.0
	MH	15.2	3.9	5.4	5.4	3.4	4.4	2.0	2.0	17.2	5.9	18.6	10.3	5.4	1.0	100.0

이것을 보면, 관료지배층이 되려면, 일류 고교와 일류 대학 출신이라야 한다는 것을 알 수 있다. 그리고 이들의 전공학과도 주로 법학과와 경제학과 출신들이 많다.

표 7을 보면, YS시 관료지배층은 MH시 보다 경기고 출신이 약간 더 많고, 또 영호남 출신이 더 많다는 것을 알 수 있다. 이러한 현상은 수도권 출신이 점차 많이 관료지배층이 될 수 있다는 것을 의미한다.

4) 종교

우리나라 종교 인구는 2005년 말 현재 불교도가 총 인구의 23.2%를 차지하고, 그 다음은 개신교도 19.7%와 천주교도 6.6%이다. 이러한 3개 종교가 전체 종교인의 97.5%를 차지한다.[15] 그런데 관료지배층의 약 7할 이상이 자기의 신앙을 밝히지 않고 있는데 이것은 대부분 비신자라고 할 수 있다. 종교를 믿고 있는 관료지배층은 MH시 보다 YS시가 더 많다. 그리고 YS시에는 기독교도(14.3%)와 천주교도(10.1%) 및 불교도(8.6%)가 비슷하지만 MH시에는 기독교도(10.1%)와 천주교도(4.1%) 및 불교도(4.7%)가 약간 적다.

<표 8> 관료지배층의 직군별 종교

직군 \ 정권		기독교	천주교	불교	기타	무응답	합계
장차관	YS	23.9	12.7	12.7		50.7	100.0
	MH	23.3	6.7	10.0		60.0	100.0
관리관	YS	14.1	15.3	9.4	1.2	60.0	100.0
	MH	7.8	5.2	5.2		81.8	100.0
총학장	YS	7.4	9.3	11.1	1.9	70.4	100.0
	MH	13.6	6.8	6.8		72.7	100.0
군장성	YS	13.0	10.9	2.2		73.9	100.0
	MH	4.2				95.8	100.0
외교관	YS	12.6	4.7	2.4		80.3	100.0
	MH	14.3	7.1			78.6	100.0
치안감	YS		5.3	10.5		84.2	100.0
	MH	3.7				96.3	100.0
검사장	YS	8.8	14.7	26.5		50.0	100.0
	MH	13.2	5.3	7.9		73.7	100.0
비서관	YS	35.0	10.0	5.0		50.0	100.0
	MH	4.2		8.3		87.5	100.0
합계	YS	14.3	10.1	8.6	0.4	66.7	100.0
	MH	10.1	4.1	4.7		81.0	100.0

15) 문화관광부, 「2005년 문화정책백서」, 2006, pp.440~443

관료지배층의 종교를 직군별로 분석하여 보면, 관리관, 군장성 및 비서관은 YS시에 많은데 MH시는 총학장, 외교관 및 검사장이 더 많은 것이 특징이다.

5) 신분배경

관료지배층의 출신 대학은 서울대학교가 전체의 약 5할을 차지하고, 그 중에서 법대 졸업생이 가장 많다.(YS시 17.8%, MH시 16.9%) 그 밖에도 소위 일류대학과 일류고교 출신이 가장 많기 때문에 이들 학부형의 직업 배경에서 어떠한 사회계층에 속한 가를 알 수 있다.[16] 우리나라의 소위 일류고교와 일류 대학생 부친의 직업배경은 구중산층(자영업자)과 신중산층(화이트 칼라)이 거의 독점하여 있다. 따라서 중간계급 출신이 관료지배층을 주로 형성한다고 볼 수 있다. 실제로 관료지배층을 가장 많이 배출한 서울법대생의 부친 직업이 상업(21.3%)과 농업(12.3%)이 가장 많으며, 그 다음으로 공무원(11.6%)과 회사원(9.8%)이 가장 많고, 그 다음으로 공무원과 회사원(9.8%) 및 교원(5.2%)이 많은 것을 보면, 그들은 주로 중산층(자영업자와 화이트 칼라) 출신이라 할 수 있다.[17]

4. 경제적 기반

관료지배층의 경제적 기반은 개인의 소득과 재산이라 할 수 있다. 개인의 소득은 자기 노동(공직 수행)에 대한 보상이지만 재산은 개인 뿐만 아니라 직계 존비속 등 가족의 재산이 포함된다. 그러나 직계존비속이 독립생계, 즉 피부양자가 아니면 재산을 신고하지 않을 수 있기 때문에 관료지배층의 전답과 임야가 없는 경우(YS시 38.6%, MH시 53.8%) 이것을 감안하여 고찰하여야 한다.

---

16) 김영모,「한국사회계층연구」, 한복연출판부, 1982, 제 11장 참조
본서 제 14장 참조.

17) 서울대학교 법과대학 학생기록카드 분석 결과임(본서 제 10장 3절 참조)

1) 소득

소득은 해마다 물가 등을 고려한 소득 인상율에 따라 상승될 수 있다. 고위 공무원의 소득은 봉급이며, 이들의 음성적 수입도 있을 수 있다.[18] 그리고 재산은 예금의 경우 이자가 있지만 부동산(특히 임야)의 경우 이에 대한 지대(소작료)가 매우 적다. 다만 2채 이상의 주택(아파트)인 경우 그에 대한 임대료가 있을 것이다.

<표 9> 고위직 행정공무원의 기본 연봉

직군	연봉	비고
대통령	1억 6124만 4,000	
국무총리	1억 2521만 4,000	
감사원장 및 부총리	9,471만	
장관 및 장관급	8813만 9,000	
차관 및 차관급	8257만 9,000	
1급 공무원	4942만 5,609	최고 23호봉
치안감	4528만	최고 25호봉
소장	4827만 6,000	최고 13호봉
총학장	6512만 4,000	특 1호봉

(비고) 연봉에는 각종 수당이 제외되었음. 수당은 대개 월봉의 4배임.
(자료) 중앙인사위원회, 2008

고위 공직자의 소득은 표 9에서 볼 수 있는 바와 같이 직군과 호봉에 따라 많은 차이가 있다. 장차관급 이상인 경우 연봉이 8천만원 이상이지만, 1급 이하인 경우 그것의 약 6할 수준에 불과하다. 이러한 연봉은 대기업의 임원에 비하면 그것의 약 1할에 불과하고 도시근로자(2008년 월 평균 임금은 267만원임)의 1.5배에 불과하다.

고위 공직자의 연봉(각종 수당 제외)이 적음에도 불구하고 해마다 소유재산이 증가되는 것을 보면, 부동산(주택 등)과 금융자산(예금 및 주식 등)의 증식에서 비롯된 것 같다.

---

18) 화이트 칼라 범죄(탈세, 뇌물, 횡령, 사기 등 전체 범죄의 0.3%)와 특혜(무임승차 등)가 있다.

2) 재산

고위 공직자는 매년 소득과 재산 변동의 신고를 하게 되어 있다. 그렇지 않은 경우 처벌을 받을 수 있다.

고위 공직자들의 재산은 해마다 증가하고 있다. 1999년 입법, 사법, 행정부 공직자의 70%가 재산을 크게 불렸고, 2007년 참여정부의 청와대 고위 공직자와 각료들도 지난 5년간 평균 1억 5천원 정도 증가하였다. 이들의 재산 증가는 부동산과 주식 투자에서 비롯되고 있다.[19] 특히 재정부의 경우 부동산(80%)과 금융자산(20%)으로 재산이 구성되어 있다.[20] 정부(행자부)가 발표한 공직자의 재산 신고가 공시지가를 기준으로 하기 때문에 정부(행자부)가 발표한 공직자의 재산은 재산신고의 신뢰성이 매우 높지만 현실가의 타당성은 매우 낮다고 볼 수 있다. 따라서 공직자의 재산은 당시의 공시지가가 매우 낮기 때문에 YS시는 약 2~3배를 곱해야 되고, MH시는 약 20%를 추가해야 될 것이다.[21]

한편, 고위 공직자의 직계 존비속이 피부양자가 아니면, 즉 독립생계가 가능하면 신고를 거부할 수 있기 때문에 그 신뢰성이 떨어지고 있다.[22] 그러나 본인의 소득과 재산 및 그것의 증감을 알 수 있기 때문에 표준지 공시지가의 상승분을 고려하면 고위 공직자, 즉 관료지배층의 경제적 기반을 추정할 수 있다.

2006년 고위 공직자(1급 이상 643명)의 평균 재산은 10억 4천만원이다. 평균 재산이 가장 많은 부처는 기획예산처이고(49억 5천만원)이고 가장 적은 경우는 환경부(5억 4천만원)이다.[23] 그리고 2007년 말 고위 공직자(중앙부처, 시

---

19) 「동아일보」, 2008년 2월 29일, 2008년 4월 16일

20) 「연합뉴스」, 2008년 4월 24일

21) 공시지가는 현실가에 접근하기 위하여 해마다 변동(증가) 되었는데 지난 3년간 61.8%가 인상되었다.(2008년의 경우 17.8% 인상되고 수도권은 20.76% 인상) 이것은 땅값 상승률(지난 3년간 12.3% 인상)보다 높다.

22) 2008년 공직자 재산등록 고지 거부자는 전체(10만 6천 260명)의 28.1%인데 이들은 직계비속이다. 특히 거부자는 감사원이 48.7%로 가장 많고, 그 다음은 대검찰청(45.1%), 기획재정부(38.6%), 국세청(35.1%) 등 실권 부처이다.(「연합뉴스」, 2008. 9. 17)

도지사, 광역의원, 교육감 및 교육위원 등 1,739명)의 평균 재산은 11억 854만원이다. 이러한 재산은 전년도에 비하여 6% 또는 14.2%가 증가되었다.[24] 재산이 증가된 공직자는 2006년의 경우 14.2%가 증가 되었다.

2008년 고위 공직자 재산 공개결과는 1인당 평균 1억 5천 854여만원이 증가 되었다. 이것은 대부분 부동산과 회원권 등 공시가격이 증가하였기 때문이다. 부동산 재산은 2006년 말과 비교하면 14.3% 감소되었지만, 재테크 수단으로 부동산이 여전히 중요하지만 예금이나 펀드 등 금융재산으로 이동하는 추세라고 한다.[25]

(1) 재산총액

저자가 조사한 고위 공직자의 직군별 평균 재산을 YS정부와 MH정부의 경우를 비교하여 보자.

<표 10> 관료지배층의 직군별 평균 재산

정권 / 재산 / 직군	김영삼정부					노무현정부				
	주택 (평)	전답 (평)	임야 (평)	예금 (백만원)	총재산 (백만원)	주택 (평)	전답 (평)	임야 (평)	예금 (백만원)	총재산 (백만원)
장차관	65.9	2.359	8.008	120	961	64.4	1,906	14,790	900	2,439
관리관	66.8	2.154	16,764	126	853	56.0	928	7,068	388	1,620
총학장	66.6	2.135	11,347	1,179	711	69.3	1,380	3,684	590	1,440
군장성	57.4	2.345	7,728	86	460	56.4	2,041	11,035	328	979
외교관	62.0	1.451	14,102	167	885	60.1	756	5,075	399	1,563
치안감	66.4	2.340	10,925	91	1,199	58.5	967	8,591	329	1,113
검사장	70.7	2.667	20,418	142	1,006	61.2	527	61,680	428	1,868
비서관	52.5	2.017	24,538	83	560	45.5	935	3,028	249	894
전체 평균치	64.5	2,123	13,454	236	836.4	59.3	1,242	11,156	446	1,501

(비고) 주택이 2채 이상인 경우 합산된 평수임.

김영삼 정부시 관료지배층의 총 평균 재산은 8억 3천 6백만원이고 주택은 64.5평형에 거주한다. 그러나 노무현 정부의 경우 공시지가 변동 등에 의

23) 「동아일보」, 2006. 5. 25
24) 「동아일보」, 2008. 3. 29
25) 「동아일보」, 2008. 3. 29

하여 평균 재산이 15억원이고 주택은 59.3평형에 거주한다. 그리고 전답의 경우 YS정부의 경우 약 2배 더 많이 소유하고 있다. 임야의 경우 큰 차이가 없으나 예금은 MH정부가 약 2배 더 많다.

한편, 관료지배층의 평균 재산 총액을 부처별로 YS정부와 MH정부의 경우를 비교하여 보자.

표 11을 보면, YS정부시 평균 재산 총액은 경찰청, 그리고 경제부처와 외교부 등이 가장 많고 MH정부시는 총리실, 감사원, 국정원, 그리고 검찰청과 외교부 및 경제부처가 가장 많다. 관료지배층의 평균 주택 규모는 YS시는 비경제부처, MH시는 검찰청이 가장 크고, 전답과 임야는 총리실 등이 양 정부에서 가장 많다. 그리고 예금의 경우 YS시는 교육부가, MH시는 총리실이 가장 많다.

<표 11> 관료지배층의 부처별 평균재산

정권 / 재산 / 부처	김영삼정부					노무현정부				
	주택 (평)	전답 (평)	임야 (평)	예금 (백만원)	총재산 (백만원)	주택 (평)	전답 (평)	임야 (평)	예금 (백만원)	총재산 (백만원)
대통령실	56.0	1,756	21,516	91	607	43.5	9.5	3,028	277	923
총리실 등	59.5	3,636	11,848	78	890	65.0	2,068	22,428	875	2,434
경제부처	58.5	2,417	15,878	171	975	54.2	1,075	8,384	394	1,883
비경제부처	73.6	1,065	6,916	142	862	53.3	1,224	5,131	380	1,431
교육부	67.0	2,060	10,350	1,007	708	68.5	1,306	4,979	571	1,397
외교부	63.1	1,482	13,666	160	917	58.7	694	4,538	481	1,838
국방부	57.2	2,085	10,597	88	492	56.3	2,041	11,035	326	967
경찰청	66.1	3,107	8,650	120	1,082	57.7	1,077	6,198	336	1,178
대검찰청	71.2	3,046	32,266	138	1,025	66.6	484	29,573	425	1,865
전체 평균치	64.5	2,123	13,454	236	836.4	59.3	1,242	11,156	446	1,501

한편, 관료지배층의 평균 재산 총액을 직군별로 자세히 분석하여 보면 표 11과 같다.

표 11을 보면, 행정부처별 평균 재산 총액은 이미 직군별로 분석한 것과 큰 차이가 없다. 총리실·감사원·국정원의 평균 재산이 YS시나 MH시 다른 부처에 비하여 더 많고, 또한 경제부처는 비경제부처에 각 재산 내역이

좀더 많은 편이다. 이러한 관료지배층의 평균 재산은 고위 공직자의 경우(11억 8천만)에 비하여 많다는 것을 알 수 있다.

그러면, 관료지배층의 직군별 재산을 분석하여 본다.

표 12를 보면, 노무현 정부의 관료지배층 중에 평균 재산이 가장 많은 직군은 역시 장차관(24억)이고, 그 다음은 검사장(18억원), 관리관(16억원), 외교관(15억원), 총학장(14억원), 치안감(11억원)의 순이며 비서관(8천만원)과 군장성(9억원)이 가장 적다. 그리고 김영삼 정부의 경우 치안감(12억원)과 검사장(10억원)이 가장 많은 재산을 소유하고, 역시 비서관(5천만원)과 군장성(4천만원)의 재산이 가장 적다.

지난 15년간 관료지배층은 공시지가의 상승으로 모두 재산이 증가되었지만, 특히 재산이 많아진 관료지배층은 관리관, 군장성, 검사장 등이다. 또한 재산이 많은 관료지배층은 비서관을 제외하면 거의 대부분 60평 이상의 주택(아파트)에 거주하고, 많은 부동산과 금융재산을 소유하고 있다. 부동산은 노무현 정부의 관료지배층에 비하여 김영삼 정부의 경우 약 2배 이상의 전답과 임야를 소유하고 있다. 부동산이 없는 관료지배층은 직계존속이 피부양자가 아니기 때문에 재산에서 누락되었는데 사실 이들의 재산, 특히 부동산은 더욱 많을 것이다. 그러나 금융자산의 경우 전자가 대개 3억원 이상의 예금을 소유하고 있다.

이러한 것을 보면, 고위 관료중에서도 직위가 높은 관료지배층이 더 많은 재산을 소유하고 있다. 특히 김영삼 정부는 관료지배층의 부동산(전답과 임야)이 많다는 것은 부모로 부터 대부분 재산을 상속 받았을 가능성이 크다. 상속된 전답과 임야의 규모를 보면, 중소농 출신이라는 것을 추정할 수 있다. 그러나 노무현 정부의 경우 그것이 많이 약화되고 당대의 재산 형성이 더욱 증가되고 있다. 이것은 자영농민 보다 자영상공업자 또는 화이트칼라의 자손들의 재산이 증가하였음을 의미한다.

한편, 관료지배층의 개별적인 재산 총액을 부처별로 분석하여 보면, 노무현 정부의 총리실이 24억원으로 가장 많고, 그 다음은 대검찰청(18억원), 외교부(18억원), 경제부처(16억원), 비경제부처(13억원), 국방부(11억원)의 순이며 대통령실과 국방부의 경우 각각 약 9천만원으로 가장 적다. 그리고 김영삼 정부의 경우 경찰청과 대검찰청 및 경제부처가 각각 10억원으로 가장 많고, 비서실과 국방부가 각각 6천만원과 5천만원으로 가장 적다.

이것을 보면, 역시 권력기관의 관료지배층이 큰 규모의 주택(주로 60평)에 살고 총 재산과 예금 등이 더 많음을 알 수 있다.

그러면, 관료지배층의 직군별 재산 총액을 표 12에서 그 내역별로 분석하여 보자.

<표 12> 관료지배층의 직군별 재산 총액

직군 \ 재산총액 \ 정권		1억 미만	1~5억	5~10억	10~20억	20~30억	30~50억	50억 이상	없음	합계
장차관	YS		19.7	50.7	21.1	4.2	1.4	1.4	1.4	100.0(71)
	MH		6.7	16.7	40.0	16.7	13.3	6.7		100.0(30)
관리관	YS		31.8	42.4	16.5	4.7	2.4		2.4	100.0(85)
	MH		14.3	32.5	32.5	11.7	3.9	3.9	1.3	100.0(77)
총학장	YS		55.6	24.1	14.8	1.9	3.7			100.0(54)
	MH	2.3	11.4	34.1	34.1	9.1	4.5	4.5		100.0(44)
군장성	YS	2.2	63.0	32.6	2.2					100.0(46)
	MH	4.2	12.5	45.8	33.3	2.1	2.1			100.0(48)
외교관	YS	0.8	31.5	43.3	15.0	7.1	1.6	0.8		100.0(127)
	MH		10.7	14.3	60.7	7.1	3.6	3.6		100.0(28)
치안감	YS	5.3	10.5	42.1	31.6	10.5				100.0(19)
	MH		11.1	33.3	48.1	7.4				100.0(27)
검사장	YS		17.6	38.2	32.4	5.9	2.9	0	2.9	100.0(34)
	MH		5.3	10.5	44.7	23.7	13.2	2.6		100.0(38)
비서관	YS		50.0	30.0	10.0	5.0			5.0	100.0(20)
	MH		41.7	25.0	25.0	4.2	4.2			100.0(24)
합계	YS	0.7	34.6	39.9	16.7	4.8	1.8	0.4	1.1	100.0(456)
	MH	0.9	13.3	28.5	38.3	10.4	5.4	2.8	0.3	100.0(316)

표 12를 보면, 관료지배층의 총 재산은 김영삼 정부의 경우 5~10억원(전체의 39.9%)과 1~5억원(34.6%)의 수준이 가장 많고, 10~20억원인 경우 전체의 16.7%이며 20억원 이상인 경우 8.1%에 불과하다. 그러나, 노무현 정부의 경우 비록 15년이 지났지만 공시지가의 상승 등으로 10~20억원(전체의 38.3%)과

5~10억원(28.5%)의 수준이 가장 많고, 그 다음은 1~5억원(13.3%) 수준이다. 나머지는 20억 이상 재산가가 전체의 18.9%가 된다.

관료지배층의 직군별 재산 총액을 보면, 김영삼 정부의 경우 5~10억원 수준은 장차관이 가장 많고(50.7%) 1~5억원 수준은 군장성(63.0%)과 총학장(55.6%) 및 비서관(50.0%)이 가장 많으며, 10~20억원 수준은 검사장(32.4%), 20~30억원 수준은 치안감(10.5%)이 많다. 그리고 노무현 정부의 경우 10~20억원 수준은 외교관이 가장 많고(60.7%), 그 다음은 20~30억원 수준(23.7%)은 검사장(23.7%)이 많다.

이것을 보면, 지난 15년간 관료지배층의 경제적 기반이 더욱 강화되었음을 알 수 있다. 따라서 관료지배층의 부르조아적 성격이 강화되어 보수적 정책 결정이 뚜렷이 나타날 것이다.

그러면, 관료지배층이 소유한 재산을 그 내역(주택, 전답, 임야 및 예금)에 따라 직군별로 분석하여 본다.[26)]

(2) 주택

우리나라에서는 주택 특히 아파트가 재산 중 사회계층적 평가에 있어서 가장 주요한 척도가 되어 있고, 동시에 재산 증식에 있어서 주요한 수단이 되어 있다. 관료지배층의 경제적 기반을 평가하는데 부동산 등은 공시지가를 기준으로 하기 때문에 정확성이 약하지만 주택과 예금의 경우는 다르다.

우리나라 관료지배층의 대부분이 50평 이상의 대형 아파트에 거주하고 있다.[27)] 김영삼 정부의 관료지배층은 60평 이상에 거주하는 자가 전체의 36.2%이고, 그 다음은 50~60평(28.1%)에 거주하며 나머지는 40평대(19.1%)와 40평 미만(12.1%)에 거주하고 아직도 주택이 없는 경우 4.6%가 된다.

---

26) 본 분석에서 제외된 주식 소유는 1급 이상 고위 공직자(1,123명)의 23.4%가 1억원 이상을 보유하고 있다. 그리고 국회의원과 국회사무처의 1급 이상 고위공직자(117명)의 경우 41.9%이고 법원 소속 고위 공직자의 경우 14.7%이며, 지자체의 1급 이상 고위공직자의 경우 24.7%이다.(「동아일보」, 2004년 9월 14일)

27) 2008년 10월 행안부의 조사에 의하면, 전체 공무원의 65.1%가 주택을 소유함. (「연합뉴스」, 2009. 1. 13)

그런데 노무현 정부의 관료지배층은 60평 이상에 거주하는 자가 전체의 33.2%가 되고, 그 다음은 40평 미만이며(25.0%) 나머지는 40평대(19.6%)와 50평대(15.2%)에 거주하고 있다. 무주택자는 전체의 7.0%로서 김영삼 정부에 비하여 많다. 특히 노무현 정부의 관료지배층은 주택이 60평 이상과 40평 미만으로 양극화 되어 있는 것이 특징이다.

<표 13> 관료지배층의 직군별 주택규모

		40평 미만	40~50평	51~60평	60평 이상	없음	합계
장차관	YS	9.9	14.1	28.2	40.8	7.0	100.0(71)
	MH	20.0	33.3	10.0	33.3	3.3	100.0(30)
관리관	YS	11.8	18.8	21.2	45.9	2.4	100.0(85)
	MH	31.2	18.2	15.6	27.3	7.8	100.0(77)
총학장	YS	22.2	14.8	20.4	38.9	3.7	100.0(54)
	MH	11.4	13.6	18.2	52.3	4.5	100.0(44)
군장성	YS	15.2	34.8	15.2	26.1	8.7	100.0(46)
	MH	33.3	18.8	12.5	25.0	10.4	100.0(48)
외교관	YS	11.0	18.1	38.6	29.1	3.1	100.0(127)
	MH	28.6	21.4	10.7	32.1	7.1	100.0(28)
치안감	YS	5.3	5.3	57.9	31.6		100.0(19)
	MH	18.5	14.8	25.9	37.0	3.7	100.0(27)
검사장	YS		23.5	23.5	52.9		100.0(34)
	MH	13.2	23.7	18.4	42.1	2.6	100.0(38)
비서관	YS	20.0	25.0	20.0	15.0	20.0	100.0(20)
	MH	41.7	16.7	8.3	16.7	16.7	100.0(24)
합계	YS	12.1	19.1	28.1	36.2	4.6	100.0(456)
	MH	25.0	19.6	15.2	33.2	7.0	100.0(316)

이와 같이 60평 이상 소유하는 관료지배층은 대개 서울시의 강남 3구에 많이 거주하기 때문에 이들의 소유 아파트만 하여도 최근 주택 가격이 약 18억원 이상이 된다. 그리하여 주택이 자기 재산의 약 절반 이상을 차지한다고 볼 수 있다. 강남 지역의 주택이 30평 이상이면 종합부동산세를 내야 하기 때문에 조세저항을 하게 되어 결국 기획재정부가 헌법재판소에 제소하여 일부 위헌 결정을 보게 되었다.[28)]

관료지배층의 소유주택을 직군별로 분석하여 보면, 김영삼 정부의 경우 60평 이상 소유자는 검사장(52.9%)과 관리관(45.9%)이 가장 많고, 50~60평은 치안감(57.9%)이 가장 많으며 40~50평형은 군장성(50%)과 비서관(45.0%)이다. 그리고 노무현 정부의 경우 60평 이상 소유자는 총학장(52.3%)과 검사장(42.1%)이 가장 많고, 40평 미만은 비서관(41.7%)과 군장성(33.3%) 및 관리관(31.2%)이다. 그런데 흥미로운 것은 관리관, 군장성, 치안감 등이 소유하는 주택규모가 노무현 정부에서 하향되어 있다.

(3) 부동산

우리나라에서는 부동산이 재산 증식의 주요한 수단이 되어 있기 때문에 관료지배층이 소유하는 전답과 임야에 대하여 고찰해 본다.

(a) 전답

먼저 관료지배층이 소유하고 있는 전답이 어느 정도인 가를 분석하여 본다.

관료지배층 중에 전답이 없는 경우 김영삼 정부의 경우 전체의 61.8%이고 노무현 정부의 경우 69.6%이다. 전답이 없는 관료지배층은 부모의 재산, 특히 부동산을 신고하지 않았거나 그들이 상공업이나 화이트 칼라직에 종사하였기 때문인 것 같다. 만약 신고하지 않은 직계존비속의 것을 합치면 이들이 소유한 전답은 더욱 많을 것이다. 전답을 신고한 관료지배층은 5천평 이상의 토지소유자가 전자는 4.8%이지만 후자는 1.3%이다. 나머지는 양자가 유사하게 소유토지가 분산되어 있다. 그만큼 15년 동안 토지에 기초한 관료지배층의 전통성이 약해졌음을 의미한다.

표 14에서 관료지배층의 전답을 직군별로 분석하여 보면, 김영삼 정부의 경우 치안감과 총학장이 가장 많은 토지를 소유하고, 특히 검사장과 비서관은 5천평 이상의 많은 토지를 소유하고 있다. 그리고 노무현 정부의 경우 총학장과 장차관이 토지를 많이 소유하고 있다.

---

28) 종부세의 위헌 조항은 ① 부부 등 가구별 합산 소득과 ② 1가구 1주택인데 비록 종부세 기준가격(현재 6억원)을 상향 조정하더라도 대부분의 관료지배층은 이에 해당된다.

<표 14> 관료지배층의 직군별 소유 전답

전답 직군 정권		500평 이하	501~ 999평	1000~ 1999평	2000~ 2999평	3000~ 3999평	4000~ 4999평	5000평 이상	없음	합계(실수)
장차관	YS	16.9	2.8	8.5	2.8	1.4	1.4	8.5	57.7	100.0(71)
	MH	20.0	3.3	3.3	6.7			3.3	63.3	100.0(30)
관리관	YS	11.8	8.2	9.4	8.2			5.9	56.8	100.0(85)
	MH	9.1	6.5	2.6	5.2				76.6	100.0(77)
총학장	YS	13.0	13.0	11.1	7.4	3.7		5.6	46.3	100.0(54)
	MH	11.4	13.6	11.4	4.5	2.3		4.5	52.3	100.0(44)
군장성	YS	4.3	13.0	4.3	2.2	43		2.2	69.6	100.0(46)
	MH	2.1	10.4	8.3	4.2		2.1	2.1	70.8	100.0(48)
외교관	YS	6.3	4.7	7.1	3.9	0.8	0.8	0.8	75.6	100.0(127)
	MH	21.4	3.6	3.6	3.6				67.9	100.0(28)
치안감	YS	10.5	15.8	10.5	10.5	5.3		5.3	42.1	100.0(19)
	MH	11.1	7.4			3.7			77.8	100.0(27)
검사장	YS	11.8	8.8		5.9	5.9		8.8	58.8	100.0(34)
	MH	18.4	5.3	5.3					71.1	100.0(38)
비서관	YS	15.0	5.0	10.0				10.0	60.0	100.0(20)
	MH	12.5	4.2	4.2	4.2				75.0	100.0(24)
합 계	YS	10.5	7.7	7.7	5.0	2.0	0.4	4.8	61.8	100.0(456)
	MH	12.0	7.3	5.1	3.8	0.6	0.3	1.3	69.6	100.0(316)

(b) 임야

관료지배층 중에 임야가 없는 경우 YS시는 전체의 52.2%이고 MH시는 전체의 69.0%가 된다. 임야가 있는 관료지배층은 대부분 1천평 이상을 소유하고(YS시 40.1%, MH시는 21.5%) 나머지는 1천평 미만이다.

임야를 신고하지 않는 존비속이 있기 때문에 실제 소유임야는 이것보다 많겠지만, 여기에서 지난 14년간 관료지배층의 출신배경이 농촌 및 토지에 기초한 성격이 약화되고, 오히려 자영 상공업자나 화이트 칼라 자손들이 많이 증가되고 있음을 알 수 있다.

관료지배층의 소유임야를 직군별로 분석하여 보면, YS시에는 직군별로 큰 차이가 없으나 MH시에는 비서관과 치안감 및 관리관의 소유 토지가 가장 적은 편이다.(각각 83.3%와 81.5% 및 75.3%)

<표 15> 관료지배층의 직군별 소유 임야

직군 \ 정권 \ 임야		100평 미만	101~200평	201~500평	501~1000평	1001평 이상	없음	합계(실수)
장차관	YS	1.4	1.4	4.2	4.2	39.4	49.3	100.0(71)
	MH					33.3	66.7	100.0(30)
관리관	YS			1.2	3.5	44.7	50.6	100.0(85)
	MH	2.6			6.5	15.6	75.3	100.0(77)
총학장	YS		1.9	1.9		40.7	55.6	100.0(54)
	MH	2.3	4.5	4.5	2.3	22.7	63.6	100.0(44)
군장성	YS		2.2	10.9	4.3	28.3	54.3	100.0(46)
	MH		2.1	4.2	4.2	25.0	64.6	100.0(48)
외교관	YS	0.8	1.6	0.8	3.1	41.7	52.0	100.0(127)
	MH	3.6		3.6	7.1	32.1	53.6	100.0(28)
치안감	YS				15.8	31.6	52.6	100.0(19)
	MH	3.7				14.8	81.5	100.0(27)
검사장	YS			5.9		41.2	52.9	100.0(34)
	MH	2.6	2.6	5.3	5.3	21.1	63.2	100.0(38
비서관	YS					45.0	55.0	100.0(20)
	MH				4.2	12.5	83.3	100.0(24
합 계	YS	0.4	1.1	2.9	3.3	40.1	52.2	100.0(456)
	MH	1.9	1.3	2.2	4.1	21.5	69.0	100.0(316)

(4) 예금

최근 예금은 금리가 낮아도 인프레가 심하지 않고 부동산 투자도 어렵기 때문에 재산 증식의 안정된 주요한 수단이 되어 있다. 김영삼 정부의 관료지배층 중에 예금이 없는 자는 전체의 0.3%이지만 노무현 정부의 경우 11.2%가 된다. 그리고 비록 15년 전이지만 전자의 예금은 1천만원~2억원 수준이 대부분이지만 후자의 경우 1억~5억원 수준이 대부분이다. 심지어 6억원 이상도 전체의 17.4%가 된다.

노무현 정부의 관료지배층은 비록 토지의 재산이 김영삼 정부의 경우에 비하여 적지만 예금액은 상당히 많다.

그러면, 관료지배층의 예금을 표 16에서 직군에 따라 분석하여 본다.

<표 16> 관료지배층의 직군별 예금액

직군 \ 정권 \ 예금		1천 미만	1~ 5천만	5천~ 1억원	1~ 2억원	2~ 3억원	3~ 4억원	4~ 5억원	5~ 6억원	6억 이상	없음	합계
장차관	YS	2.8	23.9	21.1	32.4	7.0	2.8	0	2.8	0	7.0	100.0
	MH	0	6.7	0	23.3	16.7	10.0	100.0	6.7	26.7	0	100.0
관리관	YS	2.4	30.6	17.6	21.2	7.1	7.1	1.2	0	1.2	11.8	100.0
	MH	0	5.2	19.5	22.1	15.6	7.8	11.7	3.9	13.0	1.3	100.0
총학장	YS	0	33.3	22.2	11.1	1.9	0	3.7	0	3.7	24.1	100.0
	MH	4.5	2.3	0	11.4	27.3	9.1	9.1	2.3	34.1	0	100.0
군장성	YS	0	43.5	21.7	26.1	4.3	2.2	0	0	0	2.2	100.0
	MH	0	4.2	10.4	18.8	25.0	16.7	4.2	8.3	12.5	0	100.0
외교관	YS	0	17.3	14.2	33.9	17.3	3.9	0.8	1.6	1.6	9.5	100.0
	MH	0	14.3	3.6	14.3	10.7	17.9	25.0	7.1	7.1	0	100.0
치안감	YS	0	31.6	26.3	15.8	15.8	0	0	0	0	10.5	100.0
	MH	0	0	25.9	22.2	11.1	7.4	11.1	7.4	14.8	0	100.0
검사장	YS	0	17.6	26.5	29.4	8.8	0	5.9	0	2.9	8.8	100.0
	MH	0	10.5	15.8	21.1	15.8	10.5	5.3	2.6	18.4	0	100.0
비서관	YS	5.0	30.0	20.0	10.0	0	10.0	0	0	0	25.0	100.0
	MH	0	25.0	12.5	29.2	8.3	4.2	8.3	0	12.5	0	100.0
합 계	YS	1.1	26.5	19.3	25.7	9.2	3.5	1.6	0.9	1.3	11.2	100.0
	MH	0.6	7.3	11.7	19.9	17.4	10.4	10.1	4.7	17.4	0.3	100.0

예금을 많이 하는 관료지배층은 김영삼 정부의 경우 외교관들이고(51.2%, 1억~3억원) 그 다음은 장차관, 치안감 등이다. 예금이 없는 직군은 비서관과 총학장이다. 노무현 정부의 경우 6억원 이상을 예금한 관료지배층은 총학장(34.1%)과 장차관(26.7%)이 가장 많고, 그 다음은 군장성(8.3%의 5~6억원), 외교관(25.0%의 4~%억원), 군장성(16.7%의 3~4억원), 총학장(27.3%의 2~3억원), 비서관(29.2%의 1~2억원), 치안감(25.9%의 5천~1억원), 비서관(1천~5천만)의 순이다.

지난 15년간 직군별로 예금의 선호와 예금액의 차이가 오히려 역전되고 있다.

5. 사회이동

관료지배층의 사회이동은 세대간 및 세대내 이동을 볼 수 있다. 세대간

이동은 그들의 소유재산, 특히 전답과 임야를 소유한 고위 공무원이 YS시에는 61.4%, MH시에는 46.2%가 된다. 또 이들 중에 5천평 이상 소유자가 YS시에는 46.2%가 된다. 이들의 토지 소유는 부모들이 대개 자영농민들이라는 것을 알 수 있고 비록 전답과 임야가 없는 관료지배층(YS시 38.6%, MH시 53.8%)은 부모의 직업이 화이트 칼라나 자영상공업자라고 볼 수 있다. 이와 같은 추정은 이들의 교육기회(고교 및 대학입학)가 구 중산층(자영업자)과 화이트 칼라의 자손들이 독점하였기 때문이다.[29)]

그리하여 우리나라 관료지배층은 대부분 구중산층과 신중산층의 중간계급 출신들이다. 그리고 이들은 당대의 재산 형성으로 우리나라의 상류계층(신부르조아지)이 되어 있다.

우리나라의 관료지배층은 대학졸업 후 행정관료로 임용과 더불어 종신고용으로 헌신한다. 따라서 비교적 전문직종이라 볼 수 있는 군장성, 치안감, 외교관, 총학장 등은 전직이 동일한 고위관료들이었고(대개 8할 이상), 직업관료인 관리관의 경우 전직이 국장이거나(YS시 39.7%, MH시 62.0%) 관리관(YS시 29.4%, MH시 22.5%)이었다. 그러나 장차관과 비서관 출신은 관료출신이 가장 많지만 그 이외 다양한 직군에서 충원되고 있다. YS시 장차관은 관료출신이 38.8%이고, 비서관은 31.1%이며, MH시 전체의 45.7%가 비서관 출신이고 나머지 41.3%는 관료 출신이다. 나머지도 대개 자기 전문분야에서 종신한 관료들이다.[30)] 따라서 관료지배층은 대부분 자기 분야의 전문 직군에서 상승 이동한 고위 공무원들이다. 그 만큼 관료지배층은 폐쇄적인 신분층이라 볼 수 있다.

표 17을 보면, YS시는 MH시에 비하여 관료지배층이 외교관과 경찰관 그리고 장차관이 다른 직군에서 충원되고 있어서 상대적 개방성을 띄우고 있으나, 외교관의 경우 직업관료(외교관) 이외 군장성, 교수 등에서 충원되고

---

29) 김영모, 「한국사회계층연구」, 일조각/고헌, 1982/2006, 제 6장 참조

30) 해방후 역대 정부 장차관의 46.6%가 고위 행정관료 출신이다. 그 다음은 군인(17.4%), 교육자(12.0%), 법조인(9.6%), 정치인(6.1%) 등의 순이다. 특히 군사정권시에는 군 출신이 가장 많았다.(이윤재, 전게서, p.133)

있다. YS시나 HM시 비서관은 공통적으로 5할 이상을 관료출신이 아닌 언론인 및 비서관 출신에서 충원시키고 있다.

<표 17> 관료지배층의 전직

직군 \ 정권		국장	실장	장차관	교수연구원	장성	외교관	경찰관	검사장	부장검사	부장판사	법원장	기타	국회의원	합계
장차관	YS	16.9	22.0	20.3	10.2		10.2	3.4	1.7				10.2	5.1	100.0
	MH	10.3	31.0	31.0	6.9	3.4	3.4	3.4	3.4						100.0
관리관	YS	39.7	29.4	5.9	2.9	2.9	4.4	5.9	4.9				1.5	1.5	100.0
	MH	62.0	22.5	2.8			9.9	1.4	1.4						100.0
총학장	YS	2.5		2.5	95.0										100.0
	MH		2.7	2.7	86.5			8.1							100.0
군장성	YS					100.0									100.0
	MH					100.0									100.0
외교관	YS	11.0	18.7	4.4	2.2	3.3	57.1		2.2			1.1			100.0
	MH		8.3	4.2			87.5								100.0
치안감	YS	7.7	15.4					76.9							100.0
	MH		4.0					96.0							100.0
검사장	YS		3.8	3.8				0	76.9	15.4					100.0
	MH	7.9	7.9					0	78.9	5.3					100.0
비서관	YS	38.9					5.6						50.0	5.6	100.0
	MH	35.0	10.0		15.0					10.0			30.0		100.0
합 계	YS	15.7	14.8	6.2	13.4	13.2	17.4	4.5	7.6	1.1		0.3	4.5	1.4	100.0
	MH	19.5	11.6	4.5	12.7	16.8	9.9	9.9	11.0	1.4	0.7		2.1		100.0

한편, YS시 관료지배층은 퇴직후 종사하는 주요한 직종은 장차관 및 국회의원으로 승진하거나 외교관으로 진출하는 경우가 가장 많다.(전자가 35.9%, 후자가 19.9%) 그러나 교원과 같이 다시금 교수직에 복귀하거나(각각 30.7%, 19.9%) 비서관 또는 언론인으로 복귀하는 경우가 전체의 27.7%가 된다. 그리고 MH시 취임 1년간 퇴직한 관료지배층 중에 82명이 소위 '낙하산 인사'로 정부 산하 공기업의 임원으로 취임하였다. 그들 중 22명이 사장, 이사장, 회장 등 최고위직을 맡았고 나머지는 감사, 상임이사 등이었다. 이들의 평균 연봉은 8,585만원이고, 평균 판공비는 1,905만원이었다.[31)]

31) 그 밖에도 2001년 재경부의 퇴직 간부(4급 이상) 41명 중 63.4%가 산하기관(은행,

이러한 것을 보면, 관료지배층은 세대내 사회이동의 동직율이 대단히 높고 퇴직후에도 일정한 기간 유관기관에 임원으로 취업하거나[32] 주요한 권력지배층이 되고 있다.

<표 18> 관료지배층의 종직

	국장	실장	장차관	교수 연구원	장성	외교관	경찰관	검사장	기타	국회 의원	합계
장차관	3.5	1.8	43.9	8.8	0	8.8	1.8	0	24.6	7.0	100.0
관리관	0	11.9	47.8	11.9	0	3.0	6.0	0	17.9	1.5	100.0
총학장	0	0	0	90.5	0	0	0	0	4.8	4.8	100.0
군장성	0	0	30.0	0	25.0	15.0	0	0	25.0	5.0	100.0
치안감	0	6.0	12.0	6.0	0	60.2	0	0	15.7	0	100.0
검사장	0	0	7.7	7.7	0	0	53.8	0	15.4	15.4	100.0
비서관	0	0	577	0	0	0	0	34.6	7.7	0	100.0
		10.5	26.3	0	0	5.3	0	0	21.1	36.8	100.0
합 계	0.7	5.2	30.7	12.4	1.6	19.9	3.9	2.9	17.3	5.2	100.0

(비고) 1993년 YS정부의 관료지배층임.

6. 결 론

우리나라 권력지배층의 가장 주요한 원천은 관료지배층(고위 공무원)이다. 관료지배층 출신이 정권에 따라 차이가 있으나 권력지배층의 약 3할 이상을 충원시키고 있다.

민주화 이후 1993년과 2007년의 관료지배층의 사회경제적 배경 분석에서 이들의 특성은 다음과 같다.

첫째, 관료지배층의 평균 연령은 55세이다.

예보공사 등)의 감사나 기관장으로 옮겼고, 감사원의 퇴직간부(4급 이상) 34명 중 41.2%가 피감사기관의 감사나 임원이 되었다.(「동아일보」, 2004년 10월 7일)

32) 행정안전부의 '퇴직공직자 재취업 현황'에 따르면, 2003년부터 2008년 7월 까지 금감원에서 퇴직한 2급 이상 간부(100명) 중 92%가 은행이나 증권회사 등 금융업계에 재 취업하였다. 국세청의 경우 퇴직자(101명) 중 50명이 그리고 기획재정부(구 재경부)의 퇴직자 33명 중 22명이 금융업계와 회계법인 등에 재 취업하였다. 이것은 「공직자윤리법」 제 17조(퇴직 2년간 유관기관에 취업 불가능)에 위배된다.(「중앙일보」, 20008. 9. 2)

둘째, 검사장, 치안감 및 군장성을 제외한 관료지배층은 전체의 25.9%(YS시) 또는 46.8%(MH시)가 행정고시 등의 자격을 취득하고 있다. 이들이 관료지배층이 되려면 대개 30년이 소요된다.

셋째, 관료지배층의 출신지는 영남과 호남 출신이 가장 많고,(각각 YS시 38.4%, 그리고 MH시 35.7%) 특히 부산, 경남 출신이 가장 많아 약 2할을 차지한다.

넷째, 관료지배층의 출신 대학은 서울대 출신이 가장 많다.(YS시 53.3%와 MH시 46.8%) 그 중에서도 서울법대(약 17%)와 서울상대(약 10%) 출신이 약 절반을 차지한다.

다섯째, 관료지배층의 출신고교는 서울의 경기고 출신이 가장 많고,(17.4%) 그 다음은 지방의 일류고(경북고, 부산고, 광주일고, 전주고, 대전고) 출신들이다.

여섯째, 관료지배층의 종교는 비신자가 가장 많고(YS시 66.7%, MH시 81.0%) 나머지는 대부분 기독교도와 천주교도 이다.

일곱째, 관료지배층의 평균 총 재산은 YS시 약 8억원이고 MH시는 16억원이다. 재산이 많은 관료지배층은 과거에는 치안감과 검사장이었으나 최근에는 검사장과 관리관의 재산이 가장 많다.

여덟째, 관료지배층의 소유 주택은 대부분 아파트인데 그것의 평형은 대개 60평형 아파트이다.

아홉째, 관료지배층이 소유하는 부동산(전답과 임야)은 YS시의 73.0%, MH시의 46.2%가 소유하고 있고, 비소유자가 각각 27.0%와 53.8%이다. 비소유자는 생계를 달리하는 직계 존비속의 소유재산을 신고하지 않았거나 자영농민과 자영 상공업일 것이다.[33] 따라서 관료지배층은 대부분 구중산층 및 신중산층의 양 신분을 겸비한 중간계급 출신이라고 볼 수 있다. 다시 말하면 상층과 신중산층(화이트 칼라)인 동시에 부르조아지의 특성을 지니고 있다.

열째, 관료지배층의 예금액은 YS시에는 대개 1억원이고 MH시는 대개

33) 당시 일류 고교생 부친의 직업 배경은 화이트 칼라와 구중산층(자영 농민과 자영 상공업자)이 독점하고 있다.(김영모, 「한국사회계층연구」, 일조각, 1982, pp.490~491)

약 4~5억원이다.

이러한 것을 보면, 관료지배층은 대부분 서울의 경기고 또는 지방의 일류고교를 졸업한 후 서울대 또는 연고대 출신들이다. 이들의 부친은 사회계층적으로 대부분 화이트 칼라 또는 구중산층의 중간계급 출신이고, 동시에 그들은 당대에 상승이동 하여 관료지배층이 되었다.

이와 같은 관료지배층의 사회적 특성은 해가 갈수록 더욱 심해질 것 같다. 왜냐하면 우리나라의 직업구성상 화이트 칼라와 전문직이 해마다 증가되고, 또 대학 교육기회가 보편화 되어 가기 때문이다.

제 10장 사법지배층의 사회경제적 배경

1. 서 론

현대 국가는 입법, 행정, 사법의 3권이 분립되어 있다. 이러한 3권 중에서 사법권을 지휘, 감독하는 사법 또는 법관지배층의 출신배경을 조사하여 그들의 사회경제적 성격을 밝히고자 한다.

사법지배층은 협의로는 대법원 산하 부장판사 이상의 법관과 대법원의 정무직을 말할 수 있겠으나, 광의로는 대검찰청의 부장검사(검사장) 이상을 포함시킬 수 있다.

부장판사나 부장검사는 사법부 또는 행정부(법무부)에서 높은 지위와 많은 권력을 지니고 있고, 또 이들은 모두 사법시험에 합격한 후 사법연수원 과정을 이수하였으며, 동시에 이들은 법관 또는 검사가 될 수 있는 자격을 지니고 퇴직 후 모두 변호사가 될 수 있다.[1)]

이러한 사법지배층은 해방 이후 권력지배층을 형성하는데 주요한 부분을 차지하였다. 그리하여 이들은 한국의 정통성을 유지하고 보수화 하는데 큰 기여를 하였다.[2)]

우리나라 사법지배층은 2007년 말 현재 125명이고, 1993년에는 101명이다. 본 연구에는 이들을 모두 조사하였다. 이들은 공직자 윤리법(제 6조, 10

---

1) 대한변호사협회는 2008년 11월 현재 등록된 변호사가 8,908명이고 이 중에서 법무법인 등에서 봉급생활하는 자가 전체의 57.5%라고 한다.(「문화일보」, 2008년 11월 25일)

2) 1970년대 까지도 일제시 고등문관시험(사법과) 합격자가 해방후 내각이나 국회의원에 많이 진출하였다.

조)에 의하여 소유 재산을 공개 등록하게 되어 있다.

<표 1> 사법지배층의 조사대상

	대법관	법원장	부장판사	장차관급	관리관	검사장 지검장	차장검사	부장검사
1993년	12	24	61	4		15	12	7
2007년	12	28	90	4	6	32	6	

그리하여 저자는 이들의 공개된 재산과 이력서를 분석하여 그들의 사회적 배경과 성격을 파악하려고 한다.[3] 특히 사법지배층의 신분배경을 파악하기 위하여 저자가 조사한 1961년~63년간, 그리고 1971년 서울대학교 법과대학 신입생 학생기록카드를 분석하여 고찰하여 본다.

2. 충원제도와 임용자격

사법지배층이 되려면 우선 사법시험(과거 고등고시 사법과)에 합격하여 사법연수원에서 소정과정(2년)을 거친 후 판사 또는 검사 또는 변호사에 임용되어야 한다.[4]

1962년 고등고시 사법과 1차 시험 응시자는 3,495명이고 합격 예정자는 468명이다. 합격 예정자의 0.5%(2명)가 여성이고, 서울대 출신이 전체의 45.3%가 되며 고려대 출신이 10.9%이다.[5] 그런데 2008년 사법시험 합격자는

---

3) 공직자 재산등록은「관보」, 16719호, 2008년 3월 28일을 참조하였고, 그들의 이력서는 「동아일보」의 '인물정보'를 주로 이용하였다.

4) 사법시험의 응시자격과 시험과목은 「사법시험법」 제 5조와 9조 및 동 시형령 제 3조와 제 4조를 참고할 것.
1962년 응시자격은 ① 4년제 대학 3학년 이상 이수자, ② 고등고시 예비고시 합격자, ③ 보통고시 합격자, ④ 고등고시 행정과 합격자 등이고, 고시과목은 1차 고사 과목은 헌법, 민법, 형법이며(객관식), 2차 필기고사 과목은 필수과목으로 헌법, 민법, 형법이며, 제 1선택과목(상법, 민사소송법, 형사소송법, 행정법 중 3과목), 제 2선택과목(국사, 법제사, 법철학, 사회학, 사회정책, 사회법, 형사정책, 경제원론, 외국어 중 1과목)이 있다.

5) 1962년 고등고시 사법과 합격예정자는 대졸자가 전체의 48.7%이고 나머지는 대부

1,000여명으로 증가되었고, 여성 합격자는 전체의 38.0%를 차지한다. 사시 합격자가 사법지배층이 되려면 법규상 적어도 10년 이상 판사 또는 검사 또는 변호사의 경력이 있어야 가능하다. 그러나, 사시 합격자의 평균 연령이 26세이고 부장판사의 평균 연령이 50세이기 때문에 현실적으로 약 24년이 걸린다.

<표 2> 사법지배층의 임용제도

직위	임용 절차	임용 자격	임기 및 정년
대법원장	국회동의 후 대통령이 임명	· 15년 이상/40세 이상의 판사,검사,변호사를 임명 · 변호사 자격의 법률학 조교수 이상	6년 단임, 75세 정년
대법관	대법원장의 제청, 국회동의 후 대통령이 임명		6년, 연임 가능
고등법원장	대법관 회의 동의	판사	65세 정년
지방법원장	대법원장이 임명	판사	10년, 연임 가능
판사	상동	사법시험 합격후 사법연수원 과정 이수자	63세 정년 10년주기 재신임
검찰총장	법무장 장관의 제청 으로 대통령이 임명	· 15년 이상 판사,검사,변호사 · 변호사로서 대학 법률학 조교수	2년 단임, 65세 정년
대검차장	상동	고등검사장, 10년 이상 판사,검사, 변호사	63세 정년
대검검사	상동	검사장	직급정년 4년
고검 검사장	상동	고등검사장	직급정년 8년
고검 검사장	상동	부장검사	
고검 차장	상동	부장검사	
지검 검사장	상동	검사장	
지청장	상동	부장검사	

분 대학 3년 수료자(45.9%)이다. 이들의 출신지는 경북(20.1%)과 경남(16.7%)이 가장 많고, 그 다음은 서울(15.2%), 전남(13.9%), 충남(8.8%), 전북(7.7%), 경기(7.1%), 충북(6.6%), 강원의 순이며, 그들의 직업은 학생(38.3%)과 무직(46.4%)이 가장 많고, 나머지는 공무원(3.8%), 군인(4.1%), 회사원(1.3%), 교원(1.1%), 농업(0.5%) 등이다.(총무처 인사국 고시과 회의자료)

판사와 검사 및 변호사는 상호 임용이 가능하지만 그들의 역할은 판이하다. 판사는 헌법에 특별한 규정이 없는 한 법률상 쟁송을 심판하고, 법원에 속한 권한,(등기, 호적, 공탁, 집행관, 법무사에 관한 사무를 관찰, 감독)을 가진다.[6] 그러나 검사는 공익의 대표자로서 ① 범죄수사, 공소제와 그 유지, ② 범죄수사에 관한 사법경찰관리의 지휘, 감독, ③ 법원에 대한 정당한 적용의 청구, ④ 재판 집행의 지휘, 감독, ⑤ 국가를 상대한 소송과 행정소송의 수행에 관한 지휘, 감독 등이다.[7] 그리고 변호사는 기본적 인권을 옹호하고 사회정의를 실현하며, 당사자 기타 관계인의 위임 또는 국가 지방자치단체의 위촉 등에 대한 소송에 관한 행위 및 행정처분의 청구에 관한 대리 행위와 일반 사무를 행한다.[8]

이상과 같은 판사 또는 검사의 권한과 직무를 지휘, 감독하고 소속 법원의 사법 행정사무를 관장하며, 소속 공무원을 지휘, 감독하는 책임자를 사법지배층이라 한다.

그런데 사법지배층의 임용이 비록 표 1과 같이 법령에 명시되어 있으나, 특히 정권 변동기에는 그것을 지키지 못하고 퇴임하는 경우가 대단히 많다. 더욱이 같은 사법시험 동기가 승진하게 되면, 그 동기 법관들은 스스로 퇴직하는 것이 하나의 불문율이 되어 있다.[9]

최근 법률시장 개방과 법관의 자질 향상으로 사법개혁을 통하여 일제시 고등문관 시험과 해방후 고등고시 사법과, 사법고등고시의 전통을 개혁하면서 미국식 법학전문대학원(law school)을 도입하고 있다. 특히, 사법시험 합격자를 대량(연 1천명)으로 배출하여 과거 사시 합격자가 바로 법관(판사 또는 검사)이 되는 전통은 사라지게 되었다. 더욱이 사법시험 여성합격자가 해마다 증가되면서 취업경쟁이 치열해지고 있다. 여성합격자는 1995년 전체 합

---

6) 「법원조직법」, 제 2조
7) 「검찰청법」, 제 4조
8) 「변호사법」, 제 1장
9) 검찰지배층의 승진코스는 대체로 첫 임용때 중앙지검에 배치된 후 연차가 올라감에 따라 지방지청→법무부 또는 대검→중앙지검 부부장→중소도시 지청→법무부 또는 대검→중앙지검을 거치는 것이라고 한다.(「경향닷컴」, 2008. 10. 17)

격자(308명)의 8.3%였으나 2006년에는 전체(801명)의 18.9%였고, 2005년에는 전체(1,001명)의 32.3%, 2008년에는 전체(1,003명)의 40.0%를 차지하였다. 그리하여 여성 판사(2006년 전체 1.317명의 14.8%), 여성 검사(전체의 9.2%)와 여성 변호사(전체의 6.9%)의 비율도 증가 되었다.10)

최근 사법연수원 수료생의 취업 현황을 보면 표 3과 같다. 예비판사 정원이 300명이고 또 법관의 급료가 낮기 때문에 1천여명의 수료생은 불가피하게 법률회사나 기업 및 공공기관에 많이 진출하고, 심지어 취업하지 못한 경우도 발생한다.

<표 3> 사법연수원생의 취업 형황

	2001	2002	2003	2004	2005	2006	2007
예비판사(정원)	300	300	300	300	300	300	300
로펌					180	181	273
기업	14	18	25	46	55	47	46
공공기관	23	32	25	36	58	68	74

(자료) 대법원 및 사법연수원 진로정보센터

표 2를 보면, 사법연수원 수료생들이 법관 보다도 민간 기업이나 법률사무소 및 공공기관에 취업 하는 경우가 해마다 증가하고 있다.11) 이러한 현상은 한미 자유무역협정 FTA 등 법률시장의 개방으로 연간 1조 3천억원이 되는 법률서비스 시장을 상위 6대 로펌이 그 매출의 절반을 차지할 정도로 법률시장(수요)이 증대하기 때문이다.

그리하여 변호사 중에는 대학 교수 등으로 전직하거나 사무실 임대료도 내지 못하여 휴업하는 변호사가 급증하고 있다고 한다.12)

---

10) 「동아일보」, 2006년 1월 23일

11) 2008년 수료한 사법연수생(37기)은 모두 973명인데 이 중에서 현직 판사(9.8%)와 검사(7.8%)로 취업하는 사람은 적고, 법무법인(로펌)에 취업하는 경우 전체의 35.7%가 된다. 그 밖에 군복무(20.0%)와 개인, 합동사무소(7.7%), 기업(6.4%), 단독/공동개업(5.1%), 기업(6.4%), 기타(국선 변호사, 민노총 등) 등이다.(「내일신문」, 2008년 1월 2일)

12) 「동아일보」, 2008. 11. 3

3. 출신배경

1) 연령과 성씨

사법지배층의 평균 연령은 1993년 말 55.2세이고 2007년 말 51.3세이다. 이것을 직위별로 보면, 1993년 말에는 대법관이 55.9세이고 법원장은 53.0세이며, 부장판사는 49.4세이다. 그리고 2007년 말에는 대법관이 57.0세이고 법원장이 56.2세이며 부장판사는 50세이다.

<표 4> 사법지배층의 지위별 평균 연령

	대법관	법원장	부장판사	검사장	차장검사	부장검사
1993년	55.9	53.0	49.4	53.0	50.7	53.0
2007년	57.0	56.2	50.0	53.3	51.8	

(비고) 2007년 말 조사

한편, 1993년 검사장의 평균 연령은 53세이고 차장 검사는 50세이며 부장검사는 53세이다. 이러한 연령은 정권에 따라 약간의 차이가 있는데 노무현 정부시 세대교체의 의미가 반영된 것 같다. 다만 직위에 따라 큰 차이가 있다. 즉 상위직일수록 연령이 많다. 그리고 판사직 보다도 검사직의 연령이 약간 낮은 편이다.

<표 5> 사법지배층의 직위별 연령구성

	50 미만	50~54	55~60	61~65	66세 이상	합계
대법관		25.0	50.0	25.0		100.0(12)
법원장		26.9	61.5	11.5		100.0(26)
부장판사	23.3	65.1	11.6			100.0(86)
장차관		33.3	33.3		33.3	100.0(3)
관리관	20.0	80.0				100.0(5)
소계	15.9	53.8	25.0	4.5	0.8	100.0(132)
검사장,지검장	12.5	46.9	40.6			100.0(32)
차장검사	16.7	50.0	33.3			100.0(6)
소계	13.2	47.4	39.5			100.0(38)

(비고) 2007년 말 조사

그러면, 사법지배층의 직위별 연령구성을 표 5에서 보면, 대법관의 연령은 대개 55세 이상이고, 법원장은 55~60세의 연령층이 많으며, 부장판사는 54세 이하가 많은 편이다. 그리고 검사장 및 지검장의 연령은 50세~60세가 전체의 87.5%를 차지하고 차장검사의 경우도 83.3%가 된다.

한편, 2007년 말 사법지배층의 성씨는 법관의 경우 단일 성으로 김씨(19.3%)와 이씨(18.6%)가 가장 많고, 그 다음은 박씨(9.3%), 최씨(6.4%), 조씨(5.7%), 정씨(2.9%), 유씨(2.1%), 윤씨(1.4%), 한씨(1.4%)의 순이다. 그러나, 기타 성씨가 전체의 32.9%로서 매우 다양한 씨족 배경을 지니고 있음을 알 수 있다. 그리고 검사의 경우 김씨(21.1%)와 이씨(21.1%) 및 박씨(21.1%)가 가장 많고 기타 성씨가 전체의 28.9%가 된다. 그런데 1993년 검사의 경우 김씨가 전체의 32.4%를 차지하고 그 다음은 최씨(14.7%)이며 기타 성씨는 41.2%를 차지한다.

<표 6> 사법지배층의 직위별 성씨

직위 \ 성씨	이	김	정	박	윤	유	최	조	권	한	기타	합계
대법관	8.3	41.7		16.7							33.3	100.0
법원장	25.0	14.3	3.6	14.3	3.6	3.6	7.1				28.6	100.0
부장판사	18.9	18.9	3.3	7.8	1.1	1.1	6.7	8.9		2.2	31.1	100.0
장차관	25.0										75.0	100.0
관리관		16.7				16.7	16.7				50.0	100.0
소계	18.9	19.3	2.9	9.3	1.4	2.1	6.4	5.7		1.4	32.9	100.0
검사장,지검장	21.9	18.8	3.1	25.0				3.1			28.1	100.0
차장검사	16.7	33.3							16.7		33.3	100.0
소계	21.1	21.1	2.6	21.1				2.6	2.6		28.9	100.0

(비고) 2007년말 조사

이러한 것은 과거 조선시대와는 달리 다양한 씨족 배경에 충원되고 과거 명문 씨족의 개념이 사라지고 있음을 의미한다.

이러한 성씨를 직급별로 보면, 대법관은 김씨가 가장 많고(41.7%), 법원장은 이씨가 가장 많으나(14.3%), 장차관과 관리관은 기타 성씨가 가장 많다.(각각 75.0%와 50.0%) 그러나, 검사의 경우 큰 의미 차이는 없다.

2) 출신지

사법지배층의 출신지는 표 7에서 볼 수 있는 바와 같이 법관의 경우 대구 · 경북지역이 전체의 25.0%로서 가장 많다. 그 다음은 부산 · 경남(16.7%), 서울(15.9%), 광주 · 전남(14.4%), 대전 · 충청(13.6%), 전주 · 전북(9.8%) 등 비교적 지역적 형평성을 나타내고 있다.

<표 7> 사법지배층의 직위별 출신지

직위 \ 출신지	서울	부산 · 경남	대구 · 경북	인천 · 경기	광주 · 전남	전주 · 전북	대전 · 충청	강원	제주	기타	합계
대법관	8.3	41.7	8.3		8.3	16.7	16.7				100.0(12)
법원장		23.1	11.5		26.9	11.5	23.1			3.8	100.0(26)
부장판사	20.9	11.6	31.4	1.2	10.5	9.3	11.6	2.3	1.2		100.0(86)
징차관			66.7		33.3						100.0(3)
관리관	40.0	20.0		20.0	20.0						100.0(5)
소계	15.9	16.7	25.0	1.5	14.4	13.6	13.6	1.5	0.8	0.8	100.0(132)
검사장,지검장	12.5	18.8	21.9	6.3	15.6	3.1	15.6	3.1	3.1		100.0(32)
차장검사	33.3	16.7	16.7	16.7			16.7				100.0(6)
소계	15.8	18.4	21.1	7.9	13.2	2.6	15.8	2.6	2.3		100.0(38)

(비고) 2007년 말 조사

한편, 검사의 경우도 이와 매우 유사한 분포율을 보이고 있다. 그러나 검사의 경우 차관급인 검사장급 이상 검찰 간부와 핵심 보직자들이 대통령의 출신지역과 상당한 유관성이 있다고 한다.[13)]

검사장급 이상 검찰 간부들의 출신지는 영남지역이 김대중 정권 시절인 2001년을 제외하고는 전체 검사 비율과 비교해 볼 때 항상 상대적인 '특혜'를 누려온 것으로 나타났다. 특히 대통령과 출신지가 같은 PK(부산 경남) 출신 검사장들은 김영삼 정권 내내 전체 검사 비율보다 4~11.8% 정도 높았으며 노무현 정부가 들어선 올해도 29.7%를 차지하여, 이 지역 전체 검사 비율 18.9%보다 10%가 높았다.

13) 「동아일보」, 2003년 5월 17일

<표 8> 검찰 간부의 지역별 분포

(단위; %)

지역	직위	92년 8월	93년 10월	95년 3월	97년 3월	98년 3월	99년 3월	00년 7월	01년 6월	02년 8월	03년 4월
영남	전체 검사	41.2	40.2	39.2	39.1	38.9	35.8	37.7	36.8	36.6	36.7
	검사장급 이상	43.6	40.0	46.0	43.0	46.0	46.0	40.0	34.2	36.6	43.2
호남	전체 검사	19.5	19.5	20.1	20.0	20.5	21.7	22.0	22.4	22.1	21.5
	검사장급 이상	17.9	18.0	15.0	18.0	20.0	22.2	30.0	36.6	26.8	18.9
충청	전체 검사	13.3	13.5	14.3	14.1	14.1	13.7	12.9	13.4	13.1	13.4
	검사장급 이상	7.7	13.0	15.0	15.0	20.0	17.0	17.5	17.1	19.5	16.2
서울 경기	전체 검사	20.8	21.0	21.3	21.3	21.4	21.3	22.6	22.4	23.1	23.5
	검사장급 이상	25.6	25.0	21.0	20.0	10.0	10.0	10.0	9.8	14.6	21.6
강원 제주	전체 검사	5.3	5.8	5.2	5.5	5.1	4.8	4.8	5.0	5.1	4.9
	검사장급 이상	5.1	5.0	3.0	5.0	5.0	5.0	2.5	2.4	2.4	0

이에 비해 같은 영남지역일지라도 TK(대구 경북) 출신 검사장들의 비율은 김영삼 정권 기간은 물론 올 들어서도 전체 검사 비율을 밑돌았다.

또 호남지역 출신 간부들은 노태우, 김영삼 정권 내내 인사에서 소외를 당해오다 김대중 정권이 들어선 1년 뒤인 99년 부터 지난해 까지 4년간 인사 특혜를 누린 것으로 드러났다.

충청 출신 간부들은 92년과 93년을 제외하고는 항상 전체 검사 비율 보다 높아 정권의 부침에 상관없이 강세를 보였다.

이 같은 지역 편중 현상은 법무부 검찰국 소속 과장과 대검 중수부 소속 과장 등 5개 핵심요직에서 더욱 심했다. 노태우, 김영삼 정권 시절 핵심 요직 중 절반이 영남 인사들로 채워졌으며 김대중 정권이 들어서자 이전 정권시절 5~16%에 달하던 호남의 요직 점유율은 전체 검사 평균 비율 21%를 넘어 최고 33%까지 치솟았다.

3) 교육배경

사법지배층의 교육배경은 대부분 서울대학교 법대 출신이다.[14] 법관의 경우 전체의 87.1%를 차지하고, 검사의 경우 65.8%를 차지한다. 나머지는 법관의 경우 고려대와 한양대 출신을 합쳐도 6.8%에 불과하고 검사의 경우 성균관대(10.5%)와 고려대(5.3%) 등을 합쳐도 2할이 되지 못한다. 더욱이 법

14) 법무부는 2002년부터 2007년 까지 6년간 사시 합격자 5,919명 중에 서울대, 고려대, 연세대 출신이 전체의 61.9%를 차지한다고 한다.(「연합뉴스」,2008. 10. 19)

원지배층의 지위가 높을수록 서울법대 출신이 독점하고 검찰지배층의 경우 서울법대 출신이 약 65%를 차지한다. 그러나, 전체 검사중 서울대 출신은 47.0%를 차지하고 그 다음은 고려대(20.2%), 연세대(8.3%), 한양대(6.3%), 성균관대(5.9%) 등의 순이었다.[15] 다시 말하면 검찰지배층일수록 서울대 출신이 많이 차지한다.

<표 9> 사법지배층의 직위별 출신대학

	서울대 법대	서울대 상대	서울대 기타	고려대	연세대	성균관대	한양대	경북대	기타	합계
대법관	91.7								8.3	100.0(12)
법원장	84.6		115	11.5			3.8			100.0(26)
부장판사	86.0	1.2	2.3	2.3		2.3	3.5	1.2	3.5	100.0(86)
장차관	100.0									100.0(3)
관리관	100.0									100.0(5)
소계	87.1	0.8	3.8	3.8		1.5	3.0	0.8	3.0	100.0(132)
검사장,지검장	65.6		3.1	6.3	3.1	9.4	3.1	3.1	6.3	100.0(32)
차장검사	66.7		16.7			16.7				100.0(6)
소계	65.8		5.6	5.3	2.6	10.5	2.6	2.6	5.3	100.0(38)

(비고) 2007년말 조사

그런데 최근 1974년에 도입된 고교 평준화 정책으로 법조계 명문고의 판도가 크게 변화하였다.[16]

사법연수원 1~34기(1972~2004년)까지 전체 판사 임용자 3,013명을 출신 고교별로 보면, 경기고(140명), 경북고(101명), 서울고(71명), 광주일고(70명), 전주고(60명)의 순이다.

같은 기간의 검사 2,180명의 출신 고교 순위도 엇 비슷하여 경기고(96명), 경북고(85명), 전주고(53명), 광주일고(46명), 경복고(42명)의 순이다.

그러나. 최근에는 외국어고나 지방의 비평준화 지역 고교가 강세를 보이면서 출신 고교별 순위가 뒤바뀌고, 특정 고교 출신이 다수를 점유하던 비율도 크게 낮아졌다. 다시 말해 법조계 내 고교를 중심으로 한 '학맥 파벌'이 재편되고 있는 셈이다.

15) 「동아일보」, 2003년 5월 17일
16) 「동아일보」, 1005년 5월 9일

최근 10년간 판사 임용자는 순천고(19명), 대전고, 서울고(각 16명), 달성고, 학성고(각 15명) 등의 순으로 많았다. 하지만 최근 5년 동안에는 순위가 또 바뀌어 달성고, 학성고(각 12명), 대원외고, 순천고(각 11명), 광주고, 대전고(각 9명) 등의 순으로 나타났다.

검사 임용자도 비슷하다. 최근 10년간에는 순천고(21명), 휘문고(13명), 상문고(12명), 진주동명고, 마산고(각 11명) 순으로 검사를 배출했다. 반면 최근 5년 동안만 보면 순천고(12명), 휘문고(8명), 대원외고, 진주동명고(각 7명), 경기고, 단대 사대부고, 안동고, 영동고(각 6명)의 순으로 나타났다.

<표 10> 사법지배층의 직위별 출신고교

	경기고	서울고	경복고	경북고	부산고	광주일고	전주고	대전고	서울지역	경인지역	영남지역	호남지역	충청지역	강원등	합계
대법관	33.3	8.3		8.3		8.3		8.3	16.7		8.3	8.3			100.0(3)
법원장	15.4	7.7		3.8	11.5	23.1	3.8	7.7	3.8		15.4	7.7			100.0(4)
부장판사	12.9	5.7	5.7	15.7	1.4	5.7	7.1	4.3	27.1		7.1	4.3	1.4	1.4	100.0(12)
장차관				33.3		33.3					33.3				100.0(26)
관리관	50.0		25.0						25.0						100.0(70)
소계	16.5	6.1	4.3	12.2	3.5	10.4	5.2	5.2	20.0		9.6	5.2	0.9	0.9	100.0(115)
검사장,지검장	20.0		6.7	13.3	3.3	3.3			10.0	10.0	20.0	6.7	6.7		100.0(30)
차장검사				20.0				20.0	60.0						100.0(5)
소계	17.1		5.7	14.3	2.9	2.9		2.9	17.1	8.6	17.1	5.7	5.7		100.0(35)

(비고) 2007년 말 조사

법관지배층의 출신고교는 서울지역 고교가 6할을 차지한다. 특히 경기고 출신이 전체의 16.5%를 차지하고 그 다음은 서울고(6.1%)와 경복고(4.3%)이다. 나머지는 영남지역의 경북고(12.2%)와 부산고(3.5%), 그리고 호남지역의 특히 광주일고(10.4%)와 전주고(5.2%) 출신이 많다.

한편, 검찰지배층의 경우 경기고 출신이 17.1%로서 가장 많고, 그 다음은 경북고(14.3%), 경복고(5.7%), 부산고(2.9%), 광주일고(2.9%), 대전고(2.9%) 등이다. 이러한 비율은 전체 검사의 출신 고교와 차이가 있다. 전체 검사의 출신 고교는 경기고가 4.1%이고 경북고(2.7%), 전주고(2.2%), 진주고(1.8%), 순천고(1.7%), 서울고(1.6%), 광주일고(1.6%), 대전고(1.4%) 등의 순이다.[17] 따라서

17) 「동아일보」, 2003년 5월 17일

소수의 경기고 출신과 경북고, 경복고 출신 등이 독점하고 있는 편이다.

이것을 보면, 극소수의 서울과 지방의 명문 고교 졸업생이 사법지배층을 독점하고 있다.

한편, 2009년도 1학기 부터는 법학 전문대학원이 설립되어 종래의 사법고등고시가 폐지된다. 그런데 2009년 법학전문대학원 19개교(정원 1,500명) 입학생의 56.5%가 서울대, 고려대, 연세대 졸업생이다.(서울대는 27.6%) 이것은 2008년 소위 SKY 사시합격자의 비율(27.3%)과 비슷하다.[18]

4) 종교

사법지배층은 대부분 종교를 믿지 않는다. 종교를 믿지 않는 법관지배층은 전체의 75.0%이고 검찰지배층의 경우 73.7%가 된다. 나머지는 기독교도가 법관의 13.6%가 되고 검사의 경우 13.2%이며 그 다음은 천주교도가 법관의 8.6%, 검사의 5.3%가 된다. 특히 검사는 불교도가 많은 편이다.(7.9%)

<표 11> 사법지배층의 직위별 종교

	기독교	천주교	불교	무응담	합계
대법관	8.3	0	0	91.7	100.0(12)
법원장	17.9	10.7	3.6	67.9	100.0(28)
부장판사	12.2	7.8	3.3	76.7	100.0(90)
장차관	25.0	25.0	0	50.0	100.0(4)
관리관	16.7	16.7	0	66.7	100.0(6)
소계	13.6	8.6	2.9	75.0	100.0(140)
검사장,지검장	12.5	6.3	3.1	78.1	100.0(32)
차장검사	16.7	0	33.3	50.0	100.0(6)
소계	13.2	5.3	7.9	73.7	100.0(38)

(비고) 2007년 말 조사

5) 신분배경

법관지배층의 신분배경을 알기 위하여 법관을 가장 많이 배출한 서울대학교 법과대학 학부형의 직업과 그들의 사회진출을 분석하여 본다.

18) 「헤럴드 생생뉴스」, 2008년 12월 8일

1960년~1963년간 서울법대 졸업생과 1971년도 신입생 학부형의 직업, 그리고 1960~1963년간 졸업생의 사회진출을 보면, 표 12와 같다.

<표 12> 서울법대생 학부형 직업과 사회진출

	농업	상업	공광업	공무원	판검사	교원	은행원	회사원	자유업	유학	기타	미상	합계
부친직업 (%)	106 (12.3)	187 (21.3)	27 (3.1)	100 (11.6)		45 (5.2)		84 (9.8)	35 (4.2)		38 (4.4)	236 (27.5)	859 (100.0)
사회진출 (%)		25 (2.4)		235 (22.4)	164 (15.6)	36 (3.4)	125 (11.9)	146 (13.9)	42 (4.0)	37 (3.0)	37 (3.1)	219 (21.0)	1,048 (100.0)

(자료) 서울대학교 학생기록카드

표 12를 보면, 서울 법대생 부친의 직업은 미상을 제외하면 상업이 전체의 21.3%로 가장 많고, 그 다음은 농업(12.3%), 공무원(11.6%), 회사원(9.8%), 교원(5.2%) 등의 순이다.

여기에서 서울 법대생 부친은 상업과 농업 등 주로 자영업에 종사하는 구중산층과, 공무원 · 회사원 등 화이트 칼라의 신중산층 출신이 거의 대부분을 차지한다. 이것을 보면, 법관의 신분배경은 중산층 출신이 대부분이라 할 수 있다.

한편, 서울 법대생들이 졸업한 후에는 주로 행정공무원(22.4%)과 판검사(15.6%), 그리고 회사원(13.9%)과 은행원(11.9%)으로 취업하고 있다. 이들은 대부분 화이트 칼라(67.2%)로 진출하고 있다. 다시 말하면 서울 법대생들은 졸업 후 다수가 관료지배층 또는 법관지배층이나 기업관료로 진출하고 있다.

4. 경제적 배경

2008년 3월 28일 공개된 고위 법관과 헌법재판소, 그리고 법무부와 고위 검찰 간부 197명의 평균 재산은 20억 7천 588만원이었다.[19)]

19) 2008년 재산 공개 대상자 2,171명 중에서 30.8%가 직계존비속이 독립적으로 생계를 꾸린다고 해서 재산 신고를 하지 않았다. 사법부의 경우 133명 중 62명(46.6%)이 신고를 하지 않았다.

저자가 조사한 사법지배층의 1인당 평균 재산은 법관의 경우 20억 8천 7백만원이며, 검찰의 경우 1993년 말 10억원이고 2007년 말 18억 5천만원이었다. 지난 14년간 공시지가 변동 등으로 재산의 약 2배가 증가 되었다.

표 13에서 사법지배층의 재산을 직위별로 보아도 큰 차이가 없으나 1993년말 이나 2007년 말에도 대법관과 관리관의 재산이 상대적으로 약간 적다. 그리고 검찰지배층의 경우도 평균 재산액과 큰 차이가 없으나 오히려 차장검사가 좀 더 많은 편이다. 그런데 사법지배층이 소유하는 재산을 보면, 고위직급 일수록 주택의 규모가 크고 고위 법관의 소유 현금이 1993년에는 1.8억원, 2007년에는 약 5억원이 되며, 특히 1993년의 사법지배층은 전답과 임야를 대단히 많이 소유하고 있다. 또한 고위 검사들도 비록 법관에 비하여 적지만 큰 주택과 부동산을 많이 소유하고 있는 것이 특징이다.

<표 13> 사법지배층의 직위별 평균 재산

총 재산 / 직급	1993년					2007년				
	주택 (평)	전답 (평)	임야 (평)	예금 (백만원)	총재산 (백만원)	주택 (평)	전답 (평)	임야 (평)	예금 (백만원)	총재산 (백만원)
대법관	63.0	2,408	5,201	188	1,500	82.4	4,193	3,976	512	1,802
법원장	69.0	2,178	14,925	134	1,535	69.4	738	14,784	589	2,147
부장판사	65.8	3,164	20,566	109	971	54.1	1,172	8,326	518	2,133
장차관	64.0	617	2,647	143	1,418	62.0	450	5,916	732	2,211
관리관						56.5		3,140	224	1,609
평균 합계치	66.2	2,670	16,028	126	1,186	59.9	1,137	9,226	525	2,087
검사장,지검장	86.0	2,644	308	146	909	62.1	597	43,731	441	1,825
차장검사	59.5	2,679	32,963	136	1,195	56.5	216	1,552	359	2,095
부장검사	57.0	2,672	21,363	145	890					
평균 합계치	70.7	2,667	20,418	142	1,006	61.2	527	31,680	428	1,868

이러한 것을 보면, 사법지배층은 다수가 상속을 받았거나 당대에 치부한 부르조아 출신들이라고 볼 수 있다.

표 14를 보면, 고위 법관이 소유한 주택 규모와 소유 재산 총액을 상관분석하여 보면, 상당한 유관성이 있음을 알 수 있다. 즉 50평형 이상인 경우 대개 20억원 이상의 재산을 소유하고, 40평형 미만인 경우 10억원 미만의

재산을 많이 소유하고 있다. 40~50평형의 경우 전체의 49.1%가 10억~20억원의 재산을 소유하고 있다.

<표 14> 고위 법관의 주택 규모별 총재산

직급 \ 총재산	1~5억원	5~10억원	10~20 억원	20~30 억원	30~50 억원	50억 이상	미상	합계
40평 미만	11.8	35.3	29.4	17.6	0	0	5.9	100.0(17)
40~50평	5.7	17.0	49.1	13.2	13.2	1.9	0	100.0(53)
51~60평	0	10.3	27.6	27.6	20.7	13.8	0	100.0(29)
60평 이상	4.9	7.3	29.3	39.0	12.2	7.3	0	100.0(41)
합계	5.0	15.0	36.4	24.3	12.9	5.7	0.7	100.0(140)

법관지배층의 소유 주택규모별 재산 총액을 보면, 51~60평형의 총 재산이 법관지배층의 평균치(20억원) 보다 많은 경우 전체의 33.8%가 되고, 40~50평형의 경우 27.3%이며 40평 미만의 경우 17.6%, 그리고 60평 이상은 19.5%이다. 50평형 소유 법관지배층이 60평형의 경우 보다 더 많은 재산을 지니고 있다.

그러면, 2007년 법관지배층이 소유한 주택, 전답 및 임야, 예금을 직위별로 분석하여 본다.

1) 주택

법관지배층의 주택(대부분 아파트)은 그들의 직위가 높을수록 큰 평형을 소유하고 있다. 즉, 1993년에는 법원장의 50.0%가 60평 이상을 소유하고 대법관의 50.0%는 51~60평형을 소유하며 부장판사의 24.6%는 40~50평형을 소유하고 있다. 그리고 2007년에는 대법관의 35.7%가 51~60평형을 소유하고 부장판사는 40~50평형을 전체의 45.6%가 소유하고 있다. 40평 미만을 소유한 대법관은 16.7%이고 법원장은 7.1%이며 부장판사는 12.2%에 불과하다.

이와 같이 대형주택을 소유한 법관지배층은 주택(아파트) 가격이 20억 이상 되는 60평 이상에 거주하고 있다. 비록 40평 이상만 하여도 현실가로 10억원 이상의 주택을 소유하고 있다고 볼 수 있다. 따라서 이들의 대부분은 우리나라의 신부르조지라고 볼 수 있다.

<표 15> 법관지배층의 직위별 소유주택

직군 \ 정권		40평 미만	40~ 50평	51~ 60평	61평 이상	합계
대법관	1993		16.7	50.0	33.3	100.0
	2007	16.7	25.0		58.3	100.0
법원장	1993		12.5	37.5	50.0	100.0
	2007	7.1	14.3	35.7	42.9	100.0
부장 판사	1993	13.1	24.6	21.3	41.0	100.0
	2007	12.2	45.6	20.0	22.2	100.0
장차관	1993			50.0	50.0	100.0
	2007	25.0	25.0		50.0	100.0
관리관	1993					
	2007	16.7	66.7	16.7		100.0
합계	1993	7.9	19.8	29.7	42.6	100.0
	2007	12.1	37.9	20.7	29.3	100.0

2) 부동산

법관지배층이 소유한 부동산은 대단히 많다. 1993년에는 전체 관료지배층의 48.5%가 전답이 있고, 또 그들의 55.4%가 임야를 소유하고 있다. 그리고 2007년에는 법관지배층의 67.1%가 전답이 없고, 또 그들의 51.5%가 임야를 소유하지 않고 있다.

<표 16> 사법지배층의 직급별 소유 전답

직위 \ 정권		500평 이하	501~ 999평	1000~ 1999평	2000~ 2999평	3000~ 3999평	4000~ 4999평	5000평 이상	없음	합계
대법관	1993	8.3	16.7	16.7		8.3		8.3	41.7	100.0
	2007	8.3						8.3	83.3	100.0
법원장	1993	12.5	8.3	5.3	5.3	16.7		4.2	41.7	100.0
	2007	21.4	21.4	10.7	3.6				42.9	100.0
부장 판사	1993	6.6	11.5	6.6	4.9	4.9	3.3	4.9	57.4	100.0
	2007	5.6	11.1	10.0	1.1	2.2			70.0	
장차관	1993		50.0						50.0	100.0
	2007	25.0							75.0	100.0
관리관	1993									
	2007								100.0	100.0
합계	1993	7.9	12.9	7.9	5.0	7.9	2.0	5.0	51.5	100.0
	2007	9.3	11.4	8.6	1.4	1.4		0.7	67.1	100.0

<표 17> 사법지배층의 직급별 소유임야

직위 \ 정권		100평 이하	101~200평	201~500평	501~1000평	1001평 이상	없음	합계
대법관	1993		8.3	8.3	8.3	50.0	25.0	100.0
	2007		8.3		8.3	16.7	66.7	100.0
법원장	1993	4.2		4.2	4.2	33.3	54.2	100.0
	2007			3.6		32.1	64.3	100.0
부장	1993		3.3	4.9	1.6	44.3	45.9	100.0
판사	2007	1.1	1.1	2.2	4.4	22.2	68.9	100.0
장차관	1993		25.0			50.0	25.0	100.0
	2007					25.0	75.0	100.0
관리관	1993							
	2007					16.7	83.3	100.0
합계	1993	1.0	4.0	5.0	3.0	42.6	44.6	100.0
	2007	0.7	1.4	2.1	3.6	23.6	68.6	100.0

1993년 법관지배층이 소유한 전답은 전체의 20.8%가 1천평 미만이고 1천평 이상 소유자는 전체의 27.8%이다. 소유 전답을 직위별로 보아서 큰 차이가 없는 것으로 보아, 이것은 주거용이거나 부모로 부터 상속 받은 것 같다. 그리고 그들이 소유한 임야는 전체의 42.6%가 1천평 이상인 것을 보면 이것도 대부분 상속인 것 같다. 그리고 2007년 법관지배층이 소유한 토지는 대부분 1천평 미만이고,(29.3%) 그 이상의 소유자는 극소수(3.5%)이다.

3) 예금

법관지배층의 평균 예금은 전술한 바와 같이 1993년에는 1억 2천만원이고 2007년에는 5억원이다. 1993년의 경우 표 14에서 볼 수 있는 바와 같이 직급에 따라 차이가 있다. 다시 말하면 대법관의 41.7%가 1억~2억원 수준을 예금하고 법원장의 37.5%가 5천~1억원 수준이며, 부장판사의 42.6%가 1천~5천만원 수준이 가장 많다.

2007년 법관지배층의 평균 예금은 5억원이다. 5억원 이상이 전체의 30.7%가 되고, 그 다음은 1~2억원(19.3%), 3~4억원(14.3%), 5천~1억원(12.1%)의 수준이다. 그리고 1993년에 비하여 2007년 법관지배층의 예금 선호가 두드러지게 나타나고 있다. 이것은 물가변동(인플레)에 대한 신뢰성에서 비롯된다.

<표 18> 법원지배층의 지위별 예금액

직위 \ 정권		1~5천 미만	5천~ 1억원	1~ 2억원	2~ 3억원	3~ 4억원	4~ 5억원	5~ 6억원	6억원 이상	합계
대법관	1993	8.3	16.7	41.7	16.7	8.3		8.3		100.0
	2007	8.3	25.0		8.3	16.7		8.3	33.3	100.0
법원장	1993	25.0	37.5	25.0	8.3					100.0
	2007		7.1	25.0	7.1	7.1	3.6	10.7	39.3	100.0
부장판사	1993	42.6	18.0	18.0	8.2	1.6	1.6	3.3	6.6	100.0
	2007	7.8	12.2	20.0	8.9	14.4	12.2	4.4	20.0	100.0
장차관	1993	25.0		50.0	25.0					100.0
	2007			25.0		50.0			25.0	100.0
관리관	1993									
	2007	16.7	16.7	16.7	16.7	16.7		16.7		100.0
합계	1993	33.7	21.8	23.8	9.9	2.0	1.0	3.0	4.0	100.0
	2007	6.4	12.1	19.3	8.6	14.3	8.6	6.4	24.3	100.0

5. 결 론

법관(판,검사)은 일제시 고등문관시험 사법과나 해방후 고등고시 사법과, 또는 1966년부터 사법시험에 합격해야 임용될 수 있었다. 그리고 이러한 시험의 합격한 판사가 된 자는 거의 대부분 경기고, 경북고, 서울고, 광주일고, 부산고, 경남고, 대전고, 전주고 등 일류 고교 출신들이다. 그리고 이들의 87.1%가 서울대 법대를 졸업하였으며, 검사의 경우 65.8%가 된다.

법관들은 최고의 지배층(elite) 의식을 지니고 있다. 법관들 중에서 평균 24년의 법관 경력자가 부장판사 또는 검사장급 이상의 법관지배층이 되고, 이들은 기존 질서유지하기 위한 법령을 집행하기 때문에 비록 전문직 화이트 칼라(관리직) 이지만 거의 대부분 이념상으로 매우 보수적이다. 또한 그들의 평균 재산이 20억 7천만원(2008년 말)이고, 소유 주택이 40평(40대 부장판사)~60평(60대 법원장) 이기 때문에 사회계층상으로 상층에 속한다.

한편, 법관 또는 사법지배층을 가장 많이 배출한, 1960년대 서울대 법대생 학부형의 직업 배경은 거의 중산층이다. 그들 부친의 직업이 구중산층(36.3%)과 화이트 칼라(26.6%)이다. 이것을 미루어 보면, 한국 사법지배층의 출신배경은 대부분 중산층 출신이라고 할 수 있겠다. 따라서 사법지배층은 비록 중간계급 출신이지만 본인의 사회적 직력으로 신부르조아지라 할 수 있다.

제 11장 17대 대선 후보자의 정책공약

1. 서 론

2007년 12월 17일은 제 17대 대통령 선거일이다. 대통령은 국가의 원수이고 행정의 수반이며, 동시에 국가의 독립과 영토의 보전, 국가의 계속성과 헌법을 수호할 책무가 있고, 조국의 평화통일을 위한 성실한 의무를 지니고 있다.[1] 이러한 막중한 의무와 권리를 지닌 대통령은 국민의 보통・평등・직접・비밀투표에 의하여 선출된다.[2]

17대 대통령 선거 후보자는 모두 12명이고 이 중에서 각종 선거 여론조사에서 가장 앞서고 있는 후보는 李明博(한나라당, 전 서울시장), 李會昌(무소속, 전 국무총리), 鄭東泳(통합민주신당, 전 통일부장관), 權永吉(민주노동당, 현 국회의원), 文國現(창조한국당, 전 유한킴벌리 사장), 李仁濟(민주당, 현 국회의원), 沈大平(국민중심당, 현 국회의원), 李壽成(국민연대, 전 국무총리) 등이다.

이들 대선 후보자의 대선공약을 중심으로 이념적 고찰을 하려고 한다.

대선 후보자 중에서 현재 강력한 야당 후보는 이명박과 이회창인데 이들은 현 집권세력(김대중 정부와 노무현 정부)을 좌파정권이라 하고 스스로 보수세력이라고 한다.[3] 과연 현 집권세력이 좌파정부(세력)인지 그리고 현 야당이 보수세력이라 할 수 있는지 의문이 제기된다.

---

1) 「대한민국 헌법」, 제 66조
2) 「대한민국 헌법」, 제 67조
3) 이에 대하여 소위 통합신당(구 열린우리당)은 한나라당을 수구냉전 세력이라 하고 한나라당은 통합신당을 친북 좌파세력이라 한다. 그리고 주요 언론사들은 전자를 좌파세력, 후자를 보수세력으로 간주한다.

이와 같이 정당의 정치적 이념이 선명하다면, 정당이 제시하는 정강정책이나 선거공약은 그것에 기초해야 하는데 그렇지 못하고 민심(소위 득표)을 얻기 위한 장미빛 대선구호와 대선공약이 판을 친다.

그리하여 제 17대 주요 대선 후보자들이 대선공약을 과연 보수와 진보, 또는 우파와 좌파의 이념에 따라 제시하고 있는지, 그리고 그들이 내세우는 대선 공약(정책)이 어떠한 이념적 성격을 지니고 있는 지를 이념적 분석 틀에 따라 고찰 한다.

17대 대선 후보자들의 선거공약이 대부분 대선후보 등록일(선거전 30일) 이후에 발표된 것이라서 충분한 분석이 어려우나 그들이 그간 주장한 선거구호나 선거공약, 그리고 소속정당의 정강정책을 분석하여 고찰하려고 한다.

2. 정책의 이념적 분석틀

최근 우리나라 정치권에서 이념적 논쟁이 매우 활발한 편이다. 해방후 좌·우익의 이념적 대립이 심하였으나 미군정의 탄압(좌익계 불법화등) 이승만 정권의 국가보안법 제정과 6.25 전쟁 등으로 가치논쟁 또는 사상논쟁이 사라졌던 것이다. 4·19 혁명 직후 한때 이념논쟁으로 싹이 텄으나 1961년 군사 쿠데타 이후 다시금 사라졌다.

지난 40여년간 반공이념으로 무장된 친미 우파정권이 지배하였다. 우파정권의 이념은 자유민주주의와 시장경제론이었다. 우파정권이 주장한 자유민주주의와 시장경제론도 고전적인 것이었다. 그것은 서구식 민주주의와 자유방임적 자본주의를 말한다. 비록 서구식 자유민주주의와 자본주의라 할지라도 오랜 역사적 경험에서 그것을 부정하거나 수정·보완하는 이념(수정자유주의)과 전략(정책)이 나타나게 되었다. 그것을 아예 부정하는 마르크스주의, 공산주의, 인민민주주의 등이 나타났고, 또한 그것을 수정·보완하려는 사회민주주의 또는 민주사회주의가 나타났다.

일반적으로 자유민주주의와 시장경제론을 우파라 하고, 이를 부정하는 마르크스주의와 계획경제론을 좌파라고 하며, 우파를 수정·보완하려는 것을 중도파 또는 개혁파라고 한다. 그런데 이념적 분석틀이 상기한 바와 같이 간단한 것은 아니다. 우파도 1970년대 말 신우파(neo-liberalism)가 등장하였고 좌파도 사회변화로 신좌파(neo-marxism)가 나타났으며, 그 이 외에 여권주의와 녹색주의 등이 나타났다.[4)]

오늘날 지배적인 복지이념은 과거 자유세계를 지배하였던 케인즈 경제론, 즉 수정자본주의나 공산세계를 지배하였던 마르크스 경제론은 1980년대 이후 거의 사라지고 영미중심의 신우파와 중국중심의 사회주의적 시장경제론, 즉 신좌파[5)]가 세계질서를 재편성하고 있다. 이러한 신우파와 신좌파는 자본주의의 기본 특성을 유지하기 때문에 그것으로 인한 사회문제(빈곤과 실업 및 불평등, 부도덕 등)가 많이 나타나고 있는 실정이다.

그러면, 본 고에서 이념적 분석틀의 핵심인 우파와 좌파 및 중도파의 전략적 이념을 간단히 소개한다.[6)]

전통적 우익은 보수주의이다. 보수주의는 사회질서를 중요시 하고 전통을 존중하며, 종교와 구조적 사회관계의 기반으로서 계급과 같은 불평등의 중요성을 강조한다. 복지는 이차적 과제이고, 특히 보수주의자는 노동, 가족 및 국민성에 대한 전통적 가치에 관심을 가진다. 복지는 사회개혁을 하지 않으면 혁명이 온다고 할 때 관심을 가진다. 신우파의 자유주의는 보수주의와 마찬가지로 질서유지에 국가의 강력한 역할을 강조하고 개인의 자유와 자유시장의 활동, 즉 민영화와 효율성을 강조한다.

가장 강력한 좌익은 마르크스주의이다. 마르크스주의는 사회를 사회계급간 갈등의 측면에서 보고 폭력에 의해서 사회갈등을 해결하려고 한다. 지배계급(자본가계급)은 생산수단을 소유하고 통제하며 산업노동자계급을 착취한다는 것이다. 마르크스주의자의 복지분석은 주로 권력행사와 관련되어 있는 것으로 보고, 국가는 지배적인 자본가계급의 도구이며 따라서 복지는 착취에 대한 노동자계급의 저항 강도에 의하여 발전되어 왔다는 것이다.

신마르크스주의는 국가는 두가지의 기능을 가지고 있는데 하나는 자본축적의 조건을 개선하는 것이고 다른 것은 복지대책을 강구함으로서 자본주의 체제를 합법화

4) 김영모, 「사회정책」, 한국복지정책연구소 출판부, 1982, 2005, 제 5장 참조.
5) 여기에서 말한 신좌파는 신마르크스주의가 아니라 중국식 개혁·개방론을 말한다.
6) Paul Spicker, *Social Policy Themes and Approaches*, Prentice-Hall, 1995, pp.73~76

시키려는 것이다. 자본축적과 합법화의 필수조건은 모순된 것이고, 합법화의 비용은 통치위기를 초래한다는 것이다.

사회주의는 신념과 접근방법은 마르크스주의와 고유한 것이지만 사회적 분석은 유럽 사회주의와는 다른 것이다. 사회주의는 개인 보다도 집합주의, 사회적 불이익을 감소시키려는 의미의 평등주의이다. 즉 자유, 평등 및 연대의 원리를 중요시 한다. 이러한 점에서 사회민주주의와 큰 차이가 없으나, 첫째는 집단주의자 보다 개인주의자이고 상호부조와 불이익 감소의 주장을 수용하지만 개인적 권리를 발전시키고 국가의 역할을 제한시켜서 개인의 자유를 강조하는 것을 중요시 한다. 둘째는 사회민주주의는 불평등을 제거하는데 관심이 없지만 인간을 시장사회의 최악 결과로 부터 보호하기 위한 사회적 대책에 의하여 그 영향을 완화 시키려고 한다. 그리하여 좌파는 자본주의 시장제도의 결함을 시정하기 위하여 국가가 개입한 공영화와 평등(균형)을 강조한다.

좌・우익과 구별되는 정치적 중간이념으로 중도파를 말할 수 있다. 중도파 *the middle way* 는 자유시장제도가 경제를 조직하는데 최선의 방법이고 정부는 자본주의를 관리하고 그 문제점을 해결할 수 있다는 신념을 지니고 있다. 중도파는 중도 우파와 중도 좌파로 구별한다. 중도 우파는 일반적으로 민주사회주의(페비안주의)를 말하고 중도 좌파는 사회민주주의를 말한다. 영국 보수당과 같은 실용주의 *pragmatism* 와 독일의 사회시장 *social market* 이 중도파이다.[7)]

이러한 이념적 전략을 경제정책 뿐만 아니라 사회정책의 이념적 전략에도 적용할 수 있다. 사회정책의 이념도 우파와 개혁파 및 급진파로 구별하여 볼 수 있다.[8)] 우파는 앞서 지적한 보수주의와 자유(방임)주의를 의미하는데 이것은 1970년대 부활되어 개혁주의와 급진주의에 도전하였다. 이것을 신우파라 한다. 신우파는 복지국가가 시장제도의 기능에 해로운 것으로 보았다. 또한 복지국가는 높은 조세에 의하여 개인 및 기업의 인센티브를 파괴하고 자유시장의 기능을 방해한다는 것이다.

이와 같이 우파와 좌파 및 중도의 이념적 특성이나 사회문제를 해결하기 위한 접근 방법이 매우 상이하다. 이에 따라 대선공약을 분석하기 위한

---

7) *Ibid.*, p.76
8) Tom Burden, *Social Policy and Welfare*, A Clear Guide, Pluto Press, 1998, p.4

이념적 특성과 전략적 이념(접근방법)을 간략히 예시하여 본다.(표 1 참조)

<표 1> 대선공약의 이념적 분석 틀

	이념	개입형태			개입방법		
		개인	시장	국가			
우파	개인주의와 효율성	○	○	×	민영화	선별주의	이윤추구
좌파	집단주의와 평등성	×	×	○	공영화	보편주의	탈상품 국가부담
중도파	혼합주의와 연대	○	△	△	혼합형	보편주의	시민참여 삼자부담

(비고) 1) ○,× 표시는 가부를 말하고 △표시는 시장에 대한 국가개입의 혼합형을 의미함.
2) 삼자부담은 개인, 직장, 국가의 부담을 말함.

3. 대선 후보자의 이념적 성향

대선공약은 비록 소속 정당의 이념적 특성을 알 수 있는 정당의 정강정책에서 알 수 있겠지만, 그러한 정당활동을 하는 것도 개인적 관심이 크게 작용하기 때문에 일차적으로 후보자 개인의 이념적 성향을 파악하는 것이 매우 중요하다.

일반적으로 개인의 이념적 성향은 그들의 출신배경과 사회화 과정에서 찾아 볼 수 있다.[9] 출신배경은 가족, 재산, 지역, 종교, 학력 및 경력 등에서 찾아 볼 수 있고 사회화 과정은 가족관계, 교우관계, 종교, 지역, 학력, 직력을 통한 가치관의 형성과 정치적 이념이 형성될 수 있다.

일반적으로 보수적 이념 성향은 부르조아 가정이나 종교적 배경과 본인의 오랜 지배적인 직력에서 비롯될 수 있고, 진보적 이념 성향은 프로레타리아 가정과 낮은 사회적 지위, 즉 본인의 피지배적인 직력에서 나타날 수 있다.[10]

---

9) D. R. Mathews, *The Social Background of Political Decision Makers,* Random House, N. Y., 1954, p.4

10) 이러한 일반론은 반드시 타당하지 않다. 예컨대 중공의 초기 정치지도자는 대부분 대지주 자손이고 프랑스 유학 출신이었다. 그 후 정치지도자는 노동자 출신이 다수 차지하게 되었다. 그러나, 저자의 생각으로는 이념적 성향이 초기에는 가족배경의 영향이 있었으나

<표 2> 17대 대선 후보의 신상명세

	鄭東泳	李明博	權永吉	李仁濟	沈大平	文國現	李會昌
정당	통합 민주신당	한나라당	민주 노동당	민주당	국민 중심당	창조 한국당	무소속 (전한나라당)
출생 연령	전북 순창군 54세	일본 오사카 66세	일본 야마구치현 66세	충남 논산시 59세	충남 공주시 66세	서울 58세	황해 서흥 72세
본관	동래 정씨	경주 이씨	안동 권씨	전주 이씨	청송 심씨	남평 문씨	전주 이씨
거주지	서울 서대문 홍은동	서울 종로구 가회동	경남 창원시 상남동	충남 논산시 연산면	대전시 서구 월평동	서울 강남구 도곡동	서울 용산구 서빙고동
주요 학력	전주고, 서울대 국사학과, 영국 웨일스대 저널리즘 석사	포항 동지상고 고려대 경영학과	경남고, 서울대 농대 잠사학과	경복고, 서울대 법대	대전고, 서울대 경제학과	중동고, 한국외대 영어과, 서울대 경영학 석사	경기고, 서울대 법대
주요 경력	MBC기자, 국회의원, 열린우리당의장, 통일부장관	현대건설회장, 국회의원, 서울시장	서울신문기자, 민노당,대표, 국회의원	국회의원, 노동부장관, 경기도지사	국회의원, 충남지사, 국민중심당 의장	유한킴벌리사장, 창조한국당대표	대법관, 국무총리, 한나라당총재
혈액형	A	B	B	B	B	O	A
군복무	육군 병장 만기전역	면제 (기관지확장증)	학보병 상병 전역	육군 병장 만기전역	일병 전역	ROTC 병기장교	공군 대위
가족	부인 민혜경씨 2남	부인 김윤옥씨 1남 3녀	부인 강지연씨 2남 1녀	부인 김은숙씨 2녀	부인 안명옥씨 3남	부인 박순애씨 2녀	부인 한인옥씨 2남 1녀
재산	11억 3379만원	353억 8030만원	9억 1121만원	11억 9580만원	25억원	56억 5383만원	27억 4600만원
납세 (과거5년)	3,260만원	12억 1,342만원	1억 5,199만원	6,739만원	9,275만원	7억 7,849만원	4,087만원
종교	천주교	기독교	천주교	없음	천주교	천주교	천주교
존경인물	백범 김구 다산 정약용	도선 안창호 간디	할아버지	백범 김구	아버지	이순시 유일한 박사	이순신
외국어	영어	영어,일본어	영어,프랑스어	영어	영어	영어	영어, 일어
좋아하는 음식	김치찌개, 햄버거	김치찌개, 된장찌개	된장찌개	김치찌개, 청국장	가리지 않음	산채비빔밥, 두부	된장찌개
애창곡	아침이슬	사랑이여, 만남	고향의 봄	사랑이여, 선구자	만남, 영영	그집앞	친구여,애모
주량	소주1병	맥주 2잔	소주 1병	소주 반병	소주 반병	소주 반잔 맥주 500cc	맥주 1병 소주 반병
보물1호	가족	손자 6명	아버지와 어렸을때 찍은 사진	가족	가족	가족	손자, 손녀
정계 입문	DJ권유	YS공천	민노당공천	YS공천	JP공천	-	YS공천

(자료) 1) 「동아일보」, 2007년 11월 27일자에 후보자의 소속정당 및 경력은 저자가 추가하였음.

후기에는 본인의 직력에 의하여 좌우되고 있는 것 같다.

17대 대선 후보자(12명 중 7명)들의 간단한 신상 명세를 통하여 그들의 가치 및 이념적 특성이 무엇인 가를 표 2에서 보기로 한다.

첫째, 후보자들의 출신지역은 일본과 충남이 각각 2명이고 나머지는 전북, 서울, 황해 등이다. 이들의 출신지역이 농촌 보다도 도시출신이 많다. 그리고 유력한 후보자의 소속 정당과 지역성이 매우 깊은 관련성을 지니고 있다.

둘째, 후보자들의 학력은 서울대 출신이 5명이고 나머지는 고려대와 외국어대 출신이 각각 1명이다. 이들의 학력은 높고, 소위 일류대 출신이다.

셋째, 후보자들의 경력은 모두 높은 사회적 지위를 누렸다. 그들의 대부분이 고위 행정관료(3명), 기업관료(2명), 언론관료(2명) 등 화이트 칼라 출신이다.

넷째, 후보자들의 재산은 기업관료 출신이 가장 많고(약 50억원 이상) 그 다음이 행정관료 출신이며(약 25억원 이상), 나머지는 언론관료 출신이다.(약 10억원)

다섯째, 후보자들의 종교는 대부분 천주교도(5명)이며 나머지는 기독교와 비신자가 각각 1명이다. 기독교도는 매우 보수적 성격이 강하다.[11]

여섯째, 후보자들의 가족배경은 상당한 명문가이다. 특히 이회창의 가족배경은 법관과 대학교수 및 의사 등 전문직 출신이 많고 이명박의 경우도 경영자와 국회의원이 있으며 정동영의 경우 부친이 도의원을 지냈다. 이명박과 정동영의 경우 어릴때 가난한 집안에서 태어나서 고학 등 고생을 많이 하였다고 한다. 두 후보는 일찍이 아버지를 여의었고, 정후보는 제대후 복학시절에 동대문 평화시장에서 옷장사를 하였으며, 이후보는 가난하여 중학교부터 뻥튀기 장사, 과일행상, 환경미화원 등을 하며 생활비와 학비를 벌었다고 한다.[12] 그래서 그들의 성격 형성에 어머니의 영향이 대단히 컸고 자의식이 강한 성격을 지니게 된 것 같다.

11) 많은 기독교 단체들은 국민의 정부와 참여정부의 대북지원을 '퍼주기식'이라고 비판하고 심지어 친북 좌파정권이라고 규탄한다.

12) donga.com「뉴스」, '대선후보 누구인가', 2007년 11월

이상에서 대선 후보자들의 출신배경을 보면, 대부분 부르조아지 출신이고, 그들의 가족배경과 사회적 직력을 보아 대부분 보수적 이념을 지니고 있다고 볼 수 있다.

최근 대선 후보자들의 이념적 성향은 이회창 후보가 전통보수와 신보수의 중간에, 이명박 후보는 신보수와 중도실용의 중간에, 정동영 후보가 중도실용과 중도진보의 중간에 있다고 말하고, 권영길은 중도진보와 진보의 중간에, 문국현 후보는 중도진보로, 그리고 이인제 후보는 중도실용으로 규정하고 이들간의 합종연횡이 일어날 판세를 예측하고 있다.[13] 이러한 이념적 분석이 과연 타당한지 의문이 간다.

4. 주요 정당의 정강정책

우리나라 헌법 전문에 '자유민주적 기본질서'를 명시하고 있기 때문에 오랫 동안 진보적 좌파정당이 나타나기 어려웠다. 비록 한 때 진보적 정당(예컨대 조봉암)이 나타나도 많은 정치적 시련을 겪고 오래 가지 못하였다.

1987년 민주화 이후 문민정부가 들어서면서 과거 군부세력에 대항한 신진세력이 나타나서 논쟁이 일어나게 되었다. 김대중 정부와 민주노동당은 좌파 정당으로 간주하고 국민중심당은 보수 정당으로 간주하였다. 반면에 열린우리당과 대통합민주신당은 한나라당을 수구냉전세력 또는 친미우파 세력이라고 하였다.

---

13) 그간 대선판의 이념 경쟁이 보수-진보의 대결구도 속에 중도층을 겨냥한 '중원쟁탈전'이 주된 흐름이었다면, 이제는 전통보수-신보수 · 중도실용-중도진보의 3파전이 치열해지는 형국이다. 이념전쟁은 대선 구도를 요동치게 만들면서, 이념적 성향이 비슷한 후보들간의 후보 단일화와 선거 연합 및 정책 연대 등 다양한 형태의 합종연횡의 동력으로 작용할 것으로 예상된다.
'보수내전' 중인 이명박 후보와 이회창 전 총재는 이른바 '시장주의 보수'와 '국가주의 보수'의 맞 대결을 벌이고 있다. 경제 이슈를 선점해온 이 후보의 주도권에 이 전 총재가 국가 정체성, 안보 이슈를 앞세워 도전장을 내밀면서 선점해온 이 후보는 당초 보수 이미지 보다 '중도실용'을 추구하며 '수구', '꼴통'의 딱지를 떼내려 했다. 전체 유권자의 60% 가량을 차지하는 중도층 확보가 대선 승패를 좌우하기 때문이다. (「문화일보」, 2007년 11월 9일자)

<표 3> 주요 정당의 정강정책

	한나라당	대통합민주신당	민주노동당
정당이념	국민정당	국민정당	민중정당
정치이념	자유민주주의	의회민주주의	민중민주주의
경제이념	시장경제 (큰 시장)	시장경제 (조세정의)	사회경제체제
복지이념	선별주의 (취약,소외계층지원)	생산적 복지 (사회투자)	민중해방 (탈소외, 착취)
행정이념	작은정부	효율정부	큰정부
대북정책	상호공존주의	포용(햇볕)정책	인류공동체
통일이념	한반도경제공동체 (한반도 비핵화)	평화협정 (한반도 비핵화)	자주적 민족국가
세계화	적극 찬성(FTA 등)	주체적 세계화	신자유주의 반대
계급이익	기업가와 중산층	중산층과 서민	노동자, 농민, 서민
양극화 극복	일자리 창출 (기초안전망)	사회협약 (일자리 창출)	자본주의 모순 극복

이와 같이 대통합민주신당이 과연 좌파 세력인지 정당의 정강정책 분석을 통하여 알아 보려고 한다. 그리고 대선을 위해 급조된 정당인 민주당, 창조한국당, 국민연대 등을 언론은 여권후보와 야권후보로 나누고 있다.

그리하여 저자는 이러한 정당 중에서 대통합민주신당, 한나라당, 민주당, 국민중심당 등의 정강 정책을 중심으로 그것을 분석하여 보려고 한다.

일반적으로 정당은 정치권력을 획득하기 위한 집단으로 특정한 계급 또는 계층의 이익을 대변하기 위한 것이다. 그럼에도 불구하고 우리나라의 주요한 정당은 여야를 막론하고 '국민정당'임을 표명하고 모든 계급, 계층을 포용하는 정당임을 주장하고 있다. 그러나 민주노동당은 노동자, 농민, 서민의 계급정당임을 주장한다.

표 3을 보면, 우리나라 주요한 정당의 전문과 정강정책에 명시된 주요한 정치, 경제, 복지, 행정의 이념이 한나라당과 민주노동당간에 현격한 차이가 나타나고 대통합신당은 그 중간에 위치하고 있음을 알 수 있다. 다시 말하면 한나라당은 이념상으로 적극적 우파라고 말 할 수 있고 민주노동당은 소극적 좌파라고 말 할 수 있으며 통합신당은 소극적 중도파(우파)라 할 수 있

다. 특히 현안 과제가 되어 있는 대북통일, 세계화 및 양극화 정책을 보면 한나라당은 매우 소극적이지만 통합신당과 민주노동당은 매우 적극적인 편이다.

그러면, 주요 정당이 제시한 정책 비전(전문)을 예시하여 본다.

(1) 대통합민주신당[14)]

대통합민주신당은 민주, 평화, 통합, 환경을 4대 기본가치로 삼아 성숙한 민주주의와 공정한 시장경제, 따뜻한 복지와 사회통합, 창의적 교육과 문화강국, 환경보존, 평화체제와 통일기반을 구축한다.

우리는 세계화 시대에 능동적으로 부응하여 자유롭고 창의적인 경제활동을 보장하는 사람 중심의 지속 가능한 시장경제체제를 지향한다.

대통합민주신당은 사회적 양극화를 극복하기 위하여 사회의 각 영역에 나타나고 있는 갈등과 긴장을 해소하는 사회협약을 적극 추진단다.

우리는 안정적 일자리 창출과 예방적 사회정책을 중심으로 하는 사회투자정책을 대폭 강화하고 투자 활성화와 사회통합적 노사관계 구축, 그리고 국가 경쟁력 향상을 위한 사회적 대화와 대타협을 통하여 국민통합을 실현한다. 지난 10년의 남북화해협력 정책성과를 기반으로 한반도 정전체제를 평화협정체제로 전환시킨다.

(2) 한나라당[15)]

새로운 한나라당은 이제 부정부패와 지역감정, 중앙집권과 관치경제, 권위주의와 물질만능풍조 등 과거의 부정적 유산을 극복하는 자기 혁신을 철저하게 추진한다. 아울러 집단이기주의와 분배지상주의, 포퓰리즘에 맞서, 헌법을 수호하고 자유민주주의와 시장경제를 바탕으로 대한민국의 재도약과 국민통합, 그리고 남북통일을 위한 대장정에 일로 매진한다.

새로운 한나라당은 자유민주체제에 대한 확신을 바탕으로 소극적, 방어적 대북정책에서 벗어나 호혜적 상호공존 원칙에 입각한 유연하고 적극적인 통일정책으로 전환한다. 이를 통해 민족의 동질성을 회복하고 남북한의 공동발전을 도모함과 동시에 역동적인 통일한반도 시대를 주도적으로 열어 나간다. 국민적 공감대와 투명성을

---

14) www.undp.kr
15) www.hannara.or.kr

확보한 가운데 진취적인 교류협력과 인도적 지원을 확대하여 북한의 개혁, 개방을 촉진하여 한반도 경제공동체를 구현한다. 북핵 문제에 단호히 대처하여 한반도의 비핵화를 실현하고 북한주민의 인권을 개선하며 한반도의 평화를 창출한다.

새로운 한나라당은 큰 시장, 작은 정부의 기조에 입각한 활기찬 선진경제를 지향한다. 개인의 존엄과 자유를 존중하고, 경쟁과 협력을 진작하며, 실질과 창의를 숭상하여 부지런하고 정직한 사람이 잘 사는 나라, 기업하기 좋은 나라, 공정하고 투명한 시장 질서, 일자리 넘치고 중산층이 두터운 나라를 구현한다.

새로운 한나라당은 사회 양극화를 해소하기 위해 보편적인 기초안전망을 완성하고, 취약, 소외계층의 일할 욕구를 부추기며 능력 개발을 촉진한다. 그리하여 재정적 지속 가능성이 담보되는 자생복지체제를 갖추어 그늘 없는 사회를 구현한다.

(3) 민주노동당[16)]

민주노동당은 노동자와 민중 주체의 자주적 민주정부를 수립할 것이다. 민주노동당은 민주주의를 쟁취하고 신자유주의를 타파하기 위해 불굴의 의지로 투쟁해 나간다. 이를 통해 민주노동당은 반민중 권력과 초국적 자본의 민중 수탈에 맞서 민중의 권익과 민족의 생존을 확고하게 지켜 나간다.

민주노동당은 자본주의의 질곡을 극복하고, 노동자와 민중 중심의 민주적 사회경제체제를 건설한다. 모든 사람이 교육·의료·주거·통신·교통 등 삶을 영위하는데 필요한 여건을 평등하게 누려, 저마다 하고자 하는 바를 마음껏 펼칠 수 있는 세상을 만드는 것이 민주노동당의 목표이다. 이윤을 목적으로 하는 사적 소유권을 제한하고 생산수단을 사회화 함으로서 삶에 필수적인 재화와 서비스는 공공의 목적에 따라 생산되도록 한다. 지난날 국가사회주의 사회의 형식적 국유화의 한계를 거울삼아 시장적 요소를 적절히 통제 활용하는 가운데, 노동자를 비롯한 생산 주체들이 생산수단을 민주적으로 점유하고 계획, 생산, 분배, 유통에 참여하도록 하여 경제의 효율성과 안정성, 공공성을 기한다.

민주노동당은 민족분단으로 인한 대립과 반목을 종식시키고, 7천만 민족의 소망에 따라 화해와 평화의 자주적 민족통일국가를 건설한다. 민주노동당에 부여된 영광스러운 임무는 바로 민중의 삶을 개선하면서 남북한 모두를 진보케 하는 통일을 성취하는 일이다.

---

16) www.kdlp.org

이와 같이 IMF 관리체제 이후 지금까지 한나라당은 열린우리당(통합민주당)과 마찬가지로 입법 및 정책 형성 과정에 있어서 신자유주의적 노선을 지지한 편이고[17] 민주노동당은 이에 반대하고 있다.

그 밖에 민주당과 창조한국당 및 국민중심당의 정강정책은 민주주의 시장경제, 생산적 복지, 평화통일론을 주장하여 소극적 우파 정책을 지향하고 있다.

앞서 주요 정당의 전문(강령)에서 지적한 현실 진단과 정책 방향을 보면, 대통합민주신당은 한나라당, 열린우리당과 마찬가지로 '자유민주주의와 시장경제론'을 주장한다. 통합신당은 주택 등에 있어서 수정자본주의의 이념적 특성을 지니고, 대북·통일정책에 있어서는 평화적인 신갈등주의의 접근 방법을 취한다. 그러나 신자유주의 입장을 취하고 대북·통일 정책에 있어서도 매우 소극적인 편이다.

그리고 민주노동당은 다른 우파 정당과는 달리 민중민주주의와 사회경제 체제를 주장하는 것이 매우 큰 특징이다. 그 뿐만 아니라 최근 쟁점이 되어 있는 신자유주의, FTA 등을 반대하며 모든 정당들이 거론하고 있는 사회적 양극화 해소 방안으로서 일자리 창출과 생산적 복지론을 거부하고 있다. 민주노동당의 강령에 나타난 정책이념은 사회주의 정당이다.

5. 대선 후보의 선거공약

일반적으로 대선 후보자의 선거공약은 공천한 소속정당의 정치적 이념과 정강정책에 기초하여 있다. 그러나 대선 후보자에 따라 당내 공천 경선과 대선 경쟁에서 유권자로 부터 환심을 사기 위한 득표 전략으로서 타 후보의 선거 공약을 베끼거나 실현 불가능한 장미빛 선거 공약을 제시하는 경우가 많다. 그래서 이번 같이 대선 공약이 늦게 발표되기도 한다.

17) 노무현 정부의 경제정책은 신자유주의의 특성이 강하다는 것을 많이 지적되고 있지만, 최근 복지정책도 신자유주의적 특성(구빈정책)을 지니고 있다.(김헌진, 참여정부의 복지정책의 평가와 과제, 「사회정책연구」, 제 35집, 2007, 참조)

그러면, 주요 대선 후보자들이 경선과 대선 과정에서 나타난 주요한 정책 이슈와 정책 공약을 다음에 본다.

1) 국정 일반

제 17대 대선 후보자의 대선 공약은 과거에 비하여 매우 진보적이다. 특히 한반도 정책에 있어서 남북관계를 주도적인 종전선언 및 평화협정을 많이 주장하고(정동영, 권영길, 문국현, 이인제 등) 나아가 남북 공동체 또는 평화경제공동체를 주장한다. 이에 반하여 남북관계에 있어서 소극적인 상호주의를 주장하는 후보는 적다.(이명박, 이회창 등) 특히 권영길 후보는 한미 군사동맹의 폐지를 요구하고 미군 철수와 휴전선 철책 제거 등을 주장하는 것이 특징이다. 한 때 여야간, 진보와 보수진영간에 전쟁불사론과 평화추구론이라는 논쟁이 있었다.

<표 4> 대선공약 1 ; 국정일반

국정일반	정동영	이명박	권영길	이회창	이인제	문국현
헌법개정	대통령 4년 연임제	여성,민생법	코리아연방공화국 남북공동체	강소국연방제	지방분권	대통령 4년 연임제
한반도 정책	평화협정체결 평화경제공동체 (개성공단 등)				평화협정	환동해 경제협력벨트
정부조직	공직부패수사처			지방분권		
군비감축	모병제		50만 감군			
한미동맹	유지	강화	해체	강화	강화	유지
기 타	가족행복시대 차별없는 성장	국민성공시대				사람중심 국가경영

한편, 헌법 개정을 요구하는 후보는 권력구조, 특히, 대통령 임기 4년 연임제를 주장하는 후보가 있고(정동영, 문국현) 강소국연방제(이회창) 또는 코리아 연방공화국(권영길)을 주장하는 후보가 있다.

2) 경제정책

제 17대 대선 후보자의 대선 슬로건은 대부분 경제 대통령을 자임하는 것이 그 특징이다. 사실 우리나라 경제지표(GDP, 환율, 증시 등)는 그리 나쁘지도 않은데 민노당의 권영길과 무소속의 이회창 이외는 모두 경제 대통령이 되겠다고 한다. 권영길은 각각 비정규직 대통령, 이회창은 지방분권인 강소국 연방제론을 주장한다.18) 여기에서 보수적 신우파의 대선후보는 경제성장론 즉 자유시장경제론자임을 알 수 있고, 이에 반하여 민노당 후보는 진보적인 신좌파의 이념적 성향임을 알 수 있다.

우리나라 경제정책의 현안 과제는 기본적으로 자본주의 체제의 모순(결함)에서 찾아 볼 수 있다. 그런데 이러한 결함 보다도 1997년 말 외환 위기로 초래된 IMF 지배체제, 즉 신자유주의 세계화 정책으로 비롯된 정책과제가 아직도 대선 공약의 현안이 되어 있다. 신자유주의 세계화 정책은 소위 구조조정으로 민영화, 규제철폐, 재벌해체, 노동의 유연화 등이 그 주요한 방향이었다. 그로 인하여 외국자본이 대기업과 금융기관을 지배하게 되었고, 나아가 선진국가와 자유무역협정(FTA)을 맺게 되었다.

17대 대선 공약의 주요한 현안 과제도 이러한 구조조정, 즉 국책은행 및 공기업의 민영화와 재벌해체를 위한 출자 총액 제한과 금산분리정책에 대한 대선 후보간 견해 차이가 나타나고 있다.(표 5 참조) 다시 말하면 우파(이명박, 이회창 등)는 민영화와 총액 출자 및 FTA에 대하여 긍정적이지만 좌파(권영길)는 부정적이고 정동영은 소극적인 입장을 취하고 있다. 특히 이명박은 규제철폐 등 신자유주의 선거공약을 주장하고 있다.

한편, 최근 주택가격의 급등으로 나타난 종부세와 양도세에 대하여 좌파(권영길)를 제외한 모든 후보는 이것의 완화 또는 감면을 주장한다. 이것을 보면 통합신당과 한나라당의 후보는 우파적 성향을 지닌다.

또한, 최근 노무현 대통령이 주장한 양극화 극복 정책을 거의 모든 후보가 공약으로 내세우면서 이것의 극복방안으로서 일자리 창출과 생산적 복지를 주장하고 있는데 이러한 정책으로 양극화가 해소될 수 있을지 의문이 간

---

18) 이명박은 경제대통령, 정동영은 평화경제 대통령, 문국현은 중소기업 대통령이 되겠다고 한다. 이회창의 강소국 연방제론은 신지방 분권으로 몇 개의 지방정부가 독자적인 입법, 사법, 행정, 교육, 경찰 등의 자치권을 갖는 것을 말한다.

다. 만약 중도개혁 이념이라고 한다면 과세 상한제를 폐지해야 한다는 공약이 나와야 한다. 현재 근로소득세 부과기준에 연간 소득 8천만원 이상자는 소득세 부과 상한제로 그 이하의 자와 동일하게 내는데 이것은 소득 누진율의 과세 원칙에 위배된다.

17대 대선 후보들은 최근 현안 과제가 되어 있는 대기업 '비자금' 문제와 정계, 관계, 언론계에 대한 로비(비리)에 대해서는 민노당(권영길의 삼성 비자금 특검 조사) 이외는 아무런 공약이 없다.

<표 5> 대선 공약2 ; 경제정책

경제정책	정동영	이명박	권영길	이회창	이인제	문국현
경제성장	6% 성장 서민생활비 30%인하	7%성장	서민소득 7%증대			8% 성장
출자총액제한	보완	폐지		폐지		
금산분리	유지	완화		유지	완화	강화
국책은행		민영화	국영화			
종부세(보유세)	감면(1주택)	감면(1주택)	부유세	감면 (1주택)	강화	
양도세	완화, 감면 (1주택 장기보유)	완화	폐지		완화	
FTA	조건부	찬성	반대			
중소기업	5만개 육성	벤처기업육성				중소기업부 중소기업강국
양극화	비정규직 축소 사용료 인하	일자리 창출 300만개 (기초안전망)	300만개			500만개
기타	항공우주산업 차별 없는 성장	한반도 대운하 규제철폐 4만달러 소득	기간산업 사회화 양극화세	기업규제 철폐		

3) 주택정책

최근 전국의 주택 및 부동산 가격이 급등하여 소위 사회 양극화(불평등)를 부채질 하는 주요한 계기가 되었다. 이러한 부동산 가격을 안정시키기 위하여 정부는 각종 처방을 하였는데 그 중에서 핵심적인 조치가 조세개혁(종부세 · 양도세 등)과 많은 주택건설(임대주택 등) 등이었다.

<표 6> 대선공약 3 ; 주택정책

주택정책	정동영	이명박	권영길	이회창	이인제	문국현
토지공개념 임대주택 신규주택	이익환수 확대(15%까지) 매년 2만호 (전체의 60%)	민영화 매년 50만호	택지 국유화 공공화			반의 반값 (100만호 건설)

이러한 정책으로 다주택 또는 고가 주택소유자는 많은 불만이 생기고 또 무주택자를 위한 아파트 우선 공급정책으로 소위 가진 자의 불만이 증가되었다. 이에 대하여 대선 후보자는 전술한 바와 같이 조세의 완화 또는 감면정책을 제시하고, 주택의 확대 정책도 우파는 민영화를 주장하고 좌파는 공공화, 심지어 택지의 국유화를 주장하고 있다.

4) 복지정책

정부는 지난 5년간 복지예산을 증액시켰지만 이것은 대부분 요보호자를 위한 긴급구호 등 주로 구빈사업에 지출되었다. 구빈사업을 사회복지의 주요한 사업으로 보는 것은 우파의 정책이고 좌파는 예방사업인 방빈정책에 관심을 가진다.

금년에 여야가 합의하여 '고부담 저급여'의 방향으로 국민연금을 개혁하였는데 이것은 사보험의 원리와 마찬가지로 국가 책임(부담)을 회피하는 것으로, 통합신당과 한나라당은 국민연금의 우파적 개혁을 단행하였다. 또한, 여야가 합의하여 장기노인요양보험과 기초노령연금도 입법하였는데 이것도 보편주의적 사회보험 원리에 기초하지 않고 선별주의적 사회서비스 원리에 기초하였다. 이것은 치료적인 우파정책인 것이다. 만약 중도파의 개혁이념이라고 한다면, 현 사회보험제도에 나타난 기여금(보험료)의 상한선을 철폐해야 할 것이다. 즉, 일정한 소득(연금 월 360만원, 건보는 월 548만원)이상 소득자의 보험료가 그 이하인 자와 동일하게 내는데, 이것은 소득비례제 원칙에 어긋난다. 그러나 민노당(권영길)과 창조한국당(문국현)은 사회보험과 의료, 교육, 주거, 노후에 대한 무상급여를 주장하기 때문에 이것은 진보적인 좌파적 이념이다.

<표 7> 대선공약 4 ; 복지정책

복지정책	정동영	이명박	권영길	이회창	이인제	문국현
국민연금	고부담 저급여	고부담 저급여				기초/비례
건강보험	의료보장성 8%		무상급여		80%보장	최저 급여
노인요양보험	확대	확대	국가부담		국가책임	
기초노령연금	80%확대 (월 16만원)		8% 확대			
보육사업	공보육	공보육	공보육 (국공립 50% 확충)	공보육	지원강화	공보육
성 평등			국가책임		공직 40% 할당	
기타	노인일자리 30만개	사회복지사 처우개선, 실버산업지원	의료,교육,주거, 노후 무상급여	기초장애 연금		육아,양로,교육,의료의 사회국가책임

한편, 17대 대선 후보들이 거의 공통으로 지적하고 있는 공약은 보육사업의 공보육화이다. 공보육화는 현 정부도 주장하였지만 아직도 8할 이상이 사보육이다. 공보육은 좌파적 이념에 기초해 있다.

5) 노동정책

최근 우리나라 노동정책의 가장 주요한 현안 과제는 비정규직과 일자리 창출이다. 일자리 창출은 소득정책의 일환이 되겠지만 IMF 이후 '노동의 유연성'으로 많은 실업자와 비정규직이 나타나게 되었다.

<표 8> 대선공약 5 ; 노동정책

노동정책	정동영	이명박	권영길	이회창	문국현	이인제
일자리창출	250만개	3백만개	250만개		5백만개	3백만개
비정규직	25%축소		폐지		50% 축소	
노사관계	노사정대타협					
기타	70세 정년		4백만 정규직화 국가고용책임제		중소기업론	

정부도 근래 200만개 일자리 창출을 위한 노력을 하였지만 그것은 사회적 일자리(주로 사회 서비스분야)이고 그 실효성의 문제가 있는 것이다.

그럼에도 불구하고 과거 대선 후보들이 많은 일자리 창출을 공약하고 있다. 일자리 창출은 GNP 1% 증가에 약 50만의 고용이 가능하다고 하는데 표 7에서 볼 수 있는 바와 같이 대선 공약의 실효성이 의문시 된다. 왜냐하면 정동영이 주장한 250만개의 일자리를 창출하려면 5년간 5%의 추가 경제성장이 있어야 하고 이명박과 권영길 및 이인제의 경우 6%, 문국현의 경우 10%의 추가 경제성장이 이루어져야 한다. 따라서 현재 경제 성장률 약 4.5%보다 능가해야 하는 것이다.

6) 교육정책

우리나라 교육정책의 주요한 현안 과제는 고교평준화와 대학입시(수능시험)에 대한 자율성의 요구이고 이것으로 말미암아 막대한 사교육비의 부담이라 할 수 있다.

<표 9> 대선공약 6 ; 교육정책

교육정책	정동영	이명박	권영길	이회창	문국현	이인제
고교평준화	유지	특성화 (300개)		자율화	우수공립고 (300개)	특수고등 (650개)
대학입시	대입수능시험 폐지 내신위주선발	단계적 자율화	대입폐지 대학평준화	단계적 자율화	유지	
특수 목적고		고교 다양화 (300개)	일반고화		억제	
무상교육	고교까지 무상 교육		무상교육	고교까지 무상교육	고교까지 무상교육	
사교육비		반감			축소	반감
기타	영어 공교육		학력차별 금지법	영어 공용교육	국립대 공동학위제	

현 정부의 교육정책에 대하여 수월성 등 경쟁력 있는 교육을 위하여 고교교육뿐만 아니라 대학 교육까지 단계적으로 자율화 시켜야 한다는 주장(공약)이 이명박, 이회창 등의 주장이고, 현 제도를 유지하겠다는 것이 정동영, 문국

현 등의 주장이다. 그러나 권영길은 특성고의 일반고화, 대학 평준화 등을 주장하고 있다. 그런데 대선 후보의 대부분(이명박 제외)이 유아교육에서 고교 교육 까지 좌파적 무상교육을 주장하고 있는 것이 특징이다. 사교육비의 반감(이명박, 이인제) 또는 해소(권영길, 문국현)를 주장하는 후보도 있다.

7) 통일정책

지난 10여년간 국민의 정부와 참여정부는 남북간 긴장과 갈등을 해소하고 통일연방국가를 건설하기 위하여 이산가족 상봉 및 경제 협력을 비롯한 대북지원 정책을 강구하였다. 이에 대하여 한나라당과 보수세력은 '친북 좌파정권' 또는 '퍼주기식'이니 하면서 많은 비판을 하였다.

이에 대하여 정동영은 햇볕정책 또는 포용정책을 지속하겠다고 주장하고 우파의 주장을 전쟁론자로 규정하고 있다. 이명박은 유연한 상호주의, 그리고 이회창은 전략적 상호주의를 주장하고 있다. 그런데 대통령의 선서를 보면, 평화통일을 성실히 추구할 의무가 있다.

한편, 비핵화는 대선후보가 모두 찬성하지만 평화체제는 정동영은 동시 추진을 주장하고, 이명박과 이회창은 핵 폐기 후 대북지원을 논의할 수 있다고 한다.

<표 10> 대선 공약 7 ; 통일정책

통일정책	정동영	이명박	권영길	이회창	문국현	이인제
햇볕정책	지속	유연한 상호주의	평화협정	전략적 상호주의	남북한 경제공동체	지속
비핵과 평화체제	동시 추진	비핵후 논의		비핵후 논의		동시 추진
북방 한계선	신뢰후 재설정	해상군사 경계선		영토선	찬성	찬성
기타	남북대륙철도	한미공조	비무장지대 철책 폐쇄	국제공조		

이와 같이 통합신당(정동영)의 통일(대북)정책은 현 정부와 마찬가지로 매우 진보적이지만, 한나라당(이명박)은 이것을 친북 좌파라고 말한다.

17대 대선 후보는 거의 대부분 한반도 비핵화와 한미동맹을 지지하고 있지만, 권영길(민노당)은 한미동맹을 해체하고(한미 상호방위조약 폐기, 주한미군 철수, 파병 반대 등) 자주 외교의 실현을 주장하고 있다.

6. 결 론

지금까지 우리나라의 여야정당은 민주노동당을 제외하면 '국민정당'임을 표방하고 '중산층 사회' 건설을 주장하면서도 자유무역협정(FTA) 및 보험료 상한제 등에서 볼 수 있는 바와 같이 특정한 계급(자본가 및 대기업)의 이익을 옹호하는 역할을 하였고, 특정한 지역적 기반을 갖고 있는 것이 그 특징이다. 그리고 보수 야당이 주장한 여당 및 현 정부도 좌파정부가 아니라는 것을 알 수 있다. 대선 후보들이 공교육 및 공보육을 주장하지만 다른 정책(사회보험 등)은 사적 책임을 강조하고 있다.

17대 대선 공약에서는 찾아 보기 어려우나 대선 공약이 어떠한 정치적 이념을 지녔는 가를 알기 위하여 후보들의 출신 배경과 그들의 소속 정당 및 대선 공약을 분석하여 보았다.

주요 대선 후보들 중 이회창과 이명박은 명문집안 출신이고 그들이 행정 또는 기업의 고위직을 역임하였기 때문에 보수적 우파의 성향이 대단히 강하다. 그리고 정동영과 문국현 및 이인제는 그들만큼 출신 배경이 명문은 아니지만 자신이 고위직을 역임하였기 때문에 비교적 진보적 우파의 성향을 지니고 있다. 또한 이들이 소속한 정당의 이념적 성격이 한나라당의 경우 보수적 우파이고 열린우리당 후신인 대통합민주신당 또는 민주당의 경우 진보적 신우파이기 때문에 그러한 이념적 특성을 지니게 된 것 같다. 그러나 권영길은 비록 상급 화이트 칼라 출신이지만 노동운동에 투신하여 진보적 좌파 이념을 지니게 되었고, 민노당의 사회주의적 정강의 영향을 받게된 것 같다.

한편, 주요 대선 후보자들의 대선 공약의 이념적 분석에서도 그러한 특성이 비록 정책에 따라 약간의 차이가 있지만 표 12와 같이 나타나고 있다.

<표 11> 주요 대선 후보의 이념 성향

정책분야	정동영	이명박	권영길	이회창	이인제	문국현
국정일반	진보	보수	진보	보수	우파	중도파
경제정책	신우파	우파	좌파	우파	우파	신우파
주택정책	중도파	우파	좌파	-	-	-
복지정책	우파	우파	좌파	우파	우파	중도파
노동정책	중도파	우파	좌파	-	중도파	-
교육정책	중도파	우파	좌파	중도파	-	중도파
통일정책	진보	보수	진보	보수	보수	-

표 11을 보면, 이념적 색채가 분명한 대선 후보는 이명박의 우파와 권영길의 좌파이고 정동영과 문국현은 정책에 따라 신우파 또는 중도파이다. 따라서 새천년민주당(김대중)과 열린우리당(노무현)을 계승한 대통합민주당(정동영)은 친북이지만 좌파는 아니며 한나라당(이명박)과 무소속(전 한나라당 이회창)은 친미이고 우파이기도 하다. 그러나, 이들은 대부분 스스로 이념적 전략이 우파도 좌파도 아니며 중도(개혁)파라고 한다. 중도 개혁파라고 자처하는 것은 특정한 이념을 선호하기 보다는 중용(중도파)을 선호하겠다는 것과 그들이 대부분 화이트 칼라 출신이기 때문에 개혁적 성향을 지니고 있는 것에서 연유되는 것 같다.[19]

19) 최근 「동아일보」의 여론조사 결과에서는 이명박을 보수라고 평가한 사람은 응답자의 41.8%이고 진보라고 한 사람은 32.9%, 중도라고 한 사람은 10.9%이다. 이회창의 경우 보수라는 평가는 57.9%이고 중도는 7.1%, 진보는 14.0%이다. 정동영의 경우 진보라는 평가는 44.8%이고 중도는 18.4%이며 보수는 14.1%였다. 문국현은 모르겠다는 사람이 47.2%나 된다. 권영길의 경우 진보라고 응답한 사람은 40.4%이고 중도가 9.0%, 보수는 21.9%라고 한다. 그리고 이인제의 경우 보수라는 사람이 37.0%이고 중도는 16.0%, 진보는 13.3%로 나타나 있다.(2007년 11월 5일자)

제 12장 18대 총선 후보자의 정책공약

1. 서 론

2008년 4월 9일 제 18대 국회의원 선출을 위한 총선거를 실시하였다. 국회는 국민의 대표기관이고, 그것을 구성하는 국회의원은 양심에 따라 국리민복(國利民福)과 평화통일(平和統一)을 위하여 노력한다.[1)]

이와 같이 막중한 임무를 지닌 국회의원 선거(총선거)와 심지어 대통령 선거(대선)에 투표를 하지 않는 것은 정치적 무관심이 매우 높기 때문이다. 이러한 정치적 무관심은 '누가 되어도 마찬가지이다'라는 냉소적이거나 정치의식이 낮은 유권자가 많기 때문이다.

지난 대선에서 한나라당이 주장한, '잃어버린 10년'을 되 찾자는 선거구호는 김대중, 노무현 정권을 좌파정부로 규정하고, 10년전 김영삼, 노태우 심지어 전두환, 박정희 정권의 우파정책을 실현시키겠다는 것이며, 동시에 호남정권으로 부터 영남정권(심지어 TK정권)을 재창출 하겠다는 의미를 지니고 있다. 이것은 정책상으로 경제성장론을 의미하고, 지난 정권의 분배론을 수정하겠다는 뜻이다.

지난 대선에서 이것이 이루어졌다. 나아가 우파정권(정책)을 밀어주기 위하여 이번 총선에서 과반 이상의 득표를 해야겠다는 것이 한나라당의 선거전략이다. 그런데 야당은 이러한 선거전략에 대하여 '견제와 균형'이라는 소

---

1) 국회의원은 헌법을 준수하고 국민의 자유와 복리의 증진 및 조국의 평화통일을 위하여 노력하며 국가이익을 우선하여 국회의원의 직무를 양심에 따라 성실히 수행해야 한다.(「국회법」, 제 1장 제 1조)

극적 대응책으로 여당의 독선, 독재를 막아 보자고 호소하고 있다.

이번 국회의원 선거에서 과연 여야당이 주장하는 '안정론'과 '견제론', '현역 의원의 물갈이론'이 어느 정도 효과가 있었는지, 그리고 한국 정치의 고질인 '지역주의'가 어느 정도 퇴색될 수 있는지 매우 궁금하다. 이러한 탈이념적 선거 전략은 '이념'과 '정책'을 중심으로 한 정당정치는 뿌리를 내리기 어렵다. 탈이념적 선거 전략은 여당이 우세하기 마련이다. 그런데 대선이나 총선의 기본전략은 정책개발에 있는 것이며, 이것은 가치가 전제된 이념적 전략(정책)이어야 한다. 그럼에도 불구하고 이번 총선에 참여한 13개 정당의 선거전략이나 선거구호에서 이념적 정책은 퇴색되어 있다. 심지어 '국민은 위대하다' 하면서, 동시에 득표를 위한 활동이 국민을 속이고 주요한 정책을 숨기고 있다. 이러한 것은 아직도 한국의 민주주의가 맹공주의(孟孔主義) 또는 우민정치가 가능함을 의미한다.[2)]

그러면, 이번 선거에서 출마한 여·야 후보자가 누구이며, 그들이 내세운 정책 공약과 특성이 무엇인지를 고찰하여 본다. 나아가 총선 결과에 대한 분석도 하여 본다.

2. 총선 후보자의 계층적 배경

제 18대 총선은 여야를 막론하고 17대 총선의 '상향식 공천(경선)'이 사라지고,[3)] 다시금 중앙당의 '하향식 공천'이 실시되었다. 상향식 공천은 지역구의 당원, 대의원, 그리고 일반 국민의 투표에 의하여 공직 선거, 즉 총선에 나설 후보를 선출하는 제도이다. 이러한 제도는 당내 민주주의를 활성화하고 지역 주민의 의사를 반영하여 중앙당의 전횡(밀실공천)을 방지할 수 있는 장점이 있으나, 정치신인의 원내 진출을 막고 지역당의 분열이라는 단점

---

2) 김영모, 「현대사회학」, 고헌 출판부, 2001, p.95

3) 17대 총선에서 지역구(243곳) 중에서 경합지역을 대상으로 열린우리당은 80여곳, 한나라당은 20곳 내외, 새천년 민주당은 70여곳에서 경선을 하여 총선 후보자를 선정하였다.

도 있었다. 18대 총선의 공천은 비록 하향식 공천이지만 과거 당 총재의 전횡과는 달리 당 지도부와 공천심사위원회가 일정한 권한을 분점하는 형식이 18대 총선 공천의 특징이었다.4)

여당인 한나라당의 공천심사위원회(안강민 위원장)는 한나라당과 이명박 정부의 승리를 위하여 18대 국회의 시대적 사명감을 깊이 인식하여 ① 국민공천, ③ 공정공천, ④ 실적 공천 등 3대 원칙하에 심사를 하였다고 한다. 특히 수도권 공천심사는 전문가 중심으로 하고, 충청, 호남은 당 정체성과 지역사회 활동을 중심으로, 영남권은 개혁 지향적 방향으로 공천하였다고 한다. 그리고 한나라당은 금고형 이상을 받은 사람은 아예 공천 신청을 하지 못하게 하였다.5)

한편, 제일 야당인 통합민주당은 지역 여론조사와 의정 활동 결과를 50대 50의 비중으로 반영하여 현역 의원의 30%를 탈락시키기로 하였다. 공천심사위원회(박재승 위원장) 등 공천 심사의 평가 기준은 ① 지역 유권자를 대상으로 한 여론조사(50%), ② 발의 법안의 통과 건수(15%), ③ 상임위 및 국정감사 출석율(10%), ④ 국회 본회의 출석율(10%), ⑤ 당직 및 중앙직을 맡은 경우 가산점(5%)으로 구성하였다. 그 밖에도 공심위는 금고 이상의 형 확정자를 배제하고 음주운전 전략자에 대한 불이익 방침 원칙을 모든 신청자에게 적용하였다.6)

이와 같은 공천 기준에 의하여 지역구와 비례대표 후보자를 심사한 결과 한나라당은 295명(지역구 245명, 비례대표 50명)을 공천하였고, 통합민주당은 242명(지역구 202명, 비례대표 40명)을 공천하였다. 그 밖에 자유선진당이 94명, 민노당이 103명, 친박연대가 51명, 진보신당이 34명, 평화통일가정당이 245명, 무소속이 124명을 공천하였다.

한나라당의 공천은 친 이명박 대통령계가 전체의 64.2%를 차지하고 친박근혜계가 10.5%이며 나머지는 어느 계파에도 소속되지 않는 중립 성향이

---

4) 「동아일보」, 2008년 3월 22일
5) 「동아일보」, 2008년 3월 16일
6) 「동아일보」, 2008년 3월 14일

라고 한다. 지난 개혁 공천을 통하여 친이명박계는 총선을 치르게 되면 170명 이상이 되고 친 박근혜계는 80~90명이 그 절반 수준으로 약화되었다고 본다.7)

한편, 통합민주당의 공천은 범 동교동계가 대거 탈락되었고, 오히려 17대 총선때 노무현 대통령 탄핵 역풍 덕에 국회의원이 된 열린우리당 출신의 초선의원 108명 중 상당수가 살아 남았다고 한다.8)

사실 개혁공천은 새로운 권력구조의 재편성을 의미한다. 한나라당의 경우 당의 지지기반이 약한 이명박 대통령의 친정체제를 구축하기 위한 '잔가지 치기' 또는 '잔나무 치기'의 성격이 매우 강하다. 그리고 통합민주당의 경우 호남의 지역정체성을 약화시키기 위해서는 불가피하게 동교동계의 몰락이 불가피한 것이다.9)

이러한 개혁공천에서 낙천된 국회의원 및 정치 실세들은 청와대가 개입하여 무원칙한 부적격 공천을 하였다(김무성 최고위원)고 하여 당 공천에 불복하면서 무소속으로 출마하거나 또는 새로운 정당(친박연대 또는 자유신당 등) 후보로 많이 출마하였다.10)

그러면, 한나라당과 통합민주당이 공천한 국회의원 후보들의 특성을 그들의 사회적 배경(연령, 학력, 전직, 학력, 재산 등)을 중심으로 고찰하여 본다.(표 1 참조)

---

7) 「동아일보」, 2008년 3월 15일

8) 「동아일보」, 2008년 3월 15일

9) 공천된 통합민주당 의원 중에 새천년민주당(동교동계) 출신이 18명이고, 나머지는 열린우리당 출신인데 이들은 노무현계가 7명, 손학규계가 8명, 정동영계가 8명, 김근태계가 2명, 기타 28명이라고 한다.(「동아일보」, 2008년 3월 15일)

10) 한나라당과 통합민주당의 공천에서 탈락된 낙천자는 주로 금고 이상의 형을 선고 받은 비리 연루자와 철새 정치인들이다. 그런데 이들은 계파 공천 등으로 탈락되었다고 생각하여 공천심사에 불복하여 전국적으로 많은 무소속 후보자가 나왔다. 낙천자는 대부분 현역 의원으로, 한나라당의 경우 39%가 되고(17대 총선의 경우 36.4%) 통합민주당의 경우 32.6%가 된다. 그리고 한나라당에서 낙천된 친박 의원은 16명이다. 이 중에서 승복한 의원은 5명이고, 불복의원 11명이다. 불복의원은 무소속연대에 7명이 참여하고 친박연대(전 미래한국당)에 3명, 순수 무소속은 1명이다.

<표 1> 여야 총선후보의 출신배경

		한나라당	통합민주당	총 후보자
성별	남	86.4	86.1	88.1
	여	13.6	13.9	11.9
연령	30대	3.7	3.7	13.3
	40대	30.2	40.1	39.4
	50대	49.5	38.0	33.7
	60대	15.9	17.4	12.3
	70대	0.7	0.8	1.3
출신지	서울 · 경기	20.3	19.4	
	영남	23.7	22.3	
	호남	8.8	32.3	
	충남	6.8	13.6	
	기타	40.4	12.4	
학력	중학 이하	0.9	1.2	2.1
	고졸	1.0	2.9	4.1
	대졸	34.2	40.9	50.1
	대학원졸	63.7	47.9	9.9
출신교	서울대	29.8	22.7	
	고려대	10.5	7.9	
	연세대	8.8	7.4	
	성균관대	3.1	5.0	
	이화여대	2.4	4.1	
	부산대	1.7	1.2	
	전남대	2.0	3.7	
	기타	42.0	48.0	
전직	국회의원	28.5	39.3	17.6
	정당인	22.7	33.9	40.1
	법조인	12.5	3.7	8.6
	공무원	8.1	6.6	
	교수	7.8	3.7	4.4
	기업인	7.1	3.3	15.9
	언론인	5.0	2.5	3.4
	비정부기구	3.4	2.9	3.4
	의료인	2.4		
	기타	2.3	4.2	16.6
합 계		100.0	100.0	100.0

(자료) 중앙선거관리위원회

첫째, 18대 총선 후보자의 남녀 비율은 전자가 약 86%이고 후자는 약 13%이다.

둘째, 한나라당의 후보는 50대가 약 절반으로 가장 많고, 통합민주당의 후보는 40대와 50대가 각각 약 4할이 된다.

셋째, 한나라당 후보는 영남 출신과 수도권 출신이 각각 약 2할로서 가장 많고, 통합민주당 후보는 호남출신이 가장 많아 약 3할이 되고 영남과 수도권 출신은 약 2할이 된다. 공천 신청에서 나타난 바와 같이 영남 지역에 한나라당의 공천 경쟁률이 높았고, 호남 지역에 통합민주당의 공천 경쟁률이 높았다. 반면에 영남 지역에 통합민주당 공천신청을 기피하고 호남지역에 한나라당 공천신청을 기피하였다.11)

넷째, 한나라당 후보와 통합민주당의 후보 중에 대학 이상 졸업자가 각각 97.9%와 88.8%이다. 전자가 후자 보다 대학원 출신이 더 많다.

다섯째, 공천된 국회의원 후보자는 서울대 출신이 가장 많고(한나라당의 29.8%, 통합민주당은 27.9%) 그 다음은 고려대(한나라당은 10.5%, 통합민주당은 7.9%)와 연세대 출신(한나라당은 8.8%, 통합민주당은 7.4%)이다. 이들 대학 출신이 전체 후보자의 약 절반 이상을 차지하고 있다.

여섯째, 한나라당과 통합민주당의 피공천자는 국회의원이 가장 많고(각각 약 3할) 그 다음은 정당인과 법조인 및 교수, 기업인, 언론인 등이다. 특히 한나라당 후보는 통합민주당에 비하여 법조인, 공무원, 교수 및 기업인이 더 많아서 더욱 보수적이라 할 수 있겠다.

일곱째, 18대 총선 지역구 후보자(1,119명)의 평균 재산은 45억 9천 569만원이고 최근 5년간 납세액은 평균 8천 632만원이다. 이 중에서 정몽준 후보(한나라당)와 재산이 전혀 없다는 평화통일가정당 후보를 제외하면 평균 재산이 15억 7천 19만원이다. 이들의 재산은 주로 부동산이 가장 많고, 정몽준 후보는 주식부자(약 3조 6천억원)이다.

18대 국회 의원입후보자의 소유재산은 표 2에서 볼 수 있는 바와 같이 1억~5억을 가진 후보가 전체의 33.1%로서 가장 많고, 그 다음은 10억~30억원의 소유자가 18.0%, 10억~30억원의 소유자가 19.9%이며, 나머지는 30억 이상 재산 소유자가 전체의 8.1%이다. 심지어 부채를 지니고 있는 후보도 2.1%(24명)이나 된다. 이러한 것을 보면, 상당한 재력가도 있지만 그렇지 않은 경우도 많다.

---

11) 통합민주당의 호남지역 공천신청은 평균 6.5대 1이다. 그리고 영남 지역구(68곳)에 9명만 신청하였다.

<표 2> 정당별 지역구 후보 및 비례대표의 소유 재산

(단위 : %)

재산	지역구(실수)	비례 대표				
		한나라당	통합민주당	자유선진당	민노당	창조한국당
채무자	2.1(24)	-	-	-	20	8.3
1억원 미만	18.8(210)	-	6.5	10	50	16.7
1~5억원	33.1(370)	22.4	22.6	-	30	41.7
5~10억원	18.0(201)	24.5	22.6	30	-	8.3
10~30억원	19.9(222)	32.6	29.0	40	-	16.7
30~100억원	6.9(77)	20.4	16.1	20	-	8.3
100억원 이상	1.2(13)	-	0.3	-	-	-
합 계(명수)	100.0(117)	100.0(49)	100.0(31)	100.0(20)	100.0(10)	100.0(12)

(자료) 중앙선거관리위원회

국회의원 후보자의 재산을 정당별로 보면, 한나라당이 평균 30억 2천 585만원이고, 친박연대는 19억 6천 487만원이며, 통합민주당은 9억 8천 855 만원, 그리고 창조한국당은 8억 8천 910만원이다.

이것을 보면, 보수당일수록 후보자의 재산이 더 많고(한나라당 후보가 통합민주당 후보의 3배임.) 진보당일수록 재산이 더 적다. 이러한 소유 재산은 각 당 비례대표에서도 나타나고 있다. 각 당 비례대표 국회의원 후보의 재산 분포도를 보면, 민노당을 제외하면, 나머지의 정당은 매우 유사하다.

3. 총선 정책공약의 분석

18대 총선 공약은 17대 대선 공약의 연장선상에 있다고 볼 수 있다. 3개월 전 한나라당 후보(이명박)가 대선에서 승리하여 그가 내건 정책공약이 18대 총선에서 지속된다. 또한 정당은 새로운 총선공약을 내 걸 수 있고, 심지어 지역구에 따라 별도의 선거공약이 나올 수 있다.

그리하여 이 세가지 차원의 정책공약을 여야간에 비교하여 본다.

1) 총선 공약과 신 정부의 정책

한나라당은 원칙적으로 이명박 정권의 정책을 지지하고 발전시키기 위한 총선 공약이 발표되어야 하고, 야당은 이러한 정책에 대한 비판적 대안이 제시될 수 있다.

이명박 정부의 대선공약(정책)은 기본적으로 친미적 우파정책을 주장하였다.[12] 친미적 우파정책은 주로 한미동맹과 신자유주의적 시장경제론을 말한다.

신자유주의 시장경제론은 ① 규제개혁을 통한 시장개방과 민영화를 의미하고, ② 친기업적 정책과 ③ 능동적 복지정책을 주장하였다. 그는 선진화를 통한 세계 일류 국가를 실현하고 국민적 요구(경제 살리기와 국민통합)를 충족하기 위한 '창의적 실용주의'를 설정하였다.[13]

여기에서 사용되는 창조적 실용주의와 능동적 복지의 개념은 사실상 전문가들에게는 생소한 개념이다. 창조적 실용주의(creative pragmatism)는 실질적 성과 중시, 현실적 적합성, 새로운 목표와 방법의 창안, 체계적 문제인식과 해결을 의미하는데[14] 미국인들은 실용주의를 과학적 세속적 합리성과 효율성 및 물질적 안락을 말한다.[15] 그런데 이 대통령이 말하는 실용주의는 좌우이념을 넘어선 것이라고 한다.

또한, 능동적 복지(active welfare)도 퍼니스(N.Furniss)와 틸톤(T.Tilton)은 미국의 복지모형인 적극적 복지국가(positive welfare state)와 노동연계복지(workfare)의 개념과 유사하다. 전자는 정부의 역할이 일차적으로 경제적 안정을 보장하고 재산 소유의 이익을 보장하는 것을 말하고, 후자는 취업을 통하여 모자가정의 의존성을 탈피하고 자활케 하기 위한 것(즉, 우리나라의 생산적 복지)을 말한다. 그리고 정부가 맞춤형 복지를 주장하는 것은 이상하다.

이러한 정책 기조에서 이명박 정부는 ① 시장개방(FTA)과 ② 민영화(공기업 및 의료산업 등), ③ 친기업정책, ④ 대북 상호주의, ⑤ 경부 대운하 사업 등을 내세우고 있다. 이러한 것은 시장개방론을 제외하면 노무현 정부의 정

---

12) 고헌, 17대 대선공약에 대한 이념적 고찰, 「사회정책연구」, 제 35집, 2007, p.62

13) 청와대 국정과제 홈페이지

14) 청와대 국정과제 홈페이지

15) 미국인들의 가치지향은 ① 유럽의 보편주의(자유, 평등, 민주주의, 업적과 성공)와, ② 실용주의, 그리고 ③ 개인주의(인간존중, 자기결정, 자기책임)이 혼합되어 있다.(김영모, 「한국사회학」,법문사, 1972, p.81)

책과 대부분 상치된 정책이다. 즉, ① 재벌해체, ② 대북 포용주의, ③ 부동산 세제 등과 상치된다.

이와 같은 정책 방향에서 여야의 총선 공약이 마련되어야 하는데 그렇지 못하고 중앙선거관리위원회가 발행한 선거공보나 정책의제를 보면[16] 여야는 정책 이슈를 제시하지 못하고 사소한 것을 다루고 있다. 이것은 여야간 차이를 보기 어렵고 유권자는 누구를 위한 정책인지를 잘 분간하지 못한다. 다시 말하면 정책 이슈(총선 공약)는 야당은 현 정부 정책의 실정과 비판에 주력해야 한다. 예컨대 이명박 정부의 집권 초기에 나타난, 잘 못된 내각조직, 즉 부자내각, 정부가 계획한 경부 대운하, 건강보험 민영화, 비정규직 등은 좋은 정책 이슈가 될 수 있다.

문제는 통합민주당이 그 전신인 열린우리당과 노무현 정부(정책)를 부정하였기 때문에 그들이 준거할 정책이 없어진 것이다. 다시 말하면 한나라당이 통합민주당을 국정 파탄세력으로 몰아 부쳐도 할 말이 없다. 지난 3개월간이지만, 경제 살리기와 일자리 창출을 대선 및 총선 공약으로 내세운 것은 노무현 정권시에도 강조하였던 것이고, 또한 한나라당과 이명박 정부의 경제 살리기를 무색케 하는 것이 오늘날 경제 현실, 즉 경제위기가 아닌가 한다. 노무현 정부 시절의 경제지표(물가, 주가, 환율, 실업율 등) 보다 이명박 정부 시절 그것이 더욱 악화 되어 있는 실정이다.

2) 정당 및 비례대표의 총선 공약

우리나라 정당을 이념상으로 분류하여 보면, 한나라당은 적극적 우파라고 할 수 있고 민주노동당은 소극적 좌파라고 할 수 있으며, 통합민주당은 소극적 중도파(우파)라 말 할 수 있다.[17]

18대 총선거에 후보자를 낸 정당을 보면, 보수당을 자처하는 한나라당과 이의 분신인 친박연대와 무소속연대가 보수적이며, 그 밖에 자유선진당과 기독당 및 평화통일가정당도 모두 보수당이다. 그러나, 민노당과 이의 분신

16) 중앙선거관리위원회, 「제 18대 국회의원선거 정당정책 공약 모음집」, 2008. 4. pp.3~6
17) 김영모, 전게논문, p,.50

인 진보신당 및 한국사회당은 진보당이며 통합민주당은 중도파라 할 수 있다. 따라서 보수와 진보 및 중도의 이념적 차이에 따라 우파정책과 좌파정책이 나올 수 있다.

18대 총선에서 각 정당이 제시한 10대 선거공약(사실상 비례대표 정책공약임)을 표 3에서 보면 통합민주당과 한나라당, 그리고 자유선진당 간에 큰 차이가 없음을 알 수 있다. 그러나 민주노동당과 창조한국당은 상당한 차이를 보여주고 있다.

한나라당과 통합민주당은 일자리 창출, 물가안정에 관심이 많으나 민노당과 창조한국당은 공공복지, 비정규직 해소, 경부 대운하 저지 등에 관심이 많다. 개혁적 성격이 강하다.

선관위가 발행한, 국회의원(비례대표) 선거공보를 보면, 각 당이 제시한 선거공약에는 상당한 차이가 있다.

통합민주당은 과거의 오만과 독선을 반성하고 민생정당이 되겠다고 한다. 그리고 땅부자 정권에 지역편중 인사를 막고, 1%의 특권층의 독주를 견제하여 99%의 민생을 챙기겠다고 하였다. 그런데 통합민주당이 제시한 주요 정책은 소극적인 ① 물가안정, ② 등록금 부담 감소, ③ 자영업자 살리기, ④ 중소기업 활성화를 내걸었으며 동시에 현안인 ① 경부운하, ② 사교육비 대란, ③ 부패와 투기를 막겠다고 하였다.

한나라당은 이명박 대통령이 경제를 살리고 좋은 일자리 창출, 물가안정, 규제완환, 세율인하, 지방 기업육성 등 국정개혁을 위하여 국회의 과반의석을 호소하고 있다. 그러면 초심을 잃지 않고 국민은 섬기겠다고 한다.[18)]

자유선진당은 신정부와 한나라당의 독주를 막고 좌우갈등을 막아내는 강력한 견제세력이 되겠다고 하고, 민주노동당은 지난 4년간 한나라당과 통합민주당이 야합하여 비정규직 양산법, 국민연금 개악(용돈 연금)하고, 쌀 수입개방(WTO)과 한미 자유뮤역협정(FTA)을 추진하여 민생을 외면하고 서민생활을 악화 시켰다고 한다. 그리하여 등록금 상한제, 비정규직 없애기, 중

18) 통합민주당, 제 18대 국회의원 선거 비례대표 책자형 선거공보, 2008

소기업 육성, 지역경제 재래시장 활성화, 농가 부채 탕감, 식량 자급화 등 소극적인 정책공약을 제시하였다.[19]

<표 3> 정당별 10대 선거공약

	통합민주당	한나라당	자유선진당	민주노동당	창조한국당	친박연대
경제·민생	1) 일자리 창출 2) 물가안정	1) 일자리 창출 2) 서민경제 자영업자 지원 3) 중소기업 육성	1) 물가안정 2) 중소기업 육성	1) 150만원 등록금 2)재벌기업횡포근절,	1) 비정규직 해소 2) 중소기업부 신설	1)종합부동산세와 법인세 인하 2) 광역경제권 건설
사회·복지	3)7대질환무료검진 4) 성평등	4) 농어민 지원 5) 여성복지	3) 건전한 사회 4)노인,장애,여성복지	3) 의료의 공공성 4) 차별금지법 제정	3) 무주택 마이홈 지원법 4) 민생경제 회생 공공복지제 확충	3) 저소득층 종합지원 제도 4) 장애인 정책
교육·환경	5)고교 무상교육 6) 기후변화대책 환경산업 육성	6) 인재 양성 7) 선진생활문화환경	5) 무상 대학등록금 6) 저지 대운하	5) 학교운영비 폐지 6) 대운하 저지	5) 대학입시 개혁 지방대 발전법 6) 경부운하 저지	5)환경중심국가건설 6)방과후수월성교육
정치·행정	7) 부패방지 국가투명성 8) 지방행재정개편	8) 지방과수도권의상생 9) 국민을 소중한 고객	7) 지방분권 8) 해수부와 농진청 소생	7) 국민소환제 8) 정당정치 활성화 비례대표 확대	7) 거품건설비 절감 - 공교육과 지역균형발전 8) 중대선거규제 정당명부비례 대표제 확충	7) 대통령 4년중심제 개선 8) 행정구역 개편
외교·안보	9)한반도5대철도망 10) 유급지원병제 지원예비군제	10) 한반도의 안정과 번영-실용외교	9) 주변국 외교강화 10) 비핵화	9) 신한미동맹 저지 10) 남북 공동경비 군 창설	9) 북핵폐기와 북미 수교 10)환동해경제협력벨트	9) 북한변화에 따른 대북경제지원 10) FTA 단계 추진

(자료) 중앙선거관리위원회, 「제 18대 국회의원 선거 정당정책 공약 모음집」, 2008. 4

또한, 선거유세와 언론홍보에서 한나라당은 안정된 정치와 우파개혁을 위한 안정된 과반 의석을 호소하고 통합민주당은 여당독주를 막기 위한 견제론을 내세우고 있다. 이러한 탈이념적 선거구호 보다는 정책공약의 문제점과 대안을 제시하면서 득표를 호소하는 것이 보다 설득력이 있지 않을까 생각한다. 이러한 주장도 지역주의가 지배적인 영남과 호남, 심지어 호서(충청도)에서는 타당성이 없으리라고 생각한다.

한편, 중앙선거관리위원회가 각 당에 제시한 정책의제에 대하여 찬반의견을 알아 본 결과는 표 4와 같다.

19) 민주노동당, 「책자형 선거공보」, 2008

<표 4> 정당별 정책의제에 대한 입장

정책의제		통합민주당	한나라당	자유선진당	민주노동당	창조한국당	친박연대
경제·민생	기업의 은행소유 금지	찬성	조건부 반대	찬성	찬성	찬성	조건부 반대
	부동산 보유세 인하	조건부 반대	조건부 찬성	찬성	반대	조건부 찬성	조건부 찬성
	법인세 인하	조건부 반대	찬성	찬성	반대	조건부 찬성	찬성
	수도권 규제 완화	조건부 반대	조건부 찬성	조건부 반대	반대	조건부 찬성	조건부 찬성
사회·복지	병역거부자 대체복무제	찬성	조건부 반대	반대	찬성	찬성	반대
	이중국적 허용	조건부 찬성	조건부 찬성	조건부 찬성	조건부 찬성	조건부 찬성	조건부 찬성
	기반시설 부담금 유지	조건부 찬성	조건부 찬성	반대	조건부 찬성	반대	조건부 찬성
	국민연금과 기초노령연금 통합	반대	찬성	반대	조건부 찬성	반대	찬성
교육·환경	자율형 사립고	반대	찬성	반대	반대	반대	찬성
	학생선발권 대학자율	조건부 찬성	조건부 찬성	찬성	반대	조건부 찬성	조건부 잔성
	유류세 유지	조건부 반대	반대	반대	찬성	반대	반대
	그린벨트 해체	조건부 반대	조건부 찬성	조건부 찬성	반대	반대	조건부 찬성
정치·행정	대통령중심제 개선	기타	기타	반대	찬성	반대	찬성
	신문과 방송의 겸영	반대	찬성	조건부 반대	반대	반대	찬성
	행정중심도시	찬성	찬성	찬성	조건부 찬성	조건부 찬성	찬성
	행정구역 개편	조건부 찬성	조건부 찬성	찬성	조건부 찬성	찬성	조건부 찬성
외교·안보	이라크파병 계속	반대	조건부 찬성	찬성	반대	반대	찬성
	국가보안법 폐지	조건부 찬성	조건부 반대	반대	찬성	찬성	조건부 반대
	대북경제지원 인권문제와연계	반대	찬성	찬성	반대	반대	찬성
	한미FTA비준	조건부 찬성	찬성	조건부 찬성	반대	조건부 찬성	찬성

(자료) 중앙선거관리위원회, 「제 18대 국회의원선거 정당정책·공약 모음집」, 2008

표 4에 제시된 정책의제는 잘못 선택된 것 같다. 왜냐하면 민생 및 복지의 개념은 거의 동일한 것이고 그것은 의·식·주 또는 소득·보건·교육·주택 등에 관한 것이다. 그리고 현안이 되어 있는 일자리 창출, 물가, 대학자율화 등이 정책의제에서 제외되어 있고, 신정부가 장차 실시할 공기업 및 보건의료의 민영화, 출자총액 제한, 국민연금 개혁, 한반도 대운하 등도 배

제되어 있기 때문이다.

선관위가 제시한 정책의제에 대하여서도 각 당의 이념적 차이, 즉 보수와 진보 및 중도에 따라 찬반 의견이 제시되어 있다. 예컨대 보수적인 한나라당과 자유선진당은 부동산 보유세와 법인세의 인하를 찬성하고 민노당과 통합민주당은 반대하고 있다. 전자는 친기업정책 때문이고 후자는 서민과 노동자를 보호하기 위하여 재원이 필요하다고 보기 때문이다.

지난 참여정부시 주택 가격의 폭등을 막기 위하여 실시하였던 종부세 등 부동산 세제를 한나라당과 자유선진당이 개정하겠다는 것은 결국 가진자를 위한 정책을 지지하는 것이다.

이와 같이 모든 정책은 가진 자와 가지지 못한 자의 계층적 이익을 담고 있다. 그런데 이러한 의미를 정책의제에서 유권자들이 제대로 파악하기는 어렵다.

3) 지역구의 정책 공약

전국 244개 지역 선거구의 정책공약은 각 지역의 사정에 따라 달라질 수 있다. 이 모든 지역구의 정책공약을 다 다룰 수 없기 때문에 이번에 전략공천으로 경쟁하게 된, 서울특별시 동작구(을)와, 당공천에 불복하여 나선 울산광역시 울주군의 입후보자들이 내세운 정책공약을 중심으로 사례 분석하여 본다.

18대 총선 입후보자에 대한 여야의 공천 결과는 많은 낙천자가 발생하였고, 동시에 여야가 선거구에 대한 전략 공천이 있었다. 그 대표적인 것이 서울 동작구(을)에서 볼 수 있다. 이 곳에 입후보한 통합민주당의 정동영은 전주에서 2선한 국회의원이었고, 한나라당 정몽준후보는 울산에서 5선한 국회의원이다. 그리고 이들은 각각 17대와 16대 대선 후보로 나선 경험이 있을 정도로 막강한 정치인이라 할 수 있다. 양 후보는 학력과 경력 등을 보아서 매우 뛰어난 자질을 가지고 있다. 다만 정몽준 후보의 재산이 우리나라 최고의 부자이기 때문에 정동영 후보에 비할 바가 아니다. 이에 반하여 민노당 후보인 김지희는 비록 교사 출신이지만 노동전선에 뛰어들어 민노총의 부위원장이 될 정도로 노동계의 지도자가 되었다.

<표 5> 지역구 입후보자의 정책공약

	서울시 동작구(을)			울산시 울주군	
	정동영	정몽준	김지회	이채익	강길부
소 속	통합민주당	한나라당	민주노동당	한나라당	무소속
연 령	54세	56세	42세	52세	65세
학 력	서울대 국사학과 영 웨일즈대 석사	중앙고 서울대 경제학과 미 MIT 경영석사 미 존스홉킨스대 박사	고려대 역사교육과	사례지오고 동아대 동국대 지역과정 석사 울산대 박사과정	언양농고 성균관대 행정학과 서울대 환경대학원 석사 단국대 박사/행정고시
직 업	정당인	국회의원 현대중공업회장	민주노총임원	정당인	국회의원
경 력	MBC 기자 열린우리당 의장 통일부 장관 17대 대선 후보	아산복지재단 이사장 대한축구협회장 한나라당 최고위원	은광여고 교사	울산 남구청장 울주군한나라당위원장	대통령 건설교통비서관 건교부 차관 경기대 교수 국회의원
재 산	11억 7천만원	3조 6천억원	2천 9백만원	3억 7천만원	26억원
납 세	325만원	124억원	3만 3천원	176만원	8천 520만원
병 역	육군 병장	육군 중위	비해당	육군 병장	육군 병장
주 요 선 거 공 약	1) 국제교육특구 국제고,우수 공립 유스호스텔 2)초중고 시설현대화 3) 사당,동작 뉴타운 세입자 입주권 4) 재래시장 소득공제 5) 영유아 종일보육 6) 사당노인복지관 7) 현충공원 개발법 8) 흑석,중대 역세권 개발 9) 상도,숭실대역세권 개발 10) 저소득층 종일학교	1) 고교 유치 자립형 사립고 특목고 2) 초중교 시설현대화 3) 사당동 뉴타운 4) 재래시장 현대화 5) 공공탁아소 확충 6) 사당로 확장 7) 현충원 주변 공원화 8) 역세권 개발 9) 상도,동작 재개발 10) 임대주택 건설	1)국공립 보육시설 50% 확충 2) 비정규직 철폐 3) 뉴타운 보완 1가구1주택 법제화 택지 국유화 (반값 아파트) 세입자 보호 4) 등록금 150만원 등록금 상한제 국가책임후불제 5) 재래시장 보호 대형마트 규제 현지법인화 6) 친기업 반대 1%재벌 특권층 서민경제살리기 7)참여정부의 실정 양극화 심화	1) 대통령 울산10대공약 2)경부고속도로 6차선화 3) 울산-함안 고속도로개통 4) 울주 서남부권 연결도로 5) 울주7봉과 동해안 연결 관광벨트 6) 1면 1공단 조성 7) 전통시장 현대화 8) 특목고, 자립형 사립고 유치 9) 동해광역권 경전철화 10)보훈회관 및 노인, 아동종합복지센터 설립	1)울주군 그린벨트 재조정 2)전 학교 방범 CCTV설치 3) 어르신 일자리 2백개 창출 4) 울산-언양 경전철 건설 5) 외국어고 유치 6) 범서 도서관, 청량체육 관, 온양 운동장 7) 언양소도읍 육성 8) 울주종합운동장 조성 9) 삼동면 음식물처리장 허가 제지 10) 서 생신산업단지 조성
총선 득표율	41.5%	54.4%	1.2%	35.0%	48.2%

(비고) 동작을의 유권자는 154,470명이고, 투표율은 56.8%임, 울주군의 유권자는 138,616명이고, 투표율50.4%임

(자료) 1. 「제 18대 국회의원 선거 동작구(을) 선거공보」

2. 「제 18대 울산시 울주군 국회의원 선거공보」

이들의 선거공약을 보면, 양 정후보는 주로 뉴타운 및 역세권의 개발과 특목교 유치 등을 주장하고 있지만, 민노당의 김후보는 이들을 비판하고(친재벌 정책, 참여정부 실정) 정책공약으로 공보육, 비정규직, 뉴타운 보완, 등록금 상한제, 재래시장 보호를 주장하고 있다.

이와 같은 선거공약에서 여당 후보가 강조한 지역개발론(뉴타운, 역세권)이 우세(신뢰)하기 마련이고, 서민들은 다수가 잘 살게 될 것이라고 기대하는 것 같다. 서민들은 선거공약을 보면, 김후보를 선호할 수 있겠으나 참패하였고, 양 정후보의 개인적 자질과 지역개발론은 더욱 먹혀든 것 같다.

한편, 울주군의 국회의원 선거는 소위 현역 물갈이론(39%)에 의하여 낙천된 무소속의 강길부 후보와 새로 공천된 한나라당의 이채익 후보간의 경쟁이다.

강길부 후보는 열린우리당이 해체된 후 한나라당에 입당하였는데 그는 계파공천과 권력 싸움에서 낙천되었다고 주장한다. 울산지역은 다른 영남지역과 마찬가지로 한나라당의 공천이 바로 국회의원으로 당선된다고 여기고 있는 곳이다

강길부 후보는 현역의원 시절 울산·울주의 지역발전을 위하여 그간 고속철 울산역사 건립, 울산 국립대 설립, 자유무역 지정, 산재병원 건립, 신항만 예산 확보 등 많은 지역사업을 수행하였다[20]. 그리고 이재익 후보는 울산광역시 남구청장(2선)을 지낸 지방행정 경험이 풍부하다.

이와 같이 행정경험이 풍부한 양 후보가 18대 총선에서 내건 정책공약은 상당히 유사한 것이 많다. 이들은 선거공보에서 각 읍면 단위에 필요한 선거공약을 많이 제시하고 있다. 이들이 내세운 공통된 공약은 선거민들의 교통편의를 위한 도로와 경전철의 건설이 가장 많고, 그 밖에 공단건설, 특목고 설립 등이다. 특히 이후보는 이명박 대통령이 공약한 울산 10대 사업과 전통시장 현대화 및 복지시설 건립을 공약하고 있다. 그리고 강후보는 그린벨트 전면 재조정, 방범 CCTV 설치, 노인 일자리 창출 등을 공약하고

---

20) 강후보는 약 1조 2천 6백억원의 예산을 신규로 확보하였거나 증액시켰다고 한다.

있다.

한나라당이 우세한 영남권에서 비록 공천에서 탈락된 강길부 후보(무소속)이지만 지난 4년간 지역사업을 많이 하였고, 또 개인적 자질이 보다 우수하였기 때문에 한나라당 공천 후보를 이길 수 있었던 것 같다.

서울과 울산지역의 선거공약을 보면, 서울 지역구의 정책 공약은 뉴타운, 역세권 개발 및 특수교 설립이 주요한 정책과제가 되어 있지만, 지방의 경우는 교통 및 도로 건설과 특목교 설립이 주요한 정책과제가 되어 있다.

4. 총선 결과의 의미

18대 총선 결과는 한나라당을 비롯한 보수세력이 압승하였다. 한나라당의 분신인 친박연대와 무소속 연내, 그리고 자유선진당 까지 합치면 보수세력은 전체 국회의원의 68.2%(204명)를 차지한다. 이것은 17대 총선 결과에 비하면 완전히 역전된 것이다.[21] 또한 좌파정권으로부터 우파정권에로 확실한 정권교체가 이루어졌다. 즉 '잃어버린 10년'을 되 찾은 것이다.

18대 총선 투표율은 헌정사상 최저율인 46.1%였다.(17대 총선의 경우

---

21) 제 17대 총선결과는 한나라당이 112석이었고, 열린우리당이 136석이었다.
최근 동아일보가 18대 총선 당선자 299명 중 220명(77.6%)을 설문 조사한 결과 자신의 이념을 보수라고 응답한 당선자는 전체의 9.0%이고 중도보수라고 응답한 경우 52.3%이며, 진보라고 응답한 경우는 전체의 1.4%이고 중도진보라고 응답한 경우 31.5%이다. 2004년 4월 17대 총선 당선자를 조사한 결과는 중도인 경우 46.3%이고 보수 및 중도보수는 24.3%, 진보 및 중도진보는 29.4%였다. 이것을 보면, 18대 총선 국회의원은 중도파가 전체의 83.8%이다(2008년 4월 15일)

18대 총선 당선자들의 정당별 이념 성향은 다음 표와 같다.

	진보	중도진보	중도보수	보수	모름/무응답
한나라당		13(11.0%)	89(75.4%)	12(10.2%)	4(3.4%)
민주당	1(1.7%)	49(81.7%)	7(11.6%)	1(1.7%)	2(3.3%)
선진당			5(55.6%)	2(22.2%)	2(22.2%)
친박연대		1(10.0%)	6(60.0%)	1(10.0%)	2(20.0%)
무소속		5(27.8%)	8(44.4%)	4(22.2%)	1(5.6%)

(비고) 민주노동당은 2명이 진보, 1명은 무응답, 창조한국당은 1명이 중도보수, 1명은 무응답.

60.1%) 이 중에서 한나라당은 37.5%를 득표하였고, 그 다음은 통합민주당이 25.2%를 차지하였으며, 나머지는 자유선진당(6.8%), 친박연대(13.2%), 민주노동당(5.7%), 창조한국당(3.8%)의 순으로 차지하였다.

<표 6> 18대 총선 입후보자와 당선자의 정당별 분포

	한나라당	통합민주당	민주노동당	자유선진당	창조한국당	친박연대	무소속	합계
<지역구>								
입후보자	245	202	93	74		36	124	774
당선자	131	66	2	14	1	6	25	245
<비례대표>								
입후보자	49	31	10	20	12	15		137
당선자	22	15	3	4	2	8		54
득표율	32.4	30.22	9.98	4.17	5.06	12.29		5.88

18대 총선의 지역별 득표율을 보면, 통합민주당은 광주, 전남, 전북에서 각각 65% 이상의 득표를 하였고, 한나라당은 서울, 부산, 대구, 울산, 경기 강원, 경남 등 영남과 수도권에서 각각 40% 이상의 득표를 하였다. 그리고 자유선진당은 대전, 충남에서 각각 35% 이상의 득표를 하였고, 민노당은 울산과 경남 및 전남에서 10% 이상의 득표를 하였다.

이러한 득표율은 아직도 대선 및 총선에서 지역주의가 팽배함을 알 수 있다. 즉 한나라당은 영남당, 통합민주당은 호남당, 자유선진당은 충청당이라 할 수 있다. 과거와는 달리 통합민주당이 전국적으로 득표율이 골고루 많았다는 것과 국회의원을 모든 지역에서 배출한 것이 그 특징이다.

한편, 국회의원 당선자는 표 6에서 볼 수 있는 바와 같이 한나라당은 과반의석(153명)을 차지하였지만 통합민주당은 3할에도 미치지 못하고(81명) 나머지 정당은 교섭단체를 만들기도 어렵다.

이번 총선 결과에서 여러 가지 정치적 의미를 발견할 수 있다.

첫째는 여야당의 개혁 공천이 실패하여 정당정치가 퇴색되었음을 의미한다. 한나라당 공천에서 탈락한 친박연대(14명)와 무소속연대(12명)가 약 26명을 당선 시켰고[22], 개혁공천에서 탈락되어 당선된 무소속의원 6명이나 된다는 것은 개혁공천(물갈이론)이 실패하였음을 의미한다.

<표 7> 18대 총선의 정당 및 지역별 득표율

	서울	부산	대구	인천	광주	대전	울산	경기	강원	충북	충남	전북	전남	경북	경남	제주	전국
통합민주당	28.3	12.7	4.9	24.6	70.4	18.6	9.3	26.4	18.6	23.9	13.5	64.3	66.9	5.6	10.5	30.2	25.2
한나라당	40.2	43.5	46.6	39.7	5.9	54.8	42.9	40.9	45.5	34.0	27.1	9.3	6.4	53.5	45.0	32.4	37.5
자유선진당	4.8	5.2	3.9	6.1	0.9	34.3	3.4	4.7	6.3	13.7	37.8	1.6	1.0	2.9	4.2	4.2	6.8
민주노동당	3.8	5.3	3.2	5.8	9.4	3.9	14.2	4.8	5.9	5.9	5.7	7.4	10.1	4.1	10.6	10.0	5.7
창조한국당	4.6	3.8	2.9	4.4	3.9	3.7	3.5	4.4	3.7	3.7	3.4	2.9	2.3	2.4	3.4	5.1	3.8
친박연대	10.4	22.6	32.7	10.9	1.3	8.7	18.2	11.4	12.3	12.3	12.3	2.3	1.8	23.6	18.0	12.3	13.2
기타 정당 및 무효표	7.8	6.95	5.7	8.6	8.2	6.1	8.0	7.4	7.6	7.6	7.0	12.1	11.6	8.1	8.2	5.9	7.9

(자료) 중앙선거관리위원회

둘째는 큰 나무(대들보)를 키우기 위한 '잔가지 치기론', 즉 이명박 대통령의 '정권안정론'도 상당히 약화 되었음을 의미한다.[23]

셋째, 통합민주당의 개혁 공천도 당선된 국회의원이 전체 의원의 3할이 안되는 것은 그 의미를 상실하였으며 여당 '견제론'도 그 타당성을 상실하였다.

넷째, 당선된 국회의원(299명)의 평균 연령이 53.5세이고, 여성의원이 41명(13.7%)이 된다. 그리고 현역의원의 재당선율은 46.1%이고 초선의원은 44.8%가 당선되었다.

다섯째, 당선된 국회의원들의 최종 학력은 대단히 높아 대학원 이상이 전체의 50.8%(152명)를 차지하고, 대학 졸업자는 46.1%(138명)이며, 나머지는 전문대(2명), 고졸(3명), 초졸(3명), 무학(1명)이다. 이들의 출신 대학은 서울대 출신이 전체의 29.4%(88명)로서 가장 많고, 그 다음은 고려대(8.0%), 연세대(6.0%),

---

22) 친박연대와 무소속연대의 당선율이 높은 것은 이들의 의리에 대한 유권자의 동정심의 한국적 표현이라고 생각한다.

23) 개혁 공천을 주도한 한나라당의 3인방(이재오 최고위원, 이방호 사무총장, 정종복 공심위 간사)이 낙선되었다.

성균관대(4.7%), 동국대(2.3%), 서강대(2.3%), 경희대(2.0%), 건국대(1.7%), 부산대(1.7%), 이화여대(1.7%)출신의 순이며, 해외 유학파도 14.3%(43명)가 되는데 이들의 83.7%가 미국 유학생이었다.

여섯째, 당선된 국회의원들의 직업은 현역 의원이 전체의 46.1%로서 가장 많고, 그 다음은 정당인(전의원 포함)이 24.4%, 법조인이 8.7%, 교수·연구원이 5.7%, 기업인이 3.7%, 시민·사회단체가 3.3%, 언론인이 2.6% 의 순이다.

일곱째, 당선된 국회의원들의 평균 재산은 26억 4천 385만원이다. 가장 많은 평균 재산을 가진 정당은 창조 한국당으로 53억 3천 462만원이고, 그 다음은 무소속으로 39억 3천 280만원이며, 나머지는 한나라당인 28억 7천 968만원(정몽준 포함시 264억 3천 773만원), 친박연대의 25억 1천 777만원, 통합민주당의 21억 372만원, 자유선진당의 14억 3천 346만원, 그리고 민주노동당의 2억 9천 982만원의 순이다.

이것을 보면, 보수당의 국회의원들은 25억원 이상의 재산을 소유하고 있지만, 진보당의 경우 3억원 이하이다. 소유 재산의 차이에서도 보수와 진보의 이념적 차이를 엿 볼 수 있다.

한편, 이들이 5년간 납부한 평균 세금을 보면, 자유선진당이 6억 9천 506만원으로 가장 많고, 그 다음은 한나라당의 2억 2천 996만원, 통합민주당의 1억 3천 432만원, 친박연대의 1억 4천 702만원, 민주노동당의 4천 547만원의 순이다. 이것을 보면, 국회의원들의 납세액이 반드시 재산액과 일치하지 않고 오히려 그 역진성이 나타나고 있다.

이번에 당선된 국회의원들의 계층적 성격을 보면, 이들은 우리나라 국민의 1%에 해당하는 특권층이라는 것을 알 수 있다.[24)]

5. 결 론

18대 총선은 한나라당이 소위 '잃어버린 10년'을 찾기 위하여 대선과 함

24) 국민 1%의 특권층은 소유 재산이 23억원 이상이고 연봉이 과세 상한선인 8천만원 이상이며, 일류대 출신으로 관리직 또는 전문직에 종사 한다.

께 확실한 정권교체를 이룩하기 위한 기회였다. 반면에 대선에 패배한 통합민주당은 현 정부의 독주를 막기 위한 견제세력의 구축이 지상과제였다.

이러한 정치적 안정과 견제를 위한 선거전이었으나 대선에서 나타난 보수화의 물결을 막지 못하였고, 이것을 극복하기 위한 비판적 정책선거를 치르지 못하였다. 그러한 결과, 18대 국회는 보수세력이 장악하게 되었고, 전통적인 3당은 지역 정당으로서 지역적 정체성을 다시금 들어내게 되었다.

비록 여·야당이 공천 심사위원회를 구성하여 개혁공천을 한다고 하였지만 비정치적 이유(금고 이상의 수형자 등)와 '잔가지 치기', 계파갈등의 물갈이를 강제하여, 많은 낙천자가 친박연대 또는 무소속으로 출마하여 당선되었다.

이러한 현상은 이념에 기초한 정책정당의 선거전으로 보기는 어렵다. 이념적 정책정당이 되지 못하면, 소위 당내 계파갈등(패거리)이 심하고 정책공약은 주로 지역개발론이 우세하며, 인물중심의 선거가 치루어진다. 뉴타운, 역세권 개발 및 특목고 유치 등 지역개발론은 과거 고무신 돌리기, 금품선거와 같은, 신형 교차압력이 당선의 주요한 요인이 되었다.

18대 총선의 후보자와 당선자의 계층적 배경을 보아도 진보정당을 제외하면 큰 차이가 없다. 소위 1%의 특권층이 우리나라의 의회 권력을 장악하고, 이들의 입법활동이 보수적인 정책, 예컨대 친기업정책이나 공기업의 민영화 등을 추구한다. 또한, 이들은 다수를 차지하는 서민들의 이익을 위한 분배 및 복지정책에는 무관심 하다.[25] 비록 다수인 서민과 중산층은 정치적 무관심이 심하여[26] 정치참여를 기피하거나 정치사회 의식이 낮아 여론조작(여론유도용 선거조사 등)으로 놀아나기 쉽다. 이들은 '잃어버린 10년'을 지역당(호남당)으로 보고, 소위 우파이든 좌파이든 정책에는 관심이 없다. 이런데도 과연 국민은 위대한 것인지 의문이 간다.

---

25) 사실 이들은 선거운동에서는 득표를 해야하기 때문에 비양심적인 발언을 한다. 또한, 이들과 유권자들은 여야의 선거공보를 읽어 보지도 않는것 같다.

26) 18대 총선 투표율이 46.1%라는 것은 정치적 무관심에서 비롯된 것이지만, 유권자 20% 미만의 지지율로 국회의원이 된 것은 국민의 대표성이 매우 약하다는 것을 의미한다. 그리하여 국민의 계층적 배경, 즉 대표성과 다른 국회의원이 당선된 것이 큰 문제이다.

제 13장 경제위기와 권력지배층의 대응책

1. 서 론

지난 20년간 최대의 국정위기는 1987년 11월에 초래된 외환위기와 2008년 말에 닥친 세계화 경제위기라 할 수 있다. 이러한 경제위기는 경제성장(GDP와 기업이윤)이 하강(적자)하고, 증시가 곤두박질 치며, 환율이 2배로 뛰어 오르고, 대량의 실업율(2백만명 이상)이 발생하는 현상을 보였다.[1)]

한편, 이러한 경제위기를 극복하기 위하여 1998년의 IMF 지배관리[2)]와 공적자금 투입, 2005년의 양극화를 해결하기 위한 개혁정책(재벌해체와 부동산정책 등)이 있었으며, 2008년 이후 친기업정책(규제개혁과 감세정책 등)이 있었다.

경제(외환)위기는우리나라 대기업과 금융기관이 부실하여 과다한 외자 차입으로 돈벌이를 할 때 선진 독점자본가는 오히려 외자를 빼 내어 감으로

---

1) 지난 4차의 경제위기를 비교하여 본다.

	1973년	1980년	1998년	2009년
대외여건	1차 오일쇼크 아랍 석유산업국유화 유가급등; 110%	2차 오일쇼크 세계경제성장률; 2.4%	동남아 경제위기 세계경제성장률;2.6%	글로벌 금융위기 세계경제성장률;0.5%
국내여건	수출입국 중화학공업 (내수부진,인프레) 사회불안, 새마을운동	농산물 흉작 (농림어업생산; -19.4%) 정치불안	외환위기 (구제금융;583억달러) 실업자수; 149만명	내수여력 취약 (가계부채;676조원) 부동산시장 침체
경제성장률 민간소비 고정투자 수출(통관기준)		-15% -0.2% -10.7% 16.3%	-6.9% -13.4% -22.9% -2.8%	-.2,4% -3.0% -8.1% -15.2%

(자료) ① 1차 경제위기는 저자가 작성

② 2차~4차 경제위기는 삼성경제연구소의 자료임.

서 대기업과 금융기관이 부실화 되었고, 이것을 막기 위하여 정부는 IMF 등 선진 독점 자본주의 국가(미국, 일본, 영국, 독일, 프랑스 등)의 고리 구제금융(약 583억 딸라)을 구조조정의 조건으로 받아 드렸다. 그리하여 정부는 국민부담이 되는 막대한 공적 자금(1,645조원)을 부실한 대기업과 금융기관의 재생을 위하여 투입하였다.

이러한 금융위기를 초래하여 국제통화기금(IMF)을 끌어 들인 것은 김영삼 정권이지만, 공적 자금을 투입하여 부실기업을 정리한 것은 김대중 정권이다.[3] 이러한 과정, 소위 구조조정사업을 통하여 막대한 국부가 유출되고 많은 실업자가 발생하였다.

이러한 금융위기를 해소하기 위하여 김대중 정권은 IMF 지시대로 구조조정 등 개혁정책을 하였지만 노무현 정부는 그것을 지속하였고, 노무현 정권의 국토균형발전책으로 선국 부동산 가격이 급등하였으며 지역간 부동산 가격의 차등이 심화 되었다. 그리하여 정부는 강력한 주택정책(보유세 강화 등)과 조세정책(종부세 신설과 양도세 강화 등)을 실시하였다. 이러한 정책을 이명박 정권은 좌파정책이라 하였다.

한편, 세계화 경제위기는 미국의 주택시장 침체로 금융위기가 시작되어 이것이 한국의 경제위기로 불어 닥쳤다. 한국의 시장은 1998년 IMF의 관리체제로 신자유주의 세계화 경제체제에 편입되었고, 이에 따라 미국과 일본 등 선진국의 영향을 직접 받게 되었다. 마침 이명박 정권의 대선 공약이 신

---

2) IMF(국제통화기금)의 주요 출자국과 투자액은 미국이 전체 기금의 18%인 360억 달러이고, 그 다음은 일본과 독일이 각각 5.7%인 112억 달러이며 영국와 프랑스도 5.1%인 101억 달러, 사우디아라비아는 3.5%인 70억 달러이다. 다시 말하면 IMF는 주요 선진국가의 고리 대금업체이다.

3) 정부는 2001년 9월 국민이 부담해야 할 공적 자금 156조원의 44.2%(69조원)가 회수 불가능한 것이라고 하였다.(이자까지 합치면 87조원임) 이 중에서 1998년 6월 부터 약 1년간 224개 기업에 대해 탕감해 준 부채액 15%에 해당되는 10조 2천 731억원이다. 그리고 공적 자금이 가장 많이 투입된 주요 금융기관은 제일은행(12조 5천억원), 서울은행(8조 1천억원), 한빛은행(6조 5천억원), 조흥은행(5조 4천억원), 한국투신(5조원), 동화은행(3조원), 경기은행(3조원), 대한투신(2조 9천억원) 등이다.(「조선일보」, 2001년 9월 23일)

자유주의 시장경제 정책이라서 이에 대하여 어떻게 대응할 수 있는지 궁금하다.

그리하여 이러한 경제위기를 진단하여 보고, 이것을 극복하기 위한 권력지배층의 출신 배경과 자질의 특성이 무엇인지를 분석하여 봄으로써 과연 경제위기를 극복할 수 있는지 그들의 대응정책을 중심으로 고찰하여 본다.

한편, 지낸 10년간 소위 국민의 정부(김대중)와 참여정부(노무현)가 들어서면서 과거 문민정부(김영삼)와 이명박 정부는 이것을 친북 좌파 정부라 하고 스스로 보수정부(우파)라고 한다.

이와 같이 상이한 이념과 정책(좌파 또는 우파)이 나타나게 된 것은 무엇보다도 집권세력, 즉 정치(권력) 지배층의 이념적 차이에서 연유되고, 이것은 그들의 사회화 과정, 즉 사회적 배경과 정치적, 경제적 사회적 세력기반의 차이에서 비롯된 것이 아닌가 생각한다. 그리하여 이들의 출신배경 분석에서 이념적 특성을 찾아 보려고 한다.

2. 금융위기와 공적 자금

1) 외환위기와 IMF 차관

정부는 1997년 11월 17일 외환위기가 왔다고 선언하였고, 동 11월 21일 및 외환위기 극복을 위해 국제통화기금(IMF)에 유동성 조절 자금 지원을 요청하기로 결정하였다고 발표하였다. 이러한 결정은 김영삼 대통령이 마침 대선 기간이라서 한나라당 후보 조순 총재, 국민회의 김대중 후보 및 자민련 박태준 총재 등이 청와대 경제회담을 갖고 현재의 외환위기를 해소하기 위하여 IMF의 긴급 구제금융이 불가피하다는데 의견을 모았다.[4)]

한국의 외환위기[5)], 즉 금융위기는 노태우 정권 때부터 러시아 및 동구

---

4) 「동아일보」, 1997년 11월 21일

5) 강만수 재경원 차관은 1997년 12월 23일 국회재경위에서 지난 9월 말, IMF 기준으로 총 외채는 1천 1백 96억달라(국내 금융기관이 해외 점포에서 6백 78억달러, 기업들의 현지 금융에서 약 4백억 달러)라고 하였다. 당시 외환율은 1달러당 1천 9백 62원

등에 거액의 차관을 제공하였고, 또 대기업이 저금리와 환차익을 노린 외국자본의 차입, 그리고 그들이 운영하는 금융기관의 무분별한 헤지펀드 등 외자도입 등으로 발생하였다.[6] 물론 IMF 를 비롯한 IBRD 및 선진 독점자본가들이 단기 외자와 핫머니를 빼감으로서 외환 보유고가 바닥이 나고 국가부도가 날 정도가 되었다. 이에 IMF가 지원하기로 한 소위 구조조정 차관은 모두 583억 5천만 달라이다.[7]

IMF 자금 지원에 대한 합의 내용은 표 1과 같다.

표 1에서 볼 수 있는 바와 같이 우리나라의 기업과 금융기관의 구조조정을 요구하고 자본 및 무역자유화와 저경제성장율(3% 이내), 저물가(5% 이내), 그리고 환율 인상(약 100% 인상)과 고금리 정책(약 연간 30%), 시장 개방 등을 요구하였다. 그 뿐만 아니라 기업 및 금융기관의 국제기준에 따른 투명성, 나아가 자본시상의 완진 개방과 선진국가와 경쟁에서 손해를 주었던, 한국재벌의 해체를 사실상 요구하였다. 이러한 IMF의 합의 내용을 확인하기 위하여 자금을 인출할 때마다 승인을 받고, 심지어 한국 경제프로그램에 대한 별도의 합의를 요청하고 있다. IMF는 소위 구조조정을 통하여 외자(채) 의존을 더욱 악화시켜, 신식민지 정책을 강화시켰다.

김대중 대통령은 이러한 외환 위기를 타개하기 위하여 IMF의 요구를 수용하면서 국가 경쟁력과 국제 신임도를 높이기 위하여 소위 구조조정을 위한 개혁을 주장하였다.[8]

> 첫째는 외환위기를 초래한 부실 금융기관의 통폐합 및 해외 매각의 구조조정이다.
> 둘째는 타인자본이 많은 대기업의 구조조정이다. 소위 재벌의 빅딜이다.

으로 2배 인상되었고, 주식은 종합주가지수 366.36으로 폭락하였으며, 3년 만기 은행 보증 회사채 금리는 연간 31.11%이다.(「조선일보」, 1997년 12월 24일)

6) 당시 우리나라 대기업의 자기자본은 3할 미만이고, 나머지는 차관과 금융자본이다. 즉 5대 그룹의 부채 비율은 약 3.7배(삼성)~5.8배(현대)이다. 대우그룹 김우중 회장이 불법 차입한 돈이 157억 달러이고, 또 41억 달러를 해외 유출시켰다.(「조선일보」, 2001년 2월 3일)

7) 김영모, 「한국사회의 이해」, 한복연 출판부, 1999, pp.238~239

8) 상게서, pp.240~242

셋째는 이러한 구조조정과 정리해고로 나타난 대량의 실업 발생이다.

그 밖에도 정부와 공기업 심지어 민간기업 등의 구조조정도 자율적으로 진행시키기를 바라고 있다.

<표 1> 정부와 IMF의 자금 지원 합의 내용

	주요내용
거시경제 목표	-경상수지 적자를 98,99년에 GDP대비 1% 이내유지 -물가를 5% 이내로 유지 -성장률은 98년 3% 이내, 99년에는 잠재성장률 수준으로 회복
통화 및 환율정책	-월화 절하에 따른 물가 상승 압력을 흡수하기 위해 즉시 통화 긴축 기조로 전환 -현재 14~16%인 시장금리는 시장 안정을 위하여 상승을 용인 -신축적인 환율정책을 유지하고 시장개입은 급격한 변동의 완화에 국한 함
재정정책	-부가가치세 과세 범위 확대, 비과세 축소, 소득공제 축소 -경상지출 삭감 및 민간기업 부문에 지원 삭감 -특소세 및 교통세 인상
금융부문 구조조정	-중앙은행의 독립성 부여한 한국은행법 등 연말까지 법안의 국회 통과 -부실금융기관을 처리할 수 있는 금융감독기구의 설치 -부실금융기관의 폐쇄 등 구조조정과 자본 확충 -회생 가능성 없는 금융기관 폐쇄 -국제적으로 인정된 회계 법인의 감사 의무화 -외국인에게 금융부문에 투자 개방과 98년 중반까지 외국인에게 은행과 증권사의 98년 중반까지 설립 허용 -모든 은행은 BIS 기준 충족, 추진 일정 수립 -예금보장제도를 부분 보장제로 전환
기업구조 조정	-독립적인 외부 감사, 국제 회계 원칙 적용으로 재부재표 투명성 제고 -은행대출의 상업성 존중과 정부의 은행경영과 대출결정 개입 금지 -개별 기업구제를 위한 정부 보조금이나 세제 지원 금지 -기업의 부채비율 축소 -계열사간 상호 채무 보증 관행 시정 -노동시장 유연성 제고와 고용보험제도 기능 강화
무역 및 자본 자유화	-WTO 양허계획에 따라 무역 관련 보조금, 수입 승인제, 수입선 다변화 제도 폐지 -외국은행 국내은행 주식 4% 초과 매입 허용 -외국인 주식투자 한도는 97년 말까지 50%, 98년 말까지 55%로 확대 -외국인의 국내 단기금융상품 매입의 무제한 허용 -국내 회사채 시장에 대한 외국인 투자의 무제한 허용 -민간기업의 해외 차입에 대한 제한 철폐
노동시장 개혁	-노동시장의 유연성 제고 -고용보험제도의 기능 강화 -정보 공개 -외환 보유고 자료의 월말 분기말 발표 -금융기관 자료는 연간 2회 공개

(비고) 1997년 12월 5일 체결

이러한 주장은 IMF의 주장과 큰 차이가 없다. 그런데 구조 조정의 문제는 정부의 지원과 주식의 감자를 통하여 2개 은행을 해외에 매각하고, 심지어 해외시장에서 많은 이윤을 내는 반도체 기업의 통합, 철강기업의 해외주식판매 등을 강요하였다.

2) 외환위기의 원인

당시 환란의 책임자였던 강경식 전 경제부총리 겸 재경원 장관은 1996년 3월 취임하였을 때 외환 보유고가 2백 80억 달라에 불과하고 전년도의 경상수지 적자 규모가 2백 37억 달라에 달해 국가부도 가능성이 있는 것으로 짐작하여 취임 직후 97년 3월 말 경상수지 적자 축소 대책과 98년도 예산 증가율 5.8%로 낮추는 등 노력을 하였으나 역부족이었다고 한다. 사실 그 때는 대통령의 긴급 재정명령권을 발동하여야 될 시점이다.

강경식 전부총리는 감사원 조사에서 외환위기는 경상수지 적자의 누적과 대기업의 무분별한 외화 차입 등 구조적 요인과 대기업들의 연쇄부도에 따른 외국 투자가들의 신뢰 상실이 복합적으로 작용하여 발생했으며 정치논리는 개입하지 않았다고 말하였다.[9]

감사원은 특별감사 '97년 외환위기의 원인 분석과 평가'에서 그 원인을 ① 구조적 측면, ② 정책 실패, ③ 외환 위기 과정으로 나누어 고찰하면서, 재정경제원은 지난 해 초부터 외환 보유고를 늘리고 외채를 장기채 위주로 전환해야 했으나 한국은행과 밥그릇 싸움에 몰두했다고 한다. 그리고 외국인 투자자들을 고려하지 않고 우물안 개구리식 정책대응을 되풀이 하고 그나마 적절한 타이밍을 놓쳐 시장의 신뢰를 회복하지 못하여 외환위기를 불렀다고 한다.[10] 감사원의 원인분석이 구조적 문제와 정책실패라고 한다면 그에 따른 정책 대안과 책임자의 범위를 확대해야 할 것이다.

---

9) 「동아일보」, 1998년 2월 25일

10) 구체적 원인으로 ① 외환위기 가능성에 대응미비(한보와 기아사태 후 달러 부족과 동남아의 외환위기 등) ② 부실한 금융감독(자본자유화 이후 외환위기 주범인 종금사 방치), ③ 외채 관리 소홀, ④ 부실기업 및 부실 금융기관 처리, ⑤ 환율 방어에 외환 낭비, ⑥ 늑장 부린 IMF 지원 요청을 지적하였다.(「동아일보」 1998년 4월 10일)

그런데 감사원은 환란 특감에서 지난해 말 외환위기는 강경식 전 경제부총리와 김인호 전 청와대 경제수석의 정책 실패에서 비롯되었다고 감사 결과를 밝히고, 두 사람을 직무유기 혐의로 검찰에 수사를 의뢰하였다.[11]

한편, 검찰은 강 전 부총리를 한국전쟁 이후 최대 국난으로, 온 국민을 말할 수 없는 고통으로 몰아 넣은 외환위기의 진행 및 대처 과정에서 직무유기와 직권 남용의 혐의가 있다고 구속 영장을 청구하였다. 직무유기는 외채의 감시 부재와 대통령에 늦장 보고이고, 직권 남용은 기아자동차 늦장 처리와 한은의 외환시장 개입 중단 지시 등이다.

3) 외환위기의 주역

외환위기가 초래된 것은 여러 가지 원인이 있겠지만 무엇보다도 중요한 것은 ① 정경유착으로 인한 부정부패와, ② 자본시장 개방으로 인한 기업의 차입 성장, 그리고 ③ 외환관리의 부실에 있다고 볼 수 있다.

정경유착과 시장개방은 정치인들의 책임이지만 이것을 대통령이 하도록 보좌한 청와대 참모와 내각 장차관의 공동책임이라 볼 수 있다. 이러한 외환위기가 초래된 것은 근본적으로 한국 자본주의, 즉 이기적인 관료적 국가독점 자본주의의 병폐에서 찾아 볼 수 있다.

자본시장을 적극 개방한 것은 김영삼 대통령이 1995년 덴마크 코펜하겐 사회개발 정상회의에 다녀온 후 세계화(globalization)를 주장하면서이다.[12] 이에 따라 외환 자유화 등 자본시장 개방을 적극 추진하였다. 비록 대통령은 재직시 국정에 대한 책임을 지지 않는다고 하지만 이러한 환란이 초래된 것은 중대한 재정 및 경제상의 위기에 적절한 대처(헌법 제 76조의 긴급명령권)를 못한 것이 아닌가 한다.[13]

---

11) 감사 결과 재정경제원 금융정책실, 한국은행 국제부, 은행감독원 직원 20여명을 징계하고 떡값을 받은 재경원 직원들은 검찰 고발과 함께 파면 또는 해임하기로 하였다.(「동아일보」, 1998년 4월 10일)

12) 1995년 1월 정부는 세계화 추진위원회(위원장은 재경원 장관)를 조직하였다.

13) 동남아시아에서도 외환위기가 초래되었는데 말레이지아의 마하티르 총리는 IMF 등의 구제금융에 의존하지 않고 고정 환율제를 도입하여 외환위기를 탈출하였으

<표 2> 1991년 말 외환위기시 주요 금융정책 결정자

분 야	성명	재임기간	출신지	학력			전 직	종 직	종교	비 고
				고교	대학	대학원				
경제수석 비서관	김인호	97.2~97.11	경남 밀양	경기고	서울대 법대	시리큐스 대 석사	공정거래위장	국가경영 전략원장	기독교	경제기획원 차관보 환경처 차관
〃	김영섭	97.11~98.2	경남 김해	부산고	서울대 상대	시큐리스 대 석사	관세청장	금융통화 위원		법무법인 태평양 고문
금융 비서관	윤진식	97~98.3	충북 청주	청주고	고대 경영학	펜실베니 아 석사	재무부 국제금융국장	재경부 기획관리실장		재경부차관/산자부장관 산업대 총장/인수위간사
부총리겸 재경원장관	강경식	97.3~97.11	경북 영풍	부산 상고	서울대 법대	시리큐스 대 석사	국회의원(3선)	국회의원 (동래)	불교	재무부 장관 대통령 비서실장
〃	임창열	97.11~98.3	서울		서울대 경영학	윌리엄스 대 석사	통산부 장관	경기도지사 (국민회의)		IMF대리대사/ 민주당 상임고문
재경원차관	강만수	97.3~98.3	경남 합천	경남고	서울대 법대	뉴욕대 석사	통산부 차관	무역협회 부회장	기독교	재무부 국제금융 국장 서울시정연구원장
금융정책 실장	윤중현	97.3~98.3	경기 화성	서울고	서울대 법대	위스콘신 대 석사	재경원 세제실장	아시아개발 은행이사		금감위원장 17대 인수위 자문위원
금융협력 과장	최준경	97~99	경남 마산	경기고	서울대 경영학	하와이대 박사	재경부 장관 비서관	증권제도 과장		세계은행 상임이사 인수위 전문위원 기획재정부 차관
경제정책 국장	이윤재	96~98.2	서울	경기고	서울대 법대	스탠퍼드 대	재경원 금융심의관	대통령 재경 비서관		김&장 법률 고문
한국은행 총재	이경식	95.8~98.3	경북 의성		고대 상대	미네소타 대	무역협회 고문	국립공원 협의장	불교	대통령 경제수석(2회) 경제기획원 장관

이러한 외환위기에 대하여 김영삼 대통령은 전적인 책임이 말로만 자기에게 있다고 하였지만 구체적으로 책임진 것은 없다. 당시 금융정책의 주요 정책 부서와 정책 결정자가 누구인 지를 보기로 한다.

우리나라 금융정책을 주도하는 행정부서는 국무총리실, 재정경제원과 청와대 경제수석 비서관 및 한국은행이라고 볼 수 있다. 따라서 금융 및 외환의 최고 결정자인 대통령 이외는 경제수석비서관(김인호)과 재경원 장관(강경식) 및 한은 총재(이경식)라 할 수 있으며, 이들을 보좌하는 재경원 차관(강만수), 청와대 조세금융 비서관(윤진식), 재경원 금융정책실장(윤중현) 및 경제정책국장(이윤재) 등이라 할 수 있다. 사실 외환이 갑자기 온 것이 아니기 때문에 특히 김영삼 대통령 집권시 경제참모(수석)와 재경원의 장관 등, 정책 결정자(표 3 참조)는 그 책임을 면할 수가 없다.14)

며 자주적 경제력을 성공시켰다.

14) 외환위기의 주범인 종금사를 재경원 금융정책실이 1994년 부터 무더기로 허가해 주었다.(당시 27 종금사 중에 13개가 대기업 소유임)

<표 3> 1997년 말 외환위기시 경제관료 지배층

부 처	성명	재임기간	출신지	학력				전 직	종 직	IMF시 직위	비 고
				고교	대학	대학원	고시				
경제수석	박재윤	93.2~94.10	경남 울산	부산고	서울대 경제학			부산대 교수/YS특보	재무부 장관	금융통화위원	
〃	한이헌	94.10~95.12	경남 김해	경남고	서울대		행시	기획원 차관 YS 보좌역	국회의원 (부산 북구)	국회의원 (부산 강서)	국가경연전략원장
〃	구본영	95.12~96.8	경기 개성	서울고	서울대 경제학	조지와싱턴대박사		과기처 차관	과기처 장관	OECD 대사	김&장 법률 고문
〃	이석채	96.8~97.2	경북 성주	경복고	서울대 경영학	보스톤대 박사		재경원 차관 정통부 장관	외대 석좌교수	태평양 고문	
〃	김인호	97.2~97.11	경남 밀양	경기고	서울대 법대	시리큐스대 박사	행시	공정거래 위원장	국가경영연구원장		중소기업연구원장
〃	김영섭	97.11~98.2	경남 김해	부산고	서울대 상대	시리큐스대 박사	행시	관세청장	비상경제대책위원	금융통화위원	
경제기획원장관	이경식	93.2~93.12	경북 의성		고려대 상과			가스공사 사장	무역협회상임고문	한은총재	한은 조사부
〃	정재석	93.12~94.10	전북 장수	전주 사범	서울대 법대	밴드벨트 석사		교통부 장관	정신문화연구원 이사장	미상	강봉균 삼촌
재무부 장관	박재윤	94.10~94.12	경남 울산	부산고	서울대 경제학	인디애나 주립박사		경제수석비서관	통상산업부 장관	금융통화위원	보산대 총장
〃	홍재형	93.12~95.12	충북 청주	청주고	서울대 경제과	서울대행정 석사		외환은행장	경제기획원 장관	국민신당 대선특보	새천년민주당 국회의원(2선,청주)
재경원 장관	나웅배	95.12~96.8	서울	대전고	서울대 상대	캘리포니아대박사		국회의원	금융통화 위원	목원대 초빙교수	한은 조사부 국회의원 4선
〃	한승수	96.8~97.3	강원 춘천	춘천고	연세대 정외과	요크대 박사		국회의원(춘천)	국회의원(춘천)	국회의원 (춘천)	외교통상부 장관
재정경제원장관	강경식	97.3~97.11	경북 영풍	부산 상고	서울대 법대	시리큐스대 석사	행시	국회의원(3선)	동부그룹 금융,보험회장	부총리겸 경제기획원 장관	
〃	임창열	97.11~98.3	서울	경기고	서울대 경영학	윌리엄스 석사	행시	통상산업부 장관	경기도지사	새천년민주당고문	재정경제원차관,통상산업부장관
통상산업부장관	김철수	93.2~94.12	서울	경기고		메사추세츠대박사		무역진흥 공사장	WTO사무차장	연대 초빙교수	세종대 총장
〃	박재윤	94.12~96.12	경남 울산	부산고	서울대 상대	인디애나 주립박사		재무부 장관	금통위원 .운천대 교수	금융통화 위원	부산대 총장
〃	안광구	96.12~97.3	충북 괴산	경동고	서울대 법대	뉴욕대 석사		통상산업부 차관	한국표준협 회장	한국표준협회장	영동대 총장
〃	임창열	97.3~97.11	서울	경기고	서울대 경영학	윌리엄스 석사		재경원 차관	재정경제원 장관	통상산업부 장관	IMF 대사 경기도지사
〃	정해주	97.11~98.3	경남 충무	통영고	서울대 법대	펜실베니아대	행시	중소기업청장	국무조정실장	통상산업부 장관	진주산업대총장 국회의원(통영)

당시 가장 주요한 정책 결정자는 감사원과 검찰이 주장한 바와 같이 강경식 전 경제 부총리와 김인호 청와대 경제 수석이라고 볼 수 있다. 이들은 과거 경제기획원에서 요직을 거친 직업 관료 출신이기 때문에 김영삼 대통령은 이들을 신뢰하고 모든 경제정책을 맡긴 것 같다. 또한 이들은 외환위기를 알고 있었지만 국가 부도로 IMF 구제금융을 받는 경우 대통령의 체면

과 국가적 위신을 생각하지 않을 수 없었을 것이다. 한국은행이 IMF와 자금 조달 등을 건의하였지만 강 부총리는 창피하게 IMF에 가느냐, 내 재임중에는 안간다고 주장했다.[15] 그렇다면 이에 대한 조치를 강구하여야 했을 것이다. 간단히 말하면 권세만 부리고 일을 제대로 하지 못했다는 것이다. 이것이 직업관료의 한계가 아닌가 생각한다.

외환위기 당시 주요한 정책 결정자는 강 부총리를 제외하면, 첫째로 대개 50대 초이고 이들의 출신지가 대부분 영남(특히 경남)이라는 것이 특징이다.

둘째, 이들의 학력이 각 지방의 명문고와 서울대 출신이 대부분이다. 특히 서울대 출신은 법대와 상대 출신이 각각 5명이다.

셋째, 이들은 한은 총재만 제외하고 모두 행정고시 출신이며, 또한 관비로 미국 대학에서 석사학위를 취득하였다.

넷째, 이들의 전직은 대부분 과거 경제기획원이나 재무부의 고위 관료 출신이고, 또한 국제금융 업무에 종사한 경험을 지니고 있다.

다섯째, 이들은 퇴임 후 대부분 10년이 지난 이명박 정권에서 다시금 고위 관료직을 차지하고 있다. 즉 직전 재경원 장관이었던 한승수 국무총리, 당시 재경원 차관이었던 강만수 기획재정부 장관, 금융정책 실장이었던 윤증현 장관(2기), 대통령 경제비서관이었던 윤진식 경제수석비서관(2기), 재경원 장관특보였던 김중수 경제수석비서관(1기), 재경부 장관특보였던 전광우 금감위원장, 재경원 금융협력과장이었던 모중경 기획재정부차관 등이다. 10년전 외환위기를 다시금 연상케 한다. 10여년이 지난 2008년 이들은 다시금 경제위기를 맞게 되었다.

한편, 외환위기를 초래한 김영삼 정권의 경제 참모와 경제 각료들의 특성을 보기로 한다.

첫째, 경제 참모의 연령은 대부분 50대 초이고, 출신지는 거의 대부분 영남 출신이며 경제 각료는 영남 출신이 많지만 다른 지역 출신도 많다.

---

15) 당시 재경원 차관이었던 강만수 기획재정부 장관 내정자가 국회 청문회에서 강 부총리와 같은 의견(외환위기 인지)을 제시하였다.

둘째, 경제참모의 학력은 모두 서울상대 출신이고 이들은 대부분 미국에서 경제학 박사학위 소유자이다. 그리고 경제 각료들도 대부분 미국에서 경제학 박사학위 소유자이다. 통상부의 경제 각료들은 대부분 서울상대와 서울법대 출신이고 미국에서 석·박사 학위를 취득하였다.

셋째, 경제 참모는 대학교수 또는 경제관료 출신이고, 경제 각료도 행시 출신이거나 해외 석·박사 학위를 가진 자이다. 초기에는 경제학 교수를 임명하였지만, 그들은 얼마가지 못하고 그 다음은 경제관료(차관)들을 임명하였다. 그리고 경제각료는 재경부의 경우 정치인(국회의원)을 많이 임명하였고 그 다음은 고위 관료(장관) 출신들이다. 그러나 통상부의 경우 대부분 경제부처의 차관 출신들이다.

이것을 보면, 초기에는 경제개혁을 시도하였지만 그 후에는 경제관료들이 이를 차지하여 경제의 개혁을 추구하지 않고, 소위 경제의 안정, 즉 방치를 하였던 것 같다. IMF 사태가 초래된 것을 보면 경제각료들은 경제(특히 외환 등)에 관한 전문적 정책적 식견이 부족한 것이 아닌가 생각한다. 다시 말하면 경제(외환)를 잘 모르는 대통령과 정치인이 경제(외환)를 주도하였고 경제관료들은 그들을 추종하기만 하였던 것 같다.

다섯째, IMF 관리 당시 경제참모는 대부분 경제정책 분야를 떠났고, 경제 각료들은 대부분 국회의원(2명)이 되었다. 강경식 장관과 임창열 차관은 IMF 당시 주무 장관이었다. 경제각료들은 퇴직후 고위 관료(장관, 도시자 등)나 대학총장이 된 사람이 많다.

3. 부실기업과 공적 자금

1) IMF 체제와 경제관료

김영삼 정권은 대선 3당 후보(김대중, 이회창, 김종필 등)의 양해 각서 서명으로 금융위기를 타개하기 위하여 IMF의 구제금융, 즉 구조조정 차관을 받을 수 있었다. 그리하여 정부는 IMF 그리고 IBRD와 합의 각서를 체결하였다. 그 주요한 내용은 표 1과 같이 대단히 무리한 요구였다.

이와 같이 외국 금융자본가의 돈 장난이 김영삼 대통령의 임기 말과 17대 대선을 노려 단숨에 그들은 큰 이익을 챙겼고, 우리에게는 국가적으로나 개인적으로 그 손해가 막대한 것이다.[16]

김대중 대통령은 전임자와 마찬가지로 세계화를 위하여 '시장경제와 민주주의'를 내세우면서[17] 소위 구조조정을 단행하였다.[18] 그러한 결과 멀쩡한 외환은행을 부실은행으로 처리하여 자격 없는 외국 자본(론 스타)에 헐값으로 매각하여 세금 한푼도 못받고, 또한 무리한 빅딜로 많은 문제점(부실기업화)을 노출하였다.[19]

이러한 구조조정사업과 이에 필요한, 막대한 공적 자금의 투입은 김대중 정부시에 이루어졌다. 김대중 정부는 이러한 정책을 수립, 집행할 권력지배

16) IMF 사태로 1인당 국민소득 약 1만불이 약 6천 5백불로 떨어졌고, 외채는 1998년 3월 말 1천 513억불이었으며, 국가채무도 1997년 말 65조 5천 678억원에서 1999년 말에는 107조 7천 344억원으로 급증하였다.

17) 김대중 대통령은 과다한 외채는 갚아야 하지만 자유무역과 자본의 자유로운 국제이동, 즉 외국인의 직접 투자를 주장하였다.(김대중, 「대중경제론」, 청사, 1986, p.92)

18) 구조조정의 결과 국내 금융회사는 1997년 말 2,103개에서 2007년 6월 현재 1,304개로 감소되었다. 33개 은행이 18개가 되었고, 30개의 종금사가 2개로, 231개 상호저축은행이 109개로, 1,666개의 신협이 1,015개로 감소되었다. 은행의 구조조정은 국제결제은행(BIS) 기준 자기자본 비율이 8%에 미달하면 강제퇴출 되거나 합병대상이 되었다. 당시에 이 기준의 적용은 무리한 것이다. 그리고 시가 총액 30대 기업이 2007년 6월 말에도 그 지위를 유지하는 것은 13개에 불과하다. 예컨대 대우그룹의 핵심 계열사들은 그룹의 부도로 채권단에 들어갔고, 기아자동차와 동아건설은 한 때 부도처리 되었으며 현대전자와 LG 반도체는 정부의 빅딜 정책으로 인위적으로 통합되었다. 기적적으로 재기한 기업은 현대중공업, 삼성중공업, 대우조선 등 조선업체와 하이닉스 반도체와 LG 필립스 등이다.

19) 2003년 외환은행 매각시 금융감독원이 지시하여 외은의 국제경제 기준 자기자본비율(BIS)이 9.14%인데도 6.16%로 하향 조작, 즉 부실기업화 하여 미국계 사모펀드인 론 스타에 판매하였고(「동아일보」, 2006년 4월 11일) 론 스타는 외은을 다시금 매각하려고 하는데 그 차액은 약 3조원 이상이다. 그런데 세액이 약 6천억(10%)인데도 조세회피 지역을 이용하여 한푼의 세금도 안내려고 한다. 이러한 것은 IMF 이후 제일은행과 한미은행을 인수한 뉴브릿지 캐피탈과 칼라인도 재매각하여 각각 1조 1500억원과 6천 600억원을 벌었지만 한푼의 세금을 내지 않았다. 외환은행의 지분 51% 소유한 론 스타는 10년만에 투자액의 85%를 회수하였다.

층, 즉 경제참모(수석)와 경제각료(재경부 장관 및 금감위원장)로 주로 호남출신들을 기용하였다.[20]

그러면, 김대중 정권의 경제정책 참모와 내각의 각료가 누구인가를 표 4에서 본다. 김대중 정권시 경제참모와 경제각료의 특성을 지적하여 본다.

<표 4> IMF체제하 경제관료 지배층

부처	성명	재임기간	출신지	학력				전 직	종 직	IMF시 직위	비 고
				고교	대학	대학원	고시				
경제수석	김태동	98.2~98.5	충남 부여	경기고	서울대 경제학	예일대 박사		성균관대 교수	정책기획위원장 성균관대 교수	성균관대 교수	금통위원
〃	강봉균	98.5~99.5	전북 군산	군산 사범	서울대 상과	한양대 박사	행시	정총부 장관 정책기획원수석	재경부 장관	정통부 장관	국회의원(군산) 열린우리당 정책의장
〃	이기호	99.5~02.1	광주	광주 일고	서울대 상대		행시	노동부장관	대통령 특보	노동부 장관	복지부 차관
재경부	이규성	98.3~99.5	충남 논산	대전고	서울대 경제학		행시	과학기술원 초빙교수	노사정 위원	과학기술원 초빙교수	신한국당 탈당 국민신당 대선특보 새천년민주당 입당
〃	강봉균	99.5~00.1	전북 군산	군산 사범	서울대 상대	윌리엄스 석사	행시	경제수석 비서관	총선 낙선(과천)	정통부 장관 KDI원장	국회의원(2선,군산)
〃	이헌재	00.1~00.8	중국 상해	경기고	서울대 법대	보스톤대 석사		금융감독원장	김·장법률 사무소고문	비대위실무 기획단장	재경부 장관
〃	진 념	00.8~02.4	전북 부안	전주고	서울대 경제학		행시	기획예산처 장관	서강대 교수	기아차 회장 (관리인)	가스공사 사외이사 서정법부 고문
〃	전윤철	02.4~03.2	전남 목포	서울고	서울대 법대		행시	대통령 비서실장	제주대 석좌교수	공정거래 위원장	감사원장
산자부	박태영	98.3~99.5	전남 장성	광주고	서울대 상대			국회의원	국민회의 정책부의장	민주당 총재특보	의보공단이사장 전남지사
〃	정덕구	99.5~00.1	서울	배제고	고대 상과			재경부차관	민주당 총재 특보	재경원 실장	국회의원(비례)
〃	김영호	00.1~00.8	경남 합천	대구 상고	경북대	오사카시 립대박사		경북대 경제과 교수	노사정의원	경북대 교수	유한대 학장 대구대 석좌교수
〃	신국환	00.8~01.3	경북 예천	경북고	서울대 행정과		사시	총선 출마 (문경,자민련)	유통정보센터 고문	자민련 부의장	국회의원(문경)
〃	장재식	01.3~02.1	광주	광주고	서울대 법대	충남대 박사	행시	국회의원(3선)	자민련부총재 대통령경제특보	국회의원 (서대문을)	산자부 장관 민주당 사무처장

(비고) 재정경제원은 경제기획원(부총리)과 재무부의 통합이고 재정경제부(장관)는 1998년에 개칭한 것이며 2001년 부터 재경부장관을 다시금 부총리로 승격하였음.

20) 한나라당은 김대중 정권의 「특정지역 편중인사」라는 백서에서 전체 인구의 11.7%에 불과한 호남 출신이 청와대 수석 및 3급 이상 비서관 42명 중 33%(14명)를 차지하고 장관급 이상 29명 중 34.5%(10명)를 차지하였으며 차관 및 외청장은 13.5%(5명)을 차지한다고 하였다. 그리고 10대 권력 핵심요직 중 감사원장, 법무장관, 국방장관, 검찰총장, 경찰청장 등 절반이 호남 출신이고 국가의 주요 경제정책을 결정하는 경제정책 조정회의 구성원(12명)의 50%가 호남 출신이라고 한다.

첫째, 경제참모의 출신지는 모두 호남이고 경제각료도 대부분 호남 출신이다.

둘째, 경제참모의 학력은 모두 서울상대 출신이고, 경제각료는 모두 서울상대나 서울법대 출신이며, 이들은 대개 미국에서 석사나 단기 연수를 받았으며 국내에서 재직중 박사학위를 취득하고 있다. 또한 경제각료는 거의 대부분 행시 출신이다.

셋째, 경제참모가 되기 전의 직업은 대학교수(1명) 이외는 모두 고위 관료(장관) 출신들이다. 그리고 경제각료는 모두 고위 관료(장관급) 출신이다.

넷째, 경제참모들은 IMF 위기시에 1명의 교수 이외는 모두 현직 장관(정통부, 노동부)이었고 재경부 장관은 대부분 국회의원과 고위 관료들이 많았다.

다섯째, 경제참모는 퇴직후 모두 김대중 정권의 경제참모나 특보나 재경부장관을 지냈고, 경제각료는 퇴직 후 장관(3명)을 지낸 사람이 가장 많고 나머지는 국회의원 또는 초빙 교수를 지냈다. 이러한 것을 보면, 김대중 정권은 호남지역 출신들을 경제 요직에 기용하고, 그들은 지연적 권력공동체를 형성, 운영하였다.

2) 공적 자금과 금융관료

김대중 정권은 많은 부실기업에 막대한 공적 자금을 투입하고, 은행을 해외에 매각 하면서 많은 문제점(정책실패와 비리 등)을 자아냈다.[21]

정부는 2002년 4월 현재 외환위기 이후 대기업과 금융권 구조조정을 위하여 투입한 공적 자금이 156조원이고, 이 중에서 전체의 44.2%인 69조원은 회수가 불가능하다고 한다.[22] 그리고 2007년 9월 말 현재 공적 자금 지원액

21) 재정경제부와 금융감독위원회가 1998년 2월 경영평가위원회의 결정을 무시하고, 대한종금과 나라종금을 살리기 위해 3조원 이상의 공적 자금이 투입되었다고 한다. 이것은 김대중 대통령의 처조카인 전 예금보험공사 이형택 전무와 차남 김홍업이 개입하였다는 의혹을 받고 있다. 또한 현대그룹에 투입된 공적 자금이 얼마인지 정확히 모르나 수십조원에 이른다고 한다.(「조선일보」, 2000. 2. 3)

22) 「조선일보」, 2002년 4월 18일

은 168조 4천억원이고, 이것의 52.9%가 회수되었다고 한다.23)

감사원은 2004년 3월 현재 기관별 공적자금 지원방법과 회수실적에 대한 감사결과 관리기관(예보와 자산공사)와 관리운영 소홀로 8,231억원, 그리고 금융기관의 방만 경영으로 2,529억원 등 1조 760억원을 낭비했다고 한다.24)

이에 대한 책임은 기업 및 금융권 뿐만 아니라 공적 자금 투입 당시에 주요 정책 결정자와 부실기업의 경영자에게도 있는 것이다.25)

<표 5> 기관별 공적자금 지원방법과 회수실적

관리기관	지원방법		회수실적	
예금보험공사	출자 출연 예금대지급 자산매입 등	49.5조원 17.3조원 30.3조원 9.4조원	출자주식 매입 파산배당 자산배각	6.3조원 13.0조원 4.9조원
자산관리공사	부실채권 매입	39.0조원	부실채권 매각	32.9조원
정부 및 한국은행	출자 후순위채권매입	12.7조원 6.3조원	출자주식 매각 채권상환	1.3조원 6.4조원

(비고) 출자는 자본참여이고, 출연은 단순 현금 지원임.
(자료) 감사원

그러면, 대기업과 금융기관의 생사여탈권을 가지고26), 부실기업에 대한 공적 자금을 투입하는 주요한 정책결정자가 누군인 가를 본다.

당시 공적 자금 조성과 투입에서 가장 많은 정보와 권한을 가진 인사는 이헌재 위원장이었다. 재경부에서는 정건용 금융정책국장이 실무를 뒷받침 하고 있었다. 공적자금 투입방식이 부실기업에 직접 들어가는 것이 아니라 부실기업의 정상화에 투입하는 형식이었기 때문이다.

이 위원장은 2000년 1월 개각에서 재경부 장관으로 옮겨간 뒤에도 공적 자금관리에 깊이 관여하였다. 이 장관은 줄곧 2차 공적 자금 조성이 필요 없다는 말을 되

23) 「동아일보」, 2007년 11월 15일

24) 「동아일보」, 2004년 5월 28일

25) 공적 자금이 투입된 부실은행(한빛, 조흥, 서울, 외환등 4개) 임원들의 보수가 공적 자금이 투입된 후 최고 5배 까지 늘어났다고 한다.(「동아일보」, 2001년 1월 19일)

26) 공적 자금이 투입된 금융기관들이 1998년 6월 부터 동 8월 말 까지 224개 기업의 부채 총액 중에서 10조 2천 731억원을 탕감하여 주었다.

풀이 했으나 2000년 8월 개각으로 재경부 장관에 취임한 진념씨는 바로 40조원의 추가조성이 불가피하다고 밝혔다.

공적 자금의 조성과 집행 과정에서 상당한 정책 실패가 드러났지만 책임지는 사람은 단 한 명도 없었다. 감사원의 특감에서도 정부에 대해 책임을 물은 경우는 거의 없다. 있다고 하더라도 기껏 '주의' 정도이다.

감사원이 부실기업 소유주와 금융기관 임직원 5천 281명에 대해 재산을 압류하고 60명을 검찰에 고발한 것과는 대비된다. 그래서 '솜방망이 특감'이라는 비난도 나왔다. 현재로서는 감사원 조치 이외에는 특별히 책임을 물을 만한 견제장치도 없다.[27)]

표 6을 보면, 공적 자금 투입시 주요한 정책결정자, 즉 금융관료지배층(21명)의 특성은 다음과 같다.

첫째, 금융관료지배층의 연령은 대부분 50대이다.

둘째, 금융관료지배층의 출신지는 호남이 가장 많고(전체의 42.4%), 그 다음은 충남(28.6%)과 서울(19.0%)이며 영남 출신은 단지 1명에 불과하다.

셋째, 금융관료지배층의 학력은 서울대 출신이 대부분을 차지하고(전체의 76.2%) 이들 중에 서울상대와 서울법대 출신이 각각 42.9%와 23.8%를 차지한다. 그리고 경기고와 서울대 출신이 42.9%이다.

한편, 금융관료지배층은 대부분 행정고시를 합격하였고, 이들의 61.9%는 미국에서 관비로 석·박사 학위를 취득하였거나 단기 연수를 경험하였다.

넷째, 금융관료지배층의 종교는 천주교가 가장 많고(전체의 28.6%) 그 다음은 기독교(14.3%)와 불교(9.5%)이다.

다섯째, 경제관료지배층의 전직은 대부분 경제관료 출신이지만 그들의 47.6%는 금융관료 출신이다. 그리고 실권이 있는 금융감독위원장(이헌재와 이근영)은 오랫동안(약 2년) 재임하였다.

여섯째, 금융관료지배층이 퇴임 후 이동한 종직은 직책에 따라 차이가 있지만, 경제장관(6명)이나 금감위 위원장(4명)과 산은 총재(2명)가 가장 많다.

---

27) 「동아일보」, 2002년 10월 15일

<표 6> 부실기업에 대한 공적 자금 투입시 금융정책결정자

	직 위	성명	연령	출신지	학 력			전 직	종 직	종교	비 고
					고교	대학	대학원				
1차 투입 (1998년 5월)	재경장관	이규성	59	충남 논산	대전고	서울대 상대		재무부장관 과학기술원 교수	노사정 위원		
	재경차관	정덕구	50	충남 당진	맹재고	고대 상과	위스콘신대 석사	재경원 차관	산업자원부장관	기독교	서울대 초빙교수 국회의원(비례)
	금융국장	정건용	51	서울	경기고	서울대 법대		재경부 금융심의관	금감위 부위원장	천주교	산업은행 총재
	금감위장	이헌재	54	중국 상해	경기고	서울대 법대	보스톤대 석사	비대위 실무기획단장	재정경제부 장관	천주교	김&장법률고문 재경부장관
	금감원장	윤원배	52	전남 강원	광주 일고	서울대 경제학	예일대 박사	숙명여대 교수	숙명여대 교수	천주교	경실련 부위원장
	경제수석	김태동	51	충남 부여	경기고	서울대 경제과	예일대 박사	성균관대 교수	정책기획 수석비서관		성균관대 교수
	금융비서관	진동수	49	전북 고창	경복고	서울대 법대	보스톤대 석사	정통부 체신금융국장	금감위구조개혁심의관		대통령 금융비서관
2차 투입 (2000년 9월)	재경장관	진 념	60	전북 부안	전주고	서울대 경제과	위싱톤대	기획예산처 장관	재정경제부장관	기독교	서강대 초빙교수 서정 법인 고문
	재경장관	이정재	54	경북 영주	경북고	서울대 상대		금감원 부원장	금감위 위원장		율촌 법인 고문
	금융국장	이종구	50	전남 보성	경기고	서울대 상대	노스웨스턴대석사	금감위 구조개혁심의관	재경부 부총리 특보		국회의원(강남) 이승재의원 아들
	금감위원장	이근영	63	충남 보령	대전고	고대 법과		산은 총재	금감위 상임위원 금감위원장	천주교	세종 법인 고문
	금감부원장	정건영	53	서울	경기고	서울대 법대		재경부 금융정책국장	산은 총재	천주교	J&A 자문 사장
	경제수석	이기호	55	광주	광주 일고	서울대 상대	보스톤대	노동부장관	국민경제자문회 사무처장	불교	대통령 특보
	금융비서관	양천식	50	전북 전주	경기고	서울대 사회복지	밴트빌대 석사	금감위 조정협력관	금감위 상임위원		금감위 부위원장 수출은행장
상환 대책 발표 (2000년 6월)	재경장관	전윤철	63	전남 목포	서울고	서울대 법대		대통령비서실장	제주대 석좌교수	기독교	명박 3개 감사원장
	재경차관	윤진식	63	충북 충주	청주고	고대 경영학	벤실베니아대석사	관세청장	산업자원부 장관		서울산업대 총장
	금융국장	변양호	48	서울	경기고	서울대 무역과	북일리노이대박사	재경부 경제정책국장	정보분석원장 (관리과)		보고투자 대표
	금감위장	이근영	65	충남 보령	대전고	고대 법과		금감위원장	세종법무법인 고문	천주교	세종법인 고문
	금감부위장	유지창	53	전북 전주	동성고	서울대 사회학	하버드대 석사	금융정책국장 국민회의전문위원	산은 총재		은행연합회장
	경제수석	이기호	57	광주	광주 일고	서울대 상대		경제수석비서관	옥스퍼드대 교환교수	불교	헤리티재단 연구원
	금융비서관	남상덕	51	서울	경기고	서울대 경제학	위스콘신대석사	금감위감독국장 민주당 전문위원	대통령자문 정책기획위 비서관		한은 감사

(비고) 이헌재는 2000년 1월~8월, 2004년 2월~2005년 3월간 재경부 장관을 2회 역임함.

이러한 금융관료지배층이 공적 자금 투입의 정책결정을 '경영평가위원회'의 결정에 기초하고 있지만, 그것은 '눈먼 돈' 또는 '먼저 본 놈이 주인이다' 할 정도로 반드시 그렇지 않는 것 같다. 그것은 주로 정경유착이나 관경유착에서 비롯될 수 있다.

4. 세계화 경제위기와 친기업 정책

1) 친기업 정책

이명박 정부는 '경제 살리기'와 '일자리 창출'을 주요한 국가정책으로 삼았다. 그러나, 세계적인 금융위기로 오히려 경제 죽이기가 되었고 일자리 나누기로 그것에 대응하고 있다.

한국의 경제위기가 세계적인 현상이기 때문에 그것의 '불가피성'으로 권력지배층의 면책 사유가 되지 못한다. 이번에 닥친 경제위기는 특히 IMF 지배체제로 우리나라 경제가 신자유주의 세계화 시장에 편입되었기 때문에 선진국가의 경제위기는 바로 한국에도 그 영향을 미치고 있다. 그러나 일본과 중국의 경제위기는 한국처럼 심각하지 않다는 데서 세계화 시장경제 체제에 덜 종속되어 있다는 것을 의미한다. 따라서 권력지배층은 '자원결핍론'만 내세운 세계시장경제론만 내세우지 말고, 자주적이고 자립적인 경제체제를 모색하여야 할 것이다.

이명박 정부는 경제 살리기를 주로 친기업정책에서 추구하는 것 같다. 정부는 경제 살리기를 위하여 77개의 법안을 여당(한나라당)에 요청하였는데, 이것의 주요 내용을 보면, 대부분 친기업 또는 친부자 정책이라 할 수 있다.

청와대는 정기 국회에서 처리되어야할 법률안을 200여개로 꼽고 있다. 이 중 반드시 처리해야한다고 추려서 보낸 법안이 77개이다. 이 법안은 ① 경제살리기 18개, ② 생활공감 7건, ③ 미래준비 19건, ④ 선진화 16건, ⑤ 한미 FTA 비준 17건으로 분류하지만 거의 친기업을 위한 것이다.

<표 7> 정부가 한나라당에 요청한 중점 처리방안

구분	주요 법안	주요 내용	예상 쟁점
경제살리기 (18건)	소득세법 법인세법 상속세법 독점규제법 금융지주회사법 은행법 의료법	양도소득세 과세범위 6억→ 9억 초과 법인세율 인하 가업 상속공제 확대 출자총액제 폐지, 지주회사 규제 완화 비은행지주회사의 비금융회사 지배 허용 PEF에 의한 은행지분 소유 완화 자본시장통합법 헤지펀드제도 도입 외국환자유치 허용	고소득자 지원 논란 대기업 혜택집중 논란 부의 세습 논란 대기업 특혜 비판 대기업집단 특혜 제공 산업자본의 금융장악 논란 헤지펀드 도입 시기상조 논란 의료민영화 반대 여론심화
한미 FTA비준 (17건)	FTA 비준	한미간 자유무역지대 창설	주요쟁점에 대한 비판
생활공감입법 (7건)	불법채권추심법 수도법 도시및 주거환경	심야 방문, 전화 금지 일반 수도사업자의 병입수돗물 판매허용 재개발, 재건축 지분 쪼개기 방지	채권추심회사 반발 환경단체 반대 과도한 재산권 침해논란
미래 선도입법 (19건)	방송법 초중등교육법 공무원연금법 자치경찰법 제주특별법 에너지합리화법	종합유선방송사업 소유제한 완화 교원평가제도 도입 적정부담, 적정급여 수급구조 개편 시군구에 자치경찰대 설치 제주 영어교육도시 지정, 국제학교 설립 건물 냉난방 온도 제한	방송공익성 저해 우려 교육관련 단체 이견 공무원노조 반대 시도에 자치경찰 도입 주장 전교조에서 귀족학교화 주장 상업용건물 제한은 과도한 규제
선진화 입법 (16건)	신문법 언론중재법 저작권법 통신비밀보호법 농어촌특별세법 종합부동산법	매체간 겸영 및 교차소유 규제 완화 인터넷포털에 대한 언론중재법 적용 온라인 불법복제에 대한 규제 강화 통신업체의 감청설비 의무화 농특세법 폐지 및 본세 흡수 종부세 단계적 개선	언론간 이해 대립 포털에 대한 정부장악 기도 논란 통신의 자유,알권리 등 침해논란 국민의 통신자유 침해 우려 농민단체 반대 부유층 지원 논란

(자료)「내일신문」제 2006호

경제살리기 법안중에 민주당이 3대 부자감세 입법이라고 비판하는 소득세법, 법인세법, 상속세법 개정안의 주요 내용과 예상 쟁점을 보면, 대기업과 고소득자를 위한 법안이다. 그 밖에 다른 법안을 보아도 대기업과 부자들을 위한 것(출자총액제한 폐지, 종부세 등)이 많고, 공공성이 결여되어 있다. (의료민영화, 공무원연금 등)

2) 한국형 뉴딜정책

정부는 경기부양과 일자리 창출을 위하여 소위 한국형 뉴딜 10대 프로젝트를 발표하였다. 즉, ① 도로사업, ② 철도사업, ③ 4대강 살리기, ④ 경인운하, ⑤ 보금자리주택, ⑥ 도심재생, ⑦ 부산 경남권 물문제 해소, ⑧ 공간정보사업, ⑨ 산업단지개발, ⑩ 부산북항개발에 내년 45조원을 투입하여 약 79조 4천억원의 유발효과와 65만 2천명의 고용창출 효과가 있다고 한다.[28] 과연 그럴지 또한 누구를 위한 것인지 의문이 간다.

또한, 정부는 '녹색 뉴딜 사업'으로 4대강(한강, 영산강, 금강, 낙동강) 살리기와 녹색 교통망 구축에 총 50조 492억원을 투입하겠다고 한다.[29]

그런데 이러한 사업을 추진하기 위하여 비록 민간자본을 동원하겠지만 전체 예산의 8.6%만 예산에 반영되어 있어서 재원조달이 순조로울지 의문이다.

정부가 발표한 녹색 뉴딜사업을 보면, 여러 가지 문제점이 많다. 무엇보다도 이러한 사업이 대부분 토목사업인데 이 사업의 필요성과 시급성, 그리고 타당성과 투자효과가 어느 정도 있느냐 하는 것이다.

정부는 대기업과 부자를 위한 감세정책을 실시하면서 막대한 예산이 필요한, 이 사업은 결국 대기업을 위한 것이다.[30] 그런데 이러한 정책은 국민통합을 위한 복지정책을 소홀히 하고, 사회적 양극화를 심화시킬 것이 분명하다. 이에 대한 국민적 합의(설득)가 가능할지 의문이 간다.

뉴딜사업의 핵심이 4대강 살리기 및 주변 정비인데 이것은 무엇보다도 홍수조절(기능) 뿐만 아니라 수력 발전을 위한 댐 건설공사 등, 즉 사장된 자원개발에 관심을 가져야 할 것이다. 또한 도로사업도 현재 각 지역에 개설된 고속도로의 비효율성이 심각한데 이것 보다도 농촌 마을 안길 등 소위 소방도로를 확장하는 것이 긴급한 과제가 되어야 할 것이다.

이명박 정부는 부동산(주택) 시장을 활성화 하고[31], 주택업자를 살리기

---

28) 「동아일보」, 2008년 12월 23일

29) 「동아일보」, 2009년 1월 7일

30) 대규모의 토목사업은 오늘날과 같이 대기업이 용역을 받아 이것을 하청 또는 재하청을 주게 될 것이다.

31) 정부가 2009년 2월 12일 발표한 부동산 시장 활성화 방안은 다음과 같다.
 · 서울 이외 전국에서 올해 매입해 5년 안에 파는 신축, 미분양주택은 양도세 감면 · 면제(서울 이외 과밀억제권역은 50% 감면, 그 외 지역은 전액 면제)
 · 내년 6월 까지 등기를 마치는 전국(서울, 인천, 경기 포함)의 미분양주택은 취

위하여 기존 아파트 가격을 유지하기 위한 미분양 아파트의 대량 매입과 아파트 구입자(대부분 투기자)의 대출금리 인하 및 다주택자의 양도세 폐지 등을 추진하였다. 이러한 정책은 아파트 가격의 거품을 현실화 시키고 주택 투기꾼의 이익을 보호하는 것이다. 사실 아파트 가격이 많이 인하하여야 되고 투기세력이 없애야만 실수요자에게 저렴한 주택을 공급할 수 있다.[32)]

<표 8> 녹색 뉴딜 사업의 개요

뉴딜 사업	투자계획(원)	일자리 창출 목표(개)
4대강 살리기 및 주변정리	17조 9,917억	27만 5,973
녹색 교통망 구축	11조 1.438억	16만 2,121
녹색국가 정보인프라 구축	7,456억	2만 77
대체 수자원 확보 및 친환경 중소댐 건설	1조 6,302억	3만 985
그린카 및 청정에너지 보급	2조 2,765억	1만 5,179
자원재활용 확대	2조 8,628억	5만 4.722
산림 바이오매스 이용 활성화	3조 3,232억	22만 7,330
에너지 절약형 그린 홈, 오피스, 스쿨 확산	9조 4,116억	15만 4,992
쾌적한 녹색 생활공산 조성	6,638억	1만 5,041

(자료) 기획재정부

3) 감세정책과 일자리 창출

최근 금융위기를 해결하기 위하여 정부가 막대한 금융지원을 하였지만 외국계 금융기관의 부실(과잉 차입금, 부실대출 등)을 해소하는데 크게 기여하였다.[33)] 또한, 금융시장의 금리억제정책은 기업활동을 강화시키려는 것이지

득, 등록세 50% 감면
- 민간택지에 짓는 아파트 분양가 상한제와 분양원가 공개제도 폐지
- 미분양주택 펀드에 개인이 투자한 1억원 까지 배당소득 비과세
- 올해 85㎡, 3억원 이하 신축, 미분양 주택을 사면서 돈을 빌려 5년 이상 차입금을 갚으면 이자 상환액 소득공제

32) 아파트의 건축비의 3할 이상이 거품이고 주택 구입자의 8할 이상이 금융융자를 받았다고 한다. 금융융자로 인프레가 일어나 주택가격이 오른다고 한다.

33) 금융기관의 대표적인 것이 은행인데 국민은행 주식의 외국인 지분율이 76%이고, 외환은행은 72%, 하나은행은 69%, 신한지주는 62%이다.(2005년 1월 24일) 정부의 금융지원은 이러한 외국 은행을 지원한 셈이다. 미국의 은행(씨티은행, Bank of

만 현실적으로 대기업의 재무구조 개선에만 기여한다. 반면에 금융의 자율성과 시장 정상화는 침해된다. 이러한 정책은 사실 신자유주의 시장정책이 아니다.

<표 9> 감세법안의 주요 내용

법안	내용	기존	변경
종합부동산세	기초공제신설 세유류 인하 고령자 세액공제 신설 장기보유 세액공제 신설 비수도권 1주택 종부세 비과세	없음 1~3% 없음 없음 없음	3억원(단독 명의) 0.5~2% 60세 이상(10%) 65세 이상(20%) 70세 이상(30%)
소득세	세율 인하	8~35%	6~33% (2년 과표 구간별 차등 인하)
법인세	세율 인하 과표 조정	13~25% 1억원	11~22% (대기업도 2008년분부터) 2억원
양도소득세 (2009년 1월~2010년 12월)	2주택자 3주택 이상	50% 60%	일반세율(6~35%) 45~
가업상속공제	가업영위기간 공제율 확대	12년 이상 20%	10년이상 40%
신용카드 매출세액 공제 확대		1%	1.3%
지방 미분양 양도세 특례 (2008년 11월 3일~2010년 12월 31일 취득분)		없음	일반 세율 적용 장기보유특별공제
고향주택 농어촌주택과 동일한 과세 특례 (취득기간; 2009년 1월~2011년 12월)		없음	신설

(자료) 기획재정부

그리고 저환율정책으로 대기업과 수출을 진홍시키려는 것은 특정한 대기업(전자, 자동차, 조선 등)의 이윤을 보장하여 주지만 국부의 손실은 막대한 것이다.34) 그로 인하여 손해를 보는 것은 다수의 국민(특히 노동자와 중산층 및 노인 등)이다.

America 등)과 보험회사(AIG 등) 및 자동차(GM 등)는 본국에서 망한다고 야단인데 우리나라에 와 있는 지점은 건재하다.

34) 2008년 경제위기 이후 환율이 50% 이상 상승하였다. 일본과 중국의 경우에 비하면 거의 50%가 상승되었다.

그 뿐만 아니라 이명박 정부는 노무현 정부가 사회양극화와 부동산 정책으로 강구하기 위하여 만든 종부세와 재산세 및 양도세 그리고 법인세 등을 표 9와 같이 폐지 또는 감액 조치하고, 고통분담을 명분으로 노동자와 중산층의 임금 동결 또는 삭감을 요구하고 있다. 이러한 감세정책은 대기업과 부유층을 위한 것이다. 감세액 만큼 국가재정을 국민의 세금(추경)으로 보충해야 한다.[35]

<표 10> 2009년도 일자리 추경 예산

사업	추경금액	대상인원	주요 내용
일자리 직접 창출	2조 6,88억원	55.2만명	희망 근로프로젝트 시행(2조원, 40만명) 청년인턴 채용(3,052억원 6.8만명)
일자리 나누기·지키기	4,862억원	22.1만명	고용유지지원금 확대(3,070억원, 14.3만명) 무급휴업근로자 휴업수당 지원(992억원,6만명)
교육훈련	1,580억원	32.7만명	일용근로자 직업훈련 프로그램(100억원, 10만명) 대졸 미취업자 프로그램(203억원, 9.4만명)
생계지원 및 고용촉진	1조 5,680억원	38.2만명	실업급여 확충(1.55조원, 37.5만명) 빈 일자리 취업장려수당 지원(111억원, 0.6만명)
합 계	4조 9,003억원	148.2만명	중소기업 수출지원 SOC투자에 따른 간접고용효과 4~7만명 기대

(자료) 기획재정부 등 각 부처

한편, 정부는 '일자리 창출'을 위하여 신뉴딜 정책(4대강 살리기 등)을 강구하고, 기업들로 하여금 신규 투자를 독려하고 있지만 그 실효성이 의문시된다. 정부는 일자리 나누기(job sharing)를 통하여 고용촉진을 독려하고 있지만 노총은 이에 반발한다. 과거부터 GNP 1%를 올리면 50만개의 일자리가 창출된다고 하였지만 예상되는 GNP 또는 GDP는 '마이너스' 성장을 예상하기 때문에 거의 기대하기 어렵다.[36]

---

35) 이러한 감세법안으로 강기갑 의원은 정부가 16조원을 재벌의 곳간을 채워주고 20조원의 국채를 발행하여 국민들에게 20조원의 빚을 안겨주었다고 한다.(연합뉴스, 2008년 12월 13일)

36) 부자감세액 11조원이면 중소기업 대졸 초임 연간 2천만원 짜리 55만명의 정규직을 고용할 수 있다고 한다. 그리고 이러한 고용은 정부가 공공기관이나 사기업에 대한 고용지원이나 임금삭감으로 확보할 수 있는 고용보다 더 많다고 한다.(「내일

정부는 4조 9천억원의 추경예산으로 일자리 55만개를 만들고 22만명의 실업을 예방키로 표 10과 같이 계획하지만 참여정부 시절의 공공일자리 마련과 교육기술 훈련사업처럼 정부가 하는 사업의 실효성이 매우 의문시 된다. 그 밖에도 2008년도 추경예산으로 부족세수 보전을 위하여 국채발행(11조 2천억원), 저소득층 생활안정(4조 2천억원), 중소수출기업 및 자영업자 지원(4조 5천억원), 지역경제활성화(3조원), 녹색성장 등 미래투자(2조 5천억원)가 있는데[37] 이러한 재원(약 29조원)은 기존의 세재개혁이나 감세정책만 없어도 재원이 마련될 수 있을 것이다.

5. 개혁정책과 반개혁론

지난 10년간 대표적인 개혁정책은 IMF 사태로 인한 재벌개혁과 사회불평등의 주범인 부동산정책이라 할 수 있다. 재벌개혁은 주로 문어발식 또는 선단식 경영을 없애는 것이고 부동산 정책은 주택가격 폭등과 이를 해소하기 위한 과세정책이었다. 이에 대하여 '잃어버린 10년'을 주장하면서 집권한 이명박 정권은 반개혁적인 친기업정책과 반부동산 규제정책을 펼치고 있다. 이러한 반개혁정책이 어떠한 결과를 초래할지 궁금하다.

1) 재벌개혁

우리나라의 재벌은 박정희 대통령이 경제성장과 수출입국을 위하여 키웠다고 볼 수 있다. 이러한 재벌이 우리나라 경제발전에 큰 기여를 하였지만 또한 많은 문제를 자아 내었다. 이러한 문제는 금융자본의 독점화, 문어발식 경영, 정경유착 등이다. 다시 말하면, 30대 대기업이 우리나라의 경제성장을 주도하였지만(약 70%) 금융자본의 대출을 독식하였고(총 여신 금액의 약 53%) 5% 미만의 자기자본을 소유하면서 계열기업의 소유권과 경영권을 행사하고 비자금 조성 등으로 정경유착과 많은 불법 및 비리를 조성하였다.

신문」, 2009년 2월 24일)

37) 「동아일보」, 2009년 3월 25일

이러한 문제가 오히려 경제사회 발전을 저해하고 마침내 IMF 사태와 같은 경제위기를 초래하였다. 그리하여 재벌개혁론, 즉 재벌해체론이 나타나게 된 것이다.[38] 사실 재벌해체는 과거 국제상사, 한보그룹, 대우그룹 등에서 볼 수 있는 바와 같이 정부가 금융기관의 차입금을 회수하면 손쉽게 되는 것이다.

재벌개혁론은 김영삼 정부에서 시작되었지만 김대중 정부가 빅딜 등으로 재벌을 핵심기업 중심으로 대기업화 시키고[39] 노무현 정부는 상속, 증여세등 완전 포괄주의로 세습화를 못하도록 규제 강화를 하였다. 그러나 이명박 정부는 이러한 규제를 완화 또는 폐지하는 친기업정책을 강구하고 있다.

지난 20년간 정부가 한 재벌개혁정책에 대한 기조를 보면 표 11과 같다.[40]

이러한 재벌개혁은 3대 정부 집권 초기에 교수출신의 정책참모(경제수석 비서관인 박재윤, 김태유, 이정우)에 의해서 가능한 것 같다. 이들은 서울상대를 졸업하고 모두 미국 대학에서 박사학위를 취득하였다. 그러나 이들은 얼마 가지 못하고 현실

---

38) 재벌개혁은 1998년 2월 6일 김대중 당선자와 30대 기업 대표들이 5개 항을 합의하였다. 즉 ① 기업경영의 투명성, ② 상호지급보증의 폐지, ③ 재무구조의 설정과 중소기업과의 협력관계 강화, ④ 지배 주주 및 경영진의 책임 강화이다.
그리고 외환위기 이후 경제 구조조정과 관련된 재별해체의 일지는 다음과 같다.
1997년 12월 한국정부와 IMF 구제금융 제공 협약 체결
1998년 1월 김대중 당선자와 재별 총수간에 '기업구조조정 방안 5개항' 합의
1998년 2월 1기 노사정위에서 재벌개혁 합의
1998년 6월 금감위, 55개 퇴출기업 발표
1998년 9월 5대 그룹이 7개 업종에 대한 빅딜 발표
1999년 4월 60대 그룹관련 주 채무계열제도 도입
1999년 8월 대우 12개 계열사 워크아웃 추진 발표
2000년 6월 법무부, 기업지배구조 개선안 발표
2000년 11월 정부, 52개 기업 퇴출 발표
2001년 5월 1544개 기업을 상시퇴출 평가대상 기업으로 선정
2001년 9월 구조조정 촉진법 제정
2001년 12월 출자총액 제한 등 재벌 규제를 완화하는 공정거래법 국회 통과
39) 30대 재벌이 지난 1년간 142개 계열사를 정리하였으나 2000년 현재 544개의 계열사를 거느리고 있다.
40) 「동아일보」, 2003년 1월 9일

론자인 호남출신 경제 관료들에 의하여 밀려난다. 경제 각료들도 대부분 호남출신이다. 그리하여 재벌개혁론은 10년이 지났지만 대단히 부진한 편이다.

그런데 이명박 정권은 전임자와 마찬가지로 시장경제론을 주장하지만 친기업, 나아가 친재벌 정책을 강화시킬 것 같다. 더욱이 현대건설주식회사의 경영자를 오랫동안 경험하였기 때문에 친기업정책을 주장할 수 있다. 그는 대선공약에서 재벌개혁의 핵심정책인 금산분리의 완화, 총액 출자제한의 폐지 등을 주장하였다. 그리하여 지난 1년간 친기업정책을 폈다.

<표 11> 재벌 관련 주요 정책 기조

김영삼 정권	김대중 정권	노무현 정권
·경제력 집중 완화 ·소유경영 개선 ·업종 전문화 ·계열사 정리	·재무구조 개선 ·지배주주 및 경영진 책임 강화 ·핵심기업 설정 ·상호채무보증 해소	·상속 증여세 완전포괄주의 ·집단소송제 ·집중투표제 ·금융기관 계열분리 청구제 ·공정거래위에 사법경찰권 부여

이러한 규제개혁을 주도할 경제정책 참모들(1기에 김중수, 강만수 2기에 윤진식, 윤증현)은 시장경제론자이고, 이들은 IMF 당시에 부총리 및 재경부의 장관 자문역 또는 차관을 지냈으며, 또한 당시 대통령경제 비서관을 지낸 경력을 지니고 있다. 따라서 이들은 10년 전의 경제정책, 즉 친재벌적인 성향(정책)을 지닌다.

2) 부동산 정책

노무현 대통령은 국정기조로서 양극화 해소와 사회통합을 주장하였다. 사회적 양극화, 즉 불평등의 주범은 부동산, 특히 주택이 문제였다. 다시 말하면 주택(특히, 아파트)의 비소유와 가격 급등이 시민들의 불만을 조성하였다. 그런데 노무현 정부는 국토균형발전, 행정수도건설 등을 내세우면서 오히려 전국의 부동산과 주택의 가격이 급등하였다.[41] 부동산 가격이 급등한

41) 노무현 정권 출범 이후 2007년 12월 말까지 서울 강남권에서 6억원이 넘는 아파트가 전체의 66%로 증가되었다.(「동아일보」, 2008년 1월 2일)

것은 업자들의 건설비 인상도 있지만[42] 그 보다도 이에 대한 투자가 가장 안전한 것이라서 대출 등 빚을 내어서라도 행한다.

그리하여 정부는 4년간 많은 부동산 정책(주택거래 신고지역 지정, 양도세 중과, 종합부동산세 부과, 실거래가 신고 의무화, 재건축 초과이익 환수 등)을 발표하였고, 심지어 주택담보 금융대출 까지 규제하였다. 다시 말하면 주택정책을 주택의 수급조절 보다도 과세정책으로 응급 조치하였다.

응급조치 중에서 6억 이상 주택에 대한 종합부동산세, 양도세의 강화, 공시 지가의 인상 등이 다주택 소유자나 가격이 비싼 주택(아파트) 소유자의 불만이 급증하였다.[43] 이러한 조치에 해당되는 사람들은 사실 소수이지만[44] 잘사는 지역(서울의 강남 지역 등)의 주민들은 노무현 정부의 소위 '세금 폭탄'에 강력히 저항하였다.[45] 그런데 이러한 지역에 사는 정책부서의 4급 이상 관료들은 재경부(110명)가 74.5%가 되고 건교부(147명)는 49.7%가 된다.[46]. 이들의 이해 관계가 직결되기 때문에 종부세와 같은 주택 및 조세정책에 큰 영향을 미칠 수 있다.

이러한 부동산 억제정책이 한나라당과 보수 언론 및 보수층이 노무현 정권을 좌파정부라고 하는 주요한 요인이 되었고, 강남에 주로 사는 이명박 정권 실세들과 여론 주도층이 주도하는 반개혁론[47]의 근원이 되었다.

---

42) 아파트의 건축비는 분양가의 약 50%에 불과하다.

43) 지난 3년간 노무현 정부는 지가 상승으로 공평 과세를 위해 공시지가를 61.8% 인상하였다. 지난 해 서울, 인천, 경기 등 수도권에서는 20.8%가 인상되었고 나머지 5개 광역시는 73.8%, 나머지 시, 군은 12.3%이었다. 특히 서울 강남구와 송파구 및 서초구의 경우 각각 37.8%, 34.7%, 25.5%가 인상되었고 경기도 성남시 분당구와 평택시 및 용인시는 각각 44.9%, 30.9%, 30.3%가 인상되었으며 행정중심도시가 될 연기군과 공주시는 각각 60.9%와 40.0%를 인상되었다. 그리하여 6억원 이상의 전국 부동산 소유자는 2006년 재산세와 종부세가 최고 3배 이상 오르게 되었다.

44) 우리나라 인구 5%가 전국 토지의 82.7%를 소유하고 5%의 세대의 경우 52.8%를 소유한다. 1세대 2주택자는 전체 세대의 9.1%이지만 전체 주택의 21.1%를 소유하고 있다.

45) 지난 제 17대 대선에서 강남지역에서 야당인 한나라당 후보(이명박)는 7할 이상의 득표율을 보였다.

46) 「동아일보」, 2007년 2월 15일

47) 개혁의 개념은 자본주의 제도의 주요한 모순과 문제점을 개선하기 위한 것이고

<표 12> 주택란시 참여정부의 경제 참모와 각료

부 처	성 명	재임기간	출신지	학력				전 직	종 직	비 고
				고교	대학	대학원	고시			
정책실장	이정우	03.2~04.1	대구	경북고	서울대 경제과	하버드대 박사		경북대 교수 인수위 간사	정책기획위원장 /경북대 교수	
경제보좌관	조윤제	03.2~05.1	부산	경기고	서울대 경제학	스텐포드 대 박사		서강대 교수	주영 대사	
정책실장	박봉흠	03.2~04.1	경남 밀양	경남고	서울대 상과	듀크대 석사	행시	기획예산처 장관	금융통화위원	
〃	김병준	04.6~06.5	경북 고령	대구 상고	영남대 정치학	델라웨어 대 박사		국민대 교수 대선후보 정책자문단장	부총리겸 교육부장관	인수위 간사 정책기획위원장
〃	권오규	06.4~06.5	강원 강릉	경기고	서울대 경제학	중앙대 박사	행시	경제정책수석	부총리겸 재경부 장관	
〃	변양균	06.7~07.9	경남 통영	부산고	고대 경제학	예일대 박사	행시	기획예산처 장관		
〃	성경륭	07.7~08.2	경남 진주	부산고	서울대 사사과	스탠퍼드 대 박사		한림대 교수 균형발위장	한림대교수	인수위원
재경부 장관	김진표	03.2~04.2	경기 수원	경복고	서울대 법대	위스콘신 대 석사		국부조정실장	국회의원(수원)	인수위 부위원장 정책수석
〃	이헌재	04.2~05.3	중국 상해	경기고	서울대 법대	보스톤대 석사		김&장 법률고문	김&장 고문	재경부장관 금감원장
〃	한덕수	05.3~06.7	전북 전주	경기고	서울대 경제학	하버드대 박사	행시	대통령 경제수석 김&장 법률고문	국무총리	OECD대사
〃	권오규	06.7~08.2	강원 강릉	경기고	서울대 경제학	미네소타 석사	행시	경제수석	재경부장관	중앙대 박사
건설부 장관	최종찬	03.2~03.12	강원 강릉	경복고	서울대 무역학	펜실베니 아 석사	행시	정책기획수석	한양대 초빙교수	건교부 차관/ 기획예산처 차관
〃	강동석	03.12~05.3	전북 전주	전주고	경희대 법학		행시	한전 사장	전북박람회장	해운항만청장
〃	추병직	05.4~06.11	경북 구미	오상고	경북대 사회교육	버밍엄대 석사	행시	건교부 차관		열린우리당 경북창당위장
〃	이용섭	06.12~08.2	전남 함평	학다리 고	미시간 석사	성균관대 박사	행시	행자부 장관		대통령 혁신수석 국세청장

그러면, 이러한 좌파정책을 누가 입안하고 집행하였는 가를 당시의 청와대 정책수석과 경제각료들의 특성에서 찾아 본다.

첫째, 노무현 정부의 경제정책 참모는 거의 모두 50대 영남 출신이지만 경제각료는 50대의 호남출신이 더 많다.

둘째, 정책참모의 학력은 대부분 서울대 출신(경제과)이고 미국에서 박사학위를 취득하였다. 그리고 재경부의 각료들은 대부분 서울대 출신이고 미국에서 박사학위를 취득하였다. 그러나 건설부의 각료들은 비서울대 출신이 더 많다.

반개혁은 이것을 부정한는 것이다.

셋째, 정책참모의 전직은 대학교수 출신이 가장 많고 나머지는 고위관료(장관) 출신이다. 그러나, 재경부 장관들은 대개 경제부처 출신이지만 건설부의 경우는 다양하다.

넷째, 정책참모는 퇴임후 교수들은 대학에 되돌아 가지만 경제관료 출신은 고위 경제관료로 재임명 된다.

이러한 특성을 보면, 노무현 정권시 부동산 개혁정책의 책임자였던 재경부의 한덕수 장관, 건설부의 추병직 장관, 청와대의 김병준 정책실장의 출신배경도 다른 장관과 참모의 경우와 매우 유사하다. 이것은 참여정부의 초기국정 방향, 즉 노무현 대통령과 이정우 정책실장 등의 개혁의지에서 찾아볼 수 있을 것 같다.

2005년 8·31 부동산 종합대책을 진두 지휘하여 실무기획단 소속 고위공직자(1급이상) 중에 12명이 서울 강남 거주자이고 기준시가 6억 이상 종부세 대상이 6명이 된다. 그리고 실무기획단 소속 7명이 1급이상 고위 공직자인데 이들 중에 정문수(청와대 경제보좌관), 박종구(국무조정실 정책차장), 김용민(재경부 세제실장) 등 3명은 10억원 이상의 부동산을 소유하고 있다.[48]

이와 같이 고위 공직자들의 개인적 이익과 관련 없이 부동산(아파트 등) 대책을 마련한 것을 보면, 최고 권력자(대통령)의 이에 대한 강력한 의지에서 비롯되었을 것이다.

3) 반개혁 정책

이명박 정권은 잃어버린 10년, 즉 좌파정책을 탈색시키기 위하여 전술한 바와 같이 친기업, 친부자 정책을 실시하였다. 이명박 정부는 부동산(주택) 경기를 활성화(각주 30 참조)하고, 각종 규제를 철폐(표 26 참조)하며 감세정책(표 9 참조)을 강구하였다.

이명박 정부는 부동산 정책으로 수요 통제 보다는 공급 확대로 시장을 안정시키고, 1가구 1주택 장기 보유자에 대한 종합부동산세를 완화하겠다고

48) 「조선일보」, 2006년 2월 28일

한다. 그 뿐만 아니라 부동산의 취득세와 등록세를 통합한 세율 인하를 실시하였고,(재산세의 5% 경감) 또 다주택자의 양도세 폐지를 실시 하겠다고 한다.[49] 이러한 인하 조치는 고가 부동산 소유자에게 큰 이익이 된다.

<표 13> 이명박 정권의 경제 참모와 관료 지배층

부 처	성명	취임 연령	출신지	학력				전 직	비 고
				고교	대학	대학원	고시		
경제 수석	김중수	61	함북 함흥	경기고	서울대 경제학	펜실베니아대박사		한림대 총장	대통령 비서관 KDI원장/인수위원 선대위 정책간사
정책 수석	곽승준	48	경북 달성		고대 경제학	밴드빌터대 박사		고려대 경제학 교수	미래기획위원장
경제 수석	윤진식	63	충북 청주	청주고	고대 경영과	건대박사	행시	대통령경제비서관 산자부 장관	17대대통령 인수위원 서울산업대 총장 OECD대표부 공사
기획 재정부장관	강만수	63	경남 합천	경남고	서울대 법대	뉴욕대 석사	행시	서울시정연구 원장	IMF시 재경원 차관 /인수위 간사 국가경쟁력위원장
기획 재정부장관	윤증현	63	경남 마산	서울고	서울대 법대	위스콘신 석사	행시	재경원금융정책실장 금감원원장	OECD이사 인수위 자문위원
기획1 차관	허경욱	54	서울	경기고	서울대 경영과	스탠퍼드 박사	행시	재경부 국제금융국장 대통령실 국정비서관	세계은행 전문가
금감 위원장	진동수	60	전북 고창	경복고	서울대 법대	보스톤대 석사	행시	대통령 비서관 재경부 2차관	세계은행 대리이사 인수위자문위원
지식 경제부장관	이윤호	60	대전	대전고	연세대 정외과	위스콘신대 박사		전경련 상근부회장	행시/LG연구원
국토해양부 장관	정종환	60	충남 청양	청양 농고	고대 정외과	워싱턴대 박사	행시	철도시설공단 이사장	철도청장

이와 같은 부동산 정책은 참여정부의 개혁정책에 대한 부정을 의미하고 나아가 부동산이 많은 부자들의 이익을 대변하는 보수당(한나라당)과 보수언론, 소위 부자정권이 그들의 이익을 대변한다고 볼 수 있다.[50]

이명박 대통령도 상당한 재산가(약 353억원)이고 내각의 평균 재산(약 39

49) 2008년 3월 20일 공포할 개정 소득세법은 현재 매년 3%씩 15년간 최대 45%까지 양도소득을 공제해 주는 장기 보유 특별공제율을 매년 4%씩 늘려 20년 이상 보유시 80%까지 공제한다. 양도세 실효율세는 4.9%로 1.9% 하락한다.

50) 이명박 초대 내각 장관(15명)들은 주택, 건물, 토지 등을 과다 보유하고 있다.(국회 인사청문회 자료) 부동산과 관련된, 강만수 기획재정부 장관은 서울 강남구 대치동 선경아파트 등 주택 2건, 함천군 등 토지 4건을 소유하고 이윤호 지식경제부 장관은 서울 여의도 롯데캐슬 등 주택 3건, 그리고 정종환 국토해양부 장관은 경기 군포시 산본 묘향아파트 등 주택 5건, 서천군 등 토지 4건을 보유하고 있다.

억원)은 참여정부의 경우(약 12억)에 비하면 약 3배가 된다. 그리고 이명박 내각의 대부분이 강남에 거주하고 있다는 것은 참여정부 부동산 정책의 표적이 될 수 있다. 그리하여 참여정부와 이명박 정부의 상반된 부동산 정책을 볼 수 있다.

한편, 이명박 정부는 김영삼 정부가 추진하였던 신자유주의 세계화 정책(IMF 요구)을 답습한다. 과거 김영삼 정부는 공공복지 까지 민영화 하려고 하였다. 특히 사보험론자인 최광과 기업경영자 출신인 김원길이 보건복지부 장관이 되어 국민연금 뿐만 아니라 의료보험 까지 민영화 시키려고 하였다. 이러한 사보험화 정책은 이명박 정부에서도 나타날 것이다.

6. 결 론

우리나라의 경제위기는 10년을 주기로 오는 것 같다. 이러한 경제위기는 이미 세계화 시장경제 체제에 편입된 한국 경제에 있어서는 어느 정도 예측할 수 있고, 그것에 대응하는 전문가(관료 등)들이 있을 것이다. 비록 대통령의 자질이 부족하더라도 전문관료, 특히 우리나라의 경제정책은 재경부 금융정책실 출신이 주도하고 있기 때문에 그 책임이 막중한 것이다. 그럼에도 불구하고 경제위기를 초래하거나 또 그것에 대응하는 전문관료들이 동일한 출신이고, 또 영혼이 없는 관료들이라서 이것을 돈(세금)으로, 즉 국민의 희생으로 떼우려고 하는 것 같다. 비록 국민의 희생에서 경제위기를 극복할지라도 그 후의 경제 및 사회정책이 다수의 국민을 위한 것이 되어야 한다. 그런데 정부는 불행히도 IMF가 요구한 신자유주의 정책을 강구하여 소득역진성, 양극화 정책을 추구하였다. 신자유주의 시장경제라 하면, 망해가는 기업이나 투기꾼을 보호하거나 키우는 것은 잘못이다. 이러한 것이 사회적 불평등, 즉 양극화를 조성시킨다.

그러면, 지난 경제위기가 왜 일어났는가? 환란과 주택가격 폭등시 권력지배층의 사회적 특성은 최고 정책결정자인 대통령과 동일한 지역 출신이라는 것과 소유재산이 많다는 것 이외는 큰 차이가 없다. 그들은 서울대(법대와 상대)와 행정고시 출신이고 재직시 관비로 대개 미국에서 석사학위를 취득하였으며, 또한 대통령실 및 국무총리실 비서관 출신이고 재경부에서 요직을 두루 거친 관료 엘리뜨들이다.

그런데 왜 환란과 주택가격이 폭등하였을까 하는 것이다. 이것은 대통령이 직접 국정을 챙기지 않고 참모들(수석비서관, 재경부장관, 건설교통부장관 등)에게 맡겼을 때 일어날 수 있는 것 같다. 소위 권력지배층은 자기의 재임기간(평균 1년간)에 문제가 발생되지 않으면 된다는 안일한 이기적 생각을 하고 있었는 것 같다. 환란의 경우 강 부총리가 취임시 외환위기(국가부도)를 인지하였다면, 그 때 이미 대응책을 강구했어야 할 일이다. 또한 그 전임자(특히 경제수석과 재경부장관)들도 책임이 있는 것이다. 이러한 현상이 나타난 것을 보면, 이기적인 기술관료들(technocrats)의 한계(신분추구자)라고 볼 수 있다.

최근 이명박 정부는 세계화 경제위기를 타개하고, 경제살리기와 일자리 창출을 위하여 약 50조원의 소위 '녹색 뉴딜사업'을 실시하겠다고 한다. 그런데 이 사업에 대하여 많은 국민들은 비판하고 있다. 서울시장시 '청계천사업'으로 대통령이 된 연장선으로 생각한다면 그것은 큰 착오일 것이다.

이명박 대통령은 10년전 외환위기, 즉 IMF 사태를 초래한 김영삼 정부의 경제 관료들을 요직(기획재무부 장차관, 경제수석 등)에 다시 기용한 것을 보면, 그는 비록 이념을 넘어선 창조적 실용주의를 주장하지만 보수 우파로 회귀한 성격이 매우 강하다. 다시 말하면 소위 '강부자'의 이익을 대변하는 보수적인 우익부르조아 정권이라 할 수 있다. 비록 대통령은 대선공약(신자유주의 우파정책)을 지키려고 하지만, 기존의 자본주의 시장경제론, 특히 수정자유주의를 근본적으로 변화시키기는 어려울 것이다.

최근 '잃어버린 10년'이라는 정치적 슬로건은 성공하였지만 좌우정권의 교체를 의미하기 보다는 과거 한나라당 전신인 민정당(여당), 즉 영남정권을 되 찾자는 것과 정책적으로는 과거 시장경제성장론, 즉 친기업, 친재벌 정책을 강화하겠다는 뜻인 것 같다.

지난 20년간 권력지배층의 사회이동은 정권교체시 지역적 연고성에 기초하여 일어나고 있지만 그들의 개인적 자질이나 계층적 배경은 정권 교체와 더불어 상당한 의미가 있었다. 그러나 국무총리와 장관의 대부분은 대학교수와 고위 관료 및 국회의원 출신이 지배하고, 이들이 주로 지연, 학연, 직연 등 연고성에 기초하여 충원되어 권력공동체를 형성하였다. 그리하여 경제위기가 초래되었지만, 그것에 대한 문책(정책감사와 처벌)이 부실하였고, 심지어 10년전 경제위기를 초래한 고위 관료를 다시금 기용하여 새로운 경제위기를 맞고 있다.

제 14장 해방후 대학교육의 기회와 그 효과

- 70년대 및 80년대를 중심으로

1. 서 론

1) 연구목적

지난 20년간 경제개발계획으로 인한 경제사회구조의 급속한 변화와 더불어 우리나라 대학교육의 기회가 크게 확충되었다. 우리나라의 경제사회발전은 고등교육을 받은 인재들이 우리나라 각계의 지도적 지위를 차지하고 노력한 결과라고 볼 수 있다. 이러한 대학교육 기회는 경제사회 발전의 수요로 말미암아 확충되었지만, 우리나라 국민의 높은 교육열과 교육투자에 의해서 성취되었다고도 볼 수 있다. 그러나 교육투자에 따른 대학교육의 효과에 대한 평가는 거의 없었다고 해도 과언이 아니다.

교육기회의 개념은 이론적 관점에 따라 상이하게 규정될 수 있겠지만 여기에서는 교육제도의 구조적 결과라고 볼 수 있는 학생들의 기회획득과 사회적 배경을 중심으로 파악하고자 하며 교육기회에 대한 평가는 주로 그들의 전공과 취업의 상관분석 및 만족도를 중심으로 파악하고자 한다.

1960년대의 대학교육 기회는 전체 고교졸업생의 약 3할 미만이었으나 1985년도의 경우 37.8%로 증가되었다. 그리고 학생의 절대수와 교육시설 및 종사자의 수도 급속히 증가되었다. 이와 같은 대학교육 시설과 대학생의 급속한 증가는 한국사회의 급속한 발전(역할분화)과 전문화를 의미하고 있지만, 과연 이러한 발전이 한국사회 구조변화와 그 발전에 얼마만큼 효과적으로 기여하였는지 궁금하지 않을 수 없다. 그간에 우리나라 교육제도(특히 입시제도) 등의 변화가 있었지만, 이러한 교육제도가 유능한 인재를 얼마만큼 발굴하여 훈련시켰고, 그러한 교육결과에 따라 인재들이 본래의 교육목적대로 적합한 각 분야에서 얼마만큼 종사하고 있는지도 매우 궁금한 것이다. 만일 우리나라 대학교육 제도가 중등교육(특히 고교교육) 제도와 연계되지 못하였을 때 공·사적 교육투자의 낭비성과 비효율성이 매우 크다고 하지 않을 수 없다.

이러한 낭비를 제거하고 교육기회의 국민적 기반을 확충하기 위하여 우리나라 교육제도의 개선과 산학간의 연계를 강화시킬 수 있는 교육정책 및 사회정책이 선행되어야 하겠다. 그리하여 1970년대와 1980년대에 있어서 우리나라 교육제도의 비적합성이 있는지를 발견하고, 특히 대학교육 기회가 지역간, 계층간 어떻게 분포되어 있으며 그러한 교육기회를 획득한 대학졸업생이 어떠한 직업전선, 즉 사회활동을 하고 있는지 그리고 우리나라 권력지배층을 형성하고 있는 일류대학 입학생들이 어떠한 직업 및 계층의 출신인지를 보려고 한다. 또한 그간 대학교육의 투자효과가 어느 정도 있었는지를 탐구하려고 한다.

2) 연구방법

우리나라 대학교육 기회에 관한 연구는 먼저 제도적 측면에서 중·고등교육의 연계성에 대하여 적합성과 합리성 및 전문성이 어느 정도 있는가가 검토되어야 할 것이다. 특히 입시제도에 의해서 고교·대학의 연계교육의 전문화가 이루어지고 있는지를 검토하여야 되겠고, 그러한 교육과정에 의하여 배출된 졸업생들이 자기의 전문분야에 종사하고 있는지를 추적해 보아야 할 것이다. 그러기 위해서 우리는 고교 및 대학의 입학과 졸업 및 취업에 관한 경력조사를 행하고, 그들에 대한 전문적 동기와 직업성취도를 조사하여 보려고 한다.

그 다음으로 이러한 대학교육이 우리나라 국민에게 어떠한 기회구조가 부여되어 있는가를 지역별, 직업별, 계층별로 분석하여 보고, 나아가 대학생, 특히 일류대학생의 출신배경을 파악하여 우리나라 권력지배층의 사회적 성격을 추정해 보려고 한다. 또한, 대학생들의 교육적, 직업적 성취도와 상관시켜 봄으로써 우리나라 대학교육의 국민적 대표성을 파악하여 보고자 한다. 이를 위해서는 각 대학에 비치되어 있는 학생기록카드, 동창회명부 및 주요한 직장의 직원을 조사하여 그것을 분석하여 본다.

이와 같이 대학교육의 적합성과 전문성 및 대표성을 파악하기 위하여 주요한 대학 및 학과의 자료분석에 의존하겠지만, 전국적인 차원의 기회구조와 효과성에 대한 검토는 기존의 통계자료의 재분석에 의존하게 될 것이다.

본 연구에서 조사하려는 대상학교는 전국의 주요대학 서울대, 고려대, 중앙대, 이화여대, 부산대, 전남대 등이 될 것이고, 주요한 학과(분야별)는 인문, 사회, 자연, 공학, 예체능, 사범 6개 분야의 20여개 학과가 선정될 것이다. 그리고 각 대학 표본학과의 전문성을 고려한 정부 및 기업의 종업원에 대한 질문지 조사이다. 공무원 조사는 중앙공무원과 지방공무원 및 서울시 공무원이 대상이며, 회사원 조사는 현대그룹과 대우그룹에 소속된 기업(각각 547개와 358개)의 종업원이 그 대상이다. 그러한 결과 본 조사의 표본수는 대학 졸업생이 약 10,051명이며, 직장인의 경우도 900여명이다. 각 조사대상에 따른 조사방법은 다음과 같다.

대학졸업생들의 교육기회와 그 효과를 평가하기 위해 설문조사와 졸업생 명부를 병행 조사하였다. 먼저 졸업생 명부에 대한 조사방법은 각 대학의 졸업생명부에 전공학과, 직업, 지위, 졸업년도에 대한 정보가 나타나 있기 때문에 본 연구의 목적을 위해서는 설문조사 보다 더 좋은 자료가 될 수 있다.

본 연구의 대상 학교는 서울소재 대학 중 서울대, 고려대, 중앙대, 그리고 여자대학 중에서는 이화여대를 선택했고, 지방대학은 전남대와 부산대를 선정하였다. 이와 같이 표본을 선정하게 된 이유는 서울과 지방의 소위 일류 대학의 졸업생 취업기회가 다른 학교의 경우 보다 좋을 것이고 이러한 학교의 취업기회의 효과가 부실하다면 다른 학교의 경우는 말할 것도 없기 때문이다. 학과의 선택은 전공계열별로 2~3개의 학과를 선정하여 서울대 24

개 학과, 고려대 21개 학과, 중앙대 8개 학과, 이화여대 7개 학과, 전남대 9개 학과, 부산대 5개 학과를 선택하였다. 학과를 선택하는 데는 자료의 충실도와 전공계열의 특성을 대표할 수 있는 학과를 주로 선정하였다. 이렇게 하여 선정된 학과는 6개 대학교에 74개 학과이고 총 표본수는 10,051개이다.

제외된 표본수는 서울대 1,073개, 고려대 945개, 중앙대 421개, 전남대 89개, 부산대 141개로 총 3.289개이다. 그러나 이화여대의 경우는 선정된 표본학과의 전수(1.245)를 모두 조사대상에 포함시켰다.[1)] 한편, 직장인(화이트칼라)의 교육기회 효과 및 충원 경로를 파악하기 위해 표본조사를 실시하였다. 조사대상은 대표적인 화이트 칼라층에 속하는 일반회사원과 공무원들이다. 공무원조사는 중앙공무원(267명), 지방공무원(87명) 및 서울시 공무원(102명)에 대한 무작위 표본조사이며, 회사원 조사는 우리나라에 있어서 대표적인 재벌회사인 현대(150명)와 대우그룹 계열기업(211명) 종사원에 대한 무작위 표본조사를 하였다.

2. 대학교육의 기회구조

1) 전 국민 및 고교생의 진학기회

(1) 전 국민의 교육기회구조

최근 우리나라 교육기회는 점차 확대되어 가지만 연령층에 따라 많은 차이가 있음을 알 수 있다. 아직도 국민 최저교육기회인 6년간의 의무교육을 받지 못한 6세 이상 국민이 전체의 1.6%가 된다. 즉, 1985년에 6세 이상의 인구 중에 불취학율이 전체 인구의 0.9%를 차지하고 초등학교 이상의 졸업자가 전체의 56.2%이며 나머지 31.2%는 재학생이다. 비록 불취학율이 1% 미만일지라도 그들의 대부분은 일제시대에 교육을 받지 못한 50대 이상이고

1) 조사대상자의 연도별, 대학별, 계열별 표본수는 졸고, 해방후 대학교육의 기회와 그 효과에 관한 연구,「사회정책연구」, 제 11집, 한국복지정책연구소, 1989, p.4를 참고할 것.

6~9세 연령층의 16.8%가 불취학이나 이것은 2월 이전의 출생자일 것이다. 그러나 초대전문대 이상의 학력을 가진 국민은 6세 이상 연령층의 10.9%이고 4년제 이상의 경우는 8.4%이다. 그 중에서 4년제 대학의 졸업자는 6.5%이고(초대는 1.7%임) 나머지는 재학생(2.7%)와 중퇴자(0.9%)이다.

표 1을 보면, 학력에 따른 전 국민의 교육기회를 알 수 있고, 동시에 연령에 따른 것도 알 수 있다. 연령에 따른 교육기회는 적어도 40여년전, 심지어 일제시대의 교육기회 까지 알 수 있는 자료이기도 하다. 일제시대에 초등교육 이상을 받은 55세 이상의 연령층에서 불취학율이 63.5%가 된다는 것은 당시의 우민화 교육정책을 여실히 알 수 있다. 해방 이후 불취학율이 급속히 감소되고 30여년 전부터 1%미만의 불취학율이 나타나면서 동시에 취학 및 졸업율이 급속히 증가되었고, 심지어 최근에는 대학의 진학률이 전체 고교졸업생의 20%가 된다는 것은 매우 놀라운 발전이나, 우리나라의 대학교육기회가 아직도 보편화되어 있지 못하고 있음을 알 수 있다. 그러나 연령층이 젊을수록 대학교육기회가 점차 확대되고 20대에서는 20% 내외의 대학교육기회가 주어져 있다.

<표 1> 6세 이상 국민의 연령별 교육수준

연령	재학						졸업						중퇴						불취학	합계(천명)
	국민	중학	고등	초대전문	대학이상	계	국민	중학	고등	초대전문	대학이상	소계	국민	중학	고등	초대전문	대학이상	소계		
6~9	83.1					83.1													16.8	100.0(3079)
10~14	51.3	46.8	0.8			98.9	0.6	0.2				0.8	0.1	0.1				0.2	0.1	100.0(4476)
15~19		15.6	53.6			75.9	2.3	7.8	11.5	0.1		21.7	0.1	0.7	1.2	0.1	0.1	2.2	0.2	100.0(4316)
20~24			0.7	1.6	5.2	17.6	7.1	17.3	42.6	4.3	3.7	74.9	0.2	0.8	1.6	0.9	3.8	7.2	0.3	100.0(4245)
25~29				2.8	14.0	3.9	12.3	24.6	41.5	4.2	9.9	92.5	0.2	0.9	1.2	0.2	0.6	3.2	0.5	100.0(4070)
30~34				0.5	3.4	0.4	19.2	26.5	35.8	3.0	10.8	95.3	0.3	1.0	1.2	0.2	0.8	3.4	0.8	100.0(3115)
35~39					0.1	0.2	26.1	25.5	30.1	2.1	10.5	94.2	0.6	1.0	1.1	0.2	1.0	3.9	1.8	100.0(2581)
40~44					0.2	0.1	34.8	22.5	22.9	1.3	9.3	90.8	1.2	1.1	1.0	0.2	1.2	4.7	4.4	100.0(2188)
45~49					0.1		40.9	18.1	18.3	1.0	7.7	86.0	3.0	1.2	0.8	0.1	1.1	5.2	8.7	100.0(2089)
50~54							42.7	13.6	13.7	0.9	6.2	77.1	2.4	1.0	0.6	0.1	1.0	5.2	17.7	100.0(1695)
55~59							40.3	10.5	8.6	0.9	4.0	64.4	2.3	0.6	0.2	0.1	0.6	3.8	31.8	100.0(1268)
60이상							24.0	4.8	3.3	0.6	1.5	34.2	1.8	0.2	0.1		0.1	2.3	63.5	100.0(2756)
합계	13.5	7.7	6.6	0.6	2.7	31.2	15.9	13.7	20.1	1.7	4.8	56.2	0.7	0.7	0.8	0.2	0.9	3.2	0.9	100.0(35880)

(자료)「1985 인구 및 주택센서스보고」, 1987에서 재작성

이러한 대학교육기회가 우리나라의 사회구조적 특성에 따라 차별적으로 제공되고 있다. 즉, 연령, 지역, 계층에 따라 심한 차이가 나타나고 있다. 비록 과거에 비하여 성별에 따른 교육기회의 차별이 심하지 않으나 남자가 여자에 비하여 2배 이상의 차이를 나타내고 있으며 지역에 따라서도 도시와 농촌의 경우 심한 차이가 나타나고 있다.

표 2를 보면, 대학 이상 졸업자의 성별 교육기회 차이는 약 2.5배가 되고 대학 재학생의 경우는 약 2배가 되며, 도시의 경우는 읍민에 비해 2.9배가 많고 면민에 비해 5.5배가 더 많다. 이것을 본다면, 교육기회가 성별 및 지역별 차별이 심한데 이것은 국민의 생활수준(계층)의 차이에서 비롯되고 동시에 대학교육에서 차별적 접근성이 존재하기 때문에 나타난 것이라고 생각된다.

<표 2> 대학교육기회의 성별 지역별 분포

	졸업		재학		중퇴	
	초대전문	대학이상	초대전문	대학이상	초대전문	대학이상
남자	2.2	6.9	0.7	3.6	0.3	1.5
여자	1.1	2.8	0.4	1.8	0.1	0.2
시부	1.9	6.6			0.2	1.0
읍부	1.5	2.3	0.6	1.4	0.2	0.7
면부	1.0	1.2	0.4	0.8	0.2	0.6
전국	1.7	4.8	0.6	2.7	0.2	0.9

(자료) 「1985년 인구 및 주택센서스보고」, 1987

이러한 교육기회를 가진 고등교육(전문대 이상) 기관 졸업자들이 자기의 전공에 따라 어느 정도 취업하고 있는지를 표본조사에서 파악하여 보면, 전체 조사 대상의 39.0%가 전공학과와 동일한 직업에 종사하며 나머지 28.0%는 전공과 무관한 직업에 종사하고 있다.

전공학과와 동일한 직업에 종사하는 자는 의약학계가 가장 많고(85.3%), 그 다음은 사범계이며(58.3%), 전공계열과 동일한 직업에 종사하는 자는 사회과학계가 가장 많고(48.8%), 전공과 무관한 직업에 종사하는 자는 예술, 체육계가 가장 많으며(52.9%), 그 다음은 농수산계와 어문계 및 인문과학계이다.

이러한 것을 본다면, 적어도 7할의 고등교육이수자에게는 고등교육의효과가 상당히 있다고 판단되며 나머지 3할에게는 교육의 효과성이 의문시 된다.

<표 3> 고등교육기관 졸업자의 전공계열별 전공과 직업의 상관성

	전공학과와 동일직업	전공계열과 동일직업	전공과 무관한 직업	합계(실수)
어문학계	37.0	25.9	37.0	8.0(54)
예술・체육계	41.2	5.9	52.9	2.5(17)
인문과학계	35.4	29.3	35.3	14.7(99)
사회과학계	29.9	48.4	21.7	27.3(184)
이학계	40.5	35.7	23.8	6.2(43)
공학계	41.2	30.0	28.8	25.2(170)
의약학계	85.3	2.9	11.8	5.0(34)
농림수산계	31.6	28.9	39.5	5.6(38)
사범계	58.3	11.1	30.6	5.3(36)
합 계(실수)	39.5(266)	31.5(215)	28.0(192)	100.0(674)

(비고) 고등교육기관은 전문대, 대학(원) 졸업자를 말함.
(자료) 중앙대 사회과학연구소,「한국인의 정치사회의식」, 1986, 원자료 재분석

(2) 고교졸업자의 진로

고교 졸업생의 진학률은 인문계와 실업계에 따라 큰 차이가 나타난다. 표 4를 보면, 인문계의 경우 전체 졸업생의 53.46%가 대학에 진학하고 있으나 실업계의 경우 11.14%이다. 반면에 고교 졸업생의 취업률은 인문계의 경우 83.18%이지만 실업계의 경우는 63.29%이다. 인문계의 진학률이 높고 실업계의 취업률이 높다는 것은 교육의 목적상 당연하다고 지적할 수 있으나, 특히 인문계의 비효율성이 크게 나타나고 실업계 중에서도 공업계, 상업계, 농업계의 순에 따라 비효율성이 약 1할 정도의 차이로 나타나고 있다.

인문고교 졸업생의 진학과 취업률을 지역과 성별에 따라 분석하면 큰 차이가 있다. 진학률이 높은 지역은 대구와 제주로서 졸업생의 7할 이상이 되지만, 전남, 강원, 서울 및 경기는 50% 이하로서 가장 낮고, 광주, 부산,

인천은 약 63%가 된다. 성별 진학률은 서울, 부산, 대구, 인천, 광주 등 대도시의 여학생이 남학생 보다도 높고 다른 지방의 도는 오히려 남학생이 높다. 그리고 취업률은 부산, 대구의 경우 각각 1.5%와 1.9%로서 가장 낮고, 그 다음은 서울과 인천으로서 약 4%가 되며 다른 지방의 경우는 제주(2.1%)와 경남(9.5%)을 제외하면 모두 10% 이상이 된다. 이러한 취업률은 모든 지역에 있어서 남자 보다 여자의 경우가 훨씬 많다.(약 2배)

<표 4> 고교 졸업자의 진로

	인문계	농림계	공업계	상업계	실업계(총괄)
진학자	53.46	8.48	11.10	5.16	11.14
취업자	8.18	57.99	48.05	68.38	63.29
무직자	15.12	11.73	3.21	14.06	11.91
입대자	0.34	2.24	5.03	0.42	0.77
미 상	22.88	19.56	6.60	11.99	12.90
합계(실수)	100.0(412,146)	100.0(660)	100.0(65,878)	100.0(148,970)	100.0(271,274)

한편, 실업고교 졸업생의 진학률은 서울과 전북에 있어서 남녀간의 차이가 거의 없으나 강원을 제외하면 다른 대도시와 지방도는 대개 2배 이상 남자의 진학률이 높다.(충남과 인천이 높음) 그러나, 그들의 취업률은 서울, 인천, 강원, 제주가 비슷하지만 다른 지역은 여자가 훨씬 높다. 그리고 실업중 공업계 고교 졸업생의 진학률은 남자가 훨씬 많고, 그들의 취업률은 여자가 훨씬 많다. 그리고 상업계 고교 졸업생의 경우는 대도시에 있어 남녀의 진학이 비슷하지만 지방의 경우는 대개 남자가 3배 이상이 된다.

그러면, 고교 졸업생의 취업이 어떠한 분야에 종사하게 되고, 그러한 취업이 자기 전공분야의 상관성이 어느 정도 있는 가를 보기로 한다.

표 5를 보면, 인문계 고교졸업생의 취업이 다양한 직종에 종사하고 있으나 실업계의 경우는 비교적 전공에 따라 취업하고 있다. 인문계 고교 졸업생의 32.9%가 생산직 근로자로 가장 많이 취업하고 그 밖에 사무직, 서비스직, 판매직, 농어업직에 많이 분산되어 있는 편이지만 농림계의 경우는 농어업에 71.59%가 종사하고, 공업계의 경우는 생산직 근로자와 전문기술직에

각각 50.97%와 42.45%로 취업하고 있따. 상업계의 경우는 사무직에 54.03%로 가장 많이 취업하고 그 밖에 생산직 근로자와 판매직 및 서비스직에 각각 약 1할이 취업하고 있다.

<표 5> 고교 졸업자의 취업률

	인문계	농림계	공업계	상업계	실업계(총괄)
전문기술직	5.20	8.52	42.45	2.99	15.05
행정직	3.25		0.45	4.81	3.10
사무직	16.20		0.87	54.03	33.40
판매직	1165	6.25	0.90	10.04	6.82
서비스직	13.86	5.68	2.14	8.92	6.76
농어업	8.95	71.59	0.22	0.98	5.08
근로자	32.9	7.59	50.97	15.91	27.20
기타	7.99		2.01	2.32	2.59
합계(실수)	100.0(33,738)	100.0(176)	100.0(51,492)	100.0(101,859)	100.0(171,609)

<표 6> 실업계 고교 졸업자의 전공과 취업

	농림계	공업계	상업계	수산해양계	합계
전공분야	62.64	93.19	82.62	92.09	83.05
다른분야	37.36	6.81	17.38	7.91	16.95
합계(실수)	100.0	100.	100.0	100.0	100.0

이러한 것을 본다면, 인문계 고교 졸업생의 다수가 생산직 근로자로 취업한다는 것은 교육의 큰 낭비인 것이다. 그 밖에 비록 실업계의 경우 대다수가 자기의 전공분야에 취업하고 있으나 다른 직종에 취업한다는 것(16.95%)은 교육효과의 측면에서 재고되어야 할 것이다. 특히 실업계 고교 졸업생 농림계의 37.36%와 상업계의 17.38%가 다른 분야에 취업하고 있는데 이것은 큰 낭비이다.

한편, 고교 졸업생의 취업률을 지역 및 성별에 따라 분석하여 보자.

인문계 고교졸업생의 취업률이 가장 높은 생산직 근로자인 경우 서울지역에는 9.5%이고, 부산, 대구, 인천의 지역에는 15~20%, 광주, 경기, 경남지역에는 25% 내외, 나머지는 지방도에는 40%이다. 그리고 사무직, 서비스 및 판매직에는 서울, 부산과 같은 대도시 일수록 사무직에 많이 취업하고, 여기에는 여자들이 남자들보다 더욱 많다. 공업계 고교졸업생의 취업률은 노동직과 전문기술직에 거의 반분되어 있다. 지역에 따라 전문기술직이 더 많거나 노동직이 더 많은 경우가 있는 데 이것은 직업 분류가 잘못된데서 비롯된 것이 아닌가 생각한다. 특히 서울지역에는 여자 졸업생이 전문기술직에 많이 종사하나(75.8%) 부산지역에는 그들의 78.7%가 노동직에 종사한다. 상업계 고교 졸업생의 취업률은 서울, 인천 지역의 경우 그들의 70% 이상이 되고 다른 지방의 경우는 50% 이하이다. 그리고 노동직의 종사자도 20% 내외가 되며 성별에 따라 큰 차이가 없다.

이러한 것을 보면, 고교 졸업생이 그들의 전공(계열)에 따라 진학률과 취업률의 차이가 대단히 심하고(인문계는 53.5%, 실업계는 11.1%) 그들의 출신지역에 따라 사무직 또는 생산직에 종사하는 결과가 심하게 나타나고 있다. 예컨대 서울의 경우 인문계 졸업생은 약 3할이 사무직에 종사하는데 지방의 경우는 약 4할 내외가 생산직에 종사한다. 그리고 여자의 경우 인문계와 공업계 졸업생은 서울지방일수록 사무직 종사자가 많지만 지방출신은 생산직에 보다 많이 종사한다.

한편, 고교 졸업생의 취업경로를 보면 현재 학교교육의 반성이 요구되고 있다.

표 7을 보면, 인문계 고교 졸업생의 대부분이 학교 추천(33.5%)과 친지소개(33.24%)로 취업하고, 농림계의 경우 친지소개(55.68%)와 자영(21.59%)이며 공업계의 경우 실습(47.99%)과 학교추천(37.76%)이며 상업계의 경우 학교추천(60.50%)과 친지소개(17.75%) 및 채용시험(11.75%)으로 취업한다. 이것을 지역과 성별에 따라 분석하여 보면, 서울, 대구, 인천, 강원, 충북, 전북 지역이 학교 추천에 의하여 많이 취업하고 부산, 광주지역에는 친지, 친구의 소개가 중요하며 특히 제주지역에는 그것이 76.7%가 된다. 이것은 그 만큼 정의적 사회관계가 강함을 말하여 준다.

이러한 것을 본다면, 우리나라에 있어서 취업경로가 공채 보다도 연고성에 기초하여 있음을 알 수 있다. 그리고 공업계와 상업계의 고교교육은 산학협동체가 잘 되어 있고 비교적 정상화 되고 있음을 짐작 할 수 있다.

<표 7> 고교 졸업자의 취업경로

	인문계	농림계	공업계	상업계	실업계(총괄)
학교추천	33.05	11.36	37.76	60.50	50.10
채용시험	7.25	1.70	7.33	11.75	9.41
친지소개	33.24	55.68	3.78	17.75	14.044
실습	3.54	2.84	47.99	2.74	17.43
부모경영	9.65	6.82	1.29	1.83	1.91
자영	3.15	21.59	0.22	1.02	2.79
기타	10.12		1.63	4.41	4.33
합 계	100.0	100.0	100.0	100.0	100.0

2) 대학생의 사회적 배경

대학의 교육기회가 누구에게 주어져 있느냐 하는 것은 매우 중요하다. 우리나라와 같이 대학의 졸업장이 사회진출(이동)의 주요한 면허장이 되어 있는 경우 그것은 중요한 의미를 지니는 것이다. 이와 같이 중요한 대학의 교육기회가 해방후 1970년에 이르기까지 구중산층과 신중산층이 각각 반분하여 독점하여 있는 것을 볼 수 있었고, 이러한 것은 교육의 민주성, 대표성, 개방성에 대해 심각한 문제가 제기될 수 있는 것이다.[2] 당시의 교육적 조건은 지금과는 달리 중학교 입학시험제와 고교입학의 학군제가 없었기 때문에 소위 일류학교에의 입학기회가 중산층 이상에게 거의 독점되어 있었던 것이다. 그 이후 고교평준화 시책에 의하여 나타난 대학교육의 기회구조는 어떠한 것인지를 검토하는 것은 매우 중요한 의미를 지니고 있는 것이다. 이러한 교육기회를 올바르게 파악한다는 것은 매우 어렵다. 그러나 여기에서 이용되는 자료가 대부분 대학 신입생의 전수조사이기 때문에 매우 신빙성이 있다.

(1) 계층적 배경

1970년대 이전까지 대학의 교육기회는 구중산층(자영자)과 신중산층(화이트 칼라)에 의하여 독점되어 있었다. 그 후 대학교육의 기회가 거의 확대되

---

2) 김영모, 「한국사회계층연구」, 일조각, 1982, pp.429~486

지 못하였기 때문에 마찬가지였으리라고 예상되지만 중학무시험 진학과 고교평준화 시책은 어떠한 교육기회 효과를 초래하였는지 궁금하지 않을 수 없다. 저자는 이러한 교육기회를 대학생들의 가족적 계층적 배경을 통하여 탐구하여 보려고 한다.

그러면, 1970년대와 1980년대에 있어서 대학신입생의 교육기회를 그들 보호자의 계층적 지위 특히 직업, 생활수준, 학력 등을 통하여 파악하여 보자.

<표 8> 대학생 보호자의 직업

		농어업	상업	서비스업	공업 건설업	사업자 경영자	전문직	공무원	교원	회사원	기능공	기타	무직	무응답	합계 (실수)
서울대	1988	11.7	25.4			10.6	11.5	18.2	8.7		8.5		4.5	0.8	99.9
	1985	15.1	16.2	11.2		10.4	15.8	18.8			6.8			6.0	100.0
	1980	139	20.4		4.3	7.2	6.6	8.1	12.8	16.8		1.6	3.5	4.7	99.9
	1975	10.7	29.7		4.8		3.8	8.9	10.9	19.4		3.4	4.2	4.3	100.1
	1970	15.3	28.5		3.8	2.5	12.2	12.7	8.0	11.4				5.5	99.9
고려대	1988	13.0	5.0			21.3	3.6	12.8	7.5	18.3	5.3	8.8	4.5		100.1
	1985	16.3	31.6		7.5	5.1	2.9	11.1	7.1	10.0		3.9	4.4		99.9
	1982	16.2	31.5		7.1	5.6	3.2	10.6	7.2	9.2		2.9	6.5		100.0
	1972	11.2	33.4		5.3	5.7	3.8	9.0	6.7	15.2		0.3	3.7	5.6	99.9
부산대	1987	12.2	16.9	7.2		4.9	14.7			13.5	16.0		14.5		99.9
	1985	12.5	15.9	8.4		4.2	13.8			11.4	15.0		18.1	0.8	100.1
서강대	1987	10.8	27.5		7.1	6.1	3.1	12.8	7.7	20.6			4.2	0.2	100.1
	1985	14.7	29.4		6.0	4.8	3.4	10.8	6.3	17.6			6.4	0.9	100.0
전남대	1985	31.6	16.2	2.7	5.2	5.1	1.6	11.5	13.2	6.6		2.0	4.3		100.0
	1981	34.6	16.6		3.2	2.7	1.7	14.7	8.9	4.2		0.9	4.7	7.7	99.9
원광대	1987	33.2	20.6			6.7	1.4	15.8	6.7	6.3	3.5	1.8	2.8	1.2	100.9
	1985	32.0	18.3			7.3	2.3	16.0	6.5	6.0	3.5	4.6	3.4		99.0
청주대	1987	31.8	20.9		4.5		1.1	9.9	5.8	8.7		3.6	4.5	9.2	100.0

표 8을 보면, 대학 신입생의 교육기회가 1970년대의 경우와 큰 차이가 없다는 것을 알 수 있다. 그들의 대부분은 상업, 서비스업, 농업과 회사원, 공무원, 교원의 자녀들이라는 것이다. 그러나 상당수의 기능공, 근로자들의 자녀도 대학에 입학하고 있는 것이 과거에 비하여 새로운 특징이다. 그리고 이것은 그간 산업화의 결과로 생긴 근로자가 많고 소득수준이 높은 경우도 있기 때문이다. 대학입학의 직업별 기회구조가 대도시(서울)와 지방소재

학교간에 커다란 차이가 있지만 그 지방내에 있어서 대학간 직업별 기회구조는 큰 차이가 없는 것으로 나타나 있다.

먼저 서울대학의 경우를 보면, 지난 20여년간 대학생 보호자의 직업이 큰 변화가 없으나 농업과 상업과 같은 자영업이 조금씩 감소되는 경향이지만 사업가(경영자)와 전문직, 공무원, 회사원 등은 매년 조금씩 증가되고 있는 것이 특징이다.3) 고려대학의 경우도 매우 유사하지만 특히 상업, 서비스업이 더 많고 전문직, 공무원 등이 약간 적은 편이다. 이러한 경향은 서강대의 경우에도 많이 나타나고 있다. 그리고 부산대학의 경우는 다른 지방에 비하여 기능공의 자녀가 상당한 비율을 차지하고 있다.

<표 9> 서울대생 보호자의 직업 구성

	전문직	관리직	사무직	농어민	판매직	기능직	교직	무직	무응답
남	10.4	8.1	17.2	14.4	25.0	9.8	8.9	5.2	0.9
여	15.3	14.4	21.8	7.2	26.8	4.0	7.8	2.0	0.6
인문대	12.2	10.0	15.9	12.1	25.9	7.0	11.4	4.2	1.4
사회대	9.9	8.4	16.7	15.0	27.4	7.2	10.3	4.7	0.4
자연대	11.9	12.2	19.9	11.3	18.7	8.2	12.2	4.0	1.7
의예과	26.6	7.8	22.7	3.2	19.4	4.5	11.7	3.2	0.6
치의예과	15.8	12.6	16.8	7.4	29.5	1.1	10.9	4.2	2.1
가정대	14.1	15.8	22.5	5.8	30.0	5.9	5.0	0.8	0.0
경영대	4.7	11.6	24.6	12.9	21.1	6.9	9.9	6.9	1.3
공대	12.3	9.5	18.0	9.8	24.9	11.1	8.0	6.1	0.4
농대	5.9	6.4	14.7	22.5	29.6	13.3	4.9	3.0	0.2
미대	23.2	20.8	17.6	4	24.8	0.0	4.0	5.6	0.0
법대	11.6	9.7	18.6	16.7	19.4	7.8	12.4	2.7	1.2
사대(인문)	4.0	4.0	21.7	16.8	27.0	12.4	5.8	7.1	1.3
사대(자연)	11.4	7.0	20.0	10.7	22.7	11.3	9.7	6.5	0.5
수의대	10.1	5.0	11.7	21.6	21.6	15.0	8.3	5.0	1.7
약대	11.4	6.3	20.2	14	27.9	3.8	10.1	5.1	1.3
음대	22.7	16.9	18.6	3.5	31.4	0.6	3.5	0.6	2.3
의대(간호)	5.6	1.4	18	12.5	38.9	9.8	6.9	6.9	0.0
합계	11.5	9.5	18.2	12.8	25.4	8.5	8.7	4.5	0.8
(실수)	(489)	(405)	(780)	(547)	(1083)	(366)	(370)	(194)	(36)

3) 2009년 서울대 신입생 특성조사에 의하면, 부친의 직업중 사무직이 해마다 증가되어 전체의 27.7%를 차지하고, 그 다음은 전문직(20.8%), 관리직(16.4%), 판매직(14.7%), 농업(1.3%), 무직(2.2%)의 순이다. 다시 말하면 화이트 칼라 자손이 전체의 64.9%를 차지한다.(「문화일보」, 2009년 5월 11일)

한편, 지방대학의 경우는 농어업이 가장 많고 또한, 상업, 공무원, 교원의 자녀가 많다는 것이다. 전남대, 원광대, 청주대의 경우에 농어민 출신자녀가 3할 이상이 되고 상업 출신이 2할이 되며 나머지는 대부분 화이트 칼라의 자녀들이다. 화이트 칼라 자녀가 많다는 것은 서울과 같은 대도시에 위치하여 있지 않은 조건에서 상대적으로 많은 비율을 나타내고 있는 것이다.

이러한 직업적 배경을 보면, 우리나라 대학교육기회가 아직도 특정한 계층 즉 중산층과 화이트 칼라에 독점되어 있다는 것을 알 수 있고, 동시에 기능공 및 무직의 자녀들도 많이 나타나고 있는 것은 매우 흥미로운 일이다.

학부모의 직업을 대학별 분석자료를 보면, 표 9와 같이 전공과 성별에 따라 보호자의 직업이 상이함을 알 수 있다.

표 9를 보면, 학부모의 직업에 따라 자녀들의 전공분야가 상이함을 알 수 있다. 전문직을 가진 경우는 의대, 미대, 음대 등에 많이 진학하고 관리직인 경우도 미대, 음대, 가정대, 자연대 등에 많이 진학하며 사무직인 경우는 경영대, 의대, 사대, 약대 등에 많이 진학하고 있다. 그리고 농어민인 경우는 농대, 수의대, 법대, 사대 등에 많이 진학하고 판매직인 경우는 간호대와 음대, 가정대, 농대, 치대 사회대 등에 많이 진학하며, 기능직인 경우는 법대, 인문, 사회대, 자연대 등에, 교직자인 경우는 법대, 인문대, 사회대, 자연대 등에, 그리고 무직인 경우는 사대, 경영대 등에 많이 진학시키고 있다. 그리고 보호자의 직업을 성별로 보면, 남학생의 경우는 여학생에 비하여 농어민, 기능직, 교직, 무직 등이 많고 반면에 여학생의 경우는 전문직, 관리직, 사무직, 판매직이 많다.

이러한 것을 보면, 아직도 우리나라 대학생의 진학관이 부모의 직업에 따라 큰 차이가 나타나고 있음을 알 수 있다. 농어민과 기능직 부모의 자녀는 인문사회과학 및 농학에 관심이 많고 전문직, 관리직의 경우는 자연과학과 예능분야에 관심이 많다. 그리고 전문직과 사무직의 경우 자기의 자녀들이 동일계의 전공에 진학하는 경우도 볼 수 있다.(예컨대 의·약사 등) 이러한 전공선택은 다른 대학과 지방에서도 유사하게 나타나고 있다.

이러한 대학생 보호자의 직업이 어떠한 계급적 지위를 지니고 있는가를 1987년의 자료에서 재분석하여 보면 표 10과 같다.

<표 10> 대학생 보호자의 계급적 지위

학교	자본가	구중산층	신중산층	노동자	무직	기타 · NA	합계
서울대	11.0	31.6	43.5	8.5	4.5	0.8	99.9
고려대	7.1	34.0	40.4	5.3	4.5	8.8	100.1
서강대	6.1	45.4	44.2		4.2	0.2	100.1
부산대	4.9	36.3	28.2	16.0	14.5		99.9
전남대	3.5	56.9	32.9	0.4	4.3	2.0	100.0
원광대	6.7	53.8	30.2	3.5	2.8	3.0	100.0
청주대		57.2	25.7		4.4	12.8	100.0

(비고) 서울대의 자료는 1988년도 신입생의 것이고 나머지는 1987년도 신입생 자료임.

표 10을 보면, 최근 대학의 교육기회구조를 신중산층과 구중산층이 거의 독점하고 나머지를 자본가와 노동자가 차지하고 있음을 볼 수 있다. 무직자의 경우는 실업자도 있겠지만 그 보다도 노후 퇴직자가 대부분일 것이다. 왜냐하면 학비 부담자의 상당수가 부모가 아닌 경우(서울대 16.5%, 부산대 15.2%)가 있기 때문이다.

이러한 계층적 출신 배경은 대학과 지역에 따라 차이가 있음을 알 수 있다. 서울과 부산 지역의 대학은 다른 지방에 비하여 신중산층이 더 많지만, 호남지방의 경우는 구중산층이 더 많다. 소위 일류대학 입학생의 학부모의 계층적 지위가 상당히 높다는 것을 알 수 있다. 비록 과거에 비하여 교육기회가 확대되어 있다 할지라도 전국적인 수준에서 본다면 대학교육의 기회구조는 매우 폐쇄적인 성격을 지니고 있다.

대학생 부모의 계층적 지위는 그들의 생활수준과 학력과 같은 지표에 의해서도 알 수 있다. 그들의 생활수준이 비록 주관적인 판단이지만 서울과 대도시 소재의 대학생은 생활수준이 좋은 편이고 지방의 경우는 보다 나쁜 편이다. 그러나 생활수준이 나쁜 경우는 오히려 서울지역의 경우가 더 많다.

서울대와 서강대의 경우는 나쁜 생활수준이 전체의 약 3할이 되지만 좋은 생활수준의 경우는 약 25%가 되고 전북대와 원광대의 경우는 약 10%에 불과하며, 반면에 보통인 경우가 더 많다. 대학생의 생활수준을 다른 기준으로 조사한 연세대의 경우를 보면, 전체의 50.3%가 중상이라 하였고, 중하가 33.0%이며, 상층은 8.2%, 하층은 7.8%이다. 이것을 남녀별로 분석하여 보면 여자의 경제적 수준이 더 높다.(여자의 경우 중상이 61.4%임)

<표 11> 대학신입생의 생활수준

		아주좋다	좋은편	보통	나쁜편	아주 나쁘다	무응답	합계
서울대	1988	3.0	21.7	45.4	25.3	3.4	1.2	100.0
	1980	2.9	47.8	34.6	11.2	2.5	1.0	100.0
부산대	1987	0.02	4.1	68.9	23.2	3.8		100.2
	1985	0.1	2.8	63.2	29.2	4.9	0.1	100.0
전남대	1983	0.8	27.1	46.3	19.4	6.3		99.9
	1981	2.1	24.7	47.0	19.9	6.0	0.8	100.1
고려대	1987	0.9	11.0	56.0	21.2	10.9		100.0
	1985	1.2	10.5	55.9	23.2	9.3		100.1
	1972	17.7		64.5		17.7	0.2	100.1
원광대	1987	0.9	6.3	65.9	21.8	3.2	1.8	99.8
	1985	1.6	7.4	66.1	20.6	3.0	1.3	100.0
서강대	1987	5.1	19.3	45.4	26.0	4.1	0.2	100.0
	1985	3.5	16.7	45.6	28.2	6.3	0.1	100.1

대학생의 아버지의 학력을 표 12에서 보면, 서울지역 대학생 아버지의 학력이 높고 지방일수록 낮은 편이다. 일반적으로 학력이 대졸 이상이 가장 많아서 전체의 약 3할을 차지하고, 그 다음은 고졸자로서 전체의 약 3할이 되며 중졸과 국졸인 경우에는 대학에 따라 많은 차이를 보여 주고 있다. 서울대와 고려대의 경우는 중졸 및 국졸이 각각 13%와 10%가 되지만 부산대와 전남대의 경우는 중졸이 각각 약 19%가 된다.

이러한 것을 본다면 대학을 이수하지 못한 대학생의 아버지(약 7할)가 자녀를 대학에 진학시키고 있다는 것은 아버지 세대에 대학교육기회가 주어지지 못한 정치적, 경제적, 사회적 여건도 있겠지만 자녀에 대한 교육열이 대단히 높음을 알 수 있다.

<표 12> 대학생 부친의 학력

		대학원 이상	대졸	고졸	중졸	국졸	한학	무학	무응답	합계
서울대	1975	2.9	36.7	30.7	12.9	9.6		0.9	6.2	99.9
	1970									
고려대	1987	43.1		30.6	13.1	11.0	1.1	1.1		100.0
	1985	37.0		44.6		13.6	2.9	1.9		100.0
	1980	42.9		41.4		14.7				99.0
	1972	41.4		39.4		11.9	3.8	0.5	3.0	100.0
연세대	1987	13.0	47.6	25.5	7.5	6.3		0.8		100.7
전남대	1988	24.9		31.9	18.8	20.8	1.5	2.2		100.1
	1985	22.3		33.1	17.2	22.1	2.9	2.4	3.0	99.0
	1981	17.7		25.9	19.8	22.5	6.2	4.3		99.4
부산대	1987	2.7	27.2	36.2	18.6	13.2		2.0		99.9
	1985	2.1	25.2	34.7	17.5	17.6		2.4	0.3	99.8
원광대	1987	2.8	19.2	41.5		25.6	3.0	1.2	6.8	100.1
	1985	2.3	18.8	42.6		25.1	2.3	2.7	7.2	101.0

(2) 사회적 배경

우리나라 국민의 계층적, 지역적 격차가 매우 심하기 때문에 이러한 것이 교육기회에 미치는 영향이 큰 것이다. 다시 말하면 상위계층이나 대도시지역 출신이 대학교육기회를 많이 획득하게 되고 이들이 또한 대학교육에의 접근이 용이한 것이다.

먼저 대학신입생들이 주로 성장한 지역이 어떠한 곳인 가를 보면 대다수가 대도시 출신이고 나머지도 중소도시 출신이 많다는 것이다.

표 13을 보면, 서울대 신입생의 약 65%가 대도시 출신이고 중소도시의 경우도 해마다 증가되어 약 20%를 상회하며 농어촌 출신은 불과 12% 정도이다. 이러한 현상은 부산대와 서강대의 경우도 유사하다. 그러나 고려대 신입생의 경우는 서울대 신입생의 경우 보다도 농어촌 출신이 더 많고 전남대의 경우는 3할 이상이 농어촌 출신이다. 이러한 것은 대학이 소재한 지역적 특성을 많이 지니고 있는 것을 의미하며, 또한 대도시 출신일수록 대학에

접근할 수 있는 기회 획득이 용이하다는 것을 의미한다.

<표 13> 대학별 신입생의 성장지

		대도시	중소도시	농어촌	무응답 기타	합계
서울대	1988	64.1	23.3	12.3	0.4	100.1
	1975	66.1	19.9	12.6	1.5	100.1
	1970	65.2	10.8	21.5	2.6	100.1
부산대	1987	72.9	9.6	17.5		100.0
전남대	1988	44.3	22.7	33.0		100.0
	1983	45.4	22.1	32.5		100.0
고려대	1982	58.9	25.1	15.6	0.4	100.0
	1980	52.5	31.2	15.7	0.6	100.0
	1975	53.1	24.5	24.2		100.0
	1972	70.4	16.7	12.6	0.2	99.9
서강대	1987	71.1	18.1	10.3	0.5	100.0
	1985	65.4	19.7	14.4	0.5	98.1

한편, 각 대학신입생의 출신 고교가 어떠한 지역(시 · 도)에 소재하고 있는 가를 고찰하여 보자

<표 14> 대학별 출신고교의 소재지

		서울	경기	강원	충북	충남	경북	경남	부산	전북	전남	제주	기타	합계
서울대	1980	49.8	4.4	4.1	2.6	5.8	7.4	5.6	9.8	6.4	3.5	0.8		100.2
	1975	62.3	3.1	1.1	1.0	2.9	6.0	1.2	10.6	2.7	4.8	0.4	4.0	100.1
	1970	64.5	3.6	0.9	1.0	3.2	9.6	11.8		3.4	3.8	0.3	1.3	100.0
전남대	1981	1.3	0.2	0.2	0.04	0.2	0.1	0.3	0.4	3.2	93.4	0.6		99.9
고려대	1987	50.4	7.9	2.1	2.6	6.0	6.5	5.1	6.0	4.8	6.6	1.3	0.7	100.0
	1985	48.6	8.6	2.4	3.9	6.2	7.6	6.0	5.4	4.8	6.1	1.2	110.4	100.0
	1980	62.0	7.0	2.2	10.8		6.8		4.7		5.8	0.7		100.0
	1975	69.7	3.7	1.7	1.2	2.8	5.6	2.0	6.4	2.4	4.4			99.9
	1972	68.1	33	1.3	0.9	2.8	6.7	1.5	6.3	1.9	438	0.5	1.8	90.9

표 14를 보면, 서울대와 고려대학 신입생의 출신 고교가 대부분 서울에 소재해 있고(약 5할) 그 다음은 부산, 경북에 있으며, 나머지는 경기(고려대) 및 전북(서울대) 출신이 많다. 나머지도 각 지방(도)에 분산되어 있다. 그러나 전남대의 경우 전체의 93.4%가 전남(광주시 포함) 출신이고 그 밖의 지역은

전북(3.2%)과 서울(1.3%)을 제외하면 1% 미만이다.

이러한 것을 보면, 서울지역에 소재한 대학에는 서울출신들이 가장 많이 입학하고 있지만, 다른 지방 출신들도 많이 있다. 그러나 지방대학의 경우는 거의 그 지방 출신들이 독점하고 있다. 이와 같이 우리나라 대학교육의 기회가 경제적 사정(하숙비, 등록금 등)으로 지역적 폐쇄성을 많이 지니고 있다.

한편, 대학신입생 가정의 생활수준을 보면, 약 3할이 나쁜 편인데 이들의 학비 조달은 부모 이와 자기 및 형제 부담이 아닌가 생각한다. 부모가 학비를 부담하는 경우는 표 16을 보면 서울대가 약 8할이 되고 고려대의 경우도 약 8할이 되는데 최근에는 약 9할이 되었으며, 전남대와 원광대의 경우는 약 9할이 되고 있다. 부모 이외의 학비 부담은 대개 형제 및 자기의 부담이며 장학금에 의존하는 경우도 있다. 서울대의 경우 1970년에 아르바이트 등으로 자기 부담이 24.5%까지 된 적이 있지만 최근에는 10%에 불과하며 고려대의 경우도 본인과 장학금에 의존하는 경향이 있다.

<표 15> 대학생의 학비조달

		부모부담	형제부담	자기부담	친척부담	조부모	장학금	기타	무응답	합계
서울대	1988	80.2	3.8	10.0	0.9	0.1	3.7		1.3	100.0
	1980	81.4	7.0	9.0	0.4	0.1		0.9	1.3	100.1
	1970	54.3		24.5	0.7		12.1	1.7	0.4	93.7
고려대	1987	88.4	4.2	5.3				2.1		100.0
	1985	80.0	6.1	1.9			8.0	4.0		100.0
	1980	78.6	6.6	10.9			3.9			100.0
	1975	82.6	7.1	6.7	2.9		2.5	0.3		100.1
전남대	1988	91.4	5.4	1.9	0.5	0.1		0.7		100.0
	1985	89.3	7.3	2.2	0.3	0.4		0.6		100.1
	1981	77.4	10.9	2.9	1.8	1.8		0.6	4.6	100.0
원광대	1987	87.4	5.0	1.9	1.0		4.0	0.6		99.9
	1985	84.7	5.4	3.1	0.8		5.1	0.7	0.2	100.0

3) 대학생의 가족적 배경

가정이 좋아야 대학에 진학할 수 있다. 자유주의 사회에 있어서 사회이동의 가장 중요한 조건의 하나가 가정 배경이다. 이러한 가정조건의 하나가 부모 유무이다. 대학신입생의 부모 유무는 그들의 학업성취에 미치는 영향이 매우 크다. 이번에 조사된 대학신입생의 부모가 생존한 경우는 대학에 관계없이 약 9할이 되고 편모인 경우도 약 8% 내외이며 편부인 경우는 2% 미만이다. 심지어 고아이면서 대학 진학자도 있다.

<표 16> 대학생 부모의 유무

		편부	편모	부모생존	고아	무응답	합계
서울대	1988	1.1	6.7	91.3	0.2	0.7	100.0
	1975	2.7	9.7	85.0	1.5	1.1	100.0
	1970	2.0	10.3	82.4		5.3	100.0
고려대	1987	1.0	5.9	92.9	0.3		100.1
	1985	1.1	8.0	90.5	0.4		100.0
	1980	1.1	8.4	90.2	0.3		100.0
	1975	1.5	9.6	88.5	0.1		100.0
전남대	1988	0.8	8.9	90.1	0.1		99.9
	1981	1.3	11.2	85.4	0.9	1.2	100.0
	1985	0.9	8.8	90.1	0.2		100.0
원광대	1987	0.8	8.0	90.3	0.2	0.7	100.0
	1985	0.8	7.6	88.7	0.3	2.6	100.0

이러한 것을 본다면 대부분의 대학생들이 매우 행복한, 안정된 가정에서 자랐다는 것을 알 수 있다.

한편, 대학신입생의 종교는 표 17에서 볼 수 있는 바와 같이 거의 절반이 종교가 없고, 나머지는 기독교도가 가장 많아서 학교간 또는 연도에 따라 약간의 차이가 있으나 기독교도는 25% 내외를 차지하고 있으며 그 다음에는 불교도(10%내외)와 천주교도(6% 내외) 등이 있다. 특히 원광대의 경우 원불교 재단의 학교라서 불교도 및 원불교도가 다른 대학에 비하여 많은 편이다.

이러한 종교적 배경은 대도시인의 종교분포가 거의 유사한 것으로 대학생들의 출신 배경이 대도시의 중산층 출신이 대부분이기 때문에 나타난 현상이다.

<표 17> 대학생 가정의 종교

		없음	기독교	천주교	불교	유교	기타	무답	합계
서울대	1980	58.2	22.8	7.2	10.0		0.7(0.9)	0.3	100.1
	1975	20.8	19.1	6.2	9.1	0.3	0.03	44.5	100.0
	1970		30.9	3.8	18.4	0.9	4.5(0.1)	50.7	109.2
고려대	1985	54.9	25.6	7.1	11.5		0.9		100.0
	1989	59.1	22.6	6.5	11.4		0.4		100.0
	1975	41.8	14.7	5.3	37.3		0.9		100.0
전남대	1988	54.6	25.0	11.0	9.0		2.4		100.0
	1981	53.4	28.4	7.3	8.8		1.0(0.3)	0.9	100.1
	1985	53.2	23.2	10.1	7.9	2.0	3.4(0.3)		100.0
부산대	1985	62.9	17.9	6.1	10.7(0.4)	0.2	0.6(0.2)	0.8	99.8
원광대	1987	32.8	23.4	6.6	27.2(6.3)	1.9	0.4	2.4	100.0
	1985	36.8	23.9	6.1	25.2(6.7)	1.4	0.1		100.0

<표 18> 대학생 입학후 주거예정지

		본가	친척 및 친지	자취	하숙	기숙사	미정	기다	무응답	합세
서울대	1988	46.0	8.7	5.8	6.1	32.6			0.8	100.0
	1970	49.6	5.5	4.5	9.0		12.9	2.9(7.9)	0.6	92.9
고려대	1987	55.8	12.0	8.8	15.6	7.1		1.1		100.4
	1980	68.0	11.4	4.0	5.0			11.6		100.0
	1975	64.7	12.2	5.8	13.7	0.5		0.2(3.0)		100.1
전남대	1988	65.0	5.1	22.7	3.0	3.4		0.8		100.0
부산대	1987	80.5	4.7	6.2	1.5	9.0		1.0		99.9
	1985	80.0	6.9	4.6	1.7	6.2		0.5	0.1	100.0
원광대	1987	56.6	6.9	46.7	15.9			3.6	0.2	99.9
	1985	63.0	6.7	13.8	11.4			4.9	0.5	100.3

그러면, 이러한 배경을 지닌 대학신입생들이 입학후 어떠한 주거환경에서 대학을 다니려고 하는지를 보면 흥미롭다. 표 18을 보면, 서울대생의 경우 전체의 50% 미만이 자기 집에서 통학하고 나머지는 친척, 친지, 자취, 하숙 등의 생활을 할 예정이며 1988년에는 기숙사 생활을 전체의 32.6%가 생활할 수 있다고 한다. 한편, 고려대생과 원광대생의 경우는 해마다 감소되고 있지만 전체의 약 16%가 본가에서 통학하고 나머지는 하숙, 친척, 친지, 자취 등을 하면서 다닐 계획이다. 그리고 부산대생의 80%는 자기 집에서 통학하고 전체의 9%는 기숙사에서, 나머지는 친척, 친지(4.7%), 자취 등으로 해결

하려고 한다.

이러한 것을 보면, 서울대생의 주거조건은 비록 본가가 아니지만 기숙사 등 비교적 조건이 좋고 부산대생의 경우는 본가에서 다니기 때문에 좋은 것 같지만 고려대와 원광대생의 경우는 자취가 많아서 객지 생활에서 고생이 많을 것 같다.

3. 대학재학생의 만족도

1) 진학학과에 대한 만족도

대학생들의 전공에 대한 만족도는 교육의 효과성이란 측면에서도 매우 중요하다. 왜냐하면 만족도가 높을수록 교육효과도 높아질 것이고 교육에 투자한 물적, 인적 자원의 효율성도 높아질 것이기 때문이다.

각 대학 신입생들의 진학학과에 대한 만족도 여부는 표 20에 나타나 있다. 대학마다 조사문항이 상이하기는 하지만 대략적인 비교에는 무리가 없다. 우선 85년 이후의 대학별 만족도를 보면 대단히 만족과 다소 만족을 합친 비율은 서울대학이 91.2%로 가장 높게 나타났다. 그 다음은 고려대가 77.0%, 서강대 74.6%, 중앙대 72.7%, 부산대 70.4%로 대개 상위권 대학들의 학생들의 7할 이상이 진학 학과에 대해 대체로 만족하고 있는 것으로 볼 수 있다. 원광대학의 경우는 63.0%로 가장 낮게 나타났다.

이것을 각 대학별로 보면 서울대의 경우 1970년에는 다소 만족과 대단히 만족을 합친 비율이 64.5%에 지나지 않았으나 1985년의 경우는 91,2%로 상당히 높게 나와 최근에 대학에 들어온 학생일수록 학과 만족도가 높을 것 같다. 고려대의 경우 1972년에 만족하는 비율이 59.0%, 80년에는 60.9%로 상당히 높게 나와 최근에 대학에 들어온 학생일수록 학과 만족도가 높을 것 같다. 고려대의 경우 1972년에 만족하는 비율이 59.0%, 80년에는 60.9% 그리고 1987년에는 77.0%로 서울대와 비교할 때 비율의 차이는 있어도 최근에 올수록 만족도가 높아지는 동일한 경향을 보이고 있다. 원광대의 경우는

1981년과 87년 사이에 큰 차이를 보이고 있지 않다. 전공학과에 대해 보통의 만족도를 보이고 있는 비율은 대체적으로 고려대가 높게 나타나고 있고 원광대의 경우가 다른 대학에 비해 높게 나타나고 있다. 한편 불만족 한다는 비율을 보면 중앙대가 27.3%로 가장 높은 비율을 보이고 나머지 대학은 5~10% 정도의 비율을 보이고 있다. 중앙대의 불만족 비율이 높게 나타난 것을 조사문항의 차이에서 비롯된 것 같다.

<표 19> 진학학과에 대한 만족도

		대단히 만족	다소 만족	보통	다소 불만	불만	무응답	합계
서울대	1970	32.9	31.6	22.9	8.7	3.7	0.2	100.0
	1985	39.3	51.9	7.4	(0.5)		0.9	100.0
부산대	1987	22.2	48.2	21.7	6.7	1.3		100.0
고려대	1972	(59.0)		35.3	(5.6)		0.2	100.1
	1980	(60.9)		34.3	(4.7)			
	1987	22.2	54.8	17.2	4.9	0.8		99.9
원광대	1984	26.7	47.3	20.7	4.2	1.1	0.8	100.1
	1987	20.2	42.8	30.8	5.3	1.1	0.5	99.9
서강대	1987	(74.6)		20.1	(5.2)		0.1	100.0
중앙대	1988	13.7	59.0		23.1	4.2		100.0

(자료) 각 대학 신입생 실태자료보고서에서 재작성.
(비고) ( )의 비율은 양쪽 항목을 합친 비율임.

2) 전공학과의 선택동기

대학신입생들이 전공학과를 선택하는 동기를 대학별로 비교한 결과 표 21에서 나타난 바와 같이 전반적으로 적성이나 흥미에 맞아서 선택했다는 비율이 50~70%에 이르고 있다. 최근 조사된 결과를 대학별로 보면 서울대학이 적성에 맞아서 선택했다는 비율이 67.7%로 가장 높고, 서강대, 부산대, 중앙대의 경우 57~61%의 비율을 보여 비교적 높게 나타났으며, 고려대, 전남대 등안 각각 51%, 53로 상대적으로 조금 낮은 수치를 보이고 있다. 취직의 용이성을 보고 전공학과를 선택했다는 비율은 대학별로 13~17%의 비슷한 비율을 보이고 있으나 고려대학은 9.9%로 매우 낮게 나타났다. 한편, 전공학과를 선택하는데 있어서 입학 가능성이란 요인을 중요시 하는 비율을 대학별로 보면 서울대가 27.5%로 가장 높게 나타났으나 전남대, 고려대, 원광대, 중앙대 등도 20% 이상이 입학 가능성 때문에 특정 전공학과를 선택한 것으로 나타났다. 입학가능성이 전공선택의 변수로서 가장 낮게 나타난 학교는 부산대, 서강대로서 각각 15.0%, 12.6%의 비율을 보이고 있다. 주위의 권유로서 전공을 선택하는 비율은 전반적으로 낮게 나타나 대학생들의 전공선택의 변수로서 크게 작용하지 않는 것으로 밝혀졌다.

<표 20> 신입생의 전공학과 선택 동기

		적성,홍미에 맞아서	취직이 용이	입학 가능성	주의 권유	별이유 없이	무응답	기타	합계
서울대	1988	67.7		27.5	4.1		0.8		100.1
부산대	1987	58.3	16.6	15.0				10.0	99.9
전남대	1981	43.3	28.8	13.8	8.0		2.1	4.1	100.0
	1988	51.1	16.7	21.5	6.8	4.0			100.1
고려대	1972	61.5	13.5	19.1		5.3			100.0
	1980	57.9	5.9	23.5	8.4	4.3	0.6		100.0
	1985	53.0	9.9	26.8	7.6	2.6			99.9
원광대	1987	55.9	13.4	25.1	5.0		0.5		99.9
서강대	1987	61.2	17.3	12.6	3.6	2.4	0.2	2.8	100.1
중앙대	1988	57.1	17.4	21.8				3.7	100.0

시계열 분석이 가능한 고려대학의 경우를 보면 최근에 들어올수록 적성, 흥미에 맞아서 특정학과를 선택하는 비율이 점차 낮아지고 입학가능성이란 변수가 전공을 선택하는데 있어서 차지하는 비중이 높아지고 있어 주목할 만 하다.

3) 전공학과의 적응도

전공학과에 대한 적응도는 여러 가지 측정도구를 사용하여 밝혀낼 수 있지만 해당 전공에 만족을 느끼지 못하고 전과하겠다는 비율이 많을수록 적응도가 낮을 것이라는 것은 적응도를 측정하는 중요한 변수가 될 수 있다. 이 때문에 몇 개 대학의 전과 경향을 중심으로 대학생들의 학과 적응도를 측정해 보기로 한다.

<표 21> 서울대학의 연도별 전과경향

전과여부 / 연도	하겠다	안하겠다	모르겠다	무응답
1965	35.8	64.2		
1966	28.1	71.9		
1967	34.7	61.1		4.1
1969	37.0	31.5	30.1	1.4
1970	19.7	53.2	26.7	0.4
1971	23.0	50.3	26.0	
1973	24.8	55.7	19.4	
1974	22.2	54.8	22.9	0.06
1979	48.87	41.50	5.95	4.08
1980	37.26	51.09	8.82	2.83

서울대학의 연도별 전과 경향이 표 22에 나타나 있다. 이 표를 보면 연도별로 일관된 경향을 보이지 않고 있다. 그러나 1979, 1980년을 제외하고 전체 평균을 보면 대략 28% 정도로 나타나 약 3할 가량의 학생들이 전공학과에 대해 잘 적응하지 못하고 있는 것으로 추측해 볼 수 있다. 여기에 모르겠다는 비율의 약 5할 정도는 된다고 말할 수 있을 것 같다. 1979년도와 1980년도의 경우를 보면 전과를 원한다는 비율이 평균 43%로서 1979년 이전보다 매우 높게 나타나고 있음을 알 수 있다. 이것은 질문 문항의 차이에서 생긴 것이지만 조금 높게 평가된 수치이다. 이것을 감안해도 전과를 원한다는 비율이 이렇게 높게 나타난 것은 전공에 대한 적응도가 상당히 낮다는 것을 추측할 수 있다. 그리고 79년과 80년의 경우 전과를 원하지 않는다는 비율도 평균 46%로 79년 이전과 비교하여 낮아진 것에는 틀림없다. 여기에서 최근에 입학한 학생일수록 전공에 대한 적응도가 낮아지고 있는 것이 아닌가 하는 생각이 간다.

고려대의 경우를 보면 1973년에서 1976년까지의 자료가 표 22에 제시되어 있는데 고려대의 경우 서울대와 설문문항의 차이가 있지만 전과하겠다는 비율이 평균 약 30%로 나타났고 전과하지 않겠다는 비율이 70% 정도로 나타났다.

<표 22> 고대 신입생의 전과 희망 여부

	전과하겠다	전과하지 않겠다
1973	27.8	70.8
1974	34.7	63.5
1975	31.9	68.1
1976	26.7	69.9

(자료) 고려대학교 신입생 실태조사자료 해당년도.

4. 대학졸업생의 취업기회(I)

여기에서는 대학졸업생의 취업기회를 분석하기 위해 문교통계연보에 나타난 대학졸업생의 진로, 직업분포, 취업경로, 그리고 전공과 직업의 일치성을 분석하여 보기로 한다. 먼저 전문대학을 포함한 우리나라 고등교육기관 전체를 분석하여 본 후에 대학 졸업자와 대학원 졸업자들을 별도로 분석한다.

1) 고등교육기관 졸업생들의 취업기회

전문대학, 대학, 대학원을 포함한 우리나라 전체 고등교육기관 졸업생들의 취업분야, 취업경로 등은 매년 문교부에서 발행하는 문교통계연보에 비교적 자세히 수록되어 있다. 이 자료는 각 학교에서 보고된 것을 취합한 것이기 때문에 자료의 신빙성 문제는 있다.

먼저 고등교육기관 졸업자 전체의 진로를 보면, 대학원 등으로 진학한 진학자의 비율이 71년에는 5.53%이었고 80년도 졸업자는 12.76%로 약 2배가까이 늘어났다가 87년에는 7.55%로 다시 현저하게 감소한 것으로 나타났다. 취업자는 71년에 62.02%, 80년대 58.8%, 87년대에 43.8%로 최근에 올수록 취업률이 현저하게 하락하고 있다. 그러나 이와 비례하여 무직자와 미상을 합친 비율은 71년이 20.9%, 80년이 36.9%, 87년이 35.4%로 나타나 80년 이후 졸업생들의 무직율이 상당히 높아지고 있다. 특히 87년의 경우 입대자 중에서 취직한 자를 감안하더라도 취직율이 5할 정도인 것으로 볼 수 있는데 이는 상당한 교육적 낭비로 생각된다.

대학 졸업생의 진로를 남녀별로 보면, 진학자의 경우는 연도에 상관없이 남자가 약 2~4% 정도 많은 것으로 나타났다. 취업자의 경우 71년 졸업생의 경우 남녀가 각각 61.4%, 63.1%로 오히려 여자의 취업률이 더 높게 나타났으나 80년에는 여자의 취업률이 남자에 비해 약 10% 정도 하락되었고 87년도에 와서는 남자 47.7%, 여자 27.4%로 여자의 취업률이 절반 이상 차이가 나는 것으로 나타났다.

<표 23> 고등교육기관 졸업자의 진로

	1971			1980			1987		
	남	녀	합계	남	녀	합계	남	녀	합계
진학자	6.17	4.22	5.53	14.09	10.13	112.76	8.83	4.66	7.55
취업자	61.45	63.18	62.02	61.76	52.93	58.80	47.76	27.42	43.82
입대자	17.00		1146	12.77		8.49	22.11		132
무직자	7.00	19.10	10.94	2.91	21.86	9.27	12.95	46.04	22.48
미상	14.90	13.49	10.05	8.46	15.08	10.68	8.35	21.87	12.94
합계	100.0	100.0	100.0	100.0	100.0	100.0	100.0	100.0	100.0

한편 무직자와 미상을 합친 연도별 남녀 비율은 71년에 남자가 21.9%, 여자가 34.5%로서 약 11% 이상의 차이를 보여주고 80년에는 남녀 각각 10.1%, 36.8%로 약 26% 차이로 벌어졌고, 87년에 와서는 남자 21.2%, 여자 67.8%로 47% 이상의 격차를 보이고 있다. 이것을 보면 여자의 취직율이 최근에 올수록 현저히 감소하는 동시에 여성고등교육의 문제점과 낭비성을 심각하게 보여주고 있다.

한편, 고등교육기관 졸업생 중 취업자들의 직업별 분포를 보면, 표 25와 같다. 전체적으로 보면 취업자 중에서 전문기술직의 분포가 48.9%로 나타나 고등교육기관 졸업자의 5할 정도가 전문기술직으로 취업을 하고 있다는 것을 알 수 있다. 그 다음이 사무직의 경우로 17.2% 정도가 되며 서비스직, 행정관리직으로도 약 6% 정도가 진출하고 있다. 이를 남녀별로 보면 전체의 직업 분포와 큰 차이는 보이지 않으나 여자의 경우 남자 보다 서비스직으로 취업한 경우가 약 3배 정도 높은 것이 특징이다.

<표 24> 고등교육기관 졸업자의 직업별 성별 직업분포

	남	녀	합계
전문기술직	42.57	56.10	48.94
행정관리직	4.98	3.95	6.36
사무직	17.28	17.08	17.28
판매직	3.25	3.87	4.60
서비스직	3.72	9.07	6.88
농·축·어업직	1.30	0.70	1.54
생산·운수직	2.96	1.28	3.36
군인	4.65	0.09	4.68
기타	3.63	7.87	6.37
합 계	100.0(74,450)	100.0(39,844)	100.0(114,249)

(자료) 문교부,「문교통계연보」, 1987

고등교육기관 중 전문대학 졸업생들의 취업기회를 분리시켜 보면, 전체 졸업생 82천명 중에 약 4할 정도가 취직을 하고 2할 정도는 군에 입대하는 것으로 나타났다. 무직자는 15% 정도가 되나 미상까지 합치면, 약 25% 정도가 취업을 하지 않은 것으로 볼 수 있다. 졸업생 중 취직한 사람을 직업별로 보면, 전문기술직이 51%, 사무직이 13.5% 그리고 서비스직이 10.1%로 나타났다. 전문대학 졸업생의 경우 서비스직 진출이 높게 나타난 것도 특징이라 할 수 있다.

2) 대학졸업자의 진로

대학졸업자의 취직문제는 80년 이후 계속 악화되기 시작하여 최근에는 심각한 사회문제로까지 비화되고 있다. 졸업자의 진로를 71년도와 87년도를 비교한 결과 입대자, 진학자 등을 제외한 순수 취업률이 71년은 53.1%, 87년은 40.5%로 나타나 17년 동안 무려 13%가 하락한 것으로 나타났다. 반면에 무직자의 경우는 71년에 14.5%에서 87년에는 28.5%로 2배 이상 늘어난 수치를 보이고 있다. 미상의 경우도 87년은 71년도 보다 약 4% 정도가 늘어났다. 특히 87년의 순수 취업율이 40% 정도에 불과한 것은 대학교육의 비효율성과 낭비성이 심각하다고 지적될 수 있다.

<표 25> 대학졸업자의 진로

	1971			1987		
	남	녀	합계	남	녀	합계
진학자	5.7	3.6	5.2	8.9	4.7	7.3
취업자	55.9	44.8	53.2	48.0	27.4	40.6
입대자	20.4		15.4	14.2		8.7
무직자	8.4	33.6	14.6	17.5	46.0	28.5
미상	15.5	18.0	11.7	10.6	21.9	15.0
합계	100.0	100.0	100.0	100.0	100.0	100.0

(자료) 문교부,「문교통계연보」, 해당연도

대졸자의 진로를 남녀별로 보면, 취업자의 경우 71년에 남자 55.8%, 여자 44.8%로 약 11%의 격차를 보이고 있으나 87년에 와서는 남녀 각각 48.6%, 27.4%로 20%의 격차로 벌어지고 있다. 무직자와 미상을 합친 비율도 71년에 남자가 23.8%, 여자가 51.5%로 나타났으나 87년의 경우는 남자 27.9%, 여자 67.8%로 나타나 여자대졸자의 무직 비율이 엄청 나게 높아지고 있다. 여자대학 졸업생 중에 67.8%가 직업을 갖지 못한 것은 대학교육의 낭비성이라 하지 않을 수 없다.

전공계열별 대졸자들의 진로는 표 26에서 나타나 있다. 먼저 취업자의 경우를 보면 의약계가 70.2%로 가장 높은 취직율을 보이고 있고 사회계가 45.4%, 자연계가 43.4%로 의약계 다음의 취직율을 나타내고 있다. 반면 인문계, 예체계 졸업자들은 각각 32%, 35%의 비율을 보이고 사범계 졸업생들이 28.1%로 가장 저조한 취업률을 보이고 있다. 무직자와 진로를 알 수 없는 미상까지 합친 비율을 보면 사범계 졸업생들이 61.4%로 가장 높았으며 인문계 53.83%, 예체계 52.6%를 보여 5할 이상이 취업을 하지 못한 것으로 나타났다. 한편 의약계 졸업생의 경우는 11% 정도로 가장 낮은 비율을 보이고 있다.

<표 26> 전공계열별 대학졸업자의 진로

	인문계		사회계		자연계		예체계	
	계	여자	계	여자	계	여자	계	여자
진학자	7.97	4.87	6.32	3.82	9.27	6.40	6.75	6.29
취업자	32.76	24.14	45.46	24.13	43.47	23.70	35.44	32.13
입대자	5.43	0.00	9.40		10.95		5.17	
무직자	34.95	48.24	24.18	49.42	25.89	50.45	34.39	40.98
미상	18.88	22.74	14.64	22.63	10.42	19.45	18.24	20.60
합계	100.0	100.0	100.0	100.0	100.0	100.0	100.0	100.0

	의약계		사범계		합계
	계	여자	계	여자	
진학자	4.18	3.72	4.37	3.02	7.25
취업자	70.25	70.71	28.11	25.70	40.59
입대자	14.09		6.08		8.68
무직자	5.57	15.03	38.91	46.43	28.53
미상	5.90	10.55	22.53	24.85	14.95
합계	100.0	100.0	100.0	100.0	100.0

(자료) 문교부, 「문교통계연보」, 1987

대학원 진학자의 비율은 자연계 졸업자들이 9.2%로 가장 높게 나타났으며 나머지 계열 졸업생들은 4~7% 정도로 큰 차이는 나타나지 않고 있다. 한편, 여자 졸업생의 경우만을 보면 취업비율이 가장 높은 계열은 역시 의약계로서 70.7%로 보이고 있다. 나머지 계열의 전공자들은 24~25%정도 취업률을 보이고, 예체계 전공 여학생들의 비율은 32.1%로 약간 높게 나타나고 있다. 무직자와 미상을 합친 비율은 의약계 졸업자를 제외하면 7할 내외로 상당히 저조한 취업률을 보이고 있다. 의약계 졸업자는 25.5%의 무직자 비율을 보이고 있다.

이상과 같은 대학졸업자의 진로에 있어서 나타나는 특징은 첫째는 순수 취업율이 5할 정도가 되며 남자가 여자 보다 취업률이 2배 정도 높다는 점이고, 둘째는 전공계열별로 보면 의약계 졸업생의 취업률이 7할 정도로 가장 높고 사범계 졸업생들이 가장 낮다는 점을 지적할 수 있다.

3) 대학졸업자의 취업경로

대졸자의 취업 경로를 연도별로 보면 큰 특징이 발견되지는 않으나, 전체 대졸자 중에 약 4할 정도가 채용시험을 거쳐 취직을 하고 있는 것으로 나타났고, 학교 추천에 의한 취직은 약 34% 정도로 나타났다. 부모가 경영하는 사업이나 자영을 하는 경우도 약 7%이다.

<표 27> 대학졸업자의 취업 경로

	1981			1987		
	남	녀	합계	남	녀	합계
학교추천	29.13	50.62	33.55	36.81	32.12	35.60
채용시험	44.12	22.45	39.66	43.12	32.70	40.39
부모경영 및 자영	8.68	4.30	7.78	6.08	11.02	7.37
기타	18.07	22.62	19.01	22.50	24.15	16.62
합계	100.0	100.0	100.0	100.0	100.0	100.0

(자료) 문교부,「문교통계연보」, 해당년도

이를 남녀별로 보면, 71년에 학교 추천에 의한 취업이 여자가 50.6%, 남자가 29.1%로 나타나 여자의 경우가 남자 보다 절반 정도 더 높게 학교추천에 의한 취업이 이루어지고 있었으나 87년에 와서는 오히려 남자가 약 4% 정도 더 높게 나타났다. 채용시험에 의한 취직은 71년에 여자가 남자에 비해 22%정도 낮게 나타났으마 87년에는 11%로 격차가 줄어 들어 여자 대졸자의 공채에 의한 취업률이 상대적으로 높아지고 있음을 알 수 있다. 부모경영사업이나 자영을 하는 경우는 71년 보다 87년에 와서 여자가 남자 보다 약 2배 더 가까이 늘어나서 71년에 남자가 여자보다 4% 정도 높은 것과 대조를 이루고 있다.

이를 전공계열별로 보면, 채용시험을 거쳐 취업을 하는 경우가 의약계 졸업생으로서 46.1%로 가장 높은 비율을 보이고 사회계, 자연계 졸업생들도 약 43% 정도가 공채를 통해 취업을 하고 있는 것으로 나타났다. 가장 낮은 비율은 예체계와 사범계 졸업생들로서 각각 25%, 28% 정도가 공채를 통해 취직하고 있다. 학교 추천을 통해 취업을 하는 경우는 사범계가 45.1%로 가장 높고 자연계도 41.0%로 비교적 높은 수치를 보이고 있다. 의약계 인문계 졸업자들은 27% 내외의 비율을 보이고 예체계 졸업자가 21%로 학교추천에 의한 취직 비율이 가장 낮았다. 대학 졸업 후 부모가 경영하는 사업이나 자영을 하는 비율은 예체계 졸업자가 19%로 상당히 높게 나타났고 인문계, 의약계 졸업생도 10% 내외의 비교적 높은 수치를 보이고 있다.

<표 28> 전공계열별 대학졸업자의 취업경로

	인문계		사회계		자연계		예체계	
	계	여자	계	여자	계	여자	계	여자
학교추천	28.80	27.06	34.23	26.48	41.08	36.26	21.13	18.58
채용시험	38.17	33.69	43.32	38.01	43.31	38.30	25.87	21.50
부모경영 자 영	9.82	12.34	6.75	9.77	4.96	7.64	19.09	23.38
기타	23.21	26.92	15.70	25.74	1065	17.41	33.90	36.55
합계	100.0	100.0	100.0	100.0	100.0	100.0	100.0	100.0
(실수)	(8.617)	(3,696)	(17,043)	(2,047)	(21,390)	(2,436)	(3,336)	(2,293)

	의약계		사범계		합 계
	계	여자	계	여자	
학교추천	26.10	26.57	45.12	48.61	35.60
채용시험	46.18	46.86	28.40	25.23	40.39
부모경영 자 영	10.45	12.80	5.34	4.01	7.37
기타	17.27	13.77	21.15	22.15	16.62
합계	100.0	100.0	100.0	100.0	100.0
(실수)	(4,487)	(1,750)	(5,845)	(5,693)	(60,718)

(자료) 문교부, 「문교통계연감」, 1987

이를 성별로 분석하면, 학교추천이나 채용시험을 거쳐 취직을 하는 비율이 전반적으로 여자가 평균 보다 대개 3~5% 정도의 낮은 비율을 보이고 있으나 그렇게 눈에 띌만한 차이는 보이고 있지 않다. 대졸자의 취업경로 분석에서 나타난 특징은 공채로 취직하는 비율이 5할 정도가 된다는 점과, 전공계열별로 볼 때 의약계, 사회계, 자연계 졸업생들이 여타 계열 졸업생 보다 공채나 학교 추천으로 취직하는 비율이 높다는 것을 알 수 있다.

4) 대학졸업자의 취업분야

대학졸업자들이 취업을 하는 경우 대학 때의 전공분야와 어느 정도 밀접한 직업을 갖게 되는 가를 전공계열별로 분석한 결과 약 7할 정도 전공분야로 취업을 하며 3할 정도는 전공과 무관한 직업을 갖게 되는 것으로 나타났다.

이것을 전공계열별로 보면 의약계의 경우 거의 100%가 전공분야로 진출하고 있는 것으로 나타나 가장 높은 비율을 보이고, 예체계, 자연계, 사법계 등도 72~79%의 상당히 높은 비율을 보이고 있다. 전공분야로 가장 낮게 진출하는 계열은 인문계 전공자들로서 52.1%의 비율을 보여주고 있어 전공분야로 진출하는 비율과 전공과 무관한 비율이 비슷하게 나타나고 있다.

이것은 성별로 분석해 보면 예체계와 사범계 졸업생들은 여자가 남자보다 전공분야로 진출하는 비율이 약간 높게 나타나고 사회계, 자연계 등은 남자가 여자보다 전공분야로 진출하는 비율이 12~15% 정도 높게 나타나고 있다.

<표 29> 전공분야별 전공계열별 취업분포

	인문계		사회계		자연계		예체계	
	계	여자	계	여자	계	여자	계	여자
전공분야	52.14	51.49	66.21	54.42	76.59	61.49	79.53	81.33
다른분야	47.83	48.61	33.797	45.58	23.41	38.51	20.47	18.67
합계	100.0	100.0	100.0	100.0	100.0	100.0	100.0	100.0
(실수)	(8,617)	(3,696)	(17,043)	(2,047)	(21,390)	(2,436)	(3,336)	(2,293)

	의약계		사범계		합 계
	계	여자	계	여자	
전공분야	99.47	99.20	72.95	78.92	71.70
다른분야	0.53	7.80	27.05	21.08	28.29
합계	100.0	100.0	100.0	100.0	100.0
(실수)	(4,487)	(1,750)	(5,845)	(3,639)	(60,718)

한편, 대학졸업자들의 전공계열별 직업 분포를 보면, 전공에 따라 직업을 선택하는 비율이 매우 다양하게 나타나고 있음을 알 수 있다. 먼저 전체적인 비율을 보면, 취업자 중 전문기술직으로 진출하는 비율이 40.7%로 가장 높게 나타났고 사무직의 경우는 20%로 나타났다. 나머지 직업의 경우는 농축어업직과 생산운수직을 제외하면 평균 5%정도의 비율을 보여주고 있다.

직업분포가 전공계열별로 어떠한 차이가 있는가를 보면, 의약계 졸업 취업생 중 88%가 전문기술직으로 진출하여 가장 높은 수치를 보여주고 있고 그 다음은 사범계(60.4%), 자연계(52.4%), 예체계(49.5%)의 순서를 보이고 있다. 취업생 중에 전문기술직에의 진출이 가장 낮은 계열이 사회계 졸업생으로 15.6%를 나타내 전공에 따라서 직업의 선택에 편차가 매우 심하다는 것을 보여주고 있다. 반면에 행정관리직, 사무직은 사회 인문계 졸업생들이 가장 높아 50% 내외의 비율을 보여주고, 나머지 계열은 10~15% 정도의 비율을 보여주고 있다.

<표 30> 전공계열별 대학졸업자의 직업분포

	인문계		사회계		자연계		예체계	
	계	여자	계	여자	계	여자	계	여자
전문기술직	19.42	17.18	15.69	19.25	52.48	40.64	49.55	56.08
행정관리직	10.42	9.79	13.75	10.06	4.19	4.60	3.63	2.66
사무직	34.34	38.12	38.99	41.91	12.39	23.19	7.73	6.67
판매직	5.80	4.84	8.65	5.57	4.16	4.64	2.13	1.48
서비스직	9.77	12.64	6.58	10.21	3.97	8.74	12.65	8.98
농축어업직	1.15	0.95	0.50	0.39	3.02	1.64	0.30	0.00
생산운수직	1.45	1.16	2.59	1.07	5.13	2.30	1.65	2.22
군 인	4.89	0.00	6.08	0.15	8.62	0.00	4.68	0.00
기 타	10.77	15.31	7.16	11.38	6.04	14.24	17.69	21.89
합 계	100.0	100.0	100.0	100.0	100.0	100.0	100.0	100.0
(실수)	(8,617)	3,696)	(17,043)	(17,043)	(21,390)	(2,436)	(3,336)	(2,293)

	의약계		사범계		합 계
	계	여자	계	여자	
전문기술직	88.10	95.20	60.63	67.0	40.70
행정관리직	0.11	0.06	2.67	2.6	7.28
사무직	0.53	0.69	12.47	13.9	22.13
판매직	0.33	0.69	2.81	1.7	5.13
서비스직	1.76	0.80	4.91	5.03	5.93
농축어업직	0.49	0.00	1.54	1.65	1.57
생산운수직	0.04	0.00	1.69	1.32	3.00
군 인	7.44	1.43	6.30	0.05	6.85
기 타	1.18	1.14	7.19	6.51	7.41
합 계	100.0	100.0	100.0	100.0	100.0
(실수)	(4.,487)	(4,487)	(5,845)	(3,639)	(60,718)

서비스직의 경우는 예체계 졸업생이 12.6%로 가장 높고 인문계 졸업생도 9.7%로 상당히 높은 비율을 보여주고 있다. 나머지 직업은 극히 적은 분

포를 보여 대다수 대졸자들의 직업분포는 전문기술직, 행정관리직, 사무직에 집중되어 있음을 알 수 있다. 이를 성별로 보면, 자연계 졸업생을 제외하면 여자와 남자의 직업분포가 큰 차이를 보이고 있지 않음을 알 수 있다. 그러나 자연계 전공자의 경우는 여자가 남자 보다 전문기술직으로 취업이 12% 정도 낮고 사무직으로의 진출은 여자가 12%정도 높은 것으로 밝혀졌다.

5) 대학원 졸업자의 직업분포

대학원 졸업자의 졸업후 진로를 전체적으로 보면, 71.4%가 취업을 하고 있는 것으로 나타나 대학 졸업자의 취업률 40% 보다 30% 정도가 높은 수치를 보여주고 있다. 그리고 박사과정 등 한 단계 높은 진로를 택하고 있는 비율은 9.4%로 나타났다. 그러나 무직자와 미상자를 합치면 대학원 졸업자의 1할 정도는 직업을 갖지 못하고 있는 것으로 밝혀졌다.

대학원 졸업자의 진로를 전공계열별로 보면, 취업자의 비율이 가장 높은 계열은 사범계로서 졸업생 중 88%가 취업을 하고 있는 것으로 나타났다. 의약계와 사회계 졸업생들도 약 75% 정도의 높은 취업률을 보여주고 있다. 가장 낮은 취업률을 보여주고 있는 전공계열은 예체능계로서 53.3%의 수치를 보여주고 있다. 진학자의 비율은 인문계가 13.8%로 가장 높고 자연계, 의약계 등도 13% 정도의 진학률을 보여 주고 있다. 진학률이 가장 낮은 계열은 사범계로서 1%도 안 되었다. 무직자의 비율은 예체계가 22.2%, 자연계가 10.3%, 인문계가 9.5%로 나타나 예체계 대학원 졸업생의 2할 정도가 무직자로서 남는다는 것은(미상까지 합치면 36%) 대학원 교육에 어느 정도 비효율성의 문제가 있다고 볼 수 있다.

대학원 졸업자의 사회진로를 성별로 보면 전반적으로 대학졸업자와 마찬가지로 여자졸업생들이 취업 비율이 낮고 또한 무직과 미상의 비율도 높음을 알 수 있다. 그러나 진학자의 비율은 자연계와 의약계를 제외하면 여자가 더 높은 것으로 나타나 주목할만 하다. 특히 자연계와 의약계를 빼고는 무직과 미상을 합친 비율이 모두 30%를 넘고 있다.

<표 31> 전공계열별 대학원 졸업자의 진로

	인문계		사회계		자연계		예체계	
	계	여자	계	여자	계	여자	계	여자
진학자	13.80	14.56	7.67	7.87	13.55	8.90	5.80	7.06
취업자	62.20	46.45	74.01	55.06	63.20	55.56	53.36	48.44
입대자	6.09	0.00	6.88	0.00	7.03	0.00	3.97	0.00
무직자	9.51	26.17	5.92	25.56	10.32	27.05	22.81	30.21
미상	8.41	12.82	5.52	1152	5.91	8.45	14.05	14.29
합 계	100.0	100.0	100.0	100.0	100.0	100.0	100.0	100.0
(실수)	(2,283)	(557)	(4,509)	(356)	(6,600)	(876)	(982)	(609)

	의약계		사범계		합 계
	계	여자	계	여자	
진학자	13.22	12.02	0.86	1.23	9.46
취업자	76.64	72.10	88.86	70.97	71.41
입대자	4.92	0.00	0.78	0.00	5.31
무직자	2.78	10.94	4.70	13.85	7.93
미상	2.44	4.94	4.80	13.85	5.88
합 계	100.0	100.0	100.0	100.0	100.0
(실수)	(2,337)	(466)	(358)	(1,061)	(120,699)

한편, 대학원 졸업자의 전공계열별 직업분포를 보면 표 33과 같다. 이 표를 보면 대학원 졸업생 중 취직한 사람의 직업분포가 전문기술직이 62.9%로서 가장 많고 그 다음이 사무직으로서 1.0%를 기록하고 있다. 그리고 관리・행정직도 8.01%로 보여 대학원 졸업자도 대학졸업자와 마찬가지로 거의 대부분이 전문 기술직, 행정직, 사무직으로 진출하고 있음을 알 수 있다.

직업별 전공계열의 분포를 보면 사범계 전공취업생의 9할 이상이 전문기술직으로 취직하여 가장 높은 비율을 보여 주고 의약계 졸업자도 88.8%가 전문기술직으로 진출하고 있다. 전문직으로 가장 낮은 진출 비율을 보여주고 있는 계열은 사회계열으로서 27%정도의 수치를 나타내고 있다. 반면 행정관리직과 사무직의 진출비율은 사회계열 전공자들이 가장 높아 각각 19.4%, 27.8%를 나타내고 있다. 인문계열 졸업자와 자연계열 졸업자들도 행정관리직과 사무직으로 진출하는 비율이 여타 계열에 비해 높아 16~18% 정도의 비율을 보여주고 있다.

여자졸업생들의 직업분포를 보면, 계열별로 보아도 전문기술직으로 진출하는 비율이 가장 높게 나타나 의약계가 92.26%, 사범계가 89.2%, 인문계, 자연계 예체계가 6할 이상의 전문직 진출율을 보여주고 있다. 그 다음으로는 전문기술직, 다음에는 사무직의 비율이 높은 것으로 나타나고 있다.

<표 32> 전공계열별 대학원 졸업자의 직업분포

	인문계		사회계		자연계		예체계	
	계	여자	계	여자	계	여자	계	여자
전문기술직	54.51	66.42	26.94	51.53	60.63	60.86	58.40	63.73
행정관리직	10.99	7.84	19.48	8.16	6.59	5.54	3.24	1.69
사무직	8.45	11.57	27.87	18.37	10.19	11.70	13.17	11.19
판매직	0.85	1.37	3.72	1.53	1.17	0.00	0.38	0.68
서비스직	7.11	8.96	6.62	10.71	5.61	3.29	9.35	1085
농축어업직	0.14	0.00	0.12	0.00	2.85	1.03	0.19	0.00
생산운수직	0.14	0.00	1.44	1.02	4.12	2.05	0.38	0.34
군인	3.59	0.00	8.30	2.04	1.65	0.00	0.38	0.00
기타	14.23	4.85	5.51	6.63	7.17	12.53	14.50	11.53
합 계	100.0	100.0	100.0	100.0	100.0	100.0	100.0	100.0
(실수)	(1,420)	(268)	(3,337)	(196)	(4,171)	(487)	(524)	(295)

	의약계		사범계		합 계
	계	여자	계	여자	
전문기술직	88.39	92.26	90.84	89.24	62.19
행정관리직	0.11	0.00	2.42	2.12	8.03
사무직	0.17	0.00	2.56	4.65	11.09
판매직	0.00	0.00	0.11	0..00	1.29
서비스직	6.20	6.85	2.42	2.79	5.43
농축어업직	0.36	0.00	0.00	0.00	0.90
생산운수직	0.00	0.00	0.06	0.00	1.53
군인	4.41	0.00	0.34	0.00	3.32
기타	0.34	0.89	1.25	1.20	5.49
합 계	100.0	100.0	100.0	100.0	100.0
(실수)	(1,791)	(336)	(3,517)	(753)	(14,760)

대학원 졸업자들의 진로와 직업분포에서 나타난 특징을 정리하면, 첫째로 취업률이 대학졸업자보다 30% 정도 높다. 특히 의약계, 사범계, 사회계 등의 대학원 졸업생들이 취업률이 높다. 둘째로 그들의 직업분포는 6할 이상이 전문기술직으로 진출하고 있으며 나머지 대부분도 행정관리직이나 사무직에 종사하고 있다. 셋째로 사범계, 이학계통 일수록 전문기술직으로의

진출비율이 높고 사회인문계 일수록 행정관리직, 사무직의 비율이 높다.

5. 대학 졸업생의 취업기회(Ⅱ)

이 장에서는 대학 졸업생의 취업기회를 분석하고 그 효과성을 평가해 보기로 한다. 대학 졸업생의 취업기회에 대한 평가는 여러 가지 측면에서 분석, 평가할 수 있겠으나 본 장에서는 대학의 전공교육이 졸업 후의 직업 선택이나 직업생활에 어느 정도의 기여를 하고 있는지에 대한 효과를 분석하려는 데 있다. 그러므로 대졸자의 사회진출 후 직업선택이 전공과목과 어느 정도 일치되고 있는지, 그리고 대졸자의 직업이 어떻게 분포되어 있는지를 졸업연도별, 전공과목별, 그리고 출신학교 별로 분석하여 보고 그 효과를 파악해 보고자 한다.

여기서 분석의 대상이 되는 경우는 졸업생 명부 중에서 직업이 확인되는 사람들의 경우만을 분석한 것이다. 따라서 각 대학 전체 졸업생에 대한 전수조사가 아님을 주의해서 보아야 한다.

1) 대학졸업자의 졸업년도별 취업기회

(1) 전공학과와 직업의 관계

대학 때의 전공학문이 졸업후 직업의 선택에 어느 정도 기여를 하는 지는 대학교육의 효과성이라는 점에서 매우 중요하다. 대졸자들의 직업이 전공과 무관하다면 그 만큼 대학교육은 비효율적이라고 단순하게 말할 수도 있다. 그래서 본 조사에서는 대졸자들의 직업이 전공과 어떤 관계에 있는지를 파악하여 보았다.

본 조사의 대상인 6개 학교 74개 학과 졸업생의 전공과 졸업후의 직업의 상관성을 조사한 결과, 표 34에서 처럼 자기의 전공분야로 진출하는 비율이 37.5%로 가장 높게 나타났고, 유사전공 분야로 진출한 경우가 10.1%, 학부 때의 전공과 무관하게 사회로 진출한 경우가 24.6%로 나타났다. 그리고 직업을 알 수 없는 경우도 27.7%로 비교적 높게 나타났는데 이는 상당수가 졸업 후 가정주부의 역할만을 하는 여자대학(이화여대)의 졸업생이 포함되었기 때문이다. 그러나 미상에 포함된 해외 유학생을 전공분야 진출자로 본다면 전공분야 진출자의 비율은 40%를 훨씬 상회할 것으로 보인다. 한편, 이것을 졸업연도별로 분석해 보면 60년대와 70년대 졸업생이 전공분야로 진출한 비율이(대개 40% 이하) 50년대와 80년대에 비해(40%미상) 적은 비율로 나타남을 알 수 있다. 이와 마찬가지로 전공과 무관하게 사회로 진출한 비율도 65년(29.1%), 70년(24.8%), 75년(25.6%)의 경우가 다른 연도에 비해 상대적으로 높게 나타나고 있다. 이렇게 60, 70년대에 전공을 살려서 사회로 진출한 경우가 적고 상대적으로 전공과 무관하게 직업을 선택한 경우가 높은 것은 60, 70년대 수출위주의 경제개발 정책으로 주로 고급인력을 필요로 하던 일반대기업에 많이 진출한 결과로 생각된다.

<표 33> 졸업연도별 전공학과와 직업의 관계

	전공분야	유사전공분야	무관	미상	합계
1950	48.1	6.5	16.1	29.4	3.1
1955	40.6	14.6	25.9	18.9	7.9
1960	36.2	12.8	21.4	29.5	14.0
1965	32.6	10.5	29.1	27.8	27.2
1970	37.0	10.8	24.8	27.4	16.5
1975	40.9	6.9	25.6	26.6	17.3
1980	40.8	8.3	18.7	32.2	14.0
합계	37.5	10.1	24.6	27.7	100.0
(실수)	(3,773)	(1,019)	(2,472)	(2,787)	(10,051)

x^2=185.57994, D.F=18, P=0.000

그러면, 이것을 출신 학교별로 좀더 자세히 분석해 보기로 하자. 먼저 서울대학 졸업생들의 사회진출 결과를 본다.

표 34를 보면, 서울대학 졸업생들의 졸업연도별 전공과 직업과의 관계가 나타나 있는데 전공분야로 진출한 경우가 44.8%로 가장 많고, 전공과 무관한 직업을 갖고 있는 경우가 21.0%이며 유사한 전공분야로 진출한 경우가 14.0%로 나타났다. 직업을 갖고 있으나 직업의 내용이 알려지지 않은 경우

는 20.2%를 차지하고 있는데 이들중 상당 부분이 국외로 유학을 간 경우이기 때문에 실제의 비율은 상당히 낮을 것이다.(미상으로 나타난 724명중 약 6할인 431명이 해외 거주자이며 대부분이 유학생이다.) 그러므로 미상은 10% 이하이며 전공분야로 진출한 경우는 전체의 57% 정도가 될 것으로 추정된다. 이것을 연도별로 분석해 보면, 65년에 전공분야로 진출한 경우가 38.4%로서 가장 낮고 시간이 지날수록 그 비율이 높아져 75년의 경우는 54.2%에 이르고 있다. 유사전공분야로 진출한 경우와 전공과 무관하게 직업을 선택하는 비율도 해가 거듭될수록 비율이 낮아지고 있다. 65년~75년까지 미상이 많은 것은 대부분이 해외 유학생의 증가에 기인한 수치로 보인다.

<표 34> 서울대 졸업생의 전공학과와 직업의 관계

	전공분야	유사전공분야	무관	미상	합계
1950	60.8	0.5	14.6	15.1	5.0
1955	43.7	18.8	25.8	11.7	14.5
1960	43.2	15.9	23.7	17.2	20.0
1965	38.7	14.1	25.3	21.9	28.4
1970	44.9	12.6	15.2	27.3	18.0
1975	54.2	9.3	13.5	23.0	13.5
합계	44.8	14.0	21.0	20.2	100.0
(실수)	(1,602)	(500)	(753)	(724)	(3,579)

x^2=140.29229, D.F=15, P=0.000

고려대학 졸업생들의 연도별 사회진출 결과를 보면, 전공과 무관하게 사회로 진출한 비율이 36.3%로 가장 많아 전공분야로 진출한 35.2% 보다 높게 나타나고 있다. 그러나 미상으로 나타난 16.9%에 해외 유학생들이 포함되어 있기 때문에 전공분야로 진출한 비율이 36.3%를 상회할 것으로 추정된다. 그러나 서울대학 보다는 전공분야로 진출한 비율이 낮게 나타나고 있다. 이것을 연도별로 보면, 65년 졸업생이 전공분야로 진출한 비율이 29.1%로서 가장 낮고 그 다음이 70년(32.1%), 75년(34.0%) 졸업생의 순으로 나타나고 있다. 이와 비슷하게 전공과 무관하게 직업을 갖는 경우도 70년 졸업생이 41.2%로 가장 높고, 그 다음이 75년(40.7%), 65년 졸업생(39.2%)의 순서를 보이고 있다. 이것은 전술했듯이 60년대 중반부터 본격적으로 추진되기 시작한 경제성장 정책의 결과 고급인력의 필요성이 높아져 일반 대기업에 대졸자들이 많이 진출한 결과로 보인다. 그러나 80년 졸업자들의 경우는 전공분야로 진출하는 비율이 매우 높아지고 있다. 이것을 보면, 사회경제적 여건에 따라 졸업 후의 사회진출(진로)이 많은 영향을 받는다는 것을 알 수 있다.

<표 35> 고려대 졸업생의 전공학과와 직업의 관계

	전공분야	유사전공분야	무관	미상	합계
1950	38.6	1.4	28.6	31.4	1.8
1955	39.4	8.8	35.6	16.3	4.1
1960	34.9	16.5	33.6	15.0	8.3
1965	29.1	11.0	39.2	20.7	29.3
1970	32.1	14.4	41.2	12.3	16.0
1975	34.0	8.4	40.7	16.9	18.8
1980	45.5	13.0	26.8	14.7	21.7
합계 (실수)	35.2 (1,362)	11.7 (452)	36.3 (1,407)	16.9 (653)	100.0 (3,874)

x^2=129.31876, D.F=18, P=0.000

한편, 여자대학인 이화여대 7개 학과 졸업생의 사회진출을 연도별로 보면 표 36과 같다. 이화여대의 경우는 남자대학의 경우와 비교해서 현저한 차이를 보이고 있는데 전공분야로 진출한 경우가 전체의 7.7% 밖에 되지 않으며 미상인 경우가 89.7%에 이르고 있다. 물론 미상으로 나타난 1.120명 가운데 유학생이 포함된 해외거주자가 약 15%를 차지하기 때문에 전공분야로 진출한 졸업생의 비율은 높아질 것으로 생각되나 전공분야, 유사전공분야, 전공과 무관하게 진출한 비율을 모두 합쳐도 20% 내외가 될 것이다. 나머지의 대부분은 대학졸업 후 거의 가정주부의 역할만을 수행한다고 볼 수 있다. 졸업연도별로도 뚜렷한 차이를 보이지 않고 있으나 80년 졸업생의 경우 직업을 가진 비율이 60, 70년대 졸업생 보다 약간 높게 나타나고 있다. 그러나 그 절대적 비율이 20% 선에도 못 미치고 있다. 여자대학 졸업자의 취업기회가 남자 보다 상대적으로 불리하다는 것은 잘 알려진 사실이지만 교육의 효과성과 사회적 효율성이라는 측면에서 상당히 문제가 있다는 것을 지적할 수 있다.

<표 36> 이화여대 졸업생의 전공학과와 직업의 관계

	전공분야	유사전공분야	무관	미상	합계
1950			2.8	97.2	2.9
1955	11.9		3.0	85.1	5.4
1960	5.2		0.4	94.4	19.9
1965	9.3	0.3	1.3	89.1	24.2
1970	6.9	0.5	1.1	91.5	15.1
1975	11.4			88.6	16.2
1980	11.7	0.5	3.4	84.4	16.4
합계	8.7	2	1.4	89.7	100.0
(실수)	(109)	(3)	(17)	(1,120)	(1,249)

x^2=290.8415, D.F=18, P=0.0474

모두 9개 학과를 조사한 전남대학교 졸업생들의 졸업연도별 전공과 직업의 상관관계를 보면, 전공분야로 진출한 졸업생이 전체의 77.7%로 나타난 것은 조사한 4개 대학중 가장 높은 비율인데 이것은 중·고등학교 교사로 진출한 졸업생들이 대부분을 차지하기 때문이다.(표 44를 보면 전남대 졸업생 중 전문직이 52.4%를 차지하고 있는데 대부분이 교사이다.)

<표 37> 전남대 졸업생의 전공학과와 직업의 관계

	전공분야	유사전공분야	무관	미상	합계
1955	75.0		5.0	20.0	4.7
1960	95.1		4.9		9.7
1965	78.7	11.1	16.9	3.4	21.0
1970	65.9	4.5	27.3	2.3	10.4
1975	66.2	5.4	20.3	8.1	17.5
1980	80.1	3.8	10.9	5.1	36.8
합계	77.1	3.1	14.6	5.2	100.0
(실수)	(327)	(13)	(62)	(22)	(424)

x^2=33.94210, D.F=15, P=0.0035

이것을 연도별로 보면, 70년과 75년 졸업생이 전공분야로 진출한 비율이 65.9%, 66.2%로서 가장 낮고 동시에 전공과 무관한 직업을 가진 비율이 70년과 75년 졸업생이 가장 높게 나타나고 있다. 그러나 80년 졸업생들은 전공분야로 진출하는 경우가 다시 높아지고 있다. 이렇게 전공분야로 졸업생들이 많이 진출하는 전남대학교의 경우는 대학교육의 효과라는 측면에서 매우 긍정적인 측면을 보여준다고 할 수 있다.

모두 8개 학과를 조사한 중앙대학교의 경우를 보면 표 39에서 보는 것처럼 36.6%가 전공분야로 진출했고 유사전공분야는 5.0% 그리고 전공과 무관한 직업으르 갖고 있는 비율이 25.0%로 나타났다. 그러나 미상의 비율이 33.4%로 높게 나타났다. 이것을 연도별로 보면 전공분야로 진출하는 비율이 60년과 65년에는 36~38%이었으나, 70년대에는 47% 이상으로 높아지는 것으로 나타났다. 80년의 경우는 20.9%로 다시 하락했으나 이것은 실제 비율이기 보다는 조사자료(동창회 명부)의 미비점으로 생각된다.

<표 38> 중앙대 졸업생의 전공학과와 직업의 관계

	전공분야	유사전공분야	무관	미상	합계
1950	20.0			80.0	0.6
1955	36.8	10.5	42.1	10.5	2.4
1960	38.3	18.3	26.7	16.7	7.5
1965	36.0	8.4	39.3	16.3	22.3
1970	47.0	3.0	27.6	22.4	16.8
1975	46.7	4.1	27.7	21.5	24.5
1980	20.9		6.8	72.3	25.8
합계	36.6	50	25.0	33.4	100.0
(실수)	(292)	(40)	(199)	(266)	(797)

x^2=242.14882, D.F=18, P=0.0000

유사 전공분야와 전공과 무관한 직업을 갖는 비율이 60년도의 일시적 증가를 제외하면 해마다 낮아지고 있는 것도 주목할 만한 하다. 유사전공분야로 진출한 경우는 33년에 10.5%에서 75년에 4.1%로 줄어들었고 전공과 무관하게 진출하는 비율도 42.1%에서 27% 정도로 줄어들고 있다.

부산대학교의 경우는 전체적인 실수가 적기 때문에 어떤 일관된 경향을 밝혀 보기에는 무리한 점이 있다. 전체적으로 볼 때 전공분야로 진출한 비율이 63.3%에 이르러 전남대학 수준의 높은 전공분야 진출율을 보이고 있다. 물론 이들 중 상당수는 교사직을 갖고 있다. 유사 전공분야로 진출한 경우는 8.6%에 지나지 않고 전공학과와 무관한 직업을 갖고 있는 경우도 26.6%가 이르고 있다. 부산대도 전남대와 마찬가지로 전공분야 진출율이 높은 것이 특징이다.

<표 39> 부산대 졸업생의 전공학과와 직업의 관계

	전공분야	유사전공분야	무관	미상	합계
1955	58.6	28.6	42.9		5.5
1960	63.6	13.6	22.7		17.2
1965	55.6	11.1	33.3		7.0
1970	67.7	6.5	25.8		24.2
1975	66.1	5.1	25.4	3.4	46.1
합계	63.3	8.6	26.6	1.6	100.0
(실수)	(81)	(11)	(34)	(2)	(128)

x^2=9.92009, D.F=12, P=0.6230

이상에서 졸업연도별 전공학과와 직업의 관계를 분석한 결과를 정리해 보면 다음과 같다.

첫째, 전체적으로 전공분야로 진출한 비율이 40% 정도가 되며 유사전공분야 까지 합치면 약 50%가 된다.

둘째, 전공분야로 진출한 졸업생의 비율을 대학별로 보면`남자대학의 경우가 훨씬 높아 서울대가 57% 정도, 고려대 37%, 전남대가 77%, 중앙대 37%, 부산대 63.3%로 나타났다. 이화여대는 8.7%로 아주 낮은 분포를 보이고 있다.

셋째, 전공학과와 직업의 관계를 졸업연도별로 분석한 결과 60, 70년대 졸업생들이 전공분야로 진출한 비율이 낮고 이와 비례하여 전공과 무관한 직업을 선택한 비율이 상대적으로 높게 나타났다. 이것은 60년대 이후 추진되기 시작한 경제개발 정책으로 취업기회가 넓어지면서 일반 기업체로 다수의 대졸자들이 취업한 결과로 생각한다.

(2) 직업분포

현대사회에서 직업은 계급 및 계층의 중요한 결정요인이 되기 때문에 많은 학자들이 직업구조나 직업분포에 주목해 왔으며 이러한 직업을 결정하는 주요 변수중의 하나가 바로 교육이기 때문에 교육과 직업의 상관관계가 주목되어 있다. 본 연구에서 조사한 6개 대학 졸업생의 전체적인 분포는 표 40과 같다.

<표 40> 졸업연도별 직업분포

	전문직	관리직	사무직	판매직	기타	미상	합계
1950	40.0	29.0		0.3	0.6	30.0	3.1
1955	28.8	51.3		0.9	0.5	18.5	7.9
1960	23.7	46.5		9.1	0.4	29.4	14.0
1965	20.4	45.2	2.2	0.2	1.2	30.8	27.2
1970	21.3	33.1	14.7	0.1	1.0	29.8	16.5
1975	25.3	30.6	13.1	0.1	0.6	30.3	17.3
1980	21.2	3.6	40.5		0.9	33.7	14.0
합계 (실수)	23.2 (2,335)	35.0 (3,520)	11.0 (1,103)	0.2 (18)	0.8 (85)	29.7 (2,990)	100.0 (10,051)

x^2=2363.45409, D.F=30, P=0.000

표 40을 보면, 관리직이 35.6%로 가장 높게 나타났고 그 다음이 전문직으로서 32.2%, 그리고 사무직이 11.0%로 나타났다. 그러나 서울대학교와 부산대 동창회 명부가 1977년도에 발행한 것이기 때문에 이들의 승진을 감안한다면 관리직은 40% 정도가 될 것이다. 그리고 미상에 포함된 해외유학생들을 포함시킨다면 전문직은 30%선이 될 것으로 추정할 수 있다. 따라서 전문관리직을 합치면 약 70%가 된다.

이를 연도별로 보면, 전문직의 경우 50년대 많은 비율을 보이다가 65년, 70년 20%에 까지 떨어지고 76년 80년에 다시 증가하는 추세를 보이고 있다. 이것은 전공과 직업의 상관관계에서 서술한 것처럼 60년, 70년대에 대졸자들이 일반 대기업으로 대량 진출한 결과에서 비롯된 것 같다. 따라서 이때 대기업으로 들어간 대졸자들이 대부분 현재 관리직에 많이 분포되어 있을 것으로 추정할 수 있다. 그러나 70년 75년의 관리직의 수치가 낮게 나타난 것은 앞에서 말했듯이 서울대학교와 부산대의 동창회 명부가 1977년에 발행된 것을 자료로 사용했기 때문이다. 따라서 서울대 출신 사무직이 거의 관리직으로 올라갔다는 전제하에서 비율을 추정해 보면 65년 졸업생의 경우 관리직이 약 50%, 70년 졸업생은 약 40% 정도가 된다. 따라서 사무직의 전체 비율인 11.7%도 훨씬 낮아질 것으로 볼 수 있다. 사무직의 비율이 낮게 나타난 것은 근무연한을 직위이동의 가장 중요한 변수로 생각하는 우리나라 기업 풍토를 반영한 것으로 생각된다.

<표 41> 서울대 졸업생의 직업분포

	전문직	관리직	사무직	판매직	기타	미상	합계
1950	50.8	32.2		0.5	1.0	15.6	5.6
1955	50.2	56.5		1.2	0.6	11.5	14.5
1960	28.2	54.3			0.4	17.2	20.0
1965	26.1	42.4	5.9	0.1	1.6	23.9	28.4
1970	23.1	10.1	37.1	0.2	0.5	290	18.0
1975	37.5	0.2	38.5		0.4	23.4	13.5
합계	29.5	34.8	13.6	0.3	0.8	21.2	100.0
(실수)	(1,055)	(1,244)	(485)	(9)	(29)	(757)	(3,579)

x^2=1311.43210, D.F=25, P=0.0000

그러면 직업분포를 학교별로 분석해 보기로 한다. 서울대학 졸업생의 직업분포를 1977년 졸업생 명부를 보면 관리직이 34.8%로 가장 많고 다음으로 전문직(29.5%), 미상(21.2%), 사무직(13.6%)의 순서를 보이고 있다. 그러나 미상에 속한 사람들 중 6할 이상이 해외유학자이기 때문에 이들을 전문직에 포함시킨다면 전문직의 비율이 관리직과 비슷한 35%의 비율이 된다. 이것을 연도별로 보면 50년 졸업생의 전문직 비율이 50%로 가장 높았으며 75년(37.5%), 55년(30.2%)의 순으로 나타났다. 관리직의 경우의 70년, 75년 졸업생의 비율이 10, 1%, 0.2%로 타대학 보다 극히 낮게 나타난 것은 1977년에 발행된 졸업생 명부이기 때문이고 사무직의 비율이 높은 것도 동일한 이유 때문이다.

고려대학교의 졸업연도별 직업분포를 보면 표 43과 같다. 전체적으로 보면 관리직이 47%로 가장 많고 그 다음이 미상(20.7%), 전문직(17.3%) 그리고 사무직(14.1%)의 순서로 나타났다. 그러나 미상에 포함된 해외유학생을 전문직에 포함시킨다면 전문직의 비율은 20%를 상회할 것으로 보인다. 이것을 타학교와 비교해 볼때 고려대학 졸업생들은 전문직 보다 관리직 쪽에 많이 분포되어 있는 것이 특징이다. 이것은 고려대 졸업생들이 전공과 무관한 직업에 종사하는 비율이 가장 높은 것과도 연관된다.(표 35 참조)

<표 42> 고려대 졸업생의 직업분포

	전문직	관리직	사무직	판매직	기타	미상	합계
1950	30.0	37.1				32.9	1.8
1955	26.9	55.6			0.6	16.9	4.1
1960	22.7	62.3		0.3		14.6	5.3
1965	14.7	58.7	0.1	0.4	0.9	25.3	29.3
1970	17.4	64.5	0.8	0.2	1.3	15.8	16.0
1975	14.8	54.6	5.5		0.5	24.6	18.5
1980	17.8	5.0	59.7		0.8	16.7	21.7
합계	17.3	47.0	141	0.2	0.8	20.7	100.0
(실수)	(669)	(1,821)	(547)	(6)	(30)	(801)	(3,874)

x^2=2086.50181, D.F=30, P=0.0000

직업분포를 연도별로 분석해 보면, 전문직의 비율은 50년대와 60년대 졸업자의 비율은 비교적 높게 나타나 있으나 65년 이후 졸업생은 15% 내외로 낮게 나타나고 있다. 반면 관리직의 비율은 연도별로 일정한 경향을 보이지 않고 50~60%의 수치를 보이고 있다.

<표 43> 이화여대 졸업생의 직업분포

	전문직	관리직	사무직	판매직	미상	합계
1950	2.8				97.2	2.9
1955	10.4	3.0		1.5	85.1	5.4
1960	4.0	1.2			94.8	19.9
1965	7.9	1.7			90.4	24.2
1970	6.4	1.6			92.0	15.1
1975	9.9	1.5			88.6	16.2
1980	11.2	2.9	1.0		84.9	16.4
합계	7.8	1.8	0.2	0.1	90.2	100.0
(실수)	(97)	(22)	(2)	(1)	(1,127)	(1,249)

x^2=44.01800, D.F=24, P=0.0076

한편, 이화여대 졸업생의 직업분포를 보면, 90.2%가 미상으로 나타나 대부분 가정주부의 역할을 하고 있는 것으로 보인다. 전문직의 비율은 7.8%로 나타났고 관리직의 경우 1.8%로 나타났다. 이화여대의 경우 전문직의 비율이 관리직보다 훨씬 높은 것이 특징이다. 전문직의 대부분이 교수와 중고등학교 교사이다.

이것을 연도별로 보면, 관리직의 비율이 55년 졸업생은 10.4%로 높은 비율을 보이다가 60년 졸업생은 40%로 급격히 떨어졌고, 그 이후로는 계속 증가하여 80년 졸업생이 11.2%로 가장 높게 나타났다. 전반적으로 직업을 갖고 있는 비율이 낮은 것은 여자대학 졸업생들의 취업기회가 열악하다는 것을 반영하고 있다.

<표 44> 전남대 졸업생의 직업분포

	전문직	관리직	사무직	기타	미상	합계
1955	50.0	45.0			5.0	4.7
1960	53.7	41.5		4.9		9.7
1965	38.2	48.3		79	5.6	21.0
1970	45.2	38.6		13.6	4.5	10.4
1975	44.6	35.1	2.7	6.8	10.8	17.5
1980	66.7	1.3	22.4	2.6	7.1	36.8
합계	52.4	26.9	8.7	5.7	6.4	100.0
(실수)	(222)	(114)	(37)	(24)	(27)	(424)

x^2=142.82669, D.F=20, P=0.0000

그리고 전남대학 졸업생들의 직업분포를 보면 전문직이 52.4%로 가장 높게 나타났으며 다음이 관리직(26.99%), 사무직(8.7%) 등의 순서로 나타났다. 이렇게 전문직의 비율이 타대학 보다 훨씬 높게 나타난 것은 중·고등학교 교사의 직업을 갖고 있는 졸업생의 비율이 많기 때문이다. 이것은 전남대의 경우 전공분야로 진출한 비율이 50%를 넘는 것과 동일한 맥락에서 볼수 있다.

이것을 졸업연도별로 보면, 80년 졸업생이 전문직 비율이 66.7%로 가장 높고 다음이 60년(53.7%), 55년 졸업생(50.0%)의 순서를 보이고 있으며 65년,

70년, 75년 졸업생의 경우는 전문직 비율이 상대적으로 낮게 나타났다. 관리직의 비율은 65년 졸업생이 48.3%로 가장 높게 나타났다. 그러나 70년, 75년 졸업생은 관리직의 비율이 각각 38.6%, 35.1%로 비교적 낮게 나타났다.

중앙대학의 졸업연도별 직업분포를 보면 표 45와 같다. 전체적으로 보면 관리직이 31.2%로 가장 많고, 그 다음이 전문직으로서 29.7%를 차지하고 있다. 그러나 미상의 비율이 34.5%나 되어 전체의 직업분포를 정확하게 추계하기는 힘들다. 중앙대학의 경우는 졸업연도별로 직업분포의 경향을 보면 어떤 일관된 경향을 발견할 수는 없다. 대개 연도마다 3할 이상이 전문직으로 진출하고 약 4할 정도가 사무직을 거쳐 관리직으로 올라가는 것이 일반적인 경향으로 볼 수 있다.

<표 45> 중앙대 졸업생의 직업분포

	전문직	관리직	사무직	판매직	기타	미상	합계
1950	20.0					80.0	0.6
1955	47.4	42.1				10.5	2.4
1960	30.0	55.0				15.0	7.5
1965	37.1	44.9				18.0	22.3
1970	36.6	38.1				25.4	16.8
1975	36.9	39.0		1.0		23.1	24.5
1980	10.7	0.5	15.5		1.0	72.3	25.8
합계	29.7	31.2	4.0	0.3	0.3	34.5	100.0
(실수)	(237)	(249)	(32)	(2)	(2)	(275)	(797)

x^2=354.56565, D.F=30, P=0.0000

2) 대학졸업자의 전공학과별 취업기회

(1) 전공학과와 직업의 관계

본 절에서는 직업분포와 전공과 직업의 상관관계가 전공학과별로 어떤 차이를 보이고 있는지를 고찰해 보고자 한다. 먼저 조사대상 전체의 전공과 직업의 관계를 본 후 다시 학교별로 분석해 보기로 한다.

표 46에서 보듯이 졸업생 중 60% 이상이 전공분야로 진출한 학과는 건

축공학과(64%), 기계공학과(61.3%)로 나타났다. 같은 공과계열인 전자공학과도 55.7%가 전공분야로 진출하고 있어 공과계열은 유사 전공분야까지 합치면 약 8할 정도가 전공을 살려서 취직을 하는 것으로 볼 수 있다. 수학과와 농학과, 축산학과 졸업생들도 5할 내외가 전공분야로 진출하고 있는 것으로 나타났다.

<표 46> 전공과목별 전공학과와 직업의 관계

	전공분야	유사전공 분야	무관	미상	합계
국문학	36.4	3.1	10.0	50.5	7.0
영문학	30.6	8.7	39.8	20.9	2.0
역사학	39.4	7.5	34.1	19.0	2.2
철학	21.2	5.7	53.8	19.3	2.1
경영학	40.9	26.4	12.0	20.7	6.9
경제학	31.4	28.3	29.0	11.3	8.8
법학	28.5	9.2	48.8	13.5	11.2
행정학	23.0	12.1	49.8	15.1	6.1
정치학	244.7	12.6	43.2	19.5	7.0
사회학	26.6	13.6	45.6	14.2	1.7
사회사업(복지)	8.6		29.7	61.6	1.8
화학	41.9	12.5	18.4	27.2	2.7
수학	55.1	3.7	9.3	31.9	5.4
물리학	33.9	10.3	26.0	29.8	2.4
회화학	38.9	2.1	2.1	56.8	0.9
성악과	27.6		1.9	70.5	1.0
체육(교육)학	52.4		8.1	39.5	4.8
기계공학	61.3	14.8	8.1	15.7	3.6
전자공학	55.7	12.0	5.4	26.9	1.7
건축공학	64.6	9.1	9.8	16.5	4.6
농학	67.9	4.0	25.3	12.8	4.7
축산학	45.0	3.9	20.1	31.0	2.3
가정(관리)학	20.3	0.2	1.9	77.5	4.7
교육학	37.9	1.1	9.3	51.7	4.5
합계 (실수)	37.5 (3,773)	10.1 (1,019)	24.6 (2,472)	27.7 (2,787)	100.0 (10,051)

x^2=3593.52555, D.F=99, P=0.000

그러나, 인문사회과학 계통의 졸업생들은 대개 30~40% 정도가 전공분야로 진출하고 있으나 철학과(21.2%), 행정학과(23.0%), 사회학과(26.6%) 졸업생들의 비율은 비교적 낮게 나타나고 있다. 가장 비율이 낮은 학과는 사회사업(복지)학과 졸업생들로서 8% 만이 자기전공 분야로 진출하고 있는 것으로 나타났다. 가정관리학 전공자들도 20.3%로서 상당히 낮은 비율은 보이고 있다.

<표 47> 서울대 졸업생의 전공학과와 직업의 관계

	전공분야	유사전공 분야	무관	미상	합계
국문학	72.6	8.2	9.6	9.6	2.0
영문학	49.1	7.0	24.6	19.3	1.6
역사학	49.3	16.4	20.9	13.4	1.9
철학	39.1	7.2	37.7	15.9	1.9
경영학	50.5	36.1	7.2	6.2	2.7
경제학	28.1	39.6	21.5	10.8	12.2
법학	35.5	11.0	43.1	10.4	15.3
행정학	22.7	16.6	47.7	13.0	8.6
정치학	41.6	16.2	29.2	13.0	5.2
사회학	27.9	15.4	42.3	14.4	2.9
사회사업(복지)	15.0		45.0	40.0	0.6
화학	52.8	5.7	4.9	36.6	3.4
수학	53.5	5.9	8.9	31.7	2.8
물리학	39.6	8.9	9.9	41.6	2.8
회화학	38.9	2.1	2.1	56.8	2.7
성악과	27.6		1.9	70.5	2.9
체육(교육)학	87.2		3.8	9.0	4.4
기계공학	55.0	17.9	9.2	17.9	6.1
전자공학	50.5	12.9	2.2	34.4	2.6
건축공학	59.4	12.9	5.2	22.6	4.3
농학	72.6	5.5	7.5	14.4	4.1
축산학	63.2	4.3	6.0	26.5	3.3
가정(관리)학	41.1		3.6	55.4	3.1
교육학	75.3	1.1	15.1	8.6	2.6
합계	44.8	14.0	21.0	20.2	100.0
(실수)	(1,602)	(500)	(753)	(724)	(3,579)

x^2=1478.09235, D.F=69, P=0.000

유사한 전공분야로 가장 많이 진출하는 학과는 경영학, 경제학 전공자들로서 각각 26.4%, 28.3%의 수치를 보이고 있고, 행정학, 정치학, 화학, 물리학,

기계공학, 전자공학 전공자들의 10~15%가 유사한 전공분야로 진출하고 있다.

한편, 전공과 무관하게 사회에 진출하는 비율을 학과별로 보면 주로 인문사회과학 계통의 학생들이다. 철학전공자의 경우는 6할 이상이 전공과 무관한 직업을 선택하고 있으며 법학, 행정학, 사회학 전공자들도 45~50% 가깝게 전공과 무관한 직업을 선택하고 있다. 그러나 기계, 전자공학 졸업생 등 공과대학 계통의 졸업생들은 10% 미만이 전공과 무관한 직업을 갖고 있는 것으로 나타났다. 그 외에 전공과 무관한 직업을 갖고 있는 비율이 낮은 성악, 회화, 가정학 전공 졸업생들은 미상이 많기 때문에 정확한 의미를 파악하기 위하여 학교별 분석에서 다루기로 한다. 이러한 것을 볼 때 우리나라 사회과학과 일부 인문과학 대학교육의 비효율성이 다른 전공분야에 비하여 두드러지게 나타나고 있다.

서울대학 졸업생들의 전공학과별 전공과 직업의 관계를 보면 표 47과 같다. 먼저 전공분야로 가장 많이 진출한 학과를 보면, 체육(교육)학과가 87.2%로서 가장 많고, 그 다음으로 교육학(75.3%), 국문학(72.6%), 농학(72.6%) 전공자들도 7할 이상이 된다. 그리고 5할 이상 전공분야로 진출하는 학과는 축산학과(63.2%), 건축공학(59.4%), 기계공학(55.0%), 전자공학(50.5%), 화학(52.8%), 수학(53.5%) 등으로 이공계 전공자들이 전공분야로 진출하는 비율이 높게 나타나고 있다.(여기에 해외유학생들을 포함하면 이 비율은 더 높을 것이다.) 물리학과 졸업생들도 38.9%의 전공분야 진출율을 보이고 있으나 미상에 포함된 해외 유학생까지 포함하면 5할 이상이 전공분야로 진출한 것으로 볼 수 있다.

인문사회과학계통의 전공자 중에서는 영문학, 역사학 전공자들의 5할 가까이가 전공분야로 진출하고 있어 높은 비율을 보여주고 있는데 대부분이 대학교수와 중고등학교 교사이다. 그 외 정치학 전공자들은 41.6%, 철학은 39.1%의 낮은 비율을 보여주고 있다. 서울대학 졸업생중 전공분야로 진출하는 비율이 가장 낮은 학과는 사회사업(복지)학과 졸업생으로서 15% 미만이고 행정학(22.7%), 사회학(27.9%), 경제학(28.1%), 성악전공자(27.6%)들도 전공분야로 진출하는 비율이 상대적으로 낮다. 유사한 전공분야로 가장 많이 진출하는 학과는 경제학, 경영학 전공자들로서 각각 39.6%, 36.1%를 차지하고 있다. 학부 때의 전공과 무관한 직업을 가장 많이 갖고 있는 학과의 졸업생들은 행정학 전공자로서 47.7%를 나타내고 사회사업(복지)학(45%), 사회학(42.3%), 법학(43%) 전공 졸업생들도 상당히 높은 수치를 보이고, 정치학(29.2%), 경제학(21.5%) 전공자들도 비교적 높은 수치를 보여, 주로 사회과학 전공계열의 졸업생이 전공과 무관한 직업을 많이 선택하고 있음을 알 수 있다. 그리고 철학(37.7%), 영문학(24.6%), 역사학(20.9%) 전공자들도 전공과 무관한 직업을 선택하는 비율이 사회과학 전공자들보다는 낮지만 비교적 높게 나타나고 있다. 이공계통의 전공자들은 전공과 무관한 비율이 대개 10% 이하이다. 한편 직업을 알 수 없는 미상의 경우를 보면 화학, 수학, 물리학 전공자가 30% 이상의 높은 수치를 보이는 것은 해외 유학자들이 많이 포함되었기 때문이다. 전자공학 등 공과 계통의 미상 비율이 높은 것도 같은 이유에서 이다. 가정관리학과, 회화학과 졸업생들의 미상 비율이 50% 이상으로 높게 나타난 것은 일부의 해외 유학자가 포함되어 있지만 가정주부들이 많이 포함되어 있기 때문이다.

고려대학 졸업생들의 전공학과 직업의 관계를 학과별로 보게 되면 몇몇 경우를 제외하고는 대체로 서울대학 졸업생과 유사한 경향을 보이고 있다. 우선 기계공학(71.2%), 건축공학(68.8%), 전자공학(62.2%) 등의 공과계통의 졸업생들이 전공분야로 가는 비율이 가장 높게 나타나고 있고 수학(64.2%), 교육학(66.7%), 국문학(55.5%) 등의 일부 자연, 인문과학 전공자들의 전공분야 진출 비율도 상당히 높게 나타나고 있다. 화학, 물리학 전공자들의 전공분야 진출 비율은 서울대학 졸업생 보다 상당히 낮게 나타나고 있다. 영문학(23%), 역사학(35.2%), 철학(12.6%)과 등 인문계열 전공 졸업생 등의 경우는 서울대학 졸업생에 비해 전공분야로 진출하는 비율이 낮은 것이 특징이며, 대체로 전공과 무관한 분야로 많이 진출하고 있다. 농학계통의 졸업생들은 전공분야로 진출하는 졸업생들이 27~28%로써 서울대학 졸업생들에 비해 전공분야로 진출하는 비율이 극히 낮다.

한편, 사회과학계통의 졸업생들은 전공분야로 전출하는 비율이 경영학과가 42.5%로 가장 많고 그 다음이 경제학(34.7%), 행정학(23.2%), 정치학(23.2%), 법학(21.9%), 사회학과(19.6%)의 비율이 비교적 낮은 편이다. 상대적으로 전공과 무관한 직업을 선택하는 비율이 사회학(57.1%), 법학(54.3%), 행정학(52.0%), 정치학(45.3%) 등의 순서로 매우 높게 나타나고 있다. 경제학, 경영학 전공자들은 전공과 무관한 직업을 갖는 비율이 낮은 반면 유사한 전공분야로 가는 비율이 다른 사회과학 전공자들 보다 매우 높게 나타나고 있다. 인문과학 계통인 영문학, 역사학 전공자들도 전공과 무관한 직업을 갖고 있는 비율이 각각 46.0%, 39.6%로서 높게 나타나고 있으며 농학, 축산학 전공자들도 40% 이상의 높은 비율을 보여주고 있다.

<표 48> 고려대 졸업생의 전공학과와 직업의 관계

	전공분야	유사전공분야	무관	미상	합계
국문학	55.5	3.7	22.6	18.3	4.2
영문학	23.0	9.4	46.0	21.6	3.6
역사학	35.2	3.8	39.6	21.4	4.1
철학	12.6	4.9	61.5	21.0	3.7
경영학	42.5	28.6	14.7	14.3	13.2
경제학	34.7	17.2	36.2	11.9	11.5
법학	21.9	7.5	54.3	16.3	14.8
행정학	23.2	7.5	52.0	17.3	7.9
정치학	23.2	9.7	45.3	21.8	7.7
사회학	19.6	7.1	57.1	16.1	1.4
화학	32.9	18.1	29.5	19.5	3.8
수학	64.2	7.4	18.5	9.9	4.2
물리학	29.8	11.3	37.6	21.3	3.6
체육(교육)학	48.8		39.0	12.2	1.1
기계공학	71.2	10.1	6.5	12.2	3.6
전자공학	62.2	10.8	9.5	17.6	1.9
건축공학	68.8	8.3	7.3	15.6	2.5
농학	27.7	6.1	46.6	19.6	3.8
축산학	28.7	4.6	43.7	23.0	2.2
가정(관리)학	44.4		1.11	44.4	0.2
교육학	66.7		20.0	13.3	0.8
합계	35.2	11.7	36.3	16.9	100.0
(실수)	(1,362)	(452)	(1,407)	(653)	(3,874)

x^2=784.66246, D.F=60, P=0.0000

한편, 이화여대 졸업생들의 전공과 직업과의 관계를 전공학과별로 보면,

남자학교와 판이한 모습을 보여주고 있다. 표 49에서 보는 것 처럼 수학과를 제외하면 대체적으로 전공분야로 진출하는 졸업생의 경우 극히 적은 비율임을 알 수 있다. 특히 사회사업학은 졸업생명부의 자료신뢰도를 고려하더라도 전체 졸업생 중 1.3%만이 전공분야로 진출하고 유사 전공분야나 전공과 무관한 직업까지 합쳐도 극히 적은 인원이 취직을 하고 있다. 미상의 비율이 극히 높게 나타난 것은 거의 가정주부들로 생각되며 일부의 해외이민자들이 포함되어 있다.

<표 49> 이화여대 졸업생의 전공학과와 직업의 관계

	전공분야	유사전공 분야	무관	미상	합계
국문학	61	0.4	1.4	92.1	22.4
경영학	5.9			94.1	5.4
사회사업학	1.3			98.7	6.2
수학	23.1	0.7	3.4	72.8	11.8
체육(교육)학	10.7		0.7	88.6	11.9
가정(관리)학	5.6		1.3	93.1	25.6
교육학	9.2	0.5	1.4	88.9	16.6
합계	8.7	0.2	1.4	89.7	100.0
(실수)	(109)	(3)	(17)	(1,120)	(1,249)

x^2=636.2240, D.F=18, P=0.0000

전남대학의 경우는 실수가 다른 대학에 비해 적은 것을 감안해도 다른 대학과 비교하여 전공분야로 진출한 졸업생이 매우 높게 나타나고 있다. 전공분야로 진출한 경우가 평균 77.1%로서 서울대, 고려대에 비해 약 2배 정도 많다. 그러나 사회학 전공자나 건축공학 전공자 그리고 농학 전공자는 전공분야 진출 비율이 상대적으로 낮고 유사전공 분야나 전공과 무관한 직업으로 진출하고 있음을 알 수 있다. 전남대학교 졸업생 중에 이렇게 전문직의 비율이 높은 것은 국립대학이기 때문에 상대적으로 교직에 진출할 수 있는 기회가 높으며, 따라서 중·고등학교 교사의 비율이 타대학에 비해 압도적으로 많기 때문이다.

이와 같이 학부때의 전공을 살려서 사회로 진출한다는 것은 교육의 효과나 사회적 효율성이라는 측면에서 매우 긍정적인 측면을 갖고 있음을 부인할 수 없다.

중앙대학의 경우를 보면, 전공분야의 직업을 갖고 있는 비율이 가장 많은 학과의 졸업생은 수학과로서 73.3%이고, 그 다음은 건축공학과로서 63.0%이며 체육교육학(54.1%), 교육학(47.3%)의 순서를 보이고 있다. 전공분야 진출율이 가장 낮은 학과는 9.3%의 정치학과이고 사회복지학과도 12.7%로 낮은 비율이다. 반면에 전공과 무관한 분야로 진출한 졸업생이 가장 많은 학과는 정치학과와 사회복지학과로서 모두 51.9%의 비율을 보이고 있다. 나머지 학과는 대개 13~16%의 비율을 보이고, 수학과나 축산학과는 5% 이하의 비율을 나타내고 있다.

<표 50> 중앙대 졸업생의 전공학과와 직업의 관계

	전공분야	유사전공분야	무관	미상	합계
국문학	32.5	6.3	15.1	46.0	15.8
정치학	9.3	13.1	51.9	25.7	23.0
사회복지학	12.7		51.9	35.4	9.9
수학	73.3		5.0	21.7	7.5
체육(교육)학	54.1		13.1	32.8	15.3
건축공학	63.0	5.4	9.5	25.0	11.5
축산학	16.0		4.0	80.0	3.1
교육학	47.3	2.7	16.4	33.6	13.8
합계	36.6	5.0	25.0	33.4	100.0
(실수)	(292)	(40)	(199)	(266)	(797)

x^2=294.05929, D.F=21, P=0.0000

부산대학의 경우는 전공분야로 진출한 비율이 가장 높은 학과는 국문학과로서 90.5%이다. 이들은 대부분 중·고등학교 교사의 직업을 갖고 있다. 수학과와 건축공학과도 각각 85.0%, 71.7%로서 높은 전공분야 진출율을 보이고 있다. 수학과의 경우 전공분야로 진출한 졸업생의 대부분이 중고등학교 교사이나 건축공학과의 경우는 대다수가 건설회사나 설계사무소 등으로 진출한 경우이다. 전공과 무관한 분야로 진출한 학과는 사회복지학과로

62.5%의 비율을 보이고 있으나 전체 실수가 낮아 일반화된 현상으로 보기는 힘들다. 정치학과의 경우 54.5%가 전공과 무관한 직업을 갖고 있어 높은 비율을 보이고 있다.

<표 51> 부산대 졸업생의 전공학과와 직업관계

	전공분야	유사전공분야	무관	미상	합계
국문학	90.5	4.8	4.8		16.4
정치학	30.3	15.2	54.5		25.8
사회복지학	25.0		62.5	12.5	6.3
수학	85.0	5.0	10.0		15.6
건축공학	71.7	8.7	17.4	2.2	35.9
합계	63.3	8.6	26.6	1.6	100.0
(실수)	(81)	(11)	(34)	(2)	(128)

x^2=43.27657, D.F=12, P=0.0000

(2) 직업분포

앞절에서 본 조사대상자의 직업분포를 분석한 결과 관리직의 비율이 가장 높고, 그 다음이 전문직, 사무직의 분포를 보이고 있음을 알았다. 이것을 연도별로 보면 60년대와 70년대의 대졸자들이 전문직보다 관리직의 분포비율이 매우 높게 나타나는 특징을 발견할 수 있었다. 이번에는 전공학과에 따라 어떠한 직업의 분포차이를 보이고 있는지 분석해 보기로 한다. 그러나 조사전체 대상자의 학과별 직업분포는 분석하지 않고 학교별 분석만을 행한다. 왜냐하면 앞에서 서술했듯이 서울대학 동창회 명부와 다른 대학 동창회 명부의 발행 시차가 있기 때문에 전체조사 대상자의 직업분포를 단순하게 비교할 수 없기 때문이다.

먼저 서울대학 졸업생들의 직업분포를 보면 표 52와 같다. 서울대학 24개 학과 중에서 전문직으로 진출하는 비율이 가장 높은 학과는 체육(교육)학과로 졸업생중의 86.5%가 전문직으로 진출하는 것으로 나타났다. 체육학과 다음으로는 국문학과가 71.2%로 상당히 높은 전문직 진출율을 보였고 그 다음이 교육학과로 67.7%로 나타났다. 또한 역사학과(58.2%), 영문학과(54.4%),

철학과(50.7%), 수학과(51.5%) 졸업생들도 5할 이상이 전공분야로 진출하고 있다. 물리학과와 화학과의 경우 전문직의 비율이 31.7%, 25.3%로 나타나 있으나 해외 유학자가 미상에 포함되어 있기 때문에 전문직의 비율은 5할을 상회할 것으로 보인다. 이렇게 볼 때 주로 인문학 계통이나 자연과학계통 그리고 사범대학 계열의 전공자들이 다른 학과에 비해 전문직으로 많이 진출하고 있음을 알 수 있다.

<표 52> 서울대 졸업생의 전공분야별 직업분포

	전문직	관리직	사무직	판매직	기타	미상	합계
국문학	71.2	8.2	5.5		2.7	12.3	2.0
영문학	54.4	8.8	8.8			28.1	1.6
역사학	58.2	13.4	10.4			17.9	1.9
철학	50.7	21.7	7.2		1.4	18.8	1.9
경영학	6.2	27.8	60.8			5.2	2.7
경제학	7.8	66.1	14.2	0.2	0.2	11.4	12.2
법학	30.0	45.0	13.3	0.7	0.4	10.6	15.3
행정학	17.9	51.9	14.0		2.3	14.0	8.6
정치학	33.5	45.9	7.0		1.1	12.4	5.2
사회학	28.8	34.6	21.2			15.4	2.9
사회복지(사업)학	5.0	25.0	30.0			40.0	0.6
화학	25.2	23.6	14.6		1.0	36.6	3.4
수학	51.5	9.9	5.9			31.7	2.8
물리학	31.7	14.9	11.9		1.1	41.6	2.8
회화과	38.9	2.1	1.1			56.8	2.7
성악과	25.7	2.9			0.6	71.4	2.9
체육(교육)학	86.5	2.6	1.3		1.4	9.0	4.4
기계공학	6.4	48.6	25.7			17.9	6.1
전자공학	20.4	20.4	19.4		3.2	39.8	2.6
건축공학	15.5	41.9	16.1		1.4	23.2	4.3
농학	32.2	33.6	13.0	0.7	0.9	19.2	4.1
축산학	17.9	35.0	16.2	1.7		28.2	3.3
가정(관리)학	39.3	1.8	4.5	0.8		53.6	3.1
교육학	67.7	17.2	5.4			9.7	2.6
합계	29.5	34.8	13.6	0.3	0.8	21.2	100.0
(실수)	(1,055)	(1,244)	(485)	(9)	(29)	(757)	(3,579)

x^2=1632.74918, D.F=114, P=0.0000

사회과학 계열의 전공자들은 인문·자연계열학과 전공자 보다 전문직 진출 비율이 낮아서, 정치학이 33.5%, 법학이 30.0%, 사회학이 28.8%이다. 특히 경영학이나 경제학과 졸업생들의 전문직 진출 비율은 각각 6.2%, 7.8%로 매우 낮다. 사회복지학 전공자들도 5.0%만이 전문직을 갖고 있어 가장 낮다. 경영학이나 경제학이 전문직 비율이 낮은 것은 직업의 선택폭이 넓은 이유이지만, 사회복지 전공자들은 직업의 선택폭이나 직종의 폭이 매우 좁기 때문에 전문직의 비율도 상당히 낮게 나타나고 있다. 농학과나 가정학과 졸업생들도 각각 32.3%, 39.3%의 비교적 높은 전문직 분포 비율을 보이고 있다. 회화과나 성악과도 전문직의 비율이 각각 38.9%, 25.7%이고, 관리직 사무직에는 거의 진출하지 않고 있다.

<표 53> 고려대 졸업생의 전공분야별 직업분포

	전문직	관리직	사무직	판매직	기타	미상	합계
국문학	54.3	17.1	4.9			23.8	4.2
영문학	22.3	34.5	14.4			28.8	3.6
역사학	35.2	32.7	6.3		1.9	23.9	4.1
철학	16.8	48.3	4.9		1.4	28.7	3.7
경영학	5.1	56.4	20.5	0.2	0.4	17.4	13.2
경제학	6.0	66.2	11.2	0.2	0.4	15.9	11.5
법학	13.6	55.5	12.3	0.2	1.0	17.4	14.8
행정학	11.4	55.6	10.8		0.3	21.9	7.9
정치학	17.4	20.0	5.0	0.3	1.7	25.5	7.7
사회학	16.1	48.2	14.3			21.4	1.4
화학	15.4	45.6	10.1		0.7	28.2	3.8
수학	56.2	23.5	8.6		0.6	11.1	4.2
물리학	23.4	39.0	14.9	0.7	1.4	20.6	3.6
체육(교육)학	34.1	17.1	24.4			24.4	1.1
기계공학	10.1	28.8	46.0			15.1	3.6
전자공학	25.7	9.5	40.5			24.3	1.9
건축공학	3.1	41.7	32.3		1.0	21.9	2.5
농학	10.8	53.4	11.5		1.4	23.0	3.8
축산학	9.2	40.2	16.4	1.1	2.3	31.0	2.2
가정(관리)학	44.4		11.1			44.4	0.2
교육학	58.7	20.0	10.0			13.3	0.8
합 계	17.3	47.0	14.1	0.2	0.8	20.7	100.0
(실수)	(669)	(1,821	(547	(6)	(30	(801	(3,874

x^2=941.77389 D.F=100, P=0.0000

한편, 관리직으로 진출하는 비율이 높은 학과는 경제학과가 66.1%로 가장 많다. 경영학과가 관리직 보다 사무직의 비율이 매우 높게 나온 것은 75년도 졸업생들의 비율이 매우 높기 때문이다. 전반적으로 보면 사회과학 계열의 전공자들이 관리직의 비율이 매우 높게 나타나서 행정학 51.9%, 정치학 45.9%, 법학 45%, 사회학 34.6%의 비율을 보이고 있다. 공과계통에서도 기계공학, 건축공학과 졸업생들은 4할 이상이 관리직 분포를 보이고 있다. 관리직의 비율이 낮게 나타난 전공학과는 주로 예·체능계열이니 회화과, 성악과, 체육학과 그리고 자연과학, 인문과학 계층의 수학과, 물리학과, 국문학과 영문학과 졸업생들로서 관리직의 비율이 10% 이다.

고려대학 졸업생들의 직업 분포는 서울대학에 비해 전문직의 비율이 낮고 관리직의 비율이 높은 것이 특징이다. 그러나, 학과별 직업분포는 서울대학과 유사한 경향을 보이고 있다. 먼저 전문직의 학과별 본포는 서울대와 마찬가지로 국문학과가 가장 높게 나타나 54.3%를 나타내고 있으며 대개 역사학(35.2%), 영문학(22.3%) 등의 인문계열 그리고 수학(56.2%), 물리학(23.4%) 등의 자연과학 계통 그리고 가정교육(44.4%), 교육학(56.7%), 체육(교육)학(34.1%) 등의 사범대학 계통이 전문직의 비율이 비교적 높게 나타나고 있다. 법학, 행정학, 정치학, 사회학 전공자들은 전문직의 분포가 10~16% 정도를 차지하여 낮게 나타나고 있고, 공과계통에서는 기계공학 전공자(10.1%), 건축공학전공자(3.1%) 그리고 농학계통도 10% 내외의 전공 진출 비율이 매우 낮다. 특히 사회과학 계통학과 중에서 경제학, 경영학과 전공자들은 전문직의 비율이 6.0%, 5.1%에 불과하여 건축공학과를 제외하면 극히 낮은 비율을 보이고 있는데, 이 학과 졸업생들의 대부분이 직업 선택의 폭이 넓을 뿐만 아니라 일반 기업체에 많이 진출한 결과 때문인 것으로 보인다.

한편, 관리직의 분포는 서울대학과 마찬가지로 대개 사회과학 계통의 전공자들이 많은 비율을 차지하고 있음을 알 수 있다. 즉 경제학과가 66.2%로 관리직이 비율이 가장 많고, 경영학, 법학, 행정학, 정치학, 사회학 전공자들도 48~56%가 관리직에 분포되어 있다. 사회과학 계통 이외에는 철학과(48.3%), 화학과(45.6%), 건축공학과(41.7%), 그리고 농학과(53.4%), 축산과(40.2%)

등이 관리직의 비율이 높게 나타나고 있다. 기타 학과들도 대개 전문직의 비율이 20~35% 사이의 분포를 보여 고려대학 졸업생들은 여타 대학에 비해 관리직의 비율이 높음을 알 수 있다. 그러나 국문학(17.1%) 체육(교육)학(17.1%) 그리고 전자공학(9.5%) 졸업생들은 관리직 비율이 매우 낮게 나타나 있다.

사무직의 전체 비율은 14.1%로 서울대학의 13.6%와 거의 비슷한 수치를 보이고 있다. 그러나 경영학(20.5%), 체육(교육)학(24.4%), 기계공학(46.1%), 전자공학(40.5%), 건축공학(32.3%) 등이 높은 사무직 비율을 나타낸 것은 해당 학과의 전체 표본수 중에서 75년도, 80년도 졸업생의 비율이 많기 때문이다. 우리나라 직업이동의 특성상 이들은 시간이 경과함에 따라 거의 관리직으로 이동 되는 것으로 보아야 할 것이다. 직업을 알 수 없는 미상의 경우 가정(교육)학과 졸업생이 44.4%로 제일 높게 나타났으나 이것 역시 가정 주부가 된 여자졸업생들이 많기 때문이다. 나머지 학과는 대개 20% 내외의 분포를 보이고 있다.

<표 54> 이화여대 졸업생의 전공분야별 직업분포

	전문직	관리직	사무직	판매직	미상	합계
국문학	4.6	1.8			93.6	22.4
경영학	1.5	4.4			94.1	5.4
사회(사업)학	1.3				98.7	6.2
수학	22.4	4.1			73.5	11.8
체육(교육)학	11.4				88.6	11.9
가정(관리)학	5.3	0.9			93.8	25.6
교육학	7.2	2.4	1.0	0.5	88.9	16.6
합계	7.8	1.8	0.2	0.1	90.2	100.0
(실수)	(97)	(22)	(2)	(1)	(1,127)	(1,249)

x^2=91.34160 D.F=24, P=0.000

이화여대의 전공학과별 분포는 표 54와 같다. 우선 전반적으로 직업을 갖고 있는 비율이 10%도 되지 않는다. 이것을 학과별로 볼 때 수학과와 체육교육과가 각각 22.4%, 11.4%로 전문직의 비율이고 그 다음은 교육학과가 7.2%로 그 중에서 높은 편이다. 이들은 중·고등학교 교사가 주종을 이루고 있다. 관리직의 경우도 5% 이하로 극히 낮은 분포를 보이고 있다. 그리고 관리, 사무직 보다 전문직이 상대적으로 많은 것도 역시 여자대학 졸업생들의 직업구조의 특성으로 보인다.

<표 55> 전남대 졸업생의 전공분야별 직업분포

	전문직	관리직	사무직	기타	미상	합계
국문학	89.2	5.4			5.4	8.7
경영학	16.7	27.8	50.0		5.6	4.2
사회학	66.7		33.3			2.1
수학	83.9	3.6	1.8		10.7	13.2
체육(교육)학	100.0					3.5
건축공학	18.3	49.3	23.9	2.8	5.6	1.7
농학	38.1	39.8	3.4	12.5	6.3	41.5
가정교육학	90.3		3.2		6.5	7.3
교육학	90.9				9.1	2.6
합계	52.4	26.9	8.7	5.7	6.4	100.0
(실수)	(222)	(114)	(37)	(24)	(27)	(424)

x^2=229.89667 D.F=32, P=0.0000

전남대학의 경우는 여타 대학에 비해 전문직의 비율이 월등히 높은 분포를 보이고 있다. 학과별로 볼 때는 체육(교육)학 전공자가 100%, 가정교육학 전공자가 90.9%의 전문직 분포를 보여, 사범대학 계통학과의 전공자들은 거의 대부분 전문직종을 갖고 있는 것으로 나타났다. 물론 이것은 국립대학의 사범대학이 비교적 교사 직종에 진출할 수 있는 여건이 사립대학에 비해 매우 유리하기 때문이다. 경영학과는 전문직의 비율이 16.7%로 관리, 사무직 보다 매우 낮게 나타나 다른 학과와 유사한 분포를 보이고 있다. 건축공학과 농학과도 전문직의 비율이 낮게 나타나고 있다. 관리직의 비율은 건축공학 전공자들이 49.3%로 가장 높고 그 다음이 농학과 39.8%, 경영학과 16.75의 순으로 보이고 있다. 경영학과가 50.0%로 가장 높고, 그 다음이 사회학(33.3%), 건축공학과(23.9%)의 순서이다. 그러나 경영학과와 사회학과는 실수가 매우 낮기 때문에 일반화 시키기에는 무리가 있다. 이상과 같은 전남대학교의 전공분야별 직업분포는 전문직종의 비율이 높고 사범대학 계통의 졸업자들의 전문직 비율이 매우 높다는 것이 특징이다.

<표 56> 중앙대 졸업생의 전공분야별 직업분포

	전문직	관리직	사무직	판매직	미상	합계
국문학	36.5	16.7	0.8		46.0	15.8
정치학	6.6	64.5	1.6	0.5	26.8	23.0
사회복지학	19.0	31.6	5.1	1.3	40.5	9.9
수학	73.3	5.0			21.7	7.5
체육(교육)학	52.5	11.5	1.6		34.4	15.3
건축공학	7.9	44.6	22.9		25.0	11.5
축산학		16.0	4.0		80.0	3.1
교육학	44.5	20.9			34.5	13.8
합계	29.7	31.2	4.0	0.3	34.5	100.0
(실수)	(237)	(249)	(32)	(2)	(275)	(797)

x^2=398.10268 D.F=35, P=0.0000

중앙대학의 경우를 보면 전문직과 관리직이 각각 약 3할 정도의 비율을 보이고 있다. 전문직의 비율이 가장 높은 학과는 수학과로서 73.3%이고, 그 다음이 체육(교육)학(52.5%), 교육학(44.5%), 국문학(36.5%)의 순서로 보이고 있다. 전문직 비율이 가장 낮은 학과는 정치학과와 건축공학과로 각각 6.6%, 7.6%의 비율을 보이고 있다. 반면에 관리직의 비율은 정치학과와 건축공학과가 가장 높게 나타나 각각 64.5%, 44.6%의 비율을 보이고 있다. 사회복지학과도 31.6%의 비교적 높은 비율을 보이고 있다.

3) 대학별 대학졸업자의 취업기회

(1) 전공학과와 직업의 관계

지금까지 졸업연도별, 전공학과별로 전공학과와 직업과의 관계 그리고 직업분포를 살펴 보았다. 여기에서는 이것을 다시 대학별로 살펴보기로 한다.

본 연구에서 조사한 6개 대학 74개 학과 졸업생들의 전공과 직업의 관계를 정리한 것이 표 57이다. 이 표에 의하면 전공분야로 진출한 졸업생이 가장 높은 학교는 전남대학으로서 무려 77.1%에 이르고 있다. 이렇게 전문직의 비율이 높은 것은 이들 중 대다수가 중·고등학교 교사로 진출하였기 때문이다. 다음이 부산대(63.3%)와 서울대학(44.8%)이다. 그러나 서울대학의 경우 미상에 포함된 해외 유학생을 전공분야로 진출한 것이라고 본다면 50%가 넘게 전공분야로 진출하였다.

고려대학과 중앙대학의 경우는 약 35%가 전공분야로 진출했고, 이화여대의 경우는 7.8%만이 전공분야로 진출하여 매우 낮은 비율을 보이고 있다. 학부때의 전공교육이 대학 졸업후의 사회진출을 위한 전공교육이어야 한다는 매우 단순한 논리로 볼 때는 전남대학이 교육적 효율성이 가장 높다고 말할 수도 있다. 유사한 전공분야로 진출한 경우는 서울대학이 14.0%로 가장 높고, 그 다음이 고려대학(11.7%), 부산대(8.6%)의 순서를 보이고 있다.

<표 57> 대학별 전공과 직업의 관계

	전공분야	유사 전공분야	무관	미상	합계
서울대	44.8	14.0	21.0	20.2	35.6
고려대	35.2	11.7	36.3	16.9	38.5
이화여대	8.7	0.2	1.4	89.7	12.4
전남대	77.1	3.1	14.6	5.2	4.2
중앙대	36.6	5.0	25.0	33.4	7.9
부산대	63.3	8.6	26.6	1.6	1.3
합계 (실수)	37.5 (3,773)	10.1 (1,019)	24.6 (2,772)	27.7 (2,787)	100.0 (10,051)

x^2=3365.78179 D.F=15, P=0.0000

한편, 학부때의 전공과 무관한 직업을 갖고 있는 비율을 본다면 고려대학이 36.3%로 가장 높고, 그 다음은 부산대(26.6%), 중앙대(25.5%), 서울대(21%), 전남대(14.6%) 그리고 이화여대(1.4%)의 순이다. 전공과 무관한 직업을 선택한 비율이 가장 높은 고려대학이 교육의 효과성에서 부정적이다. 그러나 이화여대의 경우 거의 대부분이 가정주부로 생각되는 미상(89.7%)이 너무 높기 때문에 전공교육의 효과성이라는 면에서 가장 비효율적이라고 볼 수 있다.

(2) 직업분포

대학별 졸업생들의 직업분포를 보면 표 58과 같다. 표 58에 의하면 전문직의 비율이 가장 높은 학교는 전남대로서 52.4%이고, 그 다음이 부산대(43.0%), 중앙대(29.7%), 서울대(29.0), 고려대(17.3%), 이화여대(7.8%)의 순이다. 반면 관리직의 비율은 부산대학이 54.7%로서 가장 높고, 고려대학 졸업생들은 40.0%이다. 이것은 고려대학 졸업생들이 전공과 무관한 직업을 택한 비율이 가장 높고, 이들 중 대다수가 일반 기업체에 취직함으로서 나타난 현상으로 생각된다.

서울대학 졸업생은 34.8%가 관리직에 있고, 중앙대는 31.2%, 전남대학의 경우는 26.9%이며 이화여대는 1.8%로서 극소수의 졸업생만이 관리직에 있어 여자대학 졸업생들의 사회진출 어려움을 간접적으로 알 수 있다. 사무직의 비율을 보면 서울대와 고려대학이 각 13.6%, 14.1%로서 비슷한 비율을 보이고, 전남대학은 8.7%를 나타내고 있다. 서울대학과 고려대가 사무직 비율이 높은 것은 해당 대학의 졸업생 중 75년, 80년 졸업생수가 절대적으로 많기 때문에 나타난 현상으로 보인다. 그리고 직업을 알 수 없는 미상의 경우는 이화여대의 졸업생들이 90.2%를 차지힌다.

<표 58> 출신학교별 직업분포

	전문직	관리직	사무직	판매직	기타	미상	합계
서울대	29.5	34.8	13.6	0.3	0.8	21.2	35.6
고려대	17.3	47.0	14.1	0.2	0.8	20.7	38.5
이화여대	7.8	1.8	0.2	0.1		90.2	12.4
전남대	52.4	26.9	8.7		5.7	6.4	4.2
중앙대	29.7	31.2	4.0	0.3	0.3	34.5	7.9
부산대	43.0	54.7				2.3	1.3
합 계	23.2	35.0	11.0	0.2	0.8	29.7	100.0
(실수)	(2,335)	(3,520)	(1,103)	(18)	(85)	(2,990)	(10,051)

x^2=3241.42909 D.F=25, P=0.0000

6. 화이트 칼라의 교육기회와 그 효과
-공무원과 회사원의 경우

대졸자의 상당부분이 화이트 칼라로 진출하는 것이 일반적인 현상이다. 그래서 대졸자들이 어떤 취업 경로를 거쳐 화이트칼라 계층으로 편입되는지, 그리고 현재 직장에서 하고 있는 업무가 학부 때의 전공분야와 어느 정도 일치하는지 또한 전공학문이 업무에 어느 정도 유용하게 활용되는지를 평가하는 것이 대학교육의 효과성을 측정하는 한가지 척도가 된다.

본 연구에는 이를 파악하기 위해서 질문지 조사를 실시하였다. 특히 대표적인 화이트 칼라 계층인 공무원과 일반 회사원을 비교 분석함으로써 두 집단간에 어떤 차이가 있는 가를 알아 보았다.

<표 59> 전공학과별 공무원수

	인문계	법정계	상경계	이공계	약학계	가정계	사범계	농학계	치의과계	예체능계	해양계	기타	총계
행정부	10.86	11.70	7.74	11.54	0..30	2.13	33.14	7.37	1.70	3.23	0.89	9.40	100.0
국가공무원	10.71	10.21	7.05	9.57	0.25	2.01	38.36	6.55	1.50	3.59	0.81	9.39	100.0
일반직	10.66	25.29	18.02	15.41	0.88	1.02	1.35	17.50	3.10	0.35	1.77	4.57	100.0
교육공무원	10.20	4.68	4.07	7.87	0.11	2.23	50.16	4.05	1.24	4.29	0.51	10.59	100.0
경찰공무원	15.86	38.20	12.05	9.76	0.31	0.23	1.33	8.04	0.40	3.98	1.79 ·	8.05	100.0
소방공무원	13.28	27.34	16.40	21.09	0.78		2.34	11.71		0.78		6.25	100.0
검사	1.00	96.22	1.00	1.25			0.25					0.25	100.0
외무공무원	23.35	50.82	9.89	9.61	0.27		3.29	1.92				0.82	100.0
기능직	13.92	17.33	15.09	29.06	0.14	2.52	0.93	7.00	051			9.48	100.0
별정직	19.82	23.29	16.67	19.03	0.27	2.23	2.30	5.77	0.66	1.12	2.85	5.23	100.0
고용직	16.73	10.33	13.74	16.00	0.20	11.80	2.46	8.39	2.19	3.48	1.25	10.65	100.0
지방공무원	11.77	20.82	11.96	23.62	0.60	2.80	1.23	12.40	2.92	6.08	1.36	9.50	100.0
일반직	11.41	21.76	12.22	23.92	0.64	2.06	1.13	12.58	3.16	1.03	1.35	9.15	100.0
소방공무원	12.26	25.24	14.18	17.79	0.24	1.44	0.49	12.98	0.96	0.57	1.34	8.89	100.0
기능직	5.29	8.66	5.93	58.26	0.32	0.96	0.64	5.77	10.76	3.61	1.92	8.34	100.0
별정직	20.31	21.73	10.76	12.39	0.35	5.66	3.04	10.33	1.77	0.32	3.69	10.69	100.0
고용직	12.83	11.16	10.50	18.76	0.31	10.66	1.70	12.75	1.16	2.26	0.71	13.37	100.0
입법부	26.06	32.24	14.78	7.75	0.72	4.72	20.42	3.75	0.12	5.54	1.20	2.90	100.0
사법부	5.84	76.30	5.97	3.46	0.13	0.89	1.33	2.64	0.12	3.63	0.24	2.47	100.0
중앙선거관리위원회	12.07	51.32	15.84	5.28		2.26	1.50	4.52	0.37	0.46	0.29	6.79	100.0
헌법위원회	20.00	80.00											100.0

(자료) 총무처, 「공무원통계」, 1983년

1) 공무원의 전공학과

공무원들의 전공학과를 전수조사한 결과를 보면 표 59에 나타나 있다. 먼저 행정부의 경우를 보면, 전체 공무원 255,637명 가운데 사범계 출신자들이 33.14%로 가장 많고, 법정계, 인문계, 이공계통의 졸업자들이 각각 11% 내외를 차지하고 있다. 그 다음으로는 상경계가 7.74%, 농과계통이 7.37%를 보이고 있으며 나머지는 4% 이하의 수치를 보이고 있다. 사범계 출신이 3할 이상의 비율을 보인 것은 사대 출신 교육공무원의 수가 많기 때문이다.

이를 좀더 세분해 보면 행정부 공무원 중에서 국가공무원이 219,673명으로 86%를 차지하고 그리고 지방공무원이 35,964명으로 14% 정도를 차지하고 있다. 먼저 국가공무원의 전공을 보면 행정부 전체의 전공학과와 비슷한 분포를 보여 사범계가 38.6%로 가장 높게 나타났고 인문계, 법정계, 이공계 등은 각각 10% 내외를 차지하고 있다.

반면, 지방공무원 경우는 이공계 출신들이 23.6%로 가장 높은 비율을 차지하고, 그 다음이 법정계 출신으로서 28.8%, 농과계(12.4%), 상경계(11.9%), 인문계(11.7%) 등의 순으로 보이고 있어 국가(중앙)공무원과 지방공무원간의 큰 차이를 보이고 있다. 국가공무원 중 일반직을 보면 법정계가 25.2%로 가장 높고, 상경계(18.0%), 농과계(17.5%)의 순서를 보이는 반면 지방공무원의 일반직은 이공계가 23.6%로 가장 많고 법정계가 23.6%로 그 다음을 차지하며 농과계, 인문계, 상경계 등은 11~12% 정도를 차지하고 있다. 지방공무원 중에 이공계 출신이 많은 것도 중앙공무원에 비해 특기할만 하다.

국가공무원 일반직을 직무별로 살펴 보면, 교육공무원은 사범계 출신이 50.0%로 압도적인 비율을 차지하고 인문계도 10.2%를 차지하고 있다. 경찰공무원은 법정계 출신이 38.3%로 가장 높으며, 그 다음이 인문계(15.8%), 상경계(12.0%)의 순서를 보이고 있다. 검사는 96.2%가 법정계 출신으로 거의 전부가 법정계 출신으로 충원되고 있음을 알 수 있다. 소방공무원도 법정계 출신이 27.3%로 가장 높고, 그 다음이 이공계(21.0%), 상경계(16.4%) 등의 순으로 나타났다. 외무공무원과 별정직 공무원은 법정계 출신이 각각 50.8%,

23.2%로 가장 높게 나타나고 있다. 별정직 공무원의 경우는 법정계 출신이 23.2%로 가장 높으나 인문, 이공계 출신도 20% 정도의 비율을 보이고 있다. 기능직의 경우는 이공계 출신이 29.0%로 가장 높고 그 다음이 법정계(17.0%), 상경계(15.0%)의 순이다. 기능직의 경우는 이공계 출신이 29.0%로 가장 높고, 그 다음이 법정계(17.0%), 상경계(15.0%)의 순이다.

이상과 같은 중앙공무원들의 전공별 분포는 교육공무원과 기능직 공무원을 제외하면 대개 법정계통전공자들이 상당히 많이 분포되어 있다는 것이 특징이다.

지방공무원의 직무별 전공분야를 보면, 중앙공무원 보다는 적지만 법정계 출신자들이 비교적 많은 분포를 보여주고 있다. 소방직 공무원도 법정계 출신들이 25%로 가장 높고, 별정직 공무원 역시 21.7%로 가장 높게 나타났다. 그러나 기능직의 분포에 있어서는 이공계 출신이 58.26%로서 가장 많은 비율이다.

한편, 입법부의 경우도 역시 법정계통의 전공자들이 32.8%로 가장 높으며, 그 다음이 인문계로 26%, 그리고 상경계가 14.87%의 비율을 보이고 있다. 사법부의 경우는 입법부보다 법정계통 전공자들이 훨씬 많아 76.3%를 차지하고 있다. 나머지 계통의 전공자들은 5% 미만이다. 이런 현상은 중앙선거관리위원회나 헌법위원회도 마찬가지로 법정계 출신들이 압도적인 비율을 차지하고 있다.

이상과 같은 공무원들의 전공별 충원비율은 기능직 혹은 고용직을 제외하면 법정계 출신들이 가장 많은 비율을 차지하고 인문, 상경계를 합치면 인문, 사회과학 계통의 전공자들이 6할 이상을 차지하는 특징을 발견할 수 있다.

2) 취업경로

우리나라의 화이트 칼라는 조사대상의 77.6%가 공채를 통해서 충원되고 있는 것으로 나타나서 그들의 취업기회가 매우 개방적임을 알 수 있다. 반면 특채의 경우도 14.0%로 나타나서 적지 않은 사람들이 화이트 칼라로 충원되고 있다. 이를 연령별로 분석한 결과 30대 연령층이 82.7%의 공채 비율로 가장 높게 나타났고, 그 다음이 40대(75.2%), 50대(71.3%), 20대(68.1%)의 순이다. 추천에 의해 취업을 하는 경우는 20대가 16.8%로 압도적으로 높게 나타났고, 그 다음이 50대로서 9.0%의 순서를 보였고, 30, 40대는 미미한 수치를 보였다. 반면 특채의 경우 40대 연령층이 19.0%로 가장 높게 나타났고, 50대 연령층도 17.2%로 11% 정도의 비율을 보인 20, 30대 보다 비교적 높은 수치를 나타내고 있다. 연령층이 높을 수록 특채의 비율이 높은 것은 경력이 있는 전문인력이 공채의 방법을 통하지 않고 취업하는 경우도 있지만 초기의 기업발전 과정에 있어서 사례일 것이다. 그리고 20대 연령층이 추천에 의해 취업을 하는 경우가 다른 연령층에 비해 매우 높게 나타난 이유는 최근 급속한 기업발전으로 인력부족에서 비롯된 것 같다.

<표 60> 학력별 취업경로

	공채	추천	특채	기타	합계
서울대 인문·사회	68.0	4.0	28.0		3.8
서울대 자연과학	65.2		30.4	4.3	3.5
서울소재 인문·사회	79.3	8.3	9.1	3.3	36.3
서울소재 자연과학	80.4	2.1	17.5		14.6
지방소재 인문·사회	82.1	6.4	10.3	1.3	11.8
지방소재 자연과학	82.8	3.1	12.5	1.6	9.7
기타 인문·사회	7936	6.1	12.2	2.0	14.8
기타 자연과학	56.8	8.1	32.4	2.7	5.6
합 계	78.0	5.9	14.0	2.1	100.0
(실수)	(517)	(39)	(93)	(14)	(663)

x^2=39.05136 D.F=21, P=0.0097

한편, 취업경로를 학력별로 분석해본 결과 서울대학 졸업생들이 공채비율이 평균 66.5%로 다른 대학 졸업생 보다 낮게 나타난 반면, 특채의 비율은 2배 이상이 높은 것으로 나타났다. 서울소재 대학과 지방소재 대학의 졸업생들은 공채의 비율이 80% 내외로 별 차이를 보이고 있지 않다. 특채의 경우는 서울 소재 대학 졸업생들이 약간 높게 나타나 있으나 큰 차이가 없다. 취업경로를 전공계열별로 보아도 두드러진 차이는 없다. 서울대학 졸업생들의 특채 비율이 다른 대학에 비해 높게 나타난 것은 우수한 인력을 필요로 하는 기업체의 일반적인 속성이 작용한 것으로 볼 수 있다.

<표 61> 공무원과 회사원의 취업경로 비교

	공채	추천	특채	기타	합계
공무원	82.2	2.5	13.9	1.4	60.7
회사원	71.1	11.4	13.9	3.6	39.3
합계	77.8	6.0	13.9	2.3	100.0
(실수)	(712)	(55)	(127)	(21)	(915)

x^2=36.46368 D.F=3, P=0.0000

같은 화이트 칼라에 속한 공무원과 회사원의 취업경로를 비교한 결과 표 61에서 보는 바와 것처럼 공무원이 회사원 보다 공채 비율이 11% 정도 높게 나타났고 특채의 비율은 두 집단이 비슷하게 나타났다. 그러나 추천에 의해 취업하는 경우는 회사원이 공무원에 비해 9% 정도 높게 나타났다.

<표 62> 공무원과 회사원의 직위별 취업경로

		공채	추천	특채	기타	합계
공무원	국장	78.6		14.3	7.1	2.6
	과장	59.6	10.6	28.7	1.1	17.2
	계장	82.8	1.7	13.9	1.7	32.7
	주사이하	90.7		8.1	1.2	47.3
합계		85.4	2.4	13.7	1.5	100.0
		(450)	(13)	(75)	(8)	(546)
회사원	이사	33.3	33.3	33.3		0.8
	차장	65.0	10.0	10.0	15.0	5.7
	과장·계장	74.3	8.3	14.2	3.2	71.5
	평사원	62.8	20.5	14.1	2.6	22.0
합계		70.9	11.3	14.1	3.7	100.0
		(251)	(40)	(50)	(13)	(354)

한편, 공무원과 회사원의 취업경로를 직위별로 비교하여 보았더니, 표 62에서 보는 것처럼 공무원의 경우 공채를 거쳐 취업한 경우 59.5%로 가장 낮고, 반면에 특채의 비율은 28.7%로 다른 직위에 비해 가장 높게 나타났다. 이는 공무원의 과장 직위와 비교할 수 있는 회사원의 차장 혹은 과장 직위

에 비해 특채의 비율이 약 2배 정도 높게 나타난 것으로 특기할만 하다.

공무원의 경우 국장과 계장의 공채, 특채 비율은 각각 80%와 14% 내외로 거의 비슷하다. 주사 이하 공무원은 6할 이상이 공채에 의해 취업하고 있는 것으로 나타났다. 회사원의 경우는 이사를 제외하고는 직위별로 뚜렷한 차이를 보이지는 않으나 과장·계장 등의 공채 비율이 높고 추천에 의한 취업은 평사원의 비율이 20.5%로 가장 높았다. 또한 특채의 비율이 차장, 과장, 평사원 등 직위별로 큰 차이를 보이고 있지 않는 것으로 미루어 보아 대체적으로 연공서열의 승진이 이루어지고 있는 것 같다.

이상 대졸자들이 화이트 칼라로 편입되는 취업경로의 특징을 몇 가지로 요약할 수 있다.

첫째는 대졸자들의 취업경로는 7할 이상이 공채에 의해 이루어지고 있으며 일반 회사원에 비해 공무원들의 공채 비율이 10% 정도 높다.

둘째는 서울대학 졸업생들의 특채 비율이 여타 대학에 비해 2배 정도 높다.

셋째는 20대 연령층의 추천에 의한 취업이 다른 연령층에 비해 높다.

넷째는 공무원의 경우 과장의 직위가 다른 직위에 비해 특채 비율이 높다.

3) 전공과 직업의 상관성

현 직장에서 화이트 칼라 직무가 대학 때의 전공과 어느 정도 일치하고 있는 가를 알아 보았다. 그 결과 표 63에서 나타난 것 처럼 조사대상의 25.2%가 대학 때의 전공과 직무가 거의 일치하고 같은 전공계열의 직무를 수행하고 있는 층도 32.8%로 나타났다. 반면 전공과 현재의 직무가 전혀 무관하다는 비율도 42.0%나 나타나 대학교육의 비효과성이 나타나고 있다.

이를 연령별로 보면, 전공직무를 수행하는 연령층은 20~40대는 27% 내외로 비슷하고, 전공계열 직무는 20대가 43.5%로 가장 높고 30대(34.1~), 50대(29.8%)의 순서를 보이고 있다. 반면에 전공과 무관한 직무를 수행하고 있는 비율은 연령층은 연령이 낮을 수록 낮게 나타나고 있어 20대 30.4%, 30

대 39.1%, 40대 46.4%, 50대 56.2%의 수치를 보이고 있다.

이런 현상은 최근에 올수록 대학의 전공(계열)교육과 직무가 일치하는 비율이 높다는 것을 의미하며, 그 만큼 대학교육의 효과도 높아지고 있다.

<표 63> 연령별 전공과 직무의 상관성

	전공직무	전공계열 직무	무관	합계
20대	26.1	43.5	30.4	12.7
30대	26.7	34.1	39.1	50.9
40대	28.0	25.6	46.4	22.9
50대	14.0	29.8	56.2	13.4
합계	25.2	32.8	42.0	100.0
(실수)	(228)	(296)	(379)	(903)

x^2=26.26186 D.F=6, P=0.0002

<표 64> 학력별 전공과 직무의 상관성

	전공직무	전공계열 직무	무관	합계
서울대 인문·사회	16.0	40.0	44.0	3.8
서울대 자연·과학	26.1	30.4	43.5	3.5
서울소재 인문·사회	20.3	39.4	40.2	36.3
서울소재 자연 과학	43.3	26.8	29.9	14.6
지방소재 인문 과학	20.5	44.9	34.6	11.7
지방소재 자연 과학	48.4	28.1	23.4	9.6
기타 인문·사회	22.7	34.0	43.3	14.6
기타 자연 과학	31.6	39.5	28.9	5.7
합계	27.5	36.0	36.5	100.0
(실수)	(182)	(239)	(242)	(663)

x^2=41.28095 D.F=14, P=0.0002

한편, 이것을 학력별로 보면, 서울대학 졸업생들이 전공직무에서는 인문·자연과학 전공졸업생들을 합쳐 평균 21%로 다른 대학에 비해 가장 낮게 나타난 반면, 전공과 무관한 직무를 갖고 있는 비율은 평균 43.7%로 가장 높게 나타나고 있다. 그리고 서울소재 인문·사회과학 전공 대학 졸업생들이 지방대학 인문·사회과학 전공자들 보다 전공과 무관한 직무를 하고 있는 비율이 6% 정도 높게 나타나고 있다. 전공계열별로 볼 때는 인문사회과학 계통 졸업생들이 자연과학계통 전공자보다 전공직무를 택하는 비율이 2배 가까이 낮고, 이와 비례해서 전공과 무관한 직무를 하고 있는 비율이 10~15%정도 높게 나타나고 있다.

전공과 직무의 상관성을 공무원과 회사원으로 구분하여 본 결과 공무원일수록 전공직무 혹은 전공계열 직무를 수행하는 비율이 회사원 보다 15% 정도 낮게 나타나고, 전공과 무관한 직무를 수행하는 비율은 그와 비례해서 높게 나타나고 있다.

<표 65> 공무원과 회사원의 전공과 직무의 상관성 비교

	전공직무	전공계열 직무	무관	합계
공무원	22.5	29.1	48.4	60.4
회사원	28.9	38.9	32.2	39.6
합계	25.1	33.0	42.0	100.0
(실수)	(228)	(300)	(382)	(910)

x^2=23.33518 D.F=2, P=0.0000

4) 전공의 유용성

화이트 칼라 계층이 직무를 수행하는데 있어서 대학 때의 전공교육이 어느 정도 유용한지를 질문해 본 결과 표 67에서 나타난 것처럼 매우 유용하다는 비율이 28.4%로 나타났고 약간 유용하다는 비율이 56.8%로 나타났다. 반면 무관하다는 비율도 조사대상의 15% 정도를 차지하고 있다. 이렇게 직무를 수행하는데 있어서 대학 때의 전공이 매우 유용하다는 비율이 3할이 안된다는 것은 대학교육의 효과가 큰 문제점으로 지적될 수 있다. 이를 연령별로 볼때 전공이 매우 유용하다는 비율과 약간 유용하다는 비율을 합치면 20대가 87.8%로 가장 높고 나머지도 8할 이상은 된다. 즉 연령이 젊을수록 대학의 전공교육이 실제 업무에 어느 정도 유용하게 작용하고 있다는 점을 알 수 있다. 전공의 유용성 여부를 학력별로 볼 때 뚜렷한 경향은 보이지 않고 있으나 전공계열별로 볼 때는 의미 있는 점들이

<표 66> 연령별 전공의 유용성

	매우유용	약간유용	무관	합계
20대	31.3	56.5	12.2	12.7
30대	27.7	58.9	13.4	50.8
40대	30.5	51.9	17.6	23.1
50대	24.6	57.4	18.0	13.4
합계	28.4	56.8	14.9	100.0
(실수)	(258)	(516)	(135)	(909)

x^2=5.71538 D.F=6, P=0.04558

나타나고 있다. 즉 서울대학 졸업자를 제외하면 자연과학 계통의 전공자일수록 전공학문이 직무에 매우 유용하다는 비율이 12~20% 정도 훨씬 높게 나타나고 있다. 이것을 보면 자연과학 계통의 전공자들이 사회·인문과학전공자 보다 자기 전공과 밀접한 분야로 많이 진출하고 있다는 것도 간접적으로 엿볼수 있다. 반면에 전공학문이 업무에 약간 유용하다는 비율은 서울

<표 67> 학력별 전공의 유용성

	매우유용	약간유용	무관	합계
서울대 인문·사회	32.0	56.0	12.0	3.8
서울대 자연 과학	34.8	35.2		3.5
서울소재 인문·사회	23.3	60.8	15.8	36.1
서울소재 자연과학	39.2	53.6	7.2	14.6
지방소재 인문·사회	25.3	30.8	13.9	11.9
지방소재 자연과학	37.5	57.8	4.7	9.6
기타 인문·사회	27.6	60.2	12.2	14.8
기타 자연 과학	47.4	34.2	18.4	4.2
합계	30.3	57.8	12.2	100.0
(실수)	(199)	(384)	(81)	(664)

x^2=28.81456 D.F=14, P=0.111

대학 졸업생들의 경우 인문·사회과학계통 졸업생들이 56.0%, 자연과학 계통 전공자들이 65.2%로 나타나 다른 대학에 비해 자연과학 전공자들이 높게 나타났다. 그러나 서울대를 제외하면 인문·사회과학 계통 전공자들이 자연과학 전공자보다 약간 유용하다는 비율이 더 높게 나타났다. 전공이 직무에

무관하다는 비율은 인문 · 사회과학 계통의 전공자들이 2~3배 이상 높게 나타났다.(기타 대학만 예외)

<표 68> 공무원과 회사원의 직위별 전공의 유용성 비교

		매우유용	약간 유용	무관	합계
공무원	국장	28.6	64.3	7.1	2.6
	과장	28.4	57.9	13.7	17.4
	계장	25.7	62.6	11.7	32.8
	주사이하	28.3	49.6	22.1	47.3
	합 계	27.5	55.7	16.8	100.0
	(실수)	(150)	(304)	(92)	(540)
		매우유용	약간 유용	무관	합계
회사원	이사	66.7	33.3		0.8
	부장 · 차장	10.0	80.0	10.0	5.6
	과장 · 계장	32.4	58.1	9.5	71.3
	평사원	26.6	54.4	19.0	22.3
	합 계	30.1	58.3	11.5	100.0
	(실수)	(107)	(207)	(41)	(355)

(비고) 공무원 x^2=12.4771 D.F=6, P=0.588
회사원 x^2=12.0293 D.F=6, P=0.0613

한편 전공의 유용성 여부를 공무원과 회사원으로 분리시킨 후 다시 직위별로 분석하여 본 결과는 표 68과 같다. 공무원은 전공이 매우 유용하다는 비율이 25~28% 정도로 큰 차이를 보이고 있지 않으나 회사원의 경우는 과장 · 계장이 32.8% 로 가장 높게 나타났고, 평사원은 26.6% 그리고 부장, 차장은 10.0%로 나타나 직위에 따라서 전공의 유용성 정도가 상당한 차이가 있다. 전공이 직무에 어느 정도 유용하다는 비율은 공무원의 경우 국장이 64.3%로 가장 높고 그 다음이 계장(62.6%), 과장(57.9%) 주사 이하의 순이다. 부장, 차장급은 전공이 매우 유용하다는 비율이 10%로 가장 낮고, 어느 정도 유용하다는데 80%의 비율을 보이고 있다. 이는 부장 · 차장의 직급이 실제로 실무적인 일보다는 정책 결정적 차원의 업무가 대부분인데서 기인한 것으로 보인다. 전공이 실제 업무와는 무관하다는 비율은 공무원의 경우 주사 이하 직급에서 22.1%로 가장 높고 회사원의 경우는 평사원에서 19.0%로 가장 높았다.

7. 교육기회의 투자효과

교육의 투자효과를 평가하는 데는 여러 가지 방법이 있을 수 있다. 가령 교육의 경제적 효과와 사회적 효과를 분리하여 볼 수도 있고 직접 효과와 간접 효과도 측정할 수 있다. 예를 들어 교육의 경제적 효과를 측정하는 방법은 사원들을 일정기간 특수교육과 컴퓨터 교육을 시킨 후의 업무처리량과 교육전의 업무처리량을 비용가격으로 환산하여 투자효과를 측정하는 방법이 있을 수 있다. 그러나 사회적 효과는 개념상으로는 가능하나 그것을 엄격히 양화시켜서 측정하기에는 상당한 무리가 따를 수 밖에 없다. 예를 들어 여자들이 대학교육을 이수했을 때와 이수하지 않았을 때의 두 가지 경우를 가정하면 대학교육을 이수함으로써 그것이 전체 사회의 발전에 어느 정도 기여했는지에 대해서는 거의 측정할 수가 없다. 직접효과는 교육의 목적이 대상자에게 직접적으로 이루어졌는지에 대해서는 통제된 실험상황(예를 들어 비디오를 사용하여 교습을 하는 집단과 그렇지 않는 집단간의 교육 효과의 차이)을 이용하면 어느 정도의 효과를 달성했는지 대략적으로 측정할 수 있다. 이것은 실제로 교육학에서 많이 실험하고 있는 방법 중의 하나이다. 그러나 간접효과는 사회적 효과의 측정과 마찬가지로 엄격히 양화된 측정방법을 사용하기에는 한계점이 있다.

이 장의 목적은 대학교육의 투자 효과를 측정해 보는데 있다. 물론 이런 주제 하나만을 가지고도 상당히 광범위하고 대규모의 연구 사업이 필요하나 여기에서는 대학교육의 투자 효과를 경제적 측면에서 평가해 보고자 한다. 기본적인 아이디어는 다음과 같다.

우선 한 사람이 초등학교에서 대학교 까지 마치는데 필요한 총 교육비용을 추산한다. 그리고 동일한 사람이 대학을 졸업한 후 회사에 입사하여 평균적인 승진기회를 거친다고 가정한다. 즉 대리에서 과장, 과장에서 부장으로 승진 기회를 거친다고 가정한다. 즉 대리에서 과장, 과장에서 부장으로 승진한다고 가정한 후 그 사람이 직장에서 생활을 하면서 벌어들인 총 수입을 추계한다. 직장생활을 하면서 얻은 총 수입에서 대학까지의 교육에 소요된 총 비용을 제외하면 교육투자 효과를 간접적이지만 경제적 측면으로 양화시킬 수 있다. 물론 이와 같은 방법은 단순한 추계 이상의 의미를 갖지 않는다.

<표 69> 학생 1인당 교육비 수준

(단위 ; 천원)

	직접교육비			간접 교육비	총 교육비
	공교육비	사교육비	합계		
유치원	190.6	233.9	424.5		424.5
초등학교	318.5	324.9	643.4		643.4
중학교	299.8	350.8	650.6	19.5	670.1
고등학교	397.6	488.5	886.1	162.4	1,048.5
전문대학	855.7	803.7	1,659.4	594.5	2,253.9
대학	1,216.5	865.5	2,082.0	878.2	2,960.2

(자료) 현대사회연구소, 「교육재정확보방안연구」, 1985

우리나라에서 각 교육단계 마다 어느 정도의 비용이 소요되는 가를 추계한 결과를 보면 표 69와 같다. 이 표에 의하면 1985년의 경우 유치원 재학시 연간 총 교육비가 42만 4천원이 들어가고 초등학교는 연간 64만 3천원, 중학교는 67만원, 고등학교는 1백 4만 8천원, 대학교는 2백 96만원이 소요되는 것으로 나타나고 있다. 여기에서 비용개념은 순수한 교육비를 의미하고 의식주 등의 생활비는 제외되어 있다.

<표 70> 초등학교에서 대학까지의 총 교육비

(단위 : 년, 천원)

교육단계	연수(A)	교육연간교육비(B)	총교육비(A×B)
초등학교	6	643	3,858
중학교	3	670	2,010
고등학교	3	1,048	3,144
대학교	4	2,253	11,840
합계			20,853

일반적으로 초등학교에서 부터 교육이 시작된다고 보고, 대학때 까지의 총 교육비를 산출하면 표 70과 같다. 즉, 초등학교 졸업하고 정상적인 교육

단계를 거쳐 대학교를 졸업하기 까지 소비되는 총 비용은 85년도를 기준으로 2천 85만 2천원으로 추계될 수 있다.[4]

대학을 졸업한 후 직장을 갖게 되면 일정한 소득을 갖게 된다. 여기에서도 일정한 가정을 하기로 한다. 즉, 평사원에서 부장까지 일정한 승진을 계속한다고 하고 각 직급 단계 마다의 평균 연수와 총 소득을 추계해 보면 입사후 퇴사때 까지의 총소득을 추계할 수 있다. 평사원에서 대리, 대리에서 과장, 과장에서 차장, 차장에서 부장까지의 평균 근속 연수 또는 평균 진급 연수는 일반 통계에서 수치를 찾을 수 있다. 85년도「노동경제연감」에 의하면 대졸자들이 평사원으로 입사하여 대리가 되기 까지 평균 4.1년이 걸리고 대리에서 과장이 되기 까지 3.1년, 과장에서 차장이 되기까지 3.3년, 차장에서 부장이 되기까지 3.3년, 부장의 평균 근속연수는 5년으로 나타나 있다. 이렇게 직급별 평균 근속연수는 통계에 나타나 있으나 직급별 연간 총소득은 일반화된 자료를 구할 수가 없다. 그러나 다행히 최근의 신문자료에서 대기업의 직급별 연간 총 소득을 구할 수가 있기 때문에 비록 일반화 시키기는 힘들지만 이 자료를 사용한다. 이 자료에 의하면 대졸 출신 평사원의 연간 총소득은 5백 37만 6천원이며 대리나 계장은 7백 22만 4천원, 과장은 9백 12만원, 차장은 1천 백16만원, 부장은 1천 3백3만 2천원으로 추계할 수 있다.[5] 직급별 연간 총소득에 직급별 평균 근속연수를 곱하여 그것을 합산

---

4) 참고로 일본의 경우 교육비용과 교육의 사회적 수익률을 추계한 것을 보면 다음과 같다.

일본의 교육비용과 사회적 수익률(1980)

	1인당 연간 직접 비용(만엔)	연평균기회비용(만엔)		사회적 수익율	
		남자	여자	남자	여자
공립학교	43.1	129	124	5.5	6.4
사립고교	46.6	129	124	5.7	6.7
국립단기대학	64.1	160	153	4.9	8.9
사립단기대학	46.6	160	153	4.9	9.5
국립대학	159.1	179	158	5.4	7.1
사립대학	52.4	179	158	6.9	9.2

(비고) 수익률이 높을수록 교육효과가 큰 것임.

(자료) 市川昭午(編) 教育の效果, 東信堂, p.146

하면 입사에서 부장까지 승진한 사람의 총소득을 추계할 수 있다. 이 결과가 표 71과 같다.

<표 71> 직급별 총소득 추계

(단위 : 년, 천원)

직 급	평균 근무연한(A)	연소득(B)	총소득(A×B)
평사원	4.1	5,376	22,041
대리(계장)	3.1	7,224	22,394
과장	3.3	9,120	30,960
차장	3.3	11,160	36,828
부장	5.0	13,032	65,160
합계	18.8		177,383

(자료) 평균 근무연한은 경총,「노동경제연감」, 1985

표 71에 의하면 대학을 졸업한 후 정상적인 승진을 거쳐 부장직급까지 미친 사람이 벌어들인 총 소득은 87년도 기준으로 1억7천 7백 38만 3천원이다. 초등학교에서 대학까지 소요되는 총 교육비는 표 74에서 2억 85만 2천원으로 나타났다. 그런데 대학을 졸업한 후 평사원 기간에 벌어들인 총 소득이 2억2천 4만 1천원이었다. 다시 말하면 대학때까지의 총 교육비용은 대학 졸업 후 입사한지 4년이 지나면 대략 보충된다고 말할 수 있다.(85년의 화폐가격과 87년의 화폐가격의 차이는 무시하기로 한다.) 그리고 일생 동안의 기간을 기준으로 잡는다면 부장 직급에 이르기까지의 총 소득이 1억7천738만 3천원이므로 대학때 까지의 총 교육비 2억 85만 2천원에 약 8.5배 정도가 된다. 즉, 대학교육의 순수한 경제적 투자효과를 단순화 시켜 말한다면 상당히 큰 투자효과라고 말할 수 있다. 그 밖의 사회적 효과는 이루 말할 수 없다.

---

5) 「동아일보」, 89년 4월 18일자,
주요기업의 직급별 월급, 직급별 연간 총소득의 추계방법은 다음과 같다. 이 표에는 13개 주요기업의 5개 직급(평사원, 대리, 과장, 차장, 부장)의 초임과 4년 후의 임금 두종류 밖에 나와 있지 않아 두 종류 임금의 평균을 산출하였다. 예를 들어 대리의 연 평균소득의 추계는 먼저 13개 기업 대리 평균 초임과 4년 후의 13개 기업 대리 평균임금을 구하여 이것을 연소득으로 환산한 후(초임×12개월, 4년후 임금×12개월) 다시 두 종류의 임금을 합하여 2로 나우어 추계한 것이다. 다른 직급도 모두 동일한 방법을 사용하여 5개 직급의 연 평균 소득을 추계하였다.

8. 결 론

해방후 지금까지 우리나라 대학의 교육기회는 양적으로 확대되었으나 그러한 기회는 특정한 계층, 즉 중산층 이상이 독점하고 있음을 알 수 있다. 이러한 중산층을 대개 자영업자와 화이트 칼라를 의미하는데 서울지역의 경우는 신중산층의 비율이 많고 지방의 경우는 구중산층의 비율이 많다. 그리고 1970년대 이후에는 그 이전에 비하여 노동자들에게도 대학교육기회가 점차 주어지고 있다. 이러한 것을 우리나라의 산업화 등 사회경제적 변화의 결과이기도 하지만 아직도 대학교육이 전체 국민에게 개방되어 있지 못한 비민주성을 지니고 있다고 지적할 수 있다.

이러한 비민주적 교육기회는 현행 교육제도의 비합리성으로 말미암아 많은 낭비를 초래하고 있다. 낭비적인 교육기회는 인문계 고교출신이 비인문계 대학의 교육기회를 독점하고 이들 졸업생이 전공분야로의 진출이 매우 낮기 때문이다. 이러한 낭비적인 교육제도는 특히 여자대학의 경우 매우 심하다. 반면에 의약계 대학교육은 매우 효과적이다.

그러면, 우리가 탐구한 대학교육의 기회구조와 효과에 있어서 주요한 특징과 과제가 무엇인가를 간추려 본다.

첫째, 현재 전문대학 이상의 교육기회를 획득한 6세 이상 국민은 전체 국민의 10.8%이고, 4년제 대학의 경우는 8.4%이다. 이러한 교육기회가 연령, 지역, 계층에 따라 심한 차이가 나타난다. 즉, 성별의 경우 남자의 경우가 여자의 그것의 약 2.5배가 되고, 지역의 경우 도시인이 읍민의 2.9배, 면민의 5.5배가 된다.

둘째, 대학에의 진학 및 취업률은 고교의 계열에 따라 심한 차이가 나타나는데 진학의 경우 인문계는 53.5%이고 공업계는 11.1%이며 취업의 경우는 인문계는 8.2%이고 공업계는 78.1%이다.[6]

---

6) 최근 일류 고교인 특목고 입학생 부친의 직업은 고위공무원, 의사, 교수, 기업임원 등 상층인 경우 전체의 8.5%이나 기능직, 단순근로자, 무직 등 하층인 경우

셋째, 대학진학의 기회는 지역에 따라 약간 상이하지만 상업, 서비스업, 농업 등과 같은 자영업자 출신과 회사원, 공무원, 교원 등과 같은 화이트 칼라 출신이 가장 많고(각각 30~60%) 기능공 근로자 출신도 5~10%가 된다. 그리고 대학신입생 보호자의 생활수준, 학력, 성장지 등을 보아도 상당히 높은 수준의 사회적 배경을 지니고 있다.7)

넷째, 교육기회의 효과를 학부 때의 전공과 졸업 후 직업의 상관성을 중심으로 파악한 결과 각 집단별로 표 73과 같은 결과가 나타났다. 이 표를 보면 조사방법의 차이를 감안하더라고 전공과 동일한 직업을 선택하는 비율이 35%정도, 전공계열과 동일한 직업을 선택하는 비율을 약 30% 정도로 볼 수 있어, 약 65% 정도가 전공분야 혹은 유사전공분야로 진출하고 있는 것으로 나타났다. 그러나 전공과 무관한 직업을 갖는 경우도 3할 이상이 되어 대학교육의 효율성이라는 측면에서 문제점이 있다.

<표 72> 전공과 취업의 상관성

	전공학과와 동일한 직업	전공계열과 동일 직업	전공과 무관	미상	합계(실수)
졸업생조사 (동창회 명부)	37.3	10.6	24.5	27.6	100.0(9,126)
화이트칼라조사	27.5	36.0	36.5		100.0(663)
국민조사	39.5	31.5	28.0		99.0(674)

다섯째, 교육의 효과를 전공에 대한 만족도와 전공의 유용성을 중심으로 평가한 결과 대학 재학생의 경우 전공학과에 만족하는 비율이 평균 70%로 나타나 대다수의 학생들이 전공에 대해 만족하고 있는 것으로 밝혀졌다. 그러나 화이트 칼라를 중심으로 대학졸업자들의 전공의 유용성을 평가한 결과

1.0%이며 중층인 경우 2.3%이다. 그런데 일반고의 경우 계층간 차이가 거의 없고 실업고의 경우 상층에 비해 하층이 더욱 많다.(한국교육개발원, 「교육격차; 가정배경과 학교교육의 영향력 분석」, 2006. 12)

7) 최근 대학진학율은 부친 직업이 상층인 가정의 16.7%가 명문대에 진학하지만 하층(1.6%)에 비하면 약 10배, 중층(4.9%)에 비하면 3.5배의 격차를 보여준다.(전게보고서)

매우 유용하다는 비율이 28%, 약간 유용하다는 비율이 57%로 밝혀져 대학 전공교육의 실용성에 약간 문제가 있음이 드러났다.

여섯째, 대학교육의 효과성을 전공계열별로 조사해 본 결과 대개 공과계열이나 자연계열 계통의 졸업생이 자기의 전공을 살린 직업을 갖고 있는 비율이 높고(60~70%), 인문계열, 사회계열의 전공자들은 이 보다 낮은 비율을 보이고 있다.(30~40%) 따라서 이과계통의 대학교육이 교육의 효과성이라는 측면에서 그 만큼 긍정적이다.

일곱째, 대학교육의 효과성을 졸업후의 취직이라는 측면에서 남녀별로 분석해 본 결과 남학생의 경우 취업률이 6할 정도가 되고 여학생의 경우는 3할 정도가 되어 전체의 대학교육의 낭비성이 심하다는 것이 밝혀졌고, 여자 졸업생의 경우 더욱 더 문제가 되고 있다. 더욱이 80년대에 들어올수록 취업률은 계속 하락하는 추세를 보여 대학교육의 효과성에 상당한 의문이 제기될 수 있다.

여덟째, 대학졸업자들의 직업분포를 조사한 결과 전문직의 비율이 30%, 관리직 40% 정도로 나타나, 여기에 사무직까지 합치면 약 8할 이상이 대학생들이 졸업후에 화이트 칼라로 진출하고 있음을 알 수 있었다.

아홉째, 대학교육의 경제적 투자효과는 총 교육비의 약 8.5배가 되리라고 추계된다.

열째, 우리나라 대학생, 특히 일류 대학생의 신분배경이 과거에는 구중산층(자영업자)와 신중산층(화이트 칼라)이 거의 독점하였으나 70~80년대는 약간 완화되었다. 이러한 신분배경이 우리나라 권력지배층의 사회적 성격을 형성하는데 크게 기여한다.

종장, 권력지배층연구 재론

1. 신분사적 의미

해방후 한국 권력지배층의 정치적, 사회경제적 배경은 주로 지난 100여년간 일어났던 일제 침략에 항쟁한 민족독립운동, 그리고 근대적 내정개혁을 위한 갑오개혁과 법적 사유권을 확립한 토지조사사업, 그리고 해방후 미군정, 6.25 전쟁, 4.19 학생혁명, 5.16 군사혁명 등에서 찾아 볼 수 있다. 이러한 배경에서 신학문에 의한 관료세력이 형성되었고, 또 반봉건적 생산관계에 의하여 대지주 부농이 강화되었으며, 해방후 보통선거제도와 군사혁명 등에 의하여 새로운 권력지배층이 형성되었다.

갑오개혁과 토지사조사사업은 일제의 침탈을 합법화 시켰지만, 동시에 친일 한인세력의 형성에 크게 기여하였다. 특히 갑오개혁은 조선말기 민란, 동학혁명 및 개화세력에 의한 내정개혁운동(갑신정변)과 일제의 간섭으로 이미 해체된, 전통적인 신분체제(반상제도)를 합법화 시켰으며, 토지조사사업도 조선 말기에 광범위하게 퍼진 사전화에 법적 사유권을 부여하여 합법화 시켰다.

한편, 일제의 침탈과 탄압으로 많은 민족독립운동가가 희생되었고, 반면에 친일 관료세력과 지주부농 및 상공업자본가가 탄생하였다. 이들이 해방후 권력지배층의 주요한 원천이 되었다. 해방후 미군정과 친일 지배세력은 일제로 부터의 해방정국을 이용하여 그들은 우익정국을 형성하면서 계속 권력지배층이 되었다.

그러나, 해방후 정치, 경제(기업), 교육, 사법, 노동, 언론 및 군사 제도의 발달은 새로운 형태의 권력지배층을 육성하였다. 그러한 결과 4.19 학생혁명이 일어났고, 새로운 군정(60년대~80년대)이 30여년간 지속되었으며 1987년 민주화 운동으로 소위 문민정부가 다시금 나타나게 되었다. 특히 5.16 군사혁명으로 군인들이 오랫동안 강력한 권력지배층을 형성하였으며, 이들은 직업관료와 전문직업인(교수, 기자, 변호사 등)을 지배층으로 보충하였다.

이와 같이 형성된 권력지배층은 지난 100년간의 제도적 산물이고, 이들은 관료제의 상층을 형성하였다.

지난 100여년간 한국 권력지배층의 사회적 기원, 특히 출신배경을 파악한 결과 한말, 일제시, 해방후, 심지어 최근에 이르기 까지 지배층의 순환이 일어나면서, 동시에 그 사회적 지속성(세습성)과 보충성이 존재하고 있음을 알 수 있었다. 다시 말하면 한말 전통적인 명문세족의 양반(문관) 지배층은 몰락하고, 일제시에는 무관과 중인 출신의 관료세력과 지주부농이 새로 등장하였으며, 해방후에는 대지주 출신의 구세력은 사라지고 무관과 관료출신이 1970년대 까지 득세하였다. 그러나, 1980년대 이후 비록 군부출신이 있지만 주로 중산층(중농 및 상공자영인) 출신이 교육과 관료제도에 의하여 새로운 권력지배층으로 성장하였다.

이와 같이 형성된 권력지배층은 가족의 경제적 기반과 개인적 자질에 따라 그 지속성이 나타나고 있다.

지난 100년간을 돌이켜 보면, 과거 봉건지배층(문관)이 민란과 농민항쟁에서 나타난 요구를 수용하지 못하고 외세를 끌어들임으로써 자멸하고, 외침을 수용한 무관출신과 중간계급 출신이 신제 교육(학문)을 이수함으로서 식민지 권력지배층이 되었다.

이러한 현상은 해방후에도 마찬가지이다. 해방후 한국 권력지배층이 될 수 있는 직업적 기반은 주로 ① 국회의원, ② 고위관료, ③ 대학교수 등 전문직이다. 이러한 신분을 획득할 수 있는 사회적 기반은 역시 가족의 사회적 배경(신분)이 높거나 경제적 기반이 강해서 고등교육을 받은 계층이다. 높은 교육기회를 획득하고 전문직과 관리직을 획득할 수 있는 신분배경은 중산층 또는 중간계급 이상의 사회계층이다. 이러한 중간계급이 한국사회를 성장, 발전시켰으며 권력지배층의 충원기반을 더욱 확대시켰다.

이와 같이 한국사회에서도 권력지배층이 많아지고(권력의 세속화) 다양해지며(권력의 보편화) 새로운 정치계급(신부르조아지)이 형성되고 있기 때문에 앞으로 이에 대한 탐구가 필요할 것 같다.

2. 지배층 이론의 재 조명

먼저 지난 100여년간 한국 권력지배층의 형성과 이동에서 나타난, 주요한 이론적 과제를 중심으로 고찰하려고 한다. 서장에서 제기한 10개의 연구과제 중에 대부분 본론에서 그 타당성을 실증하였기 때문에 여기에서는 주요한 과제만 재론하려고 한다.

(1) 중인 및 중간계급의 성장 ;

저자는 조선말기 신분해체 과정에서 신분(반상관계)의 역계층화 현상을 주장하고, 특히 중인(아전, 한량 등)이 지방에서 약 2~3할 정도 성장하였으며,[1)]동시에 정치지배층(당상관)의 약 2할이 무관(서얼 등), 잡직(역관 등)의 중인 출신임을 밝힌 바 있다.[2)]

이와 같이 과거 지배계급(양반)의 지위를 제대로 누리지 못한 무관과 이서, 잡직, 아전과 같은 중인 신분이 새로운 권력지배층으로 등장하였다. 이들은 주로 외침, 민란, 통상, 신학문 등 기능적 필연성으로 형성된 것이다.

또한, 해방후에도 서구문화(교육 등)의 도입과 6.25 전쟁 등 국방의 기능적 필요성으로 성장한 대학생과 군인들이 시위와 쿠데타 등 혁명을 일으켜서 정치권력을 장악하였다. 이러한 대학생과 군인들의 출신 배경은 대부분

---

1) 김영모, 조선후기의 신분구조와 그 변동,「동방학지」,제 26집, 1981, 제 2장 참조
   김영모,「한국사회계층연구」, 일조각/고헌, 1982/2005, 제 1편 1장 참조
2) 조선 말기 고종 연간 관료지배층의 13.6%가 무과 출신이고 잡과 출신은 1.5%이며 (「조선지배층연구」, 일조각, 1977, pp.81,87) 1880년대 통리기무아문의 관료(주사 이상)의 13.4%가 잡직 출신이고, 갑오개혁 후 신내각의 21.6%가 잡직 출신 관료이며, 이들 양자의 협판 중에 3.7%, 참의 중에 13.3%, 그리고 주사의 14.0%가 잡직출신이다.(조선말기 정치개혁가의 사회적 성격,「한국정치학보」, 제 10집, 1976, p.106)

자영업자와 화이트 칼라의 중간계급 출신이었다. 따라서 한국의 권력지배층의 신분적 기원은 중간계급이고, 동시에 관료제(계서제)의 중간적 신분층(중령, 대령급)이 군사혁명 등을 주도하였다.

이러한 혁명세력은 권력지배층의 정상을 차지하지만, 권력을 집행하고 관리하는 기능적 지배층은 행정관료와 전문직업인이라고 볼 수 있다.

(2) 지주부농의 3분화 ;

해방후 한국의 권력지배층은 일제시 대지주의 3분화에서 비롯되었다고 일찍이 지적한 바 있다. 즉 일제시 대지주는 토지의 수익(지대)을 비농업, 즉 상공업 등에 투자하여 산업자본가가 되었거나 그 자손들이 일제시 국내외에서 대학교육을 받아 관료(행정관리, 법관, 은행원) 또는 교수가 되었으며, 또 일부는 해방후 정치인이 되었다.

이러한 권력지배층의 형성은 대지주나 권력지배층의 조사에서 그것을 실증할 수 있었다. 해방후 1960년대 초까지 권력지배층의 거의 대부분이 일본 또는 미국에서 유학한 지주부농 자손들이다.[3](본서 제 1장, 2장, 3장 참조)

이러한 것을 보면, 일제시 지주부농 또는 그 자손들이 해방후 70년대 까지 한국 권력지배층의 주류를 형성하였다.

(3) 정치지배층의 토착성 ;

해방후 대통령 선거와 국회의원 선거에서 보통선거제, 즉 국민에 의한 직선제가 토착적인 정치지배층을 형성할 수 있었다. 대선은 전국(남한)에서 실시되지만 총선은 지역구(시 · 군 · 구)에서 실시한다. 그리하여 북한 출신이나 그 지역출신이 아니면 대통령이나 국회의원이 되기 어렵다. 이러한 주장(예컨대 피난민 정부 등)은 초기에는 상당히 타당성이 있었으나, 중기 이후에는 큰 의미가 없었다. 그것은 제헌 국회의원의 19.3%가 중앙에서 정치활동을 하였지만 지방의 경우 35.3%가 되었고, 또 서울 거주자는 제헌의원의 39.9%가 되고 읍면 거주자는 46.1%였다. 그들의 전직을 보아도 면장, 회사

---

3) 김영모,「한국사회학」, 법문사, 1972, pp.193~195
김영모,「한국지배층연구」, 일조각, 1982, 제 6장 참조

경영자, 농업, 금융조합이사 등 토착적 세력이 전체의 약 절반을 차지하였다. 이것은 2대 국회의원의 전직에서도 매우 유사한 현상을 볼 수 있다. 그리고 이제는 북한 출신이 해방후 2세대가 지났기 때문에 모두 토착세력화된 실정이다.

그러나, 점차 많은 정치적 철새와 임명권자에 따라 후보자의 공천권이 결정되어서 지역구에 거주 또는 활동을 하지 않아도 총선에 입후보하여 당선될 수 있기 때문에 토착성 문제는 별 의미가 없게 되었다.

(4) 정치적 보수세력의 형성;

한국에 있어서 정치적 보수세력의 형성은 해방정국의 좌우 이념갈등에서 미군정의 지원을 받은 한민당과 이승만 등 우익세력의 승리에서 비롯되었다. 해방후 미군정(경무부장 조병옥)은 임정과 인민위원회(인민공화국)를 불법화 시키고, 대한독촉국민회(이승만계)와 한국민주당(김성수, 송진우계)의 우익 보수세력은 정부수립 후 국가보안법과 토벌 등으로 좌익을 탄압하면서 좌익은 지하세력화 되었다.

한편, 지방의 경우 인민위원회와 농민조합은 소작제도의 폐지를 원하는 다수의 농민을 조직하여 이들을 탄압하는 미군정과 국민회 및 한민당, 특히 군경과 우익 청년단체와 투쟁하였다. 그러나, 친일, 친미적인 우익 보수세력의 강력한 탄압(체포, 학살 등)으로 자생적인 야산대 빨치산이 되었지만 이들을 빨갱이(공산주의자)로 몰아 다수를 희생시켰다. 그리하여 남한은 우익 보수세력이 지배하여 선거를 통한 보수적인 권력지배층이 지속될 수 있었다.

(5) 6.25 전쟁과 군부세력의 등장;

6.25 전쟁으로 많은 청년들이 희생되었다. 전쟁이 발발하기 전에도 보도연맹사건, 빨치산 토벌 등으로 많은 청년들이 사라졌다. 그리하여 농촌과 도시의 청년들이 정치세력화 되기는 어렵게 되었다. 반면에 국가보안법과 반공정책으로 해방후 친일 우익인사들이 많이 정치세력화 되었다.

한편, 6.25 전쟁으로 군사제도가 발달하고 많은 군사력을 통제하는 군장성이 필요하였다. 미국의 군사원조와 개입은 한국의 권력지배층에게 미국의 기독교와 문화(교육 등)를 전파시키는데 크게 기여하였다.

비교적 가난한 농촌 출신과 월남한 북한 출신 청년들이 해방후 국방경비대와 사관학교에 입학하여 군장교가 되어 6.25전쟁에 참전하였으며, 이들은 1960년대 군사혁명의 주도세력이 되어 지난 30여년간 권력지배층으로 등장하였다. 1961년 5.16 군사쿠테타는 4.19 혁명후 고조된 민족주의와 민주주의 이념을 타도하고[4] 반공이념을 재강화 시켰다. 5.16 군사쿠테타의 주역은 북한 공산체계가 싫어서 남하한 친일 장교들이 대부분이기 때문에 이들은 철저한 반공세력이라 할 수 있다. 그러나 이들은 소위 반혁명사건으로 숙청되고[5] 박정희 의장 중심으로 독재체제가 확립되었다.

(6) 부르조아 민주주의의 발달 ;

해방후 서구식 민주주의가 도입되어 오랫동안 실험되었다. 서구식 민주주의는 국민의 보통선거(직접, 비밀, 평등선거)만을 의미하는 것이 아니라 서구에서는 초기에 시민혁명의 결과 인민의 자유, 평등 및 시민정신이 실현되는 부르조아 사회를 형성하였다.

그러나, 오늘날 시민의 개념이 부르조아지에서 국민의 개념으로 확대되었다. 그런데 한국의 민주주의는 대선 및 총선의 결과를 보면, 부르조아지(자산가) 출신이 지배하고, 최근 화이트 칼라(신중산층) 출신이 대다수를 차지하지만 행정, 입법, 사법 분야의 권력지배층은 그 성격상 부르조아 계급이라고 할 수 있다. 한국의 경우 서구와는 달리 이들의 이익을 대변하는 부르조아 민주주의가 발달하고 있다.

---

4) 4.19혁명의 주역(대학생)은 민족통일을 주장하였으며 어부지리로 집권한 민주당 정권은 친미 보수세력이지만, 많은 재야세력은 진보적 성향(예, 민족적 민주주의)이 강하였다. 그럼에도 불구하고 5.16 혁명의 주역은 노동운동을 탄압하고, 조봉암 진보당수와 민족일보 조용수 사장을 간첩죄로 처단하였다.(최근 재심결과 무죄선고)

5) 군사쿠테타에 참여한 장도영 중장(전 내각수반) 박치옥 대령(전 최고위원)을 비롯한 평안도 출신과, 김동하 소장, 박임항 준장(모두 전 최고위원)을 비롯한 함경도 출신의 군부세력을 소위 반혁명사건으로 제거하였다.

(7) 엘리뜨이론의 타당성 ;

한국사회는 서구와 같이 시민혁명은 없었으나 일제의 침탈, 미군정, 군사혁명, 민주화 운동이 지속적으로 발생하여 지배계급의 변화는 거의 존재하지 않았으나 지배층, 특히 권력지배층의 변화는 자주 일어났다. 비록 핵심적인 권력지배층은 변화되고 있으나 관료지배층(행정 및 관료)의 경우는 그렇지 않고, 이들은 권력지배층의 지속적 성격을 보충하고 있다.

이러한 것을 보면, 한국지배층의 형성과 이동에 있어서 파레토의 순환설이 매우 타당한 것 같다.

3. 지배층 변동의 계급적 분석

저자는 서장에서 지배층을 지배계급 내에서 높은 시위와 많은 권력을 소유한 자라고 하였다. 이러한 지배층은 후기 산업사회에 있어서 전통적인 자본가계급 보다도 오히려 중간계급을 지배층이라고 하는 견해(J. Burnham, R. Dahrendorf 등)가 있고, 권력지배층으로 정치인, 기업인, 군장성 또는 지식인 등으로 구분하는 견해(C. W Mills, H. Lasswell 등)가 있다고 하였다.

이러한 지배층의 개념(이론)은 시대에 따라서 그 차이가 있겠으나 지난 100여년간 한국사회에서는 각 정권과 지배층별로 어떠한 변화의 차이가 있는 가를 학력, 직업 및 재산을 중심으로 사회계층 및 사회계급적 분석을 재론하여 본다.

1) 학력에 의한 계층 분석

지난 100년간 지배층의 학력(교육수준)을 현대적 기준으로 획일적으로 분석하고 그 의미를 발견한다는 것은 문제가 있다. 왜냐하면 일제시와 해방후 교육제도가 비록 갑오개혁 이후 신교육, 신학문에 기초하여 있다고 하여도 오늘날 고등교육이 보편화 되었고, 따라서 기회구조가 과거에 비하여 많이 개방되어 있기 때문이다. 교육기회가 개방되어 있으면 지배층의 충원기반이 확대될 수 있다. 그런데 지난 60여년간 한국 권력지배층은 초기에는 일본 및 미국의 유학생이 대부분을 차지하였지만, 1980년대 이후에는 서울대 출신이 거의 독점하고 있다.

<표 1> 한국 권력지배층의 정권별 출신대학

(단위 ; %)

		국내						일본			미국·유럽		중국		미상	합계	비고
		서울대	연고대	기타대	육사	초중고	미상	대학	육사	중고	대학	기타	대학	기타			
정권	미군정		14.8					33.3	3.7	3.7	18.5	3.7	3.7		18.5	100.0	고문,부장
	이승만	4.2	4.2				12.5	33.3	4.2		20.8			12.5	8.3	100.0	각료
	장 면	25.0						31.3		6.3	25		6.3		6.3	100.0	각료
	박정희																
	최고위원	2.8		2.8	19.4		2.8	8.3	11.1			2.8	5.6	5.6	38.6	100.0	상임의원
	내각	28.6	4.8		9.5			33.3	9.5	4.8			4.8		4.8	100.0	각료
	유신내각	33.3	6.7	13.3	13.3			20	13.3							100.0	각료
	최규하	33.3	4.8	4.8	28.6	9.5		19.1								100.0	각료
	전두환																
	국보위원	30	20	46.7											3.3	100.0	당연,임명직
	내각	52.9	11.8	17.6	11.8						5.9					100.0	
	노태우	67.6	2.9	11.8	14.7						2.9					100.0	각료,수석
	김영삼	68.6	8.6	8.6	11.4						2.9					100.0	각료,수석
	김대중	56.7	10	20	13.3											100.0	각료,수석
	노무현	68.4	2.6	18.4	2.6	2.6	2.6				2.6					100.0	각료,수석
	이명박	48.2	22.2	18.5	3.7		2.7				2.7					100.0	각료,수석
국회	제헌의원		12.1			45.7		38.2		4.3	4.3		3.9	1.0		100.0	
	2대의원	3.6	15.0			25.9	0.5	40.9		3.6	4.1		5.2		1.6	100.0	
	6대의원	15.2	4.3	10.5	9.2	11.4		21.1	1.1	4.9	5.9	3.2	4.9	4.9	3.8	100.0	
	11대의원	23.0	14.1	31.7	11.2	4.3		5.8		0.7	7.5		0.4	1.4		100.0	
	18대의원	37.6	15.6	39.3	2.7		4.8										
관료	행정관료																
	YS시	53.3	14.7	25.6	6.3											100.0	
	MH시	46.8	12.9	33.2	7.5											100.0	
	사법관료	71.4	7.9	21.0												100.0	2007년

표 1에서 정권별 권력지배층의 출신대학을 보면, 미군정과 이승만, 장면 및 박정희 정권에 이르기 까지 30년 이상 일본 또는 미국에 유학한 대학 졸업자가 권력지배층의 대부분을 차지하였고, 비록 국내 대학 졸업자도 경성제대 출신들이었다. 그 밖에 일본 육사출신들도 다수 포함되어 있는데 이들

을 제외하면 거의 대부분은 일제시 지주부농의 자손들이다.

1980년 전두환 정권시 부터 비로소 국내 대학출신들이 권력지배층의 거의 대부분을 차지하였다. 특히 한국 육사출신들이 다수를 차지하고 있다. 이들은 소위 군사혁명으로 지난 40여년간 한국 권력지배층의 주요한 충원 기반이 되었다. 그러나, 1987년 민주화 이후 노태우 정권부터 서울대 출신들이 권력지배층의 약 6할 이상을 차지한다.

이것을 각 분야별 권력지배층의 출신대학을 보면, 국회의원은 6대 까지도 일본에 유학한 대학 출신들이 가장 많고 국내의 경우 약 3할이 된다. 그리고 제헌 및 2대의원 까지도 보통학교 또는 고보 졸업자들이 대단히 많지만 최근에 올수록 거의 대부분 대학 졸업자들이다. 심지어 대학원 수료자도 2천년대 부터 전체의 약 절반 이상을 차지한다. 이와 같이 고학력 출신이라야 오늘날 권력지배층이 될 수 있다. 이들은 소위 일류대학, 특히 서울대 출신들이 거의 독점하고 있다. 사법지배층의 경우 전체의 각 7할이 되고, 행정관료지배층은 전체의 5할 이상을 차지한다.

1980년대 이후 권력지배층은 비록 대학 졸업자라 할지라도 과거와는 달리 지주부농 출신은 거의 없고 대부분 중농 출신과 도시의 자영상공업자 및 화이트 칼라의 자손들이다. 이들은 경쟁적인 입학기회와 자격획득을 통하여 관료지배층이 될 수 있었다. 따라서 이들은 구중산층, 또는 신중산층, 즉 중간계급 출신이다. 비록 권력지배층의 거의 대부분은 중간계급 출신이지만 이들은 고등교육기회, 특히 일류학교를 졸업하여야 한국의 상층계급을 형성할 수 있었다.

2) 직업에 의한 계급분석

자본주의 사회에 있어서 지배계급은 일반적으로 마르크스가 말한대로 자본가계급을 말한다. 그러나 현대사회에 있어서 자본과 경영, 소유와 관리가 분리되어 자본의 소유자 보다도 오히려 경영권 또는 관리권의 소유자가 실질적인 지배계급이 될 수 있다. 또한 현대사회에 있어서 역할 분화는 자본 이외 지식, 자격, 권력 등의 소유에 따라 다양한 지배층(정치지배층, 기업지배층, 지식지배층 등)이 나타나고 있다.

<표 2> 한국 권력지배층의 정권별 직업배경

(단위 ; %)

	지배계급		중간계급						피지배계급		미상 기타	합계	비고
	정치인	자본가	행정 관료	변호사	군인	교수 교장	언론인	회사원	농업	노동자			
미군정	11.1	7.4	7.4		48.1		3.7	3.7			18.5	100.0	고문,부장
이승만	55.6		5.6	5.6		22.2					11.1	100.0	각료
장면	87.5					6.3	6.3					100.0	각료
박정희													
최고의원	2.8		2.8		61.1						33.3	100.0	상임의원
내 각	33.3	4.8	42.9		4.8		4.8				9.5	100.0	각료
유신내각	46.7		46.7			6.7						100.0	각료
최규하	28.6	4.8	38.1		9.5	19.0						100.0	각료
전두환													
국보위원	32.3				58.1	3.2					6.5	100.0	상임위원
내 각	5.9	52.9			11.8	17.6	5.9				5.9	100.0	
노태우	14.7	2.9	44.1		2.9	20.6	2.9				11.8	100.0	각료,수석
김영삼	42.9	8.6	22.9	2.9		22.9						100.0	각료,수석
김대중	60.0	3.3	20.0	3.3		13.3						100.0	각료,수석
노무현	16.7	2.8	27.8	8.3	5.6	27.8	2.8				5.6	100.0	각료,수석
이명박	11.1	7.4	18.5	11.1	3.7	33.3	3.7				11.1	100.0	각료,수석
제헌의원	21.5	20.4	23.9	2.0		9.5	4.0	5.0	5.0		6.5	100.0	
2대의원	19.8	15.1	17.8	3.9		12.5	5.9	16.4	1.3		7.2	100.0	
6대의원	41.1	7.0	14.1	1.6	14.1	14.0	1.6	2.2			4.3	100.0	
11대의원	24.1	19.1	11.9	5.8	8.7	9.0	10.4	4.3			5.1	100.0	
18대의원	71.9	0.3		8.7		5.4	0.3	1.0			12.4	100.0	

(비고) 18대 의원의 전직중 정치인이 43.8%가 현역의원임.

이러한 지배층의 분화가 지난 100년간 한국사회에서도 나타났다. 특히 1960년대 이후 공업화에 의한 경제개발정책으로 신중산층과 노동계급이 대량으로 형성되었고[6], 자본과 경영권의 분리가 나타났다. 이러한 분리는 서구와는 다르게 아직도 자본의 기업지배권이 강하지만 마르크스가 주장한 자본가계급이 정치계급(정치인 및 관료)을 지배하고 있지는 않는다. 오히려 정치계급이 자본가계급(기업인)을 지배하고 있는 실정이다. 따라서 전통적인 지

6) 김영모, 「한국중산층연구」, 중앙대학교 출판부, 1997, pp.44~52

배계급, 즉 정치인(국회의원 및 장관 등)과 기업인 이외 현대적인 계급, 즉 관료지배층(행정 및 사법관료, 군장성 등)을 신지배계급으로 간주하는 것이 타당할 것 같다. 사실 한국에서는 계층 및 계급형성이 생산관계(재산설) 보다도 오히려 권력관계(권력설)가 더욱 중요한 의미를 지니고 있다.[7]

그리하여 한국사회의 권력지배층은 참정권(대선, 총선, 지선 등)이 확대되어 주로 정치인(국회의원 및 지방의원, 지방자치단체장, 보좌관, 정책연구원, 정당인 등)과 행정관료(관리직) 및 전문직(교수, 변호사, 언론인 등)에서 충원되고, 이들이 새로운 정치계급을 형성하고 있다. 이러한 정치계급은 생산수단을 대부분 소유하고 있지 않으면서 많은 재산을 소유하고 부르조아 못지 않게 부와 권력을 누리고 있다. 이들은 대부분 상층 신중간계급(화이트 칼라) 출신들이지만 현상유지를 바라는 보수적인 지배계급(부르조아지)이다.[8]

지난 20년간 5개의 정권이 바뀌면서 권력지배층(장관, 수석비서관)의 출신배경과 이동에는 큰 차이가 나타나고 있다. 특히 지역성과 재산이다. 대통령의 직력과 대선을 통한 인맥이 권력지배층의 가장 주요한 충원요인이 되고 있다. 노무현 정권은 다른 정권에 비하여 권력지배층의 재산수준이 낮고 지방 출신이 많이 충원되고 있는 것이 특징이다.

5개 정권의 권력지배층은 전체 국민에 비하여 높은 학력(일류대)과 경력 및 많은 재산을 소유하고 있다. 이들은 거의 대부분 ① 고위 관료와 ② 대학교수 및 ③ 국회의원 출신이었다. 내각의 경우 고위 관료가 전체의 34.3%이고 그 다음은 국회의원(20.5%)과 대학교수(19.6%) 출신이다.[9] 이미 관료지배층(제 9장)과 국회의원(제 6장)의 배경 분석에서 지적한 바와 같이 이들은

---

7) 김영모, 「현대사회계층론」, 한복연 출판부, 1982, 1999, pp.68~69

8) V. Poulantzas는 관료제적 권력을 인정하여 관료제의 상층부를 하나의 정치적 지배계급으로서 Power Block이라고 한다.(전게서, p.399)

9) 본 서에서 대학교수의 출신배경을 다루지 않았지만, 1965년 교수들 부친의 대다수가 지주부농(30.6%)과 자작중농(32.0%)이며, 나머지는 전문직(12.7%), 회사원(12.1%), 관리(8.2%) 및 상공업가(23.8%)이다. 다시 말하면 대부분 부르조아지와 신중산층 출신들이다.(이상백 · 김채윤, 「한국사회계층연구」, 민조사, 1966, p.161) 그러나, 최근에는 그 기회가 중산층에게 많이 확대되었다.

상급 화이트 칼라의 직력을 통하여 대부분 부르조아 의식을 지니고 있다.

한편, 대통령직 인수위원과 청와대 수석비서관들은 대개 개혁적인 전문가(대개 교수)와 국회의원들로 많이 충원되고, 내각의 장관들은 인수위원과 수석비서관을 거친 직업관료 출신이 가장 많다. 이들은 퇴임 후에도 장관, 국무총리, 국회의원 등 고위직에 종사하거나 정부의 산하기관 및 단체의 장이 되어 기존의 정치, 관료문화를 확산시키는데 기여한다.

표 2를 보면, 한국 권력지배층의 전직이 정치인이 가장 많고, 그 다음은 행정관료와 교수 및 변호사이며 나머지는 기업인과 군장성 및 변호사들이다. 특히 정치인과 변호사 출신은 해마다 증가되고 있지만 행정관료와 교수들은 15% 내외로 유지되고 있으며 기업인과 군인은 감소되고 있는 편이다.

3) 재산에 의한 계급 분석

지배층에 대한 계급분석을 재산을 중심으로 획일적으로 분석하는 것은 문제가 있다. 조선시대와 일제시대에 있어서 계급분석은 생산수단의 유무, 즉 토지소유관계가 매우 중요하지만 해방후 특히 1960년 이후 공업화 결과는 토지자본 보다도 오히려 산업자본 및 금융자본이 더 큰 위력을 발휘한다. 그리고 1990년대 후기 산업사회가 도래하여 교육과 기술이 계급분석에 더 큰 의미를 지니고 있다.

자본주의사회에 있어서 계급분석은 재산의 의미가 대단히 크다. 재산의 개념은 단순한 부(wealth)의 개념이 아니고 생산수단(자본, 토지 등)의 소유권이라는 개념으로 인식한다.10)

한국 권력지배층이 소유하고 있는 재산은 부동산(주택, 전답, 임야) 뿐만 아니라 예금, 주식 및 연금 등이 포함되고, 그들의 소득도 재산으로 간주해야 한다. 그래서 권력지배층의 재산은 그들의 소득과 총재산 및 부동산 등으로 간주하고, 이것을 중심으로 그 계급적 지위를 고찰한다.

권력지배층의 소득과 재산은 직군에 따라 차이가 있다. 표 3을 보면, 국

---

10) 상게서, pp.66~67

회의원의 소득(연봉 1억 1천 3백만원)과 재산(약 31억원)이 가장 많고, 그 다음은 사법지배층과 관료지배층의 순이다.

<표 3> 권력지배층의 평균 재산

	소득	재산 총액		주택		전답		임야		예금
	연봉(만원)	백만원	없음(%)	평수	없음(%)	평수	없음(%)	평수	없음(%)	백만원
관료지배층	5,777	1,501	0.3	59.3	7.0	1,242	69.6	11,156	69.0	449
법관지배층		2,087		59.9		1,137	67.1	9,226	64.6	525
국회의원	11,300	3,170								

(비고) 1 평균재산은 2007년 말 조사
2. 연봉은 2008년 최고호봉임. 연봉에는 각종 수당이 제외됨.

이러한 소득은 고위 공무원단의 소득(평균 재산 약 10억)에 비하면 약 2배가 된다. 또한 이들의 소득수준은 전국 가구의 평균 소득(2007년 3천 869만원)에 비하면 약 2배가 되고 10대 그룹(69개사) 등기 입원의 평균 연봉(9억 1천만원)에 비하면 1/10에 불과하다.[11)]

한편, 권력지배층의 재산 총액은 고시가격에 기초하여 신고한 것이기 때문에 실제로는 이것 보다 훨씬 더 많을 것이다. 이들의 재산을 보면, 적어도 총 가구 10%에 속하는 상위층에 속한다.[12)] 이러한 재산 총액 중에 부동산이 전체 6할 이상이 될 것이다.[13)]

최근 고위 공직자 재산 등록사항을 보면, 지배층이 소유하는 주택의 평균 평수가 60평이고 이들은 대개 4억원 이상의 예금을 가지고 있으며, 또한 이들의 약 3할은 전답(1인당 1,240평)을 소유하고 이들의 3.5할은 임야(1인당 1만 1천여평)를 소유하고 있다. 전답과 임야의 이익(지대 등)이 크지 않지만 이러한 부동산의 소유는 상속이던 본인이 구입하였던 간에 권력지배층의 약 3

11) 김헌진, 소득양극화의 재분배 기능에 관한 고찰,「사회정책연구」, 제 36집, 2008, pp.89, 92

12) 통계청은 순자산이 23억 2천만원이 되면 총가구의 상위 1% 부자이고(평균 자산이 34억 7천만원) 상위 10%는 12억 5천만원이 있으면 된다고 한다.(「2006년 가계자산조사」, 2007. 12)

13) 이명박 정권의 초대 각료의 평균 재산이 약 33억원인데 이 중에서 부동산이 66.7%를 차지한다.

할은 동시에 자본가계급이라 할 수 있다. 다시 말하면 토지자본을 소유한 권력지배층, 즉 신부르조아지들이다.

4. 결 론

지난 100년간 지배층의 형성과 이동은 주로 ① 외세 개입, ② 군정 실시, ③ 공업화, ④ 사회제도의 발달, ⑤ 역할 분화 및 ⑥ 교육기회가 가장 중요한 영향을 미친 것 같다. 외세의 개입으로 친일 또는 친미세력이 형성되었고,[14] 군정으로 군부세력이 등장하였으며 공업화로 자본가계급(부르조아지)과 신중산층이 형성되었다. 또한, 부모의 도움으로 고등교육(대학과 일본 및 미국 유학)의 기회를 획득하여 발달한 사회제도의 상층부를 형성할 수 있었다. 이들이 권력지배층이 되었다.

해방후 30여년간 일제시대는 부모(대지주)의 경제적 지원으로 국내 대학이나 일본 유학생 출신이 권력지배층이 되었으나, 1980년 이후는 국내 대학과 미국 유학생 출신이 권력지배층이 되었다.

이와 같이 해방후 권력지배층의 형성은 대지주의 3분화에서 찾아볼 수 있다. 일제시 대지주는 토지자본의 수익(지대)을 상공업자본에 투자하여 기업인으로 전신하였고, 그 자손들은 갑오개혁 후 도입된 신학문을 국내외에서 이수하여 관료와 교수 등이 되었으며 해방후 농지개혁으로 정치인이 된 경우가 많았다. 그리고 6.25 전쟁으로 군부지배층이 형성되어 그들은 무력(총구)으로 권력지배층이 되었다. 이러한 지배층의 분화과정에서 정치인(국회의원 등) 및 관료지배층과의 정경유착 또는 관경유착으로 대기업가(재벌)가 육성되었다.

이와 같이 한국의 권력지배층은 총구 또는 선거로 정치계급을 형성하여 이들이 관료 및 전문직(교수, 변호사, 언론인)을 권력지배층에 보충하고 있는

14) 친일, 친미세력은 일제 식민지와 미군정의 인사정책과 경제정책에서 비롯되었다. 특히 인사정책에서 일본이나 미국의 유학생을 우대하였고, 미군정시에는 기독교도가 아니면 거의 배제되었다.

실정이다. 그리하여 한국의 권력지배층은 전문직업인으로서 정치계급 이외 신중간계급의 상층으르 보충하여 형성되었다.[15] 이러한 정치계급은 현행 지방자치제도의 발달로 더욱 증가할 것이다. 이들은 학력과 직력 및 소유재산 등으로 보아 지배계급 내에서도 극소수 신부르조아지의 성격이 매우 강하다.

신부르조아지는 생산수단이 없거나 비록 있다 하더라도 계급적 이익이 거의 없으면서 많은 권력을 소유 및 행사하는 사람(집단)을 말한다. 이러한 신부르조아지(신자산계급)는 정치인과 상층의 신중간계급(신중산층)을 말한다. 그리고 신부르조아지는 자본가계급의 성격(현상유지의 보수성과 특권의식)과 신중산층의 이념적 특징(반자본가, 개혁성, 개인주의, 권력애착심, 승진)을 동시에 지니고 있다.[16]

한국의 정치계급은 국회의원, 장관 등 정치인 뿐만 아니라 독립운동, 사회운동(청년운동 등) 및 정당활동을 한 사람을 말한다. 그리고 오늘날 신중간계급 또는 신중산층은 관료 및 전문직 등 기술관료(화이트 칼라)를 말한다. 그런데 해방후, 특히 1960년대 공업화에 의한 경제개발정책으로 신중산층이 대량으로 증가되어 권력지배층의 충원기반이 확대되었다.

이와 같이 지난 100년간 권력지배층이 주로 중간계급에서 충원되었는데 이 중간계급도 사회변화에 따라 주로 중인→중농・중상→신중산층으로 신분변동이 일어났다.[17]

한국의 권력지배층은 대부분 원초적으로 국민의 여망과는 달리 총구와 탄압에서 형성되었기 때문에[18] 민족 자주성은 배제되고 친일 또는 친미성향

---

15) 2005년 전국 인구주택총조사의 재분석에 의하면, 자본가계급이 경제활동인구(약 1천 9백만명)의 6.6%이고 구중산층은 19.1%이며, 신중산층(신중간계급)은 34.4%이고 노동자계급이 40.9%이다.

16) 김영모, 「현대사회계층론」, 한복연 출판부, 1982, 1999, pp.136~139

17) 우리나라 권력지배층을 가장 많이 충원하는 서울대생 부친의 직업이 1962년에 화이트 칼라가 전체의 32.1%이고, 상공업이 39.8%, 농업이 18.9%인데 2009년에는 화이트 칼라가 전체의 64.9%를 차지하고, 상업(14.7%)과 농업(1.3%)이 급감하였다. 즉 신중간계급 출신이 47년간 약 2배로 증가되었다. 2005년 인구총조사 결과 화이트 칼라는 전체 인구의 34.4%이다. 34.4%에 비하면 약 2배가 된다.

이 강하며, 이들은 대부분 지연, 학연, 직연 심지어 혼맥 등 연고성에 기초하여 권력공동체를 형성하였다. 또한 권위주의적인 군사문화와 관료문화로 이들은 신분추구자이고 기득권을 유지하려고 하기 때문에 보수성이 매우 강하고 개혁성이 매우 약하다.

이러한 것을 보면, 외세의 개입은 자주적인 민족세력의 싹을 자르고, 권력지배층이 헌법에 명시된 주권재민의 민주주의 원칙(비록 형식을 갖추었다 할지라도)에서 형성된 것이 아니라 사실상 지배계급 내에서도 극소수의 지배층, 즉 정치계급과 신중간계급에서 충원되고 있다.

---

18) 미군정시 미 정보기관의 조사에 의하면 국민의 대다수가 좌익을 지지하였고 농민의 대부분이 소작제도의 폐지를 요구하였는데도 이들을 무시하고 무력으로 탄압하였다. 그리고 1960년대와 1980년대의 군사정권도 총구에서 권력이 창출되었다.

<참고 문헌>

Ⅰ. 자료

국회도서관 입법조사국,「한국정치연표 1945~1984」, 1984
국회도서관,「국회의원 서철」(마이크로자료 1~4)
대검찰청,「좌우익사건실록」Ⅰ권, 1965
동아일보사,「개항 100년 연표 자료집」,「신동아」1976년 1월호 별책부록
두동면지편찬위원회,「두동면지」, 2001
두서면지편찬위원회,「두서면지」, 2001
반민족행위처벌법, 「미군정법령집」, 1~139호
범서면지 편찬위원회,「범서면지」, 2001
삼남면지발간추진위원회,「삼남지」, 2002
상북면지편찬위원회,「상북면지」, 2003
서울대학교「하생기록카드」(문리대, 법대, 상대, 각 대학원), 1960~1971
안용식 편,「한국행정사연구Ⅰ」, 일제무단통치하 한인관료의 임번상황, 대명문화사, 1993
언양읍지발간추진위원회,「언양읍지」, 2001
여강출판사,「한국근현대 인명록 6」, 1987
울산광역시사편찬위원회,「울산광역시사, 역사편」, 경남인쇄 정보협동조합, 2002
울산문화원,「울산 울주향토사」, 1949
울주군지편찬위원회,「울주군지」, 대일인쇄, 2002
육군본부,「한국전쟁사료」, 1951
중앙인사위원회,「2006년 하반기 국가주요직위 명부록」, 2007
중앙선거관리위원회,「제 18대 국회의원선거 정당정책 공약 모음집」, 2008
중앙선거관리위원회,「국회의원선거법령집」, 1988
행정자치부,「1993년도 공직자 정기재산변동 신고사항」, 1993
행정자치부,「2007년도 공직자 정기재산변동 신고사항」, 2007
「경향신문」
「국제신보」
「민중신보」
「국가공무원법」,「공직자윤리법」
「국회의원선거법」
「동아일보」
「조선일보」
「연합뉴스」

Ⅱ. 국문도서

강만길 외,「해방 전후사의 인식 2」, 한길사, 1985
고하 송진우 전기편찬위원회,「고하 송진우 선생 평전」, 동아일보사, 1965
구광모,「대통령론」, 고려원, 1986
국가재건최고위원회, 한국군사혁명사 편찬위원회,「한국군사혁명사」, 1963
국방부 전사편찬위원회,「한국전쟁사 제 1권, 해방과 건군」, 1967
국사편찬위원회,「자료 대한민국사 5」, 1972
국가비상대책위원회,「국보위 백서」, 1980
그랜드 미드,「주한미군정연구」, 1993
김남식,「남로당연구Ⅰ」, 돌베게, 1984
김문식 외,「일제의 경제침탈사」, 민중서관, 1971
김석준,「현대대통령연구」, 대영문화사, 2002
김대상,「해방직전사의 재조명」, 해성, 1990
김대중,「대중경제론」, 청사, 1986
김영모,「일제사 한인지배층 연구」, 고헌, 2009
김영모,「한국사회계층연구」, 한복연 출판부, 1982, 1999
김영모,「현대사회계층론」, 한복연 출판부, 1982
김영모,「한국지배층연구」, 일조각, 1982
김영모,「한국중산층연구」, 중앙대 출판부, 1998
김영모,「한말지배층연구」, 서울대학교 한국문화연구소, 1972
김영모,「한국사회학」, 법문사, 1972
김영모,「한국사회의 이해」, 한복연 출판부, 1999
김준협 · 김창순, 「한국공산주의운동사」, 1~5권, 고려대 아세아문제연구소, 1976
김학준,「고하 송진우 평전」, 동아일보사, 1990
김학준,「가인 김병로 평전」, 2001
김호진,「한국정치체제론」, 박영사, 1999
김천영 편저,「연표 한국현대사」, 한울림, 1985
남시욱,「한국보수세력연구」, 나남출판, 2006
동아일보사,「신한국의 파워엘리트」, 「신동아」, 1994, 1월호 별책부록
동아일보사,「인촌 김성수, 김성수의 사상과 일화」, 1987
류재택,「대통령직 인수」, 법문사, 2006
문정인, 김세중 편,「1950년대 한국사의 재조명」, 선인, 2004
문화관광부,「2005년 문화정책백서」, 2006
미군정청,「관보」, 1945~1948

박동서 · 함성득 · 정광호,「장관론」, 나남출판, 2003
박문옥,「한국정부론」, 박영사, 1968
박헌영전집 편찬위원회 편,「이정 박헌영 전집」, 역사비평사, 2004
배정훈,「대통령학」, 형설출판사, 2007
백범 김구선생 기념사업회,「백범 김구」, 교문사, 1982
부산시사편찬위원회,「부산약사」, 1965
브루스 커밍스(김주환 역),「한국전쟁의 기원」, 청사, 1986
서울대 교사편찬위원회,「서울대학교 50년사」, 서울대 출판부, 1996
서울신문사 편,「주한미군 30년」,행림출판사, 1987
손세일,「이승만과 김구」, 나남, 2008
송건호 외,「해방전후사의 인식 1」, 한길사, 1989
손정목,「한국개항기 도시사회경제사 연구」, 일지사, 1982
송남헌,「해방 3년사」, Ⅰ~Ⅲ, 까치, 1985
송신호 · 강만길 외,「해방전후사의 인식 Ⅲ」, 1~2, 한길사, 1985
신복룡,「주한미군사」, 2권, 돌베게
심지연 편,「해방정국 논쟁사Ⅰ」, 한울, 1986
안 진,「미군정과 한국의 민주주의」, 한울아카데미, 2005
안종철,「해방직후 건국준비위원회 지방조직과 지방인민위원회에 관한 연구」, 전남대 대학원 박사학위 논문, 1990
역사문제연구소,「한국 근현대지역운동사」, 1. 영남편, 2. 호남편, 여강, 1993
울산문화원,「울산 울주 향토사」, 1978
윤형섭,「미군정의 정치적 충원에 관한 연구」, 연세대 대학원 박사학위논문, 1973
이기봉,「빨치산의 진실」, 다나, 1992
이기형,「여운형 평전」, 실천문학사
이농호, 「대통령과 보좌관」, 박영사, 2002
이만규,「여운형선생 투쟁사」, 민주문화사, 1946
이명박 대통령직인수위원회,「백서」, 2008
이수인 엮음,「한국현대정치사Ⅰ」, 실천문화사, 1989
이영회,「한국정책엘리트 충원에 관한 연구」,경원대 대학원 박사학위 논문, 1993
인촌기념회,「인촌 김성수전」, 1976
전쟁기념사업회,「한국전쟁사」, 행림출판사, 1990
정병준,「몽양 여운형 평전」, 한울, 1995
정용욱 외,「주한미군사와 미군정기 연구」, 백산서당, 2004
정운현,「실록 군인 박정희」, 개마고원, 2004

정윤재, 심지연, 김영수,「장면, 윤보선, 박정희」, 백산서당, 2001
정해구,「10월 인민항쟁연구」, 열음사, 1988
조기준 외,「일제하의 민족생활사」, 민중서관, 1969
조병옥,「나의 회고록」, 민교사, 1959
중앙선거관리위원회,「대한민국선거사」, 1집, 1973
진덕규,「한국정치사회의 권력구조에 관한 연구」, 연세대 대학원 박사학위논문, 1978
진덕규,「한국현대정치사 서설」, 지식산업사, 2000
최상룡,「미군정과 한국민족주의」, 나남, 1988
최 영,「박정희의 사상과 행동」, 현음사, 1995
최 진, 「대통령리더쉽총론」, 법문사, 2007
청와대 인사비서관실,「장차관 인사관련통계」, 2008
프랭크 볼드윈 편,「한국현대사」1945~1975, 사계절, 1984
함성득 편, 「한국의 대통령과 권력」, 나남출판, 2000
함성득,「대통령 비서실장론」, 나남출판, 2002
함성득,「대통령학」, 나남출판, 1999
한민봉,「국회의원학」, 한국학술정보, 2007
허근욱,「민족변호사 허 헌」, 지혜네, 2001
한승조 외,「한국 현대정치론」, 법문사, 1995
한국정신문화연구원 편,「한국현대사인물연구 2」, 백산서당, 1999
한국정신문화연구원 현대사연구소 편,「한국현대사의 재인식」, 1~6, 오름, 1998
한국농촌경제연구원,「농지개혁사연구」, 1989
허장렵,「한국전쟁연구」, 태암, 1990
한국사회사연구회,「해방직후의 민족문제와 사회운동」, 문학과 지성사, 1998

Ⅲ. 영문도서

Bruce Cummings, *The Origin of the Korean War*, (김주환 역,「한국전쟁의 기원, 상 · 하」, 청사, 1986)
Bruce Cummings, *Korea's Place in the Sun; a Modern History*, Norton & Company, 1997 (브루스 커밍스,「한국현대사」, 창작과 비평사, 2001)
C. Wright Mills, *The Power Elite*, Oxford University Press, N.Y., 1957
C. Wright Mills, *White Collar,* Oxford University Press, 1951
D. Betraux and Bertraux-Waime, *Pathways to Social Class*, Clarendon Press, 1997
D. Bertraux and M. Kohli, the Life Story Approach, *ARS*, 1984
Gregory Henderson, *Korea, The Politics of the Vortex,* Havard University Press, 1968
H. D. Lasswell, D. Lernero & C. E. Rothwell, *The Comparative Study of Elite*, Standford

University Press, 1954

Joyce and Gabriel Kolko, *Korea, 1945~1948, Amerian Way of Liberation, the Limits of the Power*, Harper & Row, 1972 (김정원 외,「한국현대사의 재조명」, 돌베개, 1982)

James Burnham, *The Managerial Revolution*, Indiana Uniersity, 1962

J. Schumpeter, *Imperialism and Social Classes,* Meridian, Books, N. Y., 1955

J. Schneider, Social Class, Historical Circumstances and Fame, *ASJ*, 1937

Niicos Poulantzas, *Classes in Contemporary Capitalism*(trans from the French by David Frenbach), Verso, 1978

Nicos Poulantazs, *Politicial Power and Social Classes*, trans. from the French by Timothy O'Hagan, NLB, 1975, (홍순권, 조형제 공역,「정치권력과 사회계급」, 풀빛, 1986)

Robert T.Oliver, 박영일 역,「이승만 비록」, 한국출판사, 1982

Ralf Dahrendorf, *Class and Class Conflict in an Industrial Society*, Routledge & Kegan Paul, London, 1959

R. A. Dahl, *Who Governs?* Yale University Press, 1961

Tom Burden, *Social Policy and Welfare,* Pluto Press, 1998

USA FIK HQ, 「*G-2 Periodic Report*」, 1978

V. Pareto, *The Mind and Society*, Vol. 4, Hartcourt Brace, H. Y., 1935

< 찾아 보기 >

<항 목>

(ㄱ)

<인명 색인>

< 저자 소개 >

서울대학교 사회학과 졸업(학사, 석사, 박사)
하버드 대학교 사회학과 수학(옌칭 객원 교수)
서울대, 고려대, 연세대, 이화여대 및 동대학원 강사
중앙대학교 문과대학장, 사회개발대학원장, 부총장
한국사회학회장, 한국사회복지학회장
중앙대학교 명예교수

< 주요 저서 >

한국사회학(법문사, 1972)
조선지배층연구(일조각, 1977)
한국지배층연구(일조각, 1982)
한국사회계층연구(일조각, 1982)
현대사회계층론(한복연 출판부, 1982, 1999)
한국빈곤연구(한복연 출판부, 1991)
한국사회보장개혁론(중앙대 출판부, 1995)
한국중산층연구(중앙대 출판부, 1998)
일제하 한인지배층 연구(고헌, 2009)

한국 권력지배층 연구 정가 28,000원

2009년 5월 20일 발행
2009년 5월 20일 1쇄

저 자 : **金 泳 謨**
발 행 처 : 高獻 출판부
서울특별시 동작구 흑석동 186-64
등록 2000년 1월 27일 제 17-316호
연락처 : TEL 824-3127·3132 FAX 824-3128
ISBN 978-89-90435-23-1-93330